Groh
Schröer

Sicher zur Industriekauffrau zum Industriekaufmann

Groh
Schröer

Sicher zur Industriekauffrau zum Industriekaufmann

Buchkapitel	AkA-Prüfungsfach
Allgemeine Wirtschaftslehre	Wirtschafts- und Sozialkunde
Spezielle Wirtschaftslehre	Industriebetriebslehre
Datenverarbeitung	Rechnungswesen
Wirtschaftsrechnen und Statistik	Rechnungswesen
Buchführung	Rechnungswesen
Kosten- und Leistungsrechnung und Controlling	Rechnungswesen
Handlungsorientierte Aufgaben	Alle Prüfungsfächer

Merkur

Wirtschaftswissenschaftliche Bücherei für Schule u. Praxis

Begründet von Handelsschul-Direktor Dipl.-Hdl. Friedrich Hutkap †

Verfasser:

Dipl.-Kfm. Gisbert Groh, Oberstudienrat

Dipl.-Kfm. Volker Schröer, Oberstudienrat

E-Mail: groh-schroeer@t-online.de

35. Auflage 1999

Gesamtherstellung:

MERKUR VERLAG RINTELN Hutkap GmbH & Co. KG, 31735 Rinteln

ISBN 3-8120-**0420**-8

Vorwort

Dieses Buch dient den Schülerinnen und Schülern der Industriefachklassen zur Vorbereitung auf die Kaufmannsgehilfenprüfung. Darüber hinaus kann es zur Vorbereitung auf Klassenarbeiten benutzt werden. Das Buch soll keine Lehrbücher ersetzen, sondern die gezielte Wiederholung einzelner Lerngebiete bzw. des gesamten Prüfungsstoffes erleichtern.

Auf eine Wissensvermittlung in Form programmierter Fragen und Aufgaben wurde zugunsten der gewählten Darstellung verzichtet. Diese erlaubt es, die Vielzahl der möglichen Prüfungsfragen aufgrund eines umfassenden Wissens zu beantworten. Die „Hinweise zur programmierten Prüfung" erklären das Wesen der Abschlussprüfung in programmierter Form.

Die Auswahl und Aufbereitung der Lerninhalte erfolgte unter Berücksichtigung des „Rahmenlehrplanes für den Ausbildungsberuf Industriekaufmann", des AkA-Stoffkataloges und der entsprechenden Lehrpläne der einzelnen Bundesländer.

Eine optimale Prüfungsvorbereitung wird vor allem gewährleistet durch

- lerngerechte Aufbereitung der Stoffgebiete,
- einprägsame Strukturierung des Lernstoffes,
- Beschränkung auf das Wesentliche,
- Hervorhebung wichtiger Begriffe,
- zahlreiche Textverweise,
- umfangreiches Register.

Eine gezielte Vorbereitung ist unerlässlich für ein gutes Prüfungsergebnis. Dieses Buch verhilft dazu.

St. Ingbert und Homburg, Frühjahr 1982

Die Verfasser

Vorwort zur 35. Auflage

In dem Buch wurden die Programme ACCESS, EXCEL, PROJEKT und WORD der Firma Microsoft benutzt.

Neue gesetzliche Regelungen wie z.B. das Handelsrechtsreformgesetz, das Euro-Einführungsgesetz, das Transportrechtsreformgesetz, die Insolvenzordnung sowie die Europäische Zentralbank und deren Geldpolitik wurden berücksichtigt.

St. Ingbert und Bruchmühlbach-Miesau, Frühjahr 1999

Die Verfasser

Inhaltsverzeichnis

Hinweise zur programmierten Prüfung 15

I. Allgemeine Wirtschaftslehre (Wirtschafts- und Sozialkunde)

1 Rechtliche und soziale Rahmenbedingungen menschlicher Arbeit im Betrieb 17
1.1 Mitarbeiter im Betrieb 17
1.2 Berufsausbildungsvertrag 19
1.3 Arbeitsvertrag 21
1.3.1 Einzelarbeitsvertrag 22
1.3.2 Betriebsvereinbarung 22
1.3.3 Tarifvertrag 23
1.4 Arbeitsschutzbestimmungen 26
1.5 Soziale Sicherung der Arbeitnehmer 32
1.6 Mitbestimmung 36
1.6.1 Betriebsverfassungsgesetz 36
1.6.2 Mitbestimmung im Aufsichtsrat und im Vorstand 41
1.7 Einkommen des Arbeitnehmers 43

2 Rechtliche Grundlagen des Wirtschaftens 48
2.1 Rechtsquellen 48
2.2 Rechtssubjekte 49
2.3 Rechtsobjekte 50
2.4 Rechtsgeschäfte 51
2.5 Kaufvertrag 54
2.5.1 Zustandekommen des Kaufvertrages 54
2.5.2 Inhalt des Kaufvertrages 57
2.5.3 Eigentumsvorbehalt 60
2.5.4 Besondere Arten des Kaufvertrages 60
2.6 Kaufvertragsstörungen 63
2.6.1 Lieferung mangelhafter Ware 63
2.6.2 Lieferungsverzug 65
2.6.3 Annahmeverzug 66
2.6.4 Zahlungsverzug 67
2.7 Sonstige Verträge des Wirtschaftslebens 67
2.8 Institutionen 69
2.9 Verbraucherschutz 71
2.10 Überwachung der Außenstände 72
2.10.1 Mahnwesen 72
2.10.2 Klageverfahren 74
2.10.3 Zwangsvollstreckung 75
2.10.4 Verjährung 77
2.11 Zahlungsverkehr 78
2.11.1 Arten und Funktionen des Geldes 78
2.11.2 Barzahlung 79
2.11.3 Halbbare Zahlung 79
2.11.4 Bargeldlose Zahlung und moderne Zahlungssysteme 80
2.11.5 Scheck 86
2.11.6 Wechsel 90

3 Ziele und Rahmenbedingungen für unternehmerisches Handeln . . . 97
3.1 Ziele der Unternehmung . . . 97
3.2 Wirtschaftliche Grundtatbestände . . . 98
3.2.1 Bedürfnisse und Güter . . . 98
3.2.2 Produktionsfaktoren . . . 99
3.2.3 Arbeitsteilung . . . 102
3.2.4 Betrieblicher Leistungsprozess . . . 103
3.3 Handelsrechtliche Rahmenbedingungen . . . 105
3.3.1 Kaufleute . . . 105
3.3.2 Firma und Handelsregister . . . 106
3.4 Rechtsformen der Unternehmung . . . 108
3.4.1 Einzelunternehmung . . . 111
3.4.2 Offene Handelsgesellschaft (OHG) . . . 111
3.4.3 Kommanditgesellschaft (KG) . . . 113
3.4.4 Gesellschaft mit beschränkter Haftung (GmbH) . . . 113
3.4.5 Aktiengesellschaft (AG) . . . 115
3.4.6 Genossenschaft . . . 117
3.5 Rechtsstellung der Mitarbeiter . . . 117
3.5.1 Handlungsvollmacht . . . 117
3.5.2 Prokura . . . 119

4 Wirtschaftsordnung, Preisbildung und Wettbewerb . . . 121
4.1 Modelle der Wirtschaftsordnung . . . 121
4.2 Marktarten und Marktformen . . . 123
4.3 Preisbildung auf vollkommenen und unvollkommenen Märkten . . . 123
4.4 Kooperation und Konzentration in der Wirtschaft . . . 128
4.5 Staatliche Wettbewerbspolitik . . . 130

5 Volkswirtschaftliche Gesamtrechnung . . . 135
5.1 Wirtschaftskreislauf . . . 135
5.2 Sozialprodukt und Volkseinkommen . . . 136
5.3 Zahlungsbilanz . . . 138

6 Grundzüge der Wirtschaftspolitik . . . 140
6.1 Hauptziele der Wirtschaftspolitik . . . 140
6.2 Wirtschaftsschwankungen . . . 141
6.3 Konjunkturpolitik . . . 146
6.3.1 Geldpolitik der Europäischen Zentralbank . . . 147
6.3.2 Fiskalpolitik des Staates . . . 151
6.4 Strukturpolitik . . . 153
6.5 Wachstum und Wachstumspolitik . . . 155
6.6 Außenwirtschaft und Außenwirtschaftspolitik . . . 156

7 Steuern . . . 163
7.1 Notwendigkeit der Besteuerung . . . 163
7.2 Einteilung der Steuern . . . 164
7.3 Steuern des Betriebes . . . 165

II. Spezielle Wirtschaftslehre (Industriebetriebslehre)

1 Betrieblicher Leistungsprozess und betriebliche Organisationsstruktur 167

1.1 Informations- und Wertefluss im betrieblichen Leistungsprozess 167
1.1.1 Zielsetzungen des Industriebetriebs 167
1.1.2 Betriebliche Leistungsfaktoren 168
1.1.3 Aufbauorganisation 169
1.1.4 Steuerungsgrößen im Industriebetrieb 174

1.2 Entscheidungs- und Ablaufprozesse im Industriebetrieb 175
1.2.1 Marktorientierung als Grundlage für betriebliches Handeln 175
1.2.2 Ablauforganisation 176
1.2.3 Zusammenwirken betrieblicher Bereiche 178

1.3 Bedeutung umweltbewussten Handelns im Industriebetrieb 179
1.3.1 Zuständigkeiten für den Umweltschutz 180
1.3.2 Prinzipien des Umweltschutzes 180
1.3.3 Rohstoffkreislauf 181
1.3.4 Rechtliche Einflussfaktoren 181

1.4 Standort des Industriebetriebs 182

2 Materialwirtschaft 184

2.1 Aufgaben und Ziele der Materialwirtschaft 184
2.2 Organisation der Materialwirtschaft 185
2.3 Einkauf 186
2.3.1 Beschaffungsplanung 186
2.3.2 Beschaffungsmarktforschung 190
2.3.3 Beschaffungsablauf 192
2.3.4 Angebotsvergleich 193
2.3.5 Vertragsabschluss und Vertragsüberwachung 193
2.4 Stoffeannahme und Stoffeprüfung 195
2.5 Rechnungsprüfung 196
2.6 Lagerung 196
2.6.1 Lagerhaltung und Lagerorganisation 196
2.6.2 Lagerverwaltung (Materialverwaltung) 201
2.6.3 Just-in-time-Verfahren 203
2.6.4 Lagerkennzahlen 204
2.7 Innerbetriebliche Transportsysteme 208
2.8 Termin- und Kapazitätsplanung 209

3 Produktionswirtschaft 210

3.1 Aufgaben und Ziele der Produktionswirtschaft 210
3.2 Organisation der Produktionswirtschaft 211
3.3 Fertigung 211
3.3.1 Produktionsprogramm 211
3.3.2 Fertigungsverfahren 212
3.4 Rationalisierung der Fertigung 216
3.4.1 Einzelmaßnahmen der Rationalisierung 218
3.4.2 Ganzheitliche Rationalisierungskonzepte 220
3.5 Humanisierung der Arbeit 224
3.6 Fertigungsplanung 225
3.6.1 Arbeitsvorbereitung 225
3.6.2 Arbeitsstudien 226

3.6.3 Fertigungskontrolle und Qualitätssicherung . . . 230
3.6.4 Arbeitsbegleitpapiere . . . 232
3.7 Kosten und Beschäftigungsgrad . . . 233
3.7.1 Grundbegriffe . . . 233
3.7.2 Lineare Gesamtkostenfunktion . . . 237
3.7.3 Überproportionale und unterproportionale Kostenfunktionen . . . 242
3.8 Rechtsschutz der Erzeugnisse . . . 244

4 Absatzwirtschaft . . . 246
4.1 Aufgaben und Ziele der Absatzwirtschaft . . . 246
4.2 Absatzförderung (Marketing) . . . 247
4.2.1 Marktforschung . . . 247
4.2.2 Produktpolitik . . . 249
4.2.3 Sortimentspolitik (Produktionsprogrammpolitik) . . . 250
4.2.4 Preispolitik . . . 250
4.2.5 Werbung . . . 252
4.2.6 Distributionspolitik (Vertriebspolitik) . . . 256
4.2.7 Verkaufsförderung . . . 261
4.2.8 Konditionen und Kundendienst . . . 262
4.2.9 Messen, Ausstellungen und Börsen . . . 264
4.3 Verkauf . . . 264
4.4 Versand (Güterbeförderung) . . . 266
4.4.1 Frachtführer . . . 266
4.4.2 Spediteur . . . 273
4.5 Risiken und Versicherungen . . . 274
4.5.1 Risiken im Binnen- und Außenhandel . . . 274
4.5.2 Sach- und Vermögensversicherungen . . . 276
4.6 Exportgeschäfte . . . 278
4.6.1 Aufgaben und Bedeutung des Außenhandels . . . 278
4.6.2 Vertragsvereinbarungen im Außenhandel . . . 279

5 Personalwirtschaft . . . 283
5.1 Aufgaben und Ziele der Personalwirtschaft . . . 283
5.2 Personalführung . . . 284
5.3 Arbeitsorganisation . . . 288
5.3.1 Arbeitszeitmodelle . . . 288
5.3.2 Organisationsformen der Arbeit . . . 291
5.3.3 Personalentwicklung . . . 292
5.4 Einstellen und Ausscheiden von Mitarbeitern . . . 293
5.5 Personalverwaltung . . . 295
5.6 Arbeitsschutz und Unfallverhütung . . . 297
5.7 Lohnformen . . . 297
5.8 Lohn- und Gehaltsabrechnung . . . 302

6 Finanzwirtschaft . . . 304
6.1 Investition . . . 304
6.2 Finanzierung . . . 306
6.3 Kredit und Kreditarten . . . 312
6.4 Kreditsicherung . . . 314
6.4.1 Personalkredit . . . 315
6.4.2 Realkredit . . . 317
6.5 Liquiditätsprobleme . . . 321
6.5.1 Maßnahmen ohne gerichtliche Beteiligung . . . 321

6.5.2 Insolvenzverfahren ... 323
6.5.3 Insolvenzplan ... 326
6.5.4 Verbraucherinsolvenzverfahrens ... 327
6.5.5 Restschuldbefreiung ... 328

III. Datenverarbeitung

1 Aufbau und Funktion eines Datenverarbeitungssystems ... 329
1.1 Aufbau einer Datenverarbeitungsanlage (Hardware) ... 329
1.2 Interne Informationsdarstellung ... 334
1.3 Speichermedien ... 335
1.4 Software ... 339
2 Betriebssystem ... 341
3 Anwendersoftware ... 344
3.1 Datenbank ... 344
3.1.1 Grundlagen der Datenbank ... 344
3.1.2 Arbeiten mit einer Datenbank (dargestellt anhand von Access) ... 346
3.2 Tabellenkalkulation ... 348
3.2.1 Grundlagen der Tabellenkalkulation ... 348
3.2.2 Arbeiten mit der Tabellenkalkulation (dargestellt anhand von Excel) ... 349
3.3 Geschäftsgrafik ... 351
3.3.1 Grundlagen der Geschäftsgrafik ... 351
3.3.2 Arbeiten mit der Geschäftsgrafik (dargestellt anhand von Excel) ... 352
3.4 Projektplanung ... 352
3.4.1 Grundlagen der Projektplanung ... 352
3.4.2 Arbeiten mit der Projektplanung (dargestellt anhand von Project) ... 353
3.5 Textverarbeitung ... 355
3.5.1 Grundlagen der Textverarbeitung ... 355
3.5.2 Arbeiten mit der Textverarbeitung (dargestellt anhand von Word) ... 358
4 Datenmanagement ... 360
4.1 Formen der Datenerfassung und Datenverarbeitung ... 360
4.2 Datenaustausch ... 362
4.3 Datensicherung ... 362
4.4 Kommunikation und Kommunikationsnetze ... 364
4.4.1 Kommunikation ... 364
4.4.2 Kommunikationsnetze ... 364
4.4.3 Anwendungen der Kommunikation ... 367
5 Einsatz der Datenverarbeitung im Betrieb ... 369
6 Rahmenbedingungen und Auswirkungen der Datenverarbeitung ... 371
6.1 Datenschutz ... 371
6.2 Auswirkungen der Datenverarbeitung ... 372
7 Aufgaben ... 374

IV. Wirtschaftsrechnen und Statistik

1 Dreisatz ... 382
2 Währungsrechnen ... 383

2.1 Umrechnung von DM in ausländische Währung 383
2.2 Umrechnung von ausländischer Währung in DM 384

3 Durchschnittsrechnen 385

4 Verteilungsrechnen 386
4.1 Einfaches Verteilungsrechnen 386
4.2 Verteilung von Gewichts- und Wertspesen 386
4.3 Gewinnverteilung 387

5 Prozentrechnen 388
5.1 Prozentrechnen vom Hundert 388
5.2 Prozentrechnen auf Hundert und im Hundert 390

6 Zinsrechnen 391
6.1 Berechnen von Jahres-, Monats- und Tageszinsen 391
6.2 Summarisches Zinsrechnen 392
6.3 Berechnen von Zinssatz, Kapital und Zeit 392
6.4 Zinsrechnen auf Hundert und im Hundert 393
6.5 Effektive Verzinsung bei Gewährung von Skonto 394
6.6 Effektive Verzinsung bei Darlehen 395

7 Diskontrechnen 397

8 Statistik 398
8.1 Tabellen und Diagramme 398
8.2 Kennzahlen 402
8.2.1 Verhältniszahlen 402
8.2.2 Mittelwerte (Durchschnittszahlen) 403

9 Aufgaben 404

V. Buchführung (IKR)

1 Grundlagen der Buchführung 413
1.1 Grundbegriffe 413
1.2 Inventar und Bilanz 416
1.3 Erfolgsermittlung durch Kapitalvergleich 418
1.4 Bestands- und Erfolgskonten 419
1.5 Bestandsveränderungen an fertigen und unfertigen Erzeugnissen 424
1.6 Mehrwertsteuer 425
1.7 Privatkonto 427

2 Buchungen in der Material- und Produktionswirtschaft 428
2.1 Beschaffung und Verbrauch von Werkstoffen 428
2.1.1 Bestandsorientiertes Verfahren 428
2.1.2 Verbrauchsorientiertes Verfahren 429
2.2 Beschaffung von Handelswaren 431
2.2.1 Bestandsorientiertes Verfahren 431
2.2.2 Verbrauchsorientiertes Verfahren 431
2.3 Bezugskosten 432
2.4 Rücksendungen an Lieferer 432
2.5 Boni und Nachlässe von Lieferern 433

3 Buchungen in der Absatzwirtschaft 434

3.1 Verkauf von Erzeugnissen und Dienstleistungen 434

3.2 Verkauf von Handelswaren 434

3.2.1 Bestandsorientiertes Verfahren 434

3.2.2 Verbrauchsorientiertes Verfahren 435

3.3 Versandkosten 436

3.4 Rücksendungen von Kunden 437

3.5 Boni und Nachlässe an Kunden 438

4 Buchungen im Zahlungsverkehr 439

4.1 Ausgleich von Kunden- und Lieferantenrechnungen 439

4.2 Liefererskonti 440

4.3 Kundenskonti 441

4.4 Anzahlungen an Lieferer (geleistete Anzahlungen) 442

4.5 Anzahlungen von Kunden (erhaltene Anzahlungen) 442

4.6 Kreditoren- und Debitorenbuchhaltung (Kontokorrentbuchhaltung) 443

5 Buchungen in der Personalwirtschaft 445

5.1 Löhne und Gehälter 445

5.2 Vermögenswirksame Leistungen 446

5.3 Sonstige Bezüge 448

6 Buchungen in der Anlagenwirtschaft 449

6.1 Kauf von Anlagegütern 449

6.2 Selbsterstellung von Anlagegütern 450

6.3 Methoden der Abschreibung 450

6.4 Planmäßige Abschreibung von Anlagegütern 452

6.5 Verkauf von gebrauchten Anlagegütern 453

6.6 Geringwertige Wirtschaftsgüter 455

6.7 Anlagenspiegel 456

6.8 Anlagenbuchhaltung 457

7 Steuern 459

8 Zeitliche Abgrenzungen 460

8.1 Sonstige Forderungen und sonstige Verbindlichkeiten (antizipative Posten) 460

8.2 Aktive und passive Rechnungsabgrenzungsposten (transitorische Posten) 461

9 Bewertung in der Bilanz 463

9.1 Bewertung des Anlagevermögens 463

9.2 Bewertung des Vorratsvermögens 466

9.3 Bewertung von Forderungen 467

9.3.1 Zweifelhafte Forderungen 467

9.3.2 Uneinbringliche Forderungen 468

9.3.3 Einzelwertberichtigungen zu Forderungen 469

9.3.4 Pauschalwertberichtigungen zu Forderungen 471

9.3.5 Gemischte Bewertung 472

9.3.6 Forderungen in den zu veröffentlichenden Bilanzen von Kapitalgesellschaften 472

9.4 Bewertung der Verbindlichkeiten 473

9.5 Bildung von Rückstellungen 474

10 Jahresabschluss (nach dem Handelsrecht) ... 476
10.1 Grundsätze ordnungsgemäßer Bilanzierung ... 476
10.2 Jahresabschluss der Einzelkaufleute und Personengesellschaften ... 477
10.3 Jahresabschluss der Kapitalgesellschaften ... 478
10.3.1 Bestandteile des Jahresabschlusses ... 478
10.3.2 Bildung von Rücklagen ... 480
10.4 Auswertung des Jahresabschlusses ... 481
10.4.1 Auswertung der Bilanz ... 481
10.4.2 Auswertung der Gewinn- und Verlustrechnung ... 484
10.4.3 Auswertung der Ökobilanz ... 486

11 Aufgaben ... 490
11.1 Buchung nach Geschäftsvorfällen ... 490
11.2 Buchung nach Belegen ... 499

VI. Kosten- und Leistungsrechnung

1 Grundlagen der Kosten- und Leistungsrechnung ... 515

2 Abgrenzungsrechnung (Ergebnistabelle) ... 516

3 Kalkulatorische Kosten ... 520

4 Kostenartenrechnung ... 521

5 Kostenstellenrechnung ... 522
5.1 Betriebsabrechnungsbogen (BAB) ... 522
5.2 Gemeinkosten-Zuschlagssätze (Ist-Zuschlagssätze) ... 524
5.3 Kostenüberdeckung und Kostenunterdeckung ... 525

6 Kostenträgerzeitrechnung ... 527

7 Kostenträgerstückrechnung (Kalkulation) ... 528
7.1 Divisionskalkulation ... 528
7.2 Äquivalenzziffernkalkulation ... 529
7.3 Bezugskalkulation (Angebotsvergleich) ... 530
7.4 Zuschlagskalkulation ... 530
7.4.1 Ermittlung des Angebotspreises (Vorkalkulation) ... 530
7.4.2 Ermittlung des Gewinns (Nachkalkulation) ... 532
7.4.3 Rückwärtskalkulation ... 533
7.5 Kalkulation mit Maschinenstundensätzen ... 534

8 Deckungsbeitragsrechnung ... 537
8.1 Grundlagen der Deckungsbeitragsrechnung ... 537
8.2 Einstufige Deckungsbeitragsrechnung ... 538
8.2.1 Entscheidung über Produktion bzw. Nicht-Produktion von Erzeugnissen ... 538
8.2.2 Preisuntergrenze ... 539
8.2.3 Gewinnschwelle ... 540
8.2.4 Zusatzaufträge ... 541
8.2.5 Produktionsprogramm ... 542
8.2.6 Eigenfertigung oder Fremdbezug ... 543
8.3 Mehrstufige Deckungsbeitragsrechnung ... 544

9 Plankostenrechnung 545
9.1 Grundlagen der Plankostenrechnung 545
9.2 Kostenauflösung 547
9.3 Flexible Plankostenrechnung auf Vollkostenbasis 548
9.4 Flexible Plankostenrechnung auf Teilkostenbasis 550

10 Controlling 552
10.1 Budgetierung 552
10.2 Soll-Ist-Vergleich 553
10.3 Kennzahlensysteme 554
10.4 Berichtswesen 555

11 Aufgaben 557

VII. Handlungsorientierte Aufgaben

Aufgabe 1 bis Aufgabe 11 564

Lösungen Datenverarbeitung 578
Lösungen Wirtschaftsrechnen und Statistik 595
Lösungen Buchführung 601
Lösungen Kosten- und Leistungsrechnung 616
Lösungen handlungsorientierte Aufgaben 623
Sachwortregister 635
Industriekontenrahmen 649
Bilanzgliederung 654
Gliederung der Gewinn- und Verlustrechnung 655

Hinweise zur programmierten Prüfung

Die Industrie- und Handelskammern unterscheiden für ihre kaufmännischen Abschluss- und Zwischenprüfungen in programmierter Form folgende Aufgabenarten:*

- **Mehrfachwahlaufgaben**

  Von mehreren vorgegebenen Antworten ist die richtige Antwort auszuwählen; die Lösungsziffer der richtigen Antwort muss in das Lösungskästchen eingetragen werden.

Wo wird das Handelsregister geführt?		
[1] beim zuständigen Gewerbeaufsichtsamt		
[2] bei der Ortspolizeibehörde		
[3] beim Handelsregisteramt	►	[4]
[4] beim zuständigen Amtsgericht		
[5] bei der zuständigen Industrie- und Handelskammer		

- **Zuordnungsaufgaben**

  Sachlich zusammengehörende Begriffe, Vorgänge, Sachverhalte oder Regeln sind einander zuzuordnen.

Ordnen Sie die eingerahmten Kennziffern von 3 der insgesamt 6 Aufwendungen den 3 Aufwandsarten zu; die entsprechenden Lösungsziffern sind in die Kästchen einzutragen!

Aufwendungen	Aufwandsarten		
[1] Fertigungslöhne	betriebsfremder Aufwand	►	[4]
[2] Gewerbesteuernachzahlung			
[3] Abschreibungen	außerordentlicher Aufwand	►	[5]
[4] Spende an das Rote Kreuz			
[5] Brandschaden	periodenfremder Aufwand	►	[2]
[6] Bürokosten			

- **Reihenfolgeaufgaben**

  Elemente eines Sachverhaltes bzw. Vorganges, die ungeordnet vorgegeben sind, müssen in die richtige Reihenfolge gebracht werden; die Ziffern werden der Reihenfolge entsprechend in die Kästchen eingetragen.

Bringen Sie die folgenden Stufen des Organisationskreislaufes in die richtige Reihenfolge, indem Sie die Ziffern 1 bis 5 in die Kästchen eintragen!

Planung des Sollzustandes	►	[3]
Kritik des Istzustandes	►	[2]
Ermittlung des Istzustandes	►	[1]
Kontrolle	►	[5]
Realisation des Sollplans	►	[4]

* Vgl. Merkblatt für die Teilnehmer an der Prüfung der Industrie- und Handelskammer, hrsg. von der Industrie- und Handelskammer Nürnberg.

- **Offen-Antwort-Aufgaben**

  Die auszurechnende Größe muss in das vorgesehene Lösungsfeld eingetragen werden.

Aufgabe	Lösung
Nach einer Preiserhöhung von 12 % beträgt der Preis einer Ware 143,36 DM. Wie viel DM beträgt die Preiserhöhung? ▶	Komma DM Pf [1][5],[3][6]

- **Kontierungsaufgaben**

  Zu vorgegebenen Geschäftsfällen bzw. Belegen muss der Buchungssatz gebildet werden, indem die Kennziffern für die anzurufenden Konten in die Lösungskästchen eingetragen werden.

Barkauf von Büromaterial	Soll	Haben
[1] Umsatzsteuer	[3]	[5]
[2] Vorsteuer	[2]	[ ]
[3] Büromaterial		
[4] Bank		
[5] Kasse		
[6] Forderungen		

I. Allgemeine Wirtschaftslehre (Wirtschafts- und Sozialkunde)

1 Rechtliche und soziale Rahmenbedingungen menschlicher Arbeit im Betrieb

1.1 Mitarbeiter im Betrieb

1	Welche Anforderungen werden an die Mitarbeiter im Betrieb gestellt?	Die Anforderungen, welche an die Mitarbeiter gestellt werden, bezeichnet man auch als **Schlüsselqualifikationen;** darunter versteht man grundsätzliche Kenntnisse und Fähigkeiten eines Arbeitnehmers, die ihn befähigen, Aufgabenstellungen und Problemfälle zu lösen. Man unterscheidet z. B. folgende Kategorien von Schlüsselqualifikationen: 1. **Sozialkompetenz,** z. B. ● Kontakt- und Kommunikationsfähigkeit, ● Kooperationsbereitschaft und Teamgeist, ● Integrationsfähigkeit, ● Verantwortungsbewusstsein und Zuverlässigkeit, ● Überzeugungskraft; 2. **Methodenkompetenz,** z. B. ● abstraktes und analytisches Denken sowie Denken in Zusammenhängen (integratives Denken), ● Konzentrationsvermögen und Ausdauer, ● Kreativität und Flexibilität; 3. **Handlungskompetenz,** z. B. ● Entscheidungsfreudigkeit, ● Motivation, ● Durchsetzungsvermögen, ● Eigeninitiative, Selbstständigkeit und Selbstbewusstsein, ● zeitorientiertes und prozessorientiertes Handeln, ● Präsentationsfähigkeit und Formulierungsvermögen; 4. **Fachkompetenz,** z. B. ● berufliches Fachwissen (z. B. Kosten- und Leistungsbewusstsein sowie Kunden- und Wettbewerbsorientierung), ● berufliche Fertigkeiten.
2	Unterscheiden Sie leitende und ausführende Tätigkeit!	Merkmale **leitender Tätigkeit** (dispositive Tätigkeit) sind Planung, Organisation, Entscheidung und Kontrolle; Beispiele sind Geschäftsführer(in), Werkleiter(in), Filialleiter(in), Abteilungsleiter(in). Wichtigstes Merkmal **ausführender Tätigkeit** ist die eigenverantwortliche Ausführung von angeordneten Aufgaben (Anweisungen); Beispiele sind: Facharbeiter(in), Sachbearbeiter(in).

2 Groh/Schröer – ISBN 3-8120-0420-8

3 Unterscheiden Sie Angestellte und Arbeiter!

Angestellte

- verrichten überwiegend geistige Arbeit (in der Verwaltung),
- beziehen Gehalt (Bezahlung nach Zeit),
- sind versicherungspflichtig in der Angestelltenrentenversicherung.

Arbeiter

- verrichten vorwiegend körperliche Arbeit (in der Produktion),
- beziehen Lohn (Zeit- oder Leistungslohn),
- sind versicherungspflichtig in der Arbeiterrentenversicherung.

4 Wer ist leitender Angestellter nach dem Betriebsverfassungsgesetz?

Leitender Angestellter nach dem Betriebsverfassungsgesetz ist, wer

- selbstständig Beschäftigte einstellen und entlassen darf,
- Generalvollmacht oder Prokura hat,
- im Wesentlichen eigenverantwortlich unternehmerische Aufgaben erfüllt.

Für die leitenden Angestellten gelten die Vorschriften des Betriebsverfassungsgesetzes nicht, z.B. dürfen sie bei der Betriebsratswahl nicht wählen und nicht gewählt werden.

5 Wer ist Handlungsgehilfe?

Handlungsgehilfe (kaufmännischer Angestellter) ist, wer in einem Handelsgewerbe zur Leistung kaufmännischer Dienste gegen Entgelt angestellt ist, z.B. Buchhalter, Kassierer, Einkäufer.

6 Welche Rechte hat der kaufmännische Angestellte?

Der **kaufmännische Angestellte** hat das Recht auf

- Vergütung der geleisteten Dienste,
- Fürsorge durch den Arbeitgeber,
- Gewährung von Urlaub,
- Beschäftigung im Rahmen des Arbeitsvertrages,
- Ausstellung eines Zeugnisses (auf Wunsch des Arbeitnehmers mit Angaben über Führung und Leistung = qualifiziertes Zeugnis).

7 Welche Pflichten hat der kaufmännische Angestellte?

Der kaufmännische Angestellte hat folgende Pflichten:

- Dienstleistungspflicht (die vereinbarte Arbeit ist persönlich zu erbringen),
- Treuepflicht (voller Einsatz für das Unternehmen),
- Verbot der Annahme von Schmiergeldern,
- Pflicht zur Wahrung der Betriebsgeheimnisse,
- Wettbewerbsverbot.

Kommt der Arbeitnehmer seinen Pflichten nicht nach, kann der Arbeitgeber eine **Abmahnung** aussprechen; dies ist oft Voraussetzung für die Kündigung (siehe Seite 27 f.).

8 Was ist Wettbewerbsverbot?

Das HGB unterscheidet:

- **gesetzliches Wettbewerbsverbot** (Konkurrenzverbot): Der kaufmännische Angestellte darf ohne Einwilligung des

Arbeitgebers kein Handelsgewerbe betreiben und im Geschäftszweig des Arbeitgebers nicht für eigene oder fremde Rechnung Geschäfte machen.

Bei Verletzung des gesetzlichen Wettbewerbsverbots hat der Arbeitgeber das Recht zur fristlosen Entlassung und das Recht auf Schadensersatz.

(Das gesetzliche Wettbewerbsverbot gilt sinngemäß für die Gesellschafter der OHG.)

- **vertragliches Wettbewerbsverbot** (Konkurrenzklausel): Durch eine vertragliche Vereinbarung wird sichergestellt, dass der Angestellte nach Beendigung des Dienstverhältnisses seine Kenntnisse nicht zum Nachteil des ehemaligen Arbeitgebers einsetzt (z. B. Bierbrauer).

  Der Arbeitgeber muss dem Arbeitnehmer für dieses auf höchstens zwei Jahre befristete Wettbewerbsverbot eine Entschädigung zahlen.

1.2 Berufsausbildungsvertrag

9 Welche Aufgabe hat das Berufsbildungsgesetz?

Das **Berufsbildungsgesetz** regelt die Berufsausbildung einschließlich des Prüfungswesens. (Daneben gelten die Bestimmungen für den Arbeitsvertrag und insbesondere das Jugendarbeitsschutzgesetz.)

10 Welchen Inhalt hat der Berufsausbildungsvertrag?

Der Ausbildende hat unverzüglich nach Abschluss des **Berufsausbildungsvertrages** den wesentlichen Inhalt des Vertrages schriftlich niederzulegen.

Der Vertrag muss Angaben enthalten über:

- Ausbildungsberuf,
- Beginn und Dauer der Berufsausbildung,
- tägliche Arbeitszeit,
- Dauer der Probezeit,
- Ausbildungsvergütung,
- Urlaubsdauer,
- Kündigungsvoraussetzungen,
- Pflichten des Auszubildenden.

Der Vertrag ist von dem Ausbildenden, dem Auszubildenden und dessen gesetzlichem Vertreter zu unterzeichnen.

11 Nennen Sie Pflichten des Ausbildenden!

Zu den Pflichten des **Ausbildenden** zählen:

- Ausbildung entsprechend dem Vertrag (untersagt sind z. B. Beschäftigungen, die nicht dem Ausbildungszweck dienen),
- Freistellung für den Berufsschulunterricht und Überwachung des Schulbesuchs,
- angemessene Vergütung,
- Ausstellung eines Zeugnisses nach Beendigung der Ausbildung.

12 Nennen Sie Pflichten des Auszubildenden!

Zu den Pflichten des **Auszubildenden** zählen:

- sorgfältige Ausführung übertragener Arbeiten,
- Befolgung von Anordnungen weisungsberechtigter Personen,
- Wahrung von Betriebsgeheimnissen,
- regelmäßiger Besuch der Berufsschule.

13 Wie ist die Probezeit geregelt?

Die **Probezeit** muss mindestens einen Monat und darf höchstens drei Monate betragen. Das Ausbildungsverhältnis kann in dieser Zeit von beiden Seiten jederzeit und ohne Angabe von Gründen gekündigt werden.

14 Wie ist die Vergütung geregelt?

Für die **Vergütung** des Auszubildenden gilt:

- Die Vergütung ist so zu bemessen, dass sie mit fortschreitender Berufsausbildung, mindestens jährlich, ansteigt;
- Überstunden sind besonders zu vergüten;
- die Vergütung ist auch zu zahlen z. B. für die Zeit der Freistellung (Berufsschulunterricht, Prüfungen), bei Krankheit des Auszubildenden (bis zur Dauer von sechs Wochen).

15 Wie ist die Kündigung geregelt?

Die **Kündigung** des Ausbildungsverhältnisses kann nach der Probezeit nur (schriftlich) vorgenommen werden

- aus einem wichtigen Grund (z. B. Arbeitsverweigerung) ohne Einhaltung einer Kündigungsfrist,
- vom Auszubildenden mit einer Kündigungsfrist von vier Wochen bei Aufgabe der Berufsausbildung bzw. beim Wechsel in eine andere Berufsausbildung.

Wird das Berufsausbildungsverhältnis nach der Probezeit vorzeitig gelöst, so kann der Ausbildende oder der Auszubildende Ersatz des Schadens verlangen, wenn der andere den Grund für die Auflösung zu vertreten hat.

16 Nennen Sie wichtige Vorschriften für die Ausstellung eines Zeugnisses!

Der Ausbildende hat dem Auszubildenden bei Beendigung des Berufsausbildungsverhältnisses ein **Zeugnis** auszustellen. Es muss Angaben enthalten über

- Art, Dauer und Ziel der Berufsausbildung;
- die erworbenen Fertigkeiten und Kenntnisse des Auszubildenden.

Auf Wunsch des Auszubildenden sind aufzunehmen Angaben über

- Führung und Leistung,
- besondere fachliche Fähigkeiten.

17 Wann endet das Berufsausbildungsverhältnis?

Die **Beendigung des Ausbildungsverhältnisses** erfolgt

- mit dem Ablauf der Ausbildungszeit;
- mit Bestehen der Abschlussprüfung, wenn der Auszubildende vor Ablauf der Ausbildungszeit die Abschlussprüfung besteht;

- bei nicht bestandener Abschlussprüfung nach der nächstmöglichen Wiederholungsprüfung, wenn der Auszubildende dies verlangt (die Ausbildungszeit wird höchstens um ein Jahr verlängert).

18 Welche Bedeutung hat die Berufsausbildungsverordnung?

Die **Berufsausbildungsverordnung** enthält Vorschriften, die sich auf eine ganz bestimmte Berufsausbildung beziehen (z. B. die Verordnung über die Berufsausbildung zum Industriekaufmann/zur Industriekauffrau). Im Gegensatz zu dieser Rechtsverordnung beinhaltet das Berufsbildungsgesetz Regelungen, die allgemein für die Berufsausbildung gelten.

Unter **Ausbildung** versteht man die berufliche Erstausbildung; diese erfolgt i. d. R. nach dem Schulabschluss. Da die Ausbildung sowohl in der Berufsschule als auch im Betrieb erfolgt, spricht man vom **dualen Ausbildungssystem.**

Die Verordnung über die Berufsausbildung zum Kaufmann/zur Kauffrau im Groß- und Außenhandel enthält z. B. folgende Vorschriften:

- staatliche Anerkennung des Ausbildungsberufs;
- Ausbildungsdauer (drei Jahre);
- Ausbildungsberufsbild, festgelegt sind zu vermittelnde Fertigkeiten und Kenntnisse;
- Ausbildungsrahmenplan, umfasst Anleitungen zur sachlichen und zeitlichen Gliederung der Berufsausbildung;
- Ausbildungsplan, wird vom Ausbildenden erstellt;
- Berichtsheft, ist vom Auszubildenden zu führen (ist während der Ausbildungszeit möglich);
- Zwischenprüfung, soll in der Mitte des zweiten Ausbildungsjahres durchgeführt werden;
- Abschlussprüfung, festgelegt sind Prüfungsfächer, Prüfungsdauer und Bestehen der Prüfung.

1.3 Arbeitsvertrag

19 Welche Quellen des Arbeitsrechts gibt es?

Das **Arbeitsrecht** hat folgende Quellen:

1. Gesetze,
   - allgemeine Gesetze, z. B. BGB, HGB, Gewerbeordnung;
   - spezielle arbeitsrechtliche Gesetze, z. B. Betriebsverfassungsgesetz, Tarifvertragsgesetz, Arbeitszeitgesetz, Mitbestimmungsgesetze, Bundesausbildungsförderungsgesetz;
2. Verträge,
   - Einzelarbeitsverträge (Individualarbeitsrecht),
   - Betriebsvereinbarungen (Kollektivarbeitsrecht),
   - Tarifverträge (Kollektivarbeitsrecht).

20 Welche Gerichte sind für das Arbeitsrecht zuständig?

Für Rechtsstreitigkeiten aus einem Arbeitsverhältnis sind in erster Instanz die **Arbeitsgerichte** zuständig. Berufungsinstanz für deren Urteile ist das Landesarbeitsgericht, Revisionsinstanz ist das Bundesarbeitsgericht (in Kassel).

1.3.1 Einzelarbeitsvertrag

21 Was ist ein Einzelarbeitsvertrag?

Der **Einzelarbeitsvertrag** (individueller Arbeitsvertrag), der i.d.R. ein Dienstvertrag ist, wird zwischen dem einzelnen Arbeitnehmer und dem einzelnen Arbeitgeber geschlossen. Er regelt nur das Arbeitsverhältnis zwischen diesen Personen. Er enthält u.a. Abmachungen über Art der Beschäftigung, Lohnhöhe, Arbeitszeit.

Gesetzliche Bestimmungen, Bedingungen der Tarifverträge und der Betriebsvereinbarungen dürfen in Einzelarbeitsverträgen nur zugunsten des Arbeitnehmers abgeändert werden (**Begünstigungsprinzip,** Günstigkeitsprinzip).

Wird die Dauer des Arbeitsverhältnisses bei Vertragsabschluss vereinbart, spricht man von einem **befristeten Arbeitsvertrag.** Dieser Vertrag endet durch Zeitablauf; eine Kündigung ist nicht notwendig.

1.3.2 Betriebsvereinbarung

22 Was ist eine Betriebsvereinbarung?

Die **Betriebsvereinbarung** (kollektiver Arbeitsvertrag, Gruppenarbeitsvertrag) wird zwischen dem Arbeitgeber und dem Betriebsrat eines bestimmten Betriebes getroffen. Sie muss schriftlich niedergelegt und an geeigneter Stelle im Betrieb ausgelegt werden. Die Betriebsvereinbarung regelt die Ordnung und auch einzelne Angelegenheiten des betreffenden Betriebes, z.B. Beginn und Ende der täglichen Arbeitszeit (z.B. auch die gleitende Arbeitszeit) und der Pausen, Aufstellung eines Urlaubsplanes, Maßnahmen zur Verhütung von Arbeitsunfällen, das Verhalten der Arbeitnehmer im Betrieb.

Die Betriebsvereinbarung ergänzt die Bestimmungen des Tarifvertrages, die als Mindestbestimmungen beachtet werden müssen.

23 Was ist ein Sozialplan?

Der **Sozialplan** ist eine Vereinbarung zwischen Arbeitgeber und Betriebsrat (Sonderform der Betriebsvereinbarung), die getroffen wird, um die wirtschaftlichen Nachteile der Arbeitnehmer bei geplanten Betriebsveränderungen (z.B. Rationalisierung, Betriebsstilllegung) zu mildern. Der Sozialplan enthält insbesondere Regelungen über Abfindungen bei vorzeitiger Entlassung und über Zuschüsse bei vorzeitiger Pensionierung.

1.3.3 Tarifvertrag

24 Wer sind die Tarifpartner?

Tarifpartner (Sozialpartner) sind:

1. die Gewerkschaften als Vereinigungen der Arbeitnehmer,
   - der Deutsche Gewerkschaftsbund (DGB) umfasst als Spitzenverband mehrere selbstständige Gewerkschaften, gegliedert nach dem Industrieverbandsprinzip, z. B. Industriegewerkschaft (IG) Metall oder IG Bauen – Agrar – Umwelt;
   - die Deutsche Angestelltengewerkschaft (DAG) umfasst nur die Berufsgruppen der Angestellten, gegliedert nach Fachgruppen, z. B. Banken und Sparkassen, öffentlicher Dienst;
   - der Deutsche Beamtenbund u. a.;
2. einzelne Arbeitgeber (größere Unternehmen wie z. B. das Volkswagenwerk) oder Zusammenschlüsse der Arbeitgeber (Arbeitgeberverbände); die Arbeitgeberverbände sind zusammengefasst in der Bundesvereinigung der Deutschen Arbeitgeberverbände (BDA).

25 Welche Aufgaben haben die Gewerkschaften?

Die **Gewerkschaften** haben die Aufgabe, die sozialen und wirtschaftlichen Lebensbedingungen der Arbeitnehmer zu verbessern und deren Interessen den Arbeitgebern gegenüber wahrzunehmen. Folgende Einzelaufgaben ergeben sich daraus:

- Verbesserung der Arbeitsbedingungen,
- Lohnsteigerungen (Arbeitnehmer sollen mit ihrem Einkommen am Wirtschaftswachstum beteiligt werden),
- Ausbau der staatlichen Sozialversicherung,
- Förderung der Vermögensbildung der Arbeitnehmer,
- Führen von Tarifverhandlungen mit den Arbeitgebern,
- Vertretung der Arbeitnehmer vor Arbeitsgerichten,
- Bekämpfung der Arbeitslosigkeit,
- Sicherung der Arbeitsplätze.

26 Welche Aufgaben haben die Arbeitgeberverbände?

Die **Arbeitgeberverbände** haben die Aufgabe, die arbeitsrechtlichen und sozialpolitischen Interessen ihrer Mitglieder wahrzunehmen. Im Einzelnen sind es folgende Aufgaben:

- Führen von Tarifverhandlungen mit den Gewerkschaften,
- arbeitsrechtliche Beratung,
- Beobachtung und Lenkung des Arbeitsmarktes,
- soziale Betriebsgestaltung,
- internationale Sozialpolitik.

27 Was sind Tarifverhandlungen?

Tarifverhandlungen sind Verhandlungen tariffähiger Parteien (Tarifvertragsparteien), d. h. der Arbeitgeber oder Arbeitgeberverbände einerseits und der Gewerkschaften andererseits, mit dem Ziel, Tarifverträge entsprechend dem Tarifvertragsgesetz (TVG) abzuschließen.

Tarifverhandlungen enden i. d. R. mit einem Kompromiss zwischen den Forderungen der Gewerkschaften und den Vorstellungen der Arbeitgeber.

28 Was ist ein Tarifvertrag?

Der **Tarifvertrag** ist ein kollektiver Arbeitsvertrag und er wird zwischen den Tarifpartnern abgeschlossen. Er regelt die Arbeitsverhältnisse und Arbeitsbedingungen für alle unter seinen Geltungsbereich fallende Personen (Tarifgebiet).

Man unterscheidet

1. nach dem Inhalt des Tarifvertrages,
   - Mantel-Tarifvertrag (Rahmen-Tarifvertrag),
   - Lohn- und Gehalts-Tarifvertrag;
2. nach den beteiligten Tarifpartnern,
   - Haus-Tarifvertrag (Firmen-Tarifvertrag),
   - Verbands-Tarifvertrag;
3. nach dem Tarifgebiet,
   - Werks-Tarifvertrag,
   - Bezirks-Tarifvertrag.

29 Unterscheiden Sie Mantel-Tarifvertrag und Lohn-Tarifvertrag!

Der **Mantel-Tarifvertrag** (Rahmen-Tarifvertrag) regelt bestimmte Arbeitsbedingungen für eine längere Zeit (i. d. R. 3 bis 5 Jahre), z. B. Bestimmungen über Arbeitszeit, Mehrarbeit, Sonn- und Feiertagsarbeit, Urlaubsdauer, Kündigungsfristen (die über die gesetzlichen Regelungen hinausgehen).

Der **Lohn- und Gehalts-Tarifvertrag** legt die Löhne und Gehälter der Arbeiter und Angestellten (sowie die Ausbildungsvergütung) fest und staffelt sie nach der Vorbildung der Arbeitnehmer und nach dem Schwierigkeitsgrad ihrer Arbeit in bestimmte Lohn- und Gehaltsgruppen. Lohn- und Gehalts-Tarifverträge haben eine kürzere Laufzeit als der Mantel-Tarifvertrag, i. d. R. ein Jahr.

30 Was versteht man unter Ecklohn?

In den Lohntarifen wird häufig der so genannte **Ecklohn** festgelegt; er ist der Normallohn für einen 21-jährigen Facharbeiter der untersten Tarifgruppe. Er bildet die Grundlage für die Berechnung der Grundlöhne für die anderen Lohngruppen.

31 Unterscheiden Sie Haus- und Verbands-Tarifvertrag!

Beim **Haus-Tarifvertrag** (Firmen-Tarifvertrag) sind ein Unternehmen und die betroffene Gewerkschaft die Tarifpartner; dieser Tarifvertrag gilt nur für das eine Unternehmen (z. B. schließt das Volkswagenwerk einen Tarifvertrag mit der IG Metall).

Beim **Verbands-Tarifvertrag** (auch Flächen-Tarifvertrag genannt) sind ein Arbeitgeberverband und die betroffene Gewerkschaft die Tarifpartner; dieser Tarifvertrag gilt für alle Unternehmen in einer Region, die dem Verband angehören (z. B. schließt der Arbeitgeberverband der Bauwirtschaft des Saarlandes einen Tarifvertrag mit der Gewerkschaft Bauen – Agrar – Umwelt).

32 Unterscheiden Sie Werks- und Bezirks-Tarifvertrag!

Der **Werks-Tarifvertrag** gilt nur für ein Unternehmen; er entspricht damit dem Haus-Tarifvertrag.

Der **Bezirks-Tarifvertrag** (auch Flächen-Tarifvertrag genannt) gilt für Unternehmen eines Wirtschaftszweigs (Branche) innerhalb eines bestimmten Tarifbezirks.

33 Für welchen Personenkreis gelten Tarifverträge?

Tarifverträge gelten zunächst nur für die Mitglieder der Tarifvertragsparteien. Auf Antrag einer der am Tarifvertrag beteiligten Parteien kann ein Tarifvertrag jedoch auch durch den Bundesminister für Arbeit und Sozialordnung für allgemein verbindlich erklärt werden, wenn

- die Allgemeinverbindlichkeit im öffentlichen Interesse liegt,
- die tarifgebundenen Arbeitgeber mindestens 50 % der unter den Geltungsbereich des Vertrages fallenden Arbeitnehmer beschäftigen.

Durch die **Allgemeinverbindlichkeitserklärung** gilt der Tarifvertrag für alle Arbeitgeber und Arbeitnehmer einer bestimmten Berufssparte, gleichgültig, ob sie einem Arbeitgeberverband bzw. einer Gewerkschaft angehören oder nicht.

34 Was versteht man unter Tarifbindung?

Tarifbindung bedeutet, dass die Mitglieder der Tarifvertragsparteien (betroffene Unternehmen und Gewerkschaften) an die Vereinbarungen des Tarifvertrages gebunden sind. Die Bestimmungen des Tarifvertrages stellen Mindestbedingungen (z. B. Mindestlöhne, Mindesturlaubstage) dar; sie dürfen nur zugunsten der Arbeitnehmer abgeändert werden **(Begünstigungsprinzip, Günstigkeitsprinzip).**

35 Was versteht man unter Tarifautonomie?

Tarifautonomie bedeutet, dass der Tarifvertrag durch freie Vereinbarung der (unabhängigen) Tarifvertragsparteien ohne Mitwirkung einer staatlichen Stelle zustande kommt. Ein wichtiger Bestandteil der Tarifautonomie ist das Streikrecht (festgelegt im Grundgesetz).

Ein Verstoß gegen die Tarifautonomie stellt z. B. das Eingreifen der Regierung in laufende Tarifverhandlungen dar.

36 Was ist Schlichtung?

Schlichtung ist ein Verfahren zur Beilegung von Streitigkeiten zwischen Gewerkschaften und Arbeitgebern (bzw. Arbeitgeberverbänden) bei Tarifverhandlungen.

Zum Arbeitskampf wird i. d. R. erst dann aufgerufen, wenn die Vermittlungsbemühungen des unparteiischen Schlichters (häufig Personen des öffentlichen Lebens, z. B. Landesarbeitsminister) gescheitert sind.

37 Was ist Urabstimmung?

Urabstimmung ist die Meinungsbefragung der (gewerkschaftlich organisierten) Arbeitnehmer durch die Gewerkschaften vor der Durchführung eines Streiks (mindestens 75 % der befragten Gewerkschaftsmitglieder müssen dem Streikvorhaben zustimmen).

38 Unterscheiden Sie Streik und Aussperrung!

Streik und Aussperrung sind rechtlich zulässige Mittel des Arbeitskampfes zur Durchsetzung bestimmter Forderungen.

Streik ist die gemeinsame, gleichzeitige und planmäßige Arbeitsniederlegung mehrerer Arbeitnehmer eines Betriebes oder eines Wirtschaftszweiges. Unterschieden werden:

- organisierter (von den Gewerkschaften geleiteter) Streik,
- nicht organisierter (wilder) Streik,
- Teilstreik (umfasst nur einen Teil der Betriebe),
- Generalstreik (umfasst alle Betriebe),
- Warnstreik,
- Sympathiestreik (für andere streikende Arbeitnehmer).

Aussperrung ist die planmäßige Ausschließung der Arbeitnehmer von der Arbeit. Durch die Aussperrung werden die Arbeitsverträge durch den Arbeitgeber vorübergehend aufgehoben, d. h., die Rechte und Pflichten aus dem Arbeitsverhältnis gelten nicht mehr.

Man unterscheidet:

- Angriffsaussperrung (selten),
- Abwehraussperrung (Reaktion auf ausgebrochenen Streik).

39 Was ist Friedenspflicht?

Friedenspflicht bedeutet, dass die Tarifparteien während der Gültigkeit des Tarifvertrages den Arbeitsfrieden wahren müssen, d. h. keine Kampfmaßnahmen gegen die Vereinbarungen ergreifen dürfen.

1.4 Arbeitsschutzbestimmungen

40 Was versteht man unter Arbeitsschutz?

Arbeitsschutz ist der den Arbeitnehmern durch rechtliche Vorschriften (Arbeitsschutzvorschriften) gewährte Schutz vor negativen Folgen, die sich aus der Arbeit ergeben.

Die Überwachung der Arbeitsschutzvorschriften erfolgt durch die Gewerbeaufsichtsämter und die Berufsgenossenschaften.

41 Nennen Sie wichtige Arbeitsschutzvorschriften (Überblick)!

Wichtige **Arbeitsschutzvorschriften** sind:

- Kündigungsschutzgesetz,
- Jugendarbeitsschutzgesetz,
- Mutterschutzgesetz,
- Bundeserziehungsgeldgesetz,
- Bundesurlaubsgesetz,
- Arbeitszeitgesetz,
- Entgeltfortzahlungsgesetz,
- Arbeitsförderungsgesetz,
- Bundesausbildungsförderungsgesetz,
- Schwerbehindertengesetz,
- Arbeitssicherheitsgesetz,
- Reichsversicherungsordnung,
- Arbeitsstättenverordnung.

42 Welche Arten der Kündigung gibt es (Überblick)?

Man unterscheidet folgende Arten der Kündigung:

1. ordentliche Kündigung,
   - gesetzliche Kündigung,
   - vertragliche Kündigung,
2. außerordentliche Kündigung.

43 Was ist gesetzliche Kündigung?

Das Arbeitsverhältnis eines Arbeiters oder eines Angestellten (Arbeitnehmer) kann mit einer Frist von 4 Wochen zum Fünfzehnten oder zum Ende eines Kalendermonats gekündigt werden (**gesetzliche Kündigungsfrist** lt. BGB).

Während einer vereinbarten **Probezeit,** längstens für die Dauer von 6 Monaten, kann das Arbeitsverhältnis mit einer Frist von 2 Wochen gekündigt werden (lt. BGB).

44 Was ist vertragliche Kündigung?

Abweichend von der gesetzlichen Regelung kann die Kündigung im Arbeitsvertrag (einzelvertraglich) lt. BGB gesondert festgelegt sein.

Die **vertragliche Kündigung** besagt, dass die Kündigungsfrist

- unter 4 Wochen liegen kann, wenn ein Arbeitnehmer zur vorübergehenden Aushilfe (weniger als 3 Monate) eingestellt ist,
- für Arbeitgeber und Arbeitnehmer gleich lang sein muss,
- länger sein kann als die gesetzliche Kündigungsfrist.

45 Was ist fristlose Kündigung?

Die **fristlose Kündigung** kann im Gegensatz zur ordentlichen Kündigung nur bei einem wichtigen Grund ausgesprochen werden. Beispiele sind: Ehrverletzungen oder Tätlichkeiten des Arbeitgebers oder Arbeitnehmers, Pflichtverletzungen wie Arbeitsverweigerung oder fehlende Entlohnung.

46 Was bedeutet der allgemeine Kündigungsschutz?

Die wichtigste Bestimmung des **Kündigungsschutzes** (geregelt im Kündigungsschutzgesetz) besagt, dass Arbeitnehmern nur dann gekündigt werden darf, wenn die Kündigung sozial gerechtfertigt ist. Das bedeutet, eine Kündigung ist unwirksam, wenn sie nicht

- durch die Person oder das Verhalten des Arbeitnehmers oder
- durch dringende wirtschaftliche Erfordernisse bedingt ist.

Hält der Arbeitnehmer eine Kündigung für sozial ungerechtfertigt, so muss er innerhalb von 3 Wochen nach Zugang der Kündigung Klage beim Arbeitsgericht erheben **(Kündigungsschutzklage).**

47 Wer genießt besonderen Kündigungsschutz?

Besonderen Kündigungsschutz genießen

- Betriebsratsmitglieder und Jugendvertreter: Ihnen kann während ihrer Amtszeit nicht gekündigt werden, es sei denn, es liegt ein wichtiger Grund vor (Kündigungsschutzgesetz);

- werdende Mütter: Ihnen darf während der Schwangerschaft und vier Monate nach der Geburt nicht gekündigt werden (Mutterschutzgesetz);
- Schwerbehinderte: dürfen nur mit Zustimmung der Hauptfürsorgestelle entlassen werden (Schwerbehindertengesetz);
- langjährig beschäftigte Angestellte und Arbeiter: Die Kündigungsfrist ist nach der Beschäftigungsdauer gestaffelt (BGB).

48 Welche Kündigungsfristen gibt es für langjährig beschäftigte Arbeiter und Angestellte?

Für eine Kündigung durch den Arbeitgeber beträgt die Kündigungsfrist, und zwar jeweils zum Monatsende, für folgende Beschäftigungsdauer im Unternehmen:

- 2 Jahre: 1 Monat,
- 5 Jahre: 2 Monate,
- 8 Jahre: 3 Monate,
- 10 Jahre: 4 Monate,
- 12 Jahre: 5 Monate,
- 15 Jahre: 6 Monate,
- 20 Jahre: 7 Monate.

Bei der Berechnung der Beschäftigungsdauer werden Zeiten, die vor Vollendung des 25. Lebensjahres des Arbeitnehmers liegen, nicht berücksichtigt.

49 Nennen Sie wichtige Bestimmungen des Jugendarbeitsschutzgesetzes!

Das **Jugendarbeitsschutzgesetz,** das für alle Beschäftigten unter 18 Jahren gilt, beinhaltet z. B.

- das Verbot der Beschäftigung von Kindern (Personen unter 15 Jahren),
- das Beschäftigungsverbot für die Zeit zwischen 20:00 Uhr und 06:00 Uhr (Ausnahmeregelung für Jugendliche über 16 Jahre in Gastwirtschaften, Bäckereien usw.),
- das grundsätzliche Verbot der Samstags-, Sonn- und Feiertagsarbeit (Ausnahmen: Einzelhandel, Gaststätten usw.),
- die Fünf-Tage-Woche,
- die Arbeitszeit (i. d. R. nicht mehr als 8 Stunden täglich und 40 Stunden wöchentlich),
- die Urlaubsregelung (z. B. mindestens 30 Werktage, wenn der Jugendliche zu Beginn des Kalenderjahres noch nicht 16 Jahre alt ist; mindestens 27 Werktage, wenn er noch nicht 17 Jahre alt ist; mindestens 25 Werktage, wenn er noch nicht 18 Jahre alt ist),
- die Pausenregelung (im Voraus feststehende Ruhepausen von angemessener Dauer müssen gewährt werden), die Ruhepausen müssen mindestens betragen 30 Minuten bei einer Arbeitszeit von mehr als viereinhalb sowie 60 Minuten bei einer Arbeitszeit von mehr als 6 Stunden,
- die Teilnahme am Berufsschulunterricht; der Arbeitgeber hat den Jugendlichen für die Teilnahme am Berufsschulunterricht freizustellen,

- die Beschäftigung an Berufsschultagen; der Arbeitgeber darf den Jugendlichen nicht beschäftigen an einem Berufsschultag mit mehr als fünf Unterrichtsstunden von mindestens 45 Minuten, und zwar einmal in der Woche (diese Regelung gilt nicht für Auszubildende über 18 Jahre, auch wenn sie berufsschulpflichtig sind),
- das Verbot der Akkord- und Fließbandarbeit.

50 Nennen Sie wichtige Bestimmungen des Mutterschutzgesetzes!

Das **Mutterschutzgesetz** regelt z. B.

- das Beschäftigungsverbot für die Zeit von 6 Wochen vor bis 8 Wochen nach der Niederkunft (Schutzfrist);
- den Kündigungsschutz, der für die Zeit während der Schwangerschaft und für 4 Monate danach gilt;
- das Verbot schwerer körperlicher Arbeiten, der Akkord- und Fließbandarbeit für werdende Mütter;
- das Verbot der Mehrarbeit, der Nachtarbeit und der Sonn- und Feiertagsarbeit für werdende und stillende Mütter.

51 Nennen Sie wichtige Bestimmungen des Bundeserziehungsgeldgesetzes!

Das **Bundeserziehungsgeldgesetz** regelt z. B.

- Berechtigte für Erziehungsgeld: Anspruch auf Erziehungsgeld hat, wer mit einem Kind in einem Haushalt lebt und es selbst betreut;
- Beginn und Ende des Anspruchs: Für Kinder wird Erziehungsgeld vom Tag der Geburt bis zur Vollendung des 24. Lebensmonats gewährt;
- Höhe des Erziehungsgeldes: Das Erziehungsgeld beträgt 600,00 DM monatlich, allerdings kann es durch Einkommensgrenzen gemindert werden;
- den Anspruch auf Erziehungsurlaub: Erwerbstätige Eltern können selbst entscheiden, wer von beiden den Erziehungsurlaub von insgesamt 3 Jahren beansprucht;
- den Kündigungsschutz: Grundsätzlich darf der Arbeitgeber das Arbeitsverhältnis während des Erziehungsurlaubs nicht kündigen.

52 Nennen Sie wichtige Bestimmungen des Bundesurlaubsgesetzes!

Das **Bundesurlaubsgesetz** regelt z. B.

- den Urlaubsanspruch: Jeder Arbeitnehmer hat in jedem Kalenderjahr Anspruch auf bezahlten Erholungsurlaub;
- die Urlaubsdauer: Der Urlaub beträgt jährlich mindestens 24 Werktage (Werktage sind alle Kalendertage, die nicht Sonntage oder gesetzliche Feiertage sind);
- die Wartezeit: Der volle Urlaubsanspruch wird erstmalig nach sechsmonatigem Bestehen des Arbeitsverhältnisses erworben.

53 Nennen Sie wichtige Bestimmungen des Arbeitszeitgesetzes!

Das **Arbeitszeitgesetz** (Teil des Arbeitszeitrechtsgesetzes) regelt z. B.

- die regelmäßige Arbeitszeit: Sie beträgt werktäglich höchstens 8 Stunden;

- die verlängerte Arbeitszeit: Sie beträgt unter bestimmten Voraussetzungen höchstens 10 Stunden werktäglich. Das Gewerbeaufsichtsamt kann in dringenden Fällen darüber hinaus eine befristete Regelung der Arbeitszeit zulassen;
- Mehrarbeitsvergütung (Zuschläge für Überstunden).

54 Nennen Sie wichtige Bestimmungen des Entgeltfortzahlungsgesetzes!

Das **Entgeltfortzahlungsgesetz** regelt z. B.

- die Entgeltfortzahlung **(Lohnfortzahlung):** Der Arbeitgeber muss einem infolge Krankheit arbeitsunfähigen Arbeitnehmer bis zu 6 Wochen das Arbeitsentgelt weiterzahlen (danach tritt die gesetzliche Sozialversicherung ein); die Höhe der Entgeltfortzahlung beträgt 100 % des Arbeitsentgelts (zugrunde gelegt wird die regelmäßige Arbeitszeit);
- die Anzeige- und Nachweispflicht: Der Arbeitnehmer ist verpflichtet, dem Arbeitgeber die Arbeitsunfähigkeit und deren voraussichtliche Dauer unverzüglich anzuzeigen. Vor Ablauf des dritten Kalendertages nach Beginn der Arbeitsunfähigkeit muss der Arbeitnehmer eine ärztliche Bescheinigung vorlegen;
- das Leistungsverweigerungsrecht: Der Arbeitgeber kann die Lohnfortzahlung verweigern, solange der Arbeitnehmer die ärztliche Bescheinigung nicht vorlegt.

55 Nennen Sie wichtige Bestimmungen des Arbeitsförderungsrechts!

Das **Arbeitsförderungsrecht** (Teil 3 des Sozialgesetzbuches) regelt z. B.

- Aufgaben der Arbeitsförderung: Beratung der Ausbildungs- und Arbeitssuchenden, Besetzung offener Stellen, Maßnahmen zur Vermeidung bzw. Verkürzung der Arbeitslosigkeit wie z. B. berufliche Weiterbildung, berufliche Eingliederung von Behinderten, Gewährung von Mobilitätshilfen;
- Träger der Arbeitsförderung: Bundesanstalt für Arbeit;
- Voraussetzungen, Dauer und Höhe des Anspruchs auf Arbeitslosengeld, Arbeitslosenhilfe, Kurzarbeitergeld, Wintergeld, Insolvenzgeld;
- Übernahme der Beiträge zur Renten-, Kranken- und Pflegeversicherung für Arbeitslose.

56 Nennen Sie wichtige Bestimmungen des Bundesausbildungsförderungsgesetzes!

Wichtige Bestimmungen des **Bundesausbildungsförderungsgesetzes (BAFöG)** sind:

- Ein Anspruch auf Ausbildungsförderung besteht, wenn dem Auszubildenden die erforderlichen Mittel für seinen Lebensunterhalt und seine Ausbildung fehlen;
- gefördert wird z. B. der Besuch von weiterführenden allgemein bildenden Schulen, Abendschulen, Berufsfachschulen, Fachschulen und Hochschulen;

- Schüler erhalten den Förderungsbetrag als Zuschuss (wird nicht zurückgezahlt), Studierende erhalten den Betrag zu 50% als Zuschuss und den Rest als zinsloses Darlehen;
- die Förderungsausgaben tragen der Bund und die Länder gemeinsam.

57 Nennen Sie wichtige Bestimmungen des Schwerbehindertengesetzes!

Wichtige Bestimmungen des **Schwerbehindertengesetzes** sind z.B.:

- Private Arbeitgeber und Arbeitgeber der öffentlichen Hand, die über mindestens 16 Arbeitsplätze verfügen, haben auf wenigstens 6 vom Hundert der Arbeitsplätze Schwerbehinderte zu beschäftigen;
- solange Arbeitgeber die vorgeschriebene Zahl Schwerbehinderter nicht beschäftigen, haben sie für jeden unbesetzten Pflichtplatz monatlich eine Ausgleichsabgabe zu entrichten;
- die Kündigung des Arbeitsverhältnisses eines Schwerbehinderten durch den Arbeitgeber bedarf der vorherigen Zustimmung der Hauptfürsorgestelle.

58 Nennen Sie wichtige Bestimmungen des Arbeitssicherheitsgesetzes!

Nach dem Gesetz über Betriebsärzte, Sicherheitsingenieure und andere Fachkräfte für Arbeitssicherheit **(Arbeitssicherheitsgesetz)** hat der Arbeitgeber Betriebsärzte und Fachkräfte für Arbeitssicherheit zu bestellen, die ihn beim Arbeitsschutz und bei der Unfallverhütung unterstützen sollen.

Damit soll erreicht werden, dass

- die dem Arbeitsschutz dienenden Vorschriften (z.B. Betriebsverfassungsgesetz, Gewerbeordnung, Reichsversicherungsordnung, Jugendarbeitsschutzgesetz, Mutterschutzgesetz, Arbeitsstättenverordnung, Arbeitszeitgesetz) und
- die der Unfallverhütung dienenden Vorschriften (Unfallverhütungsvorschriften der Berufsgenossenschaften) den besonderen Betriebsverhältnissen entsprechend angewandt werden.

59 Was sind Sicherheitsbeauftragte?

Nach der **Reichsversicherungsordnung (RVO)** hat ein Unternehmen einen oder mehrere **Sicherheitsbeauftragte** zu bestellen, die den Unternehmer in Zusammenarbeit mit den sonstigen für den Arbeitsschutz verantwortlichen Personen (nach dem Arbeitssicherheitsgesetz) in Fragen des **Unfallschutzes** unterstützen.

60 Nennen Sie wesentliche Bestimmungen der Arbeitsstättenverordnung!

Die **Arbeitsstättenverordnung** ist für Arbeitgeber, Betriebsräte und Sicherheitsfachkräfte eine wichtige Grundlage für die Einrichtung und den Betrieb von Arbeitsstätten; sie dient damit dem Schutz der Arbeitnehmer.

Für die Arbeitsstätten (z. B. Arbeitsräume, Pausenräume, Umkleideräume, Waschräume, Verkaufsstände im Freien) sind z. B. geregelt:

- Lüftung;
- Raumtemperaturen;
- Beleuchtung;
- Schutz gegen Brände, Gase, Lärm;
- Reinhaltung der Arbeitsstätten;
- Flucht- und Rettungsplan.

1.5 Soziale Sicherung der Arbeitnehmer

61 Nennen Sie Ziele des Sozialrechts!

Das **Sozialrecht** (die zahlreichen gesetzlichen Bestimmungen werden in dem Sozialgesetzbuch zusammengefasst) strebt folgende Ziele an:

- Schutz vor den wirtschaftlichen Folgen von Krankheit, Arbeitsunfähigkeit, Arbeitsunfällen und Arbeitslosigkeit;
- Bildungs- und Arbeitsförderung;
- Unterstützung von sozial Schwachen (z. B. Wohngeld und Sozialhilfe).

62 Zählen Sie die Zweige der Sozialversicherung auf (Überblick)!

Zur gesetzlichen **Sozialversicherung** zählen:

- Krankenversicherung (Entstehung 1883),
- Rentenversicherung der Arbeiter (1889) und Angestellten (1911);
- Unfallversicherung (1884);
- Arbeitslosenversicherung (1927);
- Pflegeversicherung (1995).

63 Wer ist sozialversicherungspflichtig?

Sozialversicherungspflichtig sind in der

- **gesetzlichen Rentenversicherung:** Arbeiter, Auszubildende sowie Angestellte ohne Rücksicht auf die Einkommenshöhe (die Beitragsbemessungsgrenze beträgt 1999 monatlich 8 500,00 DM).[1] Jeder Versicherte erhält einen Sozialversicherungsausweis, und zwar von der Bundesversicherungsanstalt für Angestellte bzw. von den Landesversicherungsanstalten (für Arbeiter). Entsprechend dem **Generationenvertrag** finanzieren die jeweils aktiven Arbeitnehmer mit ihren Beiträgen die Renten der Rentenempfänger;
- **gesetzlichen Krankenversicherung:** Auszubildende und Rentenempfänger sowie Arbeiter und Angestellte bis zur

1 Die Beitragsbemessungsgrenze in den neuen Bundesländern beträgt 7 200,00 DM (1999).

Einkommensgrenze von 75% der jeweils geltenden Beitragsbemessungsgrenze in der Rentenversicherung (dieser Betrag ist sowohl Beitragsbemessungsgrenze als auch Versicherungspflichtgrenze); die Mitgliedschaft beginnt mit der Aufnahme der Beschäftigung;

- **gesetzlichen Pflegeversicherung:** alle Versicherten der gesetzlichen Krankenversicherung (s. o.);
- **gesetzlichen Unfallversicherung:** alle Arbeitnehmer und Auszubildende ohne Rücksicht auf Einkommen oder Beschäftigungsdauer (ausgenommen Beamte und Selbstständige);
- **Arbeitslosenversicherung:** alle Arbeitnehmer (bis zur Vollendung des 65. Lebensjahres) und Auszubildende (ausgenommen Beamte und Selbstständige).

64 Was versteht man unter der Beitragsbemessungsgrenze?

Die Beiträge für die Renten-, Kranken-, Pflege- und Arbeitslosenversicherung werden bei den Pflichtversicherten als Prozentsatz vom Bruttoverdienst berechnet.

Ab einer bestimmten Höhe des Arbeitsverdienstes steigt der Beitrag nicht weiter an; diese Einkommensgrenze bezeichnet man als **Beitragsbemessungsgrenze.** Die Beitragsbemessungsgrenze in der Rentenversicherung wird i. d. R. jährlich der allgemeinen Einkommensentwicklung angepasst.

65 Nennen Sie die Träger der Sozialversicherungen!

Die **Sozialversicherungsträger** sind für die

- Krankenversicherung vor allem die Allgemeinen Ortskrankenkassen (AOK), die Ersatz-, Betriebs- und Knappschaftskrankenkassen;
- Pflegeversicherung die Pflegekassen, ihre Aufgaben werden von den gesetzlichen Krankenkassen übernommen;
- Rentenversicherung die Bundesversicherungsanstalt für Angestellte (BfA) in Berlin, für Arbeiter die Landesversicherungsanstalten (LVA) und die Bundesknappschaft;
- Unfallversicherung die Berufsgenossenschaften;
- Arbeitslosenversicherung die Bundesanstalt für Arbeit in Nürnberg.

66 Welche Leistungen umfasst die Krankenversicherung?

Leistungen der **Krankenversicherung** sind:

- Krankenhilfe (ambulante und stationäre ärztliche Behandlung, Arznei- und Heilmittel, Krankenhausaufenthalt),
- Krankengeld (zeitlich begrenzt),
- Gesundheitsfürsorge (Vorsorgeuntersuchungen),
- Mutterschaftshilfe,
- Sterbegeld,
- Familienhilfe (für erkrankte Familienangehörige des Versicherten).

3 Groh/Schröer – ISBN 3-8120-0420-8

67 Welche Leistungen umfasst die Pflegeversicherung?

Durch die **Pflegeversicherung** werden Pflegebedürftige und deren pflegende Angehörige sozial abgesichert; dabei unterscheidet man häusliche und stationäre Pflege.

Leistungen der Pflegeversicherung sind:

- Pflegesachleistung (Kostenerstattung für häusliche Pflege),
- Pflegehilfsmittel (z. B. Pflegebett, Rollstuhl),
- soziale Sicherung der Pflegepersonen (die Beiträge zur Renten- und Unfallversicherung werden unter bestimmten Voraussetzungen übernommen),
- Pflegekurse (Kostenerstattung für den Besuch eines Pflegekurses durch Angehörige),
- stationäre Pflege (Übernahme der pflegebedingten Aufwendungen; die Kosten für Unterkunft und Verpflegung muss der Versicherte selbst tragen).

Für alle Leistungen der Pflegeversicherung gelten Höchstbeträge, die abhängig sind von der Pflegestufe. Man unterscheidet folgende Stufen:

- Pflegestufe I (erheblich Pflegebedürftige),
- Pflegestufe II (schwer Pflegebedürftige),
- Pflegestufe III (schwerst Pflegebedürftige, sie benötigen täglich rund um die Uhr Hilfe).

68 Welche Leistungen umfasst die Rentenversicherung?

Leistungen der **Rentenversicherung** sind:

- Altersruhegeld (abhängig vom Lebensalter, der Wartezeit und von persönlichen Verhältnissen),
- Erwerbs- und Berufsunfähigkeitsrente,
- Hinterbliebenenrente (als Witwen- oder Waisenrente),
- Heilbehandlung zur Verbesserung der Erwerbsfähigkeit,
- Berufsförderung (insbesondere Umschulung),
- soziale Betreuung.

69 Was besagt die dynamische Rente?

Die **dynamische Rente** besagt, dass die laufenden Renten regelmäßig durch Zuschläge an die gesamtwirtschaftliche Entwicklung (entsprechend der allgemeinen Nettoeinkommensentwicklung) angepasst werden.

70 Welche Leistungen umfasst die Unfallversicherung?

Leistungen der **Unfallversicherung** sind:

- Krankenhilfe bei Arbeitsunfällen, Arbeitswegeunfällen und Berufskrankheiten (Leistungen wie bei der Krankenversicherung),
- Verletztengeld,
- Unfall- bzw. Verletztenrente (als Voll- oder Teilrente),
- Berufshilfe (insbesondere Umschulung),
- Sterbegeld,
- Hinterbliebenenrente (als Witwen- oder Waisenrente),
- Aufwendungen zur Unfallverhütung.

71 Welche Leistungen umfasst die Arbeitslosenversicherung?

Leistungen der **Arbeitslosenversicherung** sind:

- Arbeitslosengeld (wird zeitlich begrenzt gewährt),
- Arbeitslosenhilfe (wird im Anschluss an das Arbeitslosengeld gezahlt und ist niedriger als dieses),
- Kurzarbeitergeld und Winterausfallgeld,
- Beiträge zur Krankenversicherung,
- Arbeitsvermittlung und Berufsberatung,
- berufliche Fortbildung und Umschulung.

72 Nennen Sie die Beitragshöhen der Sozialversicherungszweige!

Die an die Versicherungsträger zu zahlenden Beiträge betragen 1999 für die

- Rentenversicherung 19,5 % vom Bruttoverdienst (jedoch höchstens von der Beitragsbemessungsgrenze),
- Krankenversicherung zwischen 11 % und 15 % vom Bruttoverdienst (jedoch höchstens von 75 % der Beitragsbemessungsgrenze der Rentenversicherung),
- Pflegeversicherung 1,7 % bis zur Beitragsbemessungsgrenze in der Krankenversicherung,
- Arbeitslosenversicherung 6,5 % des Bruttoverdienstes (jedoch höchstens von der Beitragsbemessungsgrenze).

Die Beiträge für die Unfallversicherung sind abhängig von der Gefahrenklasse und der Lohnsumme des Betriebes.

73 Wer zahlt die Beiträge zur Sozialversicherung?

Die Beiträge zur Kranken-, Pflege-[1], Renten- und Arbeitslosenversicherung tragen Arbeitnehmer und Arbeitgeber je zur Hälfte (bis zu einem Monatsentgelt von 630,00 DM muss der Arbeitgeber die Sozialversicherungsbeiträge alleine tragen, z. B. für Auszubildende). Die Beiträge zur Unfallversicherung trägt der Arbeitgeber allein.

74 An welche Institutionen sind die Beiträge zur Sozialversicherung zu zahlen?

Die **Beiträge zur Sozialversicherung** für sozialversicherungspflichtige Arbeitnehmer werden vom Arbeitgeber an folgende Institutionen gezahlt:

- Krankenkasse (in dessen Bezirk der Geschäftssitz des Unternehmens liegt): Beiträge zur Kranken-, Pflege-, Renten- und Arbeitslosenversicherung;
- Berufsgenossenschaft: Beiträge zur Unfallversicherung.

Die Beiträge zur Renten- und Arbeitslosenversicherung (sowie die Kirchensteuer) werden an die entsprechenden Institutionen weitergeleitet. (Lohn- und Kirchensteuer sind an das Finanzamt zu zahlen, in dessen Bezirk der Geschäftssitz des Unternehmens liegt.)

1 Mit Ausnahme von Sachsen, wo die Arbeitnehmer den vollen Beitrag bezahlen müssen.

75 Welche Gerichte sind für das Sozialrecht zuständig?

Ansprüche aus der Sozialversicherung werden zunächst bei den Sozialversicherungsträgern erhoben. Nach einem ablehnenden Bescheid ist das **Sozialgericht** für die Klage zuständig. Berufungsinstanz für dessen Urteil ist das Landessozialgericht, Revisionsinstanz ist das Bundessozialgericht (in Kassel).

1.6 Mitbestimmung

76 Unterscheiden Sie Mitbestimmung und Mitwirkung!

Mitbestimmung bedeutet, dass betriebliche Entscheidungen nicht mehr ausschließlich von den Kapitaleignern, sondern gemeinsam mit Vertretern der Arbeitnehmerschaft getroffen werden.

Von **Mitwirkung** dagegen spricht man, wenn Unternehmensleitung und Arbeitnehmervertretung bei betrieblichen Entscheidungen zusammenarbeiten, die Unternehmensführung jedoch auch gegen den Willen der Arbeitnehmervertreter handeln kann. Die Arbeitnehmerseite hat also bei der Mitwirkung kein Stimmrecht wie bei der Mitbestimmung, sondern das Recht der Beratung, das Recht, Vorschläge zu unterbreiten und das Recht auf Information.

77 In welchen Gesetzen ist die Mitbestimmung geregelt?

Das Mitbestimmungsrecht ist vor allem geregelt in

- dem Betriebsverfassungsgesetz (BetrVG) von 1972,
- dem Montan-Mitbestimmungsgesetz von 1951 (Gesetz über die Mitbestimmung der Arbeitnehmer in den Aufsichtsräten und Vorständen der Unternehmen des Bergbaus und der Eisen und Stahl erzeugenden Industrie),
- dem Ergänzungsgesetz zum Montan-Mitbestimmungsgesetz von 1956,
- dem Mitbestimmungsgesetz von 1976.

1.6.1 Betriebsverfassungsgesetz

78 Welche Aufgabe hat das Betriebsverfassungsgesetz?

Das **Betriebsverfassungsgesetz** regelt die Beziehungen zwischen Arbeitgeber und Belegschaft. Es enthält im Einzelnen Bestimmungen über den Betriebsrat, die Betriebsversammlung, die Jugend- und Auszubildendenvertretung und die Mitwirkung und Mitbestimmung der Arbeitnehmer.

Arbeitgeber und Betriebsrat arbeiten unter Beachtung der geltenden Tarifverträge vertrauensvoll zum Wohl der Arbeitnehmer zusammen.

79 Was versteht man unter dem Betriebsrat?

Der **Betriebsrat** ist die gewählte Vertretung der Arbeitnehmer eines Betriebes. Er nimmt die Interessen der Arbeitnehmer gegenüber dem Arbeitgeber wahr.

In Betrieben mit mindestens fünf ständigen wahlberechtigten Arbeitnehmern (Arbeitnehmer über 18 Jahre), von denen drei wählbar sind (Arbeitnehmer über 18 Jahre, die dem Betrieb mindestens sechs Monate angehören), werden Betriebsräte geheim und unmittelbar gewählt. (Der Betriebsrat wird auf Verlangen der Arbeitnehmer eingerichtet.) Die Amtszeit des Betriebsrates beträgt vier Jahre. Die Zahl der Betriebsratsmitglieder ist abhängig von der Zahl der wahlberechtigten Arbeitnehmer.

80 Wie sind die Mitwirkung und Mitbestimmung nach dem Betriebsverfassungsgesetz geregelt (Überblick)?

Das **Betriebsverfassungsgesetz** enthält folgende Bestimmungen für die Mitwirkung und Mitbestimmung der Arbeitnehmer:

1. Allgemeine Regelungen,
   - Grundsätze für die Zusammenarbeit,
   - Einigungsstelle,
   - Betriebsvereinbarung (siehe Seite 22),
   - allgemeine Aufgaben;
2. Mitwirkungs- und Beschwerderecht des Arbeitnehmers;
3. soziale Angelegenheiten;
4. Gestaltung von Arbeitsplatz und Arbeitsablauf;
5. personelle Angelegenheiten;
6. wirtschaftliche Angelegenheiten.

81 Welche Grundsätze gibt es für die Zusammenarbeit von Arbeitgeber und Betriebsrat?

Für die Zusammenarbeit von Arbeitgeber und Betriebsrat gibt es z. B. folgende Grundsätze:

- Arbeitgeber und Betriebsrat sollen mindestens einmal im Monat zu einer Besprechung zusammentreten;
- Maßnahmen des Arbeitskampfes zwischen Arbeitgeber und Betriebsrat sind unzulässig;
- Arbeitgeber und Betriebsrat haben jede parteipolitische Betätigung im Betrieb zu unterlassen.

82 Was ist die Einigungsstelle?

Die **Einigungsstelle**

- wird gebildet zur Beilegung von Meinungsverschiedenheiten zwischen Arbeitgeber und Betriebsrat (z. B. bei der Mitbestimmung in sozialen und personellen Angelegenheiten);
- besteht aus einer gleichen Anzahl von Beisitzern, die vom Arbeitgeber und Betriebsrat bestellt werden und einem unparteiischen Vorsitzenden, auf dessen Person sich beide Seiten einigen müssen.

Können sich Arbeitgeber und Betriebsrat in einer Angelegenheit nicht einigen, kann eine der beiden Seiten die Einigungsstelle einschalten. Die Entscheidung der Einigungsstelle ersetzt die Einigung zwischen Arbeitgeber und Betriebsrat.

83 Welche allgemeinen Aufgaben hat der Betriebsrat?

Der **Betriebsrat** hat vor allem folgende allgemeine Aufgaben:

- Überwachung der Einhaltung der zugunsten der Arbeitnehmer geltenden Gesetze, Verordnungen, Unfallverhütungsvorschriften, Tarifverträge und Betriebsvereinbarungen;
- Beantragungen von Maßnahmen beim Arbeitgeber, die dem Betrieb und der Belegschaft dienen;
- Förderung der Eingliederung Schwerbehinderter;
- Förderung der Beschäftigung älterer Arbeitnehmer;
- Förderung der Eingliederung ausländischer Arbeitnehmer.

84 Welche Mitwirkungs- und Beschwerderechte hat der Arbeitnehmer?

Der **Arbeitnehmer** hat folgende **Mitwirkungs- und Beschwerderechte:**

- Recht auf Unterrichtung, der Arbeitgeber hat den Arbeitnehmer über dessen Aufgabe und Verantwortung sowie über die Art seiner Tätigkeit und ihre Einordnung in den Arbeitsablauf des Betriebes zu unterrichten;
- Anhörungsrecht, der Arbeitnehmer hat das Recht, in betrieblichen Angelegenheiten, die seine Person betreffen, von seinem Vorgesetzten gehört zu werden;
- Recht auf Einsicht in die über ihn geführten Personalakten;
- Recht auf Beschwerde bei der zuständigen Stelle bei Benachteiligung oder bei ungerechter Behandlung;
- Recht auf Behandlung von Beschwerden durch den Betriebsrat.

85 Welche Rechte hat der Betriebsrat in sozialen Angelegenheiten?

Die Rechte des **Betriebsrates** in **sozialen Angelegenheiten** erstrecken sich z.B. auf:

1. Mitbestimmung,
   - Fragen der Ordnung des Betriebes und des Verhaltens der Arbeitnehmer im Betrieb;
   - Beginn und Ende der täglichen Arbeitszeit einschließlich der Pausen sowie Verteilung der Arbeitszeit auf die einzelnen Wochentage;
   - vorübergehende Verkürzung oder Verlängerung der betriebsüblichen Arbeitszeit;
   - Zeit, Ort und Art der Auszahlung der Arbeitsentgelte;
   - Aufstellung allgemeiner Urlaubsgrundsätze und des Urlaubsplans;
   - Einführung und Anwendung von technischen Einrichtungen zur Überwachung der Arbeitnehmer;
   - Regelungen über die Verhütung von Arbeitsunfällen sowie über den Gesundheitsschutz;
   - Fragen der betrieblichen Lohngestaltung, insbesondere die Aufstellung von Entlohnungsgrundsätzen und die Einführung von neuen Entlohnungsmethoden sowie deren Änderung;

- Festsetzung der Akkord- und Prämiensätze einschließlich der Geldfaktoren;
- Grundsätze über das betriebliche Vorschlagswesen;

2. freiwillige Betriebsvereinbarungen,
   - Errichtung von Sozialeinrichtungen,
   - Förderung der Vermögensbildung der Arbeitnehmer;
3. Arbeitsschutz,
   - Anregung, Beratung und Auskunft bezüglich der Bekämpfung von Unfall- und Gesundheitsgefahren gegenüber der für den Arbeitsschutz zuständigen Behörden, gegenüber den Trägern der gesetzlichen Unfallversicherung und gegenüber sonstigen in Betracht kommenden Stellen (siehe auch Seite 26 ff.).

86 Welche Rechte hat der Betriebsrat bei der Gestaltung des Arbeitsplatzes?

Der **Betriebsrat** hat bei der Gestaltung von **Arbeitsplatz** und Arbeitsablauf z. B. folgende Rechte:

1. Unterrichtungs- und Beratungsrechte in Bezug auf die Planung
   - von Neu-, Um- und Erweiterungsbauten,
   - von technischen Anlagen,
   - von Arbeitsverfahren und Arbeitsabläufen,
   - der Arbeitsplätze;
2. Mitbestimmungsrecht in Bezug auf
   - Änderungen der Arbeitsplätze und des Arbeitsablaufs, die gesicherten arbeitswissenschaftlichen Erkenntnisse über die menschengerechte Gestaltung der Arbeit offensichtlich widersprechen.

87 Welche Rechte hat der Betriebsrat in personellen Angelegenheiten?

Der **Betriebsrat** hat in **personellen Angelegenheiten** z. B. folgende Rechte in Bezug auf:

1. **Personalplanung,**
   - er muss vom Arbeitgeber über die Personalplanung und über den Personalbedarf sowie über die sich daraus ergebenden personellen Maßnahmen unterrichtet werden;
   - er hat mit dem Arbeitgeber über Art und Umfang der Maßnahmen zu beraten;
2. **Ausschreibung** von Arbeitsplätzen,
   - er kann bei Stellenbesetzungen innerbetriebliche Stellenausschreibungen verlangen (siehe auch Seite 576 f.);
3. **Personalfragebogen** und Beurteilungsgrundsätze,
   - Personalfragebogen bedürfen seiner Zustimmung;
   - die Aufstellung allgemeiner Beurteilungsgrundsätze bedürfen seiner Zustimmung;
4. **Auswahlrichtlinien,**
   - Richtlinien über die personelle Auswahl bei Einstellungen, Versetzungen, Umgruppierungen und Kündigungen bedürfen seiner Zustimmung;

5. **Berufsbildung,**
   - er hat in Zusammenarbeit mit dem Arbeitgeber und den für die Berufsbildung zuständigen Stellen die Berufsbildung der Arbeitnehmer zu fördern;
   - er hat mit dem Arbeitgeber über betriebliche Berufsbildungseinrichtungen zu beraten;
   - er hat bei der Durchführung von Maßnahmen der betrieblichen Berufsbildung mitzubestimmen;
6. **personelle Einzelmaßnahmen,**
   - er muss vom Arbeitgeber vor jeder Einstellung, Eingruppierung, Umgruppierung und Versetzung unterrichtet werden und er muss der geplanten Maßnahme zustimmen;
   - er kann die Zustimmung unter bestimmten Voraussetzungen verweigern, z. B. wenn der Verdacht besteht, dass infolge einer personellen Maßnahme einem Arbeitnehmer gekündigt werden soll;
7. **Kündigungen,**
   - er muss vor jeder Kündigung gehört werden und der Arbeitgeber hat ihm die Gründe für die Kündigung mitzuteilen; eine ohne Anhörung des Betriebsrats ausgesprochene Kündigung ist unwirksam;
   - er muss der außerordentlichen Kündigung von Mitgliedern des Betriebsrates sowie der Jugend- und Auszubildendenvertretung zustimmen; verweigert der Betriebsrat seine Zustimmung, kann das Arbeitsgericht die Zustimmung auf Antrag des Arbeitgebers ersetzen, wenn die außerordentliche Kündigung gerechtfertigt ist.

88 Welche Rechte hat der Betriebsrat in wirtschaftlichen Angelegenheiten?

Der **Betriebsrat** hat in wirtschaftlichen **Angelegenheiten** z. B. folgende Rechte in Bezug auf

1. **Wirtschaftsausschuss,**
   - dieser ist in allen Unternehmen mit i. d. R. mehr als 100 ständig beschäftigten Arbeitnehmern zu bilden;
   - er hat die Aufgabe, wirtschaftliche Angelegenheiten mit dem Unternehmer zu beraten und den Betriebsrat zu unterrichten (Beispiele sind Rationalisierungsvorhaben, Einschränkung oder Stilllegung von Betrieben oder Betriebsteilen);
2. **Betriebsänderungen,**
   - der Unternehmer hat in Betrieben mit i. d. R. mehr als 20 wahlberechtigten Arbeitnehmern den Betriebsrat über geplante Betriebsänderungen, die wesentliche Nachteile für die Belegschaft haben können, zu informieren und er hat die geplanten Betriebsänderungen mit dem Betriebsrat zu beraten.

89	Was ist die Betriebsversammlung?	Die **Betriebsversammlung** besteht aus den Arbeitnehmern des Betriebes. Der Betriebsrat beruft einmal in jedem Kalendervierteljahr die Betriebsversammlung ein und erstattet ihr einen Tätigkeitsbericht. Der Arbeitgeber ist zur Betriebsversammlung einzuladen; er ist berechtigt, in der Versammlung zu sprechen.
90	Was ist die Jugend- und Auszubildendenvertretung?	In Betrieben mit in der Regel mindestens fünf Arbeitnehmern, die das 18. Lebensjahr noch nicht vollendet haben (jugendliche Arbeitnehmer) oder die zu ihrer Berufsausbildung beschäftigt sind und das 25. Lebensjahr noch nicht vollendet haben, werden **Jugend- und Auszubildendenvertretungen** gewählt. Wählbar sind alle Arbeitnehmer, die das 25. Lebensjahr noch nicht vollendet haben. Die Amtszeit der Jugendvertretung beträgt zwei Jahre. Mitglieder des Betriebsrats können nicht zu Jugendvertretern gewählt werden. Die Jugend- und Auszubildendenvertretung hat vor allem folgende Aufgaben: ● Beantragung von Maßnahmen beim Betriebsrat, die den jugendlichen Arbeitnehmern dienen, z.B. Fragen der Berufsbildung; ● Überwachung und Einhaltung von Gesetzen, die zugunsten der jugendlichen Arbeitnehmer gelten.

1.6.2 Mitbestimmung im Aufsichtsrat und im Vorstand

91	Wie ist die Mitbestimmung im Aufsichtsrat geregelt?	Bei der Mitbestimmung im Aufsichtsrat und im Vorstand von Unternehmen sind drei Fälle zu unterscheiden: ● Mitbestimmung in Betrieben der Montanindustrie (Kohle, Eisen und Stahl) mit mehr als 1 000 Arbeitnehmern **(Montan-Mitbestimmungsgesetz),** ● Mitbestimmung in Kapitalgesellschaften mit mehr als 2 000 Beschäftigten **(Mitbestimmungsgesetz von 1976),** ● Mitbestimmung in den übrigen Kapitalgesellschaften **(Betriebsverfassungsgesetz).**
92	Welche Mitbestimmungsvorschriften gelten für die Montanindustrie?	Der Aufsichtsrat in Betrieben der **Montanindustrie** mit der Rechtsform der AG, einer GmbH oder bergrechtlichen Gewerkschaft setzt sich aus der gleichen Anzahl von Anteilseignern und Arbeitnehmern und einem weiteren (neutralen) Mitglied zusammen **(paritätische Mitbestimmung).** Die Zahl der Aufsichtsratsmitglieder beträgt im Normalfall 11, kann aber je nach Höhe des Grundkapitals bei 15 oder 21 liegen.

Die Vertreter der Anteilseigner (Kapitalvertreter) werden von der Hauptversammlung gewählt. Der Betriebsrat und die Gewerkschaften bestimmen die Arbeitnehmervertreter. Das neutrale Mitglied wird auf Vorschlag der übrigen Aufsichtsratsmitglieder benannt.

Dem Vorstand muss für soziale und personelle Belange ein **Arbeitsdirektor** als Vertreter der Arbeitnehmer ständig angehören.

93 Welche Mitbestimmungsvorschriften gelten für Kapitalgesellschaften mit mehr als 2000 Beschäftigten?

Dem Aufsichtsrat von **Kapitalgesellschaften** mit mehr als 2000 Beschäftigten (ausgenommen sind Unternehmen der Montanindustrie) gehören je nach Arbeitnehmerzahl 12, 16 oder 20 Mitglieder an. Anteilseigner und Arbeitnehmer haben die gleiche Zahl von Sitzen.

Die Vertreter der Anteilseigner werden von der Hauptversammlung gewählt. Die Belegschaft (oder Wahlmänner) wählt die Arbeitnehmervertreter; diesen muss ein leitender Angestellter und eine bestimmte Anzahl von Gewerkschaftsvertretern angehören.

Der Vorsitzende und sein Stellvertreter werden vom Aufsichtsrat mit Zweidrittelmehrheit gewählt. Kommt diese Mehrheit nicht zustande, wählen die Anteilseigner den Vorsitzenden und die Arbeitnehmer den Stellvertreter.

Bei Stimmengleichheit entscheidet die Stimme des Vorsitzenden (keine paritätische Mitbestimmung).

Dem Vorstand gehört als gleichberechtigtes Mitglied ein **Arbeitsdirektor** für die Wahrnehmung der sozialen und personellen Belange der Arbeitnehmer an.

94 Welche Mitbestimmungsvorschriften gelten für die übrigen Kapitalgesellschaften?

Der Aufsichtsrat

- einer AG,
- einer KGaA,
- einer GmbH mit mehr als 500 Arbeitnehmern

muss zu einem Drittel aus Vertretern der Arbeitnehmer bestehen (Drittelparität).

Die Hauptversammlung wählt die Kapitalvertreter, die Belegschaft wählt die Arbeitnehmervertreter.

Der Aufsichtsrat besteht je nach Höhe des Grundkapitals aus 3 bis 21 Mitgliedern.

1.7 Einkommen des Arbeitnehmers

95 Wer ist einkommensteuerpflichtig?

Unbeschränkt **einkommensteuerpflichtig** nach dem Einkommensteuergesetz sind

- natürliche Personen, die im Inland einen Wohnsitz oder ihren gewöhnlichen Aufenthalt haben;
- deutsche Staatsangehörige, die nicht im Inland wohnen und im Ausland nur in beschränktem Umfang einkommensteuerpflichtig sind.

96 Was sind steuerfreie Einnahmen?

Steuerfreie Einnahmen sind z. B.

- Leistungen aus einer Krankenversicherung, aus der gesetzlichen Unfallversicherung und der Rentenversicherung;
- das Arbeitslosengeld, das Kurzarbeitergeld, das Winterausfallgeld, die Arbeitslosenhilfe sowie die übrigen Leistungen nach dem Arbeitsförderungsgesetz, z. B. Förderung der Fortbildung.

97 Welche Bedeutung hat der Steuertarif?

Die Steuerpflichtigen (Einkommensteuer) werden nicht in gleicher Höhe besteuert. Berücksichtigt werden:

- Familienstand, z. B. günstigere Besteuerung (Splitting-Tabelle) für Ehegatten;
- Alter, z. B. Steuerfreibeträge ab einem bestimmten Lebensalter;
- Höhe des Einkommens, d. h., bestimmte Teile des Einkommens sind steuerfrei (Grundfreibetrag, Freizone); übersteigende Beträge werden bis zu einer bestimmten Einkommensgrenze mit gleichem Steuersatz besteuert (proportionale Zone). Mit dem Überschreiten dieser Grenze wächst der Steuersatz überproportional **(Steuerprogression)** bis zu einem Höchstsatz von 53 % (45 % für gewerbliche Einkünfte), der nicht überschritten wird (d. h. höhere Einkommen werden prozentual stärker belastet als niedrige); ab dieser Grenze beginnt die obere Proportionalzone.

98 Welche Einkunftsarten unterliegen der Einkommensteuer?

Der **Einkommensteuer** unterliegen:

- Einkünfte aus Land- und Forstwirtschaft, z. B. Wein- und Gemüseanbau;
- Einkünfte aus Gewerbebetrieb, z. B. Handwerk, Handel, Industrie;
- Einkünfte aus selbstständiger Arbeit, z. B. freiberufliche Tätigkeit (Ärzte, Rechtsanwälte, Architekten);
- Einkünfte aus nichtselbstständiger Arbeit, z. B. Löhne, Gehälter, Ruhegelder (z. B. Altersrenten)
- Einkünfte aus Kapitalvermögen, z. B. Zinserträge, Dividenden;
- Einkünfte aus Vermietung und Verpachtung, z. B. Miete, Pacht, Erbpachtrecht;
- sonstige Einkünfte z. B. aus Unterhaltsleistungen.

99 Unterscheiden Sie Veranlagungs- und Abzugsverfahren!

Nach der Art des Steuereinzugs unterscheidet man das

- **Veranlagungsverfahren,** bei dem die Einkommensteuer aufgrund der abgegebenen Einkommensteuer-Erklärung ermittelt wird;
- **Abzugsverfahren,** bei dem die Lohnsteuer (Sonderform der Einkommensteuer) vom Arbeitslohn einbehalten und direkt vom Arbeitgeber an das Finanzamt abgeführt wird.

100 Beschreiben Sie die Lohnsteuerkarte!

Die zuständige Gemeinde stellt einkommensteuerpflichtigen Arbeitnehmern für jedes Kalenderjahr unentgeltlich eine **Lohnsteuerkarte** aus und übermittelt sie.

Die Lohnsteuerkarte enthält folgende von der Gemeinde eingetragene Angaben über

- Name und Wohnung,
- Familienstand,
- Steuerklasse,
- Zahl der zu berücksichtigenden Kinder (Kinderfreibeträge).

Der Arbeitgeber trägt für das entsprechende Kalenderjahr insbesondere ein:

- Beschäftigungsdauer,
- Bruttoarbeitslohn,
- einbehaltene Lohn- und Kirchensteuer,
- vermögenswirksame Leistungen,
- Arbeitgeberanteil zur gesetzlichen Rentenversicherung,
- Arbeitnehmerbeiträge zur gesetzlichen Sozialversicherung.

101 Welche Lohnsteuerklassen gibt es?

Für die Durchführung des Lohnsteuerabzugs werden die einkommensteuerpflichtigen Arbeitnehmer in sechs **Steuerklassen** eingeteilt:

- **Steuerklasse I:** Ledige, Geschiedene, Verwitwete und dauernd getrennt lebende Ehegatten;
- **Steuerklasse II:** die in Steuerklasse I genannten Arbeitnehmer, wenn sie mindestens ein Kind haben;
- **Steuerklasse III:** Verheiratete, wenn nur ein Ehegatte in einem Arbeitsverhältnis steht sowie Verheiratete, wenn der andere Ehegatte ebenfalls in einem Arbeitsverhältnis steht und Steuerklasse V wählt;
- **Steuerklasse IV:** Verheiratete, wenn beide Ehegatten in einem Arbeitsverhältnis stehen;
- **Steuerklasse V:** Verheiratete, wenn die Ehegatten in einem Arbeitsverhältnis stehen und ein Ehegatte auf Antrag in die Steuerklasse III eingestuft wird;
- **Steuerklasse VI:** Arbeitnehmer, die nebeneinander mehrere Arbeitsverhältnisse haben, und zwar für das zweite und jedes weitere Arbeitsverhältnis.

Versäumt es der Arbeitnehmer, seine Lohnsteuerkarte abzugeben, wird er vom Arbeitgeber in Steuerklasse VI eingestuft.

102 Wie wird das zu versteuernde Einkommen bei nichtselbstständiger Arbeit ermittelt?

Das zu versteuernde **Einkommen** eines Arbeitnehmers, der nur Einkünfte aus nichtselbstständiger Arbeit (d. h. Lohn oder Gehalt) bezieht, wird nach folgendem Schema berechnet:

Arbeitslohn
– Werbungkosten
– Altersentlastungsbetrag
– Sonderausgaben
– außergewöhnliche Belastungen
– Kinderfreibetrag
– Haushaltsfreibetrag

= zu versteuerndes Einkommen

Das zu versteuernde Einkommen bildet die Grundlage für die Berechnung der Lohnsteuer, der Kirchensteuer und des Solidaritätszuschlages.

103 Was sind Werbungskosten?

Werbungskosten sind Aufwendungen zur Erwerbung, Sicherung und Erhaltung der Einkünfte. Beispiele für Werbungskosten bei Einkünften aus nichtselbstständiger Arbeit sind:

- Aufwendungen für Fahrten zwischen Wohnung und Arbeitsstätte,
- Beiträge zu Berufsverbänden (z. B. Gewerkschaftsbeiträge),
- Aufwendungen für Arbeitsmittel (z. B. typische Berufskleidung, Fachliteratur),
- Aufwendungen für die eigene berufliche Fortbildung,
- Mehraufwendungen für Verpflegung (z. B. bei Dienstreisen),
- Mehraufwendungen für eine doppelte Haushaltsführung (muss beruflich bedingt sein),
- Aufwendungen für eine Stellensuche (z. B. Reisekosten, Kosten für die Stellensuchanzeige).

104 Was sind Sonderausgaben?

Sonderausgaben sind bestimmte Aufwendungen, die keine Werbekosten darstellen. Sie sind entweder unbeschränkt (in voller Höhe) oder beschränkt (bis zu einem bestimmten Höchstbetrag) abzugsfähig:

- **Unbeschränkt abzugsfähig** sind z. B. Kirchensteuer, Steuerberatungskosten;
- **beschränkt abzugsfähig** sind z. B. Vorsorgeaufwendungen (Sozialversicherungsbeiträge des Arbeitnehmers, Beiträge zur Lebensversicherung, Beiträge zur Haftpflichtversicherung), Ausgaben für Berufsausbildung oder Weiterbildung in einem nicht ausgeübten Beruf, Spenden an gemeinnützige Institutionen und Parteien.

105 Was sind außergewöhnliche Belastungen?

Außergewöhnliche Belastungen sind Aufwendungen von einem besonders außergewöhnlichen Charakter, die zur Gewährung steuerfreier Beträge auf die Einkünfte führen, wobei der Steuerpflichtige in bestimmten Fällen eine zumutbare Eigenbelastung tragen muss; Beispiele sind:

- Aufwendungen für den Unterhalt des zur Ausbildung auswärts untergebrachten Kindes,
- Aufwendungen für Körperbehinderte,
- Unterstützung bedürftiger Personen.

106 Was sind Freibeträge?

Aus Gründen der Steuervereinfachung oder aus sozialen Gründen werden bestimmte Teile des Einkommens bei der Ermittlung der Lohnsteuer von der Besteuerung ausgenommen, man spricht von **Freibeträgen.**

Wichtige Freibeträge bei der Einkommensteuer sind:

- Grundfreibetrag, bis zu einer bestimmten Höhe bleibt das Einkommen unversteuert (die Grenze bildet das so genannte Existenzminimum);
- Arbeitnehmer-Pauschbetrag für Einkünfte aus nichtselbstständiger Arbeit;
- Altersentlastungsbetrag, ab vollendetem 64. Lebensjahr;
- Pauschbetrag für Sonderausgaben;
- Vorsorgepauschale;
- Kinderfreibetrag, wird für jedes Kind gewährt;
- Haushaltsfreibetrag, wird für Haushalte mit mindestens einem Kind gewährt.

Unter bestimmten Voraussetzungen kann sich der Steuerpflichtige vom Finanzamt auf seiner Lohnsteuerkarte einen Freibetrag eintragen lassen (ein Freibetrag kann z.B. für erhöhte Werbungskosten dann eingetragen werden, wenn diese die Arbeitnehmer-Pauschale übersteigen). Der Arbeitgeber zieht den Freibetrag vom Bruttoarbeitsentgelt ab; damit ergibt sich für den Arbeitnehmer ein geringerer monatlicher Lohnsteuerabzug.

107 Was sind Pauschbeträge?

Pauschbeträge sind Freibeträge, welche dem Steuerpflichtigen automatisch in der festgesetzten Höhe gewährt werden; kann der Steuerpflichtige höhere Aufwendungen nachweisen, kann er diese (beschränkt bzw. unbeschränkt) geltend machen.

108 Was versteht man unter dem Antrag auf Arbeitnehmerveranlagung?

Der Arbeitnehmer kann für das abgelaufene Kalenderjahr einen **Antrag auf Arbeitnehmerveranlagung** stellen, um zu viel gezahlte Steuern zurückzuerhalten. Dies ist der Fall, wenn die während des Jahres an das Finanzamt gezahlte Lohnsteuer höher ist als die tatsächlich zu leistende Jahreslohnsteuer.

Der Antrag ist vor allem angebracht bei

- Änderungen im Familienstand (z.B. Heirat),
- starken monatlichen Schwankungen des Arbeitsentgelts,
- höheren abzugsfähigen Beträgen im Vergleich zu den im Steuertarif eingebauten Pauschalbeträgen (z.B. Arbeitnehmer-Pauschbetrag, Vorsorgepauschale).

109 Was versteht man unter der Einkommensteuererklärung?

In vielen Fällen erfüllen die Arbeitnehmer ihre Pflicht zur Zahlung der Einkommensteuer, indem der Arbeitgeber die Lohnsteuer vom Arbeitsentgelt einbehält und an das Finanzamt weiterleitet.

Arbeitnehmer werden allerdings zur Einkommensteuer veranlagt und müssen eine entsprechende **Einkommensteuererklärung** beim zuständigen Finanzamt abgeben, wenn z. B.

- von mehreren Arbeitgebern Arbeitslohn bezogen wurde,
- beide Ehegatten Arbeitslohn bezogen haben und einer von ihnen nach Lohnsteuerklasse V oder VI besteuert wurde,
- zusätzliche Einkünfte erzielt wurden, die einen vorgegebenen Betrag überschritten haben (z. B. Einkünfte aus Kapitalvermögen, Einkünfte aus Vermietung und Verpachtung).

Die Einkommensteuer umfasst die Lohnsteuer, wobei die Lohnsteuer sich nur auf die Einkünfte aus unselbstständiger Arbeit bezieht.

2 Rechtliche Grundlagen des Wirtschaftens

2.1 Rechtsquellen

110 Was versteht man unter der Rechtsordnung eines Staates?

Die **Rechtsordnung** eines Staates umfasst alle in dem Staat geltenden Rechtsnormen, z. B. Gesetze, Verordnungen, Verwaltungsakte, Entscheidungen der obersten Gerichte. Sie schafft die notwendige Voraussetzung für ein geordnetes Zusammenleben in der menschlichen Gesellschaft.

111 Unterscheiden Sie Gesetz, Verordnung, Satzung und Gewohnheitsrecht!

Gesetze sind Rechtsvorschriften, die in einem förmlichen Gesetzgebungsverfahren durch ein Parlament erlassen werden (sie dürfen den Regelungen des Grundgesetzes nicht entgegenstehen).

Verordnung (Rechtsverordnung) ist eine von Regierungs- oder Verwaltungsorganen erlassene Vorschrift (Voraussetzung ist eine durch Gesetz geregelte Ermächtigung), d. h., sie kommt im Gegensatz zum Gesetz nicht durch ein förmliches Gesetzgebungsverfahren zustande.

Satzung (Statut) ist

- im öffentlichen Recht eine Zusammenfassung der von einer Körperschaft des öffentlichen Rechts aufgrund ihrer Autonomie erlassenen Rechtsvorschriften (z. B. Satzung einer Universität),
- im privaten Recht der Gesellschaftsvertrag in Vereinen und Kapitalgesellschaften.

Gewohnheitsrecht umfasst alle ungeschriebenen Regeln, die sich nach langer praktischer Übung als „Recht" herausgestellt haben.

112 Was ist öffentliches Recht?

Das **öffentliche Recht** regelt die Beziehungen des Einzelnen zum Staat und den Körperschaften des öffentlichen Rechts (Über-/ Untergeordnetenverhältnis) und die Beziehungen dieser Institutionen zueinander.

Beispiele sind:

- Verfassungsrecht (Grundgesetz),
- Verwaltungsrecht (Verwaltungsgesetze),
- Strafrecht (Strafgesetzbuch),
- Steuerrecht (Steuergesetze),
- Straf- und Zivilprozessordnung,
- Teile des Arbeitsrechts (z. B. Arbeitsgerichtsgesetz, Arbeitsförderungsgesetz).

113 Was ist privates Recht?

Das **private Recht** regelt die rechtlichen Beziehungen der einzelnen Bürger zueinander nach dem Prinzip der Gleichordnung.

Beispiele sind:

- Bürgerliches Recht (Bürgerliches Gesetzbuch),
- Handelsrecht (Handelsgesetzbuch),
- Gesellschaftsrecht (z. B. Aktiengesetz),
- Wechsel- und Scheckrecht,
- Teile des Arbeitsrechts (z. B. Kündigungsschutzgesetz, Arbeitszeitgesetz).

2.2 Rechtssubjekte

114 Unterscheiden Sie natürliche und juristische Personen!

Natürliche Personen sind alle Menschen.

Juristische Personen sind Personenvereinigungen (Körperschaften, Vereine) oder Vermögensmassen (Anstalten, Stiftungen) mit eigener Rechtspersönlichkeit.

Man unterscheidet:

- juristische Personen des privaten Rechts, z. B. Kapitalgesellschaften, eingetragene Vereine;
- juristische Personen des öffentlichen Rechts, z. B. Körperschaften des öffentlichen Rechts (Gemeinde, Sparkasse), Anstalten des öffentlichen Rechts (Schule, Krankenhaus).

115 Was bedeutet Rechtsfähigkeit?

Rechtsfähigkeit ist die Fähigkeit, Träger von Rechten und Pflichten zu sein.

Die Rechtsfähigkeit des Menschen beginnt mit der Vollendung der Geburt.

Juristische Personen erwerben die Rechtsfähigkeit (und Geschäftsfähigkeit) durch die Eintragung in ein Register bzw. durch gesetzliche Regelung (z. B. erhalten AG und GmbH die Rechtsfähigkeit mit der Eintragung ins Handelsregister).

Die Rechtsfähigkeit juristischer Personen des privaten Rechts endet mit der Löschung im entsprechenden Register.

116 Was ist Geschäftsfähigkeit?

Geschäftsfähigkeit ist die Fähigkeit, Willenserklärungen rechtswirksam abzugeben bzw. entgegenzunehmen.

117 Wer ist geschäftsfähig?

Voll geschäftsfähig sind Personen, die das 18. Lebensjahr vollendet haben (Volljährigkeit).

118 Wer ist beschränkt geschäftsfähig?

Beschränkt geschäftsfähig sind Minderjährige (Personen vom vollendeten 7. bis zum 18. Lebensjahr).

Rechtsgeschäfte beschränkt Geschäftsfähiger bedürfen grundsätzlich der Zustimmung des gesetzlichen Vertreters. Bis zur möglichen nachträglichen Zustimmung (Genehmigung) ist das Rechtsgeschäft schwebend unwirksam.

4 Groh/Schröer – ISBN 3-8120-0420-8

119 **Welche Rechtsgeschäfte darf ein beschränkt Geschäftsfähiger abschließen?**

Ein **beschränkt Geschäftsfähiger** darf ohne Zustimmung des gesetzlichen Vertreters nur solche Rechtsgeschäfte abschließen,

- die ihm einen rechtlichen Vorteil bringen (z.B. Annahme einer Schenkung),
- die er mit seinem Taschengeld bestreitet,
- die er im Rahmen eines vom gesetzlichen Vertreter erlaubten Arbeitsverhältnisses abschließt (z.B. Kündigung des **Ausbildungsvertrages;** der Abschluss des Ausbildungsvertrages selbst bedarf allerdings der Zustimmung des gesetzlichen Vertreters),
- die ein Geschäftsbetrieb mit sich bringt, zu dessen selbstständigem Betrieb der Minderjährige ermächtigt ist.

120 **Wer ist geschäftsunfähig?**

Geschäftsunfähig sind

- Kinder (Personen bis zur Vollendung des 7. Lebensjahres),
- dauernd Geisteskranke.

Die Willenserklärung eines Geschäftsunfähigen ist nichtig.

2.3 Rechtsobjekte

121 **Unterscheiden Sie Sachen und Rechte!**

Sachen sind körperliche Gegenstände (materielle Güter), z.B. Waren, Gebäude, Grundstücke.

Rechte sind nicht körperliche Dinge (immaterielle Güter), z.B. Mieten, Lohnforderungen, Patente, Lizenzen, Rechtsberatung.

122 **Unterscheiden Sie bewegliche und unbewegliche Sachen!**

Bewegliche Sachen (Mobilien) sind alle Sachen, die nicht Grundstücke oder Bestandteile von Grundstücken sind.

Unbewegliche Sachen (Immobilien) sind Grundstücke und mit diesen fest verbundene Gegenstände wie Gebäude.

123 **Unterscheiden Sie vertretbare und nicht vertretbare Sachen!**

Vertretbare Sachen (Gattungsware) sind bewegliche Sachen, die nach Zahl, Maß oder Gewicht bestimmt werden können, z.B. Geld, Waren.

Nicht vertretbare Sachen (Speziesware) gibt es nur einmal (z.B. die „Mona Lisa“ von Leonardo da Vinci).

124 **Was ist Eigentum?**

Eigentum ist die rechtliche Herrschaft über eine Sache. Der Eigentümer einer Sache kann, soweit nicht das Gesetz oder Rechte Dritter entgegenstehen, beliebig mit der Sache verfahren.

125 Was ist Besitz?

Besitz ist die tatsächliche Herrschaft über eine Sache.

Eigentümer und Besitzer einer Sache können

- ein und dieselbe Person sein (z.B. Wohnen im eigenen Haus),
- verschiedene Personen sein (z.B. Wohnen in einer Mietwohnung).

126 Wie wird Eigentum übertragen?

Eigentum an beweglichen Sachen wird übertragen durch

- Einigung beider Parteien, dass das Eigentum übergeht;
- Übergabe der Sache an den Erwerber.

Eigentum an unbeweglichen Sachen wird übertragen durch

- Einigung beider Parteien vor dem Notar, dass das Eigentum übergehen soll (Auflassung);
- Eintragung ins Grundbuch.

2.4 Rechtsgeschäfte

127 Was sind Rechtsgeschäfte?

Rechtsgeschäfte sind Willenserklärungen, die ein Rechtsverhältnis begründen (z.B. Kauf) oder aufheben (z.B. Kündigung).

Willenserklärungen können mündlich, schriftlich und durch bloßes Handeln (z.B. Kopfnicken) abgegeben werden.

128 Welche Rechtsgeschäfte werden unterschieden?

Die **Rechtsgeschäfte** werden unterteilt in

1. einseitige Rechtsgeschäfte (nur eine Willenserklärung ist erforderlich),
   - nicht empfangsbedürftig, d.h., die Willenserklärung wird bereits mit ihrer Abgabe rechtswirksam (z.B. Testament);
   - empfangsbedürftig, d.h., der Betroffene muss darüber in Kenntnis gesetzt werden (z.B. Kündigung, Mahnung);
2. mehrseitige Rechtsgeschäfte bzw. Verträge (mindestens zwei Willenserklärungen sind erforderlich),
   - schuldrechtlich (Kauf, Miete),
   - sachenrechtlich (Eigentumsübertragung),
   - familienrechtlich (Ehe),
   - erbrechtlich (Erbvertrag).

129 Unterscheiden Sie einseitig und zweiseitig verpflichtende Rechtsgeschäfte!

Beim **einseitig verpflichtenden Vertrag** werden nur einem Vertragspartner Pflichten auferlegt, z.B. Bürgschaft (siehe Seite 315f.), Schenkung (unentgeltliche Übereignung einer Sache).

Beim **mehrseitig verpflichtenden Vertrag** haben beide Vertragspartner Pflichten, z.B. Kauf, Miete.

130 Unterscheiden Sie Nichtigkeit und Anfechtbarkeit!

Abgeschlossene Rechtsgeschäfte sind nicht immer gültig; sie können sein

- **nichtig,** d. h., sie sind von vornherein ungültig;
- **anfechtbar,** d. h., sie haben so lange Gültigkeit, bis sie angefochten werden. Mit der Anfechtung werden die Rechtsgeschäfte nichtig.

131 Welche Rechtsgeschäfte sind nichtig?

Nichtig (von vornherein ungültig) sind:

- Geschäfte von geschäftsunfähigen Personen;
- Geschäfte von beschränkt geschäftsfähigen Personen ohne Zustimmung des gesetzlichen Vertreters;
- Willenserklärungen, die im Zustand der Bewusstlosigkeit oder vorübergehender Störung der Geistestätigkeit abgegeben werden;
- Willenserklärungen, die nur zum Schein abgegeben werden (Scheingeschäfte);
- Willenserklärungen, die offensichtlich nicht ernst gemeint sind (Scherzgeschäfte);
- Geschäfte, die gegen zwingende gesetzliche Bestimmungen verstoßen (z. B. Verstöße gegen das Strafgesetz);
- Geschäfte, die gegen gesetzliche Formvorschriften verstoßen (z. B. nicht notariell beurkundeter Grundstückskauf);
- Geschäfte, die gegen die guten Sitten verstoßen (z. B. Wucher).

132 Welche Rechtsgeschäfte sind anfechtbar?

Anfechtbar (gültig bis zur Anfechtung) sind:

1. Irrtum (unbewusstes Abweichen von Wille und Erklärung),
   - Irrtum in der Erklärung (z. B. Versprechen, Verschreiben),
   - Irrtum in der Übermittlung (z. B. Fehler durch Post oder Boten),
   - Irrtum über wesentliche Eigenschaften der Person oder Sache (z. B. Verwechslung);
2. arglistige Täuschung (z. B. Fehler einer Ware wird bewusst verschwiegen);
3. widerrechtliche Drohung (z. B. wird die Unterschrift mit Gewalt erzwungen) oder Nötigung.

133 Was ist ein Vertrag?

Der **Vertrag** ist der Abschluss eines Rechtsgeschäftes. Er kommt zustande, indem sich der Wille von zwei oder mehreren Personen zu einem Willen, dem Vertragswillen vereinigt.

134 | Was besagt der Grundsatz der Vertragsfreiheit?

Vertragsfreiheit bedeutet, dass die Vertragspartner ihre Verträge grundsätzlich nach ihrem Willen gestalten können.

Die Vertragsfreiheit beinhaltet:

- Abschlussfreiheit, d.h., jeder kann frei entscheiden, ob, wann und mit wem er einen Vertrag abschließt;
- Inhaltsfreiheit, d.h., der Vertragsinhalt kann frei vereinbart werden.

Dieser Grundsatz erfährt jedoch erhebliche Einschränkungen durch Gesetze, wie z.B. BGB, Mieterschutzgesetz, Jugendschutzgesetz und Arbeitsschutzgesetze.

135 | Welche Bedeutung hat das AGB-Gesetz?

Das **Gesetz zur Regelung des Rechts der Allgemeinen Geschäftsbedingungen (AGB-Gesetz)** schützt den wirtschaftlich Schwächeren (insbesondere den Verbraucher) vor Übervorteilung durch bestimmte Vorschriften in den allgemeinen Geschäftsbedingungen der Verkäufer.

Allgemeine Geschäftsbedingungen

- sind vorformulierte und vereinheitlichte Vertragsbedingungen,
- werden von einer Vertragspartei (Verkäufer) dem Vertragspartner (Käufer) bei Vertragsabschluss einseitig auferlegt,
- gelten für einen Wirtschaftszweig (z.B. Kraftfahrzeughandel),
- werden i.d.R. von den einzelnen Wirtschaftsverbänden entwickelt.

Grundsätzlich sind Bestimmungen in allgemeinen Geschäftsbedingungen unwirksam, wenn sie gegen den Grundsatz von Treu und Glauben verstoßen (Generalklausel).

Mündliche Absprachen, die in den allgemeinen Geschäftsbedingungen nicht enthalten sind, aber schriftlich bestätigt wurden, sind rechtswirksam.

Allgemeine Geschäftsbedingungen werden nur dann Bestandteil eines Vertrages, wenn der Verkäufer den Käufer bei Vertragsabschluss ausdrücklich auf sie hinweist; der Verkäufer kann sie auch deutlich sichtbar am Ort des Vertragsabschlusses aushängen. Der Käufer muss die Möglichkeit haben, in zumutbarer Weise vom Inhalt der allgemeinen Geschäftsbedingungen Kenntnis zu nehmen (Verbot von Kleingedrucktem und unverständlichen Formulierungen).

Verboten ist es z.B.:

- Preiserhöhungen für Leistungen vorzunehmen, die innerhalb von 4 Monaten erbracht werden sollen;
- Rechte aus dem Lieferungsverzug einzuschränken;
- bei mangelhafter Lieferung das Recht auf Nachbesserung oder Ersatzlieferung auszuschließen;

- die gesetzliche Gewährleistungsfrist (z.B. 6 Monate bei beweglichen Sachen) zu verkürzen (eine Verkürzung der Gewährleistungsfrist ist nur durch eine ausdrückliche vertragliche Einzelvereinbarung möglich).

2.5 Kaufvertrag

136 Was ist ein Kaufvertrag?

Bei jedem Kauf eines Gutes wird ein **Kaufvertrag** abgeschlossen. Er ist normalerweise formlos, eine Ausnahme bildet der Grundstückskauf, der notariell beurkundet werden muss.

2.5.1 Zustandekommen des Kaufvertrages

137 Wie kommt ein Kaufvertrag zustande?

Ein Kaufvertrag kommt durch zwei (oder mehrere) übereinstimmende Willenserklärungen zustande. Die zeitlich erste Willenserklärung heißt **Antrag** und die zweite **Annahme.**

Man unterscheidet zwei Fälle:

- Die erste Willenserklärung (Antrag bzw. Angebot) geht vom Verkäufer aus, die Annahme erfolgt durch den Käufer (Bestellung);
- die erste Willenserklärung (Antrag bzw. Bestellung ohne vorausgegangenes Angebot) geht vom Käufer aus, die Annahme erfolgt durch den Verkäufer (Bestellungsannahme).

Der gültig zustande gekommene Kaufvertrag beinhaltet das Verpflichtungs- und das Erfüllungsgeschäft.

138 Welchen Inhalt hat das Verpflichtungsgeschäft?

Beim Abschluss eines Kaufvertrages werden beiden Parteien Pflichten auferlegt **(Verpflichtungsgeschäft),** die erfüllt werden müssen **(Erfüllungsgeschäft).**

1. Der Verkäufer ist verpflichtet,
   - dem Käufer den Kaufgegenstand ordnungsgemäß (zur rechten Zeit, am rechten Ort, mängelfrei) zu übergeben und das Eigentum daran zu verschaffen,
   - das Geld anzunehmen.
2. Der Käufer ist verpflichtet,
   - die Waren anzunehmen,
   - den vereinbarten Preis zu bezahlen.

139 Welche Störungen bei der Erfüllung von Kaufverträgen werden unterschieden?

Werden die Verpflichtungen aus dem Kaufvertrag von den Vertragspartnern nicht oder nicht vollständig erfüllt, kommt es zu **Kaufvertragsstörungen** (Erfüllungsstörungen, Leistungsstörungen). Man unterscheidet:

- mangelhafte Lieferung,
- Lieferungsverzug,
- Annahmeverzug,
- Zahlungsverzug.

140 Was versteht man unter einem Angebot?

Mit dem **Angebot** (Antrag) richtet sich der Anbieter an eine bestimmte Person und erklärt, unter welchen Voraussetzungen er bereit ist, Waren zu liefern oder eine Leistung zu erfüllen. Der Anbieter ist rechtlich an sein Angebot gebunden.

Angebote können z.B. erfolgen: schriftlich, mündlich, telefonisch, telegrafisch und über Teletex; eine gesetzlich vorgeschriebene Form gibt es nicht.

141 Wann erlischt die Bindung an ein Angebot?

Die Bindung an ein Angebot erlischt bei

- rechtzeitigem Widerruf (spätestens mit Eintreffen des Angebots beim Kunden),
- abgeänderter Bestellung (Abweichung vom Angebot),
- zu später Bestellung.

Die abgeänderte Bestellung und die zu späte Bestellung stellen neue Anträge dar, die der Verkäufer annehmen kann oder nicht.

142 Was sind Freizeichnungsklauseln?

Die Bindung an das Angebot wird aufgehoben oder eingeschränkt durch **Freizeichnungsklauseln** wie

- unverbindlich, ohne Gewähr, ohne Obligo, freibleibend;
- Lieferung vorbehalten;
- Preis vorbehalten, Preis freibleibend;
- solange der Vorrat reicht.

143 Wann muss die Annahme erfolgen?

Damit ein gültiger Vertrag zustande kommt, muss die **Annahme** des vorangegangenen Antrages erfolgen:

- unter Anwesenden (z.B. auch beim Telefongespräch und beim Fernschreiben) sofort,
- unter Abwesenden, bis unter normalen Umständen (übliche Bearbeitungszeit und Beförderungsdauer) Antwort erteilt sein kann.

144 Beschreiben Sie die Anpreisung!

Schaufensterauslagen, Werbemaßnahmen in Funk und Fernsehen, Anzeigen in Zeitungen und Zeitschriften u.a. sind **Anpreisungen.** Sie stellen eine Aufforderung an die Allgemeinheit zum Kauf dar; sie sind keine Angebote und sind rechtlich unverbindlich.

Bestellungen aufgrund von Anpreisungen sind Anträge, die für das Zustandekommen eines Kaufvertrages noch angenommen werden müssen.

145 Beschreiben Sie die Anfrage!

Durch die **Anfrage** erkundigt sich der Kunde, zu welchen Preisen, Lieferungs- und Zahlungsbedingungen ein Lieferant Waren liefert. Die Anfrage ist formfrei und rechtlich unverbindlich.

146 Welche Bedeutung hat eine Bestellung?

Durch die **Bestellung** erklärt der Käufer, dass er von einem Lieferer eine bestimmte Ware zu den angegebenen Bedingungen kaufen will. Die Bestellung ist demnach die unveränderte Annahme eines Angebotes und bewirkt das Zustandekommen eines Kaufvertrages (ohne vorangegangenes Angebot ist die Bestellung ein Antrag).

Die Bestellung ist nicht an eine bestimmte Form gebunden (sie kann z. B. schriftlich, mündlich oder telefonisch erfolgen), sollte aber zur Vermeidung von Irrtümern schriftlich erfolgen.

Die Bestellung ist rechtlich bindend und die Bindung erlischt nur bei rechtzeitigem Widerruf (siehe Seite 55).

147 Wann erfolgt eine Auftragsbestätigung?

Für die **Auftragsbestätigung** (Bestellungsannahme, Annahme des Antrages) gilt:

1. Sie muss erfolgen bei
   - abgeänderter Bestellung,
   - zu später Bestellung,
   - Bestellung ohne vorangegangenes Angebot,
   - freibleibendem Angebot.
2. Sie wird üblicherweise erteilt bei:
   - telefonischer Bestellung zur Vermeidung von Missverständnissen,
   - erstmaliger Bestellung als Dank an den Kunden.

148 Welche Folgen hat die Zusendung unbestellter Ware?

Die **Zusendung unbestellter Ware** stellt ein Angebot (Antrag) dar. Wenn der Empfänger das Angebot annimmt (z. B. Zahlung des Kaufpreises, Ware wird in Gebrauch genommen), kommt der Kaufvertrag zustande.

Das **Stillschweigen** bei der Zusendung unbestellter Ware ist eine Ablehnung des Angebots; der Empfänger muss die Ware aufbewahren, aber nicht zurücksenden oder bezahlen.

(Die Zusendung unbestellter Ware an einen Privatmann stellt einen Verstoß gegen das UWG dar.)

2.5.2 Inhalt des Kaufvertrages

149 | Welchen Inhalt hat das Angebot (Überblick)?

Das **Angebot** enthält üblicherweise Angaben über

- Art, Güte und Beschaffenheit der Ware;
- Preis und Menge der Ware;
- Verpackungsart und Verpackungskosten;
- Lieferungsbedingungen (Beförderungskosten);
- Lieferzeit (ist der Liefertermin vertraglich nicht vereinbart, ist die Lieferung sofort fällig);
- Zahlungsbedingungen;
- Erfüllungsort.

150 | Welche Regeln gibt es für Art, Güte und Beschaffenheit von Waren?

Die **Art** der Ware wird durch die genaue Bezeichnung der Ware festgelegt.

Die **Güte** und **Beschaffenheit** einer Ware werden z. B. festgelegt durch

- Güteklassen (z. B. Handelsklassen, Standards),
- Marken und Gütezeichen (siehe Seite 244 f.).
- Muster, Proben, Abbildungen.

Fehlt eine besondere Vereinbarung, so ist mittlere Art und Güte zu liefern.

151 | Welche Regelungen bestehen für die Verpackungskosten?

Grundsätzlich hat der Käufer die Kosten der **Versandverpackung** zu tragen, denn der Preis bezieht sich auf das Rein- oder Nettogewicht.

Es kann aber vertraglich vereinbart werden:

- Verpackung frei bzw. Verpackung unberechnet;
- Verpackung leihweise;
- brutto für netto, d. h., die Verpackung wird wie Ware berechnet.

152 | Welche Regelungen gibt es für die Beförderungskosten?

Nach dem Grundsatz „Warenschulden sind Holschulden" muss der Käufer die **Transportkosten** (Fracht, Verladekosten, Rollgeld, Transportversicherungen) übernehmen, wenn er die Ware nicht selbst beim Lieferer abholt.

Für die Berechnung der Transportkosten wird normalerweise das Bruttogewicht der Sendung zugrunde gelegt.

Durch Vertrag können folgende **Lieferungsbedingungen** vereinbart werden:

- **ab Werk** (ab Lager, ab Fabrik), d. h., der Käufer trägt ohne Ausnahme alle Kosten der Beförderung;
- **unfrei** (ab hier, ab Bahnhof, ab Bahnhof hier), d. h., der Verkäufer trägt die Versandkosten bis zum Versandbahnhof, alle weiteren Kosten trägt der Käufer (gesetzliche Regelung);

- **frei Waggon** (Schiff), d. h., der Verkäufer übernimmt das Rollgeld und die Verladekosten; die restlichen Beförderungskosten trägt der Käufer;
- **frachtfrei** (frei dort, frei Bahnhof, frei Bahnhof dort), d. h., der Verkäufer trägt die Kosten bis zum Bestimmungsbahnhof;
- **frei Haus** (frei Keller, frei Lager), d. h., der Verkäufer übernimmt alle Beförderungskosten.

Die Lieferungsbedingungen regeln nur die Übernahme der Transportkosten; auf den Erfüllungsort und damit auf den Gefahrenübergang haben sie keinen Einfluss (siehe Seite 59).

153 Unterscheiden Sie Fracht und Rollgeld!

Fracht ist das für die gewerbliche Beförderung von Gütern zu entrichtende Entgelt (z. B. Beförderung mit Bahn, Lkw).

Unter **Rollgeld** (Hausfracht) versteht man die Beförderungskosten vom Lieferer bis zum Versandbahnhof sowie die Beförderungskosten vom Bestimmungsbahnhof bis zum Käufer.

154 Unterscheiden Sie Frachtbasis und Frachtparität!

Die **Frachtbasis** ist ein vertraglich festgelegter Ort, ab dem der Käufer die Frachtkosten für eine Ware übernehmen muss. In der Bundesrepublik sind für bestimmte Massengüter einheitliche Frachtbasen festgelegt, z. B. Essen für die Lieferung von Kohle. Für die Berechnung ist es ohne Bedeutung, von welchem Ort aus die Ware tatsächlich angeliefert wird.

Die **Frachtparität** ist ein vertraglich festgelegter Ort, bis zu dem der Verkäufer die Frachtkosten übernehmen muss. Wird die Ware an einen anderen Ort geliefert, muss der Verkäufer die Frachtkosten höchstens für die Entfernungskilometer von seinem Geschäftssitz bis zur vereinbarten Frachtparität tragen.

155 Welche Zahlungsbedingungen unterscheidet man?

Nach dem Grundsatz „Geldschulden" sind „Schickschulden" muss der Käufer die Kosten und das Risiko der Zahlung tragen; wenn nichts vereinbart wurde, ist die Zahlung mit Lieferung der Ware fällig.

Es können folgende **Zahlungsbedingungen** vereinbart werden:

- Vorauszahlung (zum Schutz vor zahlungsschwachen und unsicheren Kunden),
- Anzahlung (zur Finanzierung größerer Aufträge),
- Zahlung Zug um Zug (sofort, netto Kasse = gesetzliche Regelung),
- Ratenzahlung,
- Zahlung mit Wertstellung (Zahlungsziel wird fest vereinbart durch den Vermerk „Valuta . . .").

156 Was ist der Erfüllungsort?

Der **Erfüllungsort** ist der Ort, an dem der Schuldner seine Leistung zu erbringen hat (der Lieferer schuldet die Ware, der Käufer das Geld).

Man unterscheidet den

- **gesetzlichen Erfüllungsort:** Wenn nichts anderes vereinbart ist, gilt der Wohnsitz (Geschäftssitz) des Schuldners als Erfüllungsort (d. h., es gibt zwei Erfüllungsorte, für die Ware = Firmensitz des Lieferers; für die Bezahlung = Firmensitz des Käufers);
- **vertraglichen Erfüllungsort:** Der Ort wird durch Vereinbarung festgelegt (z. B. „Erfüllungsort für beide Teile ist München").

157 Welche Bedeutung hat der Erfüllungsort?

Der **Erfüllungsort** hat folgende Bedeutung:

- Am Erfüllungsort geht die Gefahr (Haftung für die Ware) vom Verkäufer auf den Käufer über, auch bei zufälliger Beschädigung, Verschlechterung oder Vernichtung der Ware (der Gefahrenübergang erfolgt z. B. beim Versendungskauf mit der Auslieferung der Ware an den Spediteur oder Frachtführer);
- der Erfüllungsort bestimmt bei Auseinandersetzungen zwischen Verkäufer und Käufer den Gerichtsstand; nach der gesetzlichen Regelung wird der Gerichtsstand durch den Wohnsitz des Schuldners bestimmt (allgemeiner Gerichtsstand), davon abweichend können Kaufleute vertraglich einen besonderen Gerichtsstand vereinbaren;
- der Erfüllungsort bestimmt, wer die Kosten der Versendung nach einem anderen Ort als dem Erfüllungsort zu tragen hat (sofern nichts anderes vereinbart ist).

Beispiel:

Ein Großhändler mit Geschäftssitz in Saarbrücken schließt mit einem Einzelhändler in Homburg einen Kaufvertrag über die Lieferung von Waren ab; als Lieferungsbedingung wird „frei Haus" vereinbart. Über den Erfüllungsort ist vertraglich nichts vereinbart.

Die Sendung trifft beim Einzelhändler nicht ein und der Großhändler kann nachweisen, dass er die Ware zum Versand an einen Frachtführer übergeben hat.

Der Einzelhändler muss dem Großhändler die Waren bezahlen, da beim Versendungskauf die Gefahr für die Ware mit der Auslieferung an den Frachtführer auf den Einzelhändler übergegangen ist. Der Einzelhändler kann selbstverständlich Ansprüche gegen den Frachtführer geltend machen.

2.5.3 Eigentumsvorbehalt

158 Erklären Sie den Eigentumsvorbehalt!

Eigentumsvorbehalt liegt vor, wenn sich der Verkäufer das Eigentum an der verkauften Sache bis zur Zahlung des Kaufpreises vorbehält (einfacher Eigentumsvorbehalt). Der Eigentumsvorbehalt muss ausdrücklich im Kaufvertrag vereinbart werden.

Wenn der Käufer mit der Zahlung in Verzug kommt, hat der Verkäufer folgende Rechte:

- Rücktritt vom Kaufvertrag und Zurücknahme der Ware;
- Aussonderungsrecht beim Konkurs des Käufers;
- Drittwiderspruchsklage bei Pfändung, die Ware muss herausgegeben werden.

Der Käufer ist zunächst nur Besitzer und wird erst mit Zahlung des Kaufpreises (bzw. der letzten Rate beim Abzahlungsgeschäft) Eigentümer der gekauften Sache.

159 Wann erlischt der Eigentumsvorbehalt?

Der Eigentumsvorbehalt erlischt, wenn die verkaufte Sache

- an einen gutgläubigen Dritten weiterverkauft wird (der Dritte weiß nicht, dass der Verkäufer nicht Eigentümer war);
- zu einer neuen Sache verarbeitet wird;
- mit einem Grundstück so verbunden wird, dass sie einen wesentlichen Bestandteil des Grundstücks bildet;
- verbraucht oder vernichtet wird.

160 Unterscheiden Sie verlängerten und erweiterten Eigentumsvorbehalt!

Beim **verlängerten Eigentumsvorbehalt**

- werden die Forderungen, die bei einem Weiterverkauf entstehen, an den (ursprünglichen) Verkäufer abgetreten;
- wird der Verkäufer anteilsmäßiger Eigentümer, wenn die verkaufte Sache weiterverarbeitet wurde.

Beim **erweiterten Eigentumsvorbehalt** behält sich der Verkäufer das Eigentum an allen von ihm an denselben Käufer gelieferten Sachen vor.

2.5.4 Besondere Arten des Kaufvertrages

161 Unterscheiden Sie bürgerlichen Kauf und Handelskauf!

Nach der rechtlichen Stellung der Vertragspartner unterscheidet man:

- **bürgerlichen Kauf:** Die Parteien sind Nichtkaufleute oder der Kauf ist für die Parteien kein Handelsgeschäft, z. B. Kauf unter Privatleuten;
- **einseitigen Handelskauf:** Ein Vertragspartner ist Kaufmann, wobei der Kauf für ihn ein Handelsgeschäft sein muss, z. B. Privatperson kauft in einem Handelsbetrieb;

- **zweiseitigen Handelskauf:** Kauf unter Kaufleuten, wobei der Kauf für beide Parteien ein Handelsgeschäft sein muss, z. B. Großhändler verkauft Waren an einen Einzelhändler.

Für den bürgerlichen Kauf gelten die Vorschriften des BGB. Für den Handelskauf werden diese Bestimmungen ergänzt durch die Regelungen des HGB.

162 Unterscheiden Sie Kauf nach Probe, zur Probe, auf Probe!

Der **Kauf nach Probe** (nach Muster) ist ein endgültiger Kauf, bei dem sich der Verkäufer verpflichtet eine Ware zu liefern, die der eingesandten Probe entspricht.

Der **Kauf zur Probe** ist ein endgültiger Kauf, mit dem der Käufer weitere Bestellmengen in Aussicht stellt, falls die Ware seinen Erwartungen entspricht.

Der **Kauf auf Probe** ist ein Kauf mit Rückgaberecht innerhalb einer vereinbarten Frist.

163 Was ist ein Spezifikationskauf?

Der **Spezifikationskauf** (Bestimmungskauf) ist der Kauf einer Ware, die durch den Käufer innerhalb einer bestimmten Frist nach Form, Maß, Farbe usw. näher bestimmt (spezifiziert) wird.

164 Was ist ein Kommissionskauf?

Beim **Kommissionskauf** ist der Käufer erst dann verpflichtet die Ware zu bezahlen, wenn er sie selbst weiterverkauft hat (siehe Seite 260 f.).

165 Was ist ein Kauf auf Abruf?

Beim **Kauf auf Abruf** wird der Zeitpunkt der Lieferung vom Käufer bestimmt. Er muss die Ware jedoch innerhalb einer festgelegten Frist ganz oder teilweise abrufen.

Der Käufer kann die mit dem Einkauf größerer Mengen verbundenen Rabatte ausnutzen und dabei gleichzeitig seine Lagerkosten verringern.

166 Was ist ein Typenkauf?

Beim **Typenkauf** handelt es sich um den Kauf einer Ware nach einer so genannten Type (Durchschnittsqualität entsprechend einer Güteklasse).

167 Unterscheiden Sie Stückkauf und Gattungskauf!

Beim **Stückkauf** handelt es sich um den Kauf einer nicht vertretbaren (einmaligen) Sache (z. B. Originalgemälde).

Beim **Gattungskauf** handelt es sich um den Kauf vertretbarer (mehrfach vorhandener) Sachen (z. B. Konsumgüter).

168 Unterscheiden Sie Barkauf und Kreditkauf!

Beim **Barkauf** zahlt der Käufer den Kaufpreis unmittelbar nach Erhalt der Ware (Zahlung „Zug um Zug“).

Ein **Kreditkauf** liegt vor, wenn der Kaufpreis mit Einverständnis des Lieferers später zu zahlen ist. Man unterscheidet:

- **Zielkauf,** d.h., der Kaufpreis wird in einer Summe zum vereinbarten Termin gezahlt (z.B. Inanspruchnahme des Zahlungsziels bei „Zahlung innerhalb von 10 Tagen unter Abzug von 2 % Skonto oder innerhalb von 60 Tagen rein netto");
- **Ratenkauf,** d.h., der Kaufpreis ist in gleich hohen Teilbeträgen und in regelmäßigen Zeitabständen zu zahlen.

169 Unterscheiden Sie Terminkauf und Fixkauf!

Beim **Terminkauf** (Zeitkauf) muss die Lieferung zu einem vereinbarten Termin oder innerhalb einer festgelegten Frist erfolgen, z.B. „Lieferung am 30. November", „Lieferung innerhalb eines Monats".

Beim **Fixkauf** muss die Lieferung an oder bis zu einem genau festgelegten Zeitpunkt erfolgen. Die Vereinbarung über den Liefertermin enthält z.B. den Zusatz „fix", „genau am", „fest" (Fixklausel). Die vereinbarte Erfüllungszeit muss ein so wesentlicher Bestandteil des Vertrages sein, dass eine nachträgliche Leistung nicht mehr als Erfüllung angesehen werden kann.

170 Unterscheiden Sie Handkauf und Platzkauf!

Wenn die gekaufte Ware im Geschäft des Verkäufers dem Käufer gegen Zahlung des Kaufpreises übergeben wird, liegt ein **Handkauf** vor (Verpflichtungs- und Erfüllungsgeschäft fallen zeitlich zusammen). Die Gefahr geht mit der Übergabe der Ware auf den Käufer über.

Befinden sich die Geschäftssitze von Verkäufer und Käufer am gleichen Ort und wird die Ware zum Käufer gesendet, liegt ein **Platzkauf** vor. Nach der gesetzlichen Regelung geht die Gefahr mit der Übergabe der Ware an den Frachtführer oder Spediteur auf den Käufer über und trägt der Käufer die Beförderungskosten (siehe Seite 57 und 59).

171 Unterscheiden Sie Versendungskauf und Fernkauf!

Beim **Versendungskauf** (auch Distanzkauf genannt)

- liegen die Geschäftssitze von Verkäufer und Käufer an verschiedenen Orten,
- ist der Ort des Verkäufers der Erfüllungsort,
- wird die Ware auf Wunsch des Käufers an einen anderen Ort gesendet,
- geht (nach der gesetzlichen Regelung) die Gefahr mit der Übergabe der Ware an den Frachtführer oder Spediteur auf den Käufer über,
- trägt der Käufer die Beförderungskosten (sofern vertraglich nichts anderes vereinbart wurde).

Beim **Fernkauf**

- liegen die Geschäftssitze von Verkäufer und Käufer an verschiedenen Orten,
- ist der Ort des Verkäufers nicht der Erfüllungsort,

- wird die Ware an einen vertraglich vereinbarten Erfüllungsort geschickt,
- geht die Gefahr mit der Übergabe der Ware an den Käufer auf diesen über und trägt der Verkäufer die Beförderungskosten.

172 Was ist ein Streckengeschäft?

Beim **Streckengeschäft** liefert der Verkäufer nicht an seinen Vertragspartner (Käufer), sondern unmittelbar an dessen Kunden. Entsprechend dem Erfüllungsort liegt ein Versendungs- oder Fernkauf vor.

Vorteile des Streckengeschäftes sind z.B. Einsparungen an Lager- und Transportkosten, Verkürzung der Lieferfristen.

2.6 Kaufvertragsstörungen

2.6.1 Lieferung mangelhafter Ware

173 Welche Arten der Mängel unterscheidet man?

Man unterscheidet folgende **Mängel:**

- Mängel in der Güte, z.B. andere Qualität, geringere Güteklasse, vom Lieferer zugesicherte Eigenschaft fehlt;
- Mängel in der Beschaffenheit, z.B. verdorbene oder beschädigte Ware;
- Mängel in der Menge (Quantitätsmangel), Mehrlieferung oder Minderlieferung;
- Mängel in der Art, z.B. falsche Waren (dann gelten i.d.R. Rechte aus dem Lieferungsverzug).

Nach der Erkennbarkeit der Mängel unterscheidet man

- offene Mängel, sie sind offensichtlich und sofort zu erkennen, z.B. Lackschaden an einem Auto;
- versteckte Mängel, sie werden erst beim Gebrauch der Ware festgestellt, z.B. fehlerhafte Funktion bei einem technischen Gerät.

174 Welche Vorschriften gibt es hinsichtlich der Prüfungspflicht?

Der Käufer muss die gelieferte Ware auf eventuell bestehende Mängel prüfen, und zwar

- unverzüglich (ohne schuldhaftes Verzögern) beim zweiseitigen Handelskauf,
- innerhalb von sechs Monaten nach Lieferung beim einseitigen Handelskauf und beim bürgerlichen Kauf.

175 Welche Rügefristen müssen beachtet werden?

Der Käufer muss dem Verkäufer festgestellte Mängel in Form einer **Mängelrüge** mitteilen (Rügepflicht).

Sind keine anderen Vereinbarungen getroffen worden, gelten folgende gesetzliche **Gewährleistungsfristen** (Rügefristen):

1. beim zweiseitigen Handelskauf
   - für offene Mängel: unverzüglich nach Prüfung,
   - für versteckte Mängel: unverzüglich nach Entdeckung bis zum Ablauf von sechs Monaten nach Lieferung;
2. beim einseitigen Handelskauf und beim bürgerlichen Kauf für offene und versteckte Mängel: innerhalb sechs Monaten nach Lieferung.

176 Was versteht man unter der Aufbewahrungspflicht?

Der Käufer muss eine bemängelte Ware auf Kosten des Verkäufers aufbewahren **(Aufbewahrungspflicht),** bis der Verkäufer über die Ware verfügt.

177 Was ist ein Notverkauf?

Handelt es sich um eine leicht verderbliche Ware, kann der Käufer die bemängelte Ware aufbewahren oder, um den Schaden zu begrenzen, einen **Notverkauf** vornehmen, d. h., er kann sie öffentlich versteigern lassen oder zu einem Börsen- oder Marktpreis verkaufen.

178 Welche Rechte hat der Käufer bei der Lieferung mangelhafter Ware?

Bei Beachtung der Rügefrist stehen dem Käufer folgende Rechte nach dem BGB **(Gewährleistungsansprüche)** zur Wahl:

- **Wandlung,** d. h. Rücktritt vom Kaufvertrag;
- **Minderung,** d. h. Herabsetzung des Kaufpreises;
- **Ersatzlieferung** (Umtausch), d. h. Lieferung mangelfreier Ware (dieses Recht entfällt beim Stückkauf; siehe Seite 61);
- **Schadensersatz** wegen Nichterfüllung, wenn der Ware eine zugesicherte Eigenschaft fehlt oder der Mangel arglistig verschwiegen wurde.

Die Gewährleistungsansprüche werden oft vom Verkäufer durch vertragliche Vereinbarungen (in den so genannten allgemeinen Geschäftsbedingungen) stark eingeschränkt (siehe Seite 53).

179 Wann bestehen keine Gewährleistungsansprüche?

Der Käufer hat **keine Gewährleistungsansprüche,** wenn

- der Mangel unerheblich ist;
- er die mangelhafte Sache ohne Vorbehalt annimmt, obwohl er den Mangel kennt;
- die Sache in einer öffentlichen Versteigerung (z. B. Zwangsversteigerung) gekauft wird.

2.6.2 Lieferungsverzug

180 Wann gerät ein Lieferer in Verzug?

Ein Lieferer gerät in Lieferungsverzug, wenn er nicht rechtzeitig liefert. Folgende Voraussetzungen müssen erfüllt sein:

- die Lieferung muss fällig sein;
- ein Verschulden des Lieferers muss vorliegen, d. h., der Lieferer verzögert oder unterlässt vorsätzlich oder fahrlässig die Lieferung (höhere Gewalt, z. B. Streik, ist dem Lieferer nicht anzulasten); bei einem Gattungsgut (siehe Seite 61) gerät der Lieferer auch dann in Verzug, wenn ihm ein Verschulden nicht zur Last gelegt werden kann;
- der Käufer muss die Lieferung nach Fälligkeit durch eine Mahnung anfordern, d. h., der Lieferer muss in Verzug gesetzt werden, wobei u. U. eine angemessene Nachfrist zu setzen ist.

181 Wann entfällt die Pflicht zur Mahnung?

Der Käufer muss nicht mahnen, wenn

- der Lieferzeitpunkt kalendermäßig genau bestimmt ist (z. B. beim Fixkauf);
- der Lieferer selbst erklärt, dass er nicht liefern kann oder will (Selbstinverzugsetzung);
- ein Zweckkauf vorliegt, d. h., wenn die Ware für einen bestimmten Zweck bestellt wurde, z. B. Feuerwerkskörper für Silvester.

182 Welche Rechte stehen dem Käufer beim Lieferungsverzug zu?

Der Käufer hat wahlweise folgende **Rechte:**

1. Ohne Nachfristsetzung kann er
   - Lieferung fordern (z. B. ist der Lieferer besonders preisgünstig oder der einzige Anbieter des Gutes);
   - Lieferung fordern und Schadensersatzansprüche geltend machen (bei einem nachgewiesenen Verzögerungsschaden).
2. Mit Nachfristsetzung und nach Ablauf dieser Frist kann er
   - Lieferung ablehnen und vom Vertrag zurücktreten (z. B. kann die Ware von einem anderen Anbieter schneller und preiswerter geliefert werden),
   - Lieferung ablehnen und Schadensersatz wegen Nichterfüllung verlangen (z. B. beim Deckungskauf).

183 Was ist ein Deckungskauf?

Beim **Deckungskauf** beschafft sich der Käufer eine dringend benötigte Ware zu einem höheren Preis von einem anderen Lieferer. Den Preisunterschied muss der in Lieferungsverzug geratene Verkäufer begleichen.

184 Wann entfällt die Nachfristsetzung?

Die Nachfrist entfällt

- beim Fixkauf,
- beim Zweckkauf,
- bei der Selbstinverzugsetzung.

185 **Welche Möglichkeiten der Schadensersatzberechnung gibt es?**

Man unterscheidet bei der **Schadensersatzberechnung**

- konkrete Berechnung, d.h., der entstandene Schaden wird durch Unterlagen genau nachgewiesen, z.B. durch die Rechnung beim Deckungskauf;
- abstrakte Berechnung, d.h., der entstandene Schaden wird aufgrund von Erfahrungswerten geschätzt, z.B. der Ersatz für entgangenen Gewinn.

186 **Was ist eine Konventionalstrafe?**

Eine **Konventionalstrafe** (Vertragsstrafe) ist eine Geldsumme, die der Schuldner (Lieferer) dem Gläubiger (Käufer) zu zahlen hat, wenn er seine vertraglichen Verbindlichkeiten nicht oder nur unzulänglich erfüllt (z.B. beim Lieferungsverzug).

187 **Wie ist die Haftung beim Lieferungsverzug geregelt?**

Im Lieferungsverzug erweitert sich die Haftung des Verkäufers auf Schäden, die durch Zufall entstehen.

2.6.3 Annahmeverzug

188 **Wann gerät ein Käufer in Annahmeverzug?**

Annahmeverzug liegt vor, wenn der Käufer die ordnungsgemäß (zur rechten Zeit, am rechten Ort, mängelfrei) gelieferte Ware nicht annimmt.

189 **Welche Rechte hat der Lieferer?**

Der Lieferer hat beim Annahmeverzug wahlweise folgende Rechte:

- Zurücknahme der Ware und anderweitiger Verkauf (setzt Einverständnis des Kunden voraus),
- Lagerung der Ware auf Kosten und Gefahr des Käufers und Klage auf Abnahme,
- Lagerung der Ware und anschließender Selbsthilfeverkauf durch öffentliche Versteigerung oder zum üblichen Börsen- oder Marktpreis.

190 **Was ist beim Selbsthilfeverkauf zu beachten?**

Der Lieferer hat beim **Selbsthilfeverkauf** (meist in Form der öffentlichen Versteigerung) dem Käufer gegenüber folgende Pflichten:

- Fristsetzung zur Abnahme der Ware und Androhung des Selbsthilfeverkaufs (beim Notverkauf entfällt diese Pflicht),
- Mitteilung von Ort und Zeitpunkt des Selbsthilfeverkaufs (Käufer und Verkäufer können bei der Versteigerung mitbieten),
- Mitteilung des Ergebnisses der Versteigerung (der Selbsthilfeverkauf erfolgt auf Rechnung des Käufers, der die entstandenen Kosten und einen eventuellen Mindererlös tragen muss; einen eventuellen Mehrerlös erhält der Käufer).

Für Waren, die aus einem Selbsthilfeverkauf stammen, gibt es keine Gewährleistungsansprüche.

191 Wie ist die Haftung beim Annahmeverzug geregelt?

Für die **Haftung** gilt:

- Der Schuldner (Lieferer) hat während des Verzugs des Gläubigers nur Vorsatz und grobe Fahrlässigkeit zu vertreten,
- die Gefahr (auch für Schäden durch Zufall) geht mit dem Zeitpunkt auf den Gläubiger über, in welchem er in Verzug gerät.

2.6.4 Zahlungsverzug

192 Wann liegt Zahlungsverzug vor?

Erfüllt der Käufer seine Zahlungspflicht aus einem Kaufvertrag nicht, kommt er in **Zahlungsverzug;**

- wenn ein bestimmter Zahlungstermin vereinbart war, unmittelbar nach dem Fälligkeitstag;
- wenn kein bestimmter Zahlungstag vereinbart war, erst nach einer ausdrücklichen Mahnung mit Fristsetzung.

193 Welche Rechte hat der Verkäufer beim Zahlungsverzug?

Der Verkäufer hat beim Zahlungsverzug wahlweise folgende Rechte:

Er kann

- Erfüllung des Vertrages, d.h. Zahlung verlangen (falls erforderlich, mit gerichtlichen Mitteln);
- Erfüllung des Vertrages und Schadensersatz fordern (Kreditkosten für einen wegen des Zahlungsverzugs aufgenommenen Kredit, Verzugszinsen);
- vom Vertrag zurücktreten oder gegebenenfalls Schadensersatz wegen Nichterfüllung verlangen.

194 Welche Regelungen bestehen für Verzugszinsen?

Die Höhe der **Verzugszinsen** beträgt

- nach dem HGB für den zweiseitigen Handelskauf mindestens 5%.
- nach dem BGB für den einseitigen Handelskauf mindestens 4%.

Weist der Lieferer nach, dass er höhere Bankzinsen für einen aufgenommenen Kredit zahlen muss, kann er diese verlangen.

2.7 Sonstige Verträge des Wirtschaftslebens

195 Was ist ein Dienstvertrag?

Durch den **Dienstvertrag** (meist in Form eines Arbeitsvertrages abgeschlossen) verpflichtet sich der Arbeitnehmer zur Leistung der versprochenen Dienste. Der Arbeitgeber ist zur Vergütung der Dienste verpflichtet.

196 Unterscheiden Sie Werk- und Werklieferungsvertrag!

Durch den **Werkvertrag** wird ein Unternehmer zur Herstellung eines versprochenen „Werkes“ verpflichtet (z. B. Tapezieren eines Zimmers, wobei der Auftraggeber die Tapeten stellt); der Besteller ist zur Zahlung verpflichtet.

Beim **Werklieferungsvertrag** verpflichtet sich der Unternehmer zur Herstellung eines „Werkes“ aus einem von ihm zu beschaffenden Stoff (z. B. Maler tapeziert ein Zimmer und stellt das gesamte Material bereit); der Besteller ist zur Zahlung verpflichtet.

197 Unterscheiden Sie Darlehens- und Leihvertrag!

Der **Darlehensvertrag** beinhaltet die unentgeltliche oder entgeltliche Überlassung von Geld oder anderen vertretbaren Sachen zum Gebrauch gegen spätere Rückgabe von Sachen gleicher Art, Güte und Menge (i. d. R. Kreditvertrag).

Durch den **Leihvertrag** überlässt der Verleiher dem Leiher Sachen zum Gebrauch ohne Entgelt; die ausgeliehene Sache wird zurückgegeben.

198 Unterscheiden Sie Miet- und Pachtvertrag!

Der **Mietvertrag** beinhaltet die Überlassung von Sachen (auf Zeit) zum Gebrauch gegen Entgelt; die gemietete Sache muss nach Beendigung des Mietverhältnisses zurückgegeben werden.

Der **Pachtvertrag** beinhaltet die Überlassung von Sachen und Rechten zum Gebrauch und „Fruchtgenuss“ (z. B. Obst, das auf dem gepachteten Grundstück reift) gegen Entgelt; der Pächter muss den gepachteten Gegenstand nach Beendigung der Pacht zurückgeben.

199 Was ist ein Gesellschaftsvertrag?

Der **Gesellschaftsvertrag** regelt in Unternehmen Fragen der Gesellschaft (z. B. Firma und Sitz der Gesellschaft, Gegenstand des Unternehmens) und die Rechtsverhältnisse der Gesellschafter untereinander (z. B. Kapitalaufbringung, Geschäftsführungs- und Vertretungsbefugnis, Gewinn- und Verlustbeteiligung).

Der Gesellschaftsvertrag

- ist Voraussetzung für das Entstehen der Gesellschaft,
- kann bei den Personengesellschaften formlos abgeschlossen werden,
- bedarf bei den Kapitalgesellschaften der notariellen Beurkundung,
- wird bei der AG und KGaA als Satzung (Statut) bezeichnet.

2.8 Institutionen

200 Welche Aufgaben hat die IHK?

Industrie- und Handelskammern (IHK) sind Körperschaften des öffentlichen Rechts, denen alle im Kammerbezirk tätigen Gewerbetreibenden als Pflichtmitglieder angehören.

Aufgaben sind:

- Wahrnehmung der Interessen der Mitglieder,
- Förderung der Wirtschaft (z.B. durch Gutachten, Lehrgänge),
- Förderung der kaufmännischen und gewerblichen Berufsausbildung.

201 Welche Aufgaben hat das Gewerbeaufsichtsamt?

Das **Gewerbeaufsichtsamt** hat folgende Aufgaben:

- Überwachung der Einhaltung von arbeitsrechtlichen Vorschriften und von Arbeitsschutzbestimmungen (z.B. Gewerbeordnung, Jugendarbeitsschutzgesetz, Preisangabenverordnung),
- Überwachung der Umweltschutzbestimmungen (z.B. Bundes-Immissionsschutzgesetz).

202 Welche Aufgaben haben die Berufsgenossenschaften?

Die **Berufsgenossenschaften** sind Körperschaften des öffentlichen Rechts, in denen alle Unternehmer der versicherungspflichtigen Betriebe (nach Wirtschaftszweigen gegliedert) zusammengefasst sind:

Aufgaben sind:

- Träger der gesetzlichen Unfallversicherung,
- Aufstellung von Vorschriften zur Verhütung von Berufsunfällen (Unfallverhütungsvorschriften) und Berufskrankheiten und deren Überwachung.

203 Welche Aufgaben hat das Arbeitsamt?

Das **Arbeitsamt** ist die unterste (örtliche) Verwaltungsstelle der Bundesanstalt für Arbeit. Es hat vor allem folgende Aufgaben:

- Arbeitsvermittlung,
- Berufsberatung,
- Abwicklung der Arbeitslosenversicherung,
- Umschulung.

204 Welche Aufgaben hat das Finanzamt?

Das **Finanzamt** ist die unterste (örtliche) Verwaltungsstelle der Finanzbehörde. Es ist insbesondere zuständig für die Festsetzung der Steuern (Steuerveranlagung), wie z.B. Einkommensteuer, Körperschaftsteuer, Mehrwertsteuer, Grundsteuer, Gewerbesteuer.

205 Welche Aufgaben hat die Kommunalverwaltung?

Unter **Kommunalverwaltung** versteht man die Gemeinde- bzw. Stadtverwaltung, die alle nicht dem Staat vorbehaltenen örtlichen Angelegenheiten regelt (kommunale Selbstverwaltung).

Zu ihren Hauptaufgaben zählen:

- kommunales Finanzwesen (z. B. Verwaltung der kommunalen Einnahmen und Ausgaben),
- kommunales Wirtschaftswesen (z. B. Industrieansiedlung, Straßenbau),
- kommunales Bildungswesen (z. B. Sachausstattung für Grund- und Hauptschulen),
- kommunales Sozialwesen (z. B. Fürsorge).

206 Welche Aufgaben haben Wirtschaftsverbände?

Wirtschaftsverbände sind Vereinigungen von Unternehmen des gleichen Wirtschaftszweiges; Beispiele für Spitzenverbände sind Bundesverband der Deutschen Industrie e. V., Bundesverband des Deutschen Groß- und Außenhandels e. V., Hauptgemeinschaft des Deutschen Einzelhandels e. V., Bundesvereinigung der Deutschen Arbeitgeberverbände e. V., Deutscher Industrie- und Handelstag.

Die Wirtschaftsverbände fördern die wirtschaftlichen Interessen ihrer Mitglieder und vertreten diese gegenüber der Öffentlichkeit und gegenüber den staatlichen Institutionen.

207 Welche Gerichte unterscheidet man?

Man unterscheidet folgende Gerichte:

1. **Ordentliche Gerichtsbarkeit** für Zivil- und Strafsachen,
   - Amtsgericht,
   - Landgericht (auch Berufungsinstanz für Urteile des Amtsgerichts),
   - Oberlandesgericht (Berufungsinstanz für Urteile des Landgerichts),
   - Bundesgerichtshof in Karlsruhe (in Zivilsachen Revisionsinstanz für Urteile des Oberlandesgerichts);
2. **Arbeitsgerichte,** zuständig für Rechtsstreitigkeiten aus einem Arbeitsverhältnis und zwischen Tarifvertragsparteien,
   - Arbeitsgericht,
   - Landesarbeitsgericht (Berufungsinstanz),
   - Bundesarbeitsgericht in Kassel (Revisionsinstanz);
3. **Verwaltungsgerichte,** zuständig für Klagen gegen die öffentliche Verwaltung,
   - Verwaltungsgericht,
   - Oberverwaltungsgericht bzw. Verwaltungsgerichtshof (Berufungsinstanz),
   - Bundesverwaltungsgericht in Berlin (Revisionsinstanz);
4. **Sozialgerichte,** zuständig für Klagen gegen die Sozialversicherungsträger,
   - Sozialgericht,

- Landessozialgericht (Berufungsinstanz),
- Bundessozialgericht in Kassel (Revisionsinstanz);

5. **Finanzgerichte,** zuständig für Klagen gegen die Finanzverwaltung,
   - Finanzgericht,
   - Bundesfinanzhof in München (Revisionsinstanz);
6. **Bundesverfassungsgericht** in Karlsruhe, zuständig für Fragen, welche die Verfassungswidrigkeit von Gesetzen betreffen, für Verfassungsbeschwerden von Bürgern u. a.

208 Welchen Institutionen ist die Betriebsgründung mitzuteilen?

Die **Betriebsgründung** ist folgenden Institutionen mitzuteilen:

- Ortspolizeibehörde (Gewerbeaufsichtsamt),
- Finanzamt,
- Amtsgericht (Handelsregister),
- Industrie- und Handelskammer,
- Sozialversicherungsträger.

Zu den erforderlichen Angaben gehören vor allem Firma, Sitz der Firma, Name(n) des bzw. der Inhaber(s), Gründungstag und Branche.

2.9 Verbraucherschutz

209 Was versteht man unter Verbraucherschutz?

Unter **Verbraucherschutz** versteht man den Erlass und die entsprechende Durchsetzung von Rechtsnormen, mit denen der Verbraucher vor den Praktiken der Anbieter, die seine Interessen beeinträchtigen, geschützt werden soll.

Wichtige Regelungen zum Schutz des Verbrauchers (siehe Seite 130ff.) sind z. B.

- Kartellgesetz,
- Gesetz gegen den unlauteren Wettbewerb,
- Rabattgesetz,
- Preisangabenverordnung,
- Abzahlungsgesetz,
- Zugabeverordnung,
- Haustürwiderrufsgesetz,
- Produkthaftungsgesetz,
- Gesetz zur Regelung des Rechts der Allgemeinen Geschäftsbedingungen (siehe Seite 53).

Ergänzend zum gesetzlich geregelten Verbraucherschutz gibt es auch private Organisationen, die sich mit Fragen des Verbraucherschutzes befassen (z. B. Verbraucherverbände).

210 Nennen Sie Möglichkeiten der Verbraucherinformation!

Zur Sicherung eines funktionierenden Wettbewerbs ist eine objektive Information der Verbraucher über Qualität und Preise der angebotenen Güter erforderlich.

Aus der Vielzahl der Organisationen, die sich mit dem **Verbraucherschutz** befassen, sind vor allem zu nennen:

- **Verbraucherzentralen und -beratungsstellen,** sie sind in jedem Bundesland anzutreffen und werden staatlich finanziert;
- **Stiftung Warentest,** sie führt vergleichende Warentests durch, deren Ergebnisse monatlich in der Zeitschrift „test" veröffentlicht werden;
- **Arbeitsgemeinschaft der Verbraucherverbände (AGV),** sie gibt Informationsschriften für Verbraucher heraus.

2.10 Überwachung der Außenstände

211 Was versteht man unter Debitorenkontrolle?

Die **Debitorenkontrolle** (Überwachung der offenen Posten)

- dient der Überwachung der Zahlung der Kunden (Debitoren),
- dient der Erhaltung und Sicherung der Liquidität,
- vermeidet die Verjährung von Forderungen,
- erfolgt mit Hilfe von Terminkalendern, -karteien, -mappen und Datenverarbeitungsanlagen,
- wird von der Buchhaltung oder der Mahnabteilung durchgeführt,
- bewirkt bei Überschreiten des Zahlungsziels die Einleitung des Mahnverfahrens.

2.10.1 Mahnwesen

212 Unterscheiden Sie privates und gerichtliches Mahnverfahren!

Wenn ein Käufer seine Zahlungsverpflichtungen nicht erfüllt, erinnert der Kaufmann zunächst durch höfliche und dann durch (zwei oder drei) im Ton bestimmte oder drohende Mahnungen den Schuldner an die bestehende Forderung **(privates Mahnverfahren).**

Zahlt der Schuldner auch nicht nach den Maßnahmen des privaten Mahnverfahrens, kann der Gläubiger zum **gerichtlichen Mahnverfahren** greifen, das den Mahnbescheid (siehe auch Seite 569 f.) und den Vollstreckungsbescheid umfasst.

Die Zustellung des Mahnbescheides an den Schuldner leitet das gerichtliche Mahnverfahren ein.

Mahnbescheide werden verstärkt am Jahresende beantragt (siehe Seite 77 f.).

213 Was ist der Mahnbescheid?

Wenn ein Schuldner trotz der Mahnschreiben des Gläubigers nicht zahlt, kann der Gläubiger zum **Mahnbescheid** (gerichtliche Zahlungsaufforderung) greifen. Der Gläubiger (Antragsteller) füllt einen Vordruck (erhältlich im Schreibwarengeschäft) aus und reicht ihn beim Amtsgericht ein. Der Antrag beinhaltet die beteiligten Parteien, das zuständige Gericht, die geltend gemachte Forderung und die Unterschrift.

Das Amtsgericht erlässt dann den Mahnbescheid, ohne zu prüfen, ob der Anspruch wirklich besteht und stellt den Bescheid dem Schuldner (Antragsgegner) zu. Eine Prüfung des Bescheids entfällt deshalb, weil der Schuldner sehr einfach Widerspruch einlegen kann.

214 Welches Gericht ist für den Mahnbescheid zuständig?

Für das gerichtliche Mahnverfahren ist das **Amtsgericht** (unabhängig von der Höhe des Streitwertes) zuständig, in dessen Bezirk der Gläubiger seinen Wohn- bzw. Firmensitz hat. Legt der Schuldner Widerspruch gegen den Mahnbescheid ein, ist für das streitige Verfahren das Gericht an seinem Wohnsitz zuständig (entgegen dieser gesetzlichen Regelung können Kaufleute vertraglich einen besonderen Gerichtsstand vereinbaren).

215 Wie kann der Schuldner auf den Mahnbescheid reagieren?

Nach Zustellung des **Mahnbescheides** kann der Schuldner

1. zahlen (Verfahren ist beendet);
2. schriftlich binnen zwei Wochen Widerspruch einlegen, dann
   - informiert das Amtsgericht den Antragsteller über den Widerspruch,
   - kann der Antragsteller (aber auch der Antragsgegner) seinen Anspruch begründen und eine mündliche Verhandlung beantragen,
   - kommt es zur Gerichtsverhandlung (Klage);
3. nichts unternehmen, dann
   - kann der Antragsteller binnen sechs Monaten beim Gericht Antrag auf Erlass eines Vollstreckungsbescheides stellen,
   - stellt das Gericht den Vollstreckungsbescheid zu; die Zwangsvollstreckung erfolgt nach Ablauf der Einspruchsfrist (zwei Wochen nach Zustellung).

216 Wie kann der Schuldner auf den Vollstreckungsbescheid reagieren?

Nach Zustellung des **Vollstreckungsbescheides** kann der Schuldner

1. zahlen (Verfahren ist beendet);
2. schriftlich Einspruch einlegen (binnen 2 Wochen), dann
   - informiert das Amtsgericht den Antragsteller über den Einspruch,

- kann der Antragsteller binnen zwei Wochen eine Gerichtsverhandlung beantragen, danach
- kommt es zur Verhandlung (Klage);

3. nichts unternehmen, dann kommt es zur Zwangsvollstreckung.

2.10.2 Klageverfahren

217 Was versteht man unter dem Klageverfahren?

Rechtsstreitigkeiten, die nicht durch das gerichtliche Mahnverfahren abgewickelt werden, entscheidet das Gericht durch eine mündliche Gerichtsverhandlung (Klageverfahren, Zivilprozess, streitiges Verfahren).

Zur **Klage** kommt es, wenn

- der Schuldner Widerspruch gegen einen Mahnbescheid einlegt und der Gläubiger die Verhandlung beantragt,
- der Schuldner Einspruch gegen einen Vollstreckungsbescheid einlegt und der Gläubiger die Verhandlung beantragt,
- der Gläubiger mit einem Widerspruch des Schuldners gegen einen Mahnbescheid rechnet und sofort die Gerichtsverhandlung beantragt.

218 Welches Gericht ist für die Klage zuständig?

Die Zuständigkeit der Gerichte für das Klageverfahren unterteilt man in

1. **örtliche Zuständigkeit,**
   - nach der gesetzlichen Regelung ist das Gericht zuständig, in dessen Bezirk der Schuldner seinen Wohn- bzw. Firmensitz hat (Gericht am Erfüllungsort),
   - beide Parteien (nur Kaufleute) können vertraglich einen Gerichtsstand vereinbaren;
2. **sachliche Zuständigkeit,**
   - bei einem Streitwert bis 10 000,00 DM ist das Amtsgericht zuständig,
   - bei einem Streitwert über 10 000,00 DM ist das Landgericht zuständig (es besteht Anwaltszwang).

219 Welchen Inhalt hat die Klageschrift?

In der **Klageschrift** begründet der Gläubiger (Kläger) seinen Anspruch gegen den Schuldner (Beklagter). Inhalt der Klageschrift sind: Parteien, Klagegrund, Streitwert, Klageantrag (mit Unterschrift) und Bezeichnung des zuständigen Gerichts.

220 Wie kann ein Klageverfahren beendet werden?

Das **Klageverfahren** kann beendet werden durch

- Endurteil (die Parteien einigen sich nicht),
- Versäumnisurteil (wenn der Kläger nicht erscheint, wird die Klage abgewiesen; wenn der Beklagte nicht erscheint, wird gemäß dem Klageantrag entschieden),

- Vergleich (Einigung beider Parteien),
- Zurücknahme der Klage durch den Kläger.

221 Was sind Berufung und Revision?

Wird gegen das Urteil eines Amtsgerichts (als erste Instanz) **Berufung** eingelegt, ist das Landgericht als Berufungsinstanz zuständig. Ein Einspruch gegen dieses Urteil ist nicht mehr möglich.

Gegen Urteile des Landgerichts als erste Instanz wird Berufung beim Oberlandesgericht eingelegt. Widersprüche gegen dessen Urteile heißen **Revision,** zuständig ist der Bundesgerichtshof (der Streitwert muss 60 000,00 DM übersteigen).

2.10.3 Zwangsvollstreckung

222 Was ist Zwangsvollstreckung?

Zwangsvollstreckung ist die Anwendung staatlicher Gewalt zur Durchsetzung eines gerichtlich festgestellten Anspruches des Gläubigers (Zwangszugriff in das Vermögen des Schuldners).

Die Zwangsvollstreckung wird nur auf Antrag des Gläubigers durchgeführt.

223 Nennen Sie die Voraussetzungen der Zwangsvollstreckung!

Bevor die Zwangsvollstreckung durchgeführt werden kann, muss

- ein vollstreckbarer Titel vorliegen, d. h., das Gericht muss einen Mahnbescheid oder ein Urteil für vollstreckbar erklärt haben;
- der vollstreckbare Titel dem Schuldner zugestellt worden sein.

224 Welche Arten der Zwangsvollstreckung gibt es (Überblick)?

Man unterscheidet folgende **Arten der Zwangsvollstreckung:**

1. Zwangsvollstreckung in das bewegliche Vermögen,
   - Pfändung und anschließende öffentliche Versteigerung beweglicher Sachen,
   - Pfändung von Forderungen und anderen Rechten;
2. Zwangsvollstreckung in das unbewegliche Vermögen (Grundstücke).

225 Beschreiben Sie die Pfändung beweglicher Sachen!

Der Gerichtsvollzieher

- nimmt kleinere, leicht transportierbare Sachen an sich, z. B. Schmuck, Wertpapiere (Faustpfand);
- kennzeichnet schwer transportierbare Gegenstände durch das Aufkleben von Pfandsiegelmarken als gepfändet, z. B. Möbel, Maschinen;

- tauscht wertvolle gegen weniger wertvolle Gegenstände, die dem gleichen Zweck dienen, z. B. Stereoanlage gegen einfaches Radio (Austauschpfändung).

Nicht pfändbar sind Gegenstände, die zur Lebensführung (z. B. Haus- und Küchengeräte) und zur Berufsausübung (z. B. Pkw eines Vertreters) notwendig sind.

Die Versteigerung darf frühestens eine Woche nach dem Tag der Pfändung erfolgen.

226 Beschreiben Sie die Pfändung von Forderungen!

Die Pfändung von Forderungen erfolgt durch einen Pfändungs- und Überweisungsbeschluss des Vollstreckungsgerichts.

Der Drittschuldner (z. B. der Arbeitgeber bei der **Lohnpfändung)** wird angewiesen, bestimmte Beträge vom Einkommen des Schuldners (Arbeitnehmer) einzubehalten und an den Gläubiger abzuführen.

Bestimmte Beträge des Nettoeinkommens sind unpfändbar (Existenzminimum).

227 Beschreiben Sie die Zwangsvollstreckung in das unbewegliche Vermögen!

Die Zwangsvollstreckung in das unbewegliche Vermögen kann erfolgen durch

- Eintragung einer **Zwangshypothek** (dient nur der Sicherung der Forderung);
- **Zwangsversteigerung** des Grundstücks, wobei der Gläubiger aus dem Erlös befriedigt wird (ein Mehrerlös nach Abzug der Gerichtskosten gehört dem Schuldner);
- **Zwangsverwaltung** des Grundstücks, d. h., dem Schuldner wird zwar das Verfügungsrecht, nicht aber das Eigentum an dem Grundstück entzogen; der Gläubiger wird aus den Grundstückserträgen befriedigt (z. B. Mieten, Pachten).

Die Vollstreckung muss ins Grundbuch eingetragen werden.

228 Was ist die eidesstattliche Versicherung?

Wird der Gläubiger durch die Zwangsvollstreckung nicht oder nicht vollständig befriedigt (fruchtlose Pfändung), kann er beim zuständigen Amtsgericht eine **eidesstattliche Versicherung** des Schuldners über dessen Vermögensverhältnisse beantragen. Mit der eidesstattlichen Versicherung bestätigt der Schuldner die Richtigkeit und Vollständigkeit des von ihm aufgestellten Vermögensverzeichnisses. Dadurch soll verhindert werden, dass der Schuldner Vermögenswerte der Zwangsvollstreckung entzieht. Das beim Amtsgericht aufliegende Schuldnerverzeichnis, in welches die eidesstattliche Versicherung eingetragen wird, kann jeder einsehen.

Verweigert der Schuldner die eidesstattliche Versicherung, kann er auf Antrag und Kosten des Gläubigers bis zu einem halben Jahr in Haft genommen werden.

2.10.4 Verjährung

229 Was bedeutet Verjährung?

Verjährung bedeutet, dass eine Forderung nach einer im Gesetz festgelegten Frist nicht mehr gerichtlich eingeklagt werden kann. Der Schuldner hat die Einrede der Verjährung (das Leistungsverweigerungsrecht), d.h., er muss nicht mehr zahlen, obwohl der Anspruch des Gläubigers weiter besteht.

230 Nennen Sie die wichtigsten Verjährungsfristen!

Die wichtigsten **Verjährungsfristen** sind:

1. die dreißigjährige (regelmäßige) Verjährungsfrist: Sie beginnt mit dem Tage der Entstehung des Anspruchs (dauert exakt 30 Jahre) und gilt
   - für Forderungen der Privatleute untereinander,
   - für Darlehen,
   - für gerichtlich festgelegte Ansprüche (Urteile, Vollstreckungsbescheide u.a.);
2. die vierjährige Verjährungsfrist: Sie beginnt am Ende des Jahres, in dem der Anspruch entstanden ist und gilt
   - für Forderungen der Kaufleute untereinander (Geschäftsschulden, zweiseitiges Handelsgeschäft),
   - für Ansprüche auf Zinsen,
   - für Ansprüche auf regelmäßig wiederkehrende Leistungen (z.B. Mieten, Renten);
3. die zweijährige Verjährungsfrist: Sie beginnt am Ende des Jahres, in dem der Anspruch entstanden ist und gilt
   - für Forderungen der Gewerbetreibenden gegenüber Privatleuten (Alltagsschulden, einseitiges Handelsgeschäft),
   - für Lohn- und Gehaltsforderungen,
   - für Forderungen der freien Berufe (z.B. Ärzte, Rechtsanwälte).

Die zwei- und die vierjährige Verjährungsfrist enden jeweils am Ende des betreffenden Kalenderjahres (am 31. Dezember).

231 Was bedeutet Unterbrechung der Verjährung?

Durch die **Unterbrechung der Verjährung** beginnt die Verjährungsfrist von neuem zu laufen, und zwar vom Tag der Unterbrechung an. Die Verjährung wird unterbrochen

1. vom Schuldner durch
   - Teilzahlung,
   - Zinszahlung,
   - schriftliche Stundungsbitte,
   - sonstige Schuldanerkennung, z.B. durch Schuldschein;
2. vom Gläubiger durch

- Mahnbescheid (wird verstärkt am Ende eines Kalenderjahres beantragt, weil die zwei- und vierjährige Verjährungsfrist am Jahresende ablaufen),

- Einleitung des Klageverfahrens,
- Anmeldung der Forderung im Insolvenzfall.

Gewöhnliche Mahnungen (kaufmännisches Mahnverfahren) unterbrechen die Verjährung nicht.

232 Was bedeutet Hemmung der Verjährung?

Durch die **Hemmung der Verjährung** wird die Verjährungsfrist um den Zeitraum der Hemmung verlängert. Die Verjährung wird gehemmt, solange

- die Forderung gestundet ist,
- der Schuldner die Leistung berechtigt nicht erfüllen muss, z. B. im Vergleichsverfahren,
- die Rechtspflege stillsteht, z. B. im Krieg.

2.11 Zahlungsverkehr

2.11.1 Arten und Funktionen des Geldes

233 Welche Geldarten werden unterschieden?

Man unterscheidet folgende **Geldarten:**

1. Metallgeld (Münzen),
   - Kurantmünzen, d. h. vollwertig geprägte Münzen (Nennwert gleich Materialwert),
   - Scheidemünzen, d. h. unterwertig geprägte Münzen (Nennwert größer als Materialwert);
2. Papiergeld (Banknoten);
3. Buchgeld (Giralgeld), d. h. Einlagen auf Giro- und Kontokorrentkonten.

234 Welche Aufgaben hat das Geld?

Das **Geld** hat folgende Aufgaben (Funktionen), es ist:

- Tausch- und Zahlungsmittel, d. h. Tausch von Gütern gegen Geld;
- Wertmesser, d. h., Güter werden durch ihren Preis bewertet und damit vergleichbar;
- Recheneinheit, d. h., ungleiche Güter können mit Hilfe ihrer Preise „addiert“ werden, z. B. in einer Bilanz;
- Wertaufbewahrungsmittel, d. h. Sparen von Geld;
- Wertübertragungsmittel, d. h. Übertragung von Geld, z. B. bei einer Schenkung.

235 Unterscheiden Sie gesetzliche Zahlungsmittel und Zahlungsersatzmittel!

Gesetzliches Zahlungsmittel ist nur das Tauschmittel, das der Staat zu Geld erklärt hat (gesamtes Bargeld: Münzen und Papiergeld). Dieses Geld muss als Zahlungsmittel angenommen werden.

Zahlungsersatzmittel (Geldersatzmittel) erfüllen die Funktion des Geldes, eine Annahmepflicht besteht nicht (Buchgeld, Scheck, Wechsel).[1]

1 Bis zum 31. Dezember 2001 sind nur die nationalen Währungen (z. B. DM, FF) gesetzliches Zahlungsmittel. Ab dem 1. Januar 1999 wird auch der Euro im bargeldlosen Zahlungsverkehr genutzt.

2.11.2 Barzahlung

236 Was versteht man unter Barzahlung?

Bei der **Barzahlung** (zweiseitiges Bargeldgeschäft) erscheint beim Zahlenden (Käufer) und beim Zahlungsempfänger (Verkäufer) bares Geld. Keiner der Geschäftspartner hat ein Konto, das berührt wird.

Die Barzahlung spielt heute nur noch bei Alltagsgeschäften eine Rolle, da sie bei größeren Geldbeträgen zeitraubend, unbequem und vor allem risikoreich ist.

237 Welche Formen der Barzahlung unterscheidet man?

Die Barzahlung wird unterschieden in:

- **direkte Zahlung,** d. h., der Zahlende übergibt dem Zahlungsempfänger unmittelbar den zu zahlenden Betrag;
- **Postanweisung,** bis zu einem Höchstbetrag von 3 000,00 DM kann der Zahlende bei einer Postbank Niederlassung bzw. einer Postfiliale Geld einzahlen; der Postzusteller zahlt dann dem Zahlungsempfänger den Betrag bar aus (Entgelt ist vergleichsweise hoch).

238 Welche Angaben enthält eine Quittung?

Bei der direkten Barzahlung wird die Zahlung oft durch eine **Quittung** bestätigt (beweiskräftige Urkunde). Die Quittung enthält üblicherweise folgende Angaben:

- Name des Zahlers,
- Grund der Zahlung,
- Betrag,
- Empfangsbestätigung,
- Ort und Datum,
- Unterschrift.

2.11.3 Halbbare Zahlung

239 Was ist halbbare Zahlung?

Von der **halbbaren Zahlung** (einseitiges Bargeldgeschäft) spricht man, wenn nur einer der beiden Geschäftspartner mit Bargeld in Berührung kommt; entweder hat der Zahler (Käufer) oder der Zahlungsempfänger (Verkäufer) ein Konto.

240 Welche Formen der halbbaren Zahlung unterscheidet man (Überblick)?

Die **halbbare Zahlung** wird unterschieden in:

- Nachnahme (bei der Deutschen Post AG),
- Zahlschein bei Banken und bei der Deutschen Postbank AG,
- Barscheck bei Banken und bei der Deutschen Postbank AG.

241 Beschreiben Sie die Nachnahme!

Die **Nachnahme** ist nur bei der Deutschen Post AG möglich. Freigemachte Postsendungen (z. B. Postpakete und Briefe) händigt der Postzusteller erst gegen Zahlung des Rechnungsbetrages und eines zusätzlichen Nachnahmeentgeltes an den Empfänger aus. Der Höchstbetrag liegt bei 3 000,00 DM; bei der Zahlung mit Scheck erhöht er sich auf 20000,00 DM. Die Deutsche Post AG schreibt anschließend dem Gläubiger (Lieferer) den Rechnungsbetrag gut.

Der Versandhandel verwendet die Zahlung per Nachnahme um sicherzustellen, dass die ausgelieferte Ware bezahlt wird; auch fällige Forderungen können durch Nachnahme eingezogen werden.

242 Beschreiben Sie den Zahlschein!

Der Zahlende zahlt mit dem **Zahlschein** den zu begleichenden Betrag bar bei der Bank bzw. bei der Postbank (z.B. am Postschalter) ein, der anschließend dem Konto des Zahlungsempfängers gutgeschrieben wird.

243 Erklären Sie die Barauszahlung!

Wenn ein Bankkunde Bargeld benötigt, gibt es zwei Möglichkeiten der **Barauszahlung:**

- Barauszahlung am Schalter der eigenen Bank mit einem eigenen Bankscheck, mit der Eurochequekarte oder nur mit einem Auszahlungsbeleg der Bank;
- Barauszahlung an einem Geldautomaten, Inhaber eines Bankkontos können rund um die Uhr an Geldausgabeautomaten der betreffenden Bankenorganisation (z.B. Sparkassen) unter Benutzung der ec-Karte sowie der persönlichen Geheimzahl Bargeld bis zu einer bestimmten Höhe abheben (diese Form der Barabhebung ist auch mit Kreditkarte möglich).

2.11.4 Bargeldlose Zahlung und moderne Zahlungssysteme

244 Was ist bargeldlose Zahlung?

Bei der **bargeldlosen Zahlung** besitzen Zahler und Empfänger ein Konto. Keiner der Betroffenen kommt mit Bargeld in Berührung. Die Zahlung wird buchungsmäßig über die Konten abgewickelt (Buchgeld, Giralgeld).

Die unbare Zahlung ist bequem, billig, schnell und sicher.

245 Welche Formen der bargeldlosen Zahlung unterscheidet man (Überblick)?

Die **bargeldlose Zahlung** kann z.B. erfolgen durch

- Überweisung (Banküberweisung bzw. Postbank Überweisung),
- Verrechnungsscheck,
- Wechsel.

246 Beschreiben Sie die Überweisung!

Bei der **Überweisung** müssen sowohl der Zahlende als auch der Zahlungsempfänger über ein Konto verfügen. Auf dem Konto des Schuldners erfolgt eine Lastschrift, auf dem Konto des Gläubigers eine Gutschrift. Der Zahler erhält in der Regel über jeden Zahlungsvorgang einen Kontoauszug und die Lastschriftanzeige; der Zahlungsempfänger erhält ebenfalls einen Kontoauszug und die Gutschriftanzeige.

Die Überweisung kann über die Bank (Banküberweisung) oder über die Postbank (Postbank Überweisung) vorgenommen werden.

247 Unterscheiden Sie Banküberweisung und Postbank Überweisung!

Voraussetzung für die **Banküberweisung** ist ein so genanntes laufendes Konto (Girokonto) der Geschäftspartner bei der gleichen Bank oder bei verschiedenen Banken.

Voraussetzung für die **Postbank Überweisung** ist ein Postbank Girokonto des Zahlenden bei einer der Postbank Niederlassungen der Bundesrepublik Deutschland.

248 Beschreiben Sie die Sonderformen der Banküberweisung!

Um den differenzierten Wünschen ihrer Kunden gerecht zu werden, bietet die Bank (ebenso wie die Postbank) folgende Möglichkeiten der **Überweisung** an:

1. **Dauerauftrag:** Für Zahlungen, die
   - regelmäßig wiederkehren,
   - in der Höhe stets gleich sind,
   - den gleichen Adressaten haben,

   gibt der Zahlungspflichtige seiner Bank einen einmaligen Überweisungsauftrag, der bis auf Widerruf regelmäßig ausgeführt wird (Beispiele: Miete, Beiträge an Verbände);
2. **Lastschriftverfahren** (Einzugsverfahren): Für Zahlungen, die
   - regelmäßig wiederkehren,
   - in der Höhe schwanken,
   - den gleichen Adressaten haben,

   erlaubt der Zahlungspflichtige (Schuldner) dem Zahlungsempfänger (Gläubiger), den Betrag entweder ohne vorherige Benachrichtigung von seinem Konto abzubuchen **(Einzugsermächtigungsverfahren)** oder er beauftragt seine Bank, die vom Zahlungsempfänger vorgelegten Lastschriften von seinem Konto abzubuchen **(Abbuchungsauftrag)** (Beispiele: Rechnungen für Strom, Gas, Wasser, Fernmelderechnung); irrtümlich eingezogene Beträge kann der Schuldner selbstverständlich vom Zahlungsempfänger zurückfordern;
3. **Eilüberweisung:** Die Bank des Zahlers sendet in dringenden Fällen die Gutschriftanzeige direkt an die Bank des Zahlungsempfängers;
4. **Blitzgiro:** In besonders dringenden Fällen erhält ein Kunde Bargeld von einer beliebigen Bank, wenn seine kontoführende Bank per Telefax die Zahlung anweist;
5. Mit der **Sammelüberweisung** kann der Zahlungspflichtige Überweisungen an mehrere Zahlungsempfänger zusammenfassen. Die Sammelüberweisung ist schneller zu erstellen als die entsprechenden Einzelüberweisungen, außerdem sind die Bankgebühren günstiger.

249 Welche Angaben enthält der Kontoauszug?

Durch den **Kontoauszug** informiert das kontoführende Institut (Bank oder Postbank) den Kontoinhaber über:

- Kontonummer,
- Datum des Kontoauszuges,
- Buchungstext (z. B. Lastschrift lt. Anlage),
- Wert (Wertdaten sind Grundlage für die Zinsberechnung),
- Tagesumsätze (Gutschrift = Haben; Lastschrift = Soll),
- verbuchte Umsätze (Summe der Lastschriften und Summe der Gutschriften),
- alter Kontostand (Soll oder Haben),
- neuer Kontostand (Soll oder Haben).

250 Was versteht man unter dem Gironetz?

Zur Abwicklung des Zahlungsverkehrs (insbesondere des bargeldlosen Zahlungsverkehrs) haben sich gleichartige Banken zu **Gironetzen** zusammengeschlossen. Man unterscheidet den

- Giroverkehr der Sparkassen,
- Giroverkehr der Kreditbanken,
- Giroverkehr der Kreditgenossenschaften,
- Postbankzahlungsverkehr,
- Giroverkehr der Landeszentralbanken.

Der **Giroverkehr** wird innerhalb und auch zwischen den einzelnen Gironetzen abgewickelt. Die gegenseitige Verrechnung der Gutschriften und Lastschriften erfolgt über die Girozentralen bzw. die Landeszentralbanken.

251 Nennen Sie Zahlungssysteme für die Abwicklung des Zahlungsverkehrs!

Für die Abwicklung des Zahlungsverkehrs werden in zunehmendem Maße sowohl bei den Banken als auch bei den Bankkunden Computer eingesetzt, wobei verstärkt Datennetze (z. B. Telefonnetz) genutzt werden.

Dabei werden folgende **Zahlungssysteme** unterschieden:

1. Telefon-Banking;
2. Electronic Banking;
   - Homebanking (Telebanking),
   - Datenträgeraustausch (Clearing);
3. Electronic cash (Point-of-Sale-Banking, POS-Banking),
   - ec-Karte (ec-card),
   - Kreditkarte,
   - Bankkarte,
   - hauseigene Kundenkarte;
4. Point-of-Sale-System ohne Zahlungsgarantie (POZ);
5. Online-Lastschriftverfahren (OLV);
6. Chip-Karte (Cash-Karte, elektronische Geldbörse).

252 Was ist Telefon-Banking?

Beim **Telefon-Banking** bieten die Banken ihren Kunden die Möglichkeit, mit Hilfe ihres Telefons über den Sprachcomputer der Bank Bankgeschäfte 24 Stunden täglich abzuwickeln (z. B. Auskünfte über den aktuellen Kontostand, Ausführung von Überweisungen). Der Kunde erspart sich den Weg zur Bank.

Den Zugriff zum Telefon-Banking ermöglichen die Nummer des Girokontos sowie die persönliche Geheimzahl.

253 Was ist Homebanking?

Beim **Homebanking (Telebanking)** bieten die Banken ihren Kunden die Möglichkeit, mit Hilfe ihres Computers Bankgeschäfte 24 Stunden täglich z. B. über den Datendienst der Deutschen Telekom AG abzuwickeln (z. B. Auskünfte über den aktuellen Kontostand und getätigte Umsätze, Ausführung von Überweisungen). Homebanking über Internet bezeichnet man als Internetbanking. Der Kunde erspart sich den Weg zur Bank.

Der Kunde muss über einen Personalcomputer, ein Modem, die entsprechende Software, eine persönliche Identifikations-Nummer (PIN) sowie den Zugang zum Datendienst verfügen. Die Telekom bietet als Zugangsmöglichkeiten an:

- **Btx** (Bildschirmtext), der Kunde erreicht von seinem Personalcomputer über den Zentralrechner der Telekom den Rechner der Bank (dies ist die häufigste Form des Homebanking);
- **Datex-P,** der Kunde erreicht von seinem Personalcomputer direkt den Rechner der Bank (die Datenübertragung erfolgt im Unterschied zum Btx sehr schnell).

254 Was ist Datenträgeraustausch?

Beim **Datenträgeraustausch** erstellt der Kunde seine Überweisungen oder Lastschriften an seinem Personalcomputer und gibt die Daten auf einem Datenträger (z. B. Disketten-Clearing, Magnetband-Clearing) aus. Der Datenträger wird der Bank zugestellt und dort in den Bankrechner eingelesen, der den Zahlungsverkehr abwickelt. Für den Kunden entfällt das aufwendige Ausfüllen der Formulare.

255 Was ist Electronic cash?

Electronic cash bedeutet, dass ein Kunde eine Ware oder eine Dienstleistung bargeldlos (an einer automatisierten Kasse) bezahlt, und zwar mit Hilfe der

- ec-Karte (ec-card),
- Kreditkarte,
- Bankkarte,
- hauseigenen Kundenkarte.

Dieses Verfahren setzt voraus, dass der Kunde eine Karte mit elektronisch lesbarem Magnetstreifen besitzt und der Zahlungsempfänger ein Kassensystem mit Magnetkartenleser besitzt, der online (über das Telefonnetz) mit dem Rechner der Bank oder der Kartenorganisation verbunden ist. Die Karten der Kartenorganisationen bzw. der Banken besitzen jeweils ein eigenes Logo (Sinnbild); diese Logos kennzeichnen die Unternehmen, bei denen der Karteninhaber bargeldlos zahlen kann.

Ein elektronisches Kassensystem dieser Art bezeichnet man auch als **Point-of-Sale-System (POS).**

Vorteile des Electronic cash sind:

- bequeme und einfache Zahlung für den Kunden und den Zahlungsempfänger,
- sichere Zahlung für den Kunden (ohne Bargeld),
- Zahlung bis zum vereinbarten (relativ hohen) Kreditlimit möglich;
- System mit Zahlungsgarantie für den Zahlungsempfänger (das kartenausgebende Kreditinstitut verpflichtet sich zur Zahlung).

256 Wie erfolgt die Zahlung mit ec-Karte?

Die **ec-Karte** (Scheckkarte) wurde ursprünglich als zusätzliches Sicherungsmittel für den Eurocheque entwickelt (siehe Seite 88 f.).

Bei der Zahlung mit ec-Karte muss der Kunde üblicherweise seine ec-Karte in ein Lesegerät (Terminal) einschieben und seine persönliche Identifikations-Nummer (PIN) über die Tastatur eintippen. Das Terminal stellt selbstständig eine Verbindung zur Hausbank des Kunden her; dort wird geprüft, ob die Karte nicht gesperrt und ein ausreichendes Guthaben vorhanden ist, damit die Zahlung freigegeben werden kann. Der Kunde erhält eine Kassenquittung; seine Unterschrift ist nicht erforderlich.

257 Wie erfolgt die Zahlung mit Kreditkarte?

Mit der **Kreditkarte** kann der Karteninhaber weltweit bei jedem Vertragspartner eines bestimmten Kreditkartensystems Rechnungen ohne Bargeld begleichen (z. B. AMERICAN EXPRESS, EUROCARD, MASTERCARD, VISA). Die Kartenorganisationen ziehen ihren Vertragspartnern (z. B. Einzelhandelsbetriebe, Tankstellen, Hotels) von jeder Zahlung die vereinbarte Provision ab.

Die Kreditkarte erhalten nur kreditwürdige Personen gegen Entrichtung einer bestimmten Jahresgebühr. Der Karteninhaber erhält eine Abrechnung mit allen Zahlungen im Abrechnungszeitraum (i. d. R. ein Monat); der zu leistende Gesamtbetrag wird automatisch vom Girokonto bei der Hausbank des Karteninhabers abgebucht. Der Kauf mit Kreditkarte stellt einen Kauf auf Kredit dar, da dem Verkäufer der Geldbetrag erst später gutgeschrieben wird.

Bei der Zahlung mit Kreditkarte gibt es folgende Möglichkeiten:

- Der Kunde schiebt seine Karte in ein Lesegerät (Terminal) und tippt seine persönliche Identifikations-Nummer (PIN) über die Tastatur ein. Das Terminal stellt selbstständig eine

Verbindung zum Rechner der Kartenorganisation her; dort wird geprüft, ob die Karte nicht gesperrt ist und das Kreditlimit nicht überschritten wird, damit die Zahlung freigegeben werden kann. Der Kunde erhält eine Kassenquittung; seine Unterschrift ist nicht erforderlich.

- Der Kunde bzw. der Verkäufer gibt die Karte in das Lesegerät ein (und zwar ohne PIN). Die Prüfung im Rechner der Kartenorganisation kann sich u. U. darauf beschränken, ob die Karte gesperrt ist oder nicht. Der Kunde erhält einen Beleg, den er unterschreiben muss.

  In Ausnahmefällen wird ein mechanisches Lesegerät eingesetzt, welches nur den Beleg erstellt, den der Kunde unterschreiben muss. Eine Onlineüberprüfung der Gültigkeit und Deckung der Karte kann nicht erfolgen.

Der Karteninhaber kann sich mit der Kreditkarte auch Bargeld besorgen, und zwar bei bestimmten Banken (als zusätzliche Legitimation wird z. B. der Personalausweis verlangt) sowie an Geldautomaten (die PIN ist einzugeben). Die Bargeldbesorgung ist aufgrund der hohen Gebühren nicht billig.

Beim Verlust der Kreditkarte braucht der Karteninhaber i. d. R. Schäden nur bis maximal 100,00 DM zu tragen; sobald er den Verlust gemeldet hat, entfällt für ihn jegliche Haftung.

258 Erklären Sie die Bankkarte!

Die **Bankkarte** wird von bestimmten Bankenorganisationen ausgegeben (z. B. ṡCARD der Sparkassenorganisation).

Der Karteninhaber kann in Verbindung mit seiner PIN bargeldlos bei den Unternehmen bezahlen, die dem Electronic cash-System dieser Bankenorganisation angeschlossen sind.

Der Karteninhaber kann auch Geldbeträge an in- und ausländischen Geldautomaten abheben, die mit dem entsprechenden Logo gekennzeichnet sind.

259 Was ist eine hauseigene Kundenkarte?

Unternehmen (insbesondere größere Handelsbetriebe) können (ähnlich wie Bankenorganisationen) **hauseigene Kundenkarten** ausgeben, damit ihre Kunden bargeldlos zahlen können.

260 Was versteht man unter dem POZ-Verfahren?

Unter dem **POZ-System** versteht man ein Point-of-Sale-System ohne Zahlungsgarantie:

- Der Kunde zahlt an der Kasse mit seiner ec-Karte (auf die Eingabe der Geheimnummer wird verzichtet);
- die Kasse ist online mit einem Zentralrechner verbunden, welcher lediglich überprüft, ob die Karte durch das Kreditinstitut gesperrt ist;
- ergibt die Prüfung keine Beanstandung, wird der Beleg erstellt, den der Kunde unterschreiben muss;

- die Abrechnung erfolgt entweder per Direktleitung oder über ein Clearingverfahren durch die Hausbank des Unternehmens;
- das Unternehmen hat keine Zahlungsgarantie durch das Kreditinstitut des Kunden und es trägt somit das gesamte Risiko des Zahlungseingangs.

261 Was versteht man unter dem Online-Lastschriftverfahren?

Beim **Online-Lastschriftverfahren (OLV)**
- zahlt der Kunde an der Kasse mit seiner ec-Karte (auf die Eingabe der Geheimnummer wird verzichtet);
- wird der Lastschriftbeleg (ec-Lastschrift) erstellt, den der Kunde unterschreiben muss;
- wird die Lastschrift über die Hausbank des Unternehmens abgerechnet;
- liegt das Risiko des Zahlungseingangs ganz beim Unternehmen.

262 Was ist eine Chipkarte?

Die **Chipkarte** (Cash-Karte, SmartCard, elektronische Geldbörse) ist eine Karte, die (neben den Magnetstreifen) einen Mikrochip enthält; sie bietet alle Möglichkeiten des Electronic cash. Darüber hinaus kann mit Hilfe des Chips
- die Geheimnummer und das Ausgabenlimit selbstständig überprüft werden;
- u.U. das Verfügungslimit neu aufgefüllt werden, wenn es aufgebraucht wurde;
- die Karte aufgrund der Programmierbarkeit des Chips vielfältig eingesetzt werden (z.B. Identifikationsmittel, Türöffner).

Im Gegensatz zum Kauf mit Kreditkarte liegt beim Kauf mit Chipkarte kein Kreditgeschäft vor, da der zu zahlende Betrag sofort von dem auf der Karte vorhandenen Verfügungsbetrag abgezogen wird. Das mit der Chipkarte geschaffene Geld bezeichnet man auch als digitales bzw. elektronisches Geld.

2.11.5 Scheck

263 Wie lautet die Definition des Schecks?

Der **Scheck** ist ein Wertpapier (Urkunde), in dem der Aussteller eine Bank bzw. eine Postbank Niederlassung anweist, aus seinem Guthaben eine bestimmte Geldsumme zu zahlen.

264 Nennen Sie die gesetzlichen Bestandteile des Schecks!

Der Scheck **muss** enthalten:
- die Bezeichnung Scheck im Text der Urkunde;
- die unbedingte Anweisung, eine bestimmte Geldsumme zu zahlen (weichen der Betrag in Buchstaben und der Betrag in Ziffern voneinander ab, gilt der Betrag in Buchstaben);

- den Namen des Kreditinstituts, bei dem das Konto des Ausstellers geführt wird (Bezogener);
- die Angabe des Zahlungsortes;
- die Angabe des Tages und des Ortes der Ausstellung;
- die Unterschrift des Ausstellers.

265 Welche Bedeutung haben die gesetzlichen und kaufmännischen Bestandteile des Schecks?

Das Scheckgesetz schreibt für den Scheckinhalt sechs Bestandteile zwingend vor **(gesetzliche Bestandteile).** Eine Urkunde, in der einer dieser Bestandteile fehlt, gilt grundsätzlich nicht als Scheck.

Daneben gibt es Bestandteile, die vom Gesetzgeber nicht vorgeschrieben sind, die jedoch den Scheckverkehr erleichtern **(kaufmännische Bestandteile),** z.B. Schecknummer, Kontonummer des Ausstellers, Bankleitzahl, Scheckempfänger, Überbringerklausel.

266 Wie kann ein Scheck verwendet werden?

Einen als Zahlungsmittel erhaltenen Scheck kann man
- der Bank des Schuldners zur Auszahlung vorlegen,
- der eigenen Bank mit Hilfe eines Einziehungsauftrages zur Gutschrift einreichen,
- als Zahlungsmittel an einen Dritten weitergeben.

267 Welche Arten des Schecks gibt es (Überblick)?

Man unterscheidet:

1. nach dem Scheckbezogenen,
   - Bankscheck,
   - Postbank Scheck;
2. nach der Art der Einlösung,
   - Barscheck,
   - Verrechnungsscheck;
3. nach dem Scheckempfänger,
   - Inhaberscheck (Überbringerscheck),
   - Namensscheck (Orderscheck),
   - Rektascheck;
4. nach der internationalen Gültigkeit,
   - Eurocheque;
5. nach dem fehlenden Bestandteil,
   - Blankoscheck (z.B. fehlender Betrag).

268 Was ist ein Barscheck?

Beim **Barscheck** darf nur das bezogene Kreditinstitut dem Überbringer des Schecks den Scheckbetrag auf Wunsch bar auszahlen.

269 | Was ist ein Verrechnungsscheck?

Beim **Verrechnungsscheck** muss der Scheckbetrag dem Konto des Einreichers gutgeschrieben werden, d.h., er wird nicht bar ausgezahlt.

Der Verrechnungsscheck entsteht durch den Vermerk „nur zur Verrechnung" auf der Vorderseite des Schecks. Eine Streichung dieses Vermerks gilt als nicht erfolgt, d.h., trotz der Streichung bleibt der Scheck ein Verrechnungsscheck. Jeder Barscheck kann zu einem Verrechnungsscheck gemacht werden.

270 | Was ist ein Inhaberscheck?

Der Scheck, der laut Gesetz ein Orderpapier ist – Orderpapiere müssen den Namen (Order) des Empfängers enthalten –, wird durch den Zusatz „oder Überbringer" (Überbringerklausel) zum **Inhaberscheck** (Überbringerscheck). Durch diese Klausel wird der Name des Scheckempfängers bedeutungslos.

Jeder Scheckinhaber kann die Barauszahlung bzw. Gutschrift des Scheckbetrages verlangen. Eine Streichung der Überbringerklausel betrachten die Banken als nicht erfolgt.

271 | Welche Bedeutung hat die Überbringerklausel?

Die von den Banken ausgegebenen Schecks enthalten alle die **Überbringerklausel** und sind somit Inhaberschecks. Für die Banken entfällt dadurch die Verpflichtung, die Personalien des Scheckvorlegers zu überprüfen. Sie übernehmen dementsprechend auch keine Haftung, wenn der Scheckbetrag an einen Unberechtigten ausgezahlt wird.

272 | Was ist ein Namensscheck?

Der **Namensscheck** (Orderscheck) enthält den Namen des Scheckempfängers (Order). Der Zusatz „oder Überbringer" fehlt. Deshalb kann dieser Scheck nur durch Indossament weitergegeben werden.

Vor allem beim Zahlungsverkehr der Banken untereinander und bei hohen Scheckbeträgen wird der Namensscheck verwendet.

273 | Was ist ein Rektascheck?

Durch den Zusatz „nicht an Order" (negative Orderklausel) entsteht der **Rektascheck.** Die Weitergabe des Schecks soll dadurch verhindert werden.

274 | Beschreiben Sie den Eurocheque!

Der **Eurocheque (ec)** gilt in rund 40 europäischen Ländern in Verbindung mit der Scheckkarte. Das bezeichnete (bezogene) Kreditinstitut garantiert dem Schecknehmer die Zahlung von höchstens 400,00 DM je Scheck (übersteigt der Scheckbetrag 400,00 DM, ist auf jeden Fall die Einlösung von 400,00 DM durch die Bank garantiert), wenn folgende Voraussetzungen erfüllt sind:

- Unterschrift, Name des Kreditinstituts sowie Kontonummer auf Eurocheque und Eurochequekarte müssen übereinstimmen;
- die Nummer der Eurochequekarte muss auf der Rückseite des Eurocheques vermerkt sein;
- das Ausstellungsdatum des Eurocheques muss innerhalb der Gültigkeitsdauer der Eurochequekarte liegen.

Im Übrigen kann der Eurocheque wie jeder andere Scheck verwendet werden.

275 Wie wird der Scheck weitergegeben?

Der Inhaberscheck wird an einen Dritten formlos durch Einigung und Übergabe übertragen. Erfolgt die Weitergabe mit einem Übertragungsvermerk auf der Rückseite des Schecks (Indossament, Giro), so haftet neben dem Aussteller auch der Weitergebende für die Scheckeinlösung.

Der Namensscheck kann nur durch Indossament und Übergabe übertragen werden.

276 Wann ist der Scheck zahlbar?

Jeder Scheck ist bei Sicht (am Tage der Vorlegung) zahlbar, auch der vordatierte Scheck.

Beim vordatierten Scheck wird als Ausstellungsdatum ein späteres Datum eingesetzt. Die dadurch entstehende Zahlungsfrist erkennen die Banken nicht an.

277 Welche Vorlegungsfristen gibt es?

Die gesetzlichen **Vorlegungsfristen** betragen

- 8 Tage nach Ausstellung für in der Bundesrepublik ausgestellte Schecks;
- 20 Tage nach Ausstellung für Schecks, bei denen Zahlungsort und Ausstellungsort sich in demselben Erdteil befinden (Mittelmeerländer zählen im Scheckverkehr zu Europa);
- 70 Tage nach Ausstellung für Schecks, bei denen sich Zahlungsort und Ausstellungsort in verschiedenen Erdteilen befinden.

Wird die Vorlegungsfrist überschritten, hat die Bank (Postbank) die Möglichkeit, die Einlösung zu verweigern.

278 Was bedeutet „Rückgriff mangels Zahlung“?

Wird der rechtzeitig vorgelegte Scheck nicht eingelöst, weil keine Deckung vorhanden ist (ungedeckter Scheck), kann der Inhaber gegen den Aussteller und u. U. gegen die Indossanten **Rückgriff** (Regress) nehmen. Die Nichteinlösung des Schecks wird durch die Bank mit dem Vermerk „vorgelegt und nicht eingelöst“ bestätigt.

Im Rahmen seines Rückgriffsrechts kann der Scheckinhaber von dem Scheckverpflichteten Schecksumme, Zinsen, entstandene Kosten und eine gesetzlich begrenzte Provision verlangen.

Verweigert der Scheckverpflichtete die Zahlung, kann der Scheckinhaber seine Forderung gerichtlich eintreiben (Scheckklage).

279 Was ist beim Scheck- bzw. Kartenverlust zu beachten?

Beim Verlust von Schecks und beim Verlust von Eurocheques (mit oder ohne Scheckkarte) ist in jedem Falle das bezogene Kreditinstitut (und bei Diebstahl die Polizei) unverzüglich zu benachrichtigen.

Beim Verlust eines Barschecks sperrt das bezogene Kreditinstitut den Scheck und verhindert dadurch die Einlösung des Schecks (der Barscheck kann nur beim bezogenen Kreditinstitut eingelöst werden).

Beim Verlust eines Eurocheques und der dazugehörenden Scheckkarte kann eine Einlösung nicht verhindert werden, wenn der Scheck bei einem anderen Kreditinstitut eingelöst bzw. zur Zahlung eines Rechnungsbetrages bei einem Unternehmen verwendet wird. Liegt beim Verlust des Schecks weder eigenes Verschulden noch grobe Fahrlässigkeit vor, haftet der Betroffene überhaupt nicht oder nur in geringem Umfang. Die Haftung der Bank beschränkt sich auf 400,00 DM pro Scheck.

280 Welche Verwendungsmöglichkeiten bietet der Postbank Scheck?

Der **Postbank Scheck** bietet folgende Verwendungsmöglichkeiten:

- Ohne Angabe des Zahlungsempfängers kann die Barauszahlung des Scheckbetrages an jeden Vorleger unmittelbar durch eine Postbank Niederlassung bzw. eine Postfiliale erfolgen (Barscheck),
- der Postbank Scheck kann als Verrechnungsscheck benutzt werden,
- der Postbank Scheck kann als Zahlungsmittel weitergegeben werden.

2.11.6 Wechsel

281 Wie lautet die Definition des Wechsels?

Der **Wechsel** ist eine Urkunde, in der ein Gläubiger einen Schuldner auffordert, zu einem angegebenen Zeitpunkt eine bestimmte Summe an seine oder eine andere Person zu zahlen (gezogener Wechsel, Tratte).

282 Beschreiben Sie das Wesen des Wechsels!

Der Erläuterung des **Wechsels** soll folgender Fall dienen: Der Einzelhändler E kauft von seinem Lieferanten L Waren und kann bei Fälligkeit des Rechnungsbetrages nicht zahlen (d. h., E hat eine Verbindlichkeit bei L). Andererseits hat der Einzelhändler aus Warenverkäufen eine Forderung an seinen Kunden K. E kann nun K auffordern, nicht an ihn selbst, sondern an den L zu zahlen. E stellt einen Wechsel aus.

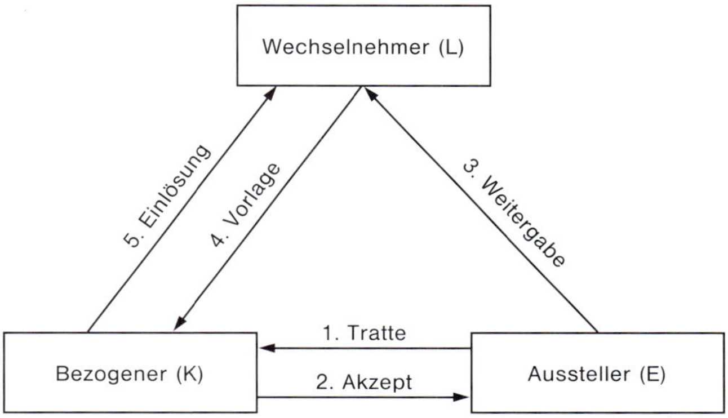

Der Aussteller (E) zieht einen Wechsel (Tratte) auf den Bezogenen (K). Der Bezogene kann den Wechsel annehmen (akzeptieren) und schickt den von ihm unterschriebenen Wechsel (Akzept) an den Aussteller zurück. Der Aussteller gibt den Wechsel weiter an den Wechselnehmer (L). Am Fälligkeitstag legt der Wechselnehmer den Wechsel dem Bezogenen vor und der Bezogene löst den Wechsel ein, indem er an den Wechselnehmer zahlt.

283 Wie heißen die Wechselbeteiligten?

Für die Wechselbeteiligten gibt es folgende Begriffe:

- Wechselaussteller = Trassant,
- Bezogener = Trassat = Akzeptant,
- Wechselnehmer = Wechselempfänger = Remittent.

284 Unterscheiden Sie den eigenen Wechsel und den Wechsel an eigene Order!

Der **eigene Wechsel** (Solawechsel) liegt vor, wenn der Aussteller verspricht, den Wechselbetrag zu einem angegebenen Zeitpunkt selbst zu bezahlen. Es handelt sich um ein Zahlungsversprechen (Aussteller = Bezogener).

Der **Wechsel an eigene Order** liegt vor, wenn der Aussteller den Bezogenen auffordert an ihn selbst zu zahlen (Aussteller = Wechselnehmer).

285 Welche Bedeutung haben die gesetzlichen und kaufmännischen Bestandteile des Wechsels?

Das Wechselgesetz schreibt für den Wechselinhalt acht Bestandteile zwingend vor **(gesetzliche Bestandteile).** Eine Urkunde, in der einer dieser Bestandteile fehlt, gilt grundsätzlich nicht als Wechsel.

Daneben gibt es Bestandteile, die vom Gesetzgeber nicht vorgeschrieben sind, jedoch den Wechselverkehr erleichtern **(kaufmännische Bestandteile),** z.B. Wechselnummer, Bankleitzahl, Wiederholung von Daten in Ziffern u.a.

286 Nennen Sie die gesetzlichen Bestandteile des Wechsels!

Der **Wechsel** muss enthalten:

- die Bezeichnung als Wechsel im Text der Urkunde;
- die unbedingte Anweisung eine bestimmte Geldsumme zu zahlen;

- den Namen dessen, der zahlen soll (Bezogener);
- die Angabe der Verfallzeit;
- die Angabe des Zahlungsortes;
- den Namen dessen, an den oder an dessen Order gezahlt werden soll;
- die Angabe des Tages und des Ortes der Ausstellung;
- die Unterschrift des Ausstellers.

287 Unterscheiden Sie Besitz- und Schuldwechsel!

Für den Aussteller (bzw. den Wechselempfänger) ist der akzeptierte Wechsel ein **Besitzwechsel.**

Für den Bezogenen ist der akzeptierte Wechsel ein **Schuldwechsel.**

288 Unterscheiden Sie Waren- und Finanzwechsel!

Von einem **Warenwechsel** (Handelswechsel) spricht man, wenn der Wechselziehung ein Warengeschäft zugrunde liegt.

Von einem **Finanzwechsel** spricht man, wenn die Wechselziehung der Geldbeschaffung dient.

289 Was ist eine Rimesse?

Eine **Rimesse** ist ein als Zahlungsmittel weitergegebener Wechsel.

290 Wie kann ein Wechsel verwendet werden?

Der Wechselinhaber kann den Wechsel

- vor dem Verfalltag an eine Bank verkaufen (diskontieren),
- an einen Gläubiger weitergeben (indossieren),
- am Verfalltag dem Bezogenen vorlegen (präsentieren),
- am Verfalltag einer Bank zum Einzug geben (Inkasso).

291 Welche Bedeutung hat der Wechsel?

Der **Wechsel** ist

- Kreditmittel, d.h., der Lieferer räumt seinem Kunden ein Zahlungsziel ein oder der Wechsel wird (vor Fälligkeit) diskontiert;
- Zahlungsmittel, d.h., der Wechsel kann durch Weitergabe als Zahlungsmittel verwendet werden;
- Sicherungsmittel, d.h., durch die sog. **Wechselstrenge** (strenge Vorschriften hinsichtlich Haftung, Form, Fristen und Klageverfahren) gewährleistet der Wechsel mit hoher Wahrscheinlichkeit die Einlösung des Wechselbetrages.

Annahme und Weitergabe des Wechsels

292 Was ist ein Akzept?

Unter **Akzept** versteht man

- den akzeptierten Wechsel oder
- die Annahmeerklärung selbst (Unterschrift).

Mit der (quer geschriebenen) Annahmeerklärung verpflichtet sich der Wechselbezogene unbedingt und unwiderruflich, am Verfalltag die Wechselsumme zu zahlen.

293 Welche Akzeptarten gibt es?

Beim Wechsel unterscheidet man folgende Akzeptarten:

- **Vollakzept:** Es beinhaltet neben der Unterschrift des Bezogenen den Wechselbetrag, den Verfalltag sowie Ort und Datum;
- **Kurzakzept:** Es besteht nur aus der Unterschrift des Bezogenen;
- **Teilakzept:** Der Bezogene akzeptiert den angegebenen Betrag nicht in voller Höhe (z. B. wird aufgrund einer Mängelrüge ein Preisnachlass gefordert);
- **Blankoakzept:** Der Bezogene unterschreibt einen Wechsel, bei dem der Betrag oder der Verfalltag nicht angegeben ist und erst später eingesetzt wird (Vertrauenssache);
- **Avalakzept** (= Bürgschaftsakzept): Ein Bürge unterschreibt unter dem Akzept des Bezogenen mit dem Text „als Bürge angenommen" oder „per Aval" (findet Anwendung, wenn der Aussteller aus Sicherheitsgründen einen Bürgen wünscht).

294 Welche Bedeutung hat das Avalakzept?

Beim Avalakzept haftet der Bürge dem Wechselinhaber (z. B. Aussteller, Wechselnehmer) wie der Bezogene selbst. Es handelt sich beim Bürgschaftsakzept stets um eine selbstschuldnerische Bürgschaft (siehe Seite 316).

295 Wie wird ein Wechsel weitergegeben?

Zur Weitergabe des Wechsels an einen Dritten ist die schriftliche Übertragungserklärung **(Indossament)** des Weitergebenden (Indossant bzw. Girant) an den Empfänger (Indossatar bzw. Girat) auf der Rückseite des Wechsels erforderlich. Diesen Vorgang nennt man indossieren bzw. girieren.

296 Welche Funktionen erfüllt das Indossament?

Das **Indossament** hat folgende Aufgaben:

- Transportfunktion, d. h., durch das Indossament gehen das Eigentum und alle Rechte aus dem Wechsel an den Wechselnehmer über;
- Garantiefunktion, d. h., der Indossant garantiert (haftet) mit seiner Unterschrift dem Wechselnehmer für die Annahme und Einlösung des Wechsels;
- Legitimationsfunktion, d. h., das Indossament weist den Wechselinhaber als rechtmäßigen Wechseleigentümer aus.

297 Welche Arten des Indossaments gibt es?

Man unterscheidet folgende Arten des Indossaments:

- **Vollindossament:** Es beinhaltet den Namen des Empfängers und die Unterschrift des Weitergebenden (Wechselinhaber kann sich damit als Wechselberechtigter ausweisen);
- **Kurzindossament** (Blankoindossament): Es besteht nur aus der Unterschrift des Weitergebenden und wird verwendet, wenn noch nicht sicher ist, ob der Empfänger den Wechsel als Zahlungsmittel annimmt;
- **Rektaindossament:** Durch den Zusatz „nicht an Order" verbietet der Indossant die Weitergabe des Wechsels. Er haftet nicht, wenn der Wechsel trotzdem weitergegeben wird;
- **Inkassoindossament:** In Form des Vollmachts-, Prokura- oder Einziehungsindossaments berechtigt der Indossant den Indossatar zur Einziehung des Wechselbetrages (Zusatz z.B. „zum Inkasso").

Diskontierung und Einlösung des Wechsels

298 Wie erfolgt die Diskontierung?

Wird ein Wechsel vor dem Verfalltag an eine Bank verkauft, spricht man von **Diskontierung.** Die Bank gewährt dem Wechselinhaber einen kurzfristigen Kredit, da sie selbst den Wechselbetrag erst am Verfalltag erhält. Sie berechnet deshalb Zinsen für diese vorzeitige Zahlung (Diskont) und zieht diese von der Wechselsumme (Nennwert) ab. Den Auszahlungsbetrag bezeichnet man als Barwert.

299 Welche Bedeutung haben diskontierte Wechsel?

Wenn Kreditinstitute Handelswechsel diskontiert haben, können sie diese Wechsel als Sicherheit (Pfand) für die Aufnahme eines Kredits bei der Deutschen Bundesbank benutzen (siehe Seite 151).

300 Unter welchen Bedingungen können Wechsel als notenbankfähiges Pfand verwendet werden?

Ein Wechsel kann unter folgenden Bedingungen bei der Deutschen Bundesbank als Sicherheit verwendet werden **(notenbankfähiges Pfand),** er muss:

- ein Handelswechsel sein,
- die Unterschriften von zwei als zahlungsfähig bekannten Personen oder Firmen enthalten,
- eine Restlaufzeit bis zu 180 Tagen aufweisen,
- als Auslandswechsel drei Unterschriften aufweisen und auf Euro lauten.

301 Wie erfolgt die Einlösung des Wechsels?

Der Wechselinhaber bzw. das beauftragte Kreditinstitut muss den Wechsel am Verfalltag oder an einem der beiden folgenden Werktage dem Bezogenen oder der Zahlstelle (Bank) vorlegen. Der Bezogene prüft

- die Wechselberechtigung des Vorlegers,

- die Indossamentenkette auf Vollständigkeit,
- die formale Ordnungsmäßigkeit des Wechsels.

Der Bezogene kann vom Inhaber gegen Zahlung die Aushändigung des quittierten Wechsels verlangen. Der Vorleger muss auch Teilzahlungen entgegennehmen.

302 Welche Folgen hat eine verspätete Wechselvorlage?

Wird die Vorlegefrist versäumt, verliert der Wechselinhaber seine Rechte gegen die Indossanten, den Aussteller und alle anderen Wechselverpflichteten mit Ausnahme des Bezogenen. Dessen Zahlungsverpflichtung verjährt in drei Jahren vom Verfalltag an gerechnet.

Nichteinlösung des Wechsels

303 Was ist ein notleidender Wechsel?

Ein Wechsel wird zum **notleidenden Wechsel,** wenn

- ihn der Bezogene nicht akzeptiert (dies führt zum Protest mangels Annahme),
- ihn der Bezogene nicht oder nur teilweise einlöst (dies führt zum Protest mangels Zahlung),
- die Finanzlage des Bezogenen unsicher wird (dies führt zum Protest mangels Sicherheit).

Der Wechselinhaber kann in diesen Fällen Rückgriff nehmen oder Klage erheben (Wechselklage).

304 Was ist der Wechselprotest?

Der **Wechselprotest** ist die öffentliche Beurkundung, dass der Bezogene den zur rechten Zeit und am rechten Ort vorgelegten Wechsel nicht angenommen bzw. nicht oder nur teilweise bezahlt hat (notleidender Wechsel).

Jeder Protest muss durch einen Notar oder einen Gerichtsbeamten aufgenommen werden.

Protestversäumnis (Protestfrist: 2 Werktage) führt zum Verlust des Rückgriffsrechts auf Aussteller und Indossanten (kein Rückgriff ohne Protest!).

305 Was ist Notifikation?

Notifikation bedeutet Benachrichtigung über eine Protesterhebung.

- Der Wechselinhaber muss seinen unmittelbaren Vormann und den Aussteller innerhalb von vier Werktagen benachrichtigen.
- Jeder Indossant muss innerhalb von zwei Werktagen nach Empfang der Notifikation seinen unmittelbaren Vormann benachrichtigen.

Mit der Notifikation wird ein möglicher Rückgriff angekündigt.

306 Wie erfolgt der Rückgriff?

Dem Wechselinhaber haften alle Wechselverpflichteten (Aussteller, Indossanten, Bürgen). Der Wechselinhaber kann deshalb zur Befriedigung seines Anspruches jeden einzelnen oder mehrere oder alle Wechselverpflichteten in Anspruch nehmen (**Rückgriff,** Regress) unter der Voraussetzung, dass ordnungsgemäß Protest erhoben wurde.

307 Was beinhaltet die Rückrechnung?

Der Rückgriffsberechtigte verlangt von dem in Anspruch genommenen Wechselverpflichteten seine Rückgriffsforderung als **Rückrechnung,** die sich zusammensetzt aus:

- Wechselbetrag,
- Protestkosten,
- Verzugszinsen ab Verfalltag,
- $^1/_3$ % Provision von der Wechselsumme,
- Auslagen.

308 Unterscheiden Sie Reihen- und Sprungregress!

Von **Reihenregress** (Reihenrückgriff) spricht man, wenn in der umgekehrten Reihenfolge der Indossamente ein Vormann nach dem anderen regresspflichtig gemacht wird.

Nimmt der Wechselinhaber auf einen beliebigen Wechselverpflichteten Rückgriff, ohne auf die Reihenfolge zu achten, so handelt es sich um einen **Sprungregress** (Sprungrückgriff).

309 Was ist Prolongation?

Unter **Prolongation** versteht man die Verlängerung der Laufzeit eines Wechsels. Wechselprotest und Wechselklage werden dadurch vermieden. Der fällige Wechsel wird auf Wunsch des Bezogenen durch einen neuen mit einem späteren Verfalltag ersetzt.

310 Wie verläuft die Wechselklage?

Gegen jeden Wechselverpflichteten kann wegen Nichteinlösung des Wechsels Klage erhoben werden (**Wechselklage,** Wechselprozess). Kläger ist oft der Aussteller, der nicht mehr zurückgreifen kann; Beklagter ist in diesem Fall der Bezogene.

Der Wechselprozess ist gekennzeichnet durch eine schnelle Abwicklung des Verfahrens infolge

- kurzer Einlassungsfristen,
- beschränkter Beweismittel,
- sofortiger Vollstreckbarkeit des rechtskräftigen Urteils.

3 Ziele und Rahmenbedingungen für unternehmerisches Handeln

3.1 Ziele der Unternehmung

311 Nennen Sie Ziele für unternehmerisches Handeln!	Das **Zielsystem** einer Unternehmung ist abhängig von der Zielsetzung des Unternehmens selbst, von der Verantwortung gegenüber der Gesellschaft bzw. bestimmten sozialen Gruppen (z. B. Belegschaft) sowie von der Verantwortung für die Umwelt (gerade dieses Ziel steht oft im Zielkonflikt mit den wirtschaftlichen Zielen). Folgende Ziele werden unterschieden: ● Wirtschaftliche Ziele, z. B. Gewinnmaximierung (erwerbswirtschaftliches Prinzip), Kostenminimierung; zu beachten ist stets das ökonomische Prinzip; ● ökologische Ziele, z. B. umweltverträgliche Produktion, Schutz der Ressourcen, Recycling, Abfallminimierung; ● soziale Ziele, z. B. Sicherung und Erhaltung von Arbeitsplätzen, Schaffung von sozialen Einrichtungen (z. B. betriebliche Altersversorgung).
312 Erläutern Sie das ökonomische Prinzip!	Bei jedem wirtschaftlichen Handeln – bedingt durch die Knappheit der Güter – muss das **ökonomische Prinzip** (wirtschaftliches Prinzip, Rationalprinzip) beachtet werden. Es gibt drei Formulierungen dieses Prinzips: ● Mit einem bestimmten Aufwand an Mitteln soll ein möglichst großer Erfolg erzielt werden (Maximumprinzip), ● ein bestimmter Erfolg soll mit möglichst geringen Mitteln erreicht werden (Minimumprinzip, Sparprinzip), ● das Verhältnis zwischen Aufwand und Ertrag soll möglichst günstig sein (Extremumprinzip). Alle Wirtschaftssubjekte (Unternehmen, öffentliche und private Haushalte) sollten nach diesem Prinzip handeln.
313 Erläutern Sie das erwerbswirtschaftliche Prinzip!	Das **erwerbswirtschaftliche Prinzip** besagt, dass die Unternehmer (in der Marktwirtschaft) einen maximalen (möglichst großen) oder zumindest einen angemessenen Gewinn erzielen wollen. Das erwerbswirtschaftliche Prinzip kann kurz- bzw. langfristig angestrebt werden.
314 Was besagt das gemeinwirtschaftliche Prinzip?	Das **gemeinwirtschaftliche Prinzip** ist ein Leitsatz wirtschaftlichen Handelns, bei dem nicht die Gewinnerzielung im Vordergrund steht, sondern die Versorgung der Allgemeinheit mit wichtigen Gütern und Dienstleistungen. Die öffentlichen Betriebe (z. B. Stadtwerke, Abwasserverbände, kommunale Verkehrsbetriebe) und sozialen Einrichtungen

7 Groh/Schröer – ISBN 3-8120-0420-8

(z. B. Krankenhäuser, staatliche Altenheime, Kindergärten), die nach diesem Grundsatz handeln, müssen jedoch versuchen, ihre Kosten durch ihre Erlöse zu decken **(Prinzip der Kostendeckung).**

3.2 Wirtschaftliche Grundtatbestände

3.2.1 Bedürfnisse und Güter

315 Was sind Bedürfnisse?

Die menschlichen **Bedürfnisse** bilden die Grundlage des Wirtschaftens. Sie sind Mangelerscheinungen, die das Bestreben auslösen den Mangel zu beseitigen.

Bedürfnisse sind unbegrenzt; sie sind abhängig von der Umwelt und der Gesellschaft, der Kulturstufe und dem Lebensstandard sowie der technischen Entwicklung. Bedürfnisse wandeln sich demzufolge im Laufe der Zeit.

316 Unterscheiden Sie Bedarf und Nachfrage!

Wenn Bedürfnisse mit Kaufkraft befriedigt werden können, spricht man von **Bedarf.**

Wird Bedarf am Markt wirksam, liegt **Nachfrage** vor.

317 Unterscheiden Sie Existenz-, Kultur- und Luxusbedürfnisse!

Existenzbedürfnisse gehören zu den elementaren Lebensbedürfnissen; sie müssen auf jeden Fall befriedigt werden. Beispiele sind Nahrung, Kleidung, Wohnung.

Kulturbedürfnisse entspringen dem geistigen Wesen des Menschen; ihre Befriedigung ist nicht lebensnotwendig, aber oft unentbehrlich. Beispiele sind Schulbildung, Unterhaltung, Kunstgenuss.

Luxusbedürfnisse entwickeln sich oft aus gesellschaftlichen Zwängen und Geltungsdrang. Beispiele sind Schmuck, Segeljacht, Swimmingpool.

318 Erklären Sie Individual- und Sozialbedürfnisse!

Individualbedürfnisse werden vom Einzelnen (Individuum) empfunden und letztlich von ihm persönlich befriedigt. Beispiel: Nahrung.

Sozialbedürfnisse (Kollektivbedürfnisse) werden ebenfalls vom Einzelnen empfunden, können aber nur von der Gesellschaft befriedigt werden. Beispiele: Krankenversorgung, Umweltschutz.

319 Was sind wirtschaftliche und freie Güter?

Güter dienen der Befriedigung menschlicher Bedürfnisse.

Wirtschaftliche Güter (z. B. Lebensmittel, Maschinen)

- sind nur in begrenzter Menge vorhanden (sind knapp),
- haben einen Preis,
- sind Gegenstand wirtschaftlicher Überlegungen.

Freie Güter (z. B. Luft, Sonnenlicht, Meerwasser)
- sind nahezu unbegrenzt vorhanden,
- kosten nichts,
- sind nicht Gegenstand wirtschaftlicher Überlegungen.

320 Wie kann man die wirtschaftlichen Güter einteilen?

Die Einteilung kann folgendermaßen vorgenommen werden:

1. **Konsumgüter**, diese dienen der unmittelbaren Befriedigung menschlicher Bedürfnisse.

   Dabei unterscheidet man:
   - **Verbrauchsgüter** (z. B. Nahrungs- und Genussmittel),
   - dauerhafte **Gebrauchsgüter** (z. B. Kleidung, Haushaltsgeräte);
2. **Produktionsgüter,** diese dienen der Herstellung anderer Güter.

   Man unterscheidet:
   - **Verbrauchsgüter** (z. B. Rohstoffe, Hilfsstoffe, Betriebsstoffe),
   - **Gebrauchsgüter** (Maschinen, Werkzeuge u. ä.);
3. **Dienstleistungen,** sie werden unterschieden nach:
   - persönlicher Art (z. B. Krankenpflege, Unterricht, Rechtsberatung),
   - sachlicher Art (z. B. Kreditgewährung, Vermietung und Verpachtung von Gegenständen);
4. **Rechte,** z. B. Patente, Lizenzen, Lohnforderungen.

321 Unterscheiden Sie Substitutions- und Komplementärgüter!

Können Güter durch andere Güter ersetzt (substituiert) werden, ohne dass die Bedürfnisbefriedigung wesentlich eingeschränkt wird, spricht man von **Substitutionsgütern** (Butter – Margarine; Blech – Kunststoff; Automarke A – Automarke B).

Können Güter nur gemeinsam mit anderen Gütern genutzt werden, spricht man von **Komplementärgütern**; die Nachfrage nach einem bestimmten Gut beeinflusst direkt die Nachfrage nach dem Komplementärgut (Auto – Benzin; Videorecorder – Videokassetten).

322 Unterscheiden Sie materielle und immaterielle Güter!

Materielle Güter (Sachgüter) sind körperliche Gegenstände wie Konsum- und Produktionsgüter.

Immaterielle Güter sind nicht körperliche (stofflose) Dinge wie Dienstleistungen und Rechte (z. B. Lizenzen, Patente, Mieten).

3.2.2 Produktionsfaktoren

323 Was sind Produktionsfaktoren?

Produktionsfaktoren sind elementare Güter, die bei der Güterproduktion eingesetzt werden und einen Mehrwert schaffen.

324 Unterscheiden Sie die gesamtwirtschaftlichen Produktionsfaktoren!

Gesamtwirtschaftliche (volkswirtschaftliche) **Produktionsfaktoren** sind:

1. **Boden,** er dient als
   - Standort für Betriebe, Wohn- und Verkehrsfläche,
   - Rohstoff- und Energielieferant,
   - Anbaufläche für die Land- und Forstwirtschaft;
2. **Arbeit,**
   - körperliche und geistige Arbeit,
   - ausführende und leitende (dispositive) Arbeit;
3. **Kapital**
   - Realkapital, es umfasst alle produzierten Produktionsmittel,
   - Geldkapital, es sind finanzielle Mittel für Investitionen.

325 Unterscheiden Sie ursprüngliche und abgeleitete Produktionsfaktoren!

Ursprüngliche (originäre) **Produktionsfaktoren** sind Boden und Arbeit; sie sind ursprünglich vorhandene, naturgegebene Faktoren, die nicht aus anderen Faktoren abgeleitet sind.

Der **abgeleitete** (derivative) **Produktionsfaktor** Kapital entsteht durch das Zusammenwirken der ursprünglichen Produktionsfaktoren.

326 Nennen Sie Bestimmungsgründe für Qualität und Ergiebigkeit der Arbeit!

Qualität und Ergiebigkeit des Faktors **Arbeit** sind abhängig von

- der Bevölkerungszahl und der Altersstruktur der Bevölkerung,
- dem Bildungs- und Ausbildungsstand der Bevölkerung,
- dem Arbeitswillen,
- der technischen Entwicklung und Ausstattung,
- den klimatischen Gegebenheiten.

327 Beschreiben Sie den Kapitalbildungsprozess!

Die **Kapitalbildung** in einer Volkswirtschaft erfolgt durch

- Konsumverzicht, d.h. Sparen,
- Kreditvergabe an Unternehmen,
- betriebliche Investitionen, d.h. Umwandlung von Geldkapital in Sachkapital.

328 Unterscheiden Sie die einzelwirtschaftlichen Produktionsfaktoren!

Einzelwirtschaftliche (betriebliche) **Produktionsfaktoren** sind:

1. die Elementarfaktoren
   - ausführende Arbeit,
   - Betriebsmittel,
   - Werkstoffe;
2. der dispositive Faktor
   - Unternehmensleitung.

329 Was ist ausführende Arbeit?

Ausführende Arbeit ist die Tätigkeit eines Arbeitnehmers nach vorgegebenen Anweisungen.

330 Was sind Betriebsmittel?

Unter dem Begriff **Betriebsmittel** werden zusammengefasst:

- Werkzeuge, sie dienen der Unterstützung der menschlichen Arbeitskraft;
- Maschinen, sie können die menschliche Arbeitskraft unterstützen, aber auch teilweise oder ganz ersetzen (z. B. halb- oder vollautomatische Maschinen);
- Fuhrpark, Betriebs- und Geschäftsausstattung sowie Gebäude und Grundstücke.

331 Was sind Werkstoffe?

Unter **Werkstoffen** versteht man alle Roh-, Hilfs- und Betriebsstoffe, die als Ausgangs- und Grundstoffe für die Erstellung neuer Produkte dienen.

332 Unterscheiden Sie Roh-, Hilfs- und Betriebsstoffe!

Rohstoffe sind Hauptbestandteile der Fertigerzeugnisse, z. B. Holz oder Kunststoff bei der Möbelproduktion.

Hilfsstoffe sind Nebenbestandteile der Fertigerzeugnisse. Eine Erfassung pro Stück ist nicht erforderlich, da sie wert- und mengenmäßig unbedeutend sind, z. B. Leim in der Möbelproduktion.

Betriebsstoffe gehen nicht in das Produkt ein, sie werden bei der Produktion verbraucht, z. B. Energie.

333 Welche Aufgaben hat der dispositive Faktor?

Hauptaufgabe des **dispositiven Faktors** ist die Kombination der Elementarfaktoren nach dem ökonomischen Prinzip.

Im Einzelnen zählen dazu:

- Festlegung der Betriebspolitik als oberstes Ziel;
- Treffen von Entscheidungen;
- Planung von Beschaffung, Produktion, Absatz, Investition und Finanzierung;
- Aufbau und Organisation des Betriebes;
- Kontrolle des betrieblichen Geschehens.

334 Was ist Substitution der Produktionsfaktoren?

Können Produktionsfaktoren durch andere Produktionsfaktoren ersetzt werden, spricht man von **Substitution.** Bei der betrieblichen Leistungserstellung werden ständig Produktionsfaktoren durch preisgünstigere Faktoren ersetzt (Beispiele: Arbeiter – Maschine; Wachpersonal – Alarmsystem).

3.2.3 Arbeitsteilung

335 Was ist Arbeitsteilung?

Arbeitsteilung ist die Aufspaltung einer bestimmten Arbeitsleistung in bestimmte Teilverrichtungen (oft verbunden mit vermehrtem Einsatz von Maschinen), welche von verschiedenen Wirtschaftseinheiten ausgeführt werden.

Man unterscheidet:

1. berufliche Arbeitsteilung,
   - Berufsbildung,
   - Berufsspaltung;
2. gesellschaftlich-technische Arbeitsteilung,
   - Produktionsteilung,
   - Arbeitszerlegung;
3. nationale und internationale Arbeitsteilung.

336 Unterscheiden Sie Berufsbildung und Berufsspaltung!

Berufsbildung bedeutet die Entstehung der Berufe, d.h., die Spezialisierung auf einen bestimmten Arbeitsbereich (Berufszweig) im Laufe der gesellschaftlichen Entwicklung.

Berufsspaltung ist die weitergehende Spezialisierung innerhalb eines Berufszweiges. (Der Berufszweig Kaufmann spaltet sich z.B. in die zusätzlichen Berufe Industrie-, Großhandels-, Einzelhandels- und Bürokaufmann.)

337 Unterscheiden Sie Produktionsteilung und Arbeitszerlegung!

Unter **Produktionsteilung (überbetriebliche Arbeitsteilung)** versteht man die Spezialisierung eines Betriebes auf einen Teilbereich innerhalb des gesamten Produktionsprozesses (von der Urerzeugung bis zum Endprodukt).

Unter **Arbeitszerlegung** versteht man die Auflösung des betrieblichen Produktionsprozesses in einzelne Teilverrichtungen **(innerbetriebliche Arbeitsteilung).**

338 Nennen Sie Vor- und Nachteile der Arbeitsteilung!

Vorteile der **Arbeitsteilung** sind:

- Steigerung der volks- und betriebswirtschaftlichen Leistungsfähigkeit durch die Erhöhung der Arbeitsproduktivität,
- Erhöhung des Wohlstandes durch steigende Einkommen,
- Verkürzung der Arbeitszeit,
- verstärkte Einsatzmöglichkeit von angelernten und ungelernten Arbeitskräften,
- vermehrter Einsatz von Maschinen.

Nachteile sind:

- Zunahme der gegenseitigen Abhängigkeit (unter Ländern, Betrieben und am Arbeitsplatz),
- Monotonie der Arbeit, verbunden mit körperlichen und seelischen Schäden.

339 Unterscheiden Sie vertikale und horizontale Arbeitsteilung!

Entsprechend der **vertikalen Arbeitsteilung** wird die Wirtschaft gegliedert in folgende Wirtschaftsstufen:

- Gewinnungsbetriebe (Urerzeugung),
- Erzeugungsbetriebe (Weiterverarbeitung),
- Verteilungsbetriebe (Handel).

Horizontale Arbeitsteilung bedeutet, dass auf jeder Wirtschaftsstufe eine Vielzahl von Betrieben tätig ist.

340 Unterscheiden Sie nationale und internationale Arbeitsteilung!

Nationale Arbeitsteilung ist die Arbeitsteilung innerhalb einer Volkswirtschaft zwischen einzelnen Wirtschaftsbereichen und einzelnen Unternehmen.

Internationale Arbeitsteilung ist die Arbeitsteilung zwischen einzelnen Volkswirtschaften mit der Folge eines wachsenden Wohlstandes der beteiligten Länder. Die internationale Arbeitsteilung ist insbesondere zurückzuführen auf

- Fehlen von Gütern im Inland (z.B. Rohstoffe, Südfrüchte),
- kostengünstigere Produktion im Ausland (z.B. aufgrund eines niedrigeren Lohnniveaus),
- höhere Qualität der ausländischen Erzeugnisse.

3.2.4 Betrieblicher Leistungsprozess

341 Was sind Sachleistungsbetriebe?

In **Sachleistungsbetrieben** werden Sachgüter (z.B. Produktions- und Konsumgüter) hergestellt.

Man unterscheidet:

- **Gewinnungsbetriebe** (Betriebe der Urerzeugung, **primärer Wirtschaftsbereich**), z.B. Bergwerksbetriebe, landwirtschaftliche Betriebe, Fischereibetriebe, Kraftwerksbetriebe;
- **Erzeugungsbetriebe** (Betriebe der Weiterverarbeitung, **sekundärer Wirtschaftsbereich**), z.B. Industriebetriebe (Grundstoffindustrie, Produktionsgüterindustrie, Konsumgüterindustrie) und Handwerksbetriebe.

342 Was sind Dienstleistungsbetriebe?

In **Dienstleistungsbetrieben (tertiärer Wirtschaftsbereich)** werden Dienstleistungen (Güter immaterieller Art) erbracht.

Man unterscheidet:

- Verkehrsbetriebe (z.B. Deutsche Bahn AG, Deutsche Post AG, Speditionen, Reedereien),
- Bankbetriebe (z.B. Banken, Sparkassen),
- Versicherungsbetriebe (z.B. Sachversicherungen, Personenversicherungen),
- Handelsbetriebe (Einzelhandelsbetriebe, Großhandelsbetriebe, Außenhandelsbetriebe),
- sonstige Dienstleistungsbetriebe (z.B. Steuerberater, Architekten).

343 Welche Aufgaben hat der Industriebetrieb?

Aufgaben des **Industriebetriebes** sind:

- Gewinnung von Rohstoffen,
- Herstellung von Produktions- und Konsumgütern.

Die betrieblichen (einzelwirtschaftlichen) **Grundfunktionen** des Industriebetriebes sind Beschaffung, Produktion, Lagerung, Finanzierung und Absatz.

344 Welche Aufgaben hat der Handel?

Die Aufgabe des **Handels** besteht grundsätzlich darin, einen Ausgleich zu schaffen zwischen dem Angebot der Hersteller und den Wünschen der Verbraucher. Im Einzelnen unterscheidet man folgende Aufgaben (Funktionen):

- **Sortimentsbildung,** d. h., der Handel stellt aus vielen, meist engen Produktionsprogrammen mehrerer Hersteller kundengerechte Sortimente zusammen (Funktion des qualitativen Ausgleichs);
- **Mengenumgruppierung,** d. h., der Handel kauft üblicherweise große Mengen ein und verkauft sie in kleinen Mengen; in manchen Fällen werden kleine Mengen aufgekauft und in großen Mengen weiterverkauft (Funktion des quantitativen Ausgleichs);
- **Raumüberbrückung,** d. h., der Handel bringt die Waren vom Hersteller zum Verwender (Funktion des räumlichen Ausgleichs, Transportfunktion);
- **Zeitüberbrückung,** d. h., der Handel überbrückt die Zeit zwischen Produktion und Verwendung durch bedarfsorientierte Vorratshaltung (Funktion des zeitlichen Ausgleichs, Lagerfunktion);
- **Markterschließung,** d. h., der Handel eröffnet neue Märkte, indem er durch eigene absatzpolitische Maßnahmen mithilft, ein Produkt am Markt einzuführen;
- **Beratung,** d. h., der Handel informiert den Abnehmer z. B. über technische Merkmale, Anwendungsmöglichkeiten, Bedienung und Wartung der Produkte (Anwendungs- und Bedienungsberatung), der Handel informiert auch den Hersteller über Kundenwünsche, -anregungen und -beschwerden (Produzentenberatung);
- **Finanzierung,** d. h., der Handel ermöglicht den Kauf einer Ware auf Ziel (Kreditfunktion);
- **absatzpolitische Maßnahmen,** wie z. B. Verkaufsförderung, Ladengestaltung, Reparatur- und Kundendienst.

345 Welche Aufgaben haben Bankbetriebe?

Bankgeschäfte können eingeteilt werden in:

- Aktivgeschäfte, z. B. die Gewährung von Gelddarlehen und Akzeptkrediten (Kreditgeschäfte);
- Passivgeschäfte, z. B. die Annahme fremder Gelder als Einlagen, deren Verwaltung und Verzinsung (Einlagengeschäfte);

- Dienstleistungsgeschäfte, z.B. die Durchführung des bargeldlosen Zahlungsverkehrs, des Sorten- und Devisenverkehrs (Zahlungsgeschäfte); Kauf, Verkauf, Verwahrung und Verwaltung von Wertpapieren (Wertpapiergeschäfte); Beratung in Finanzfragen und in Fragen der Geldanlage.

346 Welche Aufgaben haben Versicherungsbetriebe?

Versicherungen übernehmen dem Versicherten gegenüber gegen Zahlung eines Entgeltes (Prämie) ein bestimmtes Risiko, d.h., sie erbringen in Schadensfällen Geldleistungen.

3.3 Handelsrechtliche Rahmenbedingungen

3.3.1 Kaufleute

347 Welche Kaufleute werden nach dem HGB unterschieden (Überblick)?

Das Handelsgesetzbuch (HGB) unterscheidet:

- Istkaufmann,
- Kannkaufmann,
- Formkaufmann.

348 Wer ist Kaufmann?

Kaufmann (nach § 1 HGB) ist, wer ein Handelsgewerbe betreibt.

Handelsgewerbe ist jeder Gewerbebetrieb, es sei denn, dass das Unternehmen nach Art oder Umfang einen in kaufmännischer Weise eingerichteten Geschäftsbetrieb nicht erfordert. (Merkmale für die Abgrenzung sind z.B. Höhe des Umsatzes, des Gewinns, des Vermögens, Anzahl der Mitarbeiter, Anzahl der Geschäftsräume.)

Merkmale eines **Gewerbebetriebes** sind:

- es liegt eine dauernde (nachhaltige) Tätigkeit vor,
- es handelt sich um eine selbstständige Tätigkeit,
- die Tätigkeit ist i.d.R. auf die Erzielung von Gewinn gerichtet,
- es liegt eine planmäßige Beteiligung am wirtschaftlichen Verkehr vor.

Auch Handelsgesellschaften (z.B. OHG, KG) zählen (nach § 6 HGB) zu den Kaufleuten.

349 Wer ist Kannkaufmann?

Ein gewerbliches Unternehmen, welches nicht bereits nach § 1 HGB ein Handelsgewerbe ist, wird zum Handelsgewerbe, wenn die Firma des Unternehmens in das Handelsregister eingetragen ist **(Kannkaufmann).** Der Unternehmer ist berechtigt, aber nicht verpflichtet, die Eintragung herbeizuführen (Wahlrecht).

Diese Regelung gilt z.B. für Kleingewerbetreibende (Beispiel: Getränkekiosk).

350 Welche Vorschriften gibt es für land- und forstwirtschaftliche Unternehmen?

Land- und forstwirtschaftliche Unternehmen sind keine Kaufleute im Sinne des § 1 HGB.

Nur wenn die land- und forstwirtschaftlichen Unternehmen einen in kaufmännischer Weise eingerichteten Geschäftsbetrieb erfordern, können sie sich ins Handelsregister eintragen lassen (Kannkaufleute).

351 Wer ist Formkaufmann?

Unternehmen, welche die Rechtsform einer Kapitalgesellschaft (z. B. GmbH, AG) gewählt haben, werden mit dem Zeitpunkt der Eintragung ins Handelsregister Kaufleute (**Formkaufmann,** Kaufmann kraft Rechtsform).

352 Welche Regelungen gibt es für Kleingewerbetreibende?

Kleingewerbetreibende sind grundsätzlich keine Kaufleute im Sinne des HGB; für sie gelten die Vorschriften des BGB.

Kleingewerbetreibende

- können sich jedoch als Kannkaufmann in das Handelsregister eintragen lassen,
- können die Rechtsform einer Handelsgesellschaft (z.B. OHG, KG) wählen und sind damit Kaufleute.

3.3.2 Firma und Handelsregister

353 Was versteht man unter Firma?

Die **Firma** eines Kaufmanns **(Handelsfirma)** ist der Name, unter dem er seine Geschäfte betreibt und die Unterschrift abgibt. Ein Kaufmann kann unter seiner Firma klagen und verklagt werden.

354 Beschreiben Sie die Firmengrundsätze!

Es gelten folgende **Firmengrundsätze:**

- **Firmenöffentlichkeit:** Jeder Kaufmann ist verpflichtet, seine Firma und seinen Geschäftssitz zur Eintragung in das Handelsregister anzumelden;
- **Firmenklarheit:** Die Firma muss zur Kennzeichnung des Kaufmanns geeignet sein;
- **Firmenausschließlichkeit:** Die Firma muss Unterscheidungskraft besitzen (sie muss sich eindeutig von allen am gleichen Ort bereits bestehenden Firmen unterscheiden);
- **Firmenwahrheit:** Die Firma darf keine Angaben enthalten, die geeignet sind, über wesentliche geschäftliche Verhältnisse irre zu führen;
- **Firmenbeständigkeit** bei Erwerb: Wer ein bestehendes Handelsgeschäft erwirbt, darf für das Geschäft die bisherige Firma, auch wenn sie den Namen des bisherigen Geschäftsinhabers enthält, mit oder ohne Beifügung eines das Nachfolgeverhältnis andeutenden Zusatzes fortführen, wenn der bisherige Geschäftsinhaber oder dessen Erben in die Fortführung der Firma ausdrücklich einwilligen;
- **Firmenbeständigkeit** bei Änderungen im Gesellschafterbestand: Wird ein Gesellschafter aufgenommen oder scheidet ein Gesellschafter aus, so kann die bisherige Firma fortge-

führt werden (z.B. auch, wenn der Name des ausscheidenden Gesellschafters in der Firma enthalten ist);

- **Veräußerungsverbot:** Die Firma kann nicht ohne das Handelsgeschäft, für welches sie geführt wird, veräußert werden.

355 Unterscheiden Sie Personen-, Sach- und Fantasiefirma!

Enthält die Firma den Namen des Inhabers bzw. die Namen der Inhaber, spricht man von einer **Personenfirma.**

Enthält die Firma die Art des Unternehmens (z.B. Textilhandlung), spricht man von einer **Sachfirma.**

Enthält die Firma weder den Namen des Inhabers noch die Art des Unternehmens, spricht man von **Fantasiefirma** (z.B. Mirol 2000).

356 Was ist das Handelsregister?

Das **Handelsregister** ist ein öffentliches Verzeichnis aller Kaufleute eines Amtsgerichtsbezirks und wird vom Amtsgericht geführt. Die Anmeldungen zum Handelsregister erfolgen schriftlich in öffentlich beglaubigter Form (Notar).

Eingetragen werden z.B.:

- Firma und Name des Inhabers bzw. Namen der Gesellschafter,
- Geschäftssitz (Ort der Niederlassung),
- Art des Geschäftes (Gegenstand des Unternehmens),
- Höhe des gezeichneten Kapitals (Stammkapital, Grundkapital),
- Mitglieder der Geschäftsführung bzw. Vorstandsmitglieder,
- Erteilung und Erlöschen einer Prokura,
- Eröffnung des Insolvenzverfahrens und Liquidation.

Das Handelsregister besteht aus den Abteilungen A (Einzelunternehmungen und Personengesellschaften) und B (Kapitalgesellschaften); die Abkürzungen für die beiden Abteilungen sind HRA und HRB.

Löschungen von Handelsregistereintragungen erfolgen durch rotes Unterstreichen.

357 Welche rechtlichen Wirkungen haben Handelsregistereintragungen?

Die Wirkung der **Handelsregistereintragung** kann sein:

- rechtsbekundend (deklaratorisch), d.h., es werden Tatsachen eingetragen, die auch vorher schon rechtsgültig waren (z.B. Prokura, Kaufleute nach §1 HGB);
- rechtserzeugend (konstitutiv), d.h., in einigen Fällen entsteht eine Rechtswirkung erst durch die Eintragung (z.B. Form- und Kannkaufleute).

358 Welche Aufgaben erfüllt das Handelsregister?

Hauptaufgaben des Handelsregisters sind:

- Information der Öffentlichkeit über die Rechtsverhältnisse der Firmen, d.h., jedermann kann das Register einsehen; außerdem werden alle Eintragungen im Bundesanzeiger und in einer örtlichen Tageszeitung veröffentlicht;

- Schutz des öffentlichen Glaubens, d. h., eingetragene und bekannt gegebene Tatsachen (z. B. Entziehung der Prokura) muss jeder gegen sich gelten lassen.

3.4 Rechtsformen der Unternehmung

359 Welche Rechtsformen unterscheidet man (Überblick)?

Man unterscheidet folgende **Rechtsformen:**

1. Einzelunternehmen;
2. Gesellschaftsunternehmen,
   a) Personengesellschaften,
      - Offene Handelsgesellschaft (OHG),
      - Kommanditgesellschaft (KG);

   b) Kapitalgesellschaften,
      - Aktiengesellschaft (AG),
      - Gesellschaft mit beschränkter Haftung (GmbH),
      - Kommanditgesellschaft auf Aktien (KGaA);
3. Genossenschaften.

360 Nennen Sie die Merkmale der Personengesellschaften!

Bei den **Personengesellschaften** teilen sich mehrere Teilhaber Rechte und Pflichten (geregelt im HGB bzw. im Gesellschaftsvertrag).

Kennzeichen sind:

- Das Kapital wird von mehreren Personen aufgebracht,
- die Haftung und das Risiko werden verteilt,
- die Kreditwürdigkeit steigt durch Vergrößerung der Kapitalbasis,
- die Verantwortung tragen mehrere,
- im Vordergrund steht neben der Haftung die persönliche Mitarbeit der Inhaber.

361 Welche Gründe führen zur Auflösung von Personengesellschaften?

Auflösungsgründe für Personengesellschaften sind:

- Ablauf der Zeit, für welche sie eingegangen ist;
- Beschluss der Gesellschafter;
- Eröffnung des Insolvenzverfahrens über das Vermögen der Gesellschaft;
- gerichtliche Entscheidung (bei einem wichtigen Grund).

Falls vertraglich nichts geregelt ist, scheidet ein Gesellschafter aus z. B. bei Kündigung und Eröffnung des Insolvenzverfahrens über sein Vermögen.

362 Nennen Sie die Merkmale der Kapitalgesellschaften!

Merkmale der **Kapitalgesellschaften** sind:

- Sie sind **juristische Personen,** d.h. Gesellschaften mit eigener Rechtspersönlichkeit (sie besitzen Rechts- und Geschäftsfähigkeit);
- das aufgebrachte Kapital steht im Vordergrund;
- der Bestand der Kapitalgesellschaft wird durch die Übertragung der Gesellschaftsanteile nicht beeinflusst;
- für Schulden der Gesellschaft haftet nicht das persönliche Vermögen der Gesellschafter (Ausnahme: Komplementär der KGaA), sondern die Gesellschafter haften nur bis zur Höhe ihrer Einlage;
- sie werden vertreten durch ihre Organe (z.B. Vorstand, Aufsichtsrat);
- sie entstehen durch die Eintragung ins Handelsregister (HRB).

363 Wie ist die Offenlegung für Kapitalgesellschaften geregelt?

Die **Offenlegung für Kapitalgesellschaften** ist im HGB wie folgt geregelt:

- **Große Kapitalgesellschaften** müssen zum Handelsregister den Jahresabschluss (bestehend aus Jahresbilanz, Gewinn- und Verlustrechnung und Anhang) und den Lagebericht einreichen; vor der Einreichung zum Handelsregister sind diese Unterlagen im Bundesanzeiger zu veröffentlichen **(Bundesanzeigerpublizität).**
- **Mittelgroße Kapitalgesellschaften** müssen zum Handelsregister den Jahresabschluss und den Lagebericht einreichen; im Bundesanzeiger ist zu veröffentlichen, bei welchem Handelsregister die Unterlagen eingereicht worden sind **(Registerpublizität).**
- **Kleine Kapitalgesellschaften** müssen nur die Bilanz und den Anhang zum Handelsregister einreichen; im Bundesanzeiger ist zu veröffentlichen, bei welchem Handelsregister die Unterlagen eingereicht worden sind **(Registerpublizität).**

364 Unterscheiden Sie kleine, mittelgroße und große Kapitalgesellschaften!

Das HGB unterscheidet für die Kapitalgesellschaften drei **Größenklassen** entsprechend der Merkmale Bilanzsumme, Umsatzerlöse und Anzahl der Arbeitnehmer.

- **Kleine Kapitalgesellschaften** sind solche, die mindestens zwei der drei nachstehenden Merkmale nicht überschreiten: 5,31 Mio. DM Bilanzsumme, 10,62 Mio. DM Umsatz, 50 Arbeitnehmer.
- **Mittelgroße Kapitalgesellschaften** sind solche, die mindestens zwei der drei Merkmale der kleinen Kapitalgesellschaften überschreiten und jeweils mindestens zwei der drei nachstehenden Merkmale nicht überschreiten: 21,24 Mio. DM Bilanzsumme, 42,48 Mio. DM Umsatz, 250 Arbeitnehmer.

- **Große Kapitalgesellschaften** sind solche, die mindestens zwei der drei Merkmale der mittelgroßen Kapitalgesellschaften überschreiten bzw. deren Aktien an der Börse (in einem Mitgliedstaat der Europäischen Union) gehandelt werden.

365 Unterscheiden Sie Anhang und Lagebericht!

Der **Anhang** (Bestandteil des Jahresabschlusses bei Kapitalgesellschaften) erläutert die Bilanz und die Gewinn- und Verlustrechnung; angegeben werden u. a. die angewandten Bilanzierungs- und Bewertungsmethoden (siehe Seite 463 ff.).

Der **Lagebericht** (kein Bestandteil des Jahresabschlusses) stellt den Geschäftsverlauf und die Lage der Kapitalgesellschaft dar; besonders berücksichtigt werden sollen Vorgänge von besonderer Bedeutung (z. B. Auslandsinvestitionen) sowie die voraussichtliche Entwicklung der Gesellschaft.

366 Wie ist die Pflicht zur Prüfung von Kapitalgesellschaften geregelt?

Nach dem HGB sind der Jahresabschluss und der Lagebericht von Kapitalgesellschaften (ausgenommen sind kleine Kapitalgesellschaften) durch einen Abschlussprüfer zu prüfen **(Pflicht zur Prüfung).**

367 Welche Gründe führen zur Auflösung von Kapitalgesellschaften?

Eine Kapitalgesellschaft wird aufgelöst

- durch Ablauf der in der Satzung bestimmten Zeit,
- durch Gesellschafterbeschluss mit qualifizierter Mehrheit (bei der AG sind mindestens drei Viertel des vertretenen Grundkapitals erforderlich; bei der GmbH ist eine Mehrheit von drei Vierteln der abgegebenen Stimmen erforderlich),
- durch die Eröffnung des Insolvenzverfahrens (die Gesellschaft kann fortgeführt werden, wenn das Verfahren aufgrund eines entsprechenden Insolvenzplans aufgehoben wird),
- durch gerichtliches Urteil oder durch Entscheidung der Verwaltungsbehörde, wenn die Gesellschaft das Allgemeinwohl gefährdet.

368 Welche Vorschriften gibt es für die Firma bei den einzelnen Unternehmungsformen?

Die **Firma** muss enthalten:

1. nach dem Handelsgesetzbuch,
   - bei **Einzelkaufleuten** die Bezeichnung „eingetragener Kaufmann", „eingetragene Kauffrau" oder eine allgemein verständliche Abkürzung dieser Bezeichnung, insbesondere „e. K.", „e. Kfm." oder „e. Kfr.";
   - bei einer **OHG** die Bezeichnung „offene Handelsgesellschaft" oder eine allgemein verständliche Abkürzung dieser Bezeichnung;
   - bei einer **KG** die Bezeichnung „Kommanditgesellschaft" oder eine allgemein verständliche Abkürzung dieser Bezeichnung;
2. nach dem Aktiengesetz,
   - bei einer **AG** die Bezeichnung „Aktiengesellschaft" oder eine allgemein verständliche Abkürzung dieser Bezeichnung;

3. nach dem GmbH-Gesetz,

- bei einer **GmbH** die Bezeichnung „Gesellschaft mit beschränkter Haftung“ oder eine allgemein verständliche Abkürzung dieser Bezeichnung.

Grundsätzlich kann jedes Unternehmen, unabhängig von der gewählten Rechtsform, als Firma die Personen-, Sach- oder Fantasiefirma wählen.

3.4.1 Einzelunternehmung

369 Nennen Sie die Merkmale der Einzelunternehmung!

In der **Einzelunternehmung** hat der Alleininhaber alle Rechte und trägt alle Pflichten der Unternehmung.

Vorteile sind:

- alleinige, freie und schnelle Entscheidungsmöglichkeit,
- alleiniger Gewinnanspruch.

Nachteile sind:

- unbeschränkte Haftung mit dem gesamten geschäftlichen **und** privaten Vermögen,
- geringe Kreditbasis,
- begrenzte Unternehmensvergrößerung.

Die Rechtsform der Einzelunternehmung ist besonders für kleinere und mittlere Unternehmen geeignet. Sie ist die häufigste Rechtsform in der Bundesrepublik Deutschland.

3.4.2 Offene Handelsgesellschaft (OHG)

370 Was ist eine OHG?

Eine **OHG** ist eine Gesellschaft, deren Zweck auf den Betrieb eines Handelsgewerbes unter gemeinschaftlicher Firma gerichtet ist, wenn bei keinem der Gesellschafter die Haftung gegenüber den Gesellschaftsgläubigern beschränkt ist.

Alle Gesellschafter haben gleiche Rechte und Pflichten.

371 Wie ist die Haftung bei der OHG geregelt?

Alle Gesellschafter **haften** allen Gesellschaftsgläubigern ohne Rücksicht auf besondere vertragliche Vereinbarungen (diese gelten nur im Innenverhältnis):

- **unbeschränkt**, d. h. Haftung mit dem gesamten Geschäfts- **und** Privatvermögen;
- **unmittelbar,** d. h., die Gläubiger müssen sich nicht zuerst an die OHG, sondern können sich unmittelbar an die Gesellschafter wenden;

- **solidarisch** (gesamtschuldnerisch), d.h., die Gläubiger können sich einen beliebigen Gesellschafter aussuchen, der dann für die gesamte Verbindlichkeit der Firma, und zwar in unbegrenzter Höhe, einstehen muss (dieser Gesellschafter kann von den übrigen Gesellschaftern deren Anteile an der Verbindlichkeit fordern).

372 Welche Rechte haben die Gesellschafter der OHG?

Die Gesellschafter einer OHG haben:

- Recht zur Geschäftsführung (bei gewöhnlichen Geschäften Einzelentscheidung und bei außergewöhnlichen Geschäften Gesamtbeschluss),
- Recht auf Gewinnanteil (nach dem HGB 4% vom Kapitalanteil und Rest nach Köpfen, andere Vereinbarungen sind möglich),
- Informations- und Kontrollrecht,
- Recht auf Privatentnahmen (bis 4% vom Kapitalanteil),
- Recht zur Vertretung der Gesellschaft nach außen, d.h. Dritten gegenüber (Außenverhältnis); bei allen Rechtsgeschäften Einzelvertretungsrecht, Gesamtvertretung nur durch Gesellschaftsvertrag und Handelsregistereintragung;
- Widerspruchsrecht gegen Maßnahmen anderer Gesellschafter,
- Kündigungsrecht (6 Monate auf Geschäftsjahresende),
- Anspruch auf Liquidationserlös.

373 Welche Pflichten haben die Gesellschafter der OHG?

Die Pflichten der Gesellschafter sind:

- Einlagepflicht (keine Mindesthöhe vorgeschrieben),
- Pflicht zur Mitarbeit,
- Verlustbeteiligung (lt. HGB nach Köpfen),
- Wettbewerbsverbot (siehe Seite 18f.),
- die Ansprüche gegen einen Gesellschafter aus Verbindlichkeiten der Gesellschaft verjähren in fünf Jahren nach der Auflösung der Gesellschaft oder nach dem Ausscheiden des Gesellschafters, sofern keine kürzeren Verjährungsfristen gelten.

374 Welche Gründe sprechen für die Rechtsform der OHG?

Für die OHG als Rechtsform sprechen:

- keine Vorschriften über Mindesteinlagen und Mindestkapital (Gründung mit relativ niedrigem Anfangskapital ist möglich),
- Mitarbeit der Gesellschafter steht im Vordergrund,
- hohe Kreditwürdigkeit durch die unbeschränkte Haftung.

3.4.3 Kommanditgesellschaft (KG)

375 Was ist eine KG?

Die **KG** ist eine Personengesellschaft, deren Zweck auf den Betrieb eines Handelsgewerbes unter gemeinschaftlicher Firma gerichtet ist. Sie besteht aus zwei Arten von Gesellschaftern: mindestens ein Vollhafter (Komplementär) und mindestens ein Teilhafter (Kommanditist).

376 Wie ist die Haftung bei der KG geregelt?

Die **Komplementäre** haften für Gesellschaftsschulden wie die Gesellschafter der OHG, d.h. unbeschränkt, solidarisch und unmittelbar.

Die **Kommanditisten** haften nur bis zur Höhe ihrer Kapitaleinlage (beschränkte Haftung).

377 Nennen Sie Rechte und Pflichten der Komplementäre!

Die Komplementäre haben die gleichen Rechte und Pflichten wie die Gesellschafter der OHG.

378 Nennen Sie Rechte und Pflichten der Kommanditisten!

Zu den Rechten der **Kommanditisten** zählen:

- Kontrollrecht,
- Recht zur Einsicht in Bücher und Bilanzen,
- Widerspruchsrecht bei außergewöhnlichen Geschäften,
- Recht auf Gewinnanteil (4 % auf Kapitalanteil, Rest in angemessenem Verhältnis = gesetzliche Regelung nach dem HGB für alle Gesellschafter der KG; abweichende vertragliche Vereinbarungen sind möglich),
- Recht auf Kündigung (6 Monate auf Geschäftsjahresende).

Zu den Pflichten der Kommanditisten zählen:

- Pflicht zur Kapitaleinlage (keine Mindesthöhe),
- Pflicht zur Verlustbeteiligung (in angemessenem Verhältnis),
- Haftpflicht (nur bis zur Höhe ihrer Kapitaleinlage).

379 Welche Gründe sprechen für die Rechtsform der KG?

Für die KG als Rechtsform sprechen:

- Eignung für Familiengesellschaften (z. B. Vater wird Komplementär und Kinder werden Kommanditisten),
- Erhöhung des Geschäftskapitals durch die Aufnahme von Kommanditisten (Geschäftsführungsbefugnis des Komplementärs wird dadurch nicht berührt).

3.4.4 Gesellschaft mit beschränkter Haftung (GmbH)

380 Was ist eine GmbH?

Die **GmbH** ist eine Kapitalgesellschaft (juristische Person), deren Gesellschafter nur mit ihrer Einlage haften. Sie kann zu jedem gesetzlich zulässigen Zweck durch eine Person (Ein-Mann-GmbH) oder mehrere Personen errichtet werden.

8 Groh/Schröer – ISBN 3-8120-0420-8

381 Welche Gründungsvoraussetzungen gibt es für die GmbH?

Nach dem GmbH-Gesetz sind folgende **Gründungsvoraussetzungen** zu erfüllen:

- das Stammkapital muss mindestens 25 000,00 Euro[1] betragen,
- die Stammeinlage muss mindestens 100,00 Euro[2] betragen,
- der Gesellschaftsvertrag ist notariell zu beurkunden,
- die Gründung muss ins Handelsregister (Abteilung B) eingetragen werden (die Eintragung kann erst dann erfolgen, wenn auf das Stammkapital mindestens die Hälfte eingezahlt ist, entweder als Geld- oder Sacheinlage).

382 Welche Rechte und Pflichten haben die Gesellschafter der GmbH?

Zu den Rechten der Gesellschafter zählen:

- Recht auf Anteil am Gewinn (nach der gesetzlichen Regelung lt. GmbH-Gesetz Verteilung im Verhältnis der Geschäftsanteile, falls in der Satzung nichts anderes vereinbart ist),
- Stimmrecht in der Gesellschafterversammlung (Abstimmung nach Geschäftsanteilen),
- Recht auf Liquidationserlös.

Zu den Pflichten der Gesellschafter zählen:

- Einlagepflicht,
- beschränkte Haftpflicht,
- Nachschusspflicht, falls die Satzung dies vorsieht.

383 Nennen Sie die Organe der GmbH und deren Aufgaben!

Organe der GmbH sind Geschäftsführer, Aufsichtsrat und Gesellschafterversammlung.

Aufgaben der/des **Geschäftsführer(s)** sind:

- Geschäftsführung (nach innen),
- Vertretung (nach außen).

Aufgaben des **Aufsichtsrats** sind:

- Überwachung der Geschäftsführung,
- Prüfung des Jahresabschlusses und des Lageberichts,
- Bericht darüber an die Gesellschafterversammlung.

Ein Aufsichtsrat ist nur für Gesellschaften mit mehr als 500 Arbeitnehmern gesetzlich vorgeschrieben (geregelt im Betriebsverfassungsgesetz).

Aufgaben der **Gesellschafterversammlung** sind:

- Feststellung des Jahresabschlusses und Verwendung des Ergebnisses,
- Bestellung und Abberufung von Geschäftsführern,
- Überwachung der Geschäftsführung,
- Bestellung von Prokuristen und Generalhandlungsbevollmächtigten.

---

1 Bis zum 31. Dezember 2001 kann das Mindest-Stammkapital auch auf 50 000,00 DM lauten.

2 Die Mindest-Stammeinlage kann auch auf 500,00 DM lauten.

384 **Welche Gründe sprechen für die GmbH?**

Die GmbH bietet folgende Vorteile:

- die elastische Unternehmensführung einer Personengesellschaft,
- die Beschränkung der Haftung auf das Gesellschaftsvermögen,
- das geringe Stammkapital.

3.4.5 Aktiengesellschaft (AG)

385 **Was ist eine AG?**

Eine **AG** ist eine Kapitalgesellschaft (juristische Person), die ein in Aktien (siehe Seite 309 f.) zerlegtes Grundkapital besitzt. Die Teilhaber (Aktionäre) haften nur mit ihrer Einlage (d. h., die Haftung des Unternehmens beschränkt sich auf das Gesellschaftsvermögen) und haben weder Geschäftsführungs- noch Vertretungsbefugnis.

386 **Welche Gründungsvoraussetzungen bestehen für die AG?**

Folgende Voraussetzungen sind nach dem AktG zu erfüllen:

- Zur Gründung einer AG ist eine oder sind mehrere Personen erforderlich;
- das Grundkapital muss mindestens 50 000,00 Euro[1] betragen (Bar- oder Sachgründung);
- die Ausgabe von Aktien kann erfolgen in Form von Nennbetragsaktien bzw. Stückaktien (siehe Seite 309);
- die Satzung bedarf der notariellen Beurkundung;
- Eintragung ins Handelsregister Abteilung B.

387 **Welche Rechte und Pflichten haben die Aktionäre?**

Rechte der Aktionäre sind:

- Stimmrecht (nach Aktienanteilen) und Auskunftsrecht in der Hauptversammlung,
- Recht auf Anteil am Gesellschaftsvermögen bei einer Auflösung der AG (nach Befriedigung aller Gläubiger),
- Recht auf Anteil am Gewinn (Dividende), der angegebene Prozentsatz bezieht sich auf den Aktiennennbetrag,
- Bezugsrecht bei Ausgabe neuer Aktien.

Pflichten der Aktionäre sind:

- Pflicht zur Kapitaleinlage,
- beschränkte Haftpflicht (in Höhe der Einlage).

388 **Nennen Sie die Organe der AG!**

Die AG besitzt drei gesetzmäßige Organe:

Der **Vorstand** (leitendes Organ) wird vom Aufsichtsrat für höchstens fünf Jahre gegen festes Gehalt und Gewinnanteile (Tantiemen) bestellt und besteht aus einem oder mehreren Mitgliedern. Eine wiederholte Bestellung oder Verlängerung der Amtszeit, jeweils für fünf Jahre, ist zulässig.

1 Bis zum 31. Dezember 2001 kann das Mindest-Grundkapital auch auf 100 000,00 DM lauten.

Der **Aufsichtsrat** (überwachendes Organ) besteht je nach Höhe des Grundkapitals aus mindestens drei und höchstens einundzwanzig Mitgliedern, die für höchstens vier Jahre gewählt werden (nach AktG). Sie erhalten eine Aufwandsentschädigung und oftmals Tantieme.

Die **Hauptversammlung** (beschließendes Organ) besteht aus den Aktionären und deren Vertretern (z.B. Banken, die das Depotstimmrecht ausüben). Es wird nach Aktiennennbeträgen abgestimmt. Beschlüsse der HV bedürfen der notariellen Beurkundung.

389 Welche Aufgaben hat der Vorstand der AG?

Zu den **Aufgaben des Vorstandes** gehören:

- Geschäftsführung und Vertretung,
- Sorgfalts- und Haftpflicht,
- Beachtung des Wettbewerbsverbots (siehe Seite 18f.).

390 Welche Aufgaben hat der Aufsichtsrat der AG?

Aufgaben des Aufsichtsrats sind:

- Wahl des Vorstandes,
- Überwachung des Vorstandes und dessen Geschäftsführung,
- Prüfung des Jahresabschlusses, des Lageberichts und des Vorschlages des Vorstandes für die Verwendung des Bilanzgewinnes;
- Bericht über Jahresabschluss und Lagebericht an die Hauptversammlung,
- Vorschlag für die Gewinnverteilung.

391 Welche Aufgaben hat die Hauptversammlung der AG?

Zu den **Aufgaben der Hauptversammlung** zählen:

- Die Bestellung der von den Anteilseignern zu wählenden Aufsichtsratsmitglieder,
- die Entscheidung über die Verwendung des Bilanzgewinns,
- die Entlastung des Vorstandes und des Aufsichtsrates,
- die Bestellung der Abschlussprüfer,
- Beschlüsse über Satzungsänderungen, z.B. Kapitalerhöhung (Dreiviertelmehrheit ist erforderlich).

392 Welche wirtschaftliche Bedeutung hat die AG?

Die Bedeutung der AG ist vor allem in Folgendem zu sehen:

- Das oft hohe Grundkapital wird meist von einer größeren Zahl von Kapitalgebern aufgebracht, dadurch können große wirtschaftliche Aufgaben verwirklicht werden;
- die AG ist die typische Form der Großunternehmung, vor allem in der Industrie, bei Versicherungen und Banken;
- durch relativ kleine Kapitalanteile wird eine breite Streuung des Eigentums am Produktionsvermögen erzielt;
- die Aktie ist ein beliebtes Anlagemittel, da sie leicht wieder veräußert werden kann.

3.4.6 Genossenschaft

393	Was ist eine Genossenschaft?	**Genossenschaften** sind Gesellschaften mit nicht geschlossener Mitgliederzahl, welche den Erwerb oder die Wirtschaft ihrer Mitglieder (Genossen) mittels eines gemeinschaftlichen Geschäftsbetriebes fördern wollen. Die Genossen sind mit **Geschäftsanteilen,** deren Höhe im Statut festgelegt ist, an der Gesellschaft beteiligt (ein Mindestkapital ist nicht vorgeschrieben). Grundsätzlich haftet den Gläubigern für die Verbindlichkeiten der Genossenschaft nur das Vermögen der Genossenschaft. Die Genossenschaft firmiert mit dem Zusatz „eingetragene Genossenschaft“ oder der Abkürzung „eG“.
394	Welche Gründungsvoraussetzungen bestehen für die Genossenschaft?	**Gründungsvoraussetzungen** für eine Genossenschaft sind: ● mindestens sieben Mitglieder (keine Begrenzung nach oben), ● schriftlicher Gesellschaftsvertrag (Statut), ● Eintragung ins Genossenschaftsregister (konstitutive Wirkung: Formkaufmann).
395	Nennen Sie die Organe der Genossenschaft und deren Aufgaben!	Die **Organe** der Genossenschaft und deren **Aufgaben** sind: Der **Vorstand:** Er setzt sich aus mindestens zwei von der Generalversammlung gewählten Genossen zusammen; ihm obliegt die Geschäftsführungs- und die Vertretungsbefugnis. Der **Aufsichtsrat:** Er besteht aus mindestens drei Genossen; seine Rechte entsprechen im Wesentlichen denen der Aufsichtsratsmitglieder der AG. Die **Generalversammlung:** Sie ist das oberste Entscheidungsorgan und beschließt insbesondere über die Führung der Geschäfte und die Gewinnverteilung; ihre Rechte entsprechen im Wesentlichen denen der Hauptversammlung der AG.

3.5 Rechtsstellung der Mitarbeiter

396	Was versteht man unter Vollmacht?	**Vollmacht** ist das Recht, in fremdem Namen gültige Geschäfte abzuschließen. Man unterscheidet zwei Formen der Vollmacht (Vertretungsbefugnis): ● Handlungsvollmacht, ● Prokura.

3.5.1 Handlungsvollmacht

397	Was ist Handlungsvollmacht?	**Handlungsvollmacht** ist jede von einem Kaufmann im Rahmen seines Geschäftsbetriebes erteilte Vollmacht, die nicht Prokura ist.

398 Welche Arten der Handlungsvollmacht gibt es?

Die **Generalhandlungsvollmacht** (allgemeine Handlungsvollmacht, Gesamtvollmacht) ermächtigt (nach dem HGB) zu allen Rechtshandlungen, soweit sie im Rahmen des betreffenden Handelsgewerbes üblich sind. Ohne ausdrückliche Zustimmung darf der Bevollmächtigte z. B. keine Grundstücke verkaufen oder Darlehen aufnehmen.

Die **Artvollmacht** (Teilvollmacht) erstreckt sich auf bestimmte, regelmäßig anfallende Geschäfte (gilt z. B. für Abteilungsleiter, Kassierer durch die Inkassovollmacht, Verkäufer).

Die **Spezialvollmacht** (Einzel- oder Sondervollmacht) ermächtigt nur zur Vornahme einzelner Rechtsgeschäfte, nach deren Erledigung sie erlischt (z. B. Einlösen eines Schecks).

399 Welche Rechte sind mit der allgemeinen Handlungsvollmacht verbunden?

Der Inhaber der **allgemeinen Handlungsvollmacht** darf nach dem HGB z. B. folgende Rechtsgeschäfte ausführen:

- Zahlungsgeschäfte erledigen,
- Ein- und Verkäufe tätigen,
- Mitarbeiter einstellen und entlassen.

Folgende Rechtsgeschäfte darf der Handlungsbevollmächtigte nur mit einer besonderen Befugnis (Sondervollmacht) vornehmen:

- Veräußerung und Belastung von Grundstücken,
- Eingehen von Wechselverbindlichkeiten,
- Aufnahme von Darlehen,
- Führen eines Prozesses.

Rechtsgeschäfte, die ein Prokurist nach dem HGB nicht vornehmen darf, sind auch dem Handlungsbevollmächtigten verboten.

400 Was ist Generalvollmacht?

Die **Generalvollmacht** ist nicht gesetzlich geregelt, sie ermächtigt zur Vertretung des Geschäftsinhabers in allen auch außergewöhnlichen Geschäften. Sie kann in ihrem Umfang die Prokura übertreffen.

401 Wie wird Handlungsvollmacht erteilt?

Die **allgemeine Handlungsvollmacht** kann von Kaufleuten und Prokuristen erteilt werden. Die anderen Formen der Vollmacht kann jeder Bevollmächtigte als Untervollmacht erteilen.

Die Erteilung der Vollmacht ist an keine Form gebunden. Die Übertragung kann ausdrücklich erfolgen oder durch die stillschweigende Duldung von Geschäften (z. B. Kassieren).

Die Eintragung in das Handelsregister ist nicht erlaubt.

402 Wie erlischt die Handlungsvollmacht?

Die Handlungsvollmacht erlischt durch

- Widerruf des Vollmachtgebers,
- Auflösung des Dienstverhältnisses,

- Auflösung des Geschäftes,
- Verkauf des Geschäftes.

Die Einzelvollmacht erlischt nach Durchführung des betreffenden Auftrages.

3.5.2 Prokura

403 Was ist Prokura?

Prokura ist die umfassendste Art der Vollmacht. Sie ermächtigt zu allen Arten von gerichtlichen und außergerichtlichen Geschäften und Rechtshandlungen, die der Betrieb eines Handelsgewerbes mit sich bringt (z. B. Einstellen und Entlassen von Mitarbeitern, Erteilung von Vollmacht, Aufnahme eines Darlehens, Kauf eines Betriebsgrundstücks).

404 Welche Beschränkungen gibt es bei der Prokura?

Einem **Prokuristen** ist es gesetzlich verboten,
- Bilanzen und Steuererklärungen zu unterschreiben,
- die Firma aufzulösen, die Firma zu verändern oder zu verkaufen,
- das Insolvenzverfahren zu beantragen,
- neue Gesellschafter aufzunehmen,
- Prokura zu erteilen.

Grundstücke belasten und verkaufen darf der Prokurist nur mit besonderer Erlaubnis.

405 Wie ist die vertragliche Beschränkung der Prokura geregelt?

Eine Beschränkung der Prokura ist im Innenverhältnis möglich; Dritten gegenüber (Außenverhältnis) ist die Beschränkung unwirksam. (Beispiel: Einem Prokuristen wird vom Unternehmer untersagt Wechsel zu akzeptieren; wenn er trotzdem eine Wechselverpflichtung eingeht, ist das Akzept voll gültig. Der Prokurist kann aber wegen Verletzung der Dienstpflicht zur Rechenschaft gezogen werden.)

406 Welche Arten der Prokura gibt es?

Bei der **Einzelprokura** ist eine Person berechtigt, die Vollmacht allein in vollem Umfang wahrzunehmen.

Wenn zwei (oder mehrere) Personen nur gemeinsam die Vollmacht ausüben dürfen, liegt **Gesamtprokura** vor.

Die **Filialprokura** beschränkt die Vollmacht des Prokuristen auf den Geschäftsbereich einer Filiale (Zweigniederlassung).

407 Wie wird die Prokura erteilt?

Die Erteilung der Prokura
- darf nur vom Geschäftsinhaber persönlich vorgenommen werden,
- muss ausdrücklich erklärt werden (kein Formzwang),
- muss in das Handelsregister eingetragen werden (Prokura wird dadurch bekannt gemacht, aber nicht begründet).

408 Wie erlischt die Prokura?

Die Prokura erlischt durch

- Widerruf,
- Auflösung des Dienstvertrages,
- Auflösung oder Verkauf des Geschäftes.

Im Gegensatz zur Handlungsvollmacht erlischt sie nicht beim Tod des Geschäftsinhabers. Nach außen hin bleibt die Prokura bis zur Streichung im Handelsregister gültig.

409 Wie unterzeichnen Handlungsbevollmächtigte und Prokuristen?

Handlungsbevollmächtigte unterzeichnen bei der

- Einzelvollmacht mit dem Zusatz i. A. (im Auftrag),
- Art- und Gesamtvollmacht mit dem Zusatz i. V. (in Vollmacht).

Prokuristen unterzeichnen mit dem Zusatz per procura, pp. oder ppa.

4 Wirtschaftsordnung, Preisbildung und Wettbewerb

4.1 Modelle der Wirtschaftsordnung

410 Unterscheiden Sie Ideal- und Realtypen!

Idealtypen der Wirtschaftsordnung sind theoretische Modelle für die Gestaltung einer Volkswirtschaft. Sie kommen in der wirtschaftlichen Wirklichkeit in ihrer reinen Form, der

- freien Marktwirtschaft oder
- Planwirtschaft,

nie vor.

Realtypen sind Wirtschaftsordnungen der Wirklichkeit. Je nach Gesellschaftsordnung erfolgt eine Orientierung an einem der beiden Idealtypen.

411 Was ist freie Marktwirtschaft?

Die **freie Marktwirtschaft** stellt das Individuum in den Mittelpunkt **(individualistische Wirtschaftsordnung);** sie ist gekennzeichnet durch

- freien Wettbewerb, Angebot und Nachfrage bestimmen den Preis (Marktmechanismus);
- offene Märkte (freier Marktzugang für jeden Marktteilnehmer);
- Individualplanung und individuelles Risiko;
- Vertragsfreiheit;
- Gewerbefreiheit, jeder kann auf dem Markt beliebige Güter anbieten (Markt als oberste Lenkungsinstanz);
- Streben nach maximalem Gewinn (erwerbswirtschaftliches Prinzip);
- Konsumfreiheit, jeder kann auf dem Markt beliebige Güter nachfragen;
- Investitionsfreiheit, der Unternehmer kann frei über die Verwendung seiner finanziellen Mittel entscheiden;
- Privateigentum;
- freie Berufswahl und freie Wahl des Arbeitsplatzes;
- untergeordnete Rolle des Staates;
- Zwang zur demokratischen Gesellschaftsordnung;
- freie Austauschbarkeit der Währungen.

412 Was ist Planwirtschaft?

Die **Planwirtschaft** (Zentralverwaltungswirtschaft) stellt den Staat in den Vordergrund **(kollektivistische Wirtschaftsordnung);** sie ist gekennzeichnet durch

- gesellschaftliches Eigentum an Produktionsmitteln (Staatseigentum, Kollektiveigentum),
- totale Regelung der gesamten Produktion durch Jahrespläne (Prinzip der Planerfüllung; Kollektivplanung),

- Regelung des Marktgeschehens durch den Staat (vorgeschriebene Preise und Mengen; zentral gelenkter Verbrauch und zentral gelenkte Investitionen),
- staatliche Regelung der Berufswahl und der Wahl des Arbeitsplatzes,
- Staat legt Bedarf fest (Bedarfsdeckungsprinzip),
- untergeordnete Bedeutung der Freiheit des Individuums,
- Zwang zur totalitären Gesellschaftsordnung.

413 Was ist soziale Marktwirtschaft?

Soziale Marktwirtschaft ist ein Wirtschaftssystem, dessen Ziel es ist, die Initiative des Einzelnen mit sozialem Fortschritt und sozialer Sicherheit zu verbinden.

Leitlinien der sozialen Marktwirtschaft sind:

- marktwirtschaftlicher Wettbewerb unter Beachtung staatlich festgesetzter Wettbewerbsregeln (z.B. Kartellgesetz);
- erwerbswirtschaftliches Prinzip;
- Privateigentum (verankert im Grundgesetz), wobei das Verfügungsrecht beim Eigentum an Produktionsmitteln durch die Mitbestimmung eingeschränkt ist;
- Sozialbindung des Eigentums, d.h., der Gebrauch des Eigentums soll zugleich dem Wohle der Allgemeinheit dienen (lt. Grundgesetz);
- wirtschaftspolitische Aufgaben des Staates (Stabilität, Vollbeschäftigung, Wachstum, außenwirtschaftliches Gleichgewicht);
- soziale Aufgaben des Staates (Sozialgesetzgebung);
- Tarifautonomie der Sozialpartner;
- Abwägen der Interessen des Einzelnen und der Gesellschaft.

414 Nennen Sie die Vorteile der sozialen Marktwirtschaft!

Die soziale Marktwirtschaft beinhaltet Elemente der freien Marktwirtschaft (Freiheit des Individuums) und der Planwirtschaft (Vorrang des Staates).

Vorteile dieses Systems sind:

- staatliche Regelungen zum Ausgleich der sozialen Härten der (totalen) freien Marktwirtschaft, in welcher das Leistungsprinzip allein entscheidend ist (z.B. sind Kranke, Jugendliche, Schwerbehinderte, alte Menschen durch Gesetze sozial abgesichert);
- möglichst großer Freiheitsraum des Einzelnen, d.h. weitgehende Autonomie der Unternehmen und Haushalte.

4.2 Marktarten und Marktformen

415 **Was ist ein Markt?**

Jedes Zusammentreffen von Angebot und Nachfrage nennt man **Markt,** gleichgültig an welchem Ort, zu welcher Zeit und unter welchen Umständen das geschieht.

416 **Welche Marktarten gibt es?**

Es gibt folgende Marktarten:

1. **Faktormärkte** (Märkte für die Produktionsfaktoren),
   - Arbeitsmarkt,
   - Kapitalmarkt (Geld- und Realkapital),
   - Immobilienmarkt;
2. **Gütermärkte,**
   - Konsumgütermarkt,
   - Investitionsgütermarkt.

417 **Welche Marktformen werden unterschieden?**

Entsprechend der Anzahl der Marktteilnehmer unterscheidet man:

1. **Monopol** (griechisch: Verkauf durch einen),
   - Angebotsmonopol: ein Anbieter und viele Nachfrager (wird oft vereinfacht als Monopol bezeichnet),
   - Nachfragemonopol: ein Nachfrager und viele Anbieter,
   - zweiseitiges Monopol: ein Anbieter und ein Nachfrager;
2. **Oligopol** (Verkauf durch wenige),
   - Angebotsoligopol: wenige Anbieter und viele Nachfrager,
   - Nachfrageoligopol: wenige Nachfrager und viele Anbieter,
   - zweiseitiges Oligopol: wenige Anbieter und wenige Nachfrager;
3. **Polypol** (Verkauf durch viele): viele Nachfrager und viele Anbieter.

4.3 Preisbildung auf vollkommenen und unvollkommenen Märkten

418 **Unterscheiden Sie vollkommene und unvollkommene Märkte!**

Der **vollkommene Markt** ist gekennzeichnet durch folgende Marktbedingungen:

- Gleichartigkeit (Homogenität) der Güter;
- **Markttransparenz,** d.h., alle Marktteilnehmer kennen sämtliche Marktbedingungen;
- Fehlen von **Präferenzen,** d.h., kein Konsument bevorzugt einen Händler, weil er diesen kennt (persönliche Präferenz) oder weil er in der Nähe des Anbieters wohnt (räumliche Präferenz);
- sofortige Reaktion auf Marktveränderungen.

Fehlt eine dieser Bedingungen, liegt ein **unvollkommener Markt** vor. In der Realität sind alle Märkte unvollkommene Märkte (Ausnahme: Börse und Devisenmarkt).

419 Nennen Sie die Bestimmungsgründe der Nachfrage!

Bestimmend für die **Nachfrage** (am Markt wirksamer Bedarf) sind:

- Zielsetzungen der Nachfrager (z.B. Nutzenmaximierung, Prestigegewinn),
- Preis des angebotenen Gutes,
- Preise der übrigen Güter (insbesondere ähnlicher Güter),
- verfügbares Einkommen der Haushalte,
- Bedarfsstruktur der Haushalte (abhängig z.B. von der Ausstattung mit Gütern, der Altersstruktur, dem Prestigedenken u.Ä.),
- Erwartungen über die zukünftige wirtschaftliche Entwicklung.

420 Nennen Sie die Bestimmungsgründe des Angebots!

Entscheidend für das **Angebot** sind:

- Zielsetzungen der Anbieter (z.B. Gewinnmaximierung, Erweiterung des Marktanteils),
- Preis des Gutes,
- Preise der übrigen Güter,
- Faktorkosten (Kosten der Produktionsfaktoren),
- Gewinnerwartung,
- Wettbewerbssituation,
- Stand der Technik.

421 Welche Formen der Preisbildung gibt es (Überblick)?

In Abhängigkeit von der Marktform und den Marktbedingungen unterscheidet man die **Preisbildung** z.B. beim

1. Polypol bei
   - vollkommener Konkurrenz,
   - unvollkommener Konkurrenz;
2. Angebotsoligopol bei
   - vollkommener Konkurrenz,
   - unvollkommener Konkurrenz;
3. Angebotsmonopol bei
   - vollkommener Konkurrenz,
   - unvollkommener Konkurrenz.

422 Was ist vollständiger Wettbewerb?

Vollständiger Wettbewerb liegt vor, wenn sich auf einem vollkommenen Markt viele Anbieter und viele Nachfrager gegenüberstehen **(Polypol, vollkommene Konkurrenz).**

423 | Wie bildet sich der Wettbewerbspreis bei vollständiger Konkurrenz?

Bei der Bestimmung des **Wettbewerbspreises** geht man von folgenden (wirklichkeitsnahen) Annahmen aus:

- Die nachgefragte Menge eines Gutes ist umso höher, je geringer der Preis dieses Gutes ist (Nachfragefunktion);
- die angebotene Menge eines Gutes ist umso höher, je höher der Preis dieses Gutes ist (Angebotsfunktion).

Beispiel:

Preis (DM)	Nachfrage (Stück)	Angebot (Stück)
10,00	250	50
20,00	200	100
30,00	150	150
40,00	100	200
50,00	50	250

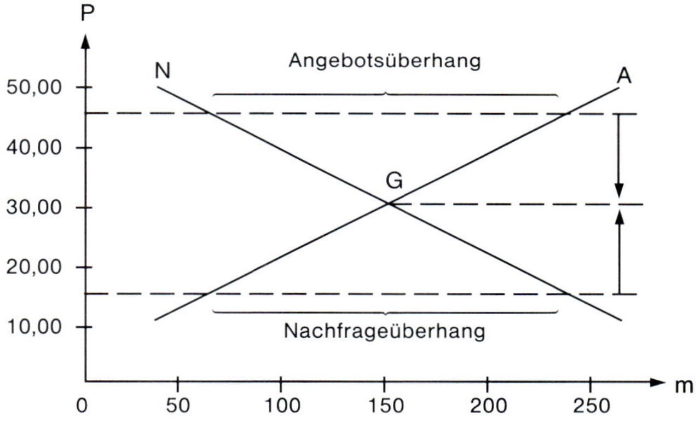

Bei einem Preis über 30,00 DM ist das Angebot größer als die Nachfrage (Angebotsüberhang). Die Anbieter konkurrieren miteinander, dies bewirkt eine Preissenkung.

Bei einem Preis unter 30,00 DM ist die Nachfrage größer als das Angebot (Nachfrageüberhang). Die Nachfrager konkurrieren miteinander, dies bewirkt eine Preiserhöhung.

Nur im Schnittpunkt G zwischen Angebotskurve und Nachfragekurve befinden sich Angebot und Nachfrage im Gleichgewicht (angebotene Menge = nachgefragte Menge). Der Preis, der dieser Menge entspricht, ist der **Gleichgewichtspreis** (30,00 DM). Die Menge bezeichnet man als Gleichgewichtsmenge (150 Stück).

424 | Welche Auswirkungen auf den Gleichgewichtspreis haben Änderungen von Nachfrage und Angebot?

Ändern sich bei vollständiger Konkurrenz die Bestimmungsgründe der Nachfrage oder die Bestimmungsgründe des Angebots, verschieben sich die Nachfrage- bzw. Angebotskurven nach rechts oder links; es ergibt sich ein neuer Gleichgewichtspreis.

Der **Gleichgewichtspreis** erhöht sich, wenn sich

- die Nachfragefunktion nach rechts (oben) verschiebt, d.h., bei gleichem Preis wird mehr nachgefragt (Gründe sind z.B.: Das nachgefragte Gut kommt in Mode, verstärkte Werbung für das Gut, Preise für Komplementärgüter sinken, Preise für Substitutionsgüter steigen);
- die Angebotskurve nach links (oben) verschiebt, d.h., bei gleichem Preis wird weniger angeboten (Gründe sind z.B.: Die Gewinnsituation verschlechtert sich, die Kosten der Produktionsfaktoren steigen).

Beispiel:

Verschiebung der Nachfragekurve nach rechts

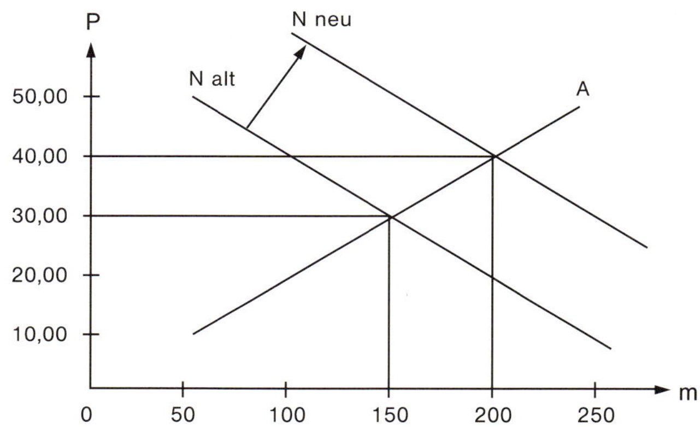

Der ursprüngliche Gleichgewichtspreis liegt bei 30,00 DM, die ursprüngliche Gleichgewichtsmenge beträgt 150 Stück.

Der neue Gleichgewichtspreis, welcher sich nach der Verschiebung der Nachfragefunktion ergibt, liegt bei 40,00 DM, die neue Gleichgewichtsmenge beträgt 200 Stück.

425 Wie bildet sich der Marktpreis bei unvollkommener polypolistischer Konkurrenz?

Wenn eine der Marktbedingungen des vollkommenen Marktes im **Polypol** fehlt, liegt unvollkommene polypolistische Konkurrenz vor; z.B. fehlt den Anbietern und Nachfragern die Marktübersicht oder das Gut wird in verschiedenen Qualitäten angeboten.

In diesem Fall gibt es keinen einheitlichen Marktpreis, d.h., für dasselbe Gut gibt es unterschiedliche Preise.

Der Polypolist auf unvollkommenem Markt kann in begrenztem Umfang seinen Preis selbst festsetzen, indem er durch den Einsatz seiner absatzpolitischen Instrumente (siehe Seite 247ff.) persönliche und sachliche Präferenzen schafft.

426 Wie bildet sich der Marktpreis beim Angebotsoligopol?

In der Realität gibt es fast ausschließlich **Oligopole** auf unvollkommenen Märkten.

Der **Oligopolist** ist von der Preisgestaltung seiner Konkurrenten je nach seiner eigenen Marktstellung mehr oder weniger abhängig (der Marktschwache passt sich z.B. in der Preisgestaltung dem Preisführer an, der aufgrund seiner starken Marktstellung in begrenztem Umfang Preispolitik betreiben kann). Ziele seines Preisverhaltens können sein:

- Marktverdrängung, d.h., Vergrößerung des Marktanteils durch Ausschalten der Konkurrenten als Folge eines ruinösen Preiswettbewerbs;
- Sicherung der Marktmacht, d.h., oftmals werden stillschweigende oder vertragliche Preisabsprachen getroffen (trotz der Vorschriften des Kartellgesetzes).

An die Stelle des Preiswettbewerbs tritt der Qualitätswettbewerb.

427 Wie bildet sich der Marktpreis beim Angebotsmonopol?

Der **Angebotsmonopolist** hat keine Konkurrenten und er ist deshalb in seinen preis- bzw. mengenpolitischen Entscheidungen völlig unabhängig, d.h., er kann aktive Preis- bzw. Mengenpolitik betreiben.

Der Monopolist

- auf vollkommenen Märkten wählt den Preis, der ihm langfristig den größten Gewinn verspricht;
- auf unvollkommenen Märkten kann Preisdifferenzierung betreiben (siehe Seite 251).

Unangemessen hohe Preisforderungen des Monopolisten können zur Folge haben, dass aufgrund der hohen Gewinnerwartung neue Konkurrenten in den Markt eindringen bzw. Nachfrager auf ähnliche Güter (Substitutionsgüter) ausweichen.

428 Welche Funktionen hat der Marktpreis?

Der **Marktpreis** hat vor allem folgende Funktionen:

- **Lenkungsfunktion** (Allokationsfunktion): Die Produktionsfaktoren wechseln aus Wirtschaftsbereichen mit geringer Gewinnerwartung in Wirtschaftsbereiche mit hoher Gewinnerwartung. Sie gelangen also stets in die Bereiche einer Volkswirtschaft, in denen sie gebraucht werden.
- **Ausschaltungsfunktion:** Der Marktpreis schaltet den Teil der Nachfrager aus, der nicht bereit ist den Marktpreis zu zahlen. Außerdem werden diejenigen Anbieter, die wegen überhöhter Kosten zu hohe Preise verlangen, aus dem Markt verdrängt.
- **Signalfunktion:** Der Marktpreis spiegelt die Knappheitsverhältnisse der Güter wider, da weniger nachgefragte Güter niedrigere Preise aufweisen als stärker nachgefragte Güter.
- **Ausgleichsfunktion:** Der Markt wird beim Marktpreis geräumt. Alle Nachfrager, die bereit sind, den Gleichgewichtspreis zu bezahlen und alle Anbieter, die bereit sind, zum Gleichgewichtspreis zu verkaufen, kommen zum Zuge; d.h., beim Gleichgewichtspreis wird der größtmögliche Umsatz erzielt.

4.4 Kooperation und Konzentration in der Wirtschaft

429	Aus welchen Gründen schließen sich Unternehmen zusammen?	Ziele von **Unternehmenszusammenschlüssen** sind: ● Verbesserung der Marktposition, ● Erringen wirtschaftlicher Macht (durch Ausschalten der Konkurrenz und des Wettbewerbs), ● Vergrößerung der Kapitalbasis, ● Verbesserung der Produktionsverhältnisse (Normung, Nutzung von Patenten, Entwicklung neuer Verfahren, Rationalisierung, Kostensenkung), ● Risikoverteilung, ● Ausnutzung steuerlicher Vorteile.
430	Welche Vor- und Nachteile können Unternehmenszusammenschlüsse haben?	Vorteile von **Unternehmenszusammenschlüssen** können sein: ● Nutzung des technischen Fortschritts in der Produktion (größere Produktionsanlagen, Senkung der Stückkosten durch Massenproduktion, mehr Forschungsarbeit), ● Verbesserung der Finanzierung. Nachteile können sein: ● Ausschaltung des Wettbewerbs, ● willkürliche Festlegung von (überhöhten) Preisen, ● Missbrauch der wirtschaftlichen Macht (z. B. Beeinflussung der Wirtschaftspolitik eines Landes).
431	Welche Arten von Unternehmenszusammenschlüssen gibt es?	Entsprechend dem Grad der wirtschaftlichen und rechtlichen Verflechtung der zusammengeschlossenen Unternehmen unterscheidet man: ● Kartell, ● Konzern, ● Trust. Dabei können die Zusammenschlüsse sein: ● **horizontal,** d. h. Unternehmen einer Branche schließen sich zusammen; ● **vertikal,** d. h. Unternehmen verschiedener Produktionsstufen schließen sich zusammen; ● **anorganisch,** d. h. Unternehmen verschiedener Branchen schließen sich zusammen.
432	Was ist ein Kartell?	**Kartelle** sind vertragsmäßige (horizontale) Zusammenschlüsse rechtlich selbstständig bleibender Unternehmen, deren wirtschaftliche Selbstständigkeit in bestimmtem Umfang aufgegeben wird.
433	Nennen und beschreiben Sie die wichtigsten Kartellarten!	**Arten des Kartells** sind: ● Preiskartell: einheitliche Regelung von Preisen; ● Konditionenkartell: Geschäfts-, Lieferungs- und Zahlungsbedingungen werden abgesprochen;

- Rabattkartell: Rabattgewährung wird vereinheitlicht;
- Produktionskartell (Quotenkartell, Zuteilungskartell): Jedem Mitglied wird eine bestimmte Produktionsmenge vorgeschrieben;
- Export- und Importkartell: Export- und Importmaßnahmen werden abgesprochen;
- Krisenkartell: In Krisenzeiten sollen Absprachen den Fortbestand der Branche sichern;
- Rationalisierungskartell: Die Leistungsfähigkeit oder Wirtschaftlichkeit der beteiligten Unternehmen in technischer, betriebswirtschaftlicher oder organisatorischer Beziehung wird wesentlich verbessert;
- Normen- und Typenkartell: Vereinbarungen über die einheitliche Anwendung von Normen und Typen;
- Gebietskartell: Jedem Mitglied werden Absatzgebiete zugeteilt;
- Vertriebskartell (Syndikat): Der Vertrieb der Erzeugnisse erfolgt über eine gemeinsame Verkaufsorganisation.

434 Unterscheiden Sie anmelde- und genehmigungspflichtige Kartelle!

Nach dem Kartellgesetz sind Kartelle grundsätzlich verboten. Ausnahmen zum Verbotsgrundsatz sind:

1. **anmeldepflichtige Kartelle** (müssen beim Bundeskartellamt in Berlin angemeldet werden),
   - Konditionenkartelle,
   - Rabattkartelle,
   - Normen- und Typenkartelle,
   - reine Exportkartelle;
2. **genehmigungspflichtige Kartelle** (werden auf Antrag vom Bundeskartellamt genehmigt),
   - Krisenkartelle,
   - Rationalisierungskartelle,
   - Im- und Exportkartelle.

Alle Kartelle sind im Kartellregister einzutragen.

435 Was ist ein Konzern?

Ein **Konzern** liegt nach dem Aktiengesetz unter folgenden Bedingungen vor:

- Ein herrschendes und ein abhängiges oder mehrere abhängige Unternehmen sind unter der einheitlichen Leitung des herrschenden Unternehmens zusammengefasst; die einzelnen Unternehmen sind Konzernunternehmen.
- Rechtlich selbstständige und voneinander unabhängige Unternehmen sind unter einheitlicher Leitung zusammengefasst; die einzelnen Unternehmen sind Konzernunternehmen.

Die Konzernunternehmen bleiben rechtlich selbstständige Unternehmen, die wirtschaftliche Selbstständigkeit wird völlig aufgegeben.

9 Groh/Schröer – ISBN 3-8120-0420-8

436 Was ist ein Trust?

Im **Trust** geben die angeschlossenen Betriebe neben der wirtschaftlichen (kapitalmäßigen) auch die rechtliche Selbstständigkeit auf. Durch Fusion (Verschmelzung) entsteht eine einzige Unternehmung, und zwar entweder durch Aufnahme anderer Unternehmen oder durch Gründung einer neuen Gesellschaft.

437 Was versteht man unter Jointventure?

Unter **Jointventure** versteht man eine Form von Unternehmenszusammenschlüssen, bei welcher mehrere Unternehmen kooperieren (oft unter Beteiligung von ausländischen Unternehmen), indem sie ein eigenes Unternehmen gründen, an dem alle beteiligt sind.

Beim Jointventure stellt z. B. ein Unternehmen das Know-how, ein anderes Unternehmen die finanziellen Mittel und ein drittes Unternehmen den Standort und das Personal zur Verfügung. Jointventure wird auch angewandt bei gemeinsamer Forschung und beim gemeinsamen Einkauf.

4.5 Staatliche Wettbewerbspolitik

438 Nennen Sie Ziele und Bestimmungen staatlicher Wettbewerbspolitik!

Ziele der **staatlichen Wettbewerbspolitik** sind:

- Sicherung des Wettbewerbs in der sozialen Marktwirtschaft,
- Schutz der Verbraucher **(Verbraucherschutz),**
- Schutz der Anbieter (z. B. durch Subventionen und Mindestpreise).

Wesentliche wettbewerbsrechtliche Bestimmungen sind:

- Gesetz gegen Wettbewerbsbeschränkungen (GWB, Kartellgesetz),
- Gesetz gegen den unlauteren Wettbewerb (UWG),
- Gesetz zur Regelung des Rechts der Allgemeinen Geschäftsbedingungen (AGB-Gesetz; siehe Seite 53 f.),
- Rabattgesetz,
- Preisangabenverordnung,
- Abzahlungsgesetz,
- Zugabeverordnung,
- Haustürwiderrufsgesetz,
- Produkthaftungsgesetz.

439 Nennen Sie wesentliche Bestimmungen des Kartellgesetzes!

Das **Kartellgesetz,** das einen funktionsfähigen Wettbewerb sichern soll, enthält Vorschriften über

- verbotene, anmeldungspflichtige und genehmigungspflichtige Kartelle;
- **Fusionskontrolle,** d. h., das Bundeskartellamt kann Zusammenschlüsse von Unternehmen verbieten oder auflösen, wenn dadurch eine marktbeherrschende Stellung entsteht;

- **Missbrauchsaufsicht** über unverbindliche Preisempfehlungen (siehe Seite 252), d.h., die Kartellbehörde kann unter bestimmten Voraussetzungen Empfehlungen, die einen Missbrauch zu Lasten der Verbraucher beinhalten, verbieten;
- vertikale und horizontale Preisbindung (siehe Seite 251 f.).

Über die Einhaltung der Vorschriften des Kartellgesetzes wachen die **Kartellbehörden** (Bundeskartellamt, Bundesminister für Wirtschaft, zuständige oberste Landesbehörden).

440 Nennen Sie wesentliche Bestimmungen des Gesetzes gegen den unlauteren Wettbewerb!

Das **Gesetz gegen den unlauteren Wettbewerb** will verhindern, dass zu Zwecken des Wettbewerbs Handlungen vorgenommen werden, die gegen die guten Sitten verstoßen. Geregelt sind unter anderem Vorschriften über

- Ausverkauf (z.B. möglich bei Aufgabe des gesamten Geschäftsbetriebes),
- Räumungsverkauf (der Grund der Räumung muss angegeben werden, wie z.B. Umbau),
- Saisonschlussverkauf (z.B. Sommer- und Winterschlussverkauf, er wird zusätzlich geregelt in der Schlussverkaufsverordnung).

Verboten sind unter anderem

- unerlaubte und strafbare Werbung (z.B. falsche bzw. wissentlich unwahre Angaben über Beschaffenheit und Herstellungsart einer Ware),
- vergleichende Werbung, wenn sie irreführend ist oder die Konkurrenten verunglimpft bzw. deren Produkte schlecht macht,
- Verrat von Geschäftsgeheimnissen und Verleiten zum Verrat,
- Bestechung von Angestellten.

441 Nennen Sie wesentliche Bestimmungen des Rabattgesetzes!

Das Gesetz über Preisnachlässe **(Rabattgesetz)** regelt z.B.

- den Barzahlungsnachlass (Höchstgrenze 3 %),
- den Mengenrabatt (darf die handelsübliche Höhe nicht übersteigen),
- den Sonderrabatt (z.B. als Wiederverkäufer- oder Personalrabatt).

442 Nennen Sie wesentliche Bestimmungen der Preisangabenverordnung!

Die **Preisangabenverordnung** schreibt z.B. vor, dass

- die Preise für die Letztverbraucher einschließlich der Umsatzsteuer anzugeben sind (Bruttopreise),
- mit den Preisen die übliche Verkaufseinheit und die Gütebezeichnung angegeben werden,
- zum Verkauf bestimmte Waren (z.B. Waren im Schaufenster bzw. innerhalb oder außerhalb des Verkaufsraumes) durch

Preisschilder auszuzeichnen sind (Ausnahmen sind z. B. Kunstgegenstände und Antiquitäten),

- Banken die Jahreszinssätze für Kredite angeben müssen.

443 Nennen Sie wesentliche Bestimmungen des Abzahlungsgesetzes!

Das Gesetz betreffend die Abzahlungsgeschäfte **(Abzahlungsgesetz)** gilt für Teilzahlungsgeschäfte (Ratenkäufe) und regelt z. B.,

- dass der Kaufvertrag schriftlich abgeschlossen werden muss;
- den Inhalt des Vertrages, d. h., der Vertrag muss insbesondere enthalten den Barzahlungspreis, den Teilzahlungspreis, den effektiven Jahreszinssatz sowie den Betrag, die Zahl und die Fälligkeit der einzelnen Teilzahlungen;
- das Widerrufsrecht des Käufers, d. h., der Käufer kann binnen einer Woche durch schriftlichen Widerruf vom Vertrag zurücktreten;
- dass die Belehrung über das Widerrufsrecht vom Käufer gesondert zu unterschreiben ist,
- den Gerichtsstand für Klagen, d. h., es ist ausschließlich das Gericht zuständig, in dessen Bezirk der Käufer seinen Wohnsitz hat.

444 Nennen Sie wesentliche Bestimmungen der Zugabeverordnung!

Nach der **Zugabeverordnung** ist es verboten, im geschäftlichen Verkehr neben dem Kaufgegenstand eine Zugabe anzubieten, anzukündigen oder zu gewähren. Diese Vorschrift gilt nicht für

- Reklamegegenstände mit Firmenaufdruck von geringem Wert (z. B. Flaschenöffner),
- geringwertige Kleinigkeiten (z. B. Süßigkeiten),
- handelsübliches Zubehör (z. B. Schutzhüllen für Brillen).

445 Nennen Sie wesentliche Bestimmungen des Haustürwiderrufsgesetzes!

Das **Haustürwiderrufsgesetz** gibt dem Kunden das Recht, die beim Abschluss eines Kaufvertrages abgegebene Willenserklärung binnen einer Woche (schriftlich) zu widerrufen, wenn das Geschäft zustande gekommen ist

- durch mündliche Verhandlungen in der Wohnung oder am Arbeitsplatz,
- bei Verkaufsfahrten und Freizeitveranstaltungen,
- durch überraschendes Ansprechen in Verkehrsmitteln und auf der Straße.

Kein Widerrufsrecht besteht, wenn

- der Kunde den Vertragspartner ins Haus bestellt hat,
- die Leistung sofort erbracht wird und das Entgelt 80,00 DM nicht übersteigt,
- ein Versicherungsvertrag vorliegt.

446 Nennen Sie wesentliche Bestimmungen des Produkthaftungsgesetzes!

Das **Produkthaftungsgesetz** (Gesetz über die Haftung fehlerhafter Produkte; gilt in allen EU-Ländern) regelt z.B.

- die Haftung des Herstellers für Personen- und Sachschäden aus der Benutzung seines fehlerhaften Produkts;
- den Produktbegriff, Produkt ist jede bewegliche Sache;
- den Fehlerbegriff, ein Fehler liegt vor, wenn ein Produkt nicht die erwartete Sicherheit bietet (dieser Fehler ist von dem Mangelbegriff in der gesetzlichen Gewährleistung zu unterscheiden, siehe Seite 63);
- die Verjährung, der Anspruch verjährt in drei Jahren von dem Zeitpunkt an, in dem der Geschädigte von dem Schaden bzw. dem Fehler Kenntnis erlangt hat oder hätte erlangen müssen;
- das Erlöschen von Ansprüchen, der Anspruch erlischt zehn Jahre nach dem Zeitpunkt, in dem der Hersteller das fehlerhafte Produkt in Verkehr gebracht hat;
- die Unabdingbarkeit, der Hersteller darf seine Ersatzpflicht weder ausschließen noch beschränken.

Für Arzneimittel gilt nicht das Produkthaftungsgesetz, sondern das Arzneimittelgesetz.

447 Welche Auswirkungen haben Mindestpreise?

Der **Mindestpreis** ist ein Preis, der nicht unterschritten werden darf. Staatliche Mindestpreise haben die Aufgabe, bei schlechter Absatzlage einen ruinösen Wettbewerb bzw. einen zu starken Preisverfall zu verhindern. Dadurch sollen bestimmte Wirtschaftsbereiche (z.B. der EU-Agrarmarkt) geschützt werden.

Mindestpreise, die über dem Gleichgewichtspreis liegen, führen aufgrund der gestiegenen Gewinnerwartungen zu einer Ausdehnung der Produktion des betreffenden Gutes. Diesem vergrößerten Angebot steht aber keine entsprechende Nachfrage gegenüber, da die Preise durch das Ausschalten des Preismechanismus „künstlich“ in Höhe des Mindestpreises gehalten werden (z.B. „Butterberg“). Der Staat muss durch geeignete Maßnahmen den Angebotsüberhang abbauen (z.B. durch die Ausgabe von Sozialbutter, durch Verkäufe ans Ausland).

448 Welche Auswirkungen haben Höchstpreise?

Der **Höchstpreis** ist eine Preisgrenze, die nicht überschritten werden darf. Mit Hilfe staatlich festgesetzter Höchstpreise sollen Preissteigerungen, die vor allem zu Lasten sozial Schwacher gehen, vermieden werden. Höchstpreise werden auch angewendet, wenn die Versorgung der Bevölkerung infolge des zu knappen Güterangebots gefährdet ist (z.B. in Kriegs- und Nachkriegszeiten).

Liegt der staatlich festgelegte Höchstpreis unter dem Gleichgewichtspreis, sind einige Anbieter wegen der geringen Gewinnerwartung nicht bereit, weiter zu produzieren bzw. ihre

Leistungen zur Verfügung zu stellen. Es entsteht ein Nachfrageüberhang, dem der Staat entgegenwirken muss (z.B. durch Lebensmittelmarken, Bezugsscheine, Wohnraumbewirtschaftung).

Da bestimmte Waren auf dem normalen Markt nicht mehr oder nur in begrenzter Menge zu erhalten sind, bilden sich als Folge der Höchstpreispolitik sehr häufig Schwarzmärkte.

449 Unterscheiden Sie marktkonforme und nicht marktkonforme Maßnahmen des Staates!

Staatliche Eingriffe in den Wettbewerb können sein

- **marktkonform,** d.h., Preis- und Marktmechanismus werden erhalten bzw. gesichert, Beispiele sind Subventionen, Steuererleichterungen, Exportprämien, verbilligte staatliche Kredite, Gesetze, die den Wettbewerb sichern (z.B. Kartellgesetz, Gesetz gegen den unlauteren Wettbewerb);
- **nicht marktkonform,** d.h., Preis- und Marktmechanismus werden gestört, Beispiele sind Höchst- und Mindestpreise, Einfuhrkontingente, Einfuhrverbote.

Die staatlichen Eingriffe können auch eingeteilt werden in

- ordnungspolitische Maßnahmen (z.B. Kartellgesetz, Gesetz gegen den unlauteren Wettbewerb),
- strukturpolitische Maßnahmen (z.B. Subventionen, Steuererleichterungen).

5 Volkswirtschaftliche Gesamtrechnung

5.1 Wirtschaftskreislauf

450 Erläutern Sie den einfachen Wirtschaftskreislauf!

Zwischen den einzelnen Wirtschaftseinheiten kommt es zu einer Vielzahl von wirtschaftlichen Transaktionen (z. B. Käufe und Verkäufe von Gütern). Nahezu jede dieser Transaktionen setzt sich aus einer Güterbewegung und einer entgegengesetzten Geldbewegung zusammen. Gleichgerichtete Geld- und Güterbewegungen zwischen zusammengefassten gleichartigen Wirtschaftseinheiten bezeichnet man als **Geld- und Güterströme** (monetäre und reale Ströme).

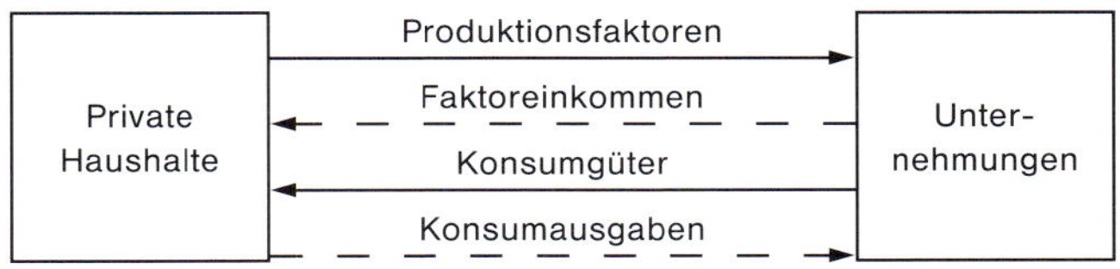

451 Erläutern Sie den erweiterten Wirtschaftskreislauf!

Der erweiterte **Wirtschaftskreislauf** beinhaltet die wirtschaftlichen Transaktionen zwischen gleichartigen Wirtschaftseinheiten (Sektoren des Wirtschaftskreislaufs). Vereinfachend kann man den Wirtschaftskreislauf wie folgt darstellen:

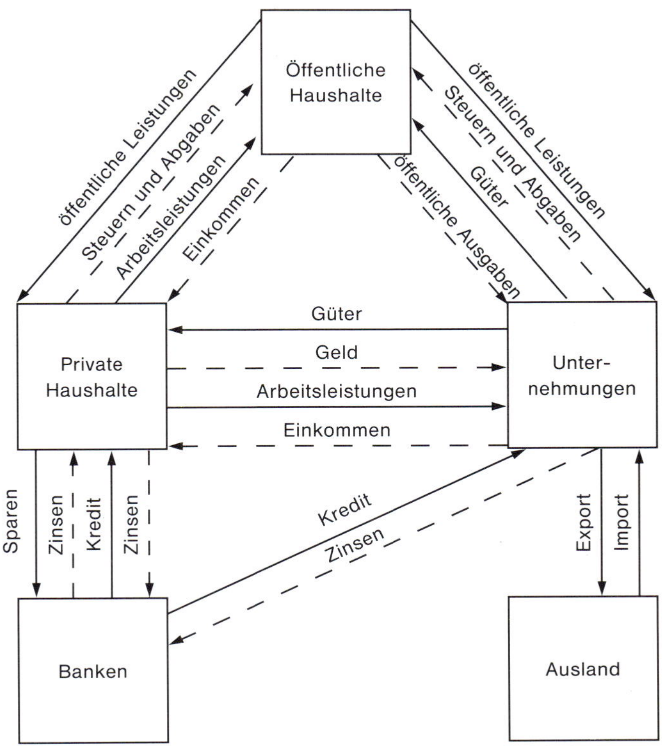

5.2 Sozialprodukt und Volkseinkommen

452	Was ist das Sozialprodukt?	Das **Sozialprodukt** entspricht dem Wert aller in einer bestimmten Periode (Rechnungsjahr) produzierten Güter und Dienstleistungen in einer Volkswirtschaft, die gegen Entgelt veräußert werden.
453	Unterscheiden Sie Brutto- und Nettoproduktionswert!	Der **Bruttoproduktionswert** einer Volkswirtschaft entspricht dem Produkt von produzierten Gütermengen und jeweiligen Marktpreisen. Der **Nettoproduktionswert** (Wertschöpfung) ist die Differenz von Bruttoproduktionswert und Vorleistungen (Produktionswert der vorherigen Stufen). Die Vorleistungen werden subtrahiert, um Doppelzählungen bei der Ermittlung des Sozialproduktes zu vermeiden.
454	Unterscheiden Sie die Arten des Sozialproduktes!	Man unterscheidet folgende Arten: ● Bruttosozialprodukt zu Marktpreisen (Nettoproduktionswert), ● Nettosozialprodukt zu Marktpreisen, ● Nettosozialprodukt zu Faktorkosten. **Bruttosozialprodukt zu Marktpreisen** – Abschreibungen = **Nettosozialprodukt zu Marktpreisen** – indirekte Steuern + staatliche Subventionen = **Nettosozialprodukt zu Faktorkosten**
455	Unterscheiden Sie Bruttoinlandsprodukt und Bruttosozialprodukt!	Das **Bruttoinlandsprodukt** ist das Produktionsergebnis an Waren und Dienstleistungen aller im Inland eingesetzten Produktionsfaktoren in einer bestimmten Periode, unabhängig davon, wo die Erwerbstätigen und die Kapitaleigner wohnen. Bruttoinlandsprodukt + Erwerbs- und Vermögenseinkommen, welches Inländer aus dem Ausland beziehen – Erwerbs- und Vermögenseinkommen, welches Ausländer im Inland beziehen = Bruttosozialprodukt Das **Bruttosozialprodukt** ist also das Produktionsergebnis an Waren und Dienstleistungen aller Inländer, unabhängig davon, ob diese Leistungen im Inland oder im Ausland erbracht wurden.
456	Unterscheiden Sie nominales und reales Sozialprodukt!	Beim **nominalen Sozialprodukt** werden die Güter und Dienstleistungen mit den Preisen des jeweiligen Jahres bewertet. Beim **realen Sozialprodukt** bewertet man die Güter und Dienstleistungen mit den Preisen eines bestimmten Basisjahres; eine

(rein rechnerische) Erhöhung des Sozialproduktes aufgrund einer inflationären Entwicklung wird dadurch ausgeschaltet.

457 Was ist das Volkseinkommen?

Unter dem **Volkseinkommen** versteht man die Summe aller aus der Produktionstätigkeit entstandenen Einkommen einer Volkswirtschaft innerhalb einer bestimmten Periode (Löhne, Gehälter, Unternehmergewinne, Zinsen, Mieten, Pachten).

Diesen Einkommen entsprechen die Kosten für die eingesetzten Produktionsfaktoren.

Daraus folgt:

Volkseinkommen = Nettosozialprodukt zu Faktorkosten.

458 Wie werden Sozialprodukt und Volkseinkommen ermittelt?

Die Ermittlung der volkswirtschaftlichen Gesamtgrößen Sozialprodukt und Volkseinkommen ist Aufgabe der **volkswirtschaftlichen Gesamtrechnung.** Diese unterscheidet drei Methoden:

- **Entstehungsrechnung,** d. h., das Sozialprodukt wird an dem Ort seiner Entstehung gemessen; es ist die Summe der Beiträge aller produzierenden Wirtschaftsbereiche wie Land- und Forstwirtschaft, Fischerei, Energiewirtschaft und Bergbau, verarbeitendes Gewerbe, Baugewerbe, Handel, Verkehr und Nachrichtenübermittlung, Kreditinstitute und Versicherungsgewerbe, Wohnungsvermietung, sonstige Dienstleistungen, Staat, Haushalte und private Organisationen;
- **Verteilungsrechnung,** d. h., das Volkseinkommen wird von der Einkommenseite her ermittelt; es ist die Summe der Einkommen aus unselbstständiger Arbeit, der Einkommen aus Unternehmertätigkeit und der Einkommen aus Vermögen;
- **Verwendungsrechnung,** d. h., das Sozialprodukt ergibt sich als Summe aus privatem Konsum, staatlichem Konsum, Investitionen und Außenbeitrag (Ausfuhr minus Einfuhr).

459 Welche Aussagefähigkeit besitzt das Sozialprodukt?

Das **Sozialprodukt**

- ist Leistungsmesser für die wirtschaftliche Tätigkeit einer Volkswirtschaft,
- ermöglicht Vergleiche der ökonomischen Aktivität einer Volkswirtschaft während verschiedener Perioden und gibt somit Auskunft über das Wirtschaftswachstum,
- ermöglicht Vergleiche der wirtschaftlichen Leistungsfähigkeit verschiedener Länder mit Hilfe des Sozialproduktes je Einwohner (bzw. des Pro-Kopf-Einkommens) und lässt damit Rückschlüsse auf den Lebensstandard der einzelnen Volkswirtschaften zu,
- gibt durch seine Zusammensetzung (siehe Entstehungsrechnung) Auskunft über die Wirtschaftsstruktur eines Landes.

5.3 Zahlungsbilanz

460 Was ist die Zahlungsbilanz?

Die **Zahlungsbilanz** ist die systematische Aufstellung aller wirtschaftlichen Transaktionen zwischen dem Inland und dem Ausland innerhalb eines Jahres. Sie gibt Auskunft über die internationalen Verflechtungen einer Volkswirtschaft und liefert den Wirtschaftspolitikern Zahlenwerte für die Konjunkturpolitik.

Die Zahlungsbilanz wird sowohl monatlich als auch jährlich von der Deutschen Bundesbank erstellt und veröffentlicht (analog zur nationalen Zahlungsbilanz erstellt die Europäische Zentralbank eine Zahlungsbilanz für den Euro-Währungsraum).

Die Zahlungsbilanz umfasst

1. **Leistungsbilanz,**
   - Außenhandel,
   - Dienstleistungen,
   - Erwerbs- und Vermögenseinkommen,
   - laufende Übertragungen;
2. **Vermögensübertragungen;**
3. **Kapitalbilanz,**
   - Direktinvestitionen,
   - Wertpapiere,
   - Kreditverkehr,
   - sonstige Kapitalanlagen;
4. **Restposten;**
5. **Veränderung der Nettoauslandsaktiva der Bundesbank.**

461 Beschreiben Sie den Aufbau der Leistungsbilanz!

Die **Leistungsbilanz** erfasst folgende Kategorien:

- **Außenhandel** (Warenhandel), Gegenüberstellung von Ausfuhr (Export) und Einfuhr (Import) von Waren;
- **Dienstleistungen,** Gegenüberstellung von Einnahmen (Dienstleistungsexport) und Ausgaben (Dienstleistungsimport); Beispiele sind: Transport- und Telekommunikationsleistungen sowie Auslandsreiseverkehr;
- **Erwerbs- und Vermögenseinkommen** (Faktoreinkommen), Gegenüberstellung von Export und Import der Kapitalerträge und der Einkommen aus unselbstständiger Arbeit;
- **laufende Übertragungen,** Gegenüberstellung von fremden Leistungen und eigenen Leistungen; Beispiele sind: Zahlungen an internationale Organisationen (z.B. UNO, Europäische Union), Heimatüberweisungen der Gastarbeiter, private Renten- und Unterstützungszahlungen.

Die Zusammenfassung des Außenhandels, der Dienstleistungen sowie der Erwerbs- und Vermögenseinkommen ergibt als Saldo den Außenbeitrag zum Bruttosozialprodukt (siehe Seite 137).

462 Was versteht man unter Vermögens-übertragungen?

Bei den **Vermögensübertragungen** werden fremde Leistungen und eigene Leistungen gegenübergestellt (es handelt sich dabei um Bestandsänderungen); Beispiele sind: Schuldenerlasse an Entwicklungsländer, Erbschaften und Schenkungen sowie Vermögenstransfers von Aus- und Einwanderern.

463 Beschreiben Sie den Aufbau der Kapitalbilanz!

Die **Kapitalbilanz** erfasst folgende Kategorien:

- **Direktinvestitionen,** Gegenüberstellung von deutschen Anlagen im Ausland und ausländischen Anlagen im Inland; Beispiele sind: Unternehmensbeteiligungen (in Form von Aktien und anderen Kapitalanteilen), Finanzbeziehungen verbundener Unternehmen, grenzüberschreitender Erwerb und Veräußerung von Immobilien;
- **Wertpapiere,** Gegenüberstellung von deutschen Anlagen im Ausland und ausländischen Anlagen im Inland; Beispiele sind: Wertpapieranlagen wie Renten- und Aktienfonds sowie Geldmarktpapiere;
- **Kreditverkehr,** Gegenüberstellung von Forderungen an das Ausland und Verbindlichkeiten gegenüber dem Ausland; Beispiele sind kurz- und langfristige Kreditbeziehungen.

464 Was versteht man unter Restposten?

Restposten sind statistisch nicht aufgliederbare Transaktionen; sie sind beispielsweise zurückzuführen auf statistische Ermittlungsfehler und statistisch nicht erfassbare Außenhandelsgeschäfte.

465 Was versteht man unter Veränderung der Nettoauslandsaktiva der Bundesbank?

Die Veränderung der **Nettoauslandsaktiva der Bundesbank** erfasst alle Devisenbewegungen, die über die Deutsche Bundesbank abgewickelt werden; d. h., dargestellt wird die Zu- oder Abnahme der Währungsreserven (Gold- und Devisenbestände) der Bundesbank.

Die Veränderung der Nettoauslandsaktiva der Bundesbank ergibt sich als Summe der Salden von Leistungsbilanz, Vermögensübertragungen, Kapitalbilanz sowie Restposten.

466 Welche Informationen können aus der Zahlungsbilanz hergeleitet werden?

Formal ist die **Zahlungsbilanz** immer ausgeglichen, weil jede Transaktion sowohl auf der Aktivseite als auch auf der Passivseite der Zahlungsbilanz gebucht wird (der Saldo ist null).

Innerhalb der Positionen der Zahlungsbilanz unterscheidet man dennoch aktive oder passive Teilbilanzen bzw. Kategorien:

- Eine **aktive Leistungsbilanz** liegt z. B. vor, wenn der Saldo der Leistungsbilanz positiv ist (z. B. aufgrund hoher Warenexporte);
- eine **passive Leistungsbilanz** liegt z. B. vor, wenn der Saldo der Leistungsbilanz negativ ist (z. B. aufgrund hoher Dienstleistungsimporte).

6 Grundzüge der Wirtschaftspolitik

6.1 Hauptziele der Wirtschaftspolitik

467 Welche Ziele verfolgt die staatliche Wirtschaftspolitik?

Nach dem **Stabilitätsgesetz** (Gesetz zur Förderung der Stabilität und des Wachstums der Wirtschaft) haben Bund und Länder bei ihrer **Wirtschaftspolitik** (wirtschafts- und finanzpolitische Maßnahmen) die Erfordernisse des gesamtwirtschaftlichen Gleichgewichts zu beachten.[1] Gesamtwirtschaftliches Gleichgewicht bedeutet, dass auf allen Märkten (z. B. Güter-, Arbeits-, Kapitalmarkt) Marktgleichgewicht herrscht (Angebot = Nachfrage).

Ziele der staatlichen Wirtschaftspolitik sind:

- Stabilität des Preisniveaus,
- hoher Beschäftigungsgrad (Vollbeschäftigung wird angestrebt),
- außenwirtschaftliches Gleichgewicht (Import = Export),
- stetiges und angemessenes Wirtschaftswachstum.

Bei diesen quantitativen Zielen spricht man auch vom **magischen Viereck.** Magisch deshalb, weil nicht alle Ziele gleichzeitig erreicht werden können.

Sonstige (qualitative) Ziele der Wirtschaftspolitik sind:

- gerechtere Einkommens- und Vermögensverteilung (soziales Ziel), Indikatoren für die Einkommens- und Vermögensverteilung sind z. B. Lohnquote, Vermögensstruktur; Maßnahmen zur Umverteilung sind z. B. Transferzahlungen, Subventionen;
- Erhaltung einer lebenswerten Umwelt durch Umweltschutz (ökologisches Ziel).

Maßnahmen, die eingesetzt werden, um die quantitativen Ziele zu erreichen, bezeichnet man als **Konjunkturpolitik.** Werden quantitative und qualitative Ziele zusammengefasst, spricht man auch vom magischen Sechseck.

468 Was sind Zielkonflikte der Wirtschaftspolitik?

Wenn der Staat seine wirtschaftspolitischen Ziele verfolgt, können sich die Ziele ergänzen (z. B. fördert ein hoher Beschäftigungsstand das Wirtschaftswachstum) oder sich gegenseitig beeinträchtigen; in diesem Fall liegen **Zielkonflikte** vor.

Beispiele für Zielkonflikte können sein:

- Vollbeschäftigung verhindert Preisniveaustabilität (Vollbeschäftigung geht oft mit steigenden Preisen einher),
- Wirtschaftswachstum verhindert Preisniveaustabilität (Wirtschaftswachstum ist oft mit Preissteigerungen verbunden),
- Wirtschaftswachstum führt oft zur Beeinträchtigung der Umwelt.

1 Zu berücksichtigen ist nach dem Stabilitäts- und Wachstumspakt der Wirtschafts- und Währungsunion, dass der nationale Haushalt solide (nahezu ausgeglichen) ist.

6.2 Wirtschaftsschwankungen

469 Nennen Sie Gründe für Wirtschaftsschwankungen!

Die volkswirtschaftlichen Güter- und Geldströme verlaufen nicht harmonisch, sondern sind ständig Veränderungen unterworfen; diese werden als Wirtschaftsschwankungen bezeichnet.

Hauptgründe für **Wirtschaftsschwankungen** sind:

- Veränderungen der Nachfrage,
- Veränderungen des Angebots,
- Maßnahmen des Staates (Fiskalpolitik),
- Veränderungen des Außenhandels.

470 Was sind saisonale Schwankungen?

Saisonale Schwankungen

- sind jahreszeitlich bedingte Nachfrageveränderungen (z. B. Speiseeis im Sommer, Skier im Winter),
- betreffen nur wenige Wirtschaftszweige,
- sind vorhersehbar und die Unternehmer können sich darauf einstellen.

471 Was sind strukturelle Schwankungen?

Strukturelle Schwankungen

- sind bedingt durch tief greifende Nachfrageänderungen (z. B. Kohlekrise, Stahlkrise);
- sind nicht vorübergehend, sondern von Dauer;
- betreffen nur wenige Wirtschaftszweige;
- erfordern langwierige Anpassungsprozesse;
- führen möglicherweise zu schweren Strukturkrisen (Auflösung zahlreicher Betriebe der betroffenen Branche).

472 Was sind konjunkturelle Schwankungen?

Konjunkturelle Schwankungen

- sind periodische (wiederkehrende) Schwankungen,
- können mehrere Jahre umfassen,
- sind nicht so regelmäßig wie die saisonalen Schwankungen,
- sind nicht vorhersehbar,
- betreffen die gesamte Wirtschaft,
- können zu schweren volkswirtschaftlichen Krisen führen,
- können vor allem mit Hilfe des Indikators Auftragseingänge erkannt werden **(Konjunkturindikator).**

473 Was ist der Konjunkturzyklus?

Die **Konjunkturschwankungen** lassen sich in Teilabschnitte, die so genannten Konjunkturphasen, zerlegen, die (theoretisch) in gleicher Reihenfolge auftreten:

- Hochkonjunktur (I),
- Rezession (II),

- Depression (III),
- Aufschwung (IV).

Die Konjunkturschwankungen verlaufen als zyklische Wirtschaftsschwankungen um den **Trend,** d. h. um die langfristige wirtschaftliche Entwicklung.

Die vier Phasen bezeichnet man als **Konjunkturzyklus.**

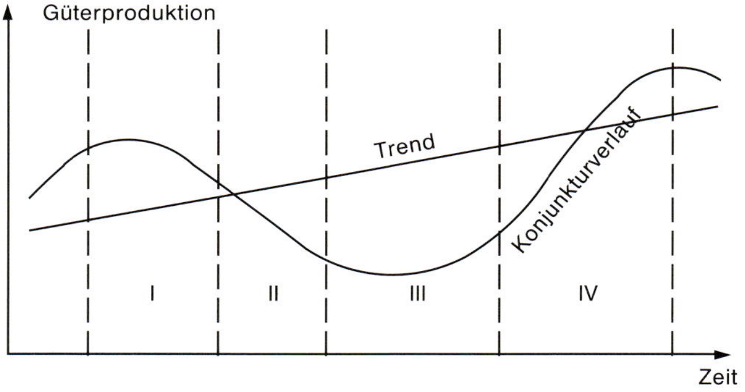

474 Wodurch ist die Hochkonjunktur gekennzeichnet?

Die Phase der **Hochkonjunktur (Boom)** ist gekennzeichnet durch

- hohe Nachfrage nach Gütern,
- steigende Güterpreise,
- steigende Löhne (Lohn - Preis - Spirale),
- hohes Zinsniveau,
- volle Auslastung der Produktionskapazitäten,
- hohe Nachfrage nach Arbeitskräften, Maschinen und Rohstoffen.

475 Wodurch ist die Rezession gekennzeichnet?

Die Phase der **Rezession (Abschwung)** ist gekennzeichnet durch

- Abschwächung der Hochkonjunktur,
- pessimistische Beurteilung der Wirtschaftslage,
- Rückgang der Nachfrage,
- überfüllte Lager,
- Abbau von Überstunden und beginnende Kurzarbeit,
- fehlende Investitionen,
- teilweise Stilllegung von Produktionsanlagen,
- stagnierende bzw. sinkende Preise, Löhne und Zinsen.

476 Wodurch ist die Depression gekennzeichnet?

Die Rezession führt zur **Depression (Tiefstand);** diese ist gekennzeichnet durch

- anhaltenden Rückgang der Nachfrage,
- geringe Gewinnerwartung der Unternehmer und sinkende Investitionsneigung,

- geringe Produktion,
- vermehrte Auflösung von Betrieben,
- Arbeitslosigkeit,
- niedriges Preis- und Lohnniveau,
- weit verbreiteten Pessimismus.

477 Wodurch ist der Aufschwung gekennzeichnet?

An die Depression schließt sich die Phase des **Aufschwungs (Expansion)** an; diese ist bestimmt durch

- optimistische Erwartungen der Nachfrager und Anbieter,
- Steigerung der Nachfrage (verstärkte Auftragseingänge in den Unternehmen),
- erhöhte Produktion,
- Rückgang der Arbeitslosigkeit,
- wachsende Investitionsbereitschaft der Unternehmer (steigende Nachfrage nach Investitionsgütern),
- steigende Preise, Löhne und Zinsen.

478 Unterscheiden Sie Inflation und Deflation!

Befinden sich (nachfragewirksame) Geldmenge und (angebotene) Gütermenge im Gleichgewicht, liegt Geldwertstabilität vor.

Bei einer Störung des Gleichgewichts spricht man von

- **Inflation** (Geldaufblähung): Eine Überversorgung der Wirtschaft mit Geld, d.h., die gesamtwirtschaftliche Nachfrage nach Gütern übersteigt das gesamtwirtschaftliche Angebot;
- **Deflation** (Geldschrumpfung): Eine Unterversorgung der Wirtschaft mit Geld, d.h., das gesamtwirtschaftliche Angebot von Gütern übersteigt die gesamtwirtschaftliche Nachfrage.

479 Welche Faktoren verursachen eine Inflation?

Ursachen einer Inflation können sein:

- überhöhte private, staatliche oder ausländische Nachfrage nach Gütern;
- übermäßige Geldschöpfung durch die Europäische Zentralbank;
- überhöhte Kreditgewährung der Banken an die private Wirtschaft;
- überzogene Lohnpolitik der Gewerkschaften bzw. überhöhte Preisforderungen der Unternehmer (Lohn-Preis-Spirale);
- allgemeine Kostensteigerungen (z.B. Rohstoffkosten);
- anhaltend hohe Zahlungsbilanzüberschüsse (d.h., die durch den Export erzielten Devisen werden im Inland bzw. im Euro-Währungsraum umgetauscht und erhöhen die inländische Geldmenge).

480 Welche Folgen hat eine Inflation?

Folgen einer Inflation sind:

- Preissteigerungen, d.h. Geldentwertung bzw. Kaufkraftschwund (Lohn- und Gehaltsempfänger müssen einen

Kaufkraftverlust hinnehmen, wenn die Inflationsrate über der tariflichen Erhöhung der Gehälter liegt);

- erhöhte Produktion wegen der hohen Scheingewinne und der starken Nachfrage;
- steigende Umlaufgeschwindigkeit des Geldes (weitere Preissteigerungen);
- das Vertrauen in das Geld schwindet;
- Flucht in Sachwerte (Rückkehr zum Naturaltausch);
- Sparguthaben werden abgehoben, rückläufige Kapitalbildung;
- Nachteile für Gläubiger, Vorteile für Schuldner (der Schuldner zahlt nominal den vereinbarten Betrag zurück, aber der Realwert des zurückgezahlten Geldbetrages ist niedriger).

481 Unterscheiden Sie schleichende und galoppierende Inflation!

Bei einer **schleichenden Inflation** (inflatorische Tendenz) steigen die Preise langsam, fast unmerklich.

Bei einer **galoppierenden Inflation** steigen die Preise äußerst schnell und ins Unermessliche; die Geldmenge erhöht sich rasend. In diesem Fall bleibt dem Staat nur die Möglichkeit, das überflüssige Geld (den Kaufkraftüberhang) durch eine Währungsreform zu beseitigen. Das alte Geld wird ungültig und durch neues ersetzt, dessen Menge dem Güterangebot entspricht.

482 Was bedeutet importierte Inflation?

Bei der **importierten Inflation** fließen durch ständig zu hohe Exporte (Zahlungsbilanzüberschüsse) ausländische Zahlungsmittel ins Inland bzw. in den Euro-Währungsraum und vermehren entsprechend die Geldmenge; dies führt zu inflatorischen Tendenzen.

483 Was ist Stagflation?

Stagflation ist Stillstand des realen Wirtschaftswachstums (Stagnation) bei gleichzeitiger Geldentwertung (Inflation).

Die Stagflation ist schwer zu bekämpfen, weil

- Maßnahmen zur Überwindung der Stagnation die Inflation verstärken,
- Maßnahmen zur Überwindung der Inflation die Stagnation verschärfen.

484 Welche Ursachen hat die Deflation?

Ursachen einer Deflation können sein:

- Rückgang der Nachfrage,
- Horten von Geld,
- übermäßige Besteuerung,
- Kreditscheu der Unternehmer,
- zu teure Kredite,
- Rückgang der Auslandsnachfrage.

485 Welche Folgen hat eine Deflation?

Folgen einer Deflation sind:

- Sinken der Preise (Geldwertsteigerung),
- Verminderung der Gewinne,
- Produktionseinschränkungen,
- Rückgang der Investitionen,
- Rückgang der Beschäftigung (zunehmende Arbeitslosigkeit),
- zunehmende Insolvenzen (siehe Seite 321 ff.),
- Vorteile für Gläubiger, Nachteile für Schuldner.

486 Unterscheiden Sie die Beschäftigungslagen auf dem Arbeitsmarkt!

Entsprechend dem Verhältnis der Zahl der Erwerbsfähigen und Erwerbswilligen in einer Volkswirtschaft zur Zahl der tatsächlich Beschäftigten unterscheidet man:

- **Vollbeschäftigung,** d.h., nur wenige arbeitsfähige und arbeitswillige Erwerbspersonen sind arbeitslos;
- **Unterbeschäftigung** (Arbeitslosigkeit), d.h., arbeitsfähige und arbeitswillige Personen finden keinen Arbeitsplatz;
- **Überbeschäftigung,** d.h., die Zahl der Arbeitslosen sinkt auf ein Minimum und freie Arbeitsplätze können nicht besetzt werden.

487 Welche Arten der Arbeitslosigkeit gibt es?

Die Arbeitslosigkeit wird unterschieden in

- **saisonale Arbeitslosigkeit:** Sie ist jahreszeitlich bedingt (z.B. im Baugewerbe);
- **friktionelle Arbeitslosigkeit:** Sie liegt vor, wenn Arbeitnehmer einen Arbeitsplatz aufgeben mussten (z.B. bei Betriebsauflösung) und kurzfristig noch kein weiteres Arbeitsverhältnis eingegangen sind;
- **strukturelle Arbeitslosigkeit:** Sie umfasst bestimmte Bereiche und es bedarf enormer Anstrengungen zu ihrer Überwindung (z.B. Krisen im Bergbau);
- **konjunkturelle Arbeitslosigkeit:** Sie geht einher mit dem konjunkturellen Abschwung und kann in der Depressionsphase zur Massenarbeitslosigkeit führen;
- **technologische Arbeitslosigkeit:** Sie wird verursacht durch Automation und Rationalisierung.

488 Was besagt die Arbeitslosenquote?

Die **Arbeitslosenquote** ist ein Maßstab für die Beschäftigungslage auf dem Arbeitsmarkt und berechnet sich wie folgt:

$$\text{Arbeitslosenquote} = \frac{\text{Zahl der Arbeitslosen} \cdot 100}{\text{Zahl der abhängigen Erwerbspersonen}}$$

Ein weiterer Maßstab ist die (absolute) Zahl der offenen Stellen in einer Volkswirtschaft oder in einem Teilbereich.

10 Groh/Schröer – ISBN 3-8120-0420-8

Zu den abhängigen Erwerbspersonen zählt man Beamte, Angestellte und Arbeiter sowie Arbeitslose.

Die Arbeitslosenquote erfasst nur die in der amtlichen Statistik aufgeführten Personen, welche Arbeit suchen. Nicht berücksichtigt werden z.B. „arbeitslose“ Personen, die an einer Umschulungsmaßnahme der Bundesanstalt für Arbeit teilnehmen oder die Arbeitssuche aufgegeben haben **(verdeckte Arbeitslosigkeit).**

6.3 Konjunkturpolitik

489 Nennen Sie Maßgrößen der Konjunkturpolitik!

Maßgrößen für die **Gestaltung der Konjunkturpolitik** sowohl in der Gemeinschaft als auch in den einzelnen nationalen Volkswirtschaften sind vor allem

- Entwicklung der Kaufkraft (Lebenshaltungskostenindex);
- Lohnquote, Sparquote;
- Arbeitslosenquote (siehe Seite 145);
- Zahlungsbilanz (siehe Seite 138 f.);
- Veränderung des realen Volkseinkommens (siehe Seite 136 f.).

Zuständig für die Konjunkturpolitik sind in erster Linie die einzelnen Staaten der Gemeinschaft; die Europäische Zentralbank kann die konjunkturpolitischen Maßnahmen durch ihre Geldpolitik ergänzen, sofern dadurch die Geldwertstabilität nicht gefährdet wird.

490 Was versteht man unter dem Geldwert?

Der **Geldwert** entspricht der **Kaufkraft** des Geldes. Diese wird gemessen durch die Gütermenge, die man mit einer bestimmten Geldmenge kaufen kann.

Der Wert des Geldes ist abhängig vom allgemeinen Preisniveau (Durchschnitt aller Preise) einer Volkswirtschaft:

- Je höher das Preisniveau, desto niedriger ist der Geldwert;
- je niedriger das Preisniveau, desto höher ist der Geldwert.

Man unterscheidet den

- inneren Geldwert (Binnenwert des Geldes) = Kaufkraft des Geldes im Inland,
- äußeren Geldwert (Außenwert des Geldes) = Kaufkraft des inländischen Geldes im Ausland. Der äußere Geldwert wird durch den Wechselkurs des Geldes ausgedrückt.

491 Wie kann der Geldwert gemessen werden?

Die absolute Höhe des Geldwertes bzw. der Kaufkraft kann nicht bestimmt werden. Man ermittelt deshalb die Veränderungen der Kaufkraft im Zeitablauf mit Hilfe so genannter Preisindizes.

Der **Lebenshaltungskostenindex** misst die Veränderung des Geldwertes anhand der Preise der für die Lebenshaltung wichtigen Güter und Dienstleistungen. Ausgangspunkt ist der so genannte Warenkorb, der eine große Anzahl von Gütern und Dienstleistungen des typischen Verbrauchs enthält.

Ausgehend von einem Basisjahr, dessen Preise gleich 100% gesetzt werden, ermittelt man die prozentuale Veränderung der Preise (und damit auch die Veränderung der Kaufkraft) im Vergleich mit dem Basisjahr für einzelne Warengruppen (z. B. Nahrungs- und Genussmittel, Kleidung, Miete) und für die Lebenshaltung insgesamt. Preisveränderungen werden oft auch im Vergleich zum Vorjahr ermittelt.

492 Unterscheiden Sie Lohn- und Sparquote!

Unter der **Lohnquote** versteht man den prozentualen Anteil der Einkommen aus unselbstständiger Arbeit am Volkseinkommen.

Unter der **Sparquote** versteht man den prozentualen Anteil des gesamten Sparens der privaten Haushalte am Volkseinkommen.

6.3.1 Geldpolitik der Europäischen Zentralbank

493 Beschreiben Sie das Europäische System der Zentralbanken!

Das **Europäische System der Zentralbanken (ESZB)** soll vor allem die Preisstabilität des Euro innerhalb der Gemeinschaft gewährleisten (Stabilhaltung der Währung). Darüber hinaus soll es die Wirtschaftspolitik in der Gemeinschaft unterstützen, allerdings nur dann, wenn dies die Preisstabilität nicht gefährdet.

Das ESZB ist zweistufig aufgebaut und setzt sich zusammen aus

- Europäischer Zentralbank (EZB),
- nationalen Zentralbanken (Notenbanken).

Die Aufgabenverteilung im ESZB ist wie folgt geregelt:

- Die Europäische Zentralbank fasst die geldpolitischen Beschlüsse und erlässt die geldpolitischen Leitlinien (EZB-Rat) und sorgt für deren Umsetzung (Direktorium);
- die nationalen Zentralbanken übernehmen die technische Durchführung der Beschlüsse.

494 Welche Aufgaben hat die Europäische Zentralbank?

Die **Europäische Zentralbank (EZB)** (bzw. das Europäische Zentralbanksystem) hat folgende grundlegende Aufgaben:

- Festlegung und Ausführung der Geldpolitik der Gemeinschaft,
- Durchführung von Devisengeschäften (Devisenpolitik),
- Verwalten der offiziellen Währungsreserven,
- Förderung eines reibungslosen Funktionierens der Zahlungssysteme.

495 Wie ist die Ausgabe der Banknoten und Münzen geregelt?

Die Ausgabe der **Euro-Banknoten** und der **Euro-Münzen** ist wie folgt geregelt:

- Die Europäische Zentralbank hat das ausschließliche Recht die Ausgabe von Banknoten innerhalb der Gemeinschaft zu genehmigen.

  Die EZB und die nationalen Zentralbanken sind zur Ausgabe von Banknoten berechtigt. Nur diese Banknoten gelten in der Gemeinschaft als gesetzliches Zahlungsmittel.[1]
- Die Mitgliedstaaten haben das Recht zur Ausgabe von Münzen, wobei der Umfang dieser Ausgabe der Genehmigung der EZB bedarf.

496 Nennen und beschreiben Sie die Organe der Europäischen Zentralbank!

Die Europäische Zentralbank hat zwei Organe:

- **Direktorium**, besteht aus Präsident und Vizepräsident (der EZB) sowie vier weiteren Mitgliedern (diese werden von den Staats- und Regierungschefs der Teilnehmerstaaten der Gemeinschaft ausgewählt); es führt die laufenden Geschäfte der EZB;
- **EZB-Rat**, besteht aus dem Präsidenten der EZB, allen Direktoriumsmitgliedern sowie den Präsidenten der nationalen Zentralbanken; er ist das zentrale Entscheidungsgremium im Rahmen des Europäischen Systems der Zentralbanken (ESZB).

Wesentliches Merkmal der EZB ist ihre Unabhängigkeit von Weisungen politischer Instanzen, und zwar sowohl auf nationaler wie auf EU-Ebene.

497 Nennen Sie die geldpolitischen Instrumente der Europäischen Zentralbank!

Zur Sicherung der Preisstabilität – als oberstes Ziel – und zur Unterstützung der Wirtschaftspolitik in der Gemeinschaft kann die Europäische Zentralbank folgende **geldpolitische Instrumente**[2] einsetzen:

- Offenmarktgeschäfte,
- Ständige Fazilitäten,
- Mindestreserven.

Alle geldpolitischen Maßnahmen verfolgen das Ziel die Geldmenge zu steuern:

- Verringerung der Geldmenge, d. h. Einengung der Liquidität und damit des Kreditspielraums der Kreditinstitute (z. B. wenn die Preisstabilität durch eine Konjunkturüberhitzung gefährdet wird);
- Ausweitung der Geldmenge, d. h. Vergrößerung der Liquidität und damit des Kreditspielraums der Kreditinstitute (z. B. bei Konjunkturrückgängen).

1 Bis zum 31. Dezember 2001 sind nur die nationalen Währungen (z. B. DM, FF) gesetzliches Zahlungsmittel. Ab dem 1. Januar 1999 wird auch der Euro im bargeldlosen Zahlungsverkehr genutzt.

2 Bis zum 31. Dezember 2001 gibt es als Leitzinssatz den Basiszinssatz der Deutschen Bundesbank.

498 Was sind Offenmarktgeschäfte?

Offenmarktgeschäfte sind das wichtigste Instrument der Geldmengensteuerung, d. h., die EZB steuert die Zinssätze und die Liquidität auf dem Kapitalmarkt und setzt Signale bezüglich ihres geldpolitischen Kurses.

Offenmarktgeschäfte können sein

- **Hauptrefinanzierungsoperationen** (dienen der Liquiditätsbereitstellung), den Kreditinstituten wird wöchentlich, und zwar jeweils für die begrenzte Laufzeit von zwei Wochen zu einem bestimmten Zinssatz, Liquidität zur Verfügung gestellt; die Sicherheit des Kredits wird durch ein Pfand gewährleistet (Pfandkredit); Hauptrefinanzierungsoperationen sind das wichtigste Instrument im Rahmen der Offenmarktgeschäfte; durch die möglichen kurzfristigen Änderungen des Zinssatzes werden deutliche geldpolitische Zinssignale gesetzt;
- **längerfristige Refinanzierungsgeschäfte** (dienen der Liquiditätsbereitstellung), den Kreditinstituten wird monatlich, und zwar jeweils für die begrenzte Laufzeit von drei Monaten Liquidität zur Verfügung gestellt (Pfandkredit); die Kreditinstitute geben an, zu welchem Zinssatz sie eine bestimmte Kreditsumme aufnehmen wollen; ist der angebotene Zinssatz zu niedrig, wird der Kredit von der EZB nicht gewährt;
- **Feinsteuerungsoperationen** (dienen der Liquiditätsbereitstellung und der Liquiditätsabschöpfung), sie umfassen z. B. Käufe und Verkäufe von Wertpapieren bzw. Devisen, Hereinnahme von Termineinlagen; der Einsatz erfolgt nicht regelmäßig.

499 Was sind Ständige Fazilitäten?

Ständige Fazilitäten sind ein weiteres Instrument für die laufende Geldmarktsteuerung im Europäischen System der Zentralbanken. Die Kreditinstitute können auf die beiden folgenden Ständigen Fazilitäten in eigener Initiative zurückgreifen, und zwar nur „über Nacht“ (d. h. für einen Geschäftstag):

- **Spitzenrefinanzierungsfazilität** (dient der Liquiditätsbereitstellung), die Kreditinstitute nehmen den entsprechenden Kredit aufgrund des hohen Zinssatzes nur in Anspruch, wenn ein außergewöhnlicher Liquiditätsbedarf besteht; die Kredithöhe wird begrenzt durch die zur Verfügung gestellten Sicherheiten (der Kredit entspricht damit dem Lombardkredit, siehe Seite 317);
- **Einlagefazilität** (dient der Liquiditätsabschöpfung), die Kreditinstitute können ihre überschüssigen Guthaben in unbegrenzter Höhe anlegen, und zwar zu einem niedrigen Zinssatz.

500 Was sind Mindestreserven?

Die Europäische Zentralbank verlangt von den Kreditinstituten, dass diese in Höhe eines bestimmten prozentualen Satzes (Reservesatz) ihrer Reservebasis (dazu zählen vor allem die Verbindlichkeiten gegenüber Kunden) die so genannte

Mindestreserve bei ihr unterhalten. Diese Mindestreserveguthaben werden durch die EZB verzinst. Die EZB legt die Reservesätze und damit die Höhe der Mindestreserven fest.

Das Mindestreservesystem hat folgende Aufgaben:

- Stabilisierung der Geldmarktzinsen,
- Steuerung der Liquidität der Kreditinstitute,
- Steuerung der Geldmenge in der Gemeinschaft.

501 Wie wird das geldpolitische Instrumentarium eingesetzt?

Die Europäische Zentralbank kann das **geldpolitische Instrumentarium** folgendermaßen einsetzen:

1. bei einer Gefährdung der Preisstabilität,
   - Offenmarktgeschäfte, z.B. Verkauf von Wertpapieren und Devisen an Kreditinstitute;
   - Einlagefazilitäten;
   - Erhöhung der Reservesätze (für die Mindestreserven);
2. bei einer Rezession und Depression (siehe Seite 142f.),
   - Offenmarktgeschäfte, z.B. Hauptrefinanzierungsoperationen, Kauf von Wertpapieren und Devisen von Kreditinstituten;
   - Spitzenrefinanzierungsfazilitäten;
   - Herabsetzung der Reservesätze (für die Mindestreserven).

502 Welche Auswirkungen hat eine Verringerung der Geldmenge?

Eine Verringerung der Geldmenge in der Gemeinschaft durch den Einsatz des geldpolitischen Instrumentariums (Politik des knappen Geldes) bewirkt z.B.

- Verminderung der Liquidität der Kreditinstitute,
- Ansteigen des gesamten Zinsniveaus,
- Rückgang der Kreditaufnahme durch Unternehmen sowie öffentliche und private Haushalte,
- Verteuerung der Investitionen (Investitionsrückgang),
- Nachfragerückgang,
- Dämpfung der Konjunktur,
- Stabilisierung des Preisniveaus (Geldwertstabilisierung).

503 Welche Auswirkungen hat eine Ausweitung der Geldmenge?

Eine Ausweitung der Geldmenge (Politik des billigen Geldes) bewirkt z.B.

- Erhöhung der Liquidität der Kreditinstitute,
- Sinken des gesamten Zinsniveaus,
- verstärkte Kreditaufnahme durch Unternehmen sowie öffentliche und private Haushalte,
- verstärkte Investitionstätigkeit,
- Nachfragesteigerung,
- Ankurbelung der Konjunktur,
- u.U. Gefährdung der Preisstabilität.

504 Nennen Sie die Aufgaben der nationalen Zentralbanken!

Die **nationalen Zentralbanken** (z.B. Deutsche Bundesbank, Banque de France) sind Bestandteil des Europäischen Systems der Zentralbanken. Sie haben z.B. folgende Aufgaben:

- technische Durchführung der geldpolitischen Beschlüsse des Europäischen Zentralbank-Rates (ausführendes Organ der EZB),
- Abwicklung des Zahlungsverkehrs,
- Verwaltung der nationalen Devisenreserven,
- Erstellung der nationalen Zahlungsbilanz (siehe Seite 138f.).

505 Beschreiben Sie die Grenzen der Geldpolitik!

Dem erfolgreichen Einsatz der geldpolitischen Maßnahmen der Europäischen Zentralbank stehen folgende Überlegungen gegenüber:

- Die Einschätzung der wirtschaftlichen Entwicklung in der Gemeinschaft ist äußerst schwierig,
- die einzelnen Länder der Gemeinschaft können unterschiedliche wirtschaftspolitische Interessen verfolgen,
- die Auswirkungen der Geldpolitik sind nicht genau vorhersehbar,
- der Einsatz der Instrumente kann zu spät erfolgen,
- die Maßnahmen in der Gemeinschaft können durch das Ausland zunichte gemacht werden (z.B. bei einem großen Zinsgefälle zu den USA).

6.3.2 Fiskalpolitik des Staates

506 Was ist Fiskalpolitik?

Die **Fiskalpolitik** (Finanzpolitik) umfasst alle Maßnahmen, die der **Staat** ergreifen kann, um mit Hilfe von Veränderungen der Staatseinnahmen **(Einnahmenpolitik)** oder Staatsausgaben **(Ausgabenpolitik)** bestimmte wirtschaftspolitische Ziele zu erreichen. Bei der **antizyklischen** Fiskalpolitik vermindert der Staat in der Hochkonjunktur die Staatsausgaben und erhöht sie in der Rezession.

Zu den wichtigsten Maßnahmen gehören:

- Steuerpolitik (insbesondere Veränderungen der Einkommen- und Körperschaftsteuer),
- öffentliche Verschuldung (zur Finanzierung öffentlicher Aufträge),
- Subventionen (staatliche Zuschüsse an Unternehmen ohne Gegenleistung),
- Beeinflussung des privaten Konsums (Konsumanreize oder Konsumbesteuerung),
- Beeinflussung des Sparens (Sparprämien),
- Beeinflussung der Investitionsbereitschaft (Investitionssteuern bzw. -zuschüsse, Änderung der Abschreibungssätze),
- Konjunkturausgleichsrücklage.

Die Wirtschafts- und Finanzpolitik in der Europäischen Union bleibt zunächst Angelegenheit der einzelnen Mitgliedstaaten; sie wird aber als „Angelegenheit von gemeinsamem Interesse" betrachtet. Das bedeutet, dass die Teilnehmerstaaten verpflichtet sind „übermäßige" Haushaltsdefizite zu vermeiden und eine stabilitätsorientierte Haushaltspolitik zu betreiben (siehe zu den Stabilitätskriterien Seite 162).

507 Was ist Deficit-spending?

Deficit-spending ist staatliche Verschuldung zum Zweck der Konjunkturbelebung, d. h., Bund, Länder und Gemeinden nehmen verstärkt Kredite zur Finanzierung öffentlicher Investitionen auf (z. B. Umweltschutzmaßnahmen, Stadtsanierungen). Mit diesen Maßnahmen soll die Arbeitslosigkeit vermindert werden; gleichzeitig besteht jedoch die Gefahr von Preissteigerungen.

Dem Umfang der staatlichen Verschuldung sind durch die Stabilitätskriterien Grenzen gesetzt (siehe Seite 162).

508 Was versteht man unter Konjunkturausgleichsrücklage?

Nach dem Stabilitätsgesetz sind zur Abschwächung der Hochkonjunktur und der damit verbundenen inflationären Entwicklung **Konjunkturausgleichsrücklagen** bei der Deutschen Bundesbank zu bilden.

Zur Überwindung einer Rezession sind die Konjunkturausgleichsrücklagen aufzulösen.

509 Nennen Sie die Grenzen der Fiskalpolitik!

Dem erfolgreichen Einsatz der **Fiskalpolitik** stehen folgende Überlegungen gegenüber:

- Ein Großteil der Staatsausgaben ist langfristig festgelegt und kann nicht verändert werden,
- das Steuersystem ist nur in begrenztem Umfang veränderbar,
- Kürzungen der Staatsausgaben und Steuererhöhungen stoßen oft auf den Widerstand von Interessenverbänden und -gruppen,
- fiskalpolitische Maßnahmen wirken mit einer zeitlichen Verzögerung,
- die Wirkung von Maßnahmen zur Beeinflussung von Investitionen, Konsum und Sparen hängt letztlich vom Verhalten der Betroffenen ab,
- innerhalb der Gemeinschaft müssen die fiskalpolitischen Maßnahmen aller Mitgliedstaaten aufeinander abgestimmt werden (aufgrund von möglichen unterschiedlichen Interessen ist dies i. d. R. mit Schwierigkeiten verbunden),
- die Wirkung der Fiskalpolitik eines Landes ist von der Wirtschaftspolitik der Nicht-Mitgliedstaaten (z. B. USA) abhängig.

510 Wie kann eine Hochkonjunktur abgeschwächt werden?

Eine **Hochkonjunktur** (oft verbunden mit einer inflationären Tendenz) wird abgeschwächt durch

1. monetäre Maßnahmen,
   - Offenmarktgeschäfte, z.B. Verkauf von Wertpapieren und Devisen an Kreditinstitute,
   - Einlagefazilitäten,
   - Erhöhung der Reservesätze (für Mindestreserven);
2. fiskalpolitische Maßnahmen,
   - Steuererhöhungen,
   - Bildung von Konjunkturrücklagen,
   - Verringerung der Staatsausgaben,
   - Konsum- und Investitionsbesteuerung,
   - Sparanreize (für private Haushalte),
   - Exportdrosselung.

511 Wie kann eine Rezession überwunden werden?

Zur Überwindung einer **Rezession** werden die monetären und fiskalpolitischen Maßnahmen in umgekehrter Richtung wie zur Abschwächung der Hochkonjunktur eingesetzt.

6.4 Strukturpolitik

512 Was versteht man unter Strukturpolitik?

Mit Hilfe der **Strukturpolitik** will der Staat gezielt die Wirtschaftsstruktur der Volkswirtschaft beeinflussen. Man unterscheidet

- regionale Strukturpolitik, wirtschaftlich schwache Regionen werden gefördert;
- sektorale Strukturpolitik, krisengeschädigte bzw. krisengefährdete Branchen werden gefördert (z.B. Schiffsbau, Stahlindustrie).

Maßnahmen der Strukturpolitik sind z.B.

- Infrastrukturpolitik,
- Umweltschutzpolitik,
- Entwicklungspolitik.

513 Was ist Infrastrukturpolitik?

Mit Hilfe der **Infrastrukturpolitik** soll die Infrastruktur eines Landes oder einer Region des Landes verbessert werden. Infrastrukturpolitische Maßnahmen sind z.B. Verbesserung bzw. Ausbau der

- Verkehrswege und Verkehrseinrichtungen (z.B. Straßennetz, Flughäfen),
- Kommunikationseinrichtungen (z.B. ISDN, digitale Netze),
- Energieversorgung (z.B. Fernwärme),

- Bildungseinrichtungen (z. B. Schulen, Universitäten),
- öffentliche Einrichtungen (z. B. Krankenhäuser, Theater),
- Einrichtungen der Wirtschaft (z. B. Kammern und Verbände).

514 Was ist Umweltschutzpolitik?

Nach dem Grundgesetz „schützt der Staat auch in Verantwortung für die künftigen Generationen die natürlichen Lebensgrundlagen“, d. h., der Staat muss **Umweltschutzpolitik** betreiben (siehe Seite 97 und 179 ff.).

Umweltschutzpolitische Ziele sind z. B.

- Gesundheitspolitik (Sicherung der Gesundheit der Menschen),
- Ressourcenschutz (Schutz von Boden, Luft, Wasser, Pflanzen, Tierwelt),
- Umweltsanierung (Beseitigung von Umweltschäden).

515 Nennen Sie wichtige umweltrechtliche Vorschriften und Regelungen!

Wichtige **Rechtsvorschriften zum Schutz der Umwelt** sind z. B.:

1. Abfallgesetz, z. B.
   - Gesetz zur Vermeidung, Verwertung und Beseitigung von Abfällen (Kreislaufwirtschafts- und Abfallgesetz),
   - Altölverordnung,
   - Verpackungsverordnung;
2. Bundes-Immissionsschutzgesetz, z. B.
   - Verordnung über genehmigungsbedürftige Anlagen,
   - Störfallverordnung,
   - Schutz vor Immissionen;
3. Pflanzenschutzgesetz;
4. Gesetz über die Beförderung gefährlicher Güter, z. B.
   - Gefahrgutverordnung Straße;
5. Wasserhaushaltsgesetz, z. B.
   - Verwaltungsvorschriften zum Einleiten von Abwasser in Gewässer;
6. Bundesnaturschutzgesetz;
7. Chemikaliengesetz, z. B.
   - Gefahrstoffverordnung,
   - Chemikalien-Verbotsverordnung;
8. Atomgesetz, z. B.
   - Strahlenschutzverordnung;
9. Gesetz über Ordnungswidrigkeiten, z. B.
   - unzulässiger Lärm;
10. Umweltstrafrecht, z. B.
    - Verunreinigung eines Gewässers,
    - Luftverunreinigung,
    - umweltgefährdende Abfallbeseitigung.

516 Unterscheiden Sie Immissionen und Emissionen!

Das Bundes-Immissionsschutzgesetz unterscheidet

- **Immissionen,** sie sind z.B. Luftverunreinigungen, Geräusche, Erschütterungen, Licht, Wärme und Strahlen, welche auf Menschen sowie Tiere und Pflanzen einwirken;
- **Emissionen,** sie sind die von einer Anlage ausgehenden Immissionen.

517 Was ist Entwicklungspolitik?

Unter **Entwicklungspolitik** versteht man alle Maßnahmen, welche der Überwindung der Unterentwicklung bzw. der Förderung der ökonomischen Entwicklung eines Landes, einer Region oder einer Branche dienen.

Entwicklungspolitische Maßnahmen sind z.B.

- Förderung des technischen Fortschritts (z.B. Förderung von Maßnahmen zur Nutzung der Sonnenenergie),
- Förderung von Investitionen durch Subventionen (z.B. im Bereich der Umwelttechnologie, Mikroelektronik).

6.5 Wachstum und Wachstumspolitik

518 Unterscheiden Sie nominales und reales Wirtschaftswachstum!

Wirtschaftswachstum wird gemessen durch den Vergleich der Sozialprodukte aufeinander folgender Jahre.

Wird das Sozialprodukt mit den Preisen des jeweiligen Jahres bewertet, spricht man vom **nominalen Wirtschaftswachstum,** d.h., in der Wachstumsrate sind Preissteigerungen enthalten.

Bewertet man zu Preisen eines bestimmten Basisjahres, ermittelt man das **reale Wirtschaftswachstum.** Da in diesem Fall Preisbewegungen ausgeschaltet sind, ist eine Zunahme des Sozialproduktes nur auf eine Vermehrung der erstellten Güter und Dienstleistungen zurückzuführen.

Steigt in einem bestimmten Jahr das Sozialprodukt (Volkseinkommen) stärker als die Preissteigerungsrate, liegt ebenfalls reales Wirtschaftswachstum vor.

519 Begründen Sie die Notwendigkeit des Wirtschaftswachstums!

Wirtschaftswachstum dient

- der Steigerung des Lebensstandards,
- dem Abbau sozialer Spannungen durch eine gleichmäßigere Einkommens- und Vermögensverteilung,
- der Erfüllung zahlreicher Aufgaben durch den Staat,
- der Erhaltung und Förderung der sozialen Sicherheit,
- der Sicherung von Arbeitsplätzen.

520 Nennen Sie Bedingungen des Wirtschaftswachstums!

Wirtschaftswachstum wird ermöglicht durch

- Arbeitsangebot (ist abhängig von der Zahl der Erwerbstätigen und deren Ausbildung),
- Neuinvestitionen (möglich durch Kapitalbildung),
- technischen Fortschritt,
- Erschließung von Rohstoffvorkommen (Ressourcen),
- Ausbau der Infrastruktur.

521 Nennen Sie Probleme des Wirtschaftswachstums!

Das **quantitative** (rein mengenmäßige) **Wachstum** beinhaltet folgende Gefahren:

- Ausbeutung vorhandener Rohstoff- und Energiequellen,
- steigende Umweltbelastung durch Unternehmen und Haushalte (Beispiele: giftige Abgase und Abwässer),
- Umweltzerstörung (Beispiel: Waldrodung).

Aufgrund dieser Gefahren wird das quantitative durch das **qualitative** Wachstum ersetzt, welches zu mehr Lebensqualität führen soll, und zwar durch

- Rohstoff und Energie sparende Technologien,
- Verminderung der Umweltbelastung und Erhaltung der Umwelt.

6.6 Außenwirtschaft und Außenwirtschaftspolitik

522 Was versteht man unter Außenwirtschaft?

Die **Außenwirtschaft** eines Landes umfasst die Gesamtheit aller ökonomischen Beziehungen zum Ausland (Austausch von Sachgütern und Dienstleistungen, Kapitalbewegungen, Entwicklungshilfe, Tourismus u. a.).

523 Nennen Sie Vor- und Nachteile des internationalen Güteraustausches!

Vorteile des **internationalen Güteraustausches** sind:

- Einfuhr von im Inland nicht vorhandenen Gütern,
- steigender Lebensstandard durch internationale Arbeitsteilung,
- wissenschaftlicher Erfahrungsaustausch,
- niedrigere Preise durch internationalen Wettbewerb,
- Ausnutzung von Standortfaktoren wie Rohstoffvorkommen, Klimaverhältnisse.

Nachteile sind:

- Verlust der nationalen Unabhängigkeit,
- mögliche Absatzkrisen durch starke Spezialisierung,
- Gefahr von internationalen wirtschaftlichen Krisen durch die gegenseitigen Abhängigkeiten.

524 Welche Bedeutung haben Export und Import für die Bundesrepublik Deutschland?

Der **Außenhandel** hat für die **Bundesrepublik Deutschland** folgende Bedeutung, und zwar für den

1. **Export**
   - Ausfuhr von Konsumgütern (z. B. Automobile) und vor allem Investitionsgütern (z. B. Maschinen und maschinelle Anlagen);
   - Belebung der Inlandskonjunktur (Sicherung von Arbeitsplätzen);
   - Exportabhängigkeit (rund ein Drittel der im Inland produzierten Güter wird exportiert);
   - fast ständig Überschüsse im Außenhandel (siehe Seite 138);
2. **Import**
   - Einfuhr von Rohstoffen (z. B. Erdöl, Erze), Konsumgütern (z. B. Südfrüchte, optische Geräte) und Dienstleistungen (z. B. Urlaub im Ausland);
   - Importabhängigkeit (z. B. von den Erdöl produzierenden und Rohstoff fördernden Ländern).

525 Was versteht man unter Globalisierung der Wirtschaft?

Unter **Globalisierung der Wirtschaft** versteht man die Zunahme internationaler Wirtschaftsverflechtungen und das Zusammenwachsen von Märkten für Güter und Dienstleistungen über die Grenzen einzelner Staaten hinaus.

Ursachen und Auswirkungen der zunehmenden Globalisierung sind:

- Zunahme des Welthandels,
- Freiheit des Welthandels (z. B. durch internationale Abkommen),
- problemlose Verkehrsverbindungen in alle Länder der Welt,
- weltweite Computervernetzungen,
- internationale Arbeitsteilung,
- Bildung multinationaler Unternehmen,
- Auslandsinvestitionen der Unternehmen,
- Zulieferbeziehungen über Staatsgrenzen hinaus,
- internationale Standortkonkurrenz.

526 Was ist Währung?

Unter **Währung** versteht man die gesetzliche Ordnung des Geldwesens eines Staates (z. B. Dollar in den USA) oder einer Staaten-Gemeinschaft (z. B. Euro in der Europäischen Währungsunion).

Jede Währung hat einen

- **Außenwert,** der durch den Wechselkurs bestimmt wird (z. B. Wert des Euro in den USA),
- **Innenwert,** der als Kaufkraft bezeichnet wird (siehe Seite 146 f.).

527 Was versteht man unter Wechselkurs?

Der **Wechselkurs** ist das Austauschverhältnis einer Währung in eine andere Währung (z. B. 1 Euro = 1,2021 US-Dollar, 1 US-Dollar = 0,8319 Euro).

Man unterscheidet

- **freie** (flexible) **Wechselkurse,** sie sind das Ergebnis von Angebot und Nachfrage auf den Devisenmärkten;
- **feste Wechselkurse,** der Wechselkurs wird vom Staat festgelegt; dieses Wechselkurssystem widerspricht dem Grundgedanken der Marktwirtschaft und ist im internationalen Handel nur selten anzutreffen.

528 Welche Bedeutung haben freie Wechselkurse?

In einem System freier Wechselkurse ergeben sich ständig neue Wechselkurse, d. h., die Wechselkurse können sowohl nach oben als auch nach unten schwanken. Man unterscheidet

- **Erhöhung des Außenwertes** der inländischen Währung (z. B. Euro) gegenüber einer ausländischen Währung (z. B. US-Dollar), der Wechselkurs für die ausländische Währung sinkt (Aufwertung);
- **Senkung des Außenwertes** der inländischen Währung (z. B. Euro) gegenüber einer ausländischen Währung (z. B. US-Dollar), der Wechselkurs für die ausländische Währung steigt (Abwertung).

529 Welche Folgen hat eine Erhöhung des Außenwertes einer Währung?

Eine **Erhöhung des Außenwertes** der inländischen Währung hat folgende Auswirkungen:

- Man bezahlt im Inland für eine Einheit der ausländischen Währung weniger als vorher (z. B. muss man für einen US-Dollar weniger Euro bezahlen);
- der Import aus dem betreffenden Land erhöht sich, da die ausländische Ware billiger wird;
- finanzielle Vorteile für Inländer im Ausland (z. B. bei Urlaubsreisen);
- man bezahlt im Ausland für einen Euro mehr als vorher (z. B. muss man für einen Euro mehr US-Dollar bezahlen);
- der Export in das betreffende Land geht zurück, da die einheimische Ware dort teurer wird (Schwächung der Wettbewerbsfähigkeit);
- finanzielle Nachteile für Ausländer im Inland (z. B. bei Urlaubsreisen).

530 Welche Folgen hat eine Senkung des Außenwertes einer Währung?

Eine **Senkung des Außenwertes** der inländischen Währung hat folgende Auswirkungen:

- Man bezahlt im Inland für eine Einheit der ausländischen Währung mehr als vorher (z. B. muss man für einen US-Dollar mehr Euro bezahlen);

- der Import aus dem betreffenden Land verringert sich, da die ausländische Ware teurer wird;
- finanzielle Nachteile für Inländer im Ausland (z. B. bei Urlaubsreisen);
- man bezahlt im Ausland für einen Euro weniger als vorher (z. B. muss man für einen Euro weniger US-Dollar bezahlen);
- der Export in das betreffende Land steigt, da die einheimische Ware dort billiger wird (Stärkung der Wettbewerbsfähigkeit);
- finanzielle Vorteile für Ausländer im Inland (z. B. bei Urlaubsreisen).

531 Was ist Außenhandelspolitik?

Außenhandelspolitik umfasst die Gesamtheit aller staatlichen Maßnahmen, welche den Außenwirtschaftsverkehr beeinflussen sollen (z. B. Erreichen des außenwirtschaftlichen Gleichgewichtes). Man unterscheidet folgende außenhandelspolitische Maßnahmen:

- Einführung, Abschaffung oder Veränderung von Zöllen,
- Gewährung von Subventionen (z. B. Förderung des Exports durch Exportsubventionen für inländische Unternehmen),
- Einführung von Ein- bzw. Ausfuhrverboten,
- Einführung von Ein- bzw. Ausfuhrkontingenten (der Umfang des Imports bzw. Exports wird staatlich reguliert).

532 Was sind Zölle?

Zölle sind Zwangsabgaben, die der Staat beim grenzüberschreitenden Güterverkehr erhebt.

533 Welche Zollarten werden unterschieden?

Man unterscheidet die Zölle nach

1. der Art des Außenhandels,
   - **Einfuhrzölle (Importzölle),** werden beim Verbringen von Waren in das Zollgebiet erhoben;
   - **Ausfuhrzölle (Exportzölle),** werden bei der Ausfuhr von Waren erhoben (sind sehr selten, i. d. R. werden sie durch Ausfuhrbeschränkungen ersetzt);
   - **Transitzölle,** werden bei der Durchfuhr von Waren erhoben;
2. dem Zweck der Erhebung,
   - **Finanzzölle,** sind zusätzliche Einnahmequellen des Staates;
   - **Schutzzölle,** bestimmte Wirtschaftszweige werden vor der ausländischen Konkurrenz geschützt (sind diese Zölle so hoch, dass die Einfuhr der betreffenden Produkte unterbunden wird, spricht man von **Prohibitivzöllen);**

3. der Bemessungsgrundlage,

- **spezifische Zölle,** werden nach Gewicht, Stückzahl, Länge oder Volumen berechnet;
- **Wertzölle,** werden in Prozenten vom Warenwert berechnet;
- **Mischzölle,** werden für Güter mit starken Preisschwankungen berechnet, wobei bei niedrigen Preisen an die Stelle des Wertzolles ein spezifischer Zoll als Mindestzoll tritt.

534 Welche Bedeutung hat der Einfuhrzoll?

Wirkungen des **Einfuhrzolls** (als wichtigste Zollart) sind:

- Verteuerung ausländischer Waren im Inland und Verminderung des Imports (durch Zollerhöhung),
- Schutz der inländischen Produzenten,
- Verbilligung ausländischer Waren im Inland und Erhöhung des Imports (durch Zollsenkung),
- Beeinträchtigung des Wettbewerbs im internationalen Handel.

535 Was versteht man unter Einfuhrumsatzsteuer?

Der **Einfuhrumsatzsteuer** unterliegt die Einfuhr von Gegenständen aus einem Drittland in das EU-Gemeinschaftsgebiet (in Höhe der inländischen Umsatzsteuersätze). Da keine ausländische Umsatzsteuer berechnet wird, werden die importierten Waren in gleicher Höhe besteuert wie die inländischen Waren.

536 Was ist Zolltara?

Bei der **Zolltara** handelt es sich um ein nach den Zollvorschriften festgelegtes Verpackungsgewicht.

537 Was versteht man unter WTO?

WTO (World Trade Organization) ist ein weltumspannendes Handels- und Wirtschaftsabkommen, das im Bereich des Außenhandels eine Intensivierung des internationalen Güteraustauschs anstrebt.

Diese Zielsetzung soll erreicht werden durch

- Abbau von Zöllen, wobei die Mitgliedstaaten untereinander die Modalitäten festlegen;
- Abbau von sonstigen Handelsbeschränkungen, wie z.B. Einfuhrkontingente, Devisenbewirtschaftung, Einfuhrsteuern.

538 Was versteht man unter der Europäischen Union?

Die **Europäische Union (EU)** ist ein Zusammenschluss von 15 europäischen Staaten (Deutschland, Frankreich, Italien, Spanien, Niederlande, Belgien, Österreich, Finnland, Portugal, Irland, Luxemburg, Großbritannien, Schweden, Dänemark, Griechenland);[1] durch diesen Zusammenschluss soll ein Europäischer Bundesstaat geschaffen werden.

1 Stand 1. Januar 1999.

Ziele der Europäischen Union sind

- Schaffung eines Europäischen Binnenmarktes;
- Angleichung (Harmonisierung) des Steuer-, Gesellschafts-, Arbeits- und Sozialrechts (dadurch soll auch ein einheitlicher Wettbewerb im Binnenmarkt sichergestellt werden);
- gemeinsame Agrarpolitik;
- gemeinsame Energie- und Umweltpolitik;
- gemeinsame Außen- und Sicherheitspolitik;
- Aufbau und Ausgestaltung einer Europäischen Wirtschafts- und Währungsunion.

539 Erklären Sie den Europäischen Binnenmarkt!

Durch den **Europäischen Binnenmarkt** werden alle Grenzhindernisse zwischen den Mitgliedstaaten beseitigt. Angestrebt bzw. bereits erreicht sind:

- freier Warenverkehr, d.h. Abschaffung der Zölle und der mengenmäßigen Beschränkungen bei der Ein- und Ausfuhr von Waren zwischen den Mitgliedstaaten sowie Harmonisierung der Mehrwert- und Verbrauchsteuern;
- freier Personenverkehr, d.h. vor allem Abschaffung der Grenzkontrollen, Aufenthaltsfreiheit, Niederlassungsfreiheit für Gewerbetreibende, freie Wahl des Arbeitsplatzes, gegenseitige Anerkennung von Bildungs- und Berufsabschlüssen;
- freier Dienstleistungsverkehr, d.h. Schaffung freier Märkte, z.B. für Banken und Versicherungen, Gütertransport, Kommunikationswesen;
- freier Kapitalverkehr, d.h. Abschaffung der Beschränkungen im Kapital- und Devisenverkehr.

540 Beschreiben Sie die Europäische Wirtschafts- und Währungsunion!

Im Jahre 1992 unterzeichneten die damaligen 12 EG-Mitgliedstaaten in Maastricht den Vertrag über die Europäische Union und schufen damit die entsprechende vertragliche Grundlage der EU. Der Vertrag enthält auch grundlegende Entscheidungen zur **Europäischen Wirtschafts- und Währungsunion (WWU, EWWU)** wie auch zur politischen Union der Europäischen Gemeinschaft. Schwerpunkt der WWU war die Einführung einer gemeinsamen europäischen Währung, d.h., die nationalen Währungen (z.B. DM, Franc, Gulden) sollten durch den Euro ersetzt werden.

Der **Zeitplan** für den Übergang von den nationalen Währungen zum Euro sieht folgendermaßen aus:

- Entscheidung des Europäischen Rates über den Teilnehmerkreis der Europäischen Währungsunion **(EWU)** im Mai 1998 (aufgenommen wurden grundsätzlich die Staaten der EU mit Ausnahme von Großbritannien, Schweden, Dänemark und Griechenland),

11 Groh/Schröer – ISBN 3-8120-0420-8

- Beginn der EWU am 1. Januar 1999 (die Europäische Zentralbank übernimmt die alleinige Zuständigkeit für die Geldpolitik der Währungsunion; der Euro wird als Buchgeld eingeführt),
- Einführung der Euro-Banknoten und Euro-Münzen als gesetzliches Zahlungsmittel ab 1. Januar 2002,
- Abschluss des Bargeldaustauschs spätestens am 1. Juli 2002.

Die Europäische Wirtschafts- und Währungsunion ist gekennzeichnet durch

- eine einheitliche europäische Währung (Euro);
- das Europäische System der Zentralbanken, in dessen Mittelpunkt die Europäische Zentralbank steht (siehe Seite 147);
- einheitliche Geldpolitik mit dem vorrangigen Ziel der Preisstabilität (siehe Seite 148 ff.).

541 Beschreiben Sie die Stabilitätskriterien!

Voraussetzung für die Aufnahme der einzelnen Mitgliedstaaten der EU in die Europäische Währungsunion (im Jahre 1998) war die Erfüllung der so genannten **Stabilitätskriterien (Konvergenzkriterien).** Auch nach Beginn der EWU sind die Teilnehmerländer verpflichtet die Stabilitätskriterien einzuhalten. Damit soll eine Wirtschaftspolitik in der Gemeinschaft gewährleistet werden, die dauerhaftes Wachstum, Beschäftigung und Erhaltung der Kaufkraft fördert.

Stabilitätskriterien sind vor allem:

- Preisstabilität, der Anstieg der Verbraucherpreise darf nicht mehr als 1,5 % über der Inflationsrate der drei preisstabilsten Länder liegen;
- Haushaltsdisziplin, das Haushaltsdefizit des Staates darf nicht mehr als 3 % des Bruttoinlandsproduktes betragen und die gesamte Staatsverschuldung darf 60 % des Bruttoinlandsproduktes nicht übersteigen;
- Zinshöhe, der Zinssatz für langfristige Kredite darf nicht mehr als 2 % über dem Zinssatz der drei preisstabilsten Länder liegen.

542 Welche Bedeutung haben Referenzzinssätze für den Geldmarkt der Währungsunion?

Für den Geldmarkt der Währungsunion sind folgende Referenzzinssätze (Leitzinssätze) von Bedeutung:

- **EURIBOR** (Euro Interbank Offered Rate), ist ein europäischer Zinssatz für die Geldbeschaffung (Ein- bis Zwölfmonatsgelder). Der Zinssatz wird täglich aus den Angaben einer bestimmten Anzahl bedeutender Banken (Banken-Panel) ermittelt;
- **EONIA** (Euro Overnight Indexed Average), ist ein europäischer Zinssatz für Tagesgeld. Der Zinssatz wird täglich aus den Angaben des Banken-Panels ermittelt, und zwar durch die Europäische Zentralbank.

7 Steuern

7.1 Notwendigkeit der Besteuerung

543 Welche Aufgaben haben die öffentlichen Haushalte?

Die **öffentlichen Haushalte** (Bund, Länder, Gemeinden) müssen Leistungen erbringen, die von Betrieben und privaten Haushalten nicht oder nur unzureichend erstellt werden können oder die für das Gemeinwohl von hervorragender Bedeutung sind.

Man unterscheidet

- Bundesaufgaben, z.B. Verteidigung,
- Länderaufgaben, z.B. Universitäten,
- Gemeindeaufgaben, z.B. Strom- und Wasserversorgung.

544 Nennen Sie die öffentlichen Einnahmen!

Um ihre Aufgaben erfüllen zu können, brauchen die öffentlichen Haushalte finanzielle Mittel.

Es gibt folgende **öffentliche Einnahmen:**

- Steuern und Zölle,
- Gebühren und Beiträge (Entgelte für bestimmte öffentliche Leistungen),
- Aufnahme und Einziehung von Krediten,
- Erwerbseinkünfte (Gewinne aus öffentlichen Betrieben),
- Auflösung von Rücklagen,
- Zuweisungen von anderen Gemeinwesen,
- sonstige Einnahmen wie Strafgelder, Schenkungen, Vermächtnisse.

545 Was ist der Haushaltsplan des Bundes?

Im **Haushaltsplan des Bundes** (Bundeshaushalt) werden den Einnahmen des Bundes die Ausgaben des Bundes (zur Erfüllung der Bundesaufgaben) gegenübergestellt. Wichtige Ausgabenbereiche sind Arbeit und Sozialordnung; Verteidigung; Verkehr; Jugend, Familie, Frauen und Gesundheit; Bildung und Wissenschaft.

Auch Länder und Gemeinden sind zur Aufstellung von Haushaltsplänen verpflichtet; die aufgestellten Haushaltspläne müssen ausgeglichen sein.

546 Was sind Steuern?

Steuern sind einmalige oder laufende Geldleistungen, die von öffentlichen Gemeinwesen (Bund, Länder, Gemeinden) ohne unmittelbare Gegenleistung zwangsweise erhoben werden. Sie dienen zur Finanzierung der Aufgaben der öffentlichen Haushalte.

547 Was versteht man unter der Steuerquote?

Unter der **Steuerquote** (Steuerlastquote) versteht man das prozentuale Verhältnis der Steuereinnahmen von Bund, Ländern und Gemeinden zum Bruttosozialprodukt (zu jeweiligen Preisen).

548 Nennen Sie Grundsätze der Steuerpolitik!

Wichtige Grundsätze der Steuerpolitik sind

- **Steuergerechtigkeit,** d.h., jeder soll ohne Ansehen der Person und nach dem Verhältnis seiner Leistungsfähigkeit besteuert werden (unter Berücksichtigung sozialer Gesichtspunkte);
- angemessene Steuerbelastung, denn überhöhte Steuern vermindern die Leistungsbereitschaft der Arbeitnehmer und die Investitionsbereitschaft der Unternehmer.

7.2 Einteilung der Steuern

549 Welche Steuerarten unterscheidet man?

In der Bundesrepublik Deutschland gibt es ungefähr 50 verschiedene **Steuerarten.** Sie können eingeteilt werden

1. nach dem Steuergegenstand,
   - Besitzsteuern, z.B. Einkommensteuer (siehe Seite 43ff.), Lohnsteuer, Körperschaftsteuer, Grundsteuer, Erbschaft- und Schenkungsteuer, Gewerbesteuer;
   - Verkehrsteuern, z.B. Umsatzsteuer, Grunderwerbsteuer, Kapitalverkehrsteuer;
   - Verbrauchsteuern und Zölle, z.B. Mineralölsteuer, Biersteuer, Tabaksteuer, Kaffeesteuer;
2. nach der Finanzhoheit (Steuerempfänger),
   - Bundessteuern, z.B. Mineralölsteuer, Kapitalverkehrsteuer, Einfuhrumsatzsteuer;
   - Landessteuern, z.B. Kraftfahrzeugsteuer;
   - Gemeindesteuern, z.B. Gewerbesteuer, Grundsteuer, Hundesteuer, Vergnügungsteuer;
   - Gemeinschaftsteuern (stehen Bund und Ländern gemeinsam zu), z.B. Umsatzsteuer, Einkommen- und Lohnsteuer, Körperschaftsteuer;
   - Kirchensteuer;
3. nach der Erhebungsart,
   - direkte Steuern,
   - indirekte Steuern.

550 Unterscheiden Sie direkte und indirekte Steuern!

Direkte Steuern sind nicht abwälzbare Steuern, d.h., Steuerschuldner und Steuerträger sind identisch, z.B. Einkommen- und Lohnsteuer.

Indirekte Steuern sind abwälzbare Steuern, d.h., Steuerschuldner und Steuerträger sind nicht identisch, z.B. Umsatzsteuer, alle Verbrauchsteuern (diese Steuern stellen für den Steuerträger durchlaufende Posten dar).

7.3 Steuern des Betriebes

551 Welche Steuern gibt es im Betrieb?

Folgende Steuern werden unterschieden:

1. Besitzsteuern (betreffen Ertrag, Einkommen und Vermögen),
   - Körperschaftsteuer (bzw. Einkommensteuer),
   - Gewerbesteuer,
   - Grundsteuer;
2. Verkehrsteuern (betreffen rechtliche und wirtschaftliche Vorgänge),
   - Umsatzsteuer (Mehrwertsteuer),
   - Grunderwerbsteuer,
   - Kapitalverkehrsteuer (Gesellschaftsteuer),
   - Kraftfahrzeugsteuer;
3. Verbrauchsteuern (betreffen bestimmte Konsumgüter),
   - Mineralöl-, Tabak-, Branntwein-, Biersteuer u. a.

552 Was ist Körperschaftsteuer?

Bei der **Körperschaftsteuer**

- werden juristische Personen wie Kapitalgesellschaften (z. B. GmbH, AG), Genossenschaften, Versicherungsvereine auf Gegenseitigkeit, Anstalten des öffentlichen Rechts besteuert (die Körperschaftsteuer ist die Einkommensteuer der juristischen Personen);
- ist die Besteuerungsgrundlage der nach dem Körperschaftsteuergesetz ermittelte Gewinn;
- beträgt der Steuersatz für einbehaltene Gewinne 45 %.

553 Was ist Gewerbesteuer?

Bei der **Gewerbesteuer**

- werden Gewerbebetriebe besteuert,
- ist die Bemessungsgrundlage der Gewerbeertrag,
- legen die Gemeinden den Steuersatz durch den sog. Hebesatz fest (Gemeindesteuer).

554 Was ist Grundsteuer?

Bei der **Grundsteuer**

- wird der Grundbesitz besteuert, d. h. das Grundvermögen (insbesondere Wohngrundstücke mit Gebäuden und Betriebsgrundstücke);
- ist der **Einheitswert** des Grundbesitzes Grundlage der Berechnung (die Steuerbehörden ermitteln für Besteuerungszwecke den Wert des Vermögens);
- wird der Steuersatz als Hebesatz von den Gemeinden festgelegt (Gemeindesteuer).

555 **Was ist Umsatzsteuer?**

Nach dem Umsatzsteuergesetz unterliegen der **Umsatzsteuer** (Mehrwertsteuer) Lieferungen und Leistungen, die ein Unternehmen gegen Entgelt im Rahmen seines Unternehmens ausführt, der Eigenverbrauch des Unternehmens sowie die Einfuhr von Gegenständen in das Zollgebiet (steuerbarer Umsatz).

Für die Besteuerung gilt:

- **Steuerbefreiungen** gibt es z.B. für Ausfuhrlieferungen, die Gewährung von Krediten, Umsätze im Zahlungs- und Überweisungsverkehr, Umsätze von Wertpapieren, die Vermietung und Verpachtung von Grundstücken und die Umsätze von Ärzten, Zahnärzten, Heilpraktikern und ähnlichen Berufen;
- der **Steuersatz** beträgt i.d.R. 16% der Bemessungsgrundlage (allgemeiner Steuersatz);
- der Steuersatz ermäßigt sich auf 7% z.B. für Lebensmittel, Waren des Buchhandels und Kunstgegenstände;
- für den Verbraucher erhöht sich bei einer Preissteigerung der von ihm zu zahlende Steuerbetrag.

Vgl. zur Umsatzsteuer auch Seite 425ff.

556 **Was ist Grunderwerbsteuer?**

Bei der **Grunderwerbsteuer**

- wird der Erwerb (i.d.R. Kauf) von Grundstücken besteuert,
- beträgt der Steuersatz i.d.R. 3,5% vom Kaufpreis.

557 **Nennen Sie wichtige Steuertermine!**

Wichtige **Steuertermine** sind für die

- Einkommensteuer und Körperschaftsteuer: 10. März, 10. Juni, 10. September und 10. Dezember;
- Gewerbesteuer und Grundsteuer: 15. Februar, 15. Mai, 15. August und 15. November (bei diesen Gemeindesteuern sind abweichende Termine möglich);
- Umsatzsteuer und einbehaltene Lohn- und Kirchensteuer: monatlich am 10. (gilt für Monatszahler).

II. Spezielle Wirtschaftslehre (Industriebetriebslehre)

1 Betrieblicher Leistungsprozess und betriebliche Organisationsstruktur

1.1 Informations- und Wertefluss im betrieblichen Leistungsprozess

1.1.1 Zielsetzungen des Industriebetriebs

1 Was ist ein Industriebetrieb?

Im **Industriebetrieb** erfolgt eine technologische Umwandlung von Produktionsfaktoren in Sachgüter, wobei vor allem Betriebsmittel (z. B. Maschinen) im Gegensatz zur menschlichen Arbeit eingesetzt werden; wesentliches Merkmal des Industriebetriebs ist eine weitgehende Arbeitsteilung (siehe Seite 219 f.).

Industriebetriebe können in die Bereiche Bergbau, Grundstoff-, Investitions-, Verbrauchsgüter- und Nahrungs- und Genussmittelindustrie eingeteilt werden.

Zu den **Grundfunktionen des Industriebetriebs** zählen:

- Beschaffung (insbesondere Materialwirtschaft),
- Produktion (Produktionswirtschaft),
- Absatz (Absatzwirtschaft),
- Einsatz von Arbeit (Personalwirtschaft),
- Investition und Finanzierung (Finanzwirtschaft).

2 Nennen Sie Zielsetzungen des Industriebetriebs!

Das **Zielsystem** des Industriebetriebs wird durch die Eigentümer bzw. durch die Unternehmensleitung (z. B. Vorstand einer AG) festgeglegt, wobei auch die Verantwortung gegenüber der Gesellschaft bzw. bestimmten sozialen Gruppen sowie die Verantwortung für die Umwelt berücksichtigt werden können.

Folgende Ziele werden unterschieden:

1. ökonomische Ziele, z. B.
   - Gewinnmaximierung (siehe Seite 97),
   - Umsatzmaximierung,
   - Kostenminimierung,
   - Erhöhung des Marktanteils,
   - Beachtung des ökonomischen Prinzips (siehe Seite 97);
2. ökologische Ziele, z. B.
   - umweltverträgliche Produktion,
   - Schutz der Ressourcen,
   - Recycling,
   - Abfallminimierung;
3. soziale Ziele, z. B.
   - Sicherung und Erhaltung von Arbeitsplätzen,
   - Schaffung von sozialen Einrichtungen für die Belegschaft.

3 Was versteht man unter Zielhierarchie?

Im Industriebetrieb werden i.d.R. gleichzeitig mehrere Ziele verfolgt, die zueinander in Beziehung stehen. Die Ziele können in eine bestimmte Rangordnung in Form von Ober- und Unterzielen gebracht werden; man spricht von einer **Zielhierarchie.** (Beispielsweise lassen sich aus dem Ziel der Kostenminimierung für die Produktionsabteilung das Unterziel Reduzierung des Ausschusses und für den Facharbeiter in der Abteilung Schleiferei das Unterziel Reduzierung des Ausschusses ab dem kommenden Monat um 5% ableiten.)

Bei den **Zielbeziehungen** unterscheidet man

- neutrale Ziele, sie sind voneinander unabhängig (z.B. beeinflusst das Ziel der Schaffung eines Betriebskindergartens nicht das Ziel Umweltschutz),
- komplementäre Ziele, sie fördern sich gegenseitig (z.B. führt eine Erhöhung des Marktanteils normalerweise zu einer Steigerung des Umsatzes);
- konkurrierende (konfliktäre) Ziele, sie behindern sich gegenseitig (z.B. beeinträchtigt die Umsatzmaximierung des Produktes A die Umsatzmaximierung des Produktes B);
- antinomische Ziele, sie schließen sich gegenseitig aus (z.B. kann das Ziel Umweltschutz nicht gleichzeitig mit dem Ziel Kostenminimierung erreicht werden).

In einer Zielhierarchie gibt es immer **Zielkonflikte,** und zwar bei den konkurrierenden und antinomischen Zielen.

1.1.2 Betriebliche Leistungsfaktoren

4 Was sind betriebliche Leistungsfaktoren?

Bei der Erstellung von Sachgütern werden im Industriebetrieb betriebliche Leistungsfaktoren, auch betriebliche Produktionsfaktoren genannt, eingesetzt (siehe Seite 100f.):

1. dispositive Arbeit (dispositiver Faktor),
   - Leitung,
   - Planung,
   - Organisation,
   - Kontrolle;
2. ausführende Arbeit;
3. Betriebsmittel,
   - Werkzeuge,
   - Maschinen,
   - Fuhrpark, Betriebs- und Geschäftsausstattung,
   - Gebäude und Grundstücke;
4. Werkstoffe,
   - Rohstoffe,
   - Hilfsstoffe,
   - Betriebsstoffe.

1.1.3 Aufbauorganisation

5 Was ist Betriebsorganisation?

Betriebsorganisation ist ein System von Regelungen (z. B. Organigramme, Arbeitsanweisungen, Arbeitsablaufpläne), die Menschen und Betriebsmittel einander so zuordnen, dass die Betriebsziele (z. B. Gewinn, Umsatzsteigerung, Liquidität, Umweltschutz) bestmöglich erreicht werden.

6 Was bedeutet Aufbauorganisation?

Unter **Aufbauorganisation** versteht man die Gliederung (strukturelle Ordnung) des Unternehmens in aufgabenteilige Einheiten (z. B. Stellen, Abteilungen) und deren Zuordnung zueinander durch betriebliche Verkehrswege (Transport- und Kommunikationswege). Die Aufbauorganisation hat langfristigen Charakter.

Der betriebliche Aufbau wird mit Hilfe eines **Organisationsplanes** (Organigramm) dargestellt (siehe auch Seite 566 f.).

Beispiel für das **Organigramm** eines Industriebetriebes:

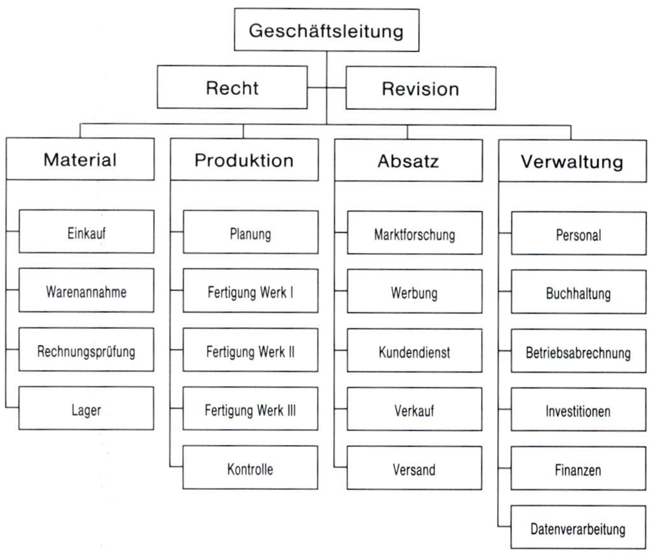

7 Unterscheiden Sie horizontale und vertikale Aufbauorganisation!

Die **horizontale Aufbauorganisation** verteilt die einzelnen Aufgaben auf die Aufgabenträger (Mitarbeiter).

Die **vertikale Aufbauorganisation** legt den Instanzenaufbau, d. h. die Betriebshierarchie fest.

8 Erklären Sie den Instanzenaufbau einer Unternehmung!

Der Instanzenaufbau eines Unternehmens weist folgende Ebenen auf:

- **Topmanagement** (oberste Leitung), z. B. der Vorstand einer AG; Aufgaben: Festlegung der Betriebsziele und der Betriebspolitik; Vorstandsressorts sind z. B. Vertriebs-, Forschungs-, Produkt-, Finanz-, Wissens- und Informationsmanagement;

- **Middle management** (mittlere Leitung), z.B. Hauptabteilungsleiter und Abteilungsleiter; Aufgaben: selbstständige Leitung ihres Aufgabenbereiches nach den Vorstellungen des Topmanagements;
- **Lower management** (untere Leitung), z.B. Meister, Gruppenführer; Aufgaben: Entscheidungs- und Anordnungsbefugnisse in ihrem Bereich, überwiegend ausführende Tätigkeit;
- **ausführende Stellen,** z.B. Sachbearbeiter, Arbeiter; Aufgaben: eigenverantwortliches Ausführen von Anweisungen.

9 Nennen Sie Bestimmungselemente einer Aufgabe!

Jede **Aufgabe** (Zielvorschrift für menschliches Handeln) ist durch folgende **Bestimmungselemente** gekennzeichnet:

- die Verrichtung, d.h., wie wird die Aufgabe ausgeführt;
- der Aufgabenträger, d.h., wer hat die Aufgabe zu erfüllen;
- das Objekt, d.h., woran ist die Aufgabe zu vollziehen;
- die Hilfsmittel, d.h., womit ist die Aufgabe zu bewältigen;
- der Raum, d.h., wo ist die Aufgabe auszuführen;
- die Zeit, d.h., wann ist die Aufgabe zu erfüllen.

10 Was bedeutet Aufgabenanalyse?

Unter **Aufgabenanalyse** versteht man die Zerlegung der betrieblichen Gesamtaufgabe (z.B. Herstellung und Absatz von Produkten) in

- Hauptaufgaben (z.B. Beschaffung, Produktion, Absatz),
- Teilaufgaben (z.B. Fertigungsplanung, -durchführung, -kontrolle),
- Einzelaufgaben (z.B. Herstellung Werkstück A, B, C).

Die Aufgabenanalyse ist Grundlage für die Stellen- und Abteilungsbildung und somit auch für den organisatorischen Aufbau eines Betriebes.

11 Wie erfolgt die Aufgabenanalyse?

Die Aufgabenanalyse kann nach folgenden Gesichtspunkten erfolgen:

- Gliederung nach der **Verrichtung** (Funktion), d.h. nach der Tätigkeit (z.B. Einkauf, Fertigung, Verkauf);
- Gliederung nach dem **Objekt,** d.h. nach dem Arbeitsgegenstand (z.B. Einkauf Rohstoffe, Einkauf Hilfs- und Betriebsstoffe);
- Gliederung nach dem **Rang,** d.h. Zerlegung in entscheidende und ausführende Arbeit (z.B. Abteilungsleiter, Sachbearbeiter);
- Gliederung nach der **Phase,** d.h. Zerlegung der Aufgabe in Planung, Durchführung und Kontrolle (z.B. Werbeplanung, -durchführung, -kontrolle).

12	Was ist eine Stelle?	Eine **Stelle** entsteht durch die Zusammenfassung von Einzelaufgaben zum Aufgabenbereich einer Person (Stellenaufgabe). Die Stelle ● ist die kleinste organisatorische Einheit eines Betriebes, ● berücksichtigt in Bezug auf die Stellenaufgabe das Leistungsvermögen einer Person, ● besteht bei Personenwechsel weiter, ● grenzt den Kompetenzbereich des Stelleninhabers ab.
13	Nach welchen Gesichtspunkten kann die Stellenbildung erfolgen?	Man unterscheidet ● personenbezogene Stellenbildung, d. h. Orientierung an persönlichen Fähigkeiten (z. B. Auslandsberater), ● sachbezogene Stellenbildung, d. h. Orientierung an betrieblichen Tätigkeiten (Funktionen) oder Objekten (z. B. Lagerverwalter, Einkäufer für Rohstoffe), ● Stellenbildung nach Arbeitsmitteln (z. B. Baggerfahrer), nach Raum (z. B. Filialleiter), nach Zeit (z. B. Nachtwächter).
14	Was ist eine Instanz?	Eine **Instanz** ist eine Stelle mit Leitungsbefugnis (vor allem Entscheidungs- und Anordnungsbefugnis).
15	Was ist eine Abteilung?	Eine **Abteilung** ist die Zusammenfassung mehrerer Stellen zu einem Verantwortungsbereich unter einheitlicher Leitung (Abteilungsleiter).
16	Was versteht man unter einer Stellenbeschreibung?	Eine **Stellenbeschreibung** (siehe auch Seite 576 f.) enthält alle wesentlichen Angaben über eine Stelle: ● Stellenbezeichnung; ● Aufgaben der Stelle (Arbeitsbild) mit der Festlegung des Kompetenzbereiches für den Stelleninhaber; ● Stellenanforderungen (Besetzungsbild) hinsichtlich Vorbildung, Ausbildung und Kenntnissen des Stelleninhabers; ● Stelleneingliederung (Instanzenbild) hinsichtlich der Position der Stelle in der Betriebshierarchie, d. h. der Unter-, Gleich- und Überordnungsverhältnisse.
17	Nennen Sie Aufgaben der Stellenbeschreibung!	Die Stellenbeschreibung ● informiert Stelleninhaber, Mitarbeiter und Vorgesetzte über Merkmale der Stelle, ● erleichtert die Stellenausschreibung und die Auswahl unter verschiedenen Stellenbewerbern, ● ermöglicht eine schnellere und genauere Einarbeitung neuer Mitarbeiter, ● gibt Anhaltspunkte für die Beurteilung des Stelleninhabers, ● hilft bei der tariflichen Eingruppierung des Stelleninhabers.

18 Welche Weisungssysteme werden unterschieden?

Der organisatorische Aufbau eines Unternehmens kann in folgenden Grundformen **(Weisungssysteme)** erfolgen:

- Liniensystem (Einliniensystem),
- Funktionssystem (Funktional-, Mehrliniensystem),
- Stabliniensystem.

19 Beschreiben Sie das Liniensystem und nennen Sie Vor- und Nachteile!

Beim **Liniensystem** sind sämtliche Stellen und Abteilungen in einen einheitlichen Instanzenweg (Dienstweg) eingegliedert, von dem nicht abgewichen werden darf. Jeder Untergebene erhält nur von einem Vorgesetzten Weisungen (Anwendung: kleine und mittlere Betriebe, Behörden).

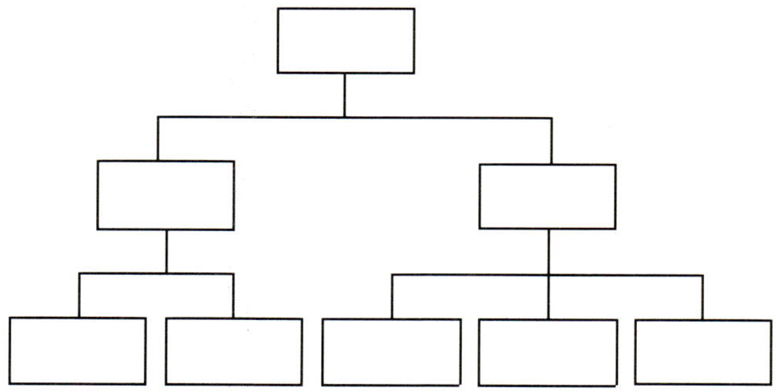

Vorteile sind:

- klare Befehlswege,
- eindeutige Kompetenzabgrenzung.

Nachteile sind:

- langer, schwerfälliger Instanzenweg,
- Überlastung der Unternehmensführung.

20 Beschreiben Sie das Funktionssystem und nennen Sie Vor- und Nachteile!

Beim **Funktionssystem** erhält jede ausführende Stelle von mehreren spezialisierten Vorgesetzten Anweisungen (kaum praktische Bedeutung).

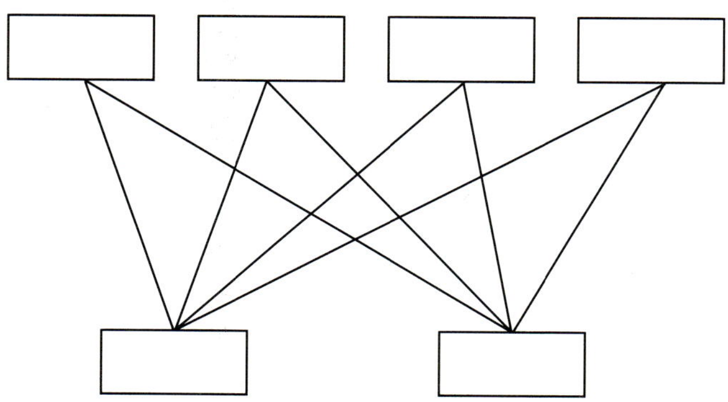

Vorteile sind:

- bessere Entscheidungen durch Spezialisierung der Vorgesetzten,
- schnelle Entscheidungen durch kurze Befehlswege.

Nachteile sind:

- Kompetenzüberschneidungen,
- Verunsicherung der Untergebenen.

21 Beschreiben Sie das Stabliniensystem und nennen Sie Vor- und Nachteile!

Das **Stabliniensystem** ist eine Erweiterung des Liniensystems; den Instanzen werden zu ihrer Entlastung Stäbe zugeordnet. Die Stäbe haben keine Weisungsbefugnis, sondern vor allem eine beratende Funktion (Beispiele sind: Sekretariat, Recht, Organisation, Revision, Statistik, Öffentlichkeitsarbeit, Steuern).

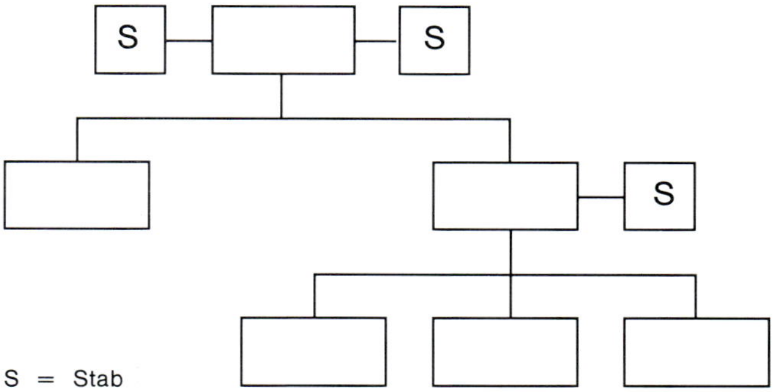

S = Stab

Vorteile sind:

- Entlastung der Instanzen,
- übersichtliche Befehlsverhältnisse,
- klare Kompetenzabgrenzungen.

Nachteile sind:

- schwerfällige Organisation,
- Verstärkung des autoritären Führungsverhaltens, da Vorgesetzte auf Beratung der Untergebenen nicht mehr angewiesen sind.

22 In welchen Schritten vollzieht sich der organisatorische Aufbau eines Unternehmens?

Die Aufbauorganisation eines Unternehmens vollzieht sich in folgenden Schritten:

- **Aufgabenanalyse,** d. h. Aufgabengliederung;
- **Stellenbildung,** d. h. Zusammenfassung von Einzelaufgaben zur Stellenaufgabe **(Aufgabensynthese);**
- **Stellenbesetzung,** d. h. Bestimmung der Aufgabenträger;
- Errichtung eines **Weisungssystems,** d. h. Eingliederung der Stellen, Instanzen, Abteilungen, Hauptabteilungen in die Betriebshierarchie und Festlegung des Instanzenweges.

1.1.4 Steuerungsgrößen im Industriebetrieb

23 Beschreiben Sie die Steuerungsgrößen im Industriebetrieb!

Wichtige **Steuerungsgrößen** im Rahmen des betrieblichen Leistungsprozesses sind:

- Informationen (siehe Seite 286), d. h., zwischen den einzelnen Abteilungen und Stellen werden ständig Informationen ausgetauscht **(Informationsfluss);** die Informationswege werden bestimmt durch das angewandte Weisungssystem;
- Produktionsfaktoren, d. h., sie werden beschafft, gelagert, zum Ort der Fertigung transportiert und im Produktionsprozess zur betrieblichen Leistung umgewandelt (man unterscheidet vor allem den Material- und **Güterfluss);** dieser Material- und Güterfluss ist Gegenstand der betrieblichen Logistik;
- Werte, d. h., im Rahmen der Beschaffung und der Fertigung entsteht ein Werteverzehr (vor allem in Form von Kosten) und im Rahmen des Absatzes entsteht ein Wertezufluss (vor allem in Form von betrieblichen Erträgen); dieser Werteverzehr und Wertezufluss spielt sich überwiegend auf der Ebene von Auszahlungen und Einzahlungen ab **(Wertefluss).**

Damit der betriebliche Leistungsprozess reibungslos und optimal verläuft, ist es notwendig, dass ständig zeitnahe und umfassende Informationen über den Material- bzw. Güterfluss und den Wertefluss zur Verfügung stehen. Um diesen Informationsfluss zu gewährleisten, werden im Industriebetrieb rechnergestützte Informationssysteme eingesetzt.

24 Was versteht man unter Logistik?

Logistik umfasst alle Fragestellungen bezüglich der Lagerung und des Transports von Material bzw. Gütern in den Bereichen Material-, Produktions- und Absatzwirtschaft. Die Logistik soll sicherstellen, dass das benötigte Material bzw. die benötigten Güter zur rechten Zeit, am rechten Ort und in den erforderlichen Mengen zur Verfügung stehen. Zur Logistik zählt man auch den Bereich der Entsorgung.

Man unterscheidet z. B.:

1. **Materiallogistik,**
   - Beschaffungslogistik, hierzu zählen z. B. Wahl der Bezugsquelle, Abwicklung der Bestellung, Eingangskontrolle, optimale Bestellmenge, optimale Lagerhaltung;
   - Fertigungslogistik, hierzu zählen z. B. Entscheidungen über die räumliche Anordnung der Produktionsanlagen und den innerbetrieblichen Transport;
2. **Distributionslogistik** (Versandlogistik), hierzu zählen z. B. Entscheidungen über den Transport der betrieblichen Produkte zum Kunden;
3. **Entsorgungslogistik,** hierzu zählen z. B. Entscheidungen über Abfallbeseitigung und Recycling.

Alle Bereiche der Logistik werden im Rahmen des **integrierten Logistikkonzepts** zusammengefasst und optimiert.

1.2 Entscheidungs- und Ablaufprozesse im Industriebetrieb

1.2.1 Marktorientierung als Grundlage für betriebliches Handeln

25 Welche Bedeutung hat die Marktorientierung für betriebliches Handeln?

Jeder Industriebetrieb steht zwischen dem Beschaffungs- und dem Absatzmarkt und er muss deshalb bei allen betrieblichen Entscheidungen die Gegebenheiten auf diesen Märkten berücksichtigen.

Zwischen dem Unternehmen und dem jeweiligen Markt gibt es eine Vielzahl von Transaktionen, und zwar in Form von Güter-, Geld- und Informations- bzw. Kommunikationsflüssen.

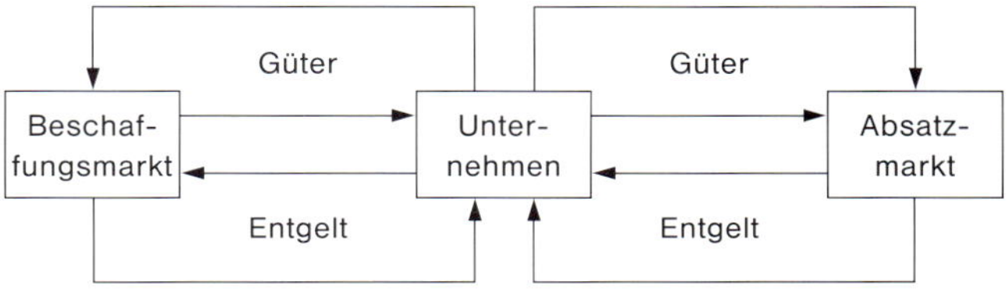

26 Welche Bedeutung hat der Absatzmarkt für betriebliche Entscheidungen?

Konsumgütermärkte sind zunehmend dadurch gekennzeichnet, dass es ein Überangebot an Gütern gibt (man spricht von so genannten Käufermärkten). Das Überangebot ist z.B. begründet durch die Massenproduktion, den technischen Fortschritt, die Globalisierung der Märkte (zunehmende Anzahl von internationalen Anbietern), die zunehmende Marktsättigung für eine Vielzahl von Gütern.

Der Absatz wird bei den betroffenen Unternehmen zum Problembereich, d.h., um am Markt erfolgreich zu sein, müssen alle betrieblichen Entscheidungen an den Bedürfnissen und Wünschen der Kunden orientiert werden. Der **Absatzmarkt** bildet demzufolge den Ausgangspunkt aller betrieblichen Planungen und Entscheidungen.

Bezüglich des Absatzmarktes sind insbesondere zu berücksichtigen:

- Ermittlung der Wünsche von Kunden und potentiellen Kunden (Marktforschung in Form der Marktbeobachtung, siehe Seite 247),
- Einbeziehung der Vorstellungen bzw. Vorgaben der Kunden bei der Produktgestaltung (z.B. berücksichtigt der Automobilzulieferer die Wünsche des Automobilherstellers),

- ständige Anpassung des Produktionsprogramms an die Kundenwünsche (ständige Reaktionsnotwendigkeit auf das Marktgeschehen),
- mögliche Einflussnahme eines Kunden auf den eigentlichen Fertigungsprozess (z. B. Mitarbeiter des Automobilherstellers beobachtet den Fertigungsprozess im Betrieb des Automobilzulieferers).

27 Welche Bedeutung hat der Beschaffungsmarkt für betriebliche Entscheidungen?

Unter Beschaffung versteht man den Erwerb der Produktionsfaktoren

- Werkstoffe (Materialwirtschaft),
- Arbeit (Personalwirtschaft),
- Betriebsmittel (Finanzwirtschaft).

Der **Beschaffungsmarkt** ist neben dem Absatzmarkt von großer Bedeutung für betriebliche Entscheidungen, da die Produktionsbereitschaft des Industriebetriebes zu möglichst geringen Beschaffungskosten sichergestellt werden muss.

Der Begriff der Beschaffung wird i. d. R. auf den Erwerb von Werkstoffen beschränkt, man spricht auch von Materialbeschaffung.

Bezüglich des Beschaffungsmarktes (Material) sind insbesondere zu beachten:

- Materialbeschaffenheit,
- Preise und Lieferbedingungen,
- Lieferengpässe,
- Zuverlässigkeit der Lieferanten,
- mögliche Einflussnahme auf das Produktionsprogramm des Lieferers.

1.2.2 Ablauforganisation

28 Was bedeutet Ablauforganisation?

Ablauforganisation regelt Arbeitsabläufe.

Arbeitsablauf ist das zeitliche und örtliche Hinter- und Nebeneinander der zur Erreichung eines bestimmten Arbeitsergebnisses auszuführenden Arbeiten.

Während die Aufbauorganisation die betriebliche Struktur festlegt, stellt die Ablauforganisation das betriebliche Geschehen dar.

Die Ablauforganisation eines Unternehmens umfasst alle zur Erfüllung der Betriebsaufgabe erforderlichen Arbeitsabläufe.

29 Nennen Sie Ziele der Ablauforganisation!

Die Ablauforganisation regelt immer wiederkehrende Arbeitsabläufe, wobei folgende Ziele beachtet werden müssen:

- möglichst kurze Durchlaufzeiten und Transportwege für die Arbeitsobjekte,
- optimale Auslastung von Arbeitsträgern und Arbeitsmitteln,
- optimale zeitliche und räumliche Koordination der Arbeitsabläufe.

30 Wie werden Arbeitsabläufe erfasst?

Bestimmte Gründe (z. B. Einsatz neuer Arbeitsmittel, verstärkter Arbeitsanfall) erfordern eine Überarbeitung bestehender Arbeitsabläufe. Bevor der neue Arbeitsablauf (Soll) entwickelt werden kann, muss der Ist-Zustand ermittelt werden.

Folgende Methoden der Ist-Aufnahme werden unterschieden:

- **Dauerbeobachtungsmethode:** Der Arbeitsablauf wird über einen längeren Zeitraum in allen Einzelheiten beobachtet (genau, jedoch zeit- und kostenaufwendig);
- **Multimomentmethode:** Zahlreiche stichprobenartige Einzelbeobachtungen ersetzen die Dauerbeobachtung. Der prozentuale Anteil an der Gesamttätigkeit ergibt sich aus der Häufigkeit, mit der bestimmte Einzelsachverhalte festgestellt werden (kostengünstig, seltene Ereignisse werden nicht erfasst);
- **Fragebogenmethode:** Die Beschäftigten füllen Fragebogen bezüglich bestimmter Arbeitsabläufe aus (kostengünstig, geringer Zeitaufwand, für die Untersuchung großer Bereiche geeignet, Verfälschung durch ungenaue oder falsche Antworten möglich);
- **Interviewmethode:** Arbeitsabläufe werden im Gespräch mit den Beschäftigten ermittelt (bessere Erfassung mancher Sachverhalte, zeit- und kostenaufwendig).

31 Wie werden Arbeitsabläufe dargestellt?

Man unterscheidet folgende Darstellungsmöglichkeiten:

1. verbale Darstellung (Beschreibung),
2. grafische Darstellung,
   - Arbeitsablaufkarte (lineare Darstellung),
   - Balkendiagramm (siehe Seite 353 ff.),
   - Netzplantechnik (siehe Seite 353 ff.).

Arbeitsablaufpläne sollen einen vollständigen, schnellen und (dem Fachmann) verständlichen Überblick geben. Diese Anforderungen erfüllen nur die grafischen Darstellungen.

32 Beschreiben Sie die Arbeitsablaufkarte!

Die **Arbeitsablaufkarte** (Arbeitsablaufbogen, Ablaufdiagramm) enthält

- die Stufen des Arbeitsablaufes, mit Hilfe von Symbolen gegliedert in Bearbeitung, Transport, Überprüfung, Verzögerung, Lagerung;
- die Anzahl der einzelnen Stufen;
- Wege und Zeiten;
- Verbesserungsvorschläge (Soll-Vorschläge);
- eine Zusammenfassung in Form einer Gegenüberstellung von Ist-Zustand und Soll-Vorschlag und deren Unterschiede.

12 Groh/Schröer – ISBN 3-8120-0420-8

33 Was ist eine Arbeitsanweisung?

Die **Arbeitsanweisung** regelt ständig wiederkehrende Arbeitsabläufe. Sie enthält in knapper und übersichtlicher Form alle Angaben über die Bestimmungselemente einer Aufgabe.

Arbeitsanweisungen gewährleisten einen reibungslosen Arbeitsablauf.

34 Was ist eine Arbeitsplatzbeschreibung?

Die **Arbeitsplatzbeschreibung** fasst alle Arbeitsanweisungen eines Arbeitsplatzes zusammen.

Die Arbeitsplatzbeschreibung ordnet dem Arbeitnehmer ganz bestimmte Tätigkeiten zu und dient damit auch der Festlegung des Arbeitsentgelts und der Leistungskontrolle des Arbeitnehmers.

35 Was versteht man unter dem Organisationshandbuch?

Das **Organisationshandbuch** (Dokumentation) informiert über alle Organisationsarbeiten. Es enthält z. B.

- Organisationspläne (Organigramme),
- Stellenbeschreibungen,
- Arbeitsabläufe,
- Arbeitsanweisungen.

1.2.3 Zusammenwirken betrieblicher Bereiche

36 Stellen Sie das Zusammenwirken der betrieblichen Bereiche im Industriebetrieb dar!

Im Rahmen der betrieblichen Leistungserstellung müssen die betrieblichen Bereiche optimal zusammenwirken, wobei die Gegebenheiten auf dem Absatz- und Beschaffungsmarkt zu berücksichtigen sind; nur dann ist eine marktfähige Leistungserstellung gewährleistet.

Die **Entscheidungs- und Ablaufprozesse** im Betrieb unter Berücksichtigung von Kunden und Lieferanten lassen sich in Form von Vorgangsketten darstellen (prozessorientierte Abläufe).

Folgende Vorgangskette für die Abwicklung eines Kundenauftrags ist denkbar, betroffen sind z. B. folgende betriebliche Bereiche:

1. Absatzwirtschaft,
   - Auftragsannahme,
   - Auftragsbearbeitung,
   - Angebotserstellung,
   - Eingang der Kundenbestellung;
2. Produktionswirtschaft,
   - Erstellung der Stücklisten,
   - Planung des Bedarfs an betrieblichen Produktionsfaktoren;
3. Materialwirtschaft,
   - Beschaffung (siehe Beschaffungsablauf, Seite 192 f.);

4. Produktionswirtschaft,
   - Fertigung des Produktes,
   - Qualitätskontrolle;
5. Absatzwirtschaft,
   - Versand,
   - Erstellung der Ausgangsrechnung,
   - Kontrolle des Zahlungseingangs,
   - Rücksprache mit dem Kunden (kundenorientiertes Verhalten).

1.3 Bedeutung umweltbewussten Handelns im Industriebetrieb

37 Welche Bedeutung hat der Umweltschutz für den Industriebetrieb?

Im Industriebetrieb gewinnt der **Umweltschutz** als Unternehmensziel zunehmend an Bedeutung (betriebliche Umweltpolitik).

Maßnahmen des Umweltschutzes erstrecken sich z. B. auf die Bereiche

1. Materialwirtschaft,
   - Beschaffung von umweltfreundlichem Material,
   - Verminderung des anfallenden Verpackungsmaterials,
   - sichere Lagerung der umweltgefährdenden Stoffe;
2. Produktionswirtschaft,
   - Herstellung umweltfreundlicher Produkte,
   - Wahl von Fertigungsverfahren, welche die Umwelt wenig belasten,
   - Vermeidung von Abfall und Ausschuss,
   - Wahl eines innerbetrieblichen Transportsystems mit geringem Energieverbrauch und geringer Emission;
3. Absatzwirtschaft,
   - Verzicht auf aufwendige und umweltbelastende Verpackung,
   - Versand der Produkte mittels umweltfreundlicher Transportmittel.

38 Was ist integrierter Umweltschutz?

Beim **integrierten Umweltschutz** werden Umweltschutzmaßnahmen bereits bei der Planung, und zwar in allen betrieblichen Teilbereichen berücksichtigt; d. h., die Vorsorge hat einen höheren Stellenwert als die Nachsorge. Der Umweltschutz umfasst dabei den gesamten In- und Output des Unternehmens gegenüber der Umwelt; die Auswirkungen auf die Umwelt werden in der Ökobilanz (siehe Seite 486 ff.) dargestellt.

Beschränkt sich der Umweltschutz lediglich auf die betriebliche Abfallwirtschaft (Entsorgung, Recycling), fehlt ein integriertes Umweltschutzkonzept; man spricht von additivem Umweltschutz.

39 Beschreiben Sie das Spannungsverhältnis zwischen Ökonomie und Ökologie!

Ökonomie ist die Lehre der Wirtschaft, die als Grundprinzip das ökonomische Prinzip verfolgt.

Ökologie ist die Lehre des Lebensraums (von Pflanze, Tier und Mensch).

Die Verfolgung ökonomischer Ziele steht oft im Widerspruch zur Erhaltung des Lebensraumes: Zum Beispiel wird aus Gründen der Gewinnmaximierung auf umweltschützende Maßnahmen verzichtet.

Um eine weitere Zerstörung der Umwelt zu verhindern, ist es unabdingbar, ökologische Überlegungen in ökonomische Entscheidungen einzubeziehen (z. B. Maßnahmen zum Schutz von Boden, Wasser und Luft).

1.3.1 Zuständigkeiten für den Umweltschutz

40 Wer ist für den Umweltschutz im Industriebetrieb verantwortlich?

Für den **Umweltschutz** im Industriebetrieb sind verantwortlich:

1. Unternehmensleitung, sie formuliert die Ziele des Umweltschutzes auf der Grundlage der gesetzlichen Bestimmungen (siehe Seite 154) und ist für deren Kontrolle und Einhaltung verantwortlich;
2. mittleres Management (z. B. Abteilungsleiter, Meister);
3. Betriebsbeauftragte für den Umweltschutz, sie sind gesetzlich vorgeschrieben und müssen über bestimmte fachliche und persönliche Qualifikationen verfügen. Beispiele sind:
   - Betriebsbeauftragte für Immissionsschutz,
   - Betriebsbeauftragte für Gewässerschutz,
   - Betriebsbeauftragte für Abfall.

In kleineren und mittleren Betrieben übernimmt oft ein Umweltschutzbeauftragter alle Aufgaben des Umweltschutzes.

1.3.2 Prinzipien des Umweltschutzes

41 Welche Prinzipien gibt es für den Umweltschutz?

Wichtige **Prinzipien des Umweltschutzes** sind:

- **Vorsorgeprinzip,** durch eine vorausschauende Planung sollen Umweltbeeinträchtigungen von vornherein vermieden werden (z. B. ist die Abfallvermeidung besser als die Abfallbeseitigung);
- **Zukunftsprinzip,** Umweltschutz bedeutet auch Verantwortung gegenüber kommenden Generationen;
- **Verursacherprinzip,** derjenige sollte die Kosten für die Beseitigung von Umweltbelastungen tragen, der die Schäden verursacht hat;
- **Gemeinlastprinzip,** nur wenn das Verursacherprinzip nicht realisiert werden kann, übernimmt der Staat (Gemeinschaft) die Kosten für die Beseitigung der Umweltbelastung (z. B. kann der Verursacher für eine Wasserverunreinigung nicht ermittelt werden).

1.3.3 Rohstoffkreislauf

42 Welche Bedeutung hat das Kreislaufwirtschafts- und Abfallgesetz?

Zweck des **Kreislaufwirtschafts- und Abfallgesetzes** ist

- die Förderung der Kreislaufwirtschaft zur Schonung der natürlichen Ressourcen,
- die Sicherung der umweltverträglichen Beseitigung von Abfällen.

43 Was versteht man unter dem Rohstoffkreislauf?

Der **Rohstoffkreislauf** wird vor allem durch Recycling verwirklicht. Ziel des Recycling ist es, Güter (Material, Energie) aufzubereiten und anschließend im Produktionsprozess zu verwenden bzw. zu verwerten, wobei diese Güter entweder beim Produzenten als Abfallstoffe bzw. als Abfallenergie entstanden oder beim Konsumenten als Abfall bzw. Müll angefallen sind.

Beim **Recycling** unterscheidet man:

- Wiederverwendung, Produkte werden für den gleichen Verwendungszweck wiederholt genutzt, wobei unter Umständen eine Vorbehandlung erforderlich ist (Beispiele sind Pfandflaschen für Mineralwasser; runderneuerte Autoreifen);
- Wiederverwertung, Abfallprodukte werden in ihre Bestandteile getrennt, aufbereitet und wieder im ursprünglichen Rohstoffkreislauf eingesetzt (z. B. wird Schrott zur Stahlerzeugung oder Altpapier zur Papiererzeugung verwendet);
- Weiterverwendung bzw. Weiterverwertung, Abfallstoffe werden nicht mehr im ursprünglichen, sondern in einem anderen Rohstoffkreislauf eingesetzt (z. B. wird Kunststoffabfall verbrannt und in Energie umgewandelt).

1.3.4 Rechtliche Einflussfaktoren

44 Welche Bedeutung hat das Umweltrecht für den Industriebetrieb?

Jeder Industriebetrieb muss eine Vielzahl von umweltrechtlichen Vorschriften **(Umweltrecht)** beachten (siehe Seite 154).

Bei Nichtbeachtung der gesetzlichen Umweltvorschriften können sich z. B. folgende Konsequenzen ergeben:

- Die Inbetriebnahme einer Produktionsanlage wird untersagt (z. B. erfüllt eine Filteranlage für Luftschadstoffe nicht die vorgeschriebenen Anforderungen);
- Verstöße werden mit einer Geld- bzw. Haftstrafe geahndet, wenn eine Umweltstraftat vorliegt (z. B. absichtliche Verunreinigung eines Gewässers mit Giftstoffen);
- Zahlung von Schadensersatzleistungen (z. B. wird durch Schadstoffe verseuchte Erde gereinigt).

Um den Risiken, welche sich durch das Umweltstrafrecht ergeben, vorzubeugen, kann der Industriebetrieb z. B.

- integrierten Umweltschutz (von der Beschaffung bis zum Absatz) betreiben (siehe Seite 179),

- Versicherungen abschließen, welche das Umweltrisiko abdecken,
- eine Ökobilanz aufstellen (siehe Seite 486 ff.),
- sich freiwillig am Öko-Audit-System beteiligen.

45 Was ist das Öko-Audit-System?

Um den betrieblichen Umweltschutz kontinuierlich zu verbessern, und zwar über die bestehenden Umweltschutzvorschriften hinaus, wurde das europäische Öko-Audit-System auf der Grundlage der EU-Öko-Audit-Verordnung entwickelt. Die Unternehmen können freiwillig daran teilnehmen.

Das **Öko-Audit-System** umfasst

- das Umwelt-Management-System, welches die Umweltpolitik des Unternehmens umsetzt;
- die Umwelt-Betriebsprüfung, durch externe, zugelassene Umweltgutachter wird die Einhaltung der Bestimmungen des Öko-Audit-Systems überprüft.

Bei einer erfolgreichen Teilnahme am Öko-Audit-System wird dem Unternehmen ein EU-Zertifikat ausgestellt, das über den Umweltschutz hinaus eine imagefördernde Wirkung hat.

1.4 Standort des Industriebetriebs

46 Welche Bedeutung hat der Standort für den Industriebetrieb?

Unter dem **Standort** versteht man den Platz der gewerblichen Niederlassung eines Betriebes. Die Entscheidung für einen bestimmten Standort ist abhängig von den Standortfaktoren, welche die Kosten für die Produktionsfaktoren und die Erträge für die betrieblichen Leistungen bestimmen.

Der **optimale betriebliche Standort** liegt dort, wo mit einer gegebenen Ausstattung mit Produktionsmitteln ein maximaler Gewinn erzielt wird.

47 Unterscheiden Sie freien und gebundenen Standort!

Beim **gebundenen Standort** wird die Wahl des Ortes, an dem der Betrieb errichtet werden soll, von natürlichen Faktoren bestimmt (Bergwerke z. B. sind zwingend an Rohstoffvorkommen gebunden).

Beim **freien Standort** wird die Standortentscheidung allein aufgrund betriebswirtschaftlicher Überlegungen getroffen.

48 Welche Standortfaktoren gibt es?

Die Standortfaktoren sind:

- **Rohstoffe,** d. h., materialintensive Betriebe werden in der Nähe der Rohstoffvorkommen errichtet, um die Transportkosten klein zu halten (z. B. Hüttenwerke, Ziegeleien);
- **Energie,** d. h., energieintensive Betriebe (z. B. Elektrizitätswerke) bevorzugen Standorte in der Nähe der Energiequelle;

- **Arbeitskräfte,** d. h., lohnintensive Betriebe siedeln sich in Gebieten bzw. Ländern mit niedrigem Lohnniveau an (z. B. Tunesien, Hongkong) oder in Gebieten mit ausreichendem Facharbeiterpotential (z. B. Uhrenindustrie im Schwarzwald);
- **Absatz,** d. h., Betriebe der Konsumgüterindustrie (z. T. auch Investitionsgüterindustrie) werden in die Nähe der Nachfrager verlegt, um schnell und kostengünstig liefern zu können;
- **Verkehrslage,** d. h., Betriebe mit Massenproduktion haben ihren Standort in verkehrstechnisch gut erschlossenen Gebieten (Straßennetz, Flugplatz, Hafen);
- **Steuern und öffentliche Abgaben,** d. h., bei sonst gleichen Standortfaktoren sind Orte mit niedrigen Steuern und Abgaben für die Standortwahl ausschlaggebend (gilt insbesondere für Städte und Gemeinden mit niedriger Grund- und Gewerbesteuer oder generell für Länder mit niedrigen Steuern);
- **Subventionen,** d. h., Betriebe mit freiem Standort orientieren ihre Standortwahl auch an direkten und indirekten Zuschüssen, welche für Investitionen in wirtschaftlich unterentwickelten Gebieten (Ländern) gezahlt werden;
- **Wirtschaftspolitik,** d. h., für die Standortwahl geben die wirtschaftlichen und auch politischen Gegebenheiten in einem Land den Ausschlag,
- **Bodenpreise** (Grundstückspreise),
- **Umweltschutzvorschriften.**

2 Materialwirtschaft

2.1 Aufgaben und Ziele der Materialwirtschaft

49 Was versteht man unter Materialwirtschaft?

Die **Materialwirtschaft** ist das Bindeglied zwischen dem Beschaffungsmarkt und den betrieblichen Verbrauchsstellen; sie umfasst alle Entscheidungen, welche mit der Beschaffung, Lagerung und Bereitstellung des Materials (Roh-, Hilfs- und Betriebsstoffe, Fremdbauteile) sowie mit der Material- und Entsorgungslogistik (siehe Seite 174) verbunden sind.

Daraus lassen sich folgende institutionelle und funktionale Bereiche ableiten:

- Einkauf,
- Warenannahme und Warenprüfung,
- Rechnungsprüfung,
- Lagerung,
- innerbetrieblicher Transport,
- Abfallwirtschaft (siehe Umweltschutz, Seite 179).

50 Beschreiben Sie die Schnittstellen der Materialwirtschaft zu anderen Funktionen!

Unter einer **Schnittstelle** versteht man den Übergang von einer betrieblichen Funktion in eine andere. Die Materialwirtschaft hat z. B. Schnittstellen mit der

- Produktionswirtschaft, z. B. gemeinsame Entscheidung über Eigenfertigung oder Fremdbezug;
- Absatzwirtschaft, z. B. gemeinsame Festlegung von Mindestqualitäten des zu beschaffenden Materials aufgrund von Kundenwünschen;
- Finanzwirtschaft, z. B. Festlegung von Einkaufslimits.

Aufgrund der vielfältigen Schnittstellen im Industriebetrieb ist eine enge Zusammenarbeit aller betrieblichen Abteilungen erforderlich (z. B. Fertigung, Vertrieb, Rechnungswesen).

51 Nennen Sie Aufgaben und Ziele der Materialwirtschaft!

Aufgaben und Ziele der **Materialwirtschaft** sind vor allem:

- bedarfsgerechte Materialversorgung des Industriebetriebes, sie bezieht sich auf die Art und Güte, die Menge, die Zeit und den Ort des Materialbedarfs;
- Abbau der Vorratshaltung (siehe Just-in-time-Verfahren, Seite 203);
- Gewährleistung der Versorgungssicherheit trotz minimaler Vorratshaltung, d. h., es muss zu jeder Zeit so viel Material zur Verfügung stehen, dass es nicht zu Störungen des Produktionsprozesses oder sogar zum Stillstand der Produktion kommt;
- Optimierung der Lagerhaltung;
- Minimierung der Beschaffungs- und Lagerhaltungskosten, da auch die Materialwirtschaft wie alle anderen betrieb-

lichen Funktionen das Prinzip der Wirtschaftlichkeit verfolgen muss;

- Verkürzung der innerbetrieblichen Transportzeiten;
- Vermeidung von Abfall, Verwertung von Abfall (siehe Recycling, Seite 181) und umweltgerechte Entsorgung des Abfalls;
- Berücksichtigung von gesetzlichen Vorschriften für den Umgang mit Gefahrstoffen (z. B. Gase, Chemikalien) wie z. B. die Gefahrgutverordnung und das Chemikaliengesetz.

52 Was ist Produktauflösung?

Bei der Materialbeschaffung sind auch Materialien, welche bei der Zerlegung von gebrauchten Produkten anfallen, zu berücksichtigen, wenn sie als Material in der Produktion eingesetzt werden können. Diese **Produktauflösung** ist eine Form des Recycling.

2.2 Organisation der Materialwirtschaft

53 Unterscheiden Sie zentrale und dezentrale Beschaffung!

Die äußere Organisation **(Beschaffung)** kann erfolgen in Form der

1. **zentralen Beschaffung,** d. h., der gesamte Einkauf des Unternehmens wird zentral von einer Einkaufsabteilung durchgeführt;
2. **dezentralen Beschaffung,** d. h., der Einkauf wird besorgt durch
   - Einkaufsabteilungen in räumlich getrennten Zweigwerken (örtliche Dezentralisation),
   - verschiedene, nach sachlichen Gesichtspunkten gegliederte Einkaufsstellen (z. B. Einkauf Inland, Einkauf Ausland) innerhalb der Unternehmung (sachliche Dezentralisation).

54 Nennen Sie Vor- und Nachteile der zentralen Beschaffung!

Vorteile der zentralen Beschaffung sind:

- günstige Preise, günstige Lieferungs- und Zahlungsbedingungen durch den Einkauf größerer Mengen,
- geringerer Personalbedarf,
- bessere Koordination aller Einkaufsmaßnahmen,
- bessere Marktübersicht,
- Einheitlichkeit der Entscheidungen.

Nachteile sind:

- schwerfällige Entscheidungsfindung (lange Informationswege),
- zunehmende Bürokratisierung,
- Verlangsamung der Einkaufsabwicklung.

55 Nennen Sie Vor- und Nachteile der dezentralen Beschaffung!

Vorteile der dezentralen Beschaffung sind:

- bessere Kontakte zu den Bedarfsstellen,
- schnelle Einkaufsabwicklung (kurze Informationswege),
- schnelle Anpassung an veränderte Gegebenheiten.

Nachteile sind:

- ungünstige Preise, ungünstige Lieferungs- und Zahlungsbedingungen durch den Einkauf kleiner Mengen,
- hoher Personalbedarf,
- keine Einheitlichkeit der Entscheidungen.

56 Unterscheiden Sie Funktions- und Objektprinzip!

Die innere Organisation der Beschaffung, die in der Verteilung der einzelnen Beschaffungsaufgaben auf die Aufgabenträger zum Ausdruck kommt, kann erfolgen nach dem

- **Funktionsprinzip,** gleiche Tätigkeiten für verschiedene Bearbeitungsobjekte werden zur Stellenaufgabe zusammengefasst (z. B. Stelle A: Angebotseinholung und -vergleiche, Stelle B: Bestellwesen);
- **Objektprinzip,** alle Einkaufsarbeiten für eine Materialgruppe werden zur Stellenaufgabe zusammengefasst (z. B. Stelle A: Einkauf Hilfs- und Betriebsstoffe, Stelle B: Einkauf Rohstoffe).

In der Praxis werden vielfach Objekt- und Funktionsprinzip kombiniert (z.B. Stelle A: Einkauf Hilfs- und Betriebsstoffe, Stelle B: Einkauf Rohstoffe, Stelle C: Bestellungsüberwachung, Stelle D: Einkaufsstatistik).

2.3 Einkauf

2.3.1 Beschaffungsplanung

57 Womit befasst sich die Beschaffungsplanung?

Gegenstände der Beschaffungsplanung (zusammengefasst im Beschaffungsplan) sind:

- **Sortimentsdisposition,** was soll eingekauft werden (unterschieden nach Art, Qualität usw.);
- **Mengendisposition,** wie viel soll bestellt werden (abhängig von Produktions- und Absatzplan; Ermittlung der optimalen Beschaffungsmenge);
- **Zeitdisposition,** wann soll bestellt werden (Bestellpunkt- oder Bestellrhythmusverfahren);
- **Preisdisposition,** zu welchen Preisen soll eingekauft werden (kalkulatorische Ermittlung der höchstens aufzuwendenden Einkaufspreise = Festlegung der Preislimits; erwartete Preisentwicklungen sind zu berücksichtigen);
- **Bezugsquellendisposition,** wo soll eingekauft werden (Beschaffungsmarktforschung).

58 **Welche Bedarfsarten werden unterschieden?**

Unter **Materialbedarf** versteht man die in einer Planungsperiode benötigten Materialien.

Bei der Ermittlung des Materialbedarfs wird unterschieden in

- **Primärbedarf,** er wird anhand des vorliegenden Absatz- bzw. Produktionsprogramms ermittelt und umfasst die Menge der herzustellenden Erzeugnisse;
- **Sekundärbedarf,** der Primärbedarf wird mit Hilfe der Stücklisten in Einzelteile und in die benötigten Materialien aufgeschlüsselt und ergibt den Gesamtbedarf (Bruttobedarf);
- **Tertiärbedarf,** er umfasst die benötigten geringwertigen Güter.

Die zu beschaffenden Materialien **(Nettobedarf)** werden errechnet, indem man zum **Bruttobedarf** den Zusatzbedarf (erwarteter Ausschuss) hinzuzählt und anschließend die frei verfügbaren Lagerbestände subtrahiert.

59 **Unterscheiden Sie verbrauchs- und auftragsorientierte Bedarfsermittlung!**

Bei der **verbrauchsorientierten Bedarfsermittlung**

- wird der Bedarf errechnet für Materialien, die häufig in der Produktion gebraucht werden und die deshalb immer am Lager sein müssen (Lagermaterialien);
- wird der Bedarf berechnet aufgrund von Vergangenheitswerten (Lagerstatistiken);
- wird bei Erreichen des Meldebestandes durch das Lager bestellt.

Bei der **auftragsorientierten Bedarfsermittlung**

- wird der Bedarf errechnet für Materialien, die für spezielle Aufträge (Eigen- oder Kundenaufträge) benötigt und deshalb nicht gelagert werden;
- wird der Bedarf anhand von Stücklisten festgestellt;
- wird für jeden Auftrag von der Arbeitsvorbereitung oder der betreffenden Bedarfsstelle neu bestellt.

60 **Was ist die optimale Beschaffungsmenge?**

Der Ermittlung der **optimalen Beschaffungsmenge** (Bestellmenge) liegen folgende Überlegungen zugrunde:

1. Große Beschaffungsmengen
   - bieten Preisvorteile durch hohe Nachlässe,
   - machen den Betrieb von Schwankungen des Beschaffungsmarktes unabhängiger,
   - führen aber zu hohen Lager- und Kapitalkosten (infolge der hohen Lagerbestände),
   - bergen die Gefahr des Absatzrisikos (Ladenhüter).
2. Kleine Beschaffungsmengen
   - verursachen geringe Kapital- und Lagerkosten,
   - bieten eine hohe Flexibilität und Anpassungsmöglichkeit an den Markt,
   - vermindern das Risiko der technischen Veralterung der Lagerbestände,
   - erhöhen aber die Transport- und Bestellkosten,

- ermöglichen keine großen Preisvorteile,
- führen bei Beschaffungsproblemen sofort zu Engpässen.

3. Die **optimale Beschaffungsmenge**
   - liegt zwischen der großen und kleinen Beschaffungsmenge;
   - versucht deren Vor- und Nachteile gegenseitig auszugleichen;
   - ist die Menge, bei der die Summe der Bestell- und Lagerkosten (Beschaffungskosten) pro Mengeneinheit möglichst klein ist.

Beispiel:

Ein Industriebetrieb benötigt in der kommenden Periode 100 Stück einer bestimmten Materialart. Die Bestellkosten pro Bestellung betragen 70,00 DM (unabhängig von der Bestellmenge); die Lagerkosten betragen 11,20 DM pro Stück.

Ermitteln Sie für die Periode die optimale Beschaffungsmenge und die entsprechende Bestellhäufigkeit.

Lösung:

Tabellarische Darstellung

Anzahl der Bestellungen	Bestell-menge in Stück	Bestell-kosten in DM	Lager-kosten in DM	Beschaffungs-kosten in DM
1	100	70,00	1 120,00	1 190,00
2	50	140,00	560,00	700,00
3	34	210,00	381,00	591,00
4	25	280,00	280,00	560,00
5	20	350,00	224,00	574,00
6	17	420,00	190,00	610,00
7	15	490,00	168,00	658,00
8	13	560,00	146,00	706,00
9	12	630,00	134,00	764,00
10	10	700,00	112,00	812,00

Grafische Darstellung

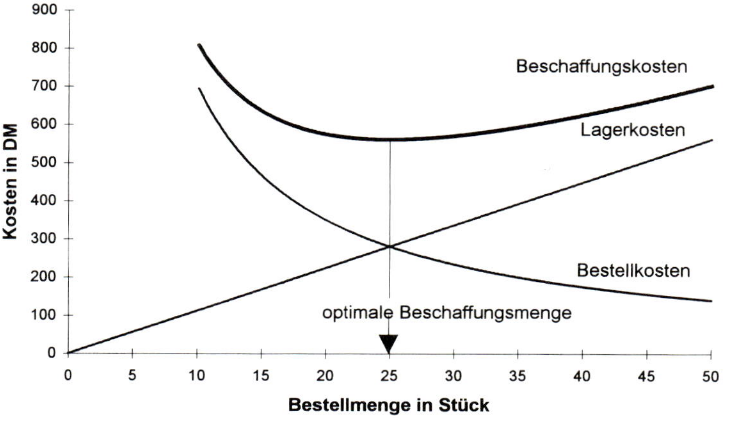

Die optimale Beschaffungsmenge liegt bei 25 Stück pro Bestellung, wobei viermal pro Periode bestellt werden muss.

61 Unterscheiden Sie Bestellpunkt- und Bestellrhythmusverfahren!

Der Bestellzeitpunkt kann bestimmt werden durch das

- **Bestellpunktverfahren,** die Bestellung eines Materials erfolgt bei Erreichen des Meldebestandes (Bestellpunkt);
- **Bestellrhythmusverfahren,** die Bestelltermine wiederholen sich in einem bestimmten periodischen Rhythmus (z.B. bei Kleinmaterialien mit annähernd gleichem Verbrauch).

62 Nennen Sie Organisationsmittel für die Beschaffungsplanung!

Zur Planung, Steuerung und Überwachung der Beschaffung werden folgende **Organisationsmittel** eingesetzt:

- Lagerdatei,
- Bedarfsmeldung (siehe Seite 195),
- Bestelldatei (für bestellte, noch nicht gelieferte Artikel),
- Liefererdatei (nach den verschiedenen Lieferern aufgebaut),
- Artikeldatei (nach den verschiedenen Artikeln aufgebaut).

63 Unterscheiden Sie Eigenfertigung und Fremdbezug!

In vielen Fällen hat ein Industriebetrieb folgende Beschaffungsalternativen:

- **Eigenfertigung,** d.h., der Betrieb stellt Betriebsmittel, Energie, Produktionsteile, Fertigerzeugnisse u.a. selbst her;
- **Fremdbezug,** d.h. Kauf oder Leasing.

Entscheidungskriterien sind vor allem:

- Kostenvergleich (Eigenfertigung belastet den Betrieb i.d.R. mit fixen Kosten für zusätzlich erforderliche Produktionsanlagen und mit variablen Kosten; Fremdfertigung belastet den Betrieb überwiegend mit variablen Kosten);
- vorhandene technische Einrichtungen und technische Kenntnisse (Know-how), um selbst produzieren zu können;
- Beschäftigungslage des Betriebes (Auslastung der betrieblichen Kapazität);
- Beschaffungs- bzw. Fertigungsdauer.

Beispiel:

Ein Industriebetrieb kann ein bestimmtes Material entweder selbst herstellen oder einkaufen. Folgende Daten sind gegeben:

Kosten der Eigenfertigung:

fixe Kosten	2000,00 DM
variable Kosten pro Stück	50,00 DM

Kosten des Fremdbezugs:

Kosten pro Stück	100,00 DM

Ermitteln Sie die Menge, ab der es für das Unternehmen günstiger wird, das Material selbst herzustellen statt es einzukaufen **(kritische Menge).**

Lösung:

Grafische Darstellung

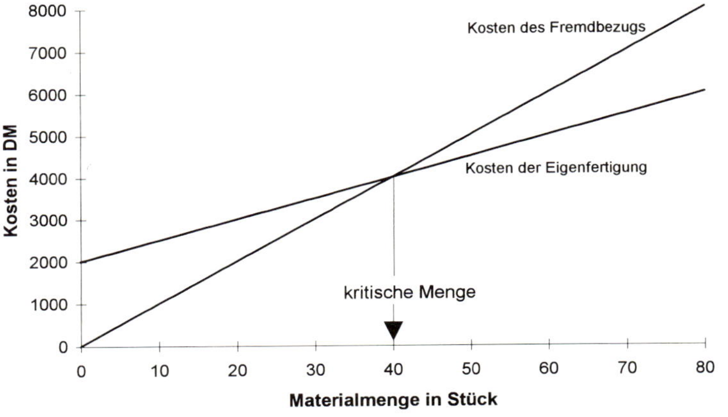

Rechnerische Darstellung

Kosten der Eigenfertigung = 50x + 2000
Kosten des Fremdbezugs = 100x

Kosten der Eigenfertigung = Kosten des Fremdbezugs

$$50x + 2000 = 100x$$
$$x = 40$$

Ab einer Materialmenge von 40 Stück ist die Eigenfertigung günstiger als der Fremdbezug.

2.3.2 Beschaffungsmarktforschung

64 Was ist Beschaffungsmarktforschung?

Die **Beschaffungsmarktforschung** ist Teil der Marktforschung (siehe Seite 247) und dient der systematischen Sammlung und Aufbereitung von Informationen über aktuelle und potentielle Beschaffungsmärkte.

Man unterscheidet

- **Marktanalyse**, untersucht werden einmalig die Gegebenheiten der Beschaffungsmärkte;
- **Marktbeobachtung**, untersucht werden ständig die Entwicklungen auf den Beschaffungsmärkten.

Die Informationen der Beschaffungsmarktforschung müssen ständig aktualisiert werden (Datenpflege), damit sie eine sichere Grundlage für die Beschaffungsentscheidungen bieten.

65 Was untersucht die Beschaffungsmarktforschung?

Die **Beschaffungsmarktforschung** ist Entscheidungsgrundlage für die Auswahl der Lieferanten (Ermittlung der Bezugsquellen). Untersuchungsgegenstände sind z.B.:

1. das zu beschaffende Material,
   - Materialqualität (z. B. technische Standards, Umweltverträglichkeit),
   - Materialinnovationen (Angebot von neuen Materialien);
2. die Angebotsstruktur auf den Beschaffungsmärkten,
   - Angebotsvolumen (z. B. Angebotsmenge insgesamt),
   - geografische Verteilung der Anbieter,
   - Konkurrenzsituation bei den Anbietern;
3. die Leistungsfähigkeit der Lieferanten,
   - Einstandspreise, Lieferungs- und Zahlungsbedingungen,
   - Qualität der Produkte,
   - Garantie- und Kulanzleistungen (z. B. Verhalten bei Reklamationen),
   - Zusatzleistungen (z. B. Wartungs- und Reparaturarbeiten, Versorgung mit Ersatzteilen, Finanzierungsangebote),
   - betriebliche Situation (z. B. Umsatz, Gewinn, Liquidität, Produktionsverfahren, Forschung und Entwicklung),
   - Zuverlässigkeit (z. B. Termintreue),
   - Kooperationsbereitschaft (z. B. Berücksichtigung von Kundenwünschen im Rahmen der Produktion),
   - Flexibilität (z. B. bei einer Änderung der Bestellmenge),
   - Qualifikation der Mitarbeiter,
   - Innovationsfähigkeit und Innovationsbereitschaft.

66 Welche Bezugsquellen gibt es?

Bei der **Bezugsquellenermittlung** (im Rahmen der Beschaffungsmarktforschung) unterscheidet man:

1. interne Bezugsquellenverzeichnisse wie z. B.
   - Liefererkartei bzw. -datei,
   - Artikelkartei bzw. -datei;
2. externe Bezugsquellenverzeichnisse wie z. B.
   - „Wer liefert was?“,
   - „ABC der Deutschen Wirtschaft“,
   - „Gelbe Seiten“ der Deutschen Telekom Medien GmbH,
   - Branchenverzeichnisse;
3. externe Informationsmöglichkeiten für Bezugsquellen wie z. B.
   - Ausstellungen und Messen,
   - Fachzeitschriften, Kataloge, Prospekte;
4. externe Informationsstellen für Bezugsquellenverzeichnisse wie z. B.
   - Industrie- und Handelskammer,
   - Wirtschaftsverbände.

2.3.3 Beschaffungsablauf

67 Erläutern Sie den Ablauf der Beschaffung!

Bei der Beschaffung fallen i.d.R. folgende Arbeiten an:

1. im **Lager,**
   - Feststellen des Bedarfs (anhand der Lagerkartei bzw. -datei, Fertigungsplanung),
   - Bedarfsmeldung an die Einkaufsabteilung (mit Artikelbezeichnung, Artikelnummer, Fabrikat, Qualitätsbezeichnung, DIN-Angaben u.a.);
2. im **Einkauf,**
   - Abstimmung mit der Einkaufsplanung (Einkaufsbudget),
   - Bezugsquellenermittlung,
   - Einholen von Angeboten,
   - Angebotsvergleich,
   - Bestellung (Durchschläge an Warenannahme, Lager, Rechnungsprüfung),
   - Auftragsbestätigung vom Lieferanten,
   - Terminüberwachung (z.B. mit Hilfe von Bestellkartei, -datei, -buch, Terminmappe, Terminkalender),
   - Mahnung bei Lieferungsverzögerung (Lieferungsverzug);
3. in der **Warenannahme** (Stoffeingang),
   - Überprüfung der Sendung in Gegenwart des Überbringers anhand der Warenbegleitpapiere (Lieferschein, Frachtbrief) und der Bestellung in Bezug auf Anschrift, Absender, Stückzahl, Gewicht, Schäden an der Verpackung,
   - schriftliche Bestätigung von Schäden an der Verpackung bzw. von Mängeln an den Waren (Stoffen) durch den Überbringer (Annahme unter Vorbehalt, u.U. Annahmeverweigerung),
   - Quittieren des Empfangs,
   - Ausstellung des Wareneingangsscheins (Durchschläge an bestellende Abteilung, Rechnungsprüfung, Einkauf) und des Materialbegleitscheins (für das Lager);
4. im **Lager,**
   - unverzügliche Prüfung der Waren (Stoffe) auf Mängel (bei großen Mengen genügt es, die Ware durch Stichproben zu überprüfen),
   - Vergleich der Lieferung mit der Bestellung (Versandanzeige, Rechnung),
   - Einsortieren der Waren (Stoffe),
   - Verbuchung des Stoffeingangs auf Lagerfachkarten und in der Lagerkartei bzw. -datei;

5. im **Einkauf,**
- Überprüfung der ordnungsgemäßen Vertragserfüllung anhand des Wareneingangsscheins und der übrigen Einkaufsunterlagen,
- Eintragung des Wareneingangs in die Bestellkartei bzw. -datei,
- Überprüfung der sachlichen und rechnerischen Richtigkeit der Eingangsrechnung anhand der Bestellung und des Wareneingangsscheins (u. U. in der Abteilung Rechnungsprüfung),
- Anweisung zur rechtzeitigen Zahlung der Eingangsrechnung.

2.3.4 Angebotsvergleich

68 Nennen Sie Kriterien für Angebotsvergleiche!

Der **Angebotsvergleich** bezieht sich zunächst auf die im Angebot enthaltenen Angaben (siehe Seite 57) wie Preise, Lieferungs- und Zahlungsbedingungen, Erfüllungsort, Bindung an das Angebot.

Weitere Beurteilungskriterien sind:
- Zuverlässigkeit des Lieferers,
- gleich bleibende Qualität der Erzeugnisse,
- Kundendienst und Garantieleistungen,
- Abwicklung von Reklamationen,
- Streuung des Beschaffungsrisikos.

Nach Auswahl der geeigneten Lieferer erfolgt die endgültige Entscheidung über die Bezugsquelle durch eine vergleichende Bezugskalkulation (siehe Seite 530 und 564 ff.).

2.3.5 Vertragsabschluss und Vertragsüberwachung

69 Was ist ein Vertragsabschluss?

Bei der Materialbeschaffung werden i. d. R. Kaufverträge abgeschlossen, welche durch Antrag (z. B. Angebot, Bestellung) und Annahme (z. B. Bestellung, Auftragsbestätigung) zustande kommen.

Zu beachten sind vor allem die Vorschriften für:
- Rechtsgeschäfte (siehe Seite 51 ff.),
- Kaufverträge (siehe Seite 54 ff.),
- sonstige Verträge (siehe Seite 67 f.).

70 Was ist bei einer Bestellung zu beachten?

Bei einer **Bestellung** sind folgende Sachverhalte zu beachten:
- Die **unveränderte Bestellung** bewirkt das Zustandekommen des Kaufvertrages (die Bestellung ist die Annahme des vorangegangenen Angebots);
- die **abgeänderte Bestellung** (d. h. Inhalte des Angebots wie z. B. die Preise, werden geändert) ist ein neuer Antrag, der

13 Groh/Schröer – ISBN 3-8120-0420-8

für das Zustandekommen des Kaufvertrages vom Partner angenommen werden muss (siehe Seite 55);

- die **verspätete Bestellung** stellt einen neuen Antrag dar;
- die Bestellung ist rechtlich bindend und die Bindung erlischt nur bei rechtzeitigem **Widerruf** (siehe Seite 55).

71 Welche Bedeutung hat die Auftragsbestätigung?

Die Auftragsbestätigung ist die Annahme bzw. die Bestätigung einer Bestellung (siehe Seite 56).

72 Was ist bei der Überwachung der Liefertermine zu beachten?

Bei den **Lieferterminen** sind folgende Sachverhalte zu beachten:

- Die Liefertermine sind ständig zu überwachen, z. B. mit Hilfe von Terminkalender, Terminkartei, Terminordner und Datenverarbeitungsprogramm;
- bei Überschreiten der Liefertermine ist der Lieferer zu mahnen (Anmahnung), damit die Rechte aus dem Lieferungsverzug geltend gemacht werden können (siehe Seite 65 f.).

73 Nennen Sie die Bestandteile des Lieferscheines!

Der **Lieferschein** ist ein Begleitpapier der Warensendung; er enthält

- Angaben über die Ware wie z. B. Artikelbezeichnung, Artikel- bzw. Bestellnummer, Menge;
- Anschriften von Absender und Empfänger;
- Lieferdatum;
- Empfangsbestätigung, d. h., der Empfänger bestätigt die Annahme der Ware.

74 Nennen Sie die Bestandteile der Rechnung!

Die **Rechnung** ist eine detaillierte Aufstellung über eine Geldforderung für eine Warenlieferung oder für eine sonstige Leistung; sie enthält

- Angaben über die gelieferte Ware, Absender, Empfänger und Lieferdatum;
- Rechnungsdatum, Kundennummer, Auftragsnummer;
- Einzelpreise, Brutto- und Nettorechnungsbetrag, Mehrwertsteuer;
- Zahlungsbedingungen.

75 Was ist bei Reklamationen zu beachten?

Reklamationen beim Wareneinkauf sind notwendig bei

- Lieferungsverzug (siehe Seite 65 f.),
- Lieferung mangelhafter Ware (siehe Seite 63 f.).

2.4 Stoffeannahme und Stoffeprüfung

76 Unterscheiden Sie Bedarfs- und Eingangsmeldung!

Die **Bedarfsmeldung** wird durch das Lager erstellt und an den Einkauf weitergeleitet; sie enthält Artikelbezeichnung, Artikelnummer, Fabrikat, Qualitätsbezeichnung und Menge der zu bestellenden Stoffe.

Die **Eingangsmeldung** wird i. d. R. durch die Abteilung Stoffeingang bzw. Warenannahme erstellt; sie wird in Form von Durchschlägen an die vom Wareneingang betroffenen Abteilungen weitergeleitet (z. B. Lager, Einkauf, Rechnungsabteilung).

77 Was ist bei der Annahme eingehender Stoffe zu beachten?

Bei der Annahme von eingehenden Stoffen **(Stoffeannahme, Warenannahme)** sind in Anwesenheit des Anlieferers folgende Sachverhalte zu beachten:

- Zu prüfen sind Begleitpapiere, Lieferzeitpunkt, Stückzahl, Verpackung und Anschrift;
- bei einer offensichtlich falschen Anschrift wird die Annahme der Stoffe verweigert;
- Schäden an der Verpackung lässt man sich durch den Anlieferer bestätigen;
- weicht die Stückzahl der Sendung von der Stückzahl auf dem Lieferschein ab, lässt man sich dies bestätigen;
- eine offensichtliche Falschlieferung kann man entweder ablehnen oder unter Vorbehalt annehmen.

78 Welche rechtliche Wirkung hat die Stoffeannahme?

Mit der Anlieferung der Stoffe erfüllt der Lieferer einen Teil des Verpflichtungsgeschäftes aus dem Kaufvertrag, nämlich die Lieferung der Stoffe.

Mit der Annahme der Stoffe erfüllt der Käufer einen Teil seiner Verpflichtung aus dem Kaufvertrag. Die Annahme schließt jedoch nicht aus, dass der Käufer Rechte aus der Lieferung mangelhafter Ware geltend machen kann (siehe Seite 64).

79 Wie erfolgt die Prüfung von Stoffen?

Die **Prüfung** von gelieferten **Stoffen** (die unverzüglich erfolgen muss, um Ansprüche aus der Lieferung mangelhafter Ware geltend machen zu können) wird unterschieden in Abhängigkeit von

1. der Erkennbarkeit der Mängel,
   - offener Mangel, ist bei einer Prüfung sofort erkennbar;
   - versteckter Mangel, ist nur durch spezielle Prüfverfahren festzustellen;
2. der durchführenden Prüfstelle,
   - interne Prüfstelle, z. B. betriebseigene Material- bzw. Werkstoffprüfung;

- externe Prüfstelle, z.B. staatliche oder private Institute zur Durchführung von Werkstoffprüfungen;

3. der angewandten Methode (siehe Seite 231),
   - 100%ige Kontrolle;
   - Stichprobenkontrolle;
4. des angewandten Verfahrens,
   - mechanische, physikalische oder chemische Prüfung.

2.5 Rechnungsprüfung

80 Was ist bei der Rechnungsprüfung zu beachten?

Bei der **Rechnungsprüfung** (Prüfung von Eingangsrechnungen) ist Folgendes zu beachten:

- Unterlagen sind insbesondere Bestellung, Eingangsmeldung (Wareneingangsschein), Lieferschein und Rechnung;
- sachliche Prüfung durch Vergleichen der Unterlagen im Hinblick auf Menge, Lieferungs- und Zahlungsbedingungen sowie der Art der gelieferten Stoffe;
- rechnerische Prüfung, d.h. Kontrolle der in Rechnung gestellten Einzelpreise, der Gesamtpreise, des Nettorechnungsbetrages, der Mehrwertsteuer, des Bruttorechnungsbetrages, der Preisnachlässe und des Zahlungsbetrages;
- Mengen- und Wertdifferenzen werden mit dem Lieferer abgestimmt und beseitigt;
- Freigabe der Rechnung zur Zahlung (Fristen bei Skontogewährung sind zu beachten).

2.6 Lagerung

2.6.1 Lagerhaltung und Lagerorganisation

81 Welche Aufgaben hat die Lagerhaltung?

Aufgaben der **Lagerhaltung** (Lagerfunktionen) sind:

- Sicherung der Liefer- und Produktionsbereitschaft (Sicherungsfunktion);
- Zeitausgleich, Zeit zwischen Lieferung und Bedarf bzw. zwischen Produktion und Absatz wird überbrückt (Pufferfunktion);
- Mengenausgleich, Lager schafft einen Ausgleich zwischen der beschafften und der nach und nach benötigten Menge bzw. zwischen der Produktions- und Absatzmenge (Pufferfunktion);
- Ausnutzung von Preisvorteilen, z.B. Ausnutzung von Sonderangeboten und Mengenrabatten, Kauf auf Vorrat vor erwarteten Preissteigerungen (Spekulationsfunktion).

82 Nennen Sie die Arten der Lager!

Lager im Industriebetrieb können unterschieden werden

1. nach der betrieblichen Funktion
   - Materiallager (Beschaffungsbereich),
   - Halbfabrikate- bzw. Zwischenlager (Produktionsbereich),
   - Fertigfabrikatelager (Absatzbereich);

2. nach der Art der gelagerten Güter, z.B.
   - Lager für Roh-, Hilfs- und Betriebsstoffe,
   - Lager für Handelswaren und Fremdbauteile (Zulieferteile),
   - Ersatzteillager;
3. nach der Bedeutung für die Fertigung,
   - Haupt- und Nebenlager,
   - Zwischen- und Handlager;
4. nach dem innerbetrieblichen Lagerort,
   - zentrales Lager,
   - dezentrales Lager;
5. nach der Art der Lagerung,
   - Lagerung nach festen Plätzen,
   - Lagerung nach freien Plätzen;
6. nach dem Eigentümer der Lagerräume,
   - Eigenlager,
   - Fremdlager,
   - Kommissionslager (siehe Seite 261).

83 Unterscheiden Sie Zwischen- und Handlager!

Das **Zwischenlager** dient dazu, Schwankungen, die beim Fertigungsablauf auftreten, auszugleichen.

Handlager stellen ständig benötigte Kleinmaterialien zur direkten Übernahme in die Produktion bereit.

84 Unterscheiden Sie zentrale und dezentrale Lagerung!

Bei der **zentralen Lagerung** werden die gesamten Vorräte eines Betriebes an einem Ort gelagert. Dieser sollte verkehrstechnisch günstig zwischen den einzelnen Produktionsstätten (bzw. Verkaufsstätten) liegen.

Bei der **dezentralen Lagerung** werden die Vorräte an verschiedenen Orten gelagert. Sie kann erfolgen in Form der

- räumlichen Dezentralisation (Lager in Zweigwerken oder an räumlich getrennten Orten in einem Unternehmen),
- sachlichen Dezentralisation (z.B. verschiedene Lager für bestimmte Lagergüter).

Zentrale und dezentrale Lagerung können auch kombiniert werden, z.B. werden eingerichtet

- ein zentrales Hauptlager (Materiallager für alle Produktionsstätten),
- mehrere dezentrale Nebenlager und Handlager (Speziallager für die einzelnen Produktionsabteilungen, Lager für Kleinmaterialien).

85 Nennen Sie Vorteile der zentralen Lagerung!

Vorteile der zentralen Lagerung sind:

- niedrige Raum- und Lagerverwaltungskosten,
- gute Übersicht und Kontrolle über den gesamten Lagerbestand,
- geringer Bestellaufwand.

86 Nennen Sie Vorteile der dezentralen Lagerung!

Vorteile der dezentralen Lagerung sind:

- geringe innerbetriebliche Transportkosten,
- kurze Transportwege,
- geringer Zeitverlust durch Aufbewahrung der Lagergüter in der Nähe des Verbrauchs.

87 Unterscheiden Sie Lagerung nach festen und nach freien Plätzen!

Bei der **Lagerung nach festen Plätzen** ist für jedes Lagergut entsprechend dem Lagerplan ein fester Lagerplatz vorgegeben. Ein Vorteil liegt darin, dass das benötigte Material – auch ohne den Einsatz der Datenverarbeitung – einfach und schnell gefunden werden kann.

Bei der **Lagerung nach freien Plätzen** („chaotische Lagerung") wird jedes Lagergut dort untergebracht, wo gerade Platz ist, d. h., es gibt keine festen Lagerplätze und der Lagerplan ändert sich ständig. Ein Vorteil liegt darin, dass die Lagerung insgesamt Platz sparender wird; allerdings setzt diese Form der Lagerung den Einsatz der Datenverarbeitung voraus, da sonst die benötigten Materialien nur mit großem Zeitaufwand gefunden werden können.

88 Unterscheiden Sie Eigen- und Fremdlager!

Nach dem Eigentümer der Lagerräume unterscheidet man

- **Eigenlager,** die Lagerräume sind Eigentum des Industriebetriebes;
- **Fremdlager,** die Lagerräume sind in fremdem Eigentum (z. B. gemietete Lagerräume, Lagerung bei einem Lagerhalter).

89 Wer ist Lagerhalter?

Der **Lagerhalter** übernimmt als selbstständiger Kaufmann gewerbsmäßig die Lagerung und Aufbewahrung von Gütern.

Zu den Pflichten des Lagerhalters gehören: Prüfungspflicht, Haftpflicht, Sorgfaltspflicht, Versicherungspflicht, Quittungspflicht (Lagerschein), Herausgabepflicht, Benachrichtigungspflicht (bei zu befürchtender Qualitätsverschlechterung der Ware).

Er hat Recht auf Entschädigung (Lagergeld und Auslagen), gesetzliches Pfandrecht (z. B. bei Nichtzahlung der Lagermiete) und Kündigungsrecht.

90 Nennen Sie Grundsätze der Lagerhaltung!

Grundsätze der Lagerhaltung sind:

- Anpassung der Räume und Einrichtungsgegenstände an die Eigenart der Lagergüter (z. B. trockene Lagerung von Metallen, ordnungsgemäße Lagerung von Gefahrstoffen),
- Übersichtlichkeit und Ordnung (d. h. vor allem Kennzeichnung und Aufbewahrung nach einem Lagerplan),
- Geräumigkeit (erleichtert die Lagerarbeiten),
- Anwendung des geeigneten Lagerverfahrens (z. B. in Form von Stapelkästen, Paletten, Silos),

- Bereitstellung der geeigneten Transporteinrichtungen (z. B. Gabelstapler, Kräne, Transportbänder) und der sonstigen Geräte und Hilfsmittel (z. B. Wiege- und Messeinrichtungen, Klimaanlagen),
- Sicherungsvorkehrungen (z. B. gegen Diebstahl, Feuer),
- Pflege der Lagergüter,
- vollständige und ordnungsgemäße Lageraufzeichnungen mit Hilfe von Organisationsmitteln (Lagerdatei, Lagerfachkarten; Materialeingangs-, Materialentnahme- und Materialrücklieferungsscheine).

91 Welche Kosten entstehen durch die Lagerhaltung?

Folgende **Lagerkosten** werden unterschieden:

- Kosten der Lagerräume, z. B. Abschreibungen auf Gebäude und Einrichtungsgegenstände, Verzinsung des investierten Kapitals, Energie- und Instandhaltungskosten, Versicherungsprämien;
- Kosten der Lagervorräte, z. B. Verzinsung des investierten Kapitals, Versicherungsprämien, Aufwendungen für Schwund, Diebstahl und Verderb der Lagergüter;
- Kosten der Lagerverwaltung, z. B. Gehälter und Löhne für die im Lager beschäftigten Mitarbeiter, Kosten der Organisationsmittel.

92 Was versteht man unter Wertanalyse?

Wertanalyse ist eine spezielle Methode, um in allen Unternehmensbereichen bessere Ergebnisse zu erzielen; dies ist möglich durch eine Erhöhung der Erlöse und/oder durch eine Senkung der Kosten.

Die Wertanalyse wird nach folgendem Schema durchgeführt:

- Problemstellungsphase (z. B. Zielvorgabe, Ermittlung des Ist-Zustandes),
- Suchphase (z. B. Sammeln von Lösungsvorschlägen unter Einsatz von Kreativitätstechniken wie z. B. Brainstorming),
- Beurteilungsphase (Analyse der Lösungsvorschläge in Bezug auf ihre technische Realisierbarkeit und ihre Wirtschaftlichkeit),
- Entscheidungsphase (Auswahl der in Frage kommenden Alternativen durch die Unternehmensleitung),
- Realisierungsphase (entsprechend dem aufgestellten Ablaufplan werden die ausgewählten Alternativen in den einzelnen Abteilungen verwirklicht),
- Kontrollphase (Überwachung der Maßnahmen durch Soll-Ist-Vergleiche).

In der Materialwirtschaft kann nur die Kostensenkung das Ziel der Wertanalyse sein. Das Ergebnis einer Wertanalyse kann z. B. die Einführung des Just-in-time-Verfahrens oder die Einrichtung eines Hochregallagers sein.

93 Was versteht man unter ABC-Analyse?

Die **ABC-Analyse** ist ein Hilfsmittel um festzustellen, welchen Materialien bei der Beschaffung und bei der Lagerung besondere Aufmerksamkeit zu widmen ist. Dabei werden die Materialien in die drei Gruppen A, B und C eingeteilt. Dabei stellen A-Güter Materialien mit hohem Wertanteil, jedoch niedrigem Mengenanteil, C-Güter Materialien mit niedrigem Wertanteil und hohem Mengenanteil dar; B-Güter liegen dazwischen.

Bei der Beschaffung der A-Güter ist besonders auf günstige Einstandspreise sowie Liefer- und Zahlungsbedingungen zu achten (siehe auch Seite 571).

Ein mögliches Schema für die ABC-Analyse kann sein:

Materialart	Wertanteil in %	Mengenanteil in %
A-Güter	etwa 80 %	etwa 10 %
B-Güter	etwa 15 %	etwa 20 %
C-Güter	etwa 5 %	etwa 70 %

94 Nennen Sie weitere Einsatzbereiche der ABC-Analyse!

Die **ABC-Analyse** wird z. B. auch eingesetzt im

- Projektmanagement bei der Einteilung von Projekten in Groß-, Mittel- und Kleinprojekte;
- Marketing bei der Einteilung von Kundengruppen und Absatzgebieten.

95 Wovon ist die Lagergröße abhängig?

Die **Lagergröße** sollte i. d. R. so beschaffen sein, dass die optimale Beschaffungsmenge sowie der eiserne Bestand aufgenommen werden können.

Sie ist außerdem abhängig von:

- dem Wirtschaftszweig („lagerbetonte“ bzw. „lagerlose“ Betriebe),
- der Betriebsgröße,
- dem Produktionsprogramm und dem Fertigungsverfahren,
- den mengen- und zeitmäßigen Schwankungen zwischen Beschaffung und Fertigung,
- den mengen- und zeitmäßigen Schwankungen zwischen Fertigung und Absatz,
- der Lagerumschlagshäufigkeit.

96 Welche Lagerrisiken werden unterschieden?

Man unterscheidet

- **Lagerrisiken,** gegen die eine Absicherung durch spezielle Versicherungen möglich ist (z. B. Brand, Diebstahl, Wasserschäden);
- Lagerrisiken, gegen die sich das Unternehmen nicht versichern kann (mengen- und wertmäßige Verluste, die entstehen durch Verderb, Schwund, Mode- und Geschmackswandel); zur Verringerung dieser Lagerrisiken ist eine laufende und genaue Lagerkontrolle erforderlich.

97 Was versteht man unter automatischer Lagerung?

Unter **automatischer Lagerung** versteht man die Erfassung und Steuerung aller Vorgänge mit Hilfe von Datenverarbeitungsanlagen ohne den Einsatz menschlicher Arbeit. Sie setzt eine automationsgerechte Lagereinrichtung und Lagerorganisation voraus (z. B. Platz sparende Hochregallager).

Sie regelt automatisch

- die Einlagerung der Lagergüter,
- die Ausgabe der Lagergüter,
- den Materialfluss zwischen Lager und Fertigung.

2.6.2 Lagerverwaltung (Materialverwaltung)

98 Wie erfolgt die Kontrolle der Lagerbestände?

Die Kontrolle der Lagerbestände **(Lagerkontrolle)** erfolgt in Form der

1. Qualitätskontrolle (ständige Überprüfung der Qualität verderblicher Lagergüter);
2. Mengen- und Wertkontrolle,
   - Lagerdatei (Lagerbuchführung),
   - Lagerfachkarten,
   - Bestandsaufnahme (Stichtagsinventur, Inventurvereinfachungsverfahren).

99 Was versteht man unter Lagerbuchführung?

Die **Lagerbuchführung** (Lagerkartei bzw. -datei)

- dient der Feststellung der eingehenden, vorhandenen und ausgehenden Materialien (unterschieden nach Art, Menge und oft auch Wert) durch eine fortlaufende und lückenlose Erfassung der Lagerbewegungen;
- erfasst Sollbestände, die regelmäßig mit den Istbeständen der Inventur verglichen werden müssen;
- enthält Mindest- und Meldebestände der einzelnen Materialien.

100 Nennen Sie Gründe für Abweichungen zwischen Soll- und Istbestand!

Gründe für Abweichungen zwischen **Soll- und Istbestand** können sein:

- für eine Materialentnahme wurde kein Materialentnahmeschein ausgestellt (Sollbestand > Istbestand);
- ein ausgestellter Materialentnahmeschein wurde in der Lagerbuchführung nicht erfasst (Soll > Ist);
- Diebstahl, Schwund und Verderb von Stoffen werden nicht bemerkt bzw. nicht erfasst (Soll > Ist);
- eine Materialentnahme wird in der Lagerbuchführung doppelt erfasst (Ist > Soll);
- ein Materialzugang wurde in der Lagerbuchführung nicht erfasst (Ist > Soll);
- ein Materialzugang wurde in der Lagerbuchführung doppelt erfasst (Soll > Ist).

101 Welche Bedeutung hat die Lagerfachkarte?

Die **Lagerfachkarte** wird am Lagerort der einzelnen Materialien geführt. Sie enthält

- Lagerbewegungen, d.h. Zu- und Abgänge;
- Bestände, d.h. Lagervorräte und Mindestbestände (Istbestände können so mit den Sollbeständen verglichen werden).

102 Nennen Sie Belege der Lagerbuchführung!

Wichtige Belege der Lagerbuchführung sind:

- **Materialbegleitschein** bzw. Materialeingangsschein (z.B. Lieferschein), Grundlage für die Buchung der Zugänge;
- **Materialentnahmeschein,** Grundlage für die Buchung der Materialabgänge;
- **Materialrückgabeschein** (Materialrücklieferungsschein), Beleg für nicht verbrauchtes und an das Lager zurückgegebenes Material.

103 Unterscheiden Sie Stichtagsinventur, verlegte Inventur und permanente Inventur!

Inventur ist die mengen- und wertmäßige Ermittlung der Istbestände durch Messen, Zählen, Wiegen; sie muss mindestens einmal im Jahr durchgeführt werden (i. d. R. zum Bilanzstichtag, **Stichtagsinventur**).

Das HGB unterscheidet folgende **Inventurvereinfachungsverfahren:**

- **Stichprobeninventur,** alle Stichprobenverfahren sind zulässig, die den Grundsätzen ordnungsmäßiger Buchführung entsprechen;
- **verlegte Inventur,** die Bestandsaufnahme kann ganz oder teilweise innerhalb der letzten drei Monate vor oder innerhalb der beiden ersten Monate nach dem Ende des Geschäftsjahres vorgenommen werden (erfordert eine ordnungsgemäße Lagerbuchführung, die eine Vor- bzw. Rückrechnung auf den Bilanzstichtag erlaubt);
- **permanente Inventur,** die Bestände werden während des ganzen Geschäftsjahres nach einem Inventurplan überprüft und mit den Sollbeständen der Lagerbuchführung verglichen; die Feststellung der Bestände am Bilanzstichtag erfolgt mit Hilfe der fortlaufend berichtigten Lagerbuchführung. Jeder Vermögensgegenstand muss einmal jährlich erfasst werden.

Die Vorbereitung, Durchführung und Auswertung der Inventur werden wesentlich erleichtert durch den Einsatz einer computergestützten Lagerverwaltung, welche z.B. auch ein Baustein von CIM sein kann (siehe Seite 220f.).

2.6.3 Just-in-time-Verfahren

104 Was versteht man unter Just-in-time-Verfahren?

Im Rahmen der Beschaffungslogistik werden beim **Just-in-time-Verfahren** die benötigten Materialien so beschafft, dass sie zu dem Zeitpunkt im Betrieb angeliefert werden, zu dem sie im Produktionsprozess benötigt werden; man spricht von fertigungssynchroner Beschaffung. Das Just-in-time-Verfahren ist ein wichtiger Bestandteil der Lean production (siehe Seite 222 f.).

Das Just-in-time-Verfahren wird vor allem bei der Großserien- und Massenfertigung eingesetzt. Grundvoraussetzung für seine Anwendung ist eine starke Position des Abnehmers gegenüber dem Lieferanten, denn nur dann wird sich der Lieferant zu diesem Verfahren verpflichten lassen.

105 Nennen Sie Vor- und Nachteile des Just-in-time-Verfahrens!

Vorteile für den Abnehmer sind:

- Einsparung von Lagerkosten (Vorratshaltung entfällt),
- Verminderung der Kapitalbindung.

Nachteile für den Abnehmer sind:

- hoher Planungs- und Dispositionsaufwand,
- Gefahr der Lieferungsverzögerung (z. B. bei Streik, Glatteis) und damit Gefahr der Produktionsverzögerung bzw. des Produktionsausfalls,
- hohe Abhängigkeit vom Lieferanten bezüglich des betreffenden Materials.

Vorteile für den Lieferer sind:

- Aufbau einer dauerhaften Geschäftsbeziehung zum Abnehmer bei zuverlässiger Vertragserfüllung,
- Sicherung der Produktion.

Nachteile für den Lieferer sind:

- Abhängigkeit vom Abnehmer (u. U. werden rigorose Preise diktiert),
- Risiko des Lieferungsverzugs (u. U. muss eine Vertragsstrafe gezahlt werden),
- Einrichtung von zusätzlichen Lagern in der Nähe des Abnehmers (es entstehen zusätzliche Lagerkosten).

Gesamtwirtschaftliche Auswirkungen sind:

- mögliche Verlagerung des Materialtransports von der Straße auf Schienen- und Wasserwege (Schonung der Umwelt),
- verstärkter Lkw-Verkehr und damit zunehmende Umweltbelastung.

106 Was sind Fehlmengenkosten?

Fehlmengenkosten entstehen, wenn der Materialbedarf nicht gedeckt wird, d. h., in der Produktion fehlen benötigte Materialien. Die Fehlmengen umfassen insbesondere:

- Stillstandskosten in der Produktion (z. B. werden Löhne und Gehälter weiterbezahlt),
- Zahlung von Konventionalstrafen an eigene Kunden,
- Imageverlust bei den Kunden.

2.6.4 Lagerkennzahlen

107 Was sind Lagerkennzahlen?

Lagerkennzahlen (siehe auch Seite 568 f.) erleichtern die Überwachung der Wirtschaftlichkeit im Lager; sie liefern Grundlagen für eine optimale Lagerhaltung.

Man unterscheidet:

1. **Lagerbestandsgrößen,**
   - eiserner Bestand,
   - Meldebestand,
   - Höchstbestand,
   - durchschnittlicher Lagerbestand,
   - optimaler Lagerbestand;
2. **Lagermesszahlen,**
   - Lagerumschlagshäufigkeit,
   - Lagerdauer,
   - Lagerzinssatz.

108 Was ist der eiserne Bestand?

Der **eiserne Bestand** (Mindest- oder Reservebestand) ist diejenige Vorratsmenge, die ständig auf Lager sein muss, um auch bei unvorhergesehenen Störungen (z. B. Lieferschwierigkeiten des Zulieferers) eine reibungslose Abwicklung des Betriebsgeschehens zu ermöglichen.

109 Was ist der Meldebestand?

Der **Meldebestand** ist der Lagerbestand, bei dessen Erreichen neu bestellt werden muss. Er muss so groß sein, dass unter Berücksichtigung des Verbrauchs und der Bestell- und Lieferzeit der eiserne Bestand nicht angegriffen wird.

$$\text{Meldebestand} = \text{eiserner Bestand} + (\text{Tagesverbrauch} \cdot \text{Lieferzeit})$$

Beispiel:

durchschnittlicher Verbrauch eines Werkstoffes pro Tag:	10 Stück
Lieferzeit:	15 Tage
Mindestbestand:	50 Stück
Bestellmenge:	300 Stück

Lösung:

Meldebestand = 50 + (10 · 15) = 200 Stück

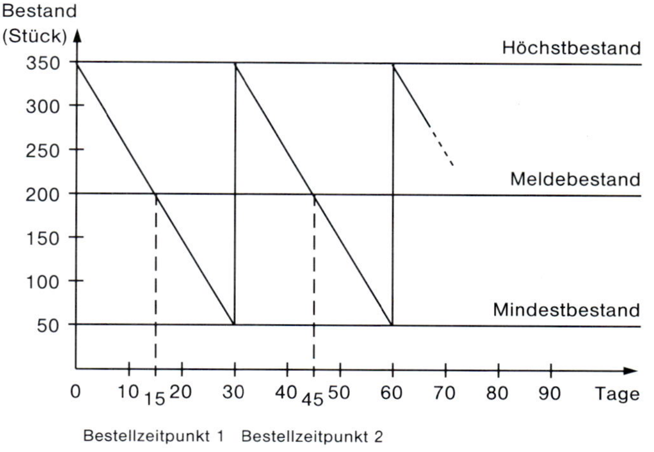

110 Wie wird der durchschnittliche Tagesverbrauch berechnet?

Der **durchschnittliche Tagesverbrauch** eines Werkstoffes kann mit Hilfe der Lagerdatei berechnet werden:

- Verbrauch je Periode = Anfangsbestand + Zugänge − Endbestand;
- $$\text{durchschnittlicher Tagesverbrauch} = \frac{\text{Verbrauch je Periode}}{\text{Anzahl der Tage (der Periode)}}.$$

111 Welche Bedingungen führen zu einer Veränderung des Meldebestands?

Der Meldebestand muss erhöht werden (unter der Annahme, dass die restlichen Größen unverändert bleiben) z. B., wenn

- der eiserne Bestand erhöht wird (z. B. wurde er in der Vergangenheit mehrfach in Anspruch genommen),
- der Tagesverbrauch steigt (z. B. infolge erhöhter Produktion),
- die Lieferzeit sich erhöht (z. B. infolge eines Lieferantenwechsels).

112 Was versteht man unter dem Höchstbestand?

Der **Höchstbestand** (Höchstlagerbestand) wird beim Eintreffen neuer Stoffe erreicht; er darf aus Kosten- und aus Platzgründen nicht überschritten werden.

Höchstbestand = eiserner Bestand + Stoffeingang

113 Was besagt der durchschnittliche Lagerbestand?

Der **durchschnittliche Lagerbestand** gibt an, wie hoch die Vorräte durchschnittlich im Laufe eines Geschäftsjahres sind. Er kann berechnet werden

- als Mengengröße (z. B. Stück, kg, m),
- als Wertgröße (in DM) mit Hilfe der Einstands- bzw. Bezugspreise.

Der durchschnittliche Lagerbestand kann aufgrund von Jahres- bzw. Monatsinventuren wie folgt ermittelt werden:

$$\text{Durchschnittlicher Lagerbestand} = \frac{\text{Jahresanfangsbestand} + \text{Jahresendbestand}}{2}$$

$$\text{Durchschnittlicher Lagerbestand} = \frac{\text{Jahresanfangsbestand} + \text{12 Monatsendbestände}}{13}$$

114 Was versteht man unter dem optimalen Lagerbestand?

Der **optimale Lagerbestand**

- ermöglicht einen reibungslosen Betriebsablauf,
- verursacht möglichst geringe Lagerkosten,
- muss mit der optimalen Bestellmenge abgestimmt werden.

115 Was besagt die Lagerumschlagshäufigkeit?

Die **Lagerumschlagshäufigkeit** gibt an, wie oft der durchschnittliche Lagerbestand (als Mengen- oder Wertgröße) in einem bestimmten Zeitraum (i. d. R. ein Jahr) umgesetzt wurde.

$$\text{Umschlagshäufigkeit} = \frac{\text{Jahresverbrauch (Stück, kg, m)}}{\text{durchschnittlicher Lagerbestand}}$$

$$\text{Umschlagshäufigkeit} = \frac{\text{Jahresmaterialeinsatz (zu Einstandspreisen)}}{\text{durchschnittlicher Lagerbestand}}$$

$$\text{Umschlagshäufigkeit} = \frac{\text{Jahreswareneinsatz (zu Einstandspreisen)}}{\text{durchschnittlicher Lagerbestand}}$$

Beispiel:

Jahresverbrauch:	30 000 Stück
durchschnittlicher Lagerbestand:	6 000 Stück

Lösung:

$$\text{Umschlagshäufigkeit} = \frac{30\,000}{6\,000} = 5$$

116 Unterscheiden Sie Absatz, Umsatz, Materialeinsatz und Wareneinsatz!

Unter **Absatz** versteht man die Menge (Anzahl) der verkauften Erzeugnisse. Auskunft über die Absatzzahlen gibt die Absatzstatistik.

Umsatz (Warenumsatz) ist der Wert der verkauften Erzeugnisse zum Verkaufspreis. Auskunft über den Umsatz gibt die Umsatzstatistik.

Materialeinsatz ist der Wert der in der Produktion verbrauchten Stoffe zu Einstandspreisen.

Wareneinsatz ist der Wert der verkauften Erzeugnisse zum Einstandspreis (Bezugspreis).

117 Was besagt die durchschnittliche Lagerdauer?

Die **durchschnittliche Lagerdauer** gibt an, wie viel Tage ein Lagergut im Durchschnitt gelagert wird.

$$\text{Durchschnittliche Lagerdauer} = \frac{360 \text{ (Tage)}}{\text{Umschlagshäufigkeit}}$$

Beispiel:

Umschlagshäufigkeit: 5

Lösung:

$$\text{Durchschnittliche Lagerdauer} = \frac{360 \text{ Tage}}{5} = 72 \text{ Tage}$$

118 Was besagt der Lagerzinssatz?

Der **Lagerzinssatz** dient (als Zeitzinssatz) der Berechnung der Zinsen (kalkulatorische Zinsen) für das in den durchschnittlich gelagerten Vorräten gebundene Kapital. Bei der Berechnung des Lagerzinssatzes wird ein bankenüblicher Jahreszinssatz zugrunde gelegt.

$$\text{Lagerzinssatz} = \frac{\text{Jahreszinssatz} \cdot \text{durchschnittl. Lagerdauer}}{360}$$

$$\text{Lagerzinssatz} = \frac{\text{Jahreszinssatz}}{\text{Umschlagshäufigkeit}}$$

$$\text{Lagerzinsen} = \frac{\text{durchschnittl. Lagerbest.} \cdot \text{Einstandspreis} \cdot \text{Lagerzinssatz}}{100}$$

Beispiel:

Jahreszinssatz:	12 %
Umschlagshäufigkeit:	5
durchschnittlicher Lagerbestand:	6 000 Stück
Einstandspreis je Stück:	15,00 DM

Lösung:

$$\text{Lagerzinssatz} = \frac{12\,\%}{5} = 2{,}4\,\%$$

$$\text{Lagerzinsen} = \frac{6\,000 \cdot 15 \cdot 2{,}4}{100} = 2\,160{,}00 \text{ DM}$$

119 Welche Bedeutung haben Lagerumschlagshäufigkeit und durchschnittliche Lagerdauer?

Jedes Unternehmen versucht, eine möglichst hohe Lagerumschlagshäufigkeit und damit verbunden eine möglichst geringe durchschnittliche Lagerdauer zu erreichen.

Jede Erhöhung der Umschlagshäufigkeit führt zu einer

- Verkürzung der durchschnittlichen Lagerdauer,
- Verringerung der Kapitalbindung und des Kapitalbedarfs,
- Verringerung der Zins- und Lagerkosten,
- Verminderung der Lagerrisiken (geringere Versicherungsprämien),
- Erhöhung des Gewinns, der Wirtschaftlichkeit und der Rentabilität.

120 Wodurch kann die Lagerumschlagshäufigkeit erhöht werden?

Die Kennziffer **Umschlagshäufigkeit** $= \frac{\text{Materialeinsatz}}{\text{durchschn. Lagerbestand}}$ wird erhöht, wenn

- der Materialeinsatz steigt und der durchschnittliche Lagerbestand unverändert bleibt,
- der Materialeinsatz steigt und der durchschnittliche Lagerbestand abnimmt,
- der Materialeinsatz gleich bleibt und der durchschnittliche Lagerbestand sinkt,
- der Materialeinsatz prozentual stärker steigt als der durchschnittliche Lagerbestand.

Der Materialeinsatz steigt grundsätzlich durch jede Ausweitung der Produktion.

Der durchschnittliche Lagerbestand kann z. B. vermindert werden durch ständige Lagerkontrollen oder durch eine Verkürzung der Lieferzeiten seitens der Lieferanten.

121 Welche Auswirkungen hat eine Verringerung des Lagerbestandes auf die Lagerkennzahlen?

Unter der Voraussetzung eines gleich bleibenden Umsatzes bewirkt eine Verringerung des **Lagerbestandes:**

- eine Erhöhung der Lagerumschlagshäufigkeit,
- eine Verkürzung der durchschnittlichen Lagerdauer,
- eine Verringerung des Lagerzinssatzes und der Lagerzinsen,
- eine Verminderung der Kapitalbindung und des Kapitalbedarfs,
- eine Verminderung der Lagerrisiken,
- eine Erhöhung des Risikos der eigenen Lieferbereitschaft.

2.7 Innerbetriebliche Transportsysteme

122 Was sind innerbetriebliche Transportsysteme?

In der Material- und Produktionswirtschaft sowie zwischen diesen beiden Bereichen müssen Materialien und Güter von einem betrieblichen Ort zu einem anderen betrieblichen Ort transportiert werden. Der innerbetriebliche Transport ist ein Teilbereich der Materiallogistik (siehe Seite 174).

Innerbetriebliche Transportsysteme sind z. B.

- Fahrzeuge (z. B. Sackkarren, Hubwagen, Gabelstapler, Kleintransporter),
- Förderbänder (z. B. Rutschen, Fließbänder),
- Aufzüge und Seilförderer (z. B. Seilbahn),
- Kräne,
- fahrerlose Transportsysteme.

123 Was ist ein fahrerloses Transportsystem?

Unter einem **fahrerlosen Transportsystem** versteht man eine computergesteuerte, automatisierte Fördereinrichtung für Materialien und Güter in der Produktion. Häufig werden dabei Fahrstraßen eingesetzt, welche durch die Datenverarbeitung optimiert und überwacht werden.

2.8 Termin- und Kapazitätsplanung

124 Welche Bedeutung hat die Terminplanung?

Die **Terminplanung** im Rahmen der Materialwirtschaft ist Teilbereich der Materiallogistik, sie

- muss sicherstellen, dass die benötigten Materialien und Güter zur rechten Zeit in der Produktion zur Verfügung stehen;
- soll dazu beitragen, die Bestell- und Lagerkosten zu minimieren (siehe Seite 187 ff.);
- muss mit der Beschaffungsplanung abgestimmt werden (siehe Seite 186 ff.);
- muss mit der Bestellung und Lieferung abgestimmt werden (siehe Seite 186);
- ist von besonderer Bedeutung bei der Anwendung des Just-in-time-Verfahrens (siehe Seite 203);
- wird vielfach computergestützt durchgeführt.

125 Was ist Kapazitätsplanung?

Die **Kapazitätplanung** im Rahmen der Materialwirtschaft befasst sich vor allem mit der Lagerkapazität (Lagergröße). Die Lagerkapazität ist z. B. abhängig von:

- der Betriebsgröße,
- dem Produktionsprogramm,
- dem Fertigungsverfahren,
- der Art der Beschaffung (z. B. Just-in-time-Verfahren),
- den Eigenschaften des Materials (z. B. Lagerfähigkeit),
- dem innerbetrieblichen Lagerort (zentrales bzw. dezentrales Lager),
- der Beschaffungsdauer,
- den mengen- und zeitmäßigen Schwankungen zwischen Beschaffung und Fertigung,
- der Lagerumschlagshäufigkeit,
- den Lagerkosten,
- der Entwicklung auf den Beschaffungsmärkten,
- der Art der Lagerung (z. B. Lagerung nach festen bzw. freien Plätzen),
- der Lagerform (z. B. Hochregallager).

14 Groh/Schröer – ISBN 3-8120-0420-8

3 Produktionswirtschaft

3.1 Aufgaben und Ziele der Produktionswirtschaft

126 Was versteht man unter Produktionswirtschaft?

Die **Produktionswirtschaft** ist im Industriebetrieb der Teilbereich, in dem die betrieblichen Produktionsfaktoren (siehe Seite 100) kombiniert werden mit dem Ziel, Fertigerzeugnisse für den Absatzmarkt herzustellen.

127 Beschreiben Sie die Schnittstellen der Produktionswirtschaft zu anderen Funktionen!

Unter einer **Schnittstelle** versteht man den Übergang von einer betrieblichen Funktion in eine andere. Die Produktionswirtschaft hat z. B. Schnittstellen mit der

- Materialwirtschaft, z. B. gemeinsame Entscheidung über die Beschaffungsplanung,
- Absatzwirtschaft, z. B. Festlegung des Produktionsprogramms in Abhängigkeit vom Absatzmarkt,
- Finanzwirtschaft, z. B. Festlegung des Investitionsplans in Abhängigkeit der Finanzierungsmöglichkeiten,
- Personalwirtschaft, z. B. Planung des Personalbedarfs und des Personaleinsatzes beim Einsatz neuer Fertigungsverfahren.

128 Nennen Sie Aufgaben der Produktionswirtschaft!

Hauptaufgabe der **Produktionswirtschaft** ist die Herstellung von Fertigerzeugnissen, wobei folgende Teilaufgaben unterschieden werden:

- Organisation der Produktionswirtschaft,
- Festlegung des Produktionsprogramms,
- Festlegung des Fertigungsverfahrens,
- Durchführung von Rationalisierungsmaßnahmen,
- Planung, Steuerung und Kontrolle der Fertigung.

129 Nennen Sie Ziele der Produktionswirtschaft!

Ziele der Produktionswirtschaft sind vor allem

- Minimierung der Produktionskosten (z. B. Personal-, Energie-, Materialkosten),
- Maximierung der produzierten Einheiten,
- optimale Kapazitätsauslastung,
- Humanisierung der Arbeit,
- Einsatz umweltgerechter (umweltverträglicher) Fertigungsverfahren,
- Herstellung umweltfreundlicher Produkte.

3.2 Organisation der Produktionswirtschaft

130 Welche Bereiche umfasst die Organisation der Produktionswirtschaft?

Die **Organisation** der Produktionswirtschaft umfasst die

- Aufbauorganisation (z. B. Aufteilung der Fertigung in verschiedene Werke bzw. nach verschiedenen Produkten),
- Ablauforganisation (z. B. Wahl des Fertigungsverfahrens wie Werkstatt- oder Fließfertigung).

3.3 Fertigung

131 Unterscheiden Sie Produktion und Fertigung!

Unter **Produktion** versteht man ganz allgemein den betrieblichen Leistungsprozess (Kombination von Produktionsfaktoren), d. h., der Begriff der Produktion umfasst alle betrieblichen Bereiche von der Materialwirtschaft bis zur Finanzwirtschaft.

Der Begriff der Produktion wird oft enger gefasst und dem Begriff **Fertigung** gleichgesetzt; er bezieht sich dann nur auf die Produktionswirtschaft.

132 Welche Bedeutung haben Forschung und Entwicklung für die Fertigung?

Forschung und Entwicklung umfasst alle Tätigkeiten, die dem Industriebetrieb neue Erkenntnisse über Produkt- und Verfahrensneuentwicklungen bzw. -verbesserungen geben können. Man unterscheidet z. B.

- Grundlagenforschung (z. B. Entwicklung bisher nicht bekannter Werkstoffe),
- Entwicklung fabrikationsreifer Produkte,
- Entwicklung neuer Fertigungsverfahren,
- Erkundung neuer Anwendungsbereiche für bereits vorhandene Produkte.

Forschung und Entwicklung erfolgen in zunehmendem Maße unter Berücksichtigung des Umweltschutzes.

3.3.1 Produktionsprogramm

133 Was versteht man unter dem Produktionsprogramm?

Das **Produktionsprogramm** umfasst Entscheidungen über

- Produktfeld und Produktgruppe,
- Programmbreite und Programmtiefe,
- Produktionsmenge,
- Produktionszeitraum.

134 Was versteht man unter dem Produktfeld und der Produktgruppe?

Das **Produktfeld** legt langfristig den Bereich (Branche bzw. Branchenzweig) fest, in dem ein Industriebetrieb tätig ist (z. B. Elektroindustrie, Fonoindustrie).

Die **Produktgruppe** legt innerhalb des Produktfeldes die Produkte fest, die vom Betrieb hergestellt werden sollen (z. B. Plattenspieler, Lautsprecherboxen).

135 Was ist Programmbreite?

Die **Programmbreite** (Produktionsbreite)

- legt die Zahl der verschiedenen Erzeugnisarten fest, die ein Industriebetrieb ohne wesentliche Umstellung der Produktionsanlagen herstellen kann,
- ist i. d. R. am Absatzmarkt orientiert,
- wird in breites und enges Produktionsprogramm unterschieden.

136 Was ist Programmtiefe?

Die **Programmtiefe** (Produktionstiefe)

- bringt die Zahl der innerbetrieblichen Produktionsstufen (für die Herstellung der Erzeugnisse erforderliche Bearbeitungsschritte) zum Ausdruck (unter Programmtiefe versteht man auch die Anzahl der Ausführungen innerhalb einer Produktgruppe),
- ist von der Art des Produktes abhängig,
- wird in tiefes und flaches Produktionsprogramm unterschieden.

Werden Produktionsstufen auf andere Betriebe übertragen, liegt Fremdbezug vor (siehe Seite 189 f.).

137 Welche Faktoren bestimmen das Produktionsprogramm?

Das **Produktionsprogramm** wird im Wesentlichen bestimmt durch:

- die augenblickliche Marktsituation und die Absatzerwartung (marktorientiertes Produktionsprogramm),
- das vorhandene Produktionspotential wie z. B. Maschinen, maschinelle Einrichtungen, Arbeitskräfte, technisches Know-how (produktionsorientiertes Produktionsprogramm) und dessen Ausbaumöglichkeiten (Betriebserweiterung),
- die Möglichkeiten der Kapitalbeschaffung,
- die Ergebnisse von Forschung und Entwicklung.

3.3.2 Fertigungsverfahren

138 Welche Arten der Fertigung unterscheidet man (Überblick)?

Man unterscheidet folgende **Arten der Fertigung:**

1. entsprechend dem Einsatz an körperlicher Arbeit:
   - manuelle Fertigung,
   - mechanisierte Fertigung,
   - automatisierte Fertigung;
2. entsprechend der räumlich-organisatorischen Anordnung der Produktionsmittel:
   - Werkstattfertigung (Werkstättenfertigung),
   - Gruppenfertigung,
   - Reihenfertigung (Straßenfertigung),
   - Fließfertigung (Fließband),
   - Baustellenfertigung;

3. entsprechend der Menge der hergestellten Erzeugnisse:
   - Einzelfertigung,
   - Sorten-, Partie- und Chargenfertigung,
   - Serienfertigung,
   - Massenfertigung;
4. entsprechend der technologischen Erzeugung:
   - Urformen,
   - Umformen,
   - Trennen,
   - Fügen.

139 Unterscheiden Sie manuelle, mechanisierte und automatisierte Fertigung!

Bei der **manuellen Fertigung** wird die auszuführende Arbeit vorwiegend von Hand erledigt.

Bei der **mechanisierten Fertigung** wird die menschliche Arbeit teilweise durch Maschinen und maschinelle Einrichtungen ersetzt.

Bei der **automatisierten Fertigung (Automation)** erfolgt die Fertigung durch mehrere hintereinander geschaltete, selbstständig arbeitende Maschinen. Die Lenkung, Steuerung und Kontrolle der Maschinen erfolgt ebenfalls selbstständig durch den Einsatz der automatisierten Datenverarbeitung. Der Mensch übt lediglich überwachende Funktionen aus.

140 Was ist Werkstattfertigung?

Bei der **Werkstattfertigung (Werkstättenfertigung)** sind Betriebsmittel mit gleichartigen Funktionen in einer Werkstatt zusammengefasst (z. B. Dreherei, Fräserei). Sie ist besonders geeignet für Einzel- und Kleinserienfertigung.

Die Fertigung erfolgt nach dem Verrichtungsprinzip, d. h., die Werkstücke müssen von einer Werkstatt zur anderen transportiert werden.

141 Nennen Sie Vor- und Nachteile der Werkstattfertigung!

Vorteile der **Werkstattfertigung** sind:

- einfache Umstellung der Herstellung auf andere Erzeugnisse (große Anpassungsfähigkeit an veränderte Marktsituationen),
- Einsatz von Universalmaschinen (vielseitige Verwendbarkeit),
- Einsatz von Facharbeitern (vielseitig einsetzbar),
- relativ geringe Fixkosten.

Nachteile sind:

- lange Transportwege,
- lange Wartezeiten,
- hohe Lohn- und Lagerkosten,
- intensive Arbeitsvorbereitung,
- nicht geeignet für Großserien- und Massenfertigung.

142 Was ist Gruppenfertigung?

Von der **Gruppenfertigung (Inselfertigung)** spricht man, wenn verschiedenartige, zur Herstellung eines Teilerzeugnisses notwendige Maschinen im gleichen Raum (Fertigungsinsel) zusammengefasst werden, sodass der Transport des Erzeugnisses von einer Werkstatt zur anderen entfällt. Innerhalb jeder Gruppe sind die Maschinen entsprechend der Reihenfolge des Arbeitsablaufes angeordnet. (Die Gruppenfertigung ist eine Kombination der Werkstatt- und Reihenfertigung.)

143 Was ist Reihenfertigung?

Bei der **Reihenfertigung (Straßenfertigung)** werden die Maschinen in der Reihenfolge der Arbeitsverrichtungen hintereinander angeordnet. Es entstehen die Fertigungsstraßen, wie sie beim Maschinenbau häufig anzutreffen sind. Die Arbeitsvorgänge sind zeitlich nur begrenzt aufeinander abgestimmt; der Arbeitnehmer kann in gewissen Grenzen das Arbeitstempo selbst bestimmen.

Die Vorteile liegen in den kurzen Transportwegen und den geringen Verlustzeiten im Arbeitsablauf.

144 Was ist Fließfertigung?

Die **Fließfertigung** stellt eine Verfeinerung der Reihenfertigung dar, indem die Anordnung der Betriebsmittel und der Arbeitsplätze auch in zeitlicher Hinsicht aufeinander abgestimmt wird. Die zu bearbeitenden Stücke werden pausenlos und ohne zeitliche Unterbrechung durch ein Fließband von einem Arbeitsplatz zum anderen transportiert. Der Arbeiter hat keinen Einfluss auf Geschwindigkeit und Rhythmus des Arbeitsablaufs. Im Gegensatz zur Werkstattfertigung führt der (oft nur angelernte) Arbeiter nur sich ständig wiederholende Handgriffe aus.

Wenn der Arbeitsprozess ohne menschliche Eingriffe erfolgt, spricht man von **Automation.**

Die Fließfertigung findet bei der Großserien- und bei der Massenfertigung Anwendung.

145 Was versteht man unter Taktzeit?

Bei der Fließfertigung ist der Fertigungsprozess in zeitlich gleiche Einheiten (Arbeitstakte) eingeteilt; die Zeitspanne vom Beginn einer Arbeitsverrichtung bis zum Beginn der nächsten bezeichnet man als **Taktzeit.**

146 Welche Vor- und Nachteile hat die Fließfertigung?

Vorteile der **Fließfertigung** sind:

- kurze Transportwege,
- keine Wartezeiten,
- keine Zwischenlager,
- übersichtlicher Fertigungsablauf,
- Einsatz ungelernter Hilfskräfte.

Nachteile der Fließfertigung sind

1. für den Arbeitnehmer:
   - Entmenschlichung der Arbeit durch monotone, sich stets wiederholende Handgriffe,
   - Gesundheitsschädigung und geistige Verarmung am Arbeitsplatz,
   - Bedürfnis des Menschen nach selbstständiger Arbeit verkümmert,
   - Kreativität und Erfolgserlebnisse werden systematisch abgebaut;
2. für den Betrieb:
   - hohe Anlageinvestitionen (hoher Fixkostenanteil),
   - geringe Anpassungsmöglichkeiten an Marktveränderungen,
   - hohe Anfälligkeit gegenüber Störungen (z.B. Maschinenschäden).

147 Was ist Baustellenfertigung?

Bei der **Baustellenfertigung** handelt es sich um einen Arbeitsbereich, der während der Fertigungszeit an einen bestimmten Ort gebunden ist (z.B. Brückenbau).

148 Was ist Einzelfertigung?

Bei der **Einzelfertigung** stellt der Betrieb Erzeugnisse her, die sich jeweils voneinander unterscheiden (z.B. Schiffbau). Hierbei handelt es sich fast ausschließlich um **Auftragsfertigung,** d.h., die Fertigung wird aufgrund eines Kundenauftrages durchgeführt.

149 Unterscheiden Sie Sorten-, Partie- und Chargenfertigung!

Wenn aus dem gleichen Grundstoff (z.B. Ton) verschiedene Ausprägungen (Sorten) des gleichen Produktes (z.B. Gartenzwerge) hergestellt werden, spricht man von **Sortenfertigung.** Die verschiedenen Sorten werden in der gleichen Fertigungsfolge und auf denselben Maschinen hergestellt, wobei nur geringe Umrüstungen erforderlich sind.

Sonderformen der Sortenfertigung sind:

- **Partiefertigung,** d.h., Qualitätsunterschiede bei Rohstofflieferungen (z.B. Baumwolle, Kaffee) führen zu Unterschieden bei den Endprodukten; eine einheitliche Rohstofflieferung bezeichnet man als Partie;
- **Chargenfertigung,** d.h., mit gleichem Materialeinsatz werden aufgrund nicht beeinflussbarer Bedingungen beim Produktionsprozess (z.B. Keramikbrennofen) unterschiedliche Ergebnisse erzielt; den jeweiligen Materialeinsatz bezeichnet man als Charge.

150 Was ist Serienfertigung?

Serienfertigung liegt vor, wenn in begrenzten Stückzahlen (Serien) Erzeugnisse hergestellt werden, deren Fertigung mehr oder weniger ähnlich verläuft (z.B. Automobilindustrie). In der

Regel erfordert die Umstellung von einer Serie (Los, Auflage) auf eine andere umfangreiche Umrüstungen.

In Abhängigkeit von der Menge unterscheidet man Groß- und Kleinserienfertigung.

151 Was ist Massenfertigung?

Wird stets das gleiche Produkt in sehr großen Mengen über längere Zeit hinweg produziert, liegt **Massenfertigung** vor (z. B. Herstellung von Zündhölzern). Die Vorteile der Massenfertigung entsprechen denen der Fließfertigung und liegen aufgrund der hohen Produktionszahlen vor allem in der Fixkostendegression (siehe Seite 236).

Bei der Serien- und Massenfertigung liegt meistens **Vorratsfertigung** vor.

152 Was ist Kuppelproduktion?

Bei der **Kuppelproduktion** fallen in einem Fertigungsprozess zwangsläufig mehrere, verschiedenartige Erzeugnisse (Kuppelprodukte) an, z. B. fallen bei der Erdölaufbereitung u. a. Benzin, Gas und Teer an.

153 Unterscheiden Sie Urformen, Umformen, Trennen und Fügen!

Entsprechend der technologischen Erzeugung unterscheidet man bei der Fertigung:

- Urformen, d. h., ein Grundstoff wird verwendet, wie er in der Natur vorkommt;
- Umformen, d. h., ein Grundstoff bleibt erhalten und wird in eine andere Form gebracht;
- Trennen, d. h., ein Grundstoff wird in mehrere Produkte aufgespalten;
- Fügen, d. h., aus verschiedenen Ausgangsstoffen wird ein neues Produkt hergestellt.

3.4 Rationalisierung der Fertigung

154 Was versteht man unter Rationalisierung?

Unter **Rationalisierung** versteht man alle Maßnahmen, die der Verbesserung bestehender betrieblicher Verhältnisse dienen, d. h., das Verhältnis des Einsatzes der Produktionsfaktoren und der sich daraus ergebenden Leistung soll optimiert werden (Rationalprinzip, ökonomisches Prinzip).

Die allgemeinen Ziele der Rationalisierung sind:

- Produktivität,
- Wirtschaftlichkeit,
- Rentabilität.

155 Was ist Produktivität?

Unter **Produktivität** (mengenmäßige bzw. technische Wirtschaftlichkeit) versteht man das Verhältnis von mengenmäßiger Ausbringung (Produktionsmenge, Output) zum mengenmäßigen Einsatz an Produktionsfaktoren (Faktoreinsatzmenge, Input).

$$\text{Produktivität} = \frac{\text{Output (z. B. in Stück, m, kg)}}{\text{Input (z. B. Materialmenge, Arbeitszeit)}}$$

Produktivitätskennzahlen sind z. B. Stück pro Tonne, Stück pro Arbeitsstunde.

Die Produktivität kann verbessert werden, indem

- bei gleichem Faktoreinsatz die Ausbringung erhöht wird,
- bei gleicher Ausbringung der Faktoreinsatz verringert wird.

156 Unterscheiden Sie Arbeits- und Kapitalproduktivität!

Bei der **Arbeitsproduktivität** wird die mengenmäßige Ausbringung zu einer Arbeitsstunde in Beziehung gesetzt (z. B. Sück pro Stunde). Sie ist ein Vergleichsmaßstab für die Leistung der Arbeitnehmer.

Bei der **Kapitalproduktivität** wird die mengenmäßige Ausbringung zu dem Kapitaleinsatz (i. d. R. das im Sachanlagevermögen gebundene Kapital) in Beziehung gesetzt (z. B. Stück pro DM investiertes Kapital).

157 Was ist Wirtschaftlichkeit?

Bei der **Wirtschaftlichkeit** (wertmäßige Produktivität) wird die bewertete Ausbringung (bewerteter Output, Ertrag, Leistung) zum bewerteten Faktoreinsatz (bewerteter Input, Aufwand, Kosten) ins Verhältnis gesetzt.

$$\text{Wirtschaftlichkeit} = \frac{\text{Ertrag (in DM)}}{\text{Aufwand (in DM)}}$$

Die Wirtschaftlichkeit kann gesteigert werden, indem

- bei gleichem Aufwand der Ertrag erhöht wird,
- bei gleichem Ertrag der Aufwand verringert wird.

158 Was ist Rentabilität?

Rentabilität ist das Verhältnis des Gewinns eines Unternehmens (Ertrag – Aufwand) zum eingesetzten Kapital.

$$\text{Rentabilität} = \frac{\text{Gewinn} \cdot 100}{\text{Kapital}}$$

(Zu den einzelnen Rentabilitätskennziffern vgl. Seite 485.)

3.4.1 Einzelmaßnahmen der Rationalisierung

159 Welche Arten der Rationalisierung werden unterschieden (Überblick)?

Man unterscheidet folgende **Arten der Rationalisierung:**

1. bezogen auf das Erzeugnis,
   - Normung,
   - Typung;
2. bezogen auf das Produktionsprogramm,
   - Baukastensystem,
   - Spezialisierung;
3. bezogen auf den Arbeitsablauf,
   - Arbeitsteilung,
   - Arbeitszerlegung,
   - Gruppenarbeit.

160 Was ist Normung?

Im Interesse einer Vereinheitlichung einfacher Produkte (z.B. Papier) und oft benutzter Einzelteile von Produkten werden Vorschriften über Bezeichnungen, Abmessungen, Formen, Güte und Herstellungsverfahren festgelegt. Die **Normung** erleichtert insbesondere Reparaturen und Ersatzteillieferungen.

Man unterscheidet:

- **Werknormen,** sind unternehmensspezifisch und gelten meist für Großbetriebe und ihre Zulieferer;
- **Fachnormen** (Branchennormen), gelten für Wirtschaftszweige und werden von den Wirtschaftsverbänden festgelegt;
- nationale Normen, z.B. **DIN** (Deutsche Industrie-Norm, sie wird vom Deutschen Normenausschuss festgelegt), gelten jeweils nur für ein Land;
- europäische Normen, z.B. **EN** (Europäische Norm);
- internationale Normen, z.B. **ISO** (International Organization for Standardization), gelten weltweit.

161 Nennen Sie Vor- und Nachteile der Normung!

Vorteile der Normung sind:

- Rationalisierung der Fertigung (Zeit- und Kosteneinsparungen bei Produktion und Montage);
- Vorteile der Massenproduktion werden ausgenutzt;
- vereinfachte Abwicklung von Bestellungen (Verwechslungsgefahr wird verringert);
- vereinfachte Kalkulation;
- vereinfachte Lagerhaltung (geringerer Lagerbestand);
- Teile verschiedener Erzeuger sind austauschbar;
- Abmessungen, Belastbarkeit, Dehnbarkeit usw. der genormten Teile sind genau bekannt.

Nachteile sind:

- hohe Abhängigkeit von den Normen;
- hohe Kosten für Sonderanfertigungen.

162 Was ist Typung?

Die **Typung (Typisierung)** bezieht sich im Gegensatz zur Normung auf die Vereinheitlichung von zusammengesetzten Endprodukten, die über längere Zeit hinweg in wenigen „Typen“ hergestellt werden (z. B. Automarken einer Firma). Die Typung dient vorwiegend der innerbetrieblichen Rationalisierung; sie verschafft außerdem den Käufern eine bessere Marktübersicht.

Die Vor- und Nachteile der Typung entsprechen denen der Normung.

163 Beschreiben Sie das Baukastensystem!

Das **Baukastensystem** ist die konsequente Anwendung der Normung und Typung bei der Produktion. So werden mehrere (genormte) Einzelteile zu einem Baustein zusammengefasst; die Kombination (Zusammenbau) mehrerer Bausteine ergibt das Fertigerzeugnis. Durch die Vielzahl der Möglichkeiten bei der Kombination der Bausteine ergibt sich eine Vielzahl von unterschiedlichen Fertigerzeugnissen (z. B. Anbaumöbel).

164 Was ist Spezialisierung?

Bei der **Spezialisierung** beschränkt ein Industriebetrieb sein Produktionsprogramm auf ein Erzeugnis oder wenige Erzeugnisse.

165 Nennen Sie Vor- und Nachteile der Spezialisierung!

Vorteile der Spezialisierung sind:

- Rationalisierung des Fertigungsablaufs durch den Einsatz von Spezialmaschinen,
- niedrige Stückkosten durch Massenproduktion,
- Qualitätsverbesserung der Erzeugnisse durch ausgereifte Fertigungsverfahren.

Nachteile sind:

- große Marktabhängigkeit (Konjunkturschwankungen, Modewechsel),
- hohe Abhängigkeit von Großabnehmern.

166 Was ist Arbeitsteilung?

Bei der **Arbeitsteilung** (Mengenteilung) wird die zu erledigende Arbeit (i. d. R. die gleichen Arbeiten einer Arbeitsstufe) mengenmäßig auf die Mitarbeiter aufgeteilt, d. h., jeder Mitarbeiter verrichtet die gleiche Tätigkeit (Arbeit).

167 Was ist Arbeitszerlegung?

Bei der **Arbeitszerlegung** (Artteilung) wird eine Arbeit in mehrere unterschiedliche Teilverrichtungen zerlegt. Jeder Mitarbeiter erledigt einen Teil der für ein Fertigerzeugnis erforderlichen Gesamtarbeit.

168 Nennen Sie Vor- und Nachteile der Arbeitsteilung und Arbeitszerlegung!

Vorteile der Arbeitsteilung und Arbeitszerlegung sind:
- hohe Rationalisierungseffekte durch stets gleiche Handgriffe,
- Einsatz ungelernter und angelernter Arbeiter,
- Grundlage für die Fließfertigung,
- Zeit- und Kosteneinsparung.

Nachteile sind:
- Monotonie der Arbeit,
- mangelnde Motivation,
- einseitige Beanspruchung des Arbeiters,
- Sinnentleerung der Arbeit.

169 Was ist Gruppenarbeit?

Bei der **Gruppenarbeit** wird eine Arbeitsaufgabe von mehreren Mitarbeitern gemeinsam erledigt, da die Bewältigung der Aufgabe durch eine Person unmöglich ist oder nur mit hohem Aufwand erreicht werden kann.

3.4.2 Ganzheitliche Rationalisierungskonzepte

170 Was bedeutet ganzheitliche Rationalisierung?

Rationalisierungseffekte können zum einen durch Einzelmaßnahmen (z.B. Normung, Typung, Baukastensystem) und zum anderen durch ganzheitliche Konzepte der Rationalisierung erreicht werden.

Wichtige Konzepte der **ganzheitlichen Rationalisierung** sind z.B.
- CIM,
- Lean production.

171 Was ist CIM?

CIM (Computer Integrated Manufacturing, computerintegrierte Produktion) ist die computergestützte Integration betrieblicher Planungs-, Steuerungs- und Kontrollfunktionen und der Produktionswirtschaft; einbezogen werden auch Funktionen wie z.B. Beschaffung, Transport, Logistik, Lagerhaltung und Vertrieb.

Wesentliche Bedingung für den Einsatz von CIM ist die Integration verschiedener Computersysteme, damit alle am Produktionsprozess beteiligten Stellen einen gemeinsamen Zugriff auf die gleichen Datenbestände haben.

In CIM werden zunehmend auch Lieferanten und Kunden einbezogen, um eine noch effizientere Produktion zu erreichen.

Ziele von CIM sind vor allem:

- Kosteneinsparungen,
- Verkürzungen der Auftragsdurchlaufzeiten,
- Erhöhung der Fertigungsflexibilität,
- Bereitstellung von Fertigungsunterlagen,
- Verbesserung der Transparenz bei der Auftragsabwicklung,
- Steigerung der Termintreue,
- Verbesserung der Kapazitätsauslastung,
- Erhöhung der Produktqualität,
- Verbesserung der Qualitätssicherung und Qualitätskontrolle,
- Reduzierung von Ausschuss und Nachbesserung.

172 Welche CIM-Bausteine werden unterschieden?

CIM ist kein fertiges Konzept, sondern es besteht aus einzelnen Bausteinen, die miteinander zu einem Ganzen kombiniert werden.

CIM-Bausteine sind

- **PPS** (Produktionsplanung und -steuerung), beinhaltet die Planung, Steuerung und Überwachung von Produktionsabläufen hinsichtlich Terminen, Mengen, Kapazitäten und Material;
- **CAD** (Computer-aided design, computerunterstütztes Konstruieren), beinhaltet den gesamten Konstruktionsprozess von der Konzeptentwicklung über die Zeichnung bis zur Konstruktion (einschließlich der Stücklisten);
- **CAE** (Computer-aided engineering, computerunterstützte Ingenieurtechnik), beinhaltet alle mit der Konstruktion verbundenen Berechnungen und Untersuchungen, die am Bildschirm durch Simulation dargestellt werden;
- **CAM** (Computer-aided manufacturing, computerunterstütztes Fertigen), beinhaltet die technische Steuerung und Überwachung von Maschinen im Produktionsprozess (z. B. CNC-Maschine, Industrieroboter);
- **CAP** (Computer-aided planning, computerunterstützte Arbeitsvorbereitung und -planung), beinhaltet die Planung der Arbeitsvorgänge und deren Vorgangsfolgen sowie die Auswahl der Verfahren und Maschinen;
- **CAQ** (Computer-aided quality assurance, computerunterstützte Qualitätssicherung), beinhaltet die Erstellung von Prüfplänen und die Durchführung von Mess- und Prüfverfahren;
- **BDE** (Betriebsdatenerfassung, siehe Seite 361).

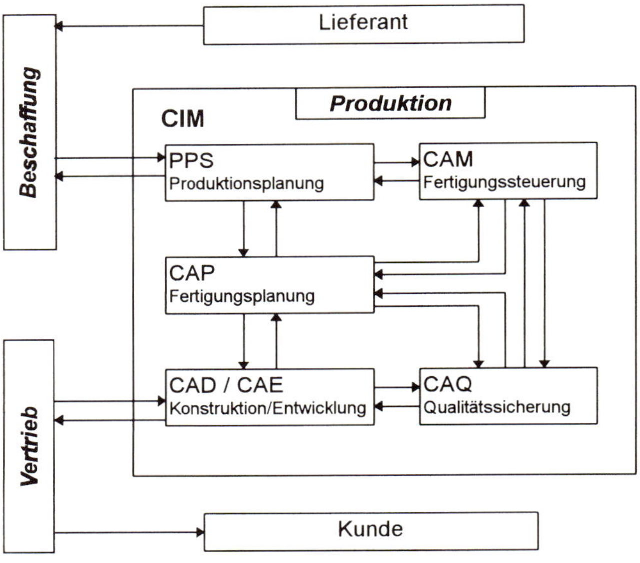

173 Unterscheiden Sie CNC-Maschinen und Industrieroboter!

CNC-Maschinen sind Maschinen mit frei programmierbarer Steuerung, welche Arbeitsanweisungen automatisch nacheinander mit Hilfe von CNC-Programmen ausführen (CNC = Computerized numeric control); Beispiele sind Bohr- und Fräsmaschinen.

Industrieroboter sind vielseitig einsetzbare Bewegungsautomaten mit mehreren Achsen, deren Bewegungen hinsichtlich Folge, Wegen und Winkeln frei programmierbar sind. Sie können durch Programmänderungen schnell auf andere Bewegungsabläufe umgestellt werden. Industrieroboter werden z.B. eingesetzt bei Montage-, Transport- und Schweißarbeiten.

174 Was versteht man unter Lean production?

Lean production (schlanke Produktion) ist durch folgende Merkmale gekennzeichnet:

- Erhöhung der Produktivität (siehe Seite 217);
- Senkung der Kosten;
- Abbau von betrieblichen Hierarchien (angestrebt wird z.B. eine schlanke Verwaltung = Lean management);
- verstärkte Zusammenarbeit mit den Lieferanten (z.B. in Form des Just-in-time-Verfahrens, siehe Seite 203);
- Anpassung der Produktion an die Kundenwünsche;
- Umorganisation der Fertigung, und zwar weg von der Fließfertigung hin zur flexibleren Gruppen- bzw. Werkstattfertigung (z.B. Realisierung des Job enrichment, siehe Seite 224);
- Anwendung neuer Fertigungsprinzipien wie z.B. das Kanban-Prinzip;
- Anwendung neuer Management-Konzepte wie z.B. Kaizen.

175 Was besagt das Kanban-Prinzip?

Kanban ist eine Form der Fertigungssteuerung, bei der eine nachgelagerte Produktionsstufe bei Bedarf Werkstücke von der vorgelagerten Produktionsstufe anfordert (Holprinzip); die Werkstücke warten also nicht entsprechend dem Produktionsablauf vor der nächsten Maschine auf ihre Weiterbearbeitung.

Die Anwendung des Kanban-Prinzips ist verbunden mit einer

- Reduzierung der Lagerbestände,
- Verminderung der Durchlaufzeiten der Produkte,
- Verbesserung der Qualitätskontrolle (durch die Delegation von Verantwortung bei der Vergabe des Fertigungsauftrags wird das Qualitätsbewusstsein bei den Mitarbeitern gestärkt).

176 Was bedeutet Kaizen?

Kaizen (kontinuierlicher Verbesserungsprozess, KVP) ist ein Management-Konzept, das Kostensenkungen anstrebt durch ständige Verbesserungen in der Produktion (z. B. verbesserte Materiallogistik, verbesserter Fertigungsablauf).

Kaizen ist oft verbunden mit Kanban, Lean production und Just-in-time.

177 Was bedeutet Outsourcing?

Unter **Outsourcing** versteht man die Ausgliederung von Unternehmensfunktionen auf fremde Unternehmen (z. B. Subunternehmen im Ausland), um Kosten einzusparen und Kapazitäten abzubauen.

Beispiele für Outsourcing sind:

- Fremdbezug von Bauteilen,
- Auslagerung von Fertigungsabteilungen,
- Auslagerung des Rechnungswesens und der Datenverarbeitung,
- Eintreiben von Geldforderungen,
- Ausgliederung von Kantinen-, Wach- und Wartungspersonal,
- Austausch einer flexiblen Fließbandtruppe zwischen mehreren Werken zum Ausgleich von Produktionsschwankungen.

Vorteile des Outsourcing sind vor allem:

- Kosteneinsparungen durch den Einsatz von Arbeitnehmern, für welche die Tarifverträge keine Gültigkeit haben;
- flexibler Einsatz der Arbeitskräfte aufgrund fehlender Kündigungsfristen;
- Kosteneinsparungen durch den Abbau von Kapazitäten (z. B. im Produktions- und Personalbereich).

3.5 Humanisierung der Arbeit

178	Nennen Sie Probleme der fortschreitenden Industrialisierung!	Mit fortschreitender Industrialisierung und Rationalisierung treten in immer stärkerem Maße folgende Probleme für den Arbeitnehmer auf: ● Monotonie der Arbeit, ● Stress durch ständigen Leistungsdruck, ● Sinnentleerung der Arbeit (Beziehung zur Arbeit und zum Arbeitsergebnis geht verloren), ● Angst des Menschen vor Verdrängung durch die Maschine, ● der Mensch wird der Maschine untergeordnet, ● zwischenmenschliche Beziehungen werden abgebaut und zerstört.
179	Nennen Sie Maßnahmen zur Humanisierung der Arbeit!	Der **Humanisierung der Arbeit** (die Arbeit soll wieder an den Menschen angepasst werden) dienen folgende Maßnahmen: ● Gestaltung des Arbeitsplatzes und der Arbeitsumwelt (z. B. Anordnung und Gestaltung der Arbeitsmittel, Beleuchtung, Belüftung, Lärmschutz), ● Gestaltung des Arbeitsablaufs (z. B. von der Maschine unabhängigeres Arbeitstempo, Abschaffung des strengen Prinzips der Fließbandfertigung), ● Gestaltung der Arbeitsorganisation (Job rotation, Job enlargement, Job enrichment), ● Arbeitszeitgestaltung (z. B. gleitende Arbeitszeit), ● Befriedigung immaterieller Bedürfnisse (z. B. sicherer Arbeitsplatz, Anerkennung der Arbeit), ● Betriebsklima (z. B. Pflege zwischenmenschlicher Beziehungen), ● Arbeitsschutzbestimmungen (z. B. Arbeitszeitordnung, Jugendarbeitsschutzgesetz, Kündigungsschutz), ● Mitbestimmung (z. B. Betriebsverfassungsgesetz, Mitbestimmungsgesetz).
180	Unterscheiden Sie Job rotation, Job enlargement und Job enrichment!	Beim **Job rotation** (Arbeitsplatzwechsel) wechselt der Arbeitnehmer innerhalb eines Arbeitsbereichs bzw. einer Arbeitsgruppe häufiger seinen Arbeitsplatz (Arbeitsmonotonie wird abgebaut). Beim **Job enlargement** (Arbeitserweiterung) wird das Arbeitsgebiet eines Mitarbeiters um gleichartige oder ähnliche Tätigkeiten erweitert (Abbau der Monotonie, größere Zufriedenheit). Beim **Job enrichment** (Arbeitsbereicherung) wird das Arbeitsgebiet eines Mitarbeiters um Aufgaben erweitert, die (im Gegensatz zum Job enlargement) höhere Anforderungen an ihn stellen (Arbeit wird wieder als sinnvoll empfunden).

3.6 Fertigungsplanung

181 Nennen Sie Bestimmungsfaktoren für die Fertigungsplanung!

Bestimmungsfaktoren für die **Fertigungsplanung** sind vor allem

- Planung des lang-, mittel- und kurzfristigen Fertigungsprogramms (das kurzfristige Fertigungsprogramm wird auch als Produktionsprogramm bezeichnet),
- Planung des Produktionsprogramms und Festlegung der Produktionsbreite und -tiefe (siehe Seite 212),
- Produktionsplanung und -steuerung durch die Arbeitsvorbereitung (siehe Seite 225),
- Berücksichtigung von Engpässen bei der Programmplanung (ein Engpass kann z.B. die Kapazität einer Maschine sein),
- Arbeitsstudien,
- Mitbestimmungsrechte des Betriebsrates bei der Ermittlung der Vorgabezeiten,
- Kapazität und Kapazitätsauslastung (siehe Seite 236),
- Kosten der Fertigung,
- Deckungsbeiträge der Produkte (siehe Seite 537 ff.),
- Abfallbeseitigung unter Berücksichtung von **Recycling** (Rückgewinnung und Wiederverwertung von Abfallstoffen, die beim Produktionsprozess entstanden sind, wie z.B. Schrottverwertung),
- Fertigungskontrolle (siehe Seite 230).

3.6.1 Arbeitsvorbereitung

182 Was ist Arbeitsvorbereitung?

Unter **Arbeitsvorbereitung** versteht man alle Maßnahmen (einschließlich der Erstellung aller erforderlichen Fertigungsunterlagen und Arbeitsbegleitpapiere), durch die der industrielle Fertigungsprozess geplant und gesteuert wird. Ziel der Arbeitsvorbereitung ist es, das Rationalprinzip bei der Fertigung zu verwirklichen.

Die Arbeitsvorbereitung umfasst die

- Fertigungsplanung,
- Fertigungssteuerung,
- Bestimmung der optimalen Losgröße,
- Vorkalkulation.

Die Arbeitsvorbereitung hat eine besondere Bedeutung für die Einzel- und Kleinserienfertigung (Auftragsfertigung); bei der Großserien- und Massenfertigung (Vorratsfertigung) spielt sie i.d.R. eine untergeordnete Rolle.

183 Was ist Fertigungsplanung?

Die **Fertigungsplanung** umfasst:

- Gestaltung der Erzeugnisse (entsprechend dem Kundenauftrag, der Forschung und Entwicklung bzw. den Erkenntnissen der Marktforschung), d.h. Anfertigung der Konstruktionsunterlagen;
- Erstellen der Stücklisten;

15 Groh/Schröer – ISBN 3-8120-0420-8

- Planung des Bedarfs an betrieblichen Produktionsfaktoren (Bedarfspläne für Betriebsmittel, Werkstoffe, Arbeitskräfte);
- **Ablaufplanung,** d.h., aufbauend auf den Ergebnissen der Arbeitsstudien werden die Reihenfolgeplanung (zeitliche und räumliche Folge der einzelnen Arbeitsvorgänge), die Maschinenbelegungsplanung (Auswahl der zu belegenden Maschinen) und die Terminplanung (zeitliche Koordination der Reihenfolge- und Maschinenbelegungsplanung) entwickelt.

184 Was ist Fertigungssteuerung?

Im Gegensatz zur Fertigungsplanung befasst sich die **Fertigungssteuerung** unmittelbar mit der Durchführung, Steuerung (Lenkung) und Überwachung des Fertigungsprozesses.

Zur Fertigungssteuerung zählen insbesondere

- Bereitstellung der Betriebsmittel, Werkstoffe und Arbeitskräfte entsprechend den Bedarfsplänen;
- Erstellung bzw. Bereitstellung sämtlicher Fertigungsunterlagen und Arbeitsbegleitpapiere;
- Fertigungskontrolle.

185 Was versteht man unter optimaler Losgröße?

Unter Losgröße versteht man bei der Serien- und Sortenfertigung die Anzahl der Erzeugnisse, die ohne Umstellung des Produktionsapparates hergestellt wird.

Die **optimale Losgröße** ist diejenige Auflagenhöhe, bei der die Herstellungskosten je Erzeugnis ein Minimum erreichen. Insbesondere geht es um die Ausnutzung der **Auflagendegression,** d.h., mit zunehmender Auflagengröße sinken die auflagenfixen Kosten pro Stück.

Bei der Ermittlung der optimalen Losgröße ist es möglich, dass als Kosten (zusätzlich) die Rüstkosten und Lagerkosten berücksichtigt werden.

186 Was ist Vorkalkulation?

Die **Vorkalkulation** ermittelt die Kosten je Stück bzw. Auftrag sowie den entsprechenden Angebotspreis, bevor mit der Produktion begonnen wird (siehe Seite 530ff.). Sie ist von besonderer Bedeutung für Betriebe mit Einzelfertigung. Berechnungsgrundlagen sind vor allem Stücklisten, Vorgabezeiten und Erfahrungswerte.

3.6.2 Arbeitsstudien

187 Welche Aufgaben haben Arbeitsstudien?

Arbeitsstudien sind:

- Mittel zur Verbesserung der Produktivität und Wirtschaftlichkeit der Arbeit,
- Grundlage für die Entlohnung.

188 Welche Arbeitsstudien unterscheidet man (Überblick)?

Die Arbeitsstudien umfassen:

1. Arbeitsplatzstudien;
2. Arbeitsablaufstudien;

3. Arbeitszeitstudien,
   - REFA,
   - MTM;
4. Arbeitswertstudien,
   - summarische Verfahren (Rangfolge- und Lohngruppenverfahren),
   - analytische Verfahren (Rangreihen- und Stufenwertzahlverfahren).

189 Was sind Arbeitsplatzstudien?

Ziel der **Arbeitsplatzstudie** ist die zweckmäßige Gestaltung des Arbeitsplatzes unter besonderer Berücksichtigung der Anpassung des Arbeitsplatzes an den Menschen. Im Einzelnen geht es um

- die Anpassung der Arbeitsmittel an den menschlichen Körper **(Ergonomie);**
- die zweckmäßige Anordnung der Arbeitsmittel;
- Licht-, Luft-, Lärm- und Temperaturverhältnisse am Arbeitsplatz;
- Farbgestaltung am Arbeitsplatz.

190 Was sind Arbeitsablaufstudien?

Arbeitsablaufstudien untersuchen das Zusammenwirken der Produktionsfaktoren im Hinblick auf ihre räumliche Anordnung und zeitliche Abstimmung. Sie zerlegen die Arbeitsvorgänge in einzelne Stufen, Arbeitsgriffe und Griffelemente mit dem Ziel, den Arbeitsablauf zu rationalisieren. Leerlauf, umständliche Verrichtungen und unzweckmäßige Anordnungen der Betriebsmittel werden so ermittelt und können dann beseitigt werden.

191 Welche Aufgaben haben Arbeitszeitstudien?

Mit Hilfe der **Arbeitszeitstudien** wird die **Vorgabezeit** ermittelt; das ist die Zeit, die ein Arbeitnehmer unter normalen Bedingungen und bei normaler Arbeitsleistung für die Ausführung einer bestimmten Aufgabe, z. B. für die Bearbeitung eines Werkstückes, benötigt.

192 Wie setzt sich die Vorgabezeit nach REFA zusammen?

Die **Vorgabezeit** setzt sich nach REFA (Verband für Arbeitsstudien e. V.) zusammen aus:

1. **Rüstzeit** (Zeit zur Vorbereitung des Arbeitsplatzes und Abrüstung der Betriebsmittel),
   - Rüstgrundzeit (regelmäßig anfallende Zeiten),
   - Rüstverteilzeit (unregelmäßig anfallende Zeiten),
   - Rüsterholungszeit (Erholungszeit für den Menschen);
2. **Ausführungszeit** (eigentliche Arbeitszeit; Ausführungszeit = **Stückzeit** · Menge),
   - Grundzeit (regelmäßig anfallende Zeiten, Tätigkeits- und Wartezeit),
   - Verteilzeit (unregelmäßig anfallende Zeiten, sachlich und persönlich begründete Arbeitsunterbrechungen),
   - Erholungszeit (für den Menschen).

193 Wie wird die Vorgabezeit nach REFA ermittelt?

Nach **REFA** wird die **Vorgabezeit** ermittelt durch

1. Aufnahme der Tätigkeitszeit,
   - mehrmaliges Messen eines bestimmten Arbeitsvorganges (Stoppuhr),
   - der beobachtete Leistungsgrad wird zu einer Normalleistung (100%) in Beziehung gesetzt,
   - unter Berücksichtigung der gemessenen Zeit (Ist-Zeit) und der Normalleistung wird die Soll-Zeit ermittelt:

$$\text{Soll-Zeit} = \frac{\text{beobachteter Leistungsgrad (\%)}}{\text{Normalleistung (\%)}} \cdot \text{Ist-Zeit}$$

2. Ermittlung der restlichen Zeiten (z.T. durch Zuschläge auf die Grundzeit),
3. Addition aller Einzelzeiten.

194 Wie wird die Vorgabezeit nach MTM ermittelt?

MTM (Methods-Time-Measurement) ist ein System vorbestimmter Zeiten zur Ermittlung der **Vorgabezeit.**

Sie wird bestimmt durch

- Zerlegung des Arbeitsvorganges in bestimmte Grundbewegungen und Bewegungselemente (z.B. Hinlangen, Greifen, Vorrichten, Fügen),
- Ablesen der Einzelzeiten für die betreffenden Grundbewegungen und Bewegungselemente aus den MTM-Tabellen,
- Addition der Einzelzeiten zur Vorgabezeit.

195 Welche Aufgaben haben Arbeitswertstudien?

Die **Arbeitswertstudien** liefern die Grundlagen für eine Staffelung der Löhne in Lohngruppen nach dem Schwierigkeitsgrad der einzelnen Arbeitsverrichtungen. Eine solche Einstufung (Lohnwertskala) orientiert sich an den Anforderungen, die eine bestimmte Arbeit an den Menschen stellt (Arbeitsbewertung).

196 Was versteht man unter dem „Genfer Schema"?

Das **„Genfer Schema"** ist eine europäische Vereinbarung für eine einheitliche Arbeitsbewertung (Arbeitsplatzbewertung), es berücksichtigt vier Anforderungsgruppen mit verschiedenen Anforderungsmerkmalen:

1. Können,
   - körperliche Anforderungsmerkmale (z.B. Geschicklichkeit, Handfertigkeit),
   - geistige Anforderungsmerkmale (z.B. Schul- und Berufsausbildung, Erfahrung, geistige Gewandtheit);
2. Beanspruchung,
   - körperliche Anforderungsmerkmale (z.B. Muskelbelastung),
   - geistige Anforderungsmerkmale (z.B. Konzentration, Nachdenken, Planen, Entscheiden);

3. Verantwortung, insbesondere für
   - Arbeitsablauf,
   - Personal (Gesundheit und Sicherheit),
   - Betriebsmittel,
   - Arbeitsergebnis;
4. Arbeitsbedingungen (Umgebungseinflüsse) wie
   - Temperatur, Nässe,
   - Schmutz, Gas, Dämpfe,
   - Unfallgefährdung,
   - Lärm, Lichtmangel, Blendung,
   - Erkältungsgefahr.

197 Was ist summarische Arbeitsbewertung?

Bei der **summarischen Arbeitsbewertung** wird die Schwierigkeit einer Arbeit als Ganzes beurteilt, d. h., eine Einzelbewertung der Anforderungsgruppen und -merkmale wird nicht vorgenommen.

Man unterscheidet

- Rangfolgeverfahren,
- Lohngruppenverfahren.

Der Hauptnachteil der summarischen Verfahren liegt darin, dass eine Bewertung und Gewichtung der einzelnen Anforderungen unterbleibt.

198 Unterscheiden Sie Rangfolge- und Lohngruppenverfahren!

Beim **Rangfolgeverfahren**

- wird eine Liste aller in einem Unternehmen anfallenden Arbeiten erstellt,
- wird jede einzelne Arbeit mit anderen Tätigkeiten verglichen und entsprechend dem Schwierigkeitsgrad in eine Rangfolge gebracht.

Beim **Lohngruppenverfahren** (findet Anwendung in Tarifverträgen)

- werden Arbeiten mit gleichartigen Anforderungen zu Lohngruppen zusammengefasst,
- werden die verschiedenen Tätigkeiten beurteilt und in die entsprechenden Lohngruppen eingeordnet.

199 Was ist analytische Arbeitsbewertung?

Bei der **analytischen Arbeitsbewertung** wird die Schwierigkeit einer Arbeit nicht mehr als Ganzes beurteilt, sondern in verschiedene Anforderungsarten aufgespalten. Diese Anforderungsarten werden getrennt bewertet und gewichtet; die sich daraus ergebenden Kennzahlen werden zusammengefasst und ergeben den Gesamtwert der Arbeit.

Man unterscheidet

- Rangreihenverfahren,
- Stufenwertzahlverfahren.

200 Unterscheiden Sie Rangreihen- und Stufenwertzahlverfahren!

Beim **Rangreihenverfahren**

- wird für jede Anforderungsart eine Rangreihe (von der einfachsten bis zur schwierigsten Anforderung) gebildet (z. B. wird bei 80 Arbeitsplätzen die Anforderungsart „Unfallgefahr“ in eine Rangreihe mit den Rangziffern von 1 bis 80 gebracht),
- werden für jede Arbeit die Rangziffern für alle Anforderungen ermittelt,
- werden die Rangziffern der einzelnen Anforderungsarten entsprechend ihrer Bedeutung mit einem bestimmten Faktor gewichtet,
- werden die gewichteten Rangziffern einer Arbeit zu ihrem Arbeitswert zusammengefasst,
- werden die Arbeiten entsprechend ihrem Arbeitswert den vorgegebenen Lohngruppen zugeordnet.

Beim **Stufenwertzahlverfahren**

- werden die einzelnen Anforderungsarten in Anforderungsstufen unterteilt und in einer Tabelle mit Stufenwertzahlen zusammengefasst (z. B. wird die Anforderungsart „Konzentration“ mit den Stufenwertzahlen 0 = sehr gering bis 5 = sehr groß versehen),
- können für eine bestimmte Arbeit die ermittelten Stufenwertzahlen zusätzlich entsprechend der Bedeutung der Anforderungsart gewichtet werden,
- werden die Stufenwertzahlen einer Arbeit zu ihrem Arbeitswert zusammengefasst,
- werden die Arbeiten entsprechend ihrem Arbeitswert den vorgegebenen Lohngruppen zugeordnet.

3.6.3 Fertigungskontrolle und Qualitätssicherung

201 Was ist Fertigungskontrolle?

Zur **Fertigungskontrolle** gehören:

- Terminkontrolle, d. h., die Soll-Zeiten des Terminplans werden mit den Ist-Zeiten verglichen (Laufkarte, Terminkarte); Gründe für Zeitdifferenzen werden analysiert;
- Kontrolle der entstandenen Kosten (Kostenkontrolle in Form der Nachkalkulation; siehe auch Seite 532 f.);
- Qualitätskontrolle.

202 Welche Bedeutung hat der Terminplan?

Der **Terminplan** legt die zeitliche Reihenfolge und die Dauer der einzelnen Arbeitsvorgänge sowie die gesamte Fertigungsdauer (von Produktionsbeginn bis Lieferung) fest.

Der **retrograde Terminplan** berechnet, vom Auslieferungstermin ausgehend, rückwärts die Dauer der einzelnen Arbeitsvorgänge.

Der Terminplan soll gewährleisten:

- fristgerechte Erledigung aller auszuführenden Arbeiten,
- hohe und gleichmäßige Auslastung der personellen und maschinellen Kapazitäten,
- kurze Durchlaufzeiten im Fertigungsprozess (organisationsbedingte Lager werden minimiert).

Hilfsmittel der Terminplanung sind Balkendiagramm und Netzplan (siehe Seite 353).

203 Was versteht man unter Qualitätskontrolle?

Unter **Qualitätskontrolle** versteht man die systematische Überwachung aller Faktoren, welche die Qualität der Erzeugnisse beeinflussen.

Das betriebsinterne Ziel der Qualitätskontrolle ist vor allem die Verminderung bzw. die Vermeidung von

- Ausschuss, das Erzeugnis ist so fehlerhaft, dass es unbrauchbar ist;
- Ausfall, das Erzeugnis hat Fehler, welche durch eine Nachbearbeitung beseitigt werden können.

Die Qualitätskontrolle wird verstärkt an den Anforderungen der Kunden orientiert, Qualitätsmerkmale des Erzeugnisses sind z. B.

- Funktion, Leistung, Ausstattung, Güte, Design;
- Zuverlässigkeit, Sicherheit, Haltbarkeit;
- Beratung, Wartung, Service;
- Umweltverträglichkeit;
- Preis, Lieferzeit, Kosten.

Um die kundenorientierte Qualität sicherzustellen, werden in den Unternehmen vielfach Qualitäts-Management-Systeme (siehe auch Seite 575 f.) eingerichtet.

204 Nennen Sie Formen der Qualitätskontrolle!

Die **Qualitätskontrolle** kann eingeteilt werden

1. nach dem Kontrollstadium,
   - Eingangskontrolle (Kontrolle beim Stoffeingang),
   - Zwischenkontrolle (Kontrolle während des Produktionsprozesses),
   - Endkontrolle (Endabnahme des Fertigerzeugnisses);
2. nach der Methode,
   - 100 %ige Kontrolle (ist sehr aufwendig und teuer),
   - Stichprobenkontrolle (nur ein bestimmter Anteil der produzierten Einheiten wird kontrolliert, aus der Zahl der fehlerhaften Erzeugnisse wird der Fehleranteil der Gesamtmenge berechnet);
3. nach dem Ziel,
   - Qualitätssicherung,
   - Qualitätssteuerung (Kontrolle der Betriebsmittel und Arbeitskräfte).

205 Was versteht man unter Qualitätssicherung?

Die Kunden des Industriebetriebes wünschen, dass alle gekauften Erzeugnisse 100%ig ihren Qualitätsanforderungen entsprechen. Ständige Qualitätskontrollen in allen betrieblichen Bereichen sind deshalb erforderlich, um die geforderte Qualität zu sichern (Qualitätssicherung).

Die **Qualitätssicherung** beinhaltet

- Abstimmung mit den Kunden bezüglich der von ihnen geforderten Qualität der Endprodukte,
- Berücksichtigung dieser Kundenforderungen bei der Beschaffung der Werkstoffe,
- Abstimmung mit den Lieferanten bezüglich der vom Industriebetrieb geforderten Qualität der Werkstoffe (z. B. beeinflusst der Industriebetrieb direkt den Produktionsprozess beim Lieferanten),
- Prüfung der Zwischenprodukte auf jeder Fertigungsstufe,
- Prüfung der Endprodukte,
- Anwendung des CIM-Bausteins CAQ (siehe Seite 221).

206 Was versteht man unter Qualitäts-Management?

Beim **Qualitäts-Management (Total Quality Management)** wird die Verantwortung für die Qualität sowohl den Führungskräften als auch allen Mitarbeitern übertragen, d. h., jeder Einzelne ist für die Qualität seiner Arbeit selbst verantwortlich. Qualitäts-Management ist eine umfassende Qualitätspolitik (Management-Konzept), welche die Qualität als generelle Unternehmenspolitik versteht, die sich auf alle Unternehmensbereiche bezieht und von allen Mitarbeitern zu tragen ist. So werden Initiative, Selbstständigkeit, Teamarbeit und gemeinsame Entscheidungen gefördert.

Die Qualitätskonzeption beinhaltet

- Kundenorientierung,
- Lieferantenorientierung,
- Prozessorientierung,
- Einbeziehung aller Mitarbeiter,
- kontinuierliche Verbesserung (siehe Seite 223),
- Fehlervermeidung.

3.6.4 Arbeitsbegleitpapiere

207 Nennen Sie Unterlagen und Arbeitsbegleitpapiere der Arbeitsvorbereitung!

Die Arbeitsvorbereitung setzt folgende Unterlagen ein:

- **Konstruktionszeichnungen,** beinhalten u. a. Form, Aufbau, Abmessungen der Erzeugnisse (z. B. Gesamtkonstruktionszeichnung, Teilezeichnung);
- **Stücklisten,** Zusammenstellung aller Einzelteile mit Mengen, Abmessungen und Güteangaben entsprechend der Konstruktionszeichnung (z. B. Material- und Einkaufsstückliste, Fertigungsstückliste, Lagerstückliste);

- **Laufkarten** (Arbeitsbegleitkarte), begleiten das Erzeugnis von Arbeitsplatz zu Arbeitsplatz während des gesamten Fertigungsprozesses; sie enthalten alle vorzunehmenden Arbeiten und werden nach jedem Arbeitsgang abgezeichnet;
- **Material- und Werkzeugentnahmescheine,** dienen der Erfassung und Entnahme des benötigten Materials und der Werkzeuge;
- **Lohnscheine** (Lohnzettel), enthalten die vom Arbeiter zu verrichtenden Tätigkeiten (mit Vorgabezeit und Ist-Zeit) und dienen der Lohnabrechnung sowie der betrieblichen Kostenrechnung;
- **Terminpläne** (siehe Seite 230 f.).

3.7 Kosten und Beschäftigungsgrad

3.7.1 Grundbegriffe

208 Was sind Kosten?

Kosten sind die Werte der Güter und Dienstleistungen, die bei der Erstellung der betrieblichen Leistungen verbraucht werden.

Der Kostenbegriff umfasst:

- Verbrauch von Gütern,
- Bewertung dieses Verbrauchs in Geld,
- Leistungsbezogenheit.

209 Was ist Aufwand?

Unter **Aufwand** versteht man den bewerteten Verbrauch aller Güter und Dienstleistungen in einer bestimmten Periode. Es fehlt in der Definition die Leistungsbezogenheit.

210 Unterscheiden Sie Kosten und Aufwand!

Kosten ist ein Begriff der Kosten- und Leistungsrechnung, **Aufwand** ist ein Begriff der Geschäftsbuchführung.

Der Zusammenhang zwischen Aufwand und Kosten kann in einem Schema dargestellt werden.

neutraler Aufwand	Zweckaufwand	
	Grundkosten	Zusatzkosten

211 Was ist neutraler Aufwand?

Der **neutrale Aufwand** (ihm entsprechen keine Kosten) kann sein

- **betriebsfremder** Aufwand, d.h., er hat mit der betrieblichen Leistungserstellung nichts zu tun (z.B. Spenden);

- **außerordentlicher** Aufwand, d.h., er fällt außerhalb der gewöhnlichen Geschäftstätigkeit an (z.B. Verluste aus außergewöhnlichen Schadensfällen);
- **periodenfremder** Aufwand, d.h., er ist betriebsbedingt, betrifft aber vergangene Geschäftsjahre (z.B. Gewerbesteuernachzahlung).

212 Was sind Grundkosten?

Grundkosten (aufwandsgleiche Kosten) sind die Kosten, die zugleich Aufwand (**Zweckaufwand,** kostengleicher Aufwand) darstellen (z.B. Stoffkosten, Personalkosten, Mietaufwendungen für Geschäftsräume).

213 Was sind Zusatzkosten?

Zusatzkosten sind Kosten, denen kein Aufwand entspricht (aufwandslose bzw. erfolgsunwirksame Kosten). Diese Kosten müssen in der Kalkulation berücksichtigt werden, wie z.B. kalkulatorischer Unternehmerlohn und kalkulatorische Eigenkapitalzinsen. (Im Gegensatz dazu gibt es Kosten, denen in der Geschäftsbuchführung ein Aufwand gegenübersteht, der für die Kalkulation anders bewertet wird = **Anderskosten**.) (Siehe Seite 520f.)

214 Unterscheiden Sie Auszahlung und Ausgabe!

Eine **Auszahlung** ist die Weitergabe von Zahlungsmitteln an andere; sie führt zu einer Verminderung des Zahlungsmittelbestands der Unternehmung. Beispiele sind: Barkauf von Rohstoffen, Überweisung von Löhnen und Gehältern, Barrückzahlung eines Kredits.

Ein **Ausgabe** hat eine Abnahme des Geldvermögensbestands zur Folge. Ausgaben können gleichzeitig Auszahlungen darstellen, Beispiele sind: Barkauf von Rohstoffen, Überweisung von Löhnen und Gehältern. Ausgaben müssen nicht gleichzeitig mit einer Zahlung verbunden sein, Beispiel: Zielkauf von Rohstoffen.

215 Welche Einteilungsmöglichkeiten gibt es für die Kosten?

Die **Kosten** können eingeteilt werden nach

1. der Verursachung (Kostenarten),
   - Materialkosten (z.B. Rohstoffverbrauch),
   - Personalkosten (z.B. Löhne und Gehälter),
   - Kapitalkosten (z.B. Zinsen),
   - Fremdleistungskosten (z.B. Frachtkosten),
   - öffentliche Abgaben (z.B. Steuern);
2. der Bezugsgrundlage (Menge),
   - Gesamtkosten,
   - Stückkosten,
   - Grenzkosten;
3. der Verrechnung,
   - Einzelkosten,
   - Gemeinkosten;

4. der Abhängigkeit vom Beschäftigungsgrad,
   - fixe Kosten,
   - variable Kosten;
5. dem Verlauf der Gesamtkostenkurve,
   - proportional (linear),
   - überproportional,
   - unterproportional;
6. dem Verlauf der Stückkostenkurve,
   - konstant,
   - progressiv,
   - degressiv.

216 Was sind Gesamtkosten?

Unter **Gesamtkosten** versteht man die Summe der in einem bestimmten Zeitraum in einem Unternehmen angefallenen Kosten.

217 Was sind Durchschnittskosten?

Durchschnittskosten (Stückkosten) sind die auf eine Leistungseinheit entfallenden Kosten. In Einproduktbetrieben sind die Stückkosten eindeutig zu bestimmen, indem man die Gesamtkosten einer bestimmten Periode durch die in der gleichen Zeit hergestellten bzw. abgesetzten Erzeugnisse dividiert. Betriebe, die verschiedenartige Erzeugnisse herstellen, ermitteln die Kosten je Einheit mit Hilfe anderer Kalkulationsverfahren.

218 Was sind Grenzkosten?

Grenzkosten sind Mehrkosten, die bei der Vergrößerung der Produktionsmenge durch die jeweils letzte Produktionseinheit verursacht werden.

219 Unterscheiden Sie Einzel- und Gemeinkosten!

Die **Einzelkosten** lassen sich schon bei der Erfassung unmittelbar einem bestimmten Produkt (Kostenträger) zuordnen, z. B. Fertigungsmaterial, Fertigungslöhne, ebenso Sondereinzelkosten der Fertigung (z. B. Entwicklungskosten) und Sondereinzelkosten des Vertriebs (z. B. Verkaufsprovisionen).

Die **Gemeinkosten** (siehe Seite 521 f.) können nicht unmittelbar einem Kostenträger zugeordnet werden, da sie für mehrere oder alle Produkte entstanden sind wie z. B. allgemeine Verwaltungskosten, Abschreibungen, Mieten, Versicherungen, Energiekosten. Die Verteilung der Gemeinkosten erfolgt in der Kostenstellen- und Kostenträgerrechnung.

220 Welche Faktoren bestimmen die Höhe der Kosten?

Das Kostenniveau eines Betriebes wird beeinflusst durch die Veränderung folgender Faktoren **(Kostenbestimmungsfaktoren):**

- Faktorpreise (Preise der Produktionsfaktoren),
- Beschäftigungsgrad,
- Produktionsbedingungen (z. B. neue Produktionsverfahren),
- Produktionsprogramm,
- Betriebsgröße.

221 Was ist die Betriebskapazität?

Unter der **Kapazität** eines Betriebes versteht man dessen Leistungsvermögen in einem bestimmten Zeitabschnitt, gemessen in betrieblichen Leistungen. (Die Kapazität einer Maschine wird ebenfalls in betrieblichen Leistungen gemessen.)

Man unterscheidet:

- Maximalkapazität (nur kurzfristig realisierbar),
- wirtschaftliche Kapazität (die Ausbringungsmenge, die vom wirtschaftlichen Standpunkt optimal ist),
- Minimalkapazität (die Ausbringungsmenge, die aus wirtschaftlichen Gründen nicht unterschritten werden darf).

222 Was ist der Beschäftigungsgrad?

Die Beschäftigung (Kapazitätsauslastung) verkörpert die Inanspruchnahme der Betriebskapazität.

Der **Beschäftigungsgrad** (Kapazitätsausnutzungsgrad) stellt das Verhältnis zwischen Beschäftigung und Kapazität dar, d. h., der Beschäftigungsgrad ist das Verhältnis der tatsächlichen Erzeugung zur möglichen Erzeugung.

$$\text{Beschäftigungsgrad} = \frac{\text{Beschäftigung}}{\text{Kapazität}} \cdot 100$$

Beispiel:

mögliche Erzeugung (Kapazität):	150 000 Leistungseinheiten
tatsächliche Erzeugung (Beschäftigung):	75 000 Leistungseinheiten

$$\text{Beschäftigungsgrad} = \frac{75\,000}{150\,000} \cdot 100 = 50\,\%$$

223 Was sind fixe Kosten?

Fixe (feste) **Kosten** sind vom Beschäftigungsgrad unabhängig, d. h., sie bleiben bei Beschäftigungsänderungen über längere Zeit hinweg konstant (z. B. vertraglich festgelegte Mieten und Gehälter, Abschreibungen).

224 Was ist Fixkostendegression?

Fixkostendegression bedeutet, dass die fixen Kosten auf das Stück bezogen mit steigender Ausbringung fallen (degressiver Kurvenverlauf). Die fixen Gesamtkosten verteilen sich auf eine immer größer werdende Produktionsmenge.

225 Was sind variable Kosten?

Variable (veränderliche) **Kosten** sind abhängig vom Beschäftigungsgrad, sie sinken oder steigen mit ab- bzw. zunehmender Beschäftigung. Man unterscheidet:

- **proportionale Kosten:** Sie ändern sich im gleichen Verhältnis wie der Beschäftigungsgrad (z. B. Einzelstoffkosten); als Stückkosten sind sie konstant;
- **überproportionale Kosten:** Die relative Kostensteigerung ist höher als die relative Beschäftigungszunahme (z. B. Überstundenlöhne); als Stückkosten sind sie progressiv;

- **unterproportionale Kosten:** Die relative Kostensteigerung ist geringer als die relative Beschäftigungszunahme (z. B. Frachtkosten beim Bezug größerer Mengen); als Stückkosten sind sie degressiv.

3.7.2 Lineare Gesamtkostenfunktion

226 Was sind lineare Gesamtkosten?

Beim linearen Gesamtkostenverlauf (K) unterstellt man fixe Gesamtkosten (K_f) und proportionale variable Kosten (K_v).

Beispiel:

Menge	K_f	K_v	$K = K_f + K_v$
100	1 000,00	500,00	1 500,00
200	1 000,00	1 000,00	2 000,00
300	1 000,00	1 500,00	2 500,00
400	1 000,00	2 000,00	3 000,00
500	1 000,00	2 500,00	3 500,00
600	1 000,00	3 000,00	4 000,00

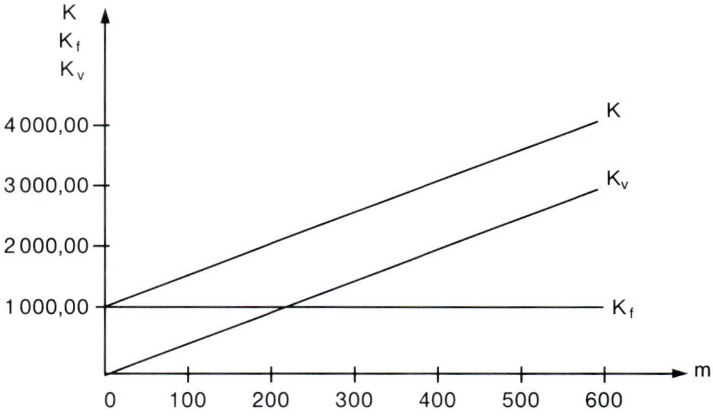

227 Ermitteln Sie die fixen, variablen und gesamten Durchschnittskosten!

Die **fixen Durchschnittskosten** (k_f) fallen, da die fixen Gesamtkosten (K_f) sich mit steigender Ausbringung (m) günstiger auf das einzelne Erzeugnis verteilen:

$\left(k_f = \frac{K_f}{m}\right)$.

Die **variablen Durchschnittskosten** (k_v) sind konstant, da für jedes zusätzlich produzierte Stück die gleichen variablen Kosten anfallen:

$\left(k_v = \frac{K_v}{m}\right)$.

Die **gesamten Durchschnittskosten** (k) fallen mit zunehmender Ausbringung $\left(k = \frac{K}{m}\right)$; ein optimaler Kostenpunkt existiert bei linearem Gesamtkostenverlauf nicht.

Beispiel:

Menge	K_f	K_v	K	k_f	k_v	k
100	1 000,00	500,00	1 500,00	10,00	5,00	15,00
200	1 000,00	1 000,00	2 000,00	5,00	5,00	10,00
300	1 000,00	1 500,00	2 500,00	3,33	5,00	8,33
400	1 000,00	2 000,00	3 000,00	2,50	5,00	7,50
500	1 000,00	2 500,00	3 500,00	2,00	5,00	7.00
600	1 000,00	3 000,00	4 000,00	1,67	5,00	6,67

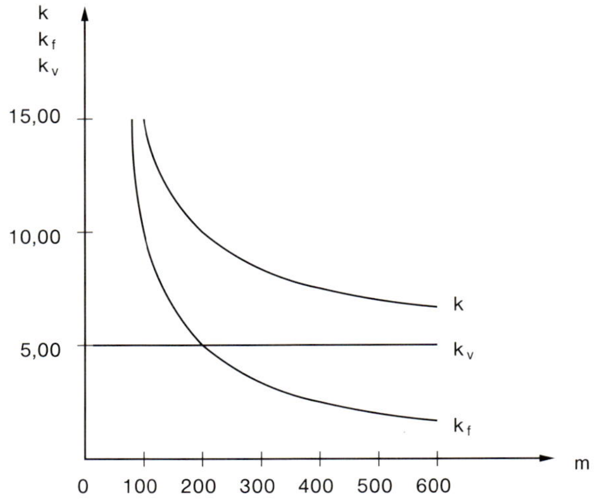

228 Ermitteln Sie die Grenzkosten!

Die **Grenzkosten** (K') beim linearen Gesamtkostenverlauf sind konstant, da für jedes zusätzlich produzierte Produkt die gleichen Kosten anfallen. Die Grenzkosten decken sich also mit den variablen Durchschnittskosten.

Beispiel:

Menge	K_f	K_v	K	$K' = k_v$
100	1 000,00	500,00	1 500,00	
101	1 000,00	505,00	1 505,00	5,00
102	1 000,00	510,00	1 510,00	5,00
103	1 000,00	515,00	1 515,00	5,00
104	1 000,00	520,00	1 520,00	5,00
105	1 000,00	525,00	1 525,00	5,00

229 Erläutern Sie Nutzkosten und Leerkosten!

Nutzkosten (K_N) sind der Teil der fixen Kosten, der auf die genutzte Kapazität entfällt. Sie steigen von ihrem niedrigsten Wert 0 bei einer Ausbringungsmenge von 0 bis zum Wert der gesamten fixen Kosten bei einer Ausbringungsmenge, die der Kapazität (m_K) entspricht.

Leerkosten (K_L) sind der Teil der fixen Kosten, der auf die nicht genutzte Kapazität entfällt. Sie fallen von ihrem höchsten Wert in Höhe der gesamten fixen Kosten bei einer Ausbringung von 0 bis zum Wert 0 bei der möglichen Erzeugungsmenge (m_K).

Beispiel:

Die fixen Kosten einer Maschine in einer bestimmten Periode belaufen sich auf 2000,00 DM. Die mögliche Herstellungsmenge (m_K) in der gleichen Zeit beträgt 500 Produkte, die Isterzeugung (m) 300 Produkte.

Die Nutzkostenfunktion lautet:

$$K_N = \frac{K_f}{m_K} \cdot m \qquad K_N = \frac{2000}{500} \cdot 300 = 1200{,}00 \text{ DM}$$

Die Leerkostenfunktion lautet:

$$K_L = \frac{K_f}{m_K} \cdot (m_K - m) \qquad K_L = \frac{2000}{500} \cdot 200 = 800{,}00 \text{ DM}$$

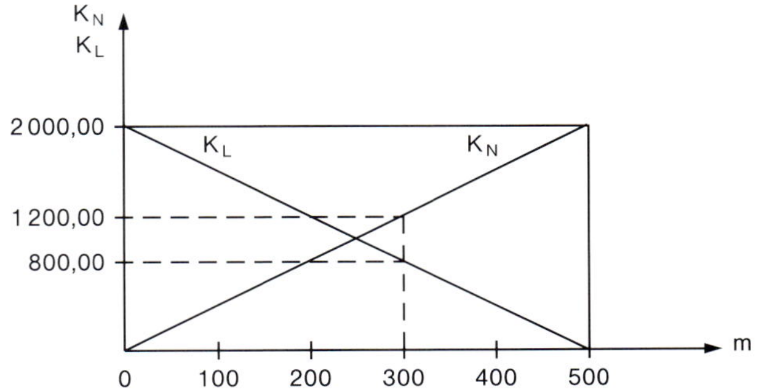

230 Was sind sprungfixe Kosten?

Sprungfixe Kosten (Sprungkosten, intervallfixe Kosten) sind die bei quantitativer Anpassung an eine Beschäftigungsänderung zunächst sprunghaft ansteigenden Kosten.

Unter **quantitativer Anpassung** versteht man die Variation der Anzahl der in einem Betrieb eingesetzten Produktionsfaktoren (z. B. Kauf neuer Maschinen, Einstellung von Arbeitskräften).

Beispiel:

Bei einer Ausbringung von 100 Einheiten wird eine neue Maschine angeschafft. Die fixen Gesamtkosten (Sprungkosten) steigen auf 2000,00 DM an; bei einer Beschäftigung von 200 Einheiten wird wiederum eine neue Maschine eingesetzt, die Kosten (K) steigen sprunghaft auf 3000,00 DM an, usw. Es entsteht ein treppenförmiger Gesamtkostenverlauf. Die intervallfixen Durchschnittskosten (k) fallen sägeförmig degressiv.

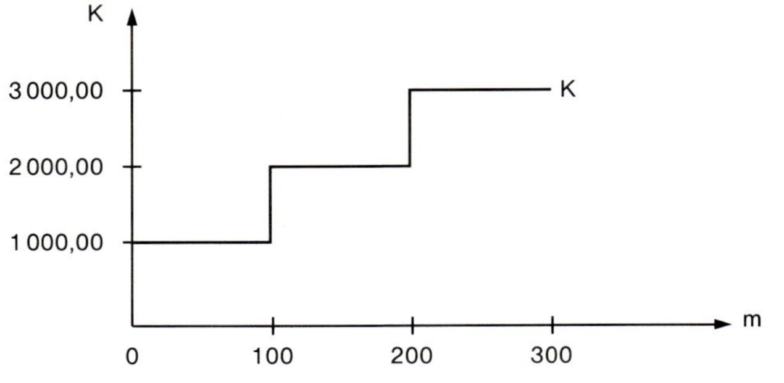

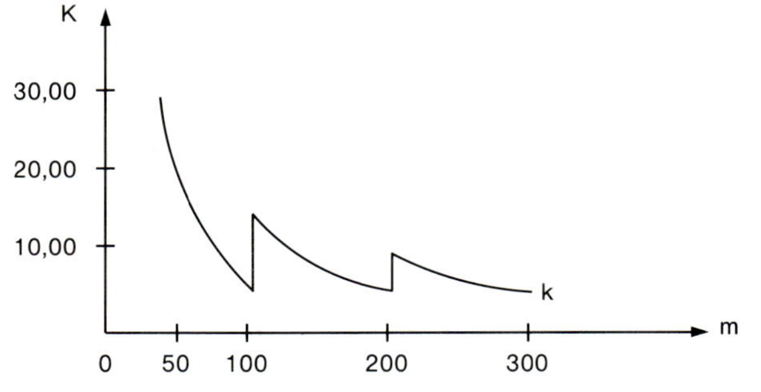

231 Wie werden das Gewinnmaximum und die Nutzenschwelle ermittelt?

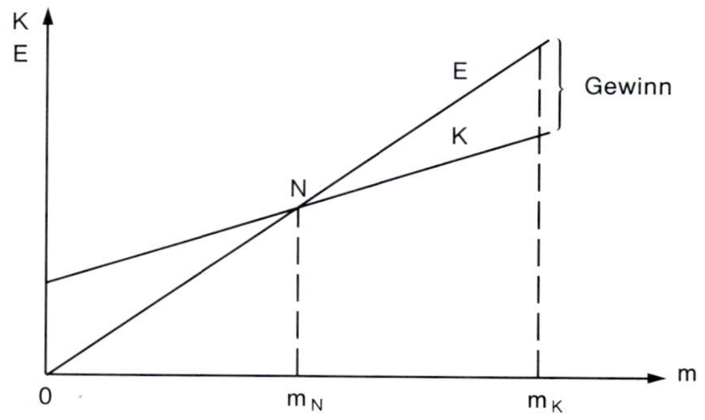

Die lineare Erlöskurve (Erlös = Menge · Preis, $E = m \cdot p$) schneidet die lineare Gesamtkostenkurve im Punkt N, der **Nutzen- oder Gewinnschwelle (Break-even-point).** Dem Punkt N entspricht die Menge m_N, bei welcher der Umsatz einer Periode sämtliche fixen Kosten und die angefallenen proportionalen Kosten deckt. Erst bei Überschreiten der Nutzenschwelle entsteht ein Gewinn.

Das Gewinnmaximum ist bei linearem Gesamtkostenverlauf und gegebener Kapazität an der Kapazitätsgrenze, die der Ausbringung m_K entspricht, erreicht.

Beispiel:

Die fixen Kosten (K_f) betragen 20 000,00 DM, die variablen (proportionalen) Kosten je Stück (k_v) betragen 50,00 DM, die Kapazitätsgrenze liegt bei 1 000 Stück. Der Verkaufspreis je Stück beträgt 90,00 DM.

Nutzenschwelle:

$$
\begin{aligned}
\text{Erlös (E)} &= \text{Kosten (K)} \\
E &= m \cdot p \\
E &= m \cdot 90 \\
K &= m \cdot k_v + K_f \\
K &= m \cdot 50 + 20\,000 \\
m \cdot 90 &= m \cdot 50 + 20\,000 \\
40\,m &= 20\,000 \\
m &= 500
\end{aligned}
$$

Die Nutzenschwelle liegt bei einer Ausbringungsmenge von 500 Stück.

Gewinnmaximum:

$$
\begin{aligned}
\text{Gewinn (G)} &= \text{Erlös (E)} - \text{Kosten (K)} \\
m &= 1\,000 \\
G &= 1\,000 \cdot 90 - (1\,000 \cdot 50 + 20\,000) \\
G &= 20\,000
\end{aligned}
$$

Das Gewinnmaximum beträgt 20 000,00 DM.

232 Wie wird die kritische Menge für zwei Produktionsverfahren ermittelt?

Die **kritische Menge** ist die Produktionsmenge, ab der ein Produktionsverfahren kostengünstiger wird als ein anderes. Bei dieser Menge sind die Kosten der Verfahren I und II gleich ($K_I = K_{II}$).

16 Groh/Schröer – ISBN 3-8120-0420-8

Beispiel:

Ein Industriebetrieb hat die Wahl zwischen zwei Produktionsverfahren:

Verfahren A:	
fixe Kosten	1 000,00 DM
variable Durchschnittskosten	50,00 DM
Verfahren B:	
fixe Kosten	2 000,00 DM
variable Durchschnittskosten	25,00 DM

Ab welcher Produktionsmenge ist das Verfahren B günstiger als das Verfahren A?

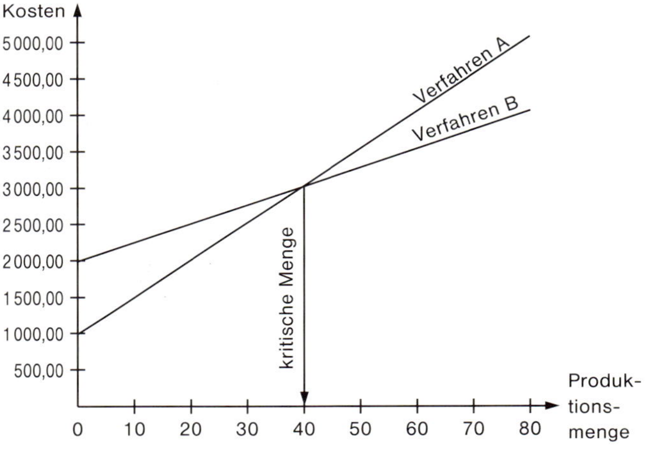

$$
\begin{aligned}
\text{Kosten des Verfahrens A} &= \text{Kosten des Verfahrens B}\\
1000 + 50x &= 2000 + 25x\\
25x &= 1000\\
x &= 40
\end{aligned}
$$

Ab einer Produktionsmenge von 40 Stück ist das Verfahren B günstiger als das Verfahren A.

3.7.3 Überproportionale und unterproportionale Kostenfunktionen

233 Welche Kostenverläufe ergeben sich aus der überproportionalen Gesamtkostenkurve?

Die Gesamtkosten (K), die durch die Addition der fixen und variablen Gesamtkosten (K_f, K_v) entstehen, steigen mit zunehmender Erzeugung absolut und auch relativ; die Steigung der Kurve nimmt zu. Aus diesem Grunde steigt die Grenzkostenkurve (K') ebenfalls mit zunehmender Steigung.

Die Durchschnittskostenkurve (k) fällt zunächst infolge der günstigeren Verteilung der fixen Kosten auf die einzelne Leistungseinheit bis zu einem Minimum. Wird der Vorteil der Fixkostendegression durch die Progression der variablen Kosten übertroffen, steigt die Stückkostenkurve wieder an.

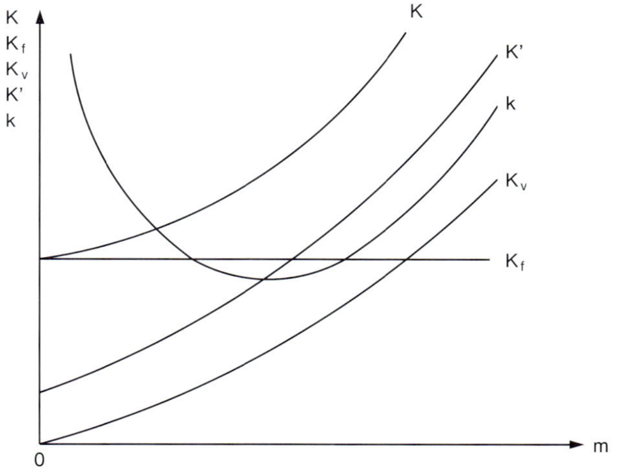

234 Welche Kostenverläufe ergeben sich aus der unterproportionalen Gesamtkostenkurve?

Die Gesamtkosten (K) steigen mit zunehmender Ausbringung, wobei die Steigung abnimmt.

Die Grenzkosten (K') fallen mit abnehmendem Steigungsmaß.

Die Stückkosten fallen ebenfalls mit ständig abnehmender Steigung, da sich sowohl fixe Kosten als auch variable Kosten pro Stück degressiv verhalten.

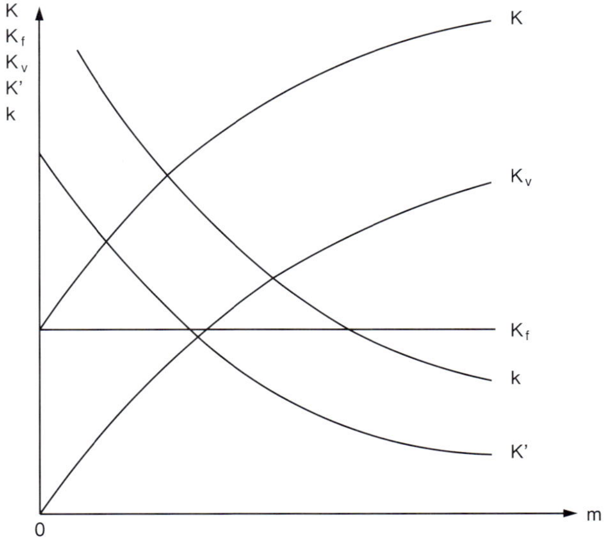

3.8 Rechtsschutz der Erzeugnisse

235 Welchen Rechtsschutz gibt es für Erzeugnisse?

Erzeugnisse sind gesetzlich geschützt durch

1. Patentschutz,
   - Patent,
   - Lizenz;
2. Musterschutz,
   - Gebrauchsmusterschutz,
   - Geschmacksmusterschutz;
3. Markenschutz,
   - Marken,
   - Kollektivmarken,
   - geschäftliche Bezeichnungen,
   - geografische Herkunftsangaben.

236 Unterscheiden Sie Patent und Lizenz!

Das **Patent**

- schützt neue Erfindungen (z. B. Gegenstände, Herstellungsverfahren) vor Nachahmung,
- wird beim Deutschen Patentamt in München kostenpflichtig in die Patentrolle eingetragen,
- gilt für höchstens 20 Jahre (die Erfindung kann danach von jedem genutzt werden).

Die **Lizenz** beinhaltet das Recht, ein fremdes Recht wie z. B. eine Erfindung gegen Zahlung von Lizenzgebühren zu verwerten.

237 Unterscheiden Sie Gebrauchs- und Geschmacksmusterschutz!

Der **Gebrauchsmusterschutz**

- schützt Neugestaltungen von Arbeitsgeräten und Gebrauchsgegenständen (z. B. Bedienungselemente beim Fernsehgerät),
- wird beim Patentamt kostenpflichtig in die Gebrauchsmusterrolle eingetragen,
- gilt für drei Jahre (kann bis höchstens 10 Jahre verlängert werden).

Der **Geschmacksmusterschutz**

- schützt gewerbliche Muster oder Modelle (z. B. Tapeten, Gläser, Geschirr),
- wird beim Patentamt in das Musterregister eingetragen,
- gilt für fünf Jahre (kann bis höchstens 20 Jahre verlängert werden).

238 Beschreiben Sie den Markenschutz!

Nach dem Gesetz über den Schutz von Marken **(Markengesetz)** entsteht der **Markenschutz** durch die Eintragung beim Patentamt; er besteht 10 Jahre (eine Verlängerung um jeweils 10 Jahre ist möglich). Unterschieden werden:

1. **Marke,**
   - geschützt werden können alle Zeichen, z. B. Wörter, Abbildungen, Form der Ware, die geeignet sind, Waren eines Unternehmens von denen anderer Unternehmen zu unterscheiden;
2. **Kollektivmarke,**
   - geschützt werden können alle Zeichen wie bei der Marke, die geeignet sind, die Waren der Mitglieder des Inhabers der Kollektivmarke von denen anderer Unternehmen zu unterscheiden (Verbandszeichen);
3. **geschäftliche Bezeichnung,**
   - Unternehmenskennzeichen sind Zeichen, die der Unterscheidung des Geschäftsbetriebes von anderen Geschäftsbetrieben dienen,
   - Werktitel sind Namen oder besondere Bezeichnungen von Druckschriften, Film- und Bühnenwerken;
4. **Geografische Herkunftsangaben,**
   - sind Namen von Orten, Gegenden oder Ländern oder sonstige Zeichen, die zur Kennzeichnung der geografischen Herkunft von Waren benutzt werden.

239 Was sind Gütezeichen?

Gütezeichen

- sind geschützte Zeichen, die eine bestimmte Qualität für gleichartige Erzeugnisse garantieren (z. B. reine Schurwolle),
- sind geschützte Zeichen die bestimmte Umwelteigenschaften des Erzeugnisses garantieren (z. B. blauer Umweltengel, Euro-Blume),
- werden von Verbänden bzw. einer Gruppe von Herstellern geschaffen.

4 Absatzwirtschaft

4.1 Aufgaben und Ziele der Absatzwirtschaft

240 Was versteht man unter Absatzwirtschaft?

Unter **Absatzwirtschaft** versteht man alle Tätigkeiten, Maßnahmen und Einrichtungen, die den Verkauf der betrieblichen Leistungen betreffen. Die Absatzwirtschaft ist das Bindeglied zwischen der Produktionswirtschaft und dem Absatzmarkt. Aufgrund der vielfältigen Schnittstellen im Industriebetrieb ist eine enge Zusammenarbeit aller betrieblichen Abteilungen erforderlich.

Die Absatzwirtschaft umfasst die Aufgabenbereiche:

- Absatzförderung (Marketing),
- Verkauf,
- Versand,
- Risiken und Versicherungen.

241 Nennen Sie Aufgaben und Ziele der Absatzwirtschaft!

Aufgabe der Absatzwirtschaft ist die Leistungsverwertung; sie umfasst die

- Suche nach Abnehmern (z. B. Erschließung neuer Märkte, Sicherung und Vergrößerung des Marktanteils),
- Distribution der Güter,
- rechtliche Abwicklung des Verkaufs (siehe Seite 54 ff.).

Ziele der Absatzwirtschaft sind vor allem

- Marktsegmentierung,
- Abstimmung der Marketing-Instrumente und Realisierung des Marketing-Mix,
- Optimierung der Arbeitsabläufe,
- Berücksichtigung des Umweltschutzes beim Versand (z. B. umweltgerechte Verpackung, umweltgerechter Transport),
- Absatzcontrolling.

242 Was ist Marktsegmentierung?

Unter **Marktsegmentierung** versteht man die Aufspaltung eines Gesamtmarktes in einzelne Teilmärkte, wobei die Teilmärkte in sich möglichst homogen (ähnlich) sein sollen. Die Marktsegmentierung erfolgt nach bestimmten Merkmalen wie z. B. Alter, Geschlecht, Bildung, Einkommen (Zielgruppenbildung).

Durch die Bildung von Zielgruppen ist ein gezielter und konzentrierter Einsatz der Marketing-Instrumente möglich.

243 Was versteht man unter Absatzcontrolling?

Unter **Absatzcontrolling** versteht man den ständigen Prozess der Informationsverarbeitung zur Überwachung und Steuerung des Absatzplans. Im Gegensatz zur bloßen Kontrolle hat das **Controlling** bestimmte Weisungsbefugnisse, um fehlerhafte bzw. nicht optimale Abläufe zu korrigieren (Hilfsmittel des Controlling sind betriebliche Kennzahlen).

4.2 Absatzförderung (Marketing)

244 Was ist Marketing?

Der Begriff **Absatz**, der vom Umsatz eines Betriebes über den Umsatzprozess bis zum Verkauf und Vertrieb der Waren reicht, wird heute vielfach durch den Begriff Marketing verdrängt.

Marketing ist marktorientierte Unternehmensführung, wobei ein breites Instrumentarium (Marketing-Instrumente) zur Beeinflussung des Marktes eingesetzt werden kann, d. h., Marketing umfasst alle absatzfördernden Maßnahmen.

Ziele des Marketing können z.B. Markterschließung sowie Sicherung und Ausweitung des Marktanteils sein.

245 Nennen Sie die Marketing-Instrumente!

Zur Beeinflussung des Absatzmarktes stehen den Unternehmen folgende **Marketing-Instrumente** (absatzfördernde Maßnahmen) zur Verfügung:

- Marktforschung,
- Produktpolitik,
- Sortimentspolitik,
- Preispolitik,
- Werbung,
- Distributionspolitik,
- Verkaufsförderung,
- Konditionen und Kundendienst.

Werbung, Publicrelations und Verkaufsförderung werden auch unter dem Begriff **Kommunikationspolitik** zusammengefasst.

246 Was ist Marketing-Mix?

Marketing-Mix bedeutet die optimale Kombination und Koordination der absatzpolitischen Instrumente.

4.2.1 Marktforschung

247 Was ist Marktforschung?

Marktforschung ist die systematische Beschaffung der für die Einschätzung und Beeinflussung des künftigen Absatzes notwendigen Informationen (Absatzmarktforschung).

248 Nennen Sie die Bereiche und Aufgaben der Absatzmarktforschung!

Bereiche der Marktforschung sind

1. **Bedarfsforschung** (Analyse der Nachfrage), d.h. Erforschung von
   - Marktgröße und Aufnahmefähigkeit des Marktes (Sättigungsgrad),
   - Kaufkraft und Kaufkraftveränderung,
   - Zusammensetzung der Nachfrager (z.B. nach Alter, Geschlecht, Ausbildung, Einkommen),
   - Käufergewohnheiten und Kaufmotiven;

2. **Konkurrenzforschung** (Analyse des Angebots), d.h. Erforschung von
   - Konkurrenten (z.B. Marktanteil, Umsatz),
   - Konkurrenzprodukten (z.B. Preise, Qualität),
   - Konkurrenzverhalten (z.B. Einsatz absatzpolitischer Instrumente und Reaktionen auf Maßnahmen der Mitanbieter);
3. **Absatzforschung** (Analyse der eigenen Absatzsituation), d.h. Erforschung der
   - Wirkung der eingesetzten absatzpolitischen Instrumente,
   - eigenen Marktstellung (z.B. Marktanteil, Einzugsgebiet).

249 Was versteht man unter Marktanteil?

Unter **Marktanteil** versteht man den umsatz- bzw. mengenmäßigen Anteil des Unternehmens am betreffenden Gesamtmarkt.

$$\text{Marktanteil} = \frac{\text{eigener Umsatz (Absatz)} \cdot 100}{\text{Marktumsatz (Marktabsatz)}}$$

Zu beachten ist, dass eine Umsatzsteigerung eines Unternehmens nicht zwingend zu einer Erhöhung seines Marktanteils führen muss, da sich z.B. der Gesamtumsatz auf dem Markt prozentual stärker erhöht hat.

250 Unterscheiden Sie Marktanalyse und Marktbeobachtung!

Marktanalyse ist die (meist einmalige) Erforschung eines räumlich abgegrenzten Teilmarktes, z.B. im Hinblick auf Anzahl, Kaufkraft und Struktur der potentiellen Kunden (die Untersuchung bezieht sich auf einen bestimmten Zeitpunkt).

Marktbeobachtung ist die über längere Zeit hinweg andauernde Erforschung des Marktes, wobei insbesondere die Veränderungen des Marktgeschehens erfasst werden sollen wie z.B. Mode- und Geschmackswandel (die Untersuchung bezieht sich auf einen Zeitraum).

251 Unterscheiden Sie Marktprognose und Absatzprognose!

Marktprognose ist die Vorhersage zukünftiger Entwicklungen auf dem Markt (Trend); sie ist das Ergebnis von Marktbeobachtung und Marktanalyse.

Absatzprognose ist die Vorhersage des zukünftigen betrieblichen Absatzes (sie baut ebenfalls auf den Ergebnissen von Marktbeobachtung und Marktanalyse auf).

252 Unterscheiden Sie Primär- und Sekundärforschung!

Bei der **Primärforschung** (Feldforschung) beschafft sich das Unternehmen die notwendigen Informationen durch eigens durchgeführte Untersuchungen. Diese sind sehr kostenaufwendig und werden oft an Marktforschungsinstitute vergeben.

Methoden sind:

- mündliche Befragung (Interview),
- schriftliche Befragung,
- Beobachtung (z.B. Einkaufsverhalten),
- Test (z.B. Reaktionen auf Werbeanzeigen).

Bei allen Methoden wird nicht die Gesamtheit der potentiellen Käufer untersucht, sondern jeweils nur eine Stichprobe. Dabei sollen die ausgewählten Personen im Hinblick auf Alter, Geschlecht, Ausbildung, Einkommen u.ä. der Zusammensetzung der Zielgruppe entsprechen **(repräsentativer Querschnitt).**

Bei der **Sekundärforschung** (Schreibtischforschung) greift man auf bereits vorhandenes Datenmaterial zurück.

Man unterscheidet

- interne (innerbetriebliche) Informationsquellen, z.B. Daten der Buchhaltung, Umsatz- und Absatzstatistiken;
- externe (außerbetriebliche) Informationsquellen, z.B. Veröffentlichungen der statistischen Ämter, der Wirtschaftsinstitute und Verbände, Berichte in Fachzeitschriften.

4.2.2 Produktpolitik

253 Was ist Produktpolitik?

Die **Produktpolitik** umfasst:

- Produktqualität (Festlegung der Produkteigenschaften wie z.B. Leistung, Verwendbarkeit, Lebensdauer, Umweltfreundlichkeit),
- Gestaltung des Produktäußeren (z.B. Form, Farbe, Verpackung),
- Markenbildung (z.B. Markenartikel).

254 Nennen Sie Maßnahmen der Produktpolitik!

Maßnahmen der Produktpolitik sind:

- **Innovation,** d.h. Entwicklung und Einführung neuer Produkte;
- **Variation,** d.h. Veränderung eingeführter Produkte;
- **Diversifikation,** d.h. Aufnahme von Produkten in das Produktionsprogramm, die für das Unternehmen grundsätzlich neu sind (angestrebt wird dadurch eine Risikostreuung);
- **Elimination,** d.h. Ausschaltung von Produkten.

255 Erklären Sie den Produktlebenszyklus!

Der **Lebenszyklus eines Produktes** stellt die Umsatzentwicklung im Zeitablauf dar. Er umfasst folgende Phasen:

- Einführung (beginnendes Umsatzwachstum),
- Wachstum (Umsatz steigt stärker),
- Reife bzw. Sättigung (Umsatz erreicht ein Maximum),
- Degeneration (Umsatzrückgang).

4.2.3 Sortimentspolitik (Produktionsprogrammpolitik)

256 Was ist Sortimentspolitik?

Sortimentspolitik ist die Entscheidung über die Auswahl und Zusammensetzung der in einem Unternehmen hergestellten Erzeugnisse (das Sortiment als Ergebnis der Sortimentspolitik wird auch als **Produktionsprogramm** bezeichnet).

Die Sortimentspolitik umfasst:

- **Sortimentserweiterung,** d h., in das bestehende Sortiment werden neue Produkte (Produktinnovation und Diversifikation) aufgenommen;
- **Sortimentsbereinigung,** d. h., ein Produkt wird aus dem Produktionsprogramm herausgenommen (z.B. zu niedriger Deckungsbeitrag).

257 Unterscheiden Sie Sortimentsbreite und Sortimentstiefe!

Die **Sortimentsbreite** wird bestimmt durch die Zahl der in das Angebot aufgenommenen verschiedenartigen Güter (viele Güterarten = breites Sortiment; wenige Güterarten = enges Sortiment).

Die **Sortimentstiefe** ist gekennzeichnet durch die Zahl der Variationen eines gleichartigen Produktes. Variationen können sein: Verschiedene Materialien, Größen, Farben, Preislagen (viele Ausführungen innerhalb einer Güterart = tiefes Sortiment; wenige Ausführungen = flaches Sortiment).

4.2.4 Preispolitik

258 Wovon ist die Preispolitik abhängig?

Die betriebliche **Preispolitik** beinhaltet alle Entscheidungen über die Höhe des Preises, der auf dem Absatzmarkt gefordert wird; sie umfasst auch die Preisdifferenzierung und die Preisnachlässe.

Einflussfaktoren der Preispolitik sind:

- Kosten,
- Nachfrager,
- Mitanbieter,
- Unternehmensziele.

Entsprechend den Einflussfaktoren unterscheidet man folgende Möglichkeiten der **Preisbildung:**

- kostenorientierte Preisbildung, die Kostenrechnung und die Kalkulation geben an, zu welchem Preis ein Produkt mindestens angeboten werden muss, damit die Kosten gedeckt werden (Ermittlung der Preisuntergrenze, siehe Seite 539 f.);
- nachfrageorientierte Preisbildung, z.B. wird mit Hilfe der Marktforschung ermittelt, welchen Preis die potentiellen Nachfrager zu zahlen bereit sind;
- konkurrenzorientierte Preisbildung, z.B. wird ermittelt, zu welchen Preisen die Mitanbieter ihre Produkte anbieten;

- zielorientierte Preisbildung, die Preise werden entsprechend der Zielsetzung des Unternehmens festgelegt wie z. B. Gewinnmaximierung, Umsatzmaximierung, Vergrößerung des Marktanteils (z. B. soll ein Mitanbieter durch niedrige Preise aus dem Markt verdrängt werden).

259 Was bedeutet Preisanpassungsstrategie?

Damit der Industriebetrieb langfristig seine Produkte auf dem Absatzmarkt absetzen kann, muss er eine Strategie entwickeln, wie er auf Veränderungen der Einflussfaktoren der Preispolitik reagiert. Eine mögliche **Preisanpassungsstrategie** auf einem oligopolistischen Markt (siehe Seite 126 f.) ist z. B. die Orientierung der eigenen Preise an den Preisen des Marktführers.

260 Was ist Preisdifferenzierung?

Verkauft ein Betrieb Produkte gleicher Art zu verschiedenen Preisen, spricht man von **Preisdifferenzierung.** Man unterscheidet:

- räumliche Preisdifferenzierung: Das Unternehmen verkauft gleiche Produkte auf räumlich abgegrenzten Märkten zu unterschiedlichen Preisen (z. B. Preisdifferenzierung zwischen In- und Ausland = **dumping**);
- zeitliche Preisdifferenzierung: Das Unternehmen fordert für gleichartige Produkte zu verschiedenen Zeiten unterschiedliche Preise (z. B. Sommer- und Winterpreise im Pelzhandel);
- Preisdifferenzierung nach dem Verwendungszweck (z. B. unterschiedliche Stromtarife für Haushalte und Industrie);
- Preisdifferenzierung nach der Absatzmenge (z. B. unterschiedliche Rabattsätze für unterschiedliche Mengen).

261 Welche Preisnachlässe unterscheidet man?

Preisnachlässe werden gewährt als

- **Rabatt:** Nach dem Grund der Rabattgewährung unterscheidet man Mengenrabatt, Treuerabatt, Wiederverkäuferrabatt, Personalrabatt, Naturalrabatt (Rabatt in Form von Waren);
- **Bonus:** eine Gutschrift bzw. ein Preisnachlass, der den Abnehmern nachträglich in Form einer Umsatzvergütung von Lieferanten zugestanden wird (z. B. für das Erreichen einer bestimmten Abnahmemenge in einem Jahr);
- **Skonto:** ein prozentualer Preisnachlass auf den Rechnungsbetrag bei Zahlung innerhalb einer bestimmten Frist (bei sofortiger Zahlung = Barzahlungsnachlass).

262 Was ist Preisbindung?

Man spricht von **vertikaler Preisbindung** (Preisbindung der zweiten Hand), wenn der Händler vom Hersteller vertraglich verpflichtet wird, die Erzeugnisse zu einem vom Hersteller festgesetzten Preis zu verkaufen. Die vertikale Preisbindung ist grundsätzlich verboten. Ausnahmen sind Verlagserzeugnisse (Bücher, Zeitschriften) und pharmazeutische Erzeugnisse.

Unter **horizontaler Preisbindung** versteht man die Preisfestsetzung durch ein Kartell (Preiskartelle sind verboten; siehe Seite 128 f.).

263 Was ist Preisempfehlung?

Durch **unverbindliche Preisempfehlungen** (nur bei Markenartikeln erlaubt) versuchen die Hersteller auf die Preisgestaltung des Handels Einfluss zu nehmen. Preisempfehlungen dürfen nicht weit überhöht sein (Verbot von „Mondpreisen").

4.2.5 Werbung

264 Was ist Werbung?

Unter **Werbung** versteht man die absichtliche und gesteuerte Form der Beeinflussung von Menschen durch den Einsatz von Werbemitteln und Werbeträgern, damit diese sich im Sinne der Absatzziele des werbenden Unternehmens verhalten (z. B. Kauf einer bestimmten Marke).

265 Welche Aufgaben hat die Werbung?

Die Aufgaben der Werbung lassen sich an folgenden Arten der Werbung ablesen:

1. **Einführungswerbung,** d. h., die Werbung soll die Voraussetzungen dafür schaffen, dass ein neues Produkt vom Markt aufgenommen wird (Bedürfnisweckung);
2. **Expansionswerbung,** d. h., der Umsatz für die angebotenen Güter soll erhöht werden; das kann geschehen durch:
   - Gewinnung neuer Kunden,
   - Mehrkäufe alter Kunden;
3. **Erhaltungswerbung,** d. h., die Werbung soll den Umsatz auf dem erreichten Niveau halten und vor allem verhindern, dass Kunden zur Konkurrenz abwandern.

266 Welche Arten der Werbung gibt es?

Die **Werbung** (Absatzwerbung) unterscheidet man nach

1. den Zielen der Werbung,
   - Einführungswerbung,
   - Expansionswerbung,
   - Erhaltungswerbung;
2. der Zahl der Umworbenen,
   - Einzelumwerbung,
   - Massenumwerbung;
3. der Zahl der Werbenden,
   - Alleinwerbung,
   - Kollektivwerbung;
4. dem Inhalt der Werbung,
   - informative Werbung,
   - suggestive Werbung;

5. der Umsatzentwicklung,
   - zyklische Werbung,
   - antizyklische Werbung;
6. dem Gegenstand der Werbung,
   - Produktwerbung (Werbung für ein Produkt),
   - Firmenwerbung (Werbung für einen Betrieb = Public-relations);
7. dem angesprochenen Personenkreis,
   - Händlerwerbung (ist an Händler gerichtet),
   - Verbraucherwerbung (ist an Verbraucher gerichtet).

267 Unterscheiden Sie Einzel- und Massenumwerbung!

Bei der **Einzelumwerbung** spricht man einzelne Kunden direkt und persönlich an, z. B. durch Vertreterbesuche oder mit Werbebriefen.

Bei der **Massenumwerbung** wird ein sehr großer Personenkreis über die Massenmedien (Fernsehen, Rundfunk und Zeitschriften) angesprochen. Die Werbung muss so gestaltet sein, dass sie möglichst viele Konsumenten anspricht, was aufgrund der unterschiedlichen Wünsche und Vorstellungen der Konsumenten zu Problemen führt.

268 Unterscheiden Sie Allein- und Kollektivwerbung!

Wenn ein Betrieb allein wirbt, spricht man von **Alleinwerbung.** Der Vorteil liegt vor allem in der Abstimmung der Werbung auf die eigenen betrieblichen Besonderheiten.

Werben mehrere Betriebe gemeinsam, spricht man von **Kollektivwerbung.** Sie wird unterschieden in:

- **Sammelwerbung,** d. h., die Betriebe werden namentlich genannt (z. B. Autohändler werben gemeinsam für eine Automarke);
- **Gemeinschaftswerbung,** d. h., die werbenden Betriebe bleiben anonym (z. B. „Trinkt deutschen Wein!“).

269 Unterscheiden Sie informative und suggestive Werbung!

Bei der **informativen Werbung** steht die sachliche Information über das Produkt im Vordergrund (z. B. Darstellung und Erläuterung der technischen Ausstattung sowie der Verwendungsmöglichkeiten des Produktes).

Wenn bei der Werbung die Gefühle und Wünsche des Konsumenten angesprochen werden, spricht man von **Suggestivwerbung** (z. B. Appelle an das Unterbewusstsein).

270 Unterscheiden Sie zyklische und antizyklische Werbung!

Bei der **zyklischen Werbung** werden die Werbeausgaben am Umsatz (bzw. Gewinn) des Unternehmens orientiert, d. h., die Werbeausgaben sind um so höher, je günstiger die Situation des Unternehmens ist.

Wenn die Unternehmen bei Umsatzrückgängen (vor allem in Zeiten der Depression und Rezession) verstärkt Werbung betreiben, liegt **antizyklische Werbung** vor. Diese Form der Werbung ist nicht nur betriebs-, sondern auch volkswirtschaftlich sinnvoll.

271 Nennen Sie Grundsätze der Werbung!

Die wichtigsten Anforderungen an die Werbung sind:

- **Werbewirksamkeit,** d. h., Werbeinhalt und Werbemittel müssen so ausgewählt werden, dass sie die Konsumenten entsprechend der angestrebten Zielsetzung beeinflussen (Wahl der Farbe, der Texte, der Bilder spielen dabei eine große Rolle);
- **Werbewahrheit,** d. h., die Werbung soll sachlich richtig informieren und nicht täuschen und irreführen (nach dem Gesetz gegen den unlauteren Wettbewerb sind unwahre und irreführende Angaben verboten);
- **Werbeklarheit,** d. h., die Werbeaussage muss klar und leicht verständlich sein;
- **Wirtschaftlichkeit** der Werbung, d. h., die Kosten der Werbung sollen in einem vernünftigen Verhältnis zum Werbeerfolg stehen. Problematisch ist allerdings die Messung des Werbeerfolges, da es schwierig ist, Absatzveränderungen einer bestimmten Werbemaßnahme zuzurechnen, da auch Preise, Qualität u. a. den Absatz beeinflussen;
- **Zielgruppenbestimmung,** d. h., es muss genau festgelegt werden, welcher Personenkreis (Zielgruppe) umworben wird. Auf diese Weise wird erreicht, dass die Werbung auf die potentielle Kundengruppe abgestimmt werden kann und diese gezielt anspricht (Beispiel: Unterschiedliche Zielgruppen für Arzneien sind Ärzte, Apotheken, Krankenhäuser und Verbraucher).

272 Welche Werbemittel gibt es?

Die **Werbemittel** dienen der Durchführung der Werbung. Von den zahlreichen Werbemitteln sollen nur die wichtigsten genannt werden:

- Anzeigen in Zeitschriften und Zeitungen,
- Werbesendungen in Rundfunk und Fernsehen,
- Prospekte und Kataloge,
- Werbebriefe und Postwurfsendungen,
- Broschüren und Flugblätter,
- Warenproben und Muster,
- Werbegeschenke und Zugaben.

Sie können entsprechend der formalen Gestaltung gegliedert werden in:

- optische (grafische) Werbemittel, z. B. Plakate,
- akustische Werbemittel, z. B. Rundfunkwerbung,
- audio-visuelle Werbemittel, z. B. Fernsehwerbung.

273 **Welche Werbeträger gibt es?**

Die Werbemittel müssen an die Umworbenen „herangetragen" werden; dies erfolgt über die **Werbeträger** (Streumedien). Als Werbeträger kommen Personen, Sachen und Institutionen in Betracht wie z. B.:

- Zeitungen und Zeitschriften,
- Rundfunk- und Fernsehanstalten,
- Anschlagtafeln und Plakatsäulen.

274 **Was beinhaltet der Werbeplan?**

Der **Werbeplan** legt fest:

- **Werbeinhalt,** was sagt die Werbung aus (die Darstellung des Werbeinhalts soll nach den Grundsätzen der Werbung erfolgen);
- **Streukreis,** wer wird umworben (Zielgruppenbestimmung);
- **Streugebiet,** wo wird geworben (die geografischen Schwerpunkte für die Durchführung der Werbung werden festgelegt);
- **Reichweitenbestimmung,** wie viele werden umworben (abhängig von Streukreis und Streugebiet);
- **Streuzeit,** wann wird geworben (Festlegung des Zeitraums und der Häufigkeit der Werbemaßnahmen);
- **Streuweg,** wie wird geworben (Festlegung der Werbemittel und Werbeträger);
- **Werbeetat,** mit welchem Betrag wird geworben.

275 **Wovon ist die Höhe des Werbeetats abhängig?**

Die Höhe des **Werbeetats** wird beeinflusst durch:

- Liquidität und Umsatz des Unternehmens, z. B. wird in Abhängigkeit vom Umsatz festgelegt, ob zyklisch oder antizyklisch geworben wird;
- Werbemaßnahmen und Werbeaufwand der Konkurrenz, z. B. erfordern Werbeaktionen der Mitanbieter eigene Aktionen;
- Werbeerfolg, z. B. richten sich die Werbeaufwendungen nach der zu erwartenden Absatzsteigerung;
- Werbeziel, z. B. wird für die Einführung eines neuen Produktes mit hohem Werbeaufwand geworben.

276 **Nennen Sie Möglichkeiten der Werbeerfolgskontrolle!**

Die **Werbeerfolgskontrolle** soll den Werbeerfolg, d. h., das Ergebnis der Werbemaßnahmen feststellen. Sie kann erfolgen als

- außerökonomische Werbeerfolgskontrolle, man ermittelt z. B. beim Berührungserfolg die Zahl der Werbeberührten oder beim Erinnerungserfolg die Zahl derer, die sich an die Werbung erinnern;
- ökonomische (wirtschaftliche) Werbeerfolgskontrolle, sie setzt den durch die Werbung bewirkten Umsatzzuwachs zu den durch die Werbung verursachten Kosten ins Verhältnis **(Werberendite).**

$$\text{Werberendite} = \frac{\text{Umsatzzuwachs}}{\text{Werbekosten}}$$

In der Praxis ist es schwierig festzustellen, inwieweit eine Umsatzsteigerung tatsächlich auf die durchgeführten Werbemaßnahmen zurückzuführen ist und nicht durch andere absatzpolitische Maßnahmen bedingt ist.

277 Was ist Publicrelations?

Wenn ein Unternehmen die Öffentlichkeit über sich selbst unterrichtet mit dem Ziel, um Vertrauen zu werben, spricht man von **Publicrelations** (Öffentlichkeitsarbeit).

Publicrelations wendet sich also an die gesamte Öffentlichkeit und soll das Bild **(Image)** des Unternehmens in der Bevölkerung positiv beeinflussen (und hat nicht die Absatzsteigerung zum Gegenstand). Zweifelsohne ergeben sich aber aus einer guten Darstellung in der öffentlichen Meinung auch positive Rückwirkungen auf den Absatz eines Unternehmens.

Publicrelations-Maßnahmen sind z.B. Firmenzeitschriften, Betriebsbesichtigungen, Pressekonferenzen, Anzeigen und Berichte in Massenmedien, Sportförderung, Spenden für soziale Zwecke.

278 Was ist Corporate-Identity?

Unter **Corporate-Identity** versteht man die angestrebte unverwechselbare Identität (Erscheinungsbild) eines Unternehmens. Das Ziel der Einmaligkeit des Unternehmens kann z.B. erreicht werden durch

- Gestaltung von Firmenelementen (z.B. Firmenname, Firmenlogo, Firmenfarben),
- Verhalten von Mitarbeitern (z.B. höfliches Verhalten, Identifikation mit dem Unternehmen, Tragen einer einheitlichen Kleidung),
- Publicrelations.

4.2.6 Distributionspolitik (Vertriebspolitik)

279 Was ist Distributionspolitik?

Die **Distributionspolitik** umfasst alle Maßnahmen, die getroffen werden, um ein Erzeugnis vom Hersteller zum Endkäufer zu bringen (Distribution = Verteilung).

Zur Distributionspolitik gehören:

1. Organisation des Absatzes,
   - äußere Organisation,
   - innere Organisation;
2. Absatzwege,
   - direkt,
   - indirekt (Absatz über Absatzmittler).

280 Was ist äußere Organisation des Absatzes?

Das **Distributionssystem (Vertriebssystem)** eines Unternehmens (äußere Organisation) kann aufgebaut sein in Form des

1. **zentralen Verkaufs,** d. h., der Absatz erfolgt durch
   - die Geschäftsleitung selbst (z. B. Schiffsbau),
   - eine (zentrale) Vertriebsabteilung;
2. **dezentralen Verkaufs,** d. h., der Absatz erfolgt von mehreren Orten aus, und zwar durch
   - werkseigenes Vertriebssystem, z. B. Verkaufsbüro, Auslieferungslager, Reisende;
   - werksgebundenes Vertriebssystem, z. B. Vertragshändler.

281 Nennen Sie Vor- und Nachteile des dezentralen Verkaufs!

Vorteile des dezentralen Verkaufs sind:

- größere Kundennähe,
- schnelle Lieferung und schneller Kundendienst;

Nachteile sind:

- hohe Lagerkosten (viele kleine Lager),
- hohe Personalkosten.

282 Was ist innere Organisation des Absatzes?

Die **innere Organisation** des Absatzes (Absatzorganisation) kann erfolgen

- **funktionsorientiert,** d. h., der Aufbau des Absatzbereiches erfolgt nach vertriebsbezogenen Tätigkeiten (z. B. Marktforschung, Werbung, Verkaufsförderung, Versand, Kundendienst);
- **produktorientiert** (objektorientiert), d. h., der Organisationsaufbau orientiert sich an den betrieblichen Erzeugnissen (beim Möbelhersteller z. B. Küchen, Wohnzimmer, Schlafzimmer);
- **kundenorientiert,** d. h., die Organisation orientiert sich an unterschiedlichen Abnehmergruppen (bei einem pharmazeutischen Betrieb z. B. Apotheker, Ärzte, Krankenhäuser);
- **gebietsorientiert,** d. h., der Absatz wird nach Regionen gegliedert (z. B. Inland, Ausland).

In der Praxis sind häufig Kombinationen dieser Organisationsmöglichkeiten anzutreffen.

283 Unterscheiden Sie direkten und indirekten Absatz!

Der **Absatzweg** ist der Weg eines Erzeugnisses vom Hersteller zum Verwender. Man unterscheidet zwei Möglichkeiten:

- Beim **direkten Absatz** verkauft das Unternehmen seine Erzeugnisse unmittelbar dem Verbraucher oder Weiterverarbeiter, ohne andere selbstständige Betriebe einzuschalten. Der direkte Absatz erfolgt über Fabrikfilialen, Vertragshändler, Verkaufsbüros und Reisende;
- beim **indirekten Absatz** treten zwischen die Produzenten und Konsumenten selbstständige Handelsbetriebe (Groß- und Einzelhandel) bzw. andere selbstständige Absatzmittler (Handelsvertreter, Kommissionäre, Handelsmakler).

17 Groh/Schröer – ISBN 3-8120-0420-8

284 Nennen Sie Vor- und Nachteile des direkten Absatzes!

Vorteile des direkten Absatzes sind:

- unmittelbarer Kontakt zum Kunden,
- Unabhängigkeit von den Absatzmittlern,
- alle absatzpolitischen Maßnahmen legt der Hersteller selbst fest,
- geeignet für Investitionsgüter.

Nachteile sind:

- hohe Absatz- und Lagerkosten,
- Hersteller muss alle Funktionen des Handels selbst übernehmen,
- der Markt wird nur unvollständig abgedeckt.

285 Nennen Sie Vor- und Nachteile des indirekten Absatzes!

Vorteile des indirekten Absatzes sind:

- Verteilernetz des Handels wird ausgenutzt,
- Absatzmittler übernehmen Aufgaben wie Lagerhaltung, Werbung, Beratung, Kundendienst,
- geeignet für Konsumgüter;

Nachteile sind:

- geringer Kontakt zum Kunden,
- geringer Einfluss auf die absatzpolitischen Maßnahmen der Absatzmittler,
- hohe Abhängigkeit von den Absatzmittlern.

286 Was ist eine Handelskette?

Unter einer **Handelskette** (Absatzkette) versteht man eine Folge von Absatzorganen, die ein Erzeugnis vom Produzenten bis zum Konsumenten durchläuft.

Beispiele für typische Absatzketten (indirekter Absatz) sind:

- Produzent → Einzelhändler → Verbraucher,
- Produzent → Großhändler → Einzelhändler → Verbraucher,
- Produzent → Handelsvertreter → Einzelhändler → Verbraucher.

287 Was ist ein Reisender?

Der **Reisende** (Handlungsreisende) ist als kaufmännischer Angestellter an Weisungen des Arbeitgebers gebunden. Er ist außerhalb des Betriebes im Namen und für Rechnung des Unternehmers (in fremdem Namen und für fremde Rechnung) tätig und hat vor allem folgende Aufgaben:

- Vermittlung und Abschluss von Geschäften,
- Betreuung und Beurteilung von Kunden,
- Beobachtung des Marktes und der Konkurrenz,
- Annahme von Zahlungen mit ausdrücklicher Vollmacht (Inkassoreisender).

Der Reisende erhält für seine Tätigkeit neben dem Ersatz seiner Spesen ein festes Gehalt (Fixum) oder ein festes Gehalt und zusätzlich Umsatzprovision.

288 Wer ist Handelsvertreter?

Der **Handelsvertreter** ist als selbstständiger Kaufmann ständig damit betraut, für einen anderen Unternehmer Geschäfte zu vermitteln (Vermittlungsvertreter) oder in dessen Namen abzuschließen (Abschlussvertreter). Er wird in fremdem Namen und für fremde Rechnung tätig.

Zu den Pflichten des Handelsvertreters gehören:

- **Bemühungspflicht,** d. h., er hat sich um die Vermittlung oder den Abschluss von Geschäften zu bemühen;
- **Benachrichtigungspflicht,** d. h., er muss dem Unternehmer von jeder Geschäftsvermittlung und von jedem Geschäftsabschluss unverzüglich Mitteilung machen;
- **Sorgfaltspflicht,** d. h., er hat seine Pflichten mit der Sorgfalt eines ordentlichen Kaufmanns wahrzunehmen;
- **Schweigepflicht,** d. h., er darf Geschäftsgeheimnisse auch nach Beendigung des Vertragsverhältnisses nicht verwerten oder anderen mitteilen;
- **Befolgungspflicht,** d. h., er ist an Weisungen des Unternehmers gebunden.

Zu den Rechten des Handelsvertreters gehören:

- Recht auf **Abschlussprovision,** d. h., er erhält eine Provision für alle von ihm vermittelten und abgeschlossenen Geschäfte; ist dem Handelsvertreter ein bestimmter Bezirk zugewiesen (Bezirksvertreter), erhält er auch Provision für die Geschäfte in seinem Bezirk, die ohne seine Mitwirkung abgeschlossen werden;
- Recht auf **Delkredereprovision,** d. h., er erhält eine besondere Vergütung, wenn er das Risiko für den Zahlungseingang bei Zielgeschäften übernimmt;
- **Ausgleichsanspruch,** d. h., er kann nach Beendigung des Vertragsverhältnisses von dem Unternehmer einen angemessenen Ausgleich verlangen, wenn der Unternehmer weiterhin mit Kunden Geschäfte tätigt, die der Handelsvertreter geworben hatte.

289 Vergleichen Sie den Einsatz von Handelsvertreter und Reisendem!

Vorteile des Handelsvertreters sind:

- Der Unternehmer muss kein festes Gehalt bezahlen (Bezahlung nur nach Leistung),
- der Unternehmer muss keine Aufwendungen für Sozialleistungen erbringen,
- der Handelsvertreter ermöglicht aufgrund seiner guten Marktkenntnisse eine kostengünstige und lückenlose Markterschließung.

Vorteile des Reisenden sind:

- Er ist an Anweisungen seines Arbeitgebers gebunden,
- er verfügt über umfassende Produkt- und Firmenkenntnisse.

Neben diesen Überlegungen spielt der Kostenvergleich eine wesentliche Rolle.

Beispiel:

Handelsvertreter: 10% Umsatzprovision, kein Fixum
Reisender: 2000,00 DM Fixum, 5% Umsatzprovision.

Lösung:

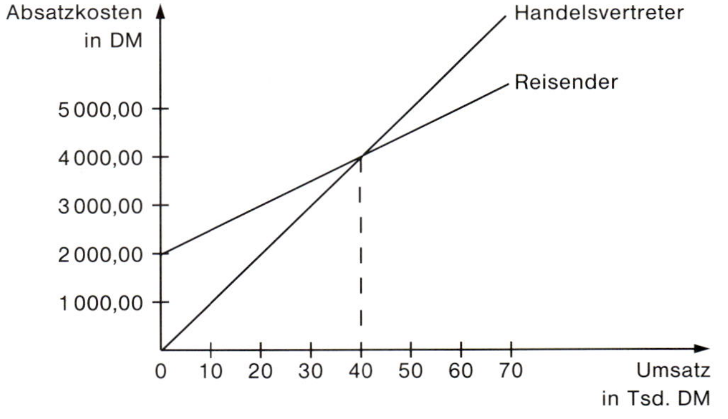

Bei einem erwarteten Umsatz unter 40000,00 DM ist der Einsatz des Vertreters günstiger, bei einem höheren Umsatz lohnt sich der Einsatz des Reisenden.

290 Wer ist Kommissionär?

Der **Kommissionär** kauft (Einkaufskommissionär) oder verkauft (Verkaufskommissionär) als selbstständiger Kaufmann Waren oder Wertpapiere in eigenem Namen für Rechnung eines anderen (des Kommittenten).

Zu den Pflichten des Kommissionärs zählen Sorgfaltspflicht, Befolgungspflicht, Benachrichtigungspflicht (siehe Seite 259), Abrechnungspflicht (Abrechnung des Kommissionsgeschäftes), Haftpflicht (Haftung für Verlust oder Beschädigung des bei ihm gelagerten Kommissionsgutes).

Rechte des Kommissionärs sind:

- Recht auf Provision und **Delkredereprovision** (siehe Seite 259);
- Ersatz der Aufwendungen (z.B. Lagerkosten, Fracht, Rollgeld);
- **Selbsteintrittsrecht,** d.h. Waren, die einen Markt- oder Börsenpreis haben, kann der Verkaufskommissionär selbst kaufen oder der Einkaufskommissionär selbst liefern;
- **Pfandrecht,** d.h., er kann Kommissionsgüter zur Sicherung seiner Forderungen gegenüber dem Kommittenten zurückbehalten.

291 Welche Bedeutung hat das Kommissionsgeschäft?

Vorteile des **Kommissionsgeschäftes** für den Kommittenten sind:

- lückenlose Markterschließung aufgrund der guten Marktkenntnisse des Kommissionärs;
- Einsparung von Lagerkosten, da der Kommissionär die Lagerung übernimmt;
- Einsparung von Vertriebskosten, da der Kommissionär den Absatz übernimmt;
- im Gegensatz zum Handelsvertreter hat der Kommissionär eine eigene Firma und einen eigenen Kundenstamm; dies ist besonders im Auslandsgeschäft von Bedeutung.

Vorteile des Kommissionsgeschäftes für den Kommissionär sind:

- Erweiterung seines Sortiments ohne eigenes Absatzrisiko (nicht verkaufte Waren können an den Kommittenten zurückgegeben werden);
- Bezahlung der Kommissionsware erst nach deren Verkauf.

292 Was ist ein Kommissionslager?

Beim **Kommissionslager**

- werden die Waren des Kommittenten (z. B. Großhandelsbetrieb) beim Kommissionär (z. B. Einzelhandelsbetrieb) gelagert;
- hat der Kommissionär das Recht, unverkaufte Ware an den Kommittenten zurückzugeben;
- trägt der Kommissionär nicht das Absatzrisiko;
- kann der Kommissionär schnell liefern.

Im Außenhandel bezeichnet man das Kommissionslager als **Konsignationslager.**

293 Wer ist Handelsmakler?

Der **Handelsmakler** übernimmt als selbstständiger Kaufmann von Fall zu Fall die Vermittlung von Verträgen, und zwar in fremdem Namen und für fremde Rechnung.

Zu den Pflichten des Handelsmaklers gehören die Pflicht zur Ausstellung einer Schlussnote für jede Vertragspartei, die Pflicht zur Führung eines Tagebuches, die Haft- und Auskunftspflicht.

Der Handelsmakler hat das Recht auf Maklerlohn (Courtage), der je zur Hälfte von den Vertragsparteien zu zahlen ist.

4.2.7 Verkaufsförderung

294 Was ist Verkaufsförderung?

Die **Verkaufsförderung (Salespromotion)** zielt auf die

1. eigene Absatzorganisation, z. B.:
   - Schulung und Verkaufstraining des eigenen Verkaufspersonals,

- Verkaufsprämien;

2. Absatzmittler, z. B.:
   - Schulung und Verkaufstraining der Vertreter, Kommissionäre und des Verkaufspersonals im Einzelhandel,
   - Produktvorführungen,
   - Displays;
3. Verwender bzw. Verbraucher, z. B.:
   - Proben, Muster und Kundenzeitschriften,
   - Preisausschreiben,
   - Produktvorführungen,
   - Sprungwerbung.

295 Was versteht man unter Display?

Display ist eine besondere Form der Warenpräsentation mit dem Ziel, die Waren in den Blickpunkt zu rücken. Display-Materialien (meist vom Hersteller kostenlos bereitgestellt) können sein: Behälter, Ständer, Regale, Körbe und Plakate.

296 Was ist Product-Placement?

Unter **Product-Placement** versteht man die bewusste Einbeziehung eines Produktes (i. d. R. Markenartikel) in die Handlung eines Spielfilms im Kino oder im Fernsehen.

297 Was ist Sponsoring?

Beim **Sponsoring** stellt der Sponsor (z. B. Industriebetrieb) einem Gesponserten (z. B. Sportverein, bekannter Sportler, Theater) Geld, Sachmittel (z. B. Pkw) oder Dienstleistungen (z. B. kostenlose Flüge) zur Verfügung. Der Gesponserte muss eine Gegenleistung erbringen, welche imagefördernd für den Sponsor ist (z. B. Tragen eines Trikots mit Firmenlogo bei Fußballspielen).

298 Was ist Direktmarketing?

Beim **Direktmarketing** wird eine bestimmte Zielgruppe (siehe Seite 254) durch absatzpolitische Maßnahmen so angesprochen, dass die Mitglieder der Zielgruppe zu einer gewünschten Reaktion veranlasst werden (z. B. Teilnahme an einem Preisausschreiben, Ausfüllen einer Antwortkarte, Einlösen eines Gewinncoupons).

299 Was ist Sprungwerbung?

Bei der **Sprungwerbung** wird eine Wirtschaftsstufe übersprungen, z. B. umwirbt der Hersteller, ohne den Handel einzuschalten, den Endverbraucher.

4.2.8 Konditionen und Kundendienst

300 Was sind Konditionen?

Die **Konditionen** (Geschäftsbedingungen) umfassen:

- **Allgemeine Geschäftsbedingungen,** d. h. Bedingungen, die ein Unternehmen allen Verträgen zugrunde legt (z. B. Abreden über Sachmängelhaftung, Eigentumsvorbehalt, Erfüllungsort); sie sind vorformulierte Vertragsbedingungen eines Wirtschaftszweiges, die der Lieferer dem Käufer einseitig auferlegt. Sie sind in dem „Gesetz zur Regelung des Rechts der Allgemeinen Geschäftsbedingungen“ (AGB-Gesetz) geregelt (siehe Seite 53 f.);

- **Lieferungsbedingungen,** d.h. Vereinbarungen über die Übernahme der Beförderungskosten (Fracht, Rollgeld, Versicherungen u.a.);
- **Zahlungsbedingungen,** d.h. Vereinbarungen über Zahlungsort und Zahlungszeitpunkt von Geldschulden (z.B. Vorauszahlung, Übergabe gegen Bezahlung = Zahlung „Zug um Zug“, Ratenzahlung, Vereinbarung eines Zahlungsziels mit oder ohne Skontoabzug).

301 Was sind Mindestabnahmemengen?

Um die relativ hohen Kosten zu vermeiden, die dem Lieferer beim Verkauf kleiner Mengen entstehen, gibt er seinen Kunden **Mindestabnahmemengen** vor.

302 Was sind Mindermengenzuschläge?

Um die relativ hohen Kosten auszugleichen, die dem Lieferer beim Verkauf kleiner Mengen entstehen, berechnet er seinen Kunden bestimmte Preisaufschläge **(Mindermengenzuschläge).**

303 Was sind Frankogrenzen?

Frankogrenze ist die Abnahmemenge (bzw. der Rechnungsbetrag), ab welcher der Lieferant die Transportkosten übernimmt.

304 Wie werden Kundenreklamationen behandelt?

Kundenreklamationen werden geregelt

- entsprechend den gesetzlichen Vorschriften über die Gewährleistungsansprüche, wobei vom Kunden die vorgeschriebenen Fristen eingehalten werden müssen (siehe Seite 63 f.),
- auf freiwilliger Basis als Garantie oder Kulanz,
- bei der Rücknahme von Waren (Erzeugnissen) über den **Warenrücknahmeschein,** bei mangelhafter Lieferung über die **Gutschrift.**

305 Unterscheiden Sie Gewährleistung, Garantie und Kulanz!

Von **Gewährleistung** spricht man, wenn der Verkäufer dem Käufer dafür haftet, dass die verkaufte Sache nicht mit Fehlern behaftet ist. Die Gewährleistungsansprüche sind im BGB geregelt (z.B. Sachmängelhaftung bei der Lieferung mangelhafter Ware).

Garantie ist die freiwillig vom Verkäufer übernommene (vertragliche) Verpflichtung, alle innerhalb der Garantiefrist auftretenden Mängel (ganz oder teilweise) unentgeltlich zu beseitigen. Die Garantiefrist geht oft über die Gewährleistungsfrist von 6 Monaten hinaus; dies gilt für die Werksgarantie (wird vom Hersteller gewährt) und für die Händlergarantie (wird vom Absatzmittler gewährt).

Kulanz ist ein Entgegenkommen des Verkäufers, das weder gesetzlich noch vertraglich geregelt ist. Der Verkäufer beseitigt über die Gewährleistungs- und Garantiepflicht hinaus aufgetretene Mängel ganz oder teilweise auf eigene Kosten.

306 Was ist Kundendienst?

Unter **Kundendienst** versteht man freiwillige zusätzliche Dienstleistungen eines Herstellers oder Händlers, die er seinen Kunden vor, während und nach erfolgtem Kauf anbietet. Kundendienstleistungen können

- unentgeltlich sein, z. B. Beratung über die Bedienung eines technischen Produkts, Lieferung von Erzeugnissen frei Haus;
- berechnet werden, z. B. Geräteüberwachung und -wartung, Werkstätten- und Pflegedienst, Bereitstellung von Ersatzteilen.

4.2.9 Messen, Ausstellungen und Börsen

307 Unterscheiden Sie Messen und Ausstellungen!

Messen sind Veranstaltungen, bei denen ein Wirtschaftszweig (oder mehrere Wirtschaftszweige) einen umfassenden Überblick über sein Angebot gibt. Sie finden regelmäßig statt, wenden sich vorwiegend an Handel und Industrie und dienen dem Verkauf der gezeigten Produkte.

Ausstellungen sind Veranstaltungen, bei denen einzelne Wirtschaftszweige ihre Produkte zur Schau stellen; sie dienen in erster Linie der Information und nicht dem Verkauf. Ausstellungen gibt es als

- allgemeine Ausstellungen, wenden sich an die Allgemeinheit;
- Fachausstellungen, wenden sich mit einem speziellen Angebot i. d. R. an Industrie und Handel.

308 Was sind Warenbörsen?

Warenbörsen sind regelmäßig stattfindende Märkte für vertretbare Güter, deren Beschaffenheit entweder von vornherein gleich ist (z. B. Gold, Silber) oder deren Beschaffenheit mit Hilfe von so genannten Typen beschrieben wird (z. B. Bohnensorte bei Kaffee). Werden für die Waren allgemein anerkannte Durchschnittsqualitäten festgelegt, spricht man von **Standards** (z. B. für Kaffee, Getreide, Baumwolle).

4.3 Verkauf

309 Was ist Absatzplanung?

Normalerweise ist der Absatzbereich der größte Engpass der Unternehmung auf so genannten Käufermärkten (siehe Seite 175 f.). Die **Absatzplanung** ist damit die Grundlage der gesamten betrieblichen Planung.

Die Absatzplanung legt im **Absatzplan** fest:

- Absatzziele wie z.B. Absatzgebiete und Absatzzahlen;
- Absatzmaßnahmen wie z.B. Festlegung der absatzfördernden Maßnahmen;
- Absatzbudget, d.h. Festlegung der für den Absatzbereich benötigten finanziellen Mittel.

310 Nennen Sie die Bereiche der Absatzorganisation!

Die **Absatzorganisation** einer Unternehmung umfasst folgende Bereiche:

- Absatzwege;
- Absatzorgane, entweder in Form des zentralen oder dezentralen Verkaufs;
- Absatzhelfer (Absatzmittler) wie z. B. Handelsvertreter, Kommissionär und Handelsmakler.

311 Wie erfolgt die Verkaufsabwicklung?

Die **Verkaufsabwicklung** umfasst üblicherweise:

1. Absatzanbahnung,
   - Einsatz der absatzpolitischen Instrumente,
   - Bearbeitung von Anfragen,
   - Erstellung von Angeboten,
   - Beratung der Kunden;
2. Auftragsbearbeitung,
   - Prüfung des Auftrags (Bestellung) z. B. in Bezug auf technische Durchführbarkeit und Übereinstimmung mit den Angebotsbedingungen,
   - Prüfung der Kreditwürdigkeit des Kunden,
   - Auftragsbestätigung mit Angabe des Liefertermins,
   - Überwachung der Fertigungs- und Liefertermine;
3. Versand,
   - sachgemäße Verpackung,
   - Ausfertigung der Versandorder (beinhaltet u.a. Art und Menge der zu versendenden Erzeugnisse, Versandtermin und Versandart),
   - Ausfertigung der Warenbegleitpapiere (Lieferschein und z.B. Frachtbrief, Zollpapiere),
   - Versand der Erzeugnisse,
   - Erstellung der Ausgangsrechnung (siehe Seite 194);
4. Überwachung des Zahlungseingangs.

312 Nennen Sie Organisationsmittel der Verkaufsabwicklung!

Zur Planung, Steuerung und Überwachung der Verkaufsabwicklung werden **Karteien** (bzw. Mappen oder Ordner) oder im Rahmen der Datenverarbeitung **Dateien** eingesetzt.

Karteien bzw. Dateien werden geführt für

- Kunden (Anschrift, Konditionen, Zahlungsverhalten u.a.),
- Aufträge (Nummer, Liefermenge, Lieferdatum, technische Angaben),

- Termine (Schuldner, Beträge, Zahlungstermine u.a.),
- Mahnwesen,
- Lagerwesen (Artikelbezeichnung, Nummer, Menge, Zu- und Abgänge u.a.),
- Vertreter (Name, Gebiet, Provision, Umsätze u.a.).

4.4 Versand (Güterbeförderung)

313 Was versteht man unter Distributionslogistik?

Die **Distributionslogistik** (Versandlogistik, Absatzlogistik) ist ein Teilbereich der gesamten betrieblichen Logistik (siehe Seite 174f.); sie befasst sich vor allem mit Entscheidungen über den Transport der betrieblichen Produkte zum Kunden.

Die Distributionslogistik soll

- bezüglich des Absatzmarktes sicherstellen, dass Kundenwünsche wie z.B. schnelle Lieferung, Lieferung von unbeschädigten Waren, jederzeitige Auskunft über Lieferzeiten und Lieferwege erfüllt werden;
- den Schutz der Umwelt berücksichtigen,
- die Distributionskosten minimieren.

314 Welche Möglichkeiten des Versands von Gütern gibt es?

Der Industriebetrieb hat beim **Versand** seiner Erzeugnisse folgende Möglichkeiten:

- Werkverkehr,
- Güterbeförderung durch Frachtführer,
- Güterbeförderung über Spediteure.

315 Was ist Werkverkehr?

Werkverkehr ist Güterkraftverkehr für eigene Zwecke eines Unternehmens. Voraussetzungen sind z.B.:

- Die beförderten Güter müssen Eigentum des Unternehmens oder von ihm verkauft, gekauft oder hergestellt worden sein;
- die Beförderung muss der Anlieferung der Güter zum Unternehmen oder ihrem Versand vom Unternehmen dienen;
- die eingesetzten Kraftfahrzeuge müssen vom eigenen Personal geführt werden.

4.4.1 Frachtführer

316 Was ist ein Frachtvertrag?

Durch den **Frachtvertrag** wird der **Frachtführer** verpflichtet, das Gut zum Bestimmungsort zu befördern und dort an den Empfänger auszuliefern (lt. HGB). Der Frachtführer führt als selbstständiger Kaufmann ein gewerbliches Unternehmen.

Der Absender ist verpflichtet, die vereinbarte Fracht zu zahlen.

Das Gut kann befördert werden:

- zu Land (z.B. Frachtdienst der Deutschen Post, private Paketdienste, Güterverkehr der Deutschen Bahn, Güterkraftverkehr),
- auf Binnengewässern (Binnenschifffahrt),
- mit Luftfahrzeugen (Luftfrachtverkehr),
- mit verschiedenartigen Beförderungsmitteln (multimodaler Verkehr).

317 Nennen Sie Rechte und Pflichten des Frachtführers!

Rechte des Frachtführers sind z.B.:

- Der Absender muss das Gut so verpacken, dass es vor Verlust und Beschädigung geschützt ist; bei einem gefährlichen Gut muss er auf die Gefahr hinweisen;
- der Absender muss die erforderlichen Urkunden für eine amtliche Behandlung des Gutes (z.B. Zollabfertigung) zur Verfügung stellen;
- Anspruch auf die vereinbarte Fracht sowie auf Ersatz seiner für das Gut gemachten Aufwendungen;
- Pfandrecht an dem Gut für alle Forderungen aus dem Frachtgeschäft.

Pflichten des Frachtführers sind z.B.:

- Er muss seine Pflichten mit größtmöglicher Sorgfalt wahrnehmen;
- er muss das Gut innerhalb der vereinbarten Frist abliefern;
- er muss bei Beförderungs- und Ablieferungshindernissen Weisungen des Verfügungsberechtigten einholen;
- der Absender ist berechtigt über das Gut zu verfügen (z.B. nachträgliche Weisung zur Lieferung an einen anderen Empfänger);
- Haftpflicht.

318 Wie ist die Haftung beim Frachtgeschäft geregelt?

Für die **Haftung** beim Frachtgeschäft gilt (lt. HGB):

- Der Absender hat, auch wenn ihn kein Verschulden trifft, dem Frachtführer Schäden zu ersetzen, die z.B. verursacht werden durch eine ungenügende Verpackung oder durch fehlende Hinweise auf die Gefährlichkeit des Gutes;
- der Frachtführer haftet für den Schaden, der durch Verlust oder Beschädigung des Gutes in der Zeit von der Übernahme bis zur Ablieferung oder durch Überschreitung der Lieferfrist entsteht (die Haftung entfällt, wenn der Schaden auch bei größter Sorgfalt nicht hätte vermeiden werden können, z.B. Streik, höhere Gewalt).

Für die Haftung sind Haftungshöchstbeträge festgelegt.

319 Unterscheiden Sie Frachtbrief und Ladeschein

Der **Frachtbrief,** ausgestellt in drei Originalausfertigungen, ist

- Beweisurkunde für den Abschluss und Inhalt des Frachtvertrages sowie für die Übernahme des Gutes durch den Frachtführer;
- Informationsgrundlage, er enthält z. B. Absender, Frachtführer, Empfänger, Beschreibung des Gutes, vereinbarte Fracht;
- Begleitpapier für die Beförderung (Warenbegleitpapier).

Der **Ladeschein** kann anstelle des Frachtbriefs ausgestellt werden, er

- beinhaltet die Verpflichtung zur Ablieferung des Gutes an denjenigen, der genannt ist (Ladeschein an Order), und zwar nur gegen Rückgabe des Ladescheins;
- legitimiert den Berechtigten zum Empfang des Gutes;
- ist Traditionspapier, d. h., mit der Übergabe des Ladescheins an den Berechtigten wird dieser Eigentümer des Gutes.

320 Nennen Sie die wichtigsten Transportdokumente im Güterverkehr!

Wichtige **Transportdokumente** (Warenbegleitpapiere) sind:

- Frachtbrief (beim Lkw- und Bahngüterverkehr),
- Speditionsauftrag (z. B. beim Stückgut und Expressdienst),
- Paketschein (beim Postpaket),
- Ladeschein (z. B. bei der Binnenschifffahrt),
- Konnossement (= Seefrachtbrief, bei der Seeschifffahrt),
- Luftfrachtbrief.

321 Nennen Sie Kriterien für die Auswahl der Transportmittel!

Die Wahl der Transportmittel wird bestimmt durch

- Produkteigenarten (z. B. hitzeempfindlich, feuergefährlich, flüssig, zerbrechlich),
- Transportkosten (z. B. gestaffelt nach Entfernung, Versandart, Transportschnelligkeit, Umfang bzw. Gewicht der Sendung),
- Transportrisiko (abhängig von der Produkteigenart; wird oft durch Transportversicherungen abgedeckt),
- Transportzeiten (abhängig von der Dringlichkeit der Sendung).

Frachtdienst

322 Welche Möglichkeiten bietet der Frachtdienst der Deutschen Post AG?

Die **Deutsche Post AG** bietet als **Frachtdienst** z. B. folgende Möglichkeiten:

- **Postpaket,** Höchstgewicht 20 kg, Staffelung des Paketentgelts nach Gewicht; Transportdokument ist der Paketschein;
- selbst gebuchtes Postpaket, Höchstgewicht 31,5 kg, Staffelung des Entgelts nach Gewicht; die Errechnung des Entgelts erfolgt im eigenen Betrieb, Entgelt ist niedriger als beim Postpaket;

- sperriges Postpaket, Höchstgewicht 20 kg; es überschreitet bestimmte Höchstmaße oder erfordert eine besondere Behandlung, zusätzlich zum Paketentgelt muss ein Zuschlag gezahlt werden;
- Päckchen, Höchstgewicht 2 kg.

Der Frachtdienst bietet folgende Zusatzleistungen (gegen Zahlung eines zusätzlichen Entgeltes):

- **Besonderer Wert,** möglich für Postpaket, Wertbetrag höchstens 100 000,00 DM (es gibt keine Versiegelung und keinen sonstigen äußerlichen Hinweis auf den Inhalt);
- **Eigenhändig,** möglich für Postpakete; die Sendung darf nur dem Adressaten ausgehändigt werden (Ausnahme: eine besondere Postvollmacht liegt vor);
- **Rückschein,** möglich für Postpakete; der Rückschein, auf dem der Empfänger den Emfang der Sendung bestätigt, wird dem Absender zugestellt;
- **Expressprodukt** (besonders schnelle Beförderung und Zustellung);
- **Nachnahme,** möglich für Postpakete (siehe Seite 79 f.).

323 Wie ist die Haftung der Deutschen Post AG geregelt?

Die **Haftung der Deutschen Post AG** ist z. B. wie folgt geregelt:

- unbeschränkte Haftung für Schäden, welche vorsätzlich oder leichtfertig durch die Mitarbeiter der Post verursacht wurden;
- Haftung für Verlust und Beschädigung von Sendungen nur im Umfang des unmittelbaren Schadens bis zu bestimmten Höchstbeträgen; die Haftung entfällt, wenn der Schaden auch bei größter Sorgfalt nicht hätte vermieden werden können (z. B. Streik, höhere Gewalt);
- Haftungshöchstbeträge im Rahmen des **Frachtdienstes** wie z. B. 1 000,00 DM für Postpakete und Expresssendungen, 100 000,00 DM für Postpakete mit der Zusatzleistung besonderer Wert.

Güterverkehr der Deutschen Bahn AG

324 Beschreiben Sie das Leistungsangebot der Deutschen Bahn AG!

Das Leistungsangebot im Ladungsverkehr Schiene der **Deutschen Bahn AG** umfasst folgende Möglichkeiten:

1. **Ganzzugsverkehr,** der Transport der Güter erfolgt in einem gesonderten Zug,
   - Programmzug, wird eingesetzt für den Massengutverkehr (z. B. Kohle, Eisenerz),
   - Logistikzug, wird eingesetzt für die gesamte Beschaffungs- und Distributionslogistik; er eignet sich insbesondere für Unternehmen, welche das Just-in-time-Verfahren anwenden (z. B. Zulieferteile in der Automobilbranche);

2. **Wagenladungsverkehr,** der Transport der Güter erfolgt in einem Güterwagen,
   - StandardCargo, transportiert werden nicht zeitkritische Güter als so genannnte Tag A/Tag C-Verbindung,
   - InterCargo, der Transport erfolgt als Tag A/Tag B-Nachtsprungverbindung zwischen ausgewählten Wirtschaftszentren mit Termingarantie,
   - EurailCargo, umfasst internationale Verbindungen mit Termingarantie;
3. **Kombinierter Verkehr,** umfasst den Transport der Güter auf Straße und Schiene (unterschieden werden InterKombi, InterKombiExpress, EurailKombi).

325 Welche Bedeutung hat die DB Cargo?

Die **DB Cargo** ist eine Tochtergesellschaft der Deutschen Bahn AG. Sie stellt für jedes Transportproblem ihrer Kunden die individuelle Lösung zur Verfügung (z. B. Ladungsverkehr mit Kühlwaggons, Tankwaggons, Großraumwagen oder kombinierter Verkehr mit Tragwagen für Container, Wechselbrücken, Taschenwagen für Sattelaufleger).

Die DB Cargo arbeitet z. B. mit folgenden Partnern zusammen:

- Bahntrans GmbH;
- Transfracht International GmbH, organisiert und vermarktet den Übersee-Containerverkehr sowie den internationalen Land-Containerverkehr;
- Autotransportlogistik GmbH, organisiert die Fahrzeugdistribution vom Hersteller bis zum Händler mit Bahn, Lkw und Schiff aus einer Hand und europaweit.

326 Welche Bedeutung hat die Bahntrans?

Die **Bahntrans GmbH** übernimmt für die Deutsche Bahn AG den gesamten Stückgutverkehr. Sie ist ein Sammelgutspediteur, d. h., sie fasst Stückgut (Güter aller Art, die sich dazu eignen, mit anderen Gütern zusammen befördert zu werden) zu Ladungen zusammen.

327 Beschreiben Sie das Leistungsangebot der Bahntrans!

Die Bahntrans bietet folgende Leistungen an:

- **Stückgut,** die Güter werden innerhalb von 24 bzw. höchstens 48 Stunden befördert, die Einhaltung der Beförderungszeit wird nicht garantiert;
- **Expressdienst,** die Güter werden von heute auf morgen befördert, wobei die Auslieferung bis spätestens 10:00 Uhr beim Empfänger garantiert wird (schnelle Beförderung);
- **Kurierdienst,** die Güter werden in Reisezügen, IC-, ICE- und EC-Zügen befördert (schnellste Beförderung);
- **Beschaffungslogistik,** Unternehmen lassen die zu beschaffenden Güter direkt bei ihren Lieferanten abholen und anliefern;
- **Entsorgungslogistik,** auf der Grundlage des Kreislaufwirtschaftsgesetzes (siehe Seite 181) werden verbrauchte Güter (z.B. Leuchtstoffröhren, Toner-Kartuschen) gesammelt und anschließend zum Produzenten zurückgebracht.

328 Unterscheiden Sie Palette, Collico und Container!

Paletten sind unterfahrbare und stapelbare Lademittel, mit denen Einzelstücke zu Transport- und Lagereinheiten zusammengefasst werden können (4 oder 6 Paletten können in **Logistik-Boxen** aufgenommen werden). Europaletten werden von der Bahntrans im Austauschverfahren zur Verfügung gestellt.

Collicos sind zusammenlegbare Transportbehältnisse aus Blech, welche die Collico GmbH (Tochtergesellschaft der Bahntrans) in verschiedenen Größen und Ausführungen vermietet.

Container sind geschlossene Behälter, die schnell und bequem be- und entladen werden können. Die Bahn AG unterscheidet Großcontainer und Seecontainer.

329 Wie ist die Haftung bei der Deutschen Bahn AG geregelt?

Nach dem HGB haftet die **Deutsche Bahn AG** (als Frachtführer) für den Schaden, der durch Verlust oder Beschädigung des Gutes in der Zeit von der Übernahme bis zur Ablieferung oder durch Überschreitung der Lieferfrist entsteht (die **Haftung** entfällt, wenn der Schaden auch bei größter Sorgfalt nicht hätte vermieden werden können, z. B. Streik, höhere Gewalt).

330 Wovon sind die Beförderungskosten abhängig?

Die Höhe der **Beförderungskosten** der Deutschen Bahn AG und der Bahntrans ist abhängig vom Gewicht, der Entfernung, den eingesetzten Beförderungsmitteln sowie der in Anspruch genommenen Leistung (z. B. Expressdienst).

Güterkraftverkehr

331 Was ist Güterkraftverkehr?

Güterkraftverkehr ist die geschäftsmäßige oder entgeltliche Beförderung von Gütern mit Lastkraftfahrzeugen. Man unterscheidet Werkverkehr (siehe Seite 266) und gewerblichen Güterkraftverkehr.

332 Nennen Sie wichtige Bestimmungen für den Güterkraftverkehr!

Nach dem **Güterkraftverkehrsgesetz** gilt für den gewerblichen Güterkraftverkehr z. B.:

- Der Güterkraftverkehr ist erlaubnispflichtig;
- jeder EU-Frachtführer, der in seinem Heimatland die erforderliche Berechtigung zur Güterbeförderung besitzt, darf auch in jedem anderem EU-Land ohne Beschränkung Güterbeförderung durchführen;
- der Unternehmer muss eine Güterschaden-Haftpflichtversicherung abschließen.

Binnenschifffahrt

333	Nennen Sie die Versandarten der Binnenschifffahrt!	Versandarten sind ● **Charterung,** d.h., das ganze Schiff oder ein bestimmter Schiffsraum werden gemietet (insbesondere geeignet für den Transport von Massengütern wie z.B. Kohle); ● **Stückgut,** d.h., einzelne Güter werden befördert (z.B. Maschinen).
334	Unterscheiden Sie Frachtbrief und Ladeschein!	Bei der Binnenschifffahrt wird (wie bei allen Frachtführern) Frachtbrief und Ladeschein (Binnenkonnossement) unterschieden (siehe Seite 268).

Seeschifffahrt

335	Unterscheiden Sie Linien- und Trampschifffahrt!	Bei der **Linienschifffahrt** erfolgt der Schiffsverkehr regelmäßig (nach Fahrplan) auf bestimmten Routen; Linienschiffe transportieren überwiegend Stückgüter. Bei der **Trampschifffahrt** erfolgt der Schiffsverkehr unregelmäßig, und zwar nach jedem gewünschten Hafen; befördert werden überwiegend Massengüter.
336	Nennen Sie die Versandarten der Seeschifffahrt!	Wie bei der Binnenschifffahrt unterscheidet man bei der Seeschifffahrt Charterung und Stückgut.
337	Unterscheiden Sie Verladeschein, Konnossement und Chartepartie!	Frachtpapiere in der Seeschifffahrt sind: ● **Verladeschein** (Empfangsschein), er ist die Empfangsbestätigung, die vom Verfrachter bei Übernahme der Güter ausgestellt wird; ● **Konnossement** (Seefrachtbrief), es ist ein Warenwertpapier, das die Empfangsbestätigung des Verfrachters und das Versprechen beinhaltet, das Frachtgut an den Inhaber der Urkunde auszuliefern; ● **Chartepartie,** sie ist der Frachtvertrag bei der Charterung.
338	Wie ist die Haftung in der Seeschifffahrt geregelt?	Der Verfrachter haftet als Frachtführer für Verlust, Beschädigung sowie Lieferfristüberschreiten infolge eigenen Verschuldens. Der Abschluss einer Transportversicherung ist üblich.

Luftfrachtverkehr

339	Was versteht man unter Luftfrachtverkehr?	Im **Luftfrachtverkehr** werden Güter mit Fracht- bzw. Passagierflugzeugen befördert. Besonders geeignet für die Luftfracht sind eilbedürftige, empfindliche und wertvolle Güter. Im Linienverkehr werden die Frachttarife von der IATA (International Air Transport Association) geregelt.

340 Erklären Sie den Luftfrachtbrief!

Der **Luftfrachtbrief** ist ein Warenbegleitpapier; über die üblichen Aufgaben eines Frachtbriefes hinaus ist er auch Zollpapier und Versicherungsurkunde.

341 Wie ist die Haftung im Luftfrachtverkehr geregelt?

Die Fluggesellschaften haften für alle Schäden, auch für Schäden, die durch höhere Gewalt entstehen.

4.4.2 Spediteur

342 Was ist ein Speditionsvertrag?

Durch den **Speditionsvertrag** wird der Spediteur verpflichtet, die Versendung des Gutes zu besorgen (lt. HGB). Der **Spediteur** ist selbstständiger Kaufmann und führt ein gewerbliches Unternehmen. Grundlage für den Speditionsvertrag sind die „Allgemeinen Deutschen Spediteurbedingungen" (ADSp).

Der Versender wird verpflichtet, die vereinbarte Vergütung zu zahlen.

343 Welche Rechte hat der Spediteur?

Rechte des Spediteuers sind z. B.:

- Der Versender muss das Gut, soweit erforderlich, verpacken und kennzeichnen; bei einem gefährlichen Gut muss er auf die Gefahr hinweisen;
- der Versender muss die erforderlichen Urkunden zur Verfügung stellen;
- Anspruch auf die vereinbarte Vergütung;
- Selbsteintritt, er ist befugt, die Beförderung des Gutes selbst auszuführen (er ist Frachtführer);
- Pfandrecht an dem Gut für alle Forderungen aus dem Speditionsgeschäft;
- Sammelladung ist möglich, d. h. Versendung des Gutes zusammen mit Gütern eines anderen Versenders.

344 Welche Pflichten hat der Spediteur?

Pflichten des Spediteurs sind z. B.:

- Wahrnehmung seiner Pflichten mit der größtmöglichen Sorgfalt;
- **Besorgung der Versendung,** diese umfasst die Organisation der Beförderung, d. h. Bestimmung des Beförderungsmittels und des Beförderungsweges, Auswahl der ausführenden Unternehmer, Abschluss der erforderlichen Fracht- und Lagerverträge, Versicherung, Verpackung sowie Kennzeichnung des Gutes, Zollbehandlung;
- Haftung (entsprechend der Haftung beim Frachtgeschäft, siehe Seite 267).

18 Groh/Schröer – ISBN 3-8120-0420-8

345 Unterscheiden Sie Frachtführer und Spediteur!

Der **Frachtführer** übernimmt die Beförderung von Gütern (siehe Seite 266 f.).

Der Spediteur vermittelt die Beförderung von Gütern und erledigt alle damit anfallenden Arbeiten (Besorgung der Versendung).

346 Was ist der Rollfuhrdienst?

Beim **Rollfuhrdienst** werden die Güter vom Bestimmungsbahnhof abgeholt bzw. zum Versandbahnhof gebracht (angerollt). Diese Aufgaben übernimmt entweder die Bahntrans (Rollfuhrunternehmer) oder der vom Versender bestimmte Spediteur.

4.5 Risiken und Versicherungen

4.5.1 Risiken im Binnen- und Außenhandel

347 Nennen Sie die Risiken im Binnen- und Außenhandel (Überblick)!

Man unterscheidet folgende **Risiken:**

- Überbrückungsrisiken,
- Warenrisiken,
- Markterschließungsrisiken,
- spezifische Risiken im Außenhandel.

348 Beschreiben Sie die Überbrückungsrisiken!

Zu den Überbrückungsrisiken zählen:

- **Beschaffungsrisiko,** die für die betriebliche Tätigkeit erforderlichen Produktionsfaktoren stehen nicht oder nicht in der richtigen Menge und Qualität zur Verfügung (z. B. Lieferungsverzögerungen);
- **Transportrisiko,** maßgebend für die Risikoübernahme ist der Gefahrenübergang (Beschädigung, Verlust bzw. Verderb der Ware auf dem Transportweg);
- **Lagerrisiko,** wird verursacht durch zu hohe Lagerbestände (z. B. hohe Lagerkosten, Gefahr der Wertminderung von Werkstoffen), zu niedrige Lagerbestände (z. B. Engpässe beim Absatz) bzw. durch Verderb, Schwund, Diebstahl, Feuer usw.;
- **Absatzrisiko,** wird verursacht durch Nachfrageveränderungen (z. B. durch Modeeinflüsse, Rezession), Gewährleistungspflichten (z. B. bei der Lieferung mangelhafter Ware) und durch Konkurrenzeinflüsse;
- **Finanzierungsrisiko,** wird verursacht durch steigende Fremdkapitalzinsen sowie durch die Zahlungsunfähigkeit von Kunden.

349 Was sind Warenrisiken?

Das **Warenrisiko** besteht darin, dass die produzierten Waren nicht abgesetzt werden können (entspricht im Wesentlichen dem Absatzrisiko).

350 Was sind Markterschließungsrisiken?

Markterschließungsrisiken entstehen durch ungenaue Marktforschungsergebnisse, falschen Einsatz der Marketinginstrumente und durch Maßnahmen der Konkurrenz.

351 Nennen Sie spezifische Risiken im Außenhandel!

Spezifische Risiken im Außenhandel sind

- **politisches Risiko** (z. B. Krieg, Streiks, zeitweilige oder totale Einstellung der Zahlungen wird staatlich angeordnet);
- **Kreditrisiko,** die Forderungen an ausländische Käufer sind erfahrungsgemäß besonders gefährdet (stehen in Zusammenhang mit dem politischen Risiko);
- **Transportrisiko,** die Gefahr der Beschädigung, des Verlustes bzw. Verderbs der Ware ist aufgrund der langen Transportwege, der langen Transportdauer, der oftmals unsicheren Verkehrswege und der u. U. unsicheren politischen Lage besonders hoch;
- **Wechselkursrisiko,** beruht auf Kursänderungen in der Zeit zwischen Vertragsabschluss und Zahlung. Steigt der Kurs für die betreffende Auslandswährung, muss der inländische Importeur mehr zahlen als ursprünglich angenommen (und zwar in inländischer Währung). Fällt der Kurs, erhält der inländische Exporteur weniger inländisches Geld;
- **Transferrisiko,** die Gefahr, dass der Transfer (Umtausch der Währung) der vom Schuldner geleisteten Beträge verzögert wird oder ganz unterbleibt.

352 Welche risikopolitischen Maßnahmen gibt es?

Zur Verminderung bzw. Eindämmung von Risiken unterscheidet man folgende risikopolitische Maßnahmen:

- **Risikovorbeugung,** z. B. kritische Auswahl von Lieferanten, ständige Lagerkontrolle, optimale Lagerbestände, Kreditüberwachung, Marktbeobachtung und optimaler Einsatz der Marketing-Instrumente;
- **Risikostreuung,** z. B. Wahl der Rechtsform, Werkstoffeinkauf bei mehreren Lieferern, Erweiterung des Produktionsprogramms, Diversifikation;
- **vertragliche Risikobegrenzung,** z. B. langfristige Verträge mit Lieferern und Kunden; Vereinbarungen im Kaufvertrag über Erfüllungsort, Eigentumsvorbehalt und Kreditsicherung;
- **Risikominderung durch Kapitalvorsorge,** z. B. Bildung von Rückstellungen und Rücklagen;
- **Risikoabwälzung auf Versicherungen** (Sach- und Vermögensversicherungen);
- **Risikoabsicherung im Außenhandel,** z. B. Risikoübernahme durch den Staat, besondere Zahlungsbedingungen.

4.5.2 Sach- und Vermögensversicherungen

353 Beschreiben Sie den Versicherungsvertrag!

Der **Versicherungsvertrag**

- wird abgeschlossen zwischen dem Versicherer (Versicherungsgesellschaft) und dem Versicherungsnehmer,
- kommt zustande durch den Antrag des Versicherungsnehmers und die Annahme des Versicherers (Aushändigung der Police = Versicherungsschein),
- beinhaltet die Höhe der durch den Versicherungsnehmer zu zahlenden Beiträge (Prämien), die Leistungen des Versicherers im Schadensfall, die Vertragsdauer und die Kündigungsbedingungen.

354 Unterscheiden Sie Unter- und Überversicherung!

Bei der **Unterversicherung** ist die Versicherungssumme niedriger als der Versicherungswert.

Beispiel:

Wert der versicherten Einrichtungsgegenstände	100 000,00 DM
Versicherungssumme (lt. Vertrag)	70 000,00 DM
entstandener Schaden	20 000,00 DM
ersetzt werden 70 % des Schadens	14 000,00 DM

Infolge der Unterversicherung werden 70 % der Schäden ersetzt, d. h. maximal 70 % von 100 000,00 DM.

Bei der **Überversicherung** ist die Versicherungssumme höher als der Versicherungswert.

Beispiel:

Wert der versicherten Einrichtungsgegenstände	100 000,00 DM
Versicherungssumme (lt. Vertrag)	120 000,00 DM
entstandener Schaden	20 000,00 DM
ersetzt werden 100 % des Schadens	20 000,00 DM

Trotz der Überversicherung wird nur der tatsächlich entstandene Schaden ersetzt.

Bei der **Vollversicherung** entspricht die Versicherungssumme dem Versicherungswert; ersetzt wird der tatsächlich entstandene Schaden.

355 Was ist Versicherung auf erstes Risiko?

Bei der **Versicherung auf erstes Risiko** wird jeder Schaden ersetzt bis zur Höhe der Versicherungssumme, und zwar unabhängig vom Versicherungswert (eine Unterversicherung hat in diesem Fall keine nachteiligen Folgen).

356 Was ist Versicherung mit Selbstbehalt?

Bei der **Versicherung mit Selbstbehalt** (Selbstbeteiligung) muss der Versicherungsnehmer einen vertraglich vereinbarten Prozentsatz bzw. DM-Betrag vom entstandenen Schaden selbst übernehmen.

357 Welche Arten der Sachversicherung gibt es?

Sachversicherungen ersetzen Sachschäden; die wichtigsten Arten sind:

- **Feuerversicherung,** ersetzt werden Schäden durch Brand, Blitzschlag, Kurzschluss sowie Folgeschäden (z.B. Löschschäden, Aufräumungskosten);
- **Leitungswasserversicherung,** ersetzt werden Schäden durch unerwarteten Austritt von Leitungswasser (Wasserrohrbruch) am Gebäude, an Einrichtungsgegenständen und an gelagerten Waren;
- **Einbruchdiebstahlversicherung,** ersetzt werden die gestohlenen Sachen und die Folgeschäden des Einbruchs (z.B. Schäden an Türen, Fenstern und Einrichtungsgegenständen);
- **Transportversicherung,** ersetzt werden Schäden, die während des Transports an Waren entstehen;
- **Glasversicherung,** ersetzt werden Schäden an Fensterscheiben, Schaufenstern, Glastüren, Glasdächern u.Ä. (i.d.R. zahlt die Versicherung kein Geld aus, sondern bezahlt die Lieferung und den Einbau von neuem Glas);
- **Lagerversicherung,** ersetzt werden Schäden durch Feuer, Leitungswasser und Einbruch, nicht versichert sind allerdings Schäden durch Schwund, Verderb und Überalterung.

358 Welche Arten der Vermögensversicherung gibt es?

Vermögensversicherungen sollen verhindern, dass infolge eines Schadenfalles das Vermögen einer Person oder einer Unternehmung vermindert wird. Die wichtigsten Arten sind:

- **Haftpflichtversicherung,** übernimmt für den Versicherungsnehmer die Zahlung des Schadenersatzes bei Sach- oder Personenschäden und gewährt ihm Rechtsschutz bei unberechtigten Rechtsansprüchen (man unterscheidet z.B. Berufs-, Betriebs-, Gebäudehaftpflichtversicherung);
- **Kreditversicherung,** übernimmt das Risiko des Forderungsausfalles (ist nur mit Selbstbeteiligung möglich);
- **Betriebsunterbrechungsversicherung,** übernimmt Schäden, die durch Betriebsunterbrechungen entstehen (z.B. durch Brand).

359 Welche Arten der Kraftfahrtversicherung gibt es?

Bei der **Kraftfahrtversicherung** (Kraftverkehrsversicherung) unterscheidet man

1. **Kraftfahrt-Haftpflichtversicherung,** sie ist eine vom Gesetzgeber für jeden Kraftfahrzeughalter zwingend vorgeschriebene Versicherung. Abgedeckt werden alle Haftpflichtansprüche bis zur Höhe der vereinbarten Versicherungssumme (Deckungssumme), die gegen den Fahrzeughalter bzw. -lenker geltend gemacht werden.

2. **Kraftfahrt-Fahrzeugversicherung** (versichert ist das Fahrzeug selbst),
   - **Teilkaskoversicherung,** ersetzt werden Schäden durch Diebstahl, Brand, Sturm, Hagel sowie Glas- und Wildschäden;
   - **Vollkaskoversicherung,** über die durch die Teilkaskoversicherung gedeckten Schäden hinaus deckt sie vor allem Schäden durch selbst verursachte Unfälle und Schäden durch unbekannte Dritte. Vollkaskoversicherung ist mit und ohne Selbstbeteiligung möglich;
3. **Kraftfahrt-Unfallversicherung** (Insassenversicherung), versichert sind die berechtigten Insassen eines Fahrzeuges.

360 Was ist Rechtsschutzversicherung?

Die **Rechtsschutzversicherung** dient dem Versicherungsnehmer zur Wahrung und Durchsetzung eigener Ansprüche und zur Abwehr fremder Ansprüche, z.B. im Verkehrs-, Familien-, Miet- und Kaufvertragsrecht. Die Versicherung übernimmt Gerichts- und Anwaltskosten, und zwar bis zur vereinbarten Höhe.

4.6 Exportgeschäfte

4.6.1 Aufgaben und Bedeutung des Außenhandels

361 Was ist Außenhandel?

Unter dem Begriff des **Außenhandels** versteht man aus volkswirtschaftlicher Sicht die Gesamtheit aller Handelsbeziehungen einer Volkswirtschaft mit dem Ausland.

Unter dem Begriff des Außenhandels versteht man aus betriebswirtschaftlicher Sicht alle wirtschaftlichen Tätigkeiten, welche ein Unternehmen im Rahmen seines Waren- und Dienstleistungsverkehrs über die Landesgrenzen hinaus mit ausländischen Partnern unterhält.

362 Unterscheiden Sie Import-, Transit- und Exporthandel!

Im Außenhandel unterscheidet man folgende Grundformen:

- **Importhandel** (Einfuhrhandel); Einfuhr von Gütern vom Ausland in das Inland;
- **Transithandel** (Durchfuhrhandel): Ein inländischer Unternehmer kauft Güter im Ausland und verkauft sie an einen Kunden in einem anderen Land;
- **Exporthandel** (Ausfuhrhandel): Ausfuhr von Waren aus dem Inland in das Ausland.

363 Welche Bedeutung hat der Außenhandel für Deutschland?

Der Außenhandel (Export und Import von Gütern) hat für Deutschland eine ganz besondere Bedeutung, wie folgende Gesichtspunkte verdeutlichen:

- Deutschland ist eines der wichtigsten Welthandelsländer (neben den USA und Japan);

- der Exportanteil, gemessen in Prozent des Bruttoinlandsprodukts (siehe Seite 136), betrug in den letzten Jahren zwischen 20 % und 30 %;
- die Volkswirtschaft ist in hohem Maße exportabhängig (Auftragsrückgänge im Export können zu Krisen führen);
- aufgrund des hohen inländischen Preisniveaus gibt es zunehmend Probleme im internationalen Konkurrenzkampf zu bestehen;
- Deutschland ist in erheblichem Maße auf Importe angewiesen (z. B. Einfuhr von Rohstoffen);
- Erhöhungen der Wechselkurse, insbesondere des Dollars, verteuern die Importe und erhöhen damit die Kosten der inländischen Unternehmen.

4.6.2 Vertragsvereinbarungen im Außenhandel

364 Was ist beim Abschluss eines Kaufvertrages im Außenhandel zu beachten?

Sowohl Exporteure als auch Importeure müssen beim Abschluss eines **Kaufvertrages** mit einem ausländischen Partner vor allem Folgendes beachten:

- Schriftform: Um Missverständnisse zu vermeiden und um Beweismittel zu haben, ist es sinnvoll Verträge schriftlich mit allen Details abzuschließen (es genügt nicht auf die eigenen allgemeinen Geschäftsbedingungen zu verweisen, da diese im Ausland nicht gelten);
- artgerechte, transportgerechte und kostengünstige Verpackung der Waren (besondere Bedeutung hat die Verpackung im Luftfrachtverkehr und in der Seeschifffahrt);
- **Versandanzeige,** der Exporteur teilt dem Geschäftspartner mit, wann er die Ware versendet hat, damit sich der Empfänger auf das Eintreffen der Sendung einstellen kann; die Versandanzeige sollte alle wichtigen Vereinbarungen des Kaufvertrages enthalten, sie ist rechtlich nicht erforderlich;
- genaue Bestimmung der Qualität der zu liefernden Ware (Qualitätsbestimmung);
- genaue Festlegung der zu liefernden Menge (Mengenbestimmung),
- Lieferbedingungen (Intercoterms) und Zahlungsbedingungen.

365 Was sind Incoterms?

Incoterms (**In**ternational **Co**mmercial **Terms,** Internationale Regeln für die Auslegung der handelsüblichen Vertragsformeln) sind vorformulierte Vertragsklauseln, welche die Aufteilung bestimmter Pflichten zwischen Exporteur und Importeur in einem internationalen Kaufvertrag regeln. Die Incoterms sind deshalb von besonderer Bedeutung, weil in jedem Exportland bzw. Importland andere Handelsbräuche gelten können.

Um den internationalen Handel einfacher abwickeln zu können und um Missverständnisse bei der Interpretation der Lieferbedingungen sowie Rechtsstreitigkeiten zu vermeiden, ist es sinnvoll bei jedem Außenhandelsgeschäft die Lieferbedingungen entsprechend den Incoterms ausdrücklich vertraglich zu vereinbaren (z. B. EXW gemäß Incoterms 1990).

Die Incoterms regeln insbesondere

- Übernahme der Transportkosten (wer trägt in welchem Umfang die Transportkosten),
- Gefahrenübergang (ab wann geht das Transportrisiko auf den Käufer über),
- Sorgfaltspflicht (welche Pflichten im Rahmen der Geschäftsabwicklung ergeben sich für den Exporteur).

366 Wie werden die Incoterms eingeteilt?

Die Klauseln der Incoterms 1990 werden entprechend dem Umfang der Pflichten des Exporteurs in vier Gruppen eingeteilt, wobei die Gruppeneinteilung entsprechend dem ersten Buchstaben der Klauselabkürzung erfolgt (Gruppe E, Gruppe F, Gruppe C, Gruppe D).

In Abhängigkeit vom Ort des Transportkostenübergangs und des Gefahrenübergangs (Risikoübergang) unterscheidet man

- Einpunktklauseln, Kosten- und Gefahrenübergang sind an einem Ort;
- Zweipunktklauseln, Kosten- und Gefahrenübergang sind an verschiedenen Orten.

367 Erklären Sie die Incoterms der Gruppe E!

Bei der Gruppe E sind die Pflichten des Exporteurs am geringsten, es gibt nur eine Klausel, und zwar **EXW** (Ex Works, ab Werk):

- der Verkäufer muss die Ware termingerecht sowie transportgerecht verpackt auf seinem Betriebsgelände bereitstellen; er trägt nur Kosten und Gefahren (Risiken) während der Zeit der Bereitstellung;
- der Käufer trägt ab dem Zeitpunkt der Zurverfügungstellung der Ware sämtliche Kosten und Gefahren der Ware.

368 Erklären Sie die Incoterms der Gruppe F!

Bei der Gruppe F handelt es sich um Einpunktklauseln. Der Exporteur muss die Ware dem Frachtführer an einem festgelegten Ort übergeben; mit der Übergabe gehen Kosten und Gefahren der Ware auf den Käufer über; die Kosten für den Haupttransport muss der Käufer übernehmen.

Man unterscheidet:

1. **FCA** (Free Carrier, frei Frachtführer),
   - der Verkäufer muss die Ware termingerecht sowie transportgerecht verpackt dem Frachtführer übergeben (Anlieferungsorte sind z. B. Güterbahnhöfe, Containerterminals); er trägt Kosten und Gefahren bis zur Übergabe; er muss auch die Ausfuhrabfertigung besorgen und die Kosten dafür übernehmen;

- der Käufer trägt alle Kosten und Gefahren der Ware ab dem Zeitpunkt der Übergabe an den Frachtführer;

2. **FAS** (Free Alongside Ship, frei Längsseite Schiff), der Verkäufer trägt Kosten und Gefahren, bis die Ware längsseits des Schiffs im Verschiffungshafen verbracht ist;
3. **FOB** (Free On Board, frei an Bord), der Verkäufer trägt Kosten und Gefahren, bis die Ware die Schiffsreling im Verschiffungshafen überschritten hat.

369 Erklären Sie die Incoterms der Gruppe C!

Bei der Gruppe C handelt es sich um Zweipunktklauseln. Der Exporteur muss die Transportkosten bis zum Bestimmungshafen tragen, allerdings geht die Gefahr für die Ware bereits mit der Übergabe an den Frachtführer auf den Käufer über.

Man unterscheidet:

1. **CFR** (Cost and Freight, Kosten und Fracht, gilt für See- und Flusstransporte),
   - der Verkäufer trägt die Gefahr der Ware, bis diese die Reling des Schiffes im Verschiffungshafen überschritten hat;
   - der Verkäufer trägt alle Transportkosten und besorgt alle Transportdokumente bis zum Bestimmungshafen;
2. **CIF** (Cost, Insurance and Freight, Kosten, Versicherung und Fracht, gilt für See- und Flusstransporte),

   der Verkäufer übernimmt zusätzlich zu CFR die Kosten der Seetransportversicherung;
3. **CPT** (Carriage Paid To, frachtfrei, gilt für alle Transportarten),
   - der Verkäufer trägt die Gefahr der Ware bis zu deren Übergabe an den (ersten) Frachtführer,
   - der Verkäufer trägt alle Transportkosten und besorgt alle Transportdokumente bis zum Bestimmungsort;
4. **CIP** (Carriage and Insurance Paid To, frachtfrei versichert, gilt für alle Transportarten),

   der Verkäufer übernimmt zusätzlich zu CPT die Kosten der Transportversicherung.

370 Erklären Sie die Incoterms der Gruppe D!

Bei der Gruppe D handelt es sich um Einpunktklauseln. Der Exporteur muss die Transportkosten und die Gefahren bis zum benannten Ort (Bestimmungsort) tragen.

Man unterscheidet:

1. **DAF** (Delivered At Frontier, geliefert Grenze, gilt für alle Transportarten),
   - der Verkäufer trägt Kosten und Gefahren der Ware bis zur vereinbarten Grenze (sinnvoll ist die Vereinbarung eines konkreten Grenzortes);
   - der Verkäufer muss die Ausfuhrabfertigung besorgen (der Käufer ist für die Einfuhrabfertigung zuständig);

2. **DES** (Delivered Ex Ship, geliefert ab Schiff, gilt für See- und Flusstransporte),

   der Verkäufer muss die Ware exportfrei in dem benannten Bestimmungshafen des Bestimmungslandes zur Verfügung stellen (der Käufer ist für die Einfuhrabfertigung zuständig);

3. **DEQ** (Delivered Ex Quay, geliefert ab Kai, gilt für See- und Flusstransporte),

   der Verkäufer muss die Ware exportfrei und importfrei am Kai des benannten Bestimmungshafens zur Verfügung stellen, d. h., der Verkäufer muss die Einfuhrabfertigung besorgen und die Einfuhrzölle tragen;

4. **DDU** (Delivered Duty Unpaid, geliefert unverzollt, gilt für alle Transportarten),

   der Verkäufer muss die Ware an dem benannten Ort im Einfuhrland zur Verfügung stellen (der Käufer ist für die Einfuhrabfertigung zuständig);

5. **DDP** (Delivered Duty Paid, geliefert verzollt, gilt für alle Transportarten),

   der Verkäufer muss die Ware an dem benannten Ort im Einfuhrland zur Verfügung stellen und er ist (zusätzlich zu DDU) für die Einfuhrabfertigung zuständig.

371 Nennen Sie die Zahlungsbedingungen im Außenhandelsgeschäft!

Im Außenhandelsgeschäft unterscheidet man z. B. folgende **Zahlungsbedingungen (Terms of Payment):**

- Vorauszahlung, Zahlung des Kaufpreises vor Lieferung der Ware;
- Anzahlung, teilweise Zahlung des Kaufpreises vor Lieferung;
- Zahlung gegen einfache Rechnung, der Exporteur verzichtet auf gesonderte Zahlungsbedingungen, da er den Geschäftspartner als sehr vertrauenswürdig einschätzt (z. B. bei langjährigen Geschäftsbeziehungen);
- Dokumenteninkasso.

372 Was versteht man unter Dokumenteninkasso?

Das **Dokumenteninkasso** ist ein so genanntes Zug-um-Zug-Geschäft und soll bei Außenhandelsgeschäften die Zahlung des Rechnungsbetrages sicherstellen. Der Importeur erhält die Dokumente für die Ware erst dann, wenn er seine Zahlung geleistet hat.

Man unterscheidet

- Dokumente gegen Kasse,
- Dokumente gegen Akzept.

373 **Was versteht man unter „Dokumente gegen Kasse"?**

Bei der Zahlungsweise **„Dokumente gegen Kasse"** (**D**ocuments against **P**ayment = D/P)

- übergibt der Exporteur (Verkäufer) nach der Verladung der Ware die Dokumente zusammen mit einem Inkassoauftrag seiner Hausbank,
- versendet die Hausbank die Papiere an die Bank des Importeurs,
- zahlt der Importeur (Käufer) den Kaufpreis bei seiner Bank und erhält die Dokumente,
- holt der Importeur unter Vorlage der Dokumente die Ware am Bestimmungsort ab.

374 **Was versteht man unter „Dokumente gegen Akzept"?**

Bei der Zahlungsbedingung **„Dokumente gegen Akzept"** (**D**ocuments against **A**cceptance = D/A) werden die Dokumente nicht wie bei „Dokumente gegen Kasse" gegen Zahlung ausgehändigt, sondern gegen Bankakzept des Importeurs. Der Exporteur kann diesen Wechsel bei seiner Bank zum Diskont oder zum Inkasso einreichen.

5 Personalwirtschaft

5.1 Aufgaben und Ziele der Personalwirtschaft

375 **Nennen Sie die Ziele der Personalwirtschaft!**

Ziele der **Personalwirtschaft** sind:

- Bereitstellung von Arbeitskräften (geeignete Mitarbeiter zur rechten Zeit, am rechten Ort, in ausreichender Anzahl),
- Einsatz der Arbeitskräfte entsprechend dem ökonomischen Prinzip,
- Steigerung der Arbeitsleistung durch gezielte Motivation (z.B. gerechte Entlohnung, Aufstiegschancen, Anerkennung der Arbeit, Betriebsklima),
- Verbesserung der Einkommensverhältnisse,
- Verbesserung der Situation am Arbeitsplatz (z.B. angenehme Arbeitsplätze, soziale Einrichtungen, Sportstätten),
- Befriedigung immaterieller Bedürfnisse (z.B. Gesundheit, Zufriedenheit, Sicherheit).

376 **Nennen Sie die Aufgaben der Personalwirtschaft!**

Die Aufgaben der **Personalwirtschaft** betreffen:

- Personalführung,
- Arbeitsorganisation,
- Einstellen und Ausscheiden von Arbeitnehmern,
- Personalverwaltung,
- Arbeitsschutz und Unfallverhütung,
- Lohnformen,
- Lohn- und Gehaltsabrechnung.

5.2 Personalführung

377 Welche Aufgaben hat die Personalführung?

Personalführung ist die gezielte Einflussnahme auf das Verhalten der Mitarbeiter.

Die Personalführung umfasst vor allem:

- Entwicklung von Führungsmodellen (z. B. Führungsstile und Entscheidungssysteme),
- Entwicklung von Führungsprinzipien (Führungsgrundsätze),
- Entwicklung von Grundsätzen der Menschenführung,
- Entwicklung von Kriterien der Personalbeurteilung.

Die Personalführung muss bei ihren Entscheidungen das **Unternehmensleitbild** (Unternehmensphilosophie) berücksichtigen. Das Unternehmensleitbild umfasst die Einstellungen der Eigentümer und der Geschäftsführung des Unternehmens gegenüber

- der Gesellschaft, z. B. Verfolgung von sozialen Zielen wie Sicherung der Arbeitsplätze;
- den übrigen Wirtschaftssubjekten, z. B. Berücksichtigung der Interessen von Verbrauchern (d. h., die Verbraucher sollen Vertrauen in das Unternehmen und seine Produkte haben);
- den eigenen Mitarbeitern, z. B. rechtzeitige und umfassende Information der Mitarbeiter über zukünftige betriebliche Vorhaben.

378 Unterscheiden Sie dirigistischen und kooperativen Führungsstil!

Unter **Führungsstil** versteht man die Art und Weise, in der die Vorgesetzten die Menschenführung und die Führungsaufgaben ausüben.

Man unterscheidet den

- **dirigistischen (autoritären)** Führungsstil, d. h., der Vorgesetzte trifft Entscheidungen ohne Mitwirkung der Untergebenen, wobei er von diesen völlige Unterordnung verlangt;
- **kooperativen** Führungsstil, d. h., die Mitarbeiter werden an Entscheidungen beteiligt, vor allem durch Informations-, Beratungs- und Mitspracherecht und durch Aufgabendelegation.

In den Unternehmen werden meist Mischformen von autoritärem und kooperativem Führungsstil angewandt.

379 Nennen Sie Vorteile des autoritären und kooperativen Führungsstils!

Vorteile des autoritären Führungsstils sind:

- schnelle Entscheidungen,
- eindeutig abgegrenzte Aufgaben- und Verantwortungsbereiche.

Vorteile des kooperativen Führungsstils sind:

- Entlastung des Vorgesetzten durch die Delegation von Aufgaben und Verantwortung,
- Entfaltung der persönlichen Fähigkeiten (dadurch höhere Arbeitszufriedenheit und besseres Betriebsklima),
- geringe Fehlquote und geringer Arbeitsplatzwechsel (Fluktuation).

380 Unterscheiden Sie Direktorial- und Kollegialprinzip!

Nach der Zahl der Entscheidenden kann man die **Entscheidungssysteme** (Leitungssysteme) folgendermaßen einteilen:

1. **Direktorialsystem,** d. h., eine Person besitzt die alleinige Entscheidungsgewalt (Singularprinzip), z. B. Alleininhaber einer Einzelunternehmung;
2. **Kollegialsystem,** d. h., eine Personengruppe trifft die Entscheidungen (Pluralprinzip);
   - **Primatkollegialität,** d. h., bei Stimmengleichheit gibt die Stimme des Vorsitzenden den Ausschlag, z. B. Vorstand einer AG;
   - **Abstimmungskollegialität,** d. h., die Entscheidung wird von den gleichberechtigten Entscheidungsträgern nach dem Mehrheitsprinzip getroffen, z. B. Vorstand einer AG;
   - **Kassationskollegialität,** d. h., die Entscheidung kann von den gleichberechtigten Entscheidungsträgern nur einstimmig getroffen werden, z. B. Gesellschafter einer OHG.

381 Welche Führungsprinzipien gibt es?

Der kooperative Führungsstil findet Anwendung in folgenden **Führungsprinzipien** (Führungskonzeptionen), die oft nicht scharf voneinander abgegrenzt werden können:

- **Management by Exception** (Führung nach dem Ausnahmeprinzip), d. h., der Mitarbeiter trifft im Normalfall selbstständig Entscheidungen (Routineentscheidungen), nur in Ausnahmefällen greift der Vorgesetzte (Unternehmensführung) ein;
- **Management by Objectives** (Führen durch Zielvorgabe), d. h., jeder Mitarbeiter hat zuvor vereinbarte Ziele durch eigenes Entscheiden und Handeln zu erreichen;
- **Management by Delegation** (Führen durch Delegation von Verantwortung), d. h., jeder Mitarbeiter erhält einen bestimmten Aufgaben- und Kompetenzbereich, in dem er selbstständig handeln und entscheiden kann;
- **Management by Insight** (Führen durch Einsicht), d. h., jeder Mitarbeiter erhält die Informationen, die seine Einsicht in das Betriebsgeschehen fördern.

Voraussetzung für die Anwendung der verschiedenen Führungsprinzipien ist eine klare Abgrenzung der einzelnen Kompetenzbereiche.

382 Nennen Sie die Grundlagen für betriebliche Entscheidungen!

Die wichtigsten Grundlagen für betriebliche Entscheidungsprozesse sind

- Zielsetzung und Planung,
- Steuerung und Kontrolle,
- Bewertung und Beurteilung,
- Information und Kommunikation,
- Delegation und Motivation.

383 Was versteht man unter Information?

Information bedeutet

- zielgerichtetes Wissen (über Personen, Sachen oder Sachverhalte),
- Prozess der Wissenserlangung (das Informieren).

Man unterscheidet

- **interne** Informationen, d.h. Informationen, die aus dem Unternehmen (Informationssystem) selbst stammen, z.B. Angaben über Personalkosten;
- **externe** Informationen, d.h. Informationen, die das Unternehmen von der Außenwelt, z.B. von Kunden erhält.

384 Was versteht man unter Kommunikation?

Unter **Kommunikation** versteht man ganz allgemein alle Prozesse der Übertragung von Informationen durch Zeichen jeglicher Art, wobei verschiedene Kommunikationsmittel eingesetzt werden (siehe auch Seite 364 ff.).

385 Welche Arten der innerbetrieblichen Kommunikation gibt es?

Innerbetriebliche Kommunikation ist der Informationsaustausch im Betrieb. Man unterscheidet folgende Arten der innerbetrieblichen Kommunikation in Abhängigkeit von:

1. der Einhaltung bestimmter Kommunikationswege,
   - **formelle Kommunikation,** d.h., der Informationsaustausch erfolgt über ein offizielles Kommunikationsnetz (Dienstwege) und soll ausschließlich betrieblichen Zwecken dienen;
   - **informelle Kommunikation,** d.h., private Informationen werden ausgetauscht;
2. der Nutzung von Kommunikationsmitteln,
   - **direkte Kommunikation,** d.h., Informationen werden unmittelbar von Mensch zu Mensch ausgetauscht;
   - **indirekte Kommunikation,** d.h., der Austausch der Informationen erfolgt mit Hilfe bestimmter Kommunikationsmittel (z.B. Telefon, E-Mail,Telex);
3. der Einhaltung bestimmter Regeln,
   - **freie Kommunikation,** d.h., die beteiligten Personen können ohne Einschränkung mit jedem beliebigen Partner Informationen austauschen;
   - **gebundene Kommunikation,** d.h., für den Informationsaustausch gibt es verbindliche Regeln (z.B. in Bezug auf die Wahl des Kommunikationsweges).

386 Was ist Delegation?

Delegation ist die Übertragung von Aufgaben durch (in der Betriebshierarchie) höher stehende auf tiefer stehende Stellen. Innerhalb der delegierten Aufgaben entscheidet und handelt der Mitarbeiter selbstständig.

Ursachen für eine Übertragung von Aufgaben sind

- Überlastung der Instanzen (mengenmäßig und fachlich),
- Motivation der Mitarbeiter (Leistungsanreiz durch Übertragung von Kompetenzen).

387 Was ist Verantwortung?

Verantwortung bedeutet, dass der Einzelne einstehen muss für

- eigene Tätigkeiten (Eigenverantwortung),
- die Tätigkeiten Untergebener (Fremdverantwortung).

388 Was ist Motivation?

Unter **Motivation** versteht man die Beeinflussung des Verhaltens von Arbeitnehmern durch Leistungsanreize. Leistungsanreize können sein Leistungslohn, Prämienzahlungen, Werkswohnung, gleitende Arbeitszeit, Übertragung von Verantwortung u.a.

389 Nennen Sie Grundsätze der Menschenführung!

Grundsätze der **Menschenführung** sind:

- Anerkennung von Leistungen,
- positive Kritik,
- Verständnis für Probleme des Mitarbeiters,
- Ermutigung bei Fehlleistungen,
- finanzielle Anreize.

390 Nennen Sie Kriterien der Personalbeurteilung!

Als Kriterien der **Personalbeurteilung** dienen:

1. Kenntnisse und Leistungen,
   - Schulbildung,
   - fachliche Ausbildung,
   - fachliches Wissen,
   - Leistung am Arbeitsplatz;
2. Persönlichkeit und Verhalten,
   - Zuverlässigkeit,
   - Verantwortungsbereitschaft,
   - Loyalität,
   - Kontaktfähigkeit,
   - Durchsetzungsvermögen.

Eine gerechte und zutreffende Personalbeurteilung ist sehr schwierig; vor allem das subjektive Verhalten des Beurteilers beinhaltet mögliche Fehlerquellen.

5.3 Arbeitsorganisation

5.3.1 Arbeitszeitmodelle

391 Welche Arbeitszeitmodelle werden unterschieden?

Der Industriebetrieb muss die Arbeitszeit flexibel gestalten, um seine betrieblichen Anlagen optimal nutzen, und um sich Änderungen auf dem Beschaffungs- und vor allem auf dem Absatzmarkt anpassen zu können.

Man unterscheidet folgende **Arbeitszeitmodelle:**

1. **Vollzeitarbeit,**
   - Regelarbeit (Normalarbeit),
   - Staffelarbeit,
   - rollierende Arbeitszeit,
   - gleitende Arbeitszeit (Gleitzeit),
   - Schichtarbeit,
   - Arbeitszeitkonto;
2. **Teilzeitarbeit,**
   - Regelteilzeit,
   - variable Teilzeit,
   - Telearbeit,
   - Heimarbeit,
   - Arbeitszeitkonto,
   - Arbeit auf Abruf,
   - Jobsharing,
   - Altersteilzeit.

392 Was ist Regelarbeit?

Die **Regelarbeit** (Normalarbeit) orientiert sich am Arbeitszeitgesetz (siehe Seite 29 f.) und beinhaltet 7 bis 8 Stunden Arbeitszeit pro Tag und 35 bis 40 Arbeitsstunden pro Woche.

393 Was ist Staffelarbeit?

Bei der **Staffelarbeit** können die Arbeitnehmer zwischen mehreren genau festgelegten Normalarbeitszeiten wählen (z. B. von 08:00 Uhr bis 16:00 Uhr oder von 09:00 Uhr bis 17:00 Uhr).

394 Was ist rollierende Arbeitszeit?

Bei der **rollierenden Arbeitszeit** wird z. B. an sechs Tagen in der Woche gearbeitet, wobei der einzelne Arbeitnehmer nur fünf Tage in der Woche arbeitet. Er hat also einen freien Tag pro Woche, der sich allerdings wöchentlich verschiebt.

395 Was versteht man unter gleitender Arbeitszeit?

Bei der **gleitenden Arbeitszeit** (Gleitzeit) wird die tägliche Arbeitszeit aufgeteilt in

- die Kernarbeitszeit, der Arbeitnehmer muss in dieser Zeit anwesend sein;
- die Gleitarbeitszeit, der Arbeitnehmer kann in bestimmten Grenzen Beginn und Ende der Arbeitszeit selbst bestimmen.

Die Anwendung der gleitenden Arbeitszeit erfordert eine genaue Kontrolle der Arbeitszeit eines jeden Arbeitnehmers (z. B. mit Hilfe von Stechuhren).

396 Was ist Schichtarbeit?

Bei der **Schichtarbeit** wird in aufeinander folgenden Schichten gearbeitet, wobei die Arbeitnehmer in einem bestimmten Rhythmus von einer Schicht in die andere wechseln können (Wechselschicht). Man unterscheidet folgende Varianten:

- Zwei-Schicht-Betrieb (z. B. Frühschicht von 06:00 Uhr bis 14:00 Uhr und Spätschicht von 14:00 Uhr bis 22:00 Uhr);
- Drei-Schicht-Betrieb (Früh-, Spät- und Nachtschicht),
- Schichtbetrieb an Werktagen,
- Schichtbetrieb an Werktagen und am Wochenende.

397 Was versteht man unter dem Arbeitszeitkonto?

Beim **Arbeitszeitkonto** wird die zu leistende Arbeitszeit z. B. für ein Jahr festgelegt; daraus wird die regelmäßige monatliche Arbeitszeit berechnet. Innerhalb bestimmter Grenzen bezüglich der monatlichen Arbeitszeit kann der Arbeitnehmer entweder selbst bestimmen, wie viele Stunden er in einem bestimmten Monat arbeitet oder der Arbeitgeber gibt vor, wie viele Stunden in einem bestimmten Monat gearbeitet werden müssen.

Das Arbeitszeitkonto

- erfasst monatlich die im Vergleich zur regelmäßigen Arbeitszeit zu viel bzw. zu wenig geleisteten Arbeitsstunden;
- ermittelt für das Abrechnungsjahr den Saldo der Monatszahlen, wobei der Saldo nach Möglichkeit den Wert null annehmen soll, d. h., Überstunden und Unterbeschäftigung sind dann ausgeglichen;
- soll Überstundenarbeit nach Möglichkeit verhindern (und damit die Zahlung von Überstundenzuschlägen).

398 Was ist Teilzeitarbeit?

Teilzeitarbeit liegt (nach dem Beschäftigungsförderungsgesetz) vor, wenn Arbeitnehmer beschäftigt werden, deren regelmäßige Wochenarbeitszeit kürzer ist als die regelmäßige Wochenarbeitszeit vergleichbarer vollzeitbeschäftigter Arbeitnehmer des Betriebes. Die Entlohnung für die Teilzeitarbeit wird im Verhältnis zur Vollzeit berechnet.

399 Unterscheiden Sie Regelteilzeit und variable Teilzeit!

Bei der **Regelteilzeit-Arbeit** sind Arbeitsdauer und Arbeitsbeginn stets gleich (z. B. Halbtagsarbeit am Vormittag).

Bei der **variablen Teilzeitarbeit** können Arbeitsdauer und Arbeitsbeginn täglich wechseln.

400 Was ist Telearbeit?

Unter **Telearbeit** versteht man eine Tätigkeit, bei der Informations- und Kommunikationstechniken benutzt werden, wobei die Arbeit ausschließlich oder teilweise an einem außerbetrieblichen Arbeitsplatz verrichtet wird (z. B. Privatwohnung, gemeinsames Büro).

19 Groh/Schröer – ISBN 3-8120-0420-8

401	Was ist Heimarbeit?	Bei der **Heimarbeit** wird die zu leistende Arbeit ausschließlich in der Wohnung des Arbeitnehmers ausgeführt. Die Entlohnung erfolgt leistungsbezogen.
402	Nennen Sie Vorteile der Tele- und Heimarbeit!	Vorteile der Tele- bzw. Heimarbeit für den Arbeitnehmer sind z. B. ● freie Einteilung der Arbeitszeit, ● Berücksichtigung von familiären Gegebenheiten, ● Anfahrtzeiten zum Betrieb entfallen. Vorteile der Tele- bzw. Heimarbeit für den Arbeitgeber sind z. B.: ● Keine bzw. geringere Kosten für Arbeitsräume und Arbeitsgeräte, ● nur die Leistung des Arbeitnehmers wird bezahlt.
403	Was ist Arbeit auf Abruf?	Bei der **Arbeit auf Abruf** ● passt der Arbeitgeber die Arbeitszeit des Arbeitnehmers an den Arbeitsanfall im Betrieb an (kapazitätsorientierte variable Arbeitszeit = KAPOVAZ), ● wird eine feste Arbeitszeit pro Woche vereinbart, ● muss der Arbeitnehmer eine bestimmte Anzahl von Stunden zusammenhängend beschäftigt werden, ● kann der Arbeitgeber die Arbeitsleistung so abrufen, wie es der Betriebsablauf erfordert, ● muss der Arbeitnehmer zu vereinbarten Zeiten unbezahlt in Abrufbereitschaft sein.
404	Was ist Jobsharing?	Beim **Jobsharing** teilen sich mehrere Arbeitnehmer einen Arbeitsplatz entweder nach der Arbeitsaufgabe oder nach der Arbeitszeit; der einzelne Mitarbeiter arbeitet weniger als die regelmäßige Arbeitszeit. Die Mitarbeiter legen teilweise selbst fest, wer wann arbeitet.
405	Was ist Altersteilzeit?	Das Gesetz zur Förderung eines gleitenden Übergangs in den Ruhestand **(Altersteilzeitgesetz)** ermöglicht einen gleitenden Übergang älterer Arbeitnehmer vom Erwerbsleben in den Ruhestand und fördert die Teilzeitbeschäftigung (und dient damit der Verminderung der Arbeitslosigkeit). Das Gesetz schafft Rahmenbedingungen für Vereinbarungen, welche in einem Tarifvertrag, in einer Betriebsvereinbarung oder in einem Einzelarbeitsvertrag festgelegt werden. Im Rahmen der Altersteilzeit kann der Arbeitnehmer z. B. ● täglich mit verminderter Stundenzahl arbeiten, ● nur an bestimmten Tagen in der Woche arbeiten, ● nur im wöchentlichen bzw. im monatlichen Wechsel arbeiten.

Voraussetzungen für die Förderung durch die Bundesanstalt für Arbeit sind z. B.:

- Der Arbeitnehmer muss das 55. Lebensjahr vollendet haben,
- die Arbeitszeit muss auf die Hälfte der regelmäßigen wöchentlichen Arbeitszeit (jedoch nicht weniger als 18 Stunden) reduziert werden,
- der Arbeitnehmer muss innerhalb der letzten fünf Jahre vor Beginn der Altersteilzeit mindestens drei Jahre vollbeschäftigt gewesen sein,
- der Arbeitnehmer muss mindestens 70 % des ehemaligen Vollzeit-Nettoarbeitsentgeltes erhalten,
- der Arbeitgeber muss den infolge der Altersteilzeit frei werdenden Arbeitsplatz durch einen Arbeitslosen oder durch einen Auszubildenden nach seinem Ausbildungsabschluss wieder besetzen.

Stockt der Arbeitgeber das Arbeitsentgelt um bis zu 20 % auf, dann leistet die Bundesanstalt für Arbeit für längstens fünf Jahre den gezahlten Aufstockungsbetrag an den Arbeitgeber.

5.3.2 Organisationsformen der Arbeit

406 Welche Organisationsformen der Arbeit gibt es?

Als Organisationsformen der Arbeit unterscheidet man im Industriebetrieb z. B.:

1. **Einzelarbeit,** der einzelne Arbeitnehmer übernimmt eine genau festgelegte Arbeit, für die er verantwortlich ist;
2. **Gruppenarbeit (Teamarbeit),** mehrere Arbeitnehmer bilden eine Gruppe, welche gemeinsam eine genau festgelegte Arbeit übernimmt und gemeinsam die Verantwortung für diese Arbeit trägt; Beispiele sind:
   - Gruppenakkord (siehe Seite 302),
   - Fertigungsinsel,
   - Zirkel;
3. **Projektarbeit,** für neuartige und umfangreiche Aufgaben wird unter der Leitung eines Projektmanagers eine Projektgruppe gebildet, deren Mitglieder aus den unterschiedlichsten Unternehmensbereichen kommen; nach Beendigung der Aufgabe wird die Projektgruppe aufgelöst. (Anwendungsbereiche für die Projektarbeit sind z. B. Einführung eines integrierten Logistik-Systems, Entwicklung und Einführung eines neuen Produkts.)

407 Was ist eine Fertigungsinsel?

Unter einer **Fertigungsinsel** versteht man die räumliche und organisatorische Zusammenfassung aller Betriebsmittel, welche für die Herstellung eines Teilerzeugnisses erforderlich sind (Inselfertigung). Für die Fertigungsinsel wird eine Gruppe von Arbeitnehmern gebildet, welche die Arbeiten ausführt und für das Ergebnis verantwortlich ist.

408 Was ist ein Zirkel?

Zirkel sind gekennzeichnet durch folgende Merkmale:

- Sie werden oft gebildet, um aufgetretene Fehler (z.B. Ausschuss in einer Fertigungsinsel) zu beseitigen oder um neue Ideen und Verbesserungsvorschläge zu entwickeln;
- sie bestehen aus einer Gruppe von Mitarbeitern, welche freiwillig bzw. auf Anweisung bestimmte Aufgaben im Zirkel übernehmen; die Zirkelmitglieder übernehmen die Aufgaben u.U. zusätzlich zu ihrer normalen Arbeit;
- sie hat keine starre Hierarchie und ist häufig nur auf Zeit gebildet;
- sie formuliert im Gegensatz zur traditionellen Gruppe ihre Ziele weitgehend selbst und hat oft einen großen Handlungs- und Entscheidungsspielraum;
- durch das positive Gruppen- und Betriebsklima wird die Motivation der Mitarbeiter gesteigert.

409 Nennen Sie Beispiele für Zirkel!

Beispiele für Zirkel sind:

- **Qualitätszirkel** bzw. Produktionszirkel, sie sind z.B. zuständig für die Qualitätssicherung und Qualitätsverbesserung eines Produktes bzw. einer Produktgruppe;
- **Werkstattzirkel,** sie werden gebildet, wenn ein konkretes Problem in der Fertigung vorliegt, das dringend gelöst werden muss;
- **KVP-Zirkel,** sie sind zuständig für einen kontinuierlichen Verbesserungsprozess (siehe Seite 223).

410 Welche Bedeutung haben Moderatoren und Trainer?

Die Arbeit in Gruppen wird unterstützt und gefördert durch den Einsatz von **Moderatoren,** welche die Gruppen betreuen und ihnen gezielt Hilfestellungen geben für die Arbeit in einer Gruppe.

Trainer sind zuständig für die Aus- und Weiterbildung sowie für die Beratung der Moderatoren.

5.3.3 Personalentwicklung

411 Was ist Personalentwicklung?

Die **Personalentwicklung** umfasst alle Maßnahmen, die geeignet sind, die Arbeitsleistung bzw. die Qualifikation der Mitarbeiter zu erhalten bzw. zu verbessern, damit die Mitarbeiter alle Anforderungen erfüllen können, welche die Unternehmensentwicklung mit sich bringt. Zur Personalentwicklung zählen insbesondere

- ständige berufliche Weiterbildung der Mitarbeiter (z.B. Seminare für CAD-Systeme, Datenbank-Systeme),
- Vermittlung von Schlüsselqualifikationen (siehe Seite 17),
- Laufbahnplanung (Planung von Beförderungen und Versetzungen),

- Planung des betrieblichen Nachwuchses (z.B. durch Einstellung und spätere Übernahme von Auszubildenden),
- Durchführung von Trainee-Programmen (z.B. Training on the job, d.h. angewandtes Lernen am Arbeitsplatz).

5.4 Einstellen und Ausscheiden von Arbeitnehmern

412 Was ist Personalbedarfsplanung?

Die **Personalbedarfsplanung** hat die Aufgabe, den zukünftigen Bedarf an Mitarbeitern zu ermitteln. Die Planung kann kurz-, mittel- und langfristig sein.

413 Unterscheiden Sie Ersatz-, Neu- und Minderbedarf!

Entsprechend der Zielsetzung der Personalplanung unterscheidet man:

- **Ersatzbedarf,** d.h. der durch ausscheidende Mitarbeiter verursachte Bedarf (Gründe können sein: Tod, Invalidität, Pensionierung, Kündigung durch Arbeitgeber oder Arbeitnehmer);
- **Neubedarf** (Erweiterungsbedarf), d.h. der über den augenblicklichen Personalbestand hinausgehende (zusätzliche) Personalbedarf (Gründe sind: Erhöhung der Betriebskapazität, Arbeitszeitverkürzungen, Hochkonjunktur);
- **Minderbedarf** (Personaleinschränkung), d.h. Rückgang des Personalbedarfs (Gründe sind: Rationalisierungsmaßnahmen, Strukturkrisen, Rezession).

414 Nennen Sie Möglichkeiten der Personalbeschaffung!

Man unterscheidet (siehe auch Seite 633):

- **interne Personalbeschaffung,** benötigtes Personal stammt aus dem eigenen Betrieb (innerbetriebliche Stellenausschreibung, siehe auch Seite 39);
- **externe Personalbeschaffung,** benötigtes Personal stammt vom Arbeitsmarkt (Arbeitsämter, Stellenanzeigen).

415 Wie erfolgt die Einstellung von Arbeitnehmern?

Unter **Einstellung** versteht man den Abschluss eines Arbeitsvertrages zwischen Arbeitgeber und Arbeitnehmer.

Die Einstellung vollzieht sich üblicherweise in folgenden Schritten:

1. Ausschreibung der zu besetzenden Stelle,
   - interne Ausschreibung,
   - externe Ausschreibung;
2. Beurteilung der Bewerbungsunterlagen,
   - Lebenslauf (z.B. handschriftlich und tabellarisch),
   - Zeugnisse,
   - Referenzen (z.B. Empfehlungen früherer Arbeitgeber);

3. Beurteilung des Bewerbers,
   - Vorstellungsgespräch,
   - Tests (z. B. Eignungs-, Intelligenz- oder Persönlichkeitstests),
   - Handschrift (graphologisches Gutachten),
   - medizinische Untersuchungen;
4. Personalauswahl unter Berücksichtigung der Bewerbungsunterlagen und der Beurteilung des Bewerbers (oft mit Hilfe des Assessmentcenters);
5. Einstellung des Arbeitnehmers,
   - Arbeiter (siehe Seite 18),
   - Angestellte (siehe Seite 18),
   - leitende Angestellte (siehe Seite 18), ihre beabsichtigte Einstellung ist dem Betriebsrat rechtzeitig mitzuteilen,
   - Auszubildende (siehe Seite 19 ff.);
6. Einstellungsunterlagen,
   - Lohnsteuerkarte (siehe Seite 44),
   - Versicherungsnachweise,
   - Urlaubsbescheinigung (siehe Seite 295).

416 Was ist ein Assessmentcenter?

Das **Assessmentcenter** ist ein Verfahren der Personalauswahl, das ein möglichst umfassendes Bild von den Bewerbern um eine Stelle liefern soll; es ist gekennzeichnet durch folgende Merkmale:

- Nachdem eine Vorauswahl getroffen wurde, werden mehrere Bewerber gemeinsam zu einem Auswahlverfahren eingeladen;
- in mehrtägigen Veranstaltungen wird versucht herauszufinden, welche Bewerber am besten geeignet sind, bestimmte Stellen zu besetzen;
- Beurteilungsverfahren wie z. B. Intelligenztests, betriebsspezifische Eignungstests, Kurzreferate, Gruppendiskussionen, Rollenspiele werden eingesetzt;
- die Kosten sind höher als beim Einzel-Auswahlverfahren (z. B. einfaches Vorstellungsgespräch);
- die Personalauswahl ist i. d. R. besser als beim Einzelauswahlverfahren.

417 Nennen Sie Gründe für das Ausscheiden von Mitarbeitern!

Gründe für das **Ausscheiden von Mitarbeitern** können sein:

- Kündigung seitens des Arbeitgebers bzw. Arbeitnehmers (siehe Seite 27 f.);
- Kündigung des Ausbildungsverhältnisses (siehe Seite 20);
- Erreichen der Altersgrenze, eine Kündigung ist nur dann erforderlich, wenn die automatische Kündigung nicht im Tarifvertrag geregelt ist;

- **Berufsunfähigkeit,** ist die infolge von Krankheit oder anderer Gebrechen eingetretene Unfähigkeit zur Ausübung des bisherigen Berufs;
- **Erwerbsunfähigkeit,** ist die infolge von Krankheit oder anderer Gebrechen eingetretene Unfähigkeit, auf nicht absehbare Zeit eine Erwerbstätigkeit auszuüben;
- Einvernehmen von Arbeitgeber und Arbeitnehmer (Aufhebungsvertrag);
- Ablauf eines befristeten Arbeitsvertrages (siehe Seite 22);
- Tod des Arbeitnehmers (Tod des Arbeitgebers ist i. d. R. kein Grund für die Beendigung des Arbeitsverhältnisses).

418 Welche Arbeitspapiere werden bei der Beendigung des Arbeitsverhältnisses ausgehändigt?

Der Arbeitgeber ist verpflichtet, dem Arbeitnehmer bei Beendigung des Arbeitsverhältnisses die **Arbeitspapiere** auszuhändigen, und zwar

- Lohnsteuerkarte,
- Versicherungsnachweis (Im Gegensatz dazu gibt es den **Sozialversicherungsausweis;** dieser belegt, dass der Arbeitnehmer versichert ist. In bestimmten Branchen wie z. B. im Baugewerbe, muss der Arbeitnehmer den Ausweis ständig mit sich führen.),
- **Urlaubsbescheinigung,** der Arbeitgeber ist verpflichtet, den im laufenden Kalenderjahr gewährten oder abgegoltenen Urlaub zu bescheinigen,
- Zeugnis.

419 Unterscheiden Sie einfaches und qualifiziertes Zeugnis!

Jeder Arbeitnehmer hat bei seiner Entlassung Anspruch auf ein Zeugnis; er hat die Wahl zwischen zwei Möglichkeiten:

- **einfaches Zeugnis,** enthält nur Angaben über Art und Dauer der Beschäftigung;
- **qualifiziertes Zeugnis,** enthält darüber hinaus Angaben über Verhalten und Leistung.

5.5 Personalverwaltung

420 Nennen Sie die Aufgaben der Personalverwaltung!

Zu den Aufgaben der **Personalverwaltung** zählen

1. Bearbeitung der **Personalunterlagen,**
   - **Personalakte,** sie enthält persönliche und dienstliche Daten über den Arbeitnehmer wie z. B. Zeugnisse und Familienstand sowie Beurteilungen und Teilnahme an Fortbildungsmaßnahmen; nach dem Betriebsverfassungsgesetz hat der Arbeitnehmer das Recht, in die über ihn geführten (vollständigen) Personalakten Einsicht zu nehmen (der Arbeitnehmer kann hierzu ein Mitglied des Betriebsrates hinzuziehen);

- **Personalbogen,** er enthält die vom Arbeitnehmer selbst angegebenen persönlichen Daten wie z.B. beruflicher Werdegang; der Personalbogen ist Bestandteil der Personalakte;
- **Personaldatei** (Personalkartei), sie enthält die für die laufende Personalverwaltung erforderlichen Daten aller Arbeitnehmer;

2. Führen der Lohn- und Gehaltskonten (Lohn- und Gehaltsabrechnung);
3. Erstellen von Personalstatistiken (z.B. Beschäftigungs-, Kranken- und Unfallstatistik);
4. Personalbeschaffung (Personalauswahl);
5. Personaleinsatz und Personaleinführung (Stelleneinweisung);
6. Aus- und Fortbildung der Mitarbeiter;
7. Abwicklung der Personaleinstellung und Personalentlassung mit der entsprechenden Bearbeitung der Arbeitspapiere.

Die Sammlung aller Daten über die Mitarbeiter bezeichnet man als **Personal-Informationssystem.**

421 Nennen Sie Quellen für arbeitsrechtliche Vorschriften!

Wichtige Quellen arbeitsrechtlicher Vorschriften für das Arbeitsverhältnis sind:

- Betriebsverfassungsgesetz (siehe Seite 36 ff.);
- Manteltarifvertrag (siehe Seite 24);
- Kündigungsschutzgesetz und weitere Gesetze, die den Kündigungsschutz regeln (siehe Seite 27 f.);
- Arbeitnehmerschutzgesetze (siehe Seite 26 ff.);
- Bundesdatenschutzgesetz (siehe Seite 371).

422 Nennen Sie Rechte und Pflichten des Arbeitgebers!

Für den **Arbeitgeber** ergeben sich aus dem Arbeitsverhältnis folgende Pflichten:

- Lohnzahlungspflicht;
- Fürsorgepflicht, d.h., der Arbeitgeber muss das Interesse des Arbeitnehmers wahrnehmen und ihm Schutz und Fürsorge gewähren (zur Fürsorgepflicht zählen z.B. Schutz für Leben und Gesundheit des Arbeitnehmers, Beachtung sozialversicherungsrechtlicher Vorschriften);
- Pflicht zur Gewährung von Erholungsurlaub, d.h., der Arbeitgeber muss den Arbeitnehmer für eine bestimmte Zeit zum Zwecke der Erholung freistellen und den Lohn weiterzahlen (siehe Seite 29).

Die Rechte des Arbeitgebers lassen sich aus den Pflichten des Arbeitnehmers ableiten.

423 Nennen Sie Rechte und Pflichten des Arbeitnehmers!

Für den **Arbeitnehmer** ergeben sich aus dem Arbeitsverhältnis folgende Pflichten:

- Arbeitspflicht, der Arbeitnehmer hat i. d. R. nur die Art von Arbeiten zu verrichten (und zwar höchstpersönlich), die im Arbeitsvertrag vereinbart wurden;
- Pflicht, Weisungen zu befolgen;
- Treuepflicht, der Arbeitnehmer muss sich nach besten Kräften für die Interessen des Betriebes einsetzen (zur Treuepflicht zählen z. B. die Wahrung von Betriebsgeheimnissen und das Verbot der Annahme von Schmiergeldern).

Die Rechte des Arbeitnehmers lassen sich aus den Pflichten des Arbeitgebers ableiten.

5.6 Arbeitsschutz und Unfallverhütung

424 Welche Bedeutung haben Arbeitsschutz und Unfallverhütung?

Arbeitsschutz ist der den Arbeitnehmern durch rechtliche Vorschriften gewährte Schutz vor negativen Folgen, die sich aus der Arbeit ergeben.

Durch die **Unfallverhütung** sollen Arbeitsunfälle und Berufskrankheiten vermieden werden; jeder Unternehmer ist nach der Gewerbeordnung zum Unfall- und Gefahrenschutz verpflichtet. Die Unfallverhütungsvorschriften sind an geeigneter Stelle im Betrieb auszulegen bzw. auszuhängen.

425 Nennen Sie Regelungen für Arbeitsschutz und Unfallverhütung!

Wichtige Regelungen für Arbeitsschutz und Unfallverhütung sind:

- Arbeitsschutzvorschriften (siehe Seite 26 ff.);
- Maßnahmen zur Unfallverhütung sind z. B. Schutzvorrichtungen an Maschinen, Schutzkleidung, Warnschilder und Unterweisung der Mitarbeiter;
- die Überwachung der Arbeitsschutzvorschriften erfolgt durch die Gewerbeaufsichtsämter und die Berufsgenossenschaften (siehe Seite 69);
- der Arbeitgeber hat Fachkräfte für Arbeitssicherheit (z. B. Sicherheitsingenieure), Betriebsärzte sowie Sicherheitsbeauftragte zu bestellen (siehe Seite 31);
- der Arbeitgeber hat für Einrichtungen der Unfallhilfe zu sorgen (z. B. Sanitätsraum);
- ein Unfallbericht ist über jeden Arbeitsunfall zu erstellen (insbesondere für die Berufsgenossenschaft).

5.7 Lohnformen

426 Welche Kriterien bestimmen die Höhe der Entlohnung?

Die Höhe der **Entlohnung** ist abhängig von

- den Anforderungen am Arbeitsplatz (z. B. entsprechend dem Genfer Schema),
- dem tatsächlichen Ergebnis der Arbeit (realisierter Leistungsgrad),

- sozialen Faktoren (z.B. Lebensalter, Familienstand, Kinderzahl, Beschäftigungsdauer),
- gesamtwirtschaftlichen Faktoren (z.B. Lage auf dem Arbeitsmarkt, Konjunkturlage).

427 Welche Entlohnungsformen gibt es?

Man unterscheidet folgende **Grundformen der Entlohnung:**

1. Zeitlohn;
2. Akkordlohn (Leistungslohn),
   - Stückgeldakkord,
   - Stückzeitakkord (mit Normalstunde bzw. Dezimalstunde),
   - Einzelakkord,
   - Gruppenakkord;
3. Prämienlohn (Leistungslohn).

428 Was versteht man unter Zeitlohn?

Beim **Zeitlohn** richtet sich die Entlohnung nach der Zeit der Anwesenheit am Arbeitsplatz. Eine unmittelbare Beziehung zur Leistung besteht nicht; bei der Festsetzung der Höhe des Zeitlohns wird jedoch eine bestimmte Leistung vorausgesetzt. Zeiteinheiten sind beim Arbeiter die Stunde (Stundenlohn), beim Angestellten der Monat (Gehalt).

Zeitlohn = Anzahl der Zeiteinheiten · Lohnsatz je Zeiteinheit

429 In welchen Fällen ist der Zeitlohn angebracht?

Die **Zeitlohnform** ist vor allem in Fällen zweckmäßig, in denen ein Leistungslohn aus wirtschaftlichen Gründen nicht angebracht ist, z.B.

- bei Arbeiten, die Gewissenhaftigkeit und Sorgfalt erfordern (Qualitätsarbeiten);
- bei gefährlichen Tätigkeiten;
- bei Arbeiten, deren Ergebnis nicht oder nur schwer zu messen ist, z.B. Büroarbeiten;
- bei Arbeiten mit festen Taktzeiten (Fließbandfertigung).

430 Nennen Sie Vor- und Nachteile des Zeitlohns!

Vorteile des Zeitlohns sind:

- einfache Berechnung,
- Schonung von Menschen und Betriebsmitteln,
- Vermeidung eines überhasteten Arbeitstempos,
- sinkende Lohnkosten pro Stück bei Mehrleistungen (im Verhältnis zur Normalleistung).

Nachteile des Zeitlohns sind:

- geringer Leistungsanreiz,
- einseitige Risikoverteilung, d.h., das Risiko für Minderleistungen trägt allein der Arbeitgeber,
- notwendige Arbeitskontrollen,
- ansteigende Lohnkosten pro Stück bei Minderleistungen.

431 Was versteht man unter Akkordlohn?

Der **Akkordlohn** steht zur Arbeitsleistung in unmittelbarer Beziehung (Leistungslohn). Das mengenmäßige Ergebnis der Arbeit ist Grundlage der Entlohnung, nicht die Anwesenheit im Betrieb.

432 Erklären Sie den Stückgeldakkord!

Beim **Stückgeldakkord** wird für eine bestimmte Arbeitsleistung ein bestimmter Geldbetrag festgesetzt (Stücklohnsatz, Geldakkordsatz), der mit der geleisteten Stückzahl je Zeiteinheit multipliziert wird.

$$\text{Stücklohnsatz} = \frac{\text{Grundlohn (Akkordrichtsatz)}}{\text{Normalleistung je Stunde}}$$

$$\text{Geldakkord} = \text{Menge} \cdot \text{Stücklohnsatz}$$

Beispiel:

tariflicher Mindestlohn	20,00 DM
+ Akkordzuschlag 20 %	4,00 DM
= Grundlohn (Akkordrichtsatz)	24,00 DM
Normalleistung je Stunde:	10 Stück
geleistete Stückzahl:	12 Stück

Lösung:

$$\text{Stücklohnsatz} = \frac{24{,}00 \text{ DM}}{10 \text{ Stück}} = 2{,}40 \text{ DM pro Stück}$$

$$\text{Geldakkord} = 12 \text{ Stück} \cdot 2{,}40 \text{ DM pro Stück} = 28{,}80 \text{ DM}$$

433 Welche Bedeutung hat der Akkordrichtsatz?

Der **Akkordrichtsatz** entspricht dem Stundenverdienst eines Akkordarbeiters, der mit einem Leistungsgrad von 100 % (Normalleistung) arbeitet.

434 Erklären Sie den Stückzeitakkord!

Beim **Stückzeitakkord** wird für eine bestimmte Arbeitsleistung eine feste Zeit vorgegeben (Vorgabezeit; siehe Seite 227).

Nach der Art der Berechnung unterscheidet man

1. **Stückzeitakkord mit Normalstunde**

$$\text{Zeitakkord} = \text{Menge} \cdot \text{Minutenfaktor} \cdot \text{Vorgabezeit (Zeitakkordsatz)}$$

$$\text{Minutenfaktor} = \frac{\text{Grundlohn (Akkordrichtsatz)}}{60 \text{ Minuten}}$$

$$\text{Vorgabezeit} = \frac{60}{\text{Normalleistung je Stunde}}$$

2. **Stückzeitakkord mit Dezimalstunde**

- 1 Dezimalstunde = 100 Dezimalminuten

Zeitakkord = Menge · Dezimalminutenfaktor · Dezimalvorgabezeit (Dezimalminuten)

- 1 Dezimalstunde = 1

Zeitakkord = Menge · Dezimalvorgabezeit (Dezimalstunde) · Grundlohn

$$\text{Dezimalvorgabezeit} = \frac{1}{\text{Normalleistung je Stunde}}$$

Beispiel:

Grundlohn (Akkordrichtsatz):	24,00 DM
Normalleistung je Stunde:	10 Stück
geleistete Stückzahl:	12 Stück

Lösungen für:

- Stückzeitakkord mit Normalstunde

  Zeitakkord = 12 Stück · 0,40 DM pro Minute · 6 Minuten pro Stück = 28,80 DM

- Stückzeitakkord mit Dezimalstunde (= 100 Dezimalminuten)

  Zeitakkord = 12 Stück · 0,24 DM pro Dezimalminute · 10 Dezimalminuten pro Stück = 28,80 DM

- Stückzeitakkord mit Dezimalstunde (= 1)

  Zeitakkord = 12 Stück · 0,1 Dezimalstunde pro Stück · 24,00 DM = 28,80 DM

435 Welchen Vorteil bietet der Stückzeitakkord?

Der **Stückzeitakkord** mit Normalstunde bietet den Vorteil, dass bei einer Veränderung des Grundlohns (z. B. nach Tarifverhandlungen) nur der Minutenfaktor neu berechnet werden muss.

Im Gegensatz zu allen übrigen Formen der Akkordlohnberechnung muss beim Stückzeitakkord mit Dezimalstunde (= 1) bei Tarifveränderungen nur der Grundlohn neu berechnet werden.

436 Unterscheiden Sie Zeitgrad und Leistungsgrad!

Der **Zeitgrad** ist das Verhältnis von Vorgabezeit (Sollzeit) zur tatsächlichen Zeit (Istzeit). Er drückt die tatsächliche Leistung in Prozenten aus; er kann auftrags- und zeitbezogen (Stunde, Woche, Monat) sein.

$$\text{Zeitgrad} = \frac{\text{Sollzeit}}{\text{Istzeit}} \cdot 100$$

Der **Leistungsgrad** setzt die tatsächliche Leistung zur Normalleistung (= 100 %) in Beziehung.

$$\text{Leistungsgrad} = \frac{\text{tatsächliche Leistung}}{\text{Normalleistung}} \cdot 100$$

Beispiel:

Normalleistung je Stunde:	10 Stück
geleistete Stückzahl:	12 Stück
Grundlohn (Akkordrichtsatz):	24,00 DM

Lösung:

- Berechnung des Leistungsgrades

$$\text{Leistungsgrad} = \frac{12 \text{ Stück}}{10 \text{ Stück}} \cdot 100 = 120\,\%$$

- Berechnung des Zeitgrades

$$\text{Vorgabezeit} = \frac{60 \text{ Minuten}}{10 \text{ Stück}} = 6 \text{ Minuten pro Stück}$$

$$\text{Istzeit} = \frac{60 \text{ Minuten}}{12 \text{ Stück}} = 5 \text{ Minuten pro Stück}$$

$$\text{Zeitgrad} = \frac{6 \text{ Minuten pro Stück}}{5 \text{ Minuten pro Stück}} \cdot 100 = 120\,\%$$

Die Mehrleistung von 20 % bewirkt eine Lohnsteigerung von ebenfalls 20 %, d. h., der Stundenlohn steigt von 24,00 DM auf 28,80 DM.

437 In welchen Fällen ist der Akkordlohn angebracht?

Der **Akkordlohn** ist angebracht bei Arbeiten,

- die sich ständig wiederholen,
- deren Zeitbedarf und Ergebnis messbar sind,
- die der Arbeiter durch sein Arbeitstempo beeinflussen kann,
- die überwiegend körperlicher Art sind.

438 Nennen Sie Vor- und Nachteile des Akkordlohns!

Vorteile des Akkordlohns sind:

- Leistungsanreiz, dadurch Mehrverdienst für den Arbeiter;
- kein betriebliches Risiko für Minderleistungen (Ausnahme: der Mindestlohn wird nicht erreicht);
- einfachere Verrechnung in der Kostenrechnung, da die Lohnkosten je Stück konstant sind (auch wenn die Vorgabezeit unterschritten wird).

Nachteile des Akkordlohns sind:

- Gefahr der Überbeanspruchung von Menschen und Maschinen;
- Gefahr der oberflächlichen Arbeit, die sich in Qualitätsminderung und Ausschuss niederschlägt;
- umfangreiche Vorarbeiten zur Ermittlung von Vorgabezeiten und Stücklohnsätzen.

439 Unterscheiden Sie Einzel- und Gruppenakkord!

Beim **Einzelakkord** wird die Arbeitsleistung jedes einzelnen Arbeiters getrennt erfasst und vergütet.

Beim **Gruppenakkord** wird die Gesamtleistung einer Arbeitsgruppe bewertet und entsprechend einem vorgegebenen Verteilungsschlüssel vergütet.

440 Was versteht man unter Prämienlohn?

Neben dem Grundlohn (meist Zeitlohn) zahlt der Betrieb eine Sondervergütung (Prämie) für eine quantitative Mehrleistung oder für Leistungen qualitativer Art.

Prämienlohn wird gezahlt

- bei Unterschreiten der Vorgabezeit,
- bei Unterschreiten der zulässigen Ausschussquote,
- bei sparsamem Gebrauch von Material und Energie,
- für die Einhaltung von Terminen.

Bei einer Mehrleistung erhält der Arbeiter nicht die volle Vergütung; diese wird zwischen Arbeitgeber und Arbeitnehmer geteilt.

441 Unterscheiden Sie Nominal- und Reallohn!

Der **Nominallohn** ist der als Lohn empfangene Geldbetrag ohne Berücksichtigung der Kaufkraft des Geldes (Geldwert).

Unter Kaufkraft versteht man die Gütermenge, die mit einer bestimmten Geldmenge gekauft werden kann.

Der **Reallohn** berücksichtigt die Kaufkraft des Geldes und ist die Gütermenge, die mit einem bestimmten Nominallohn erworben werden kann. Die Beziehung zwischen Nominallohn und Reallohn kann in Form einer Gleichung dargestellt werden:

$$\text{Reallohn} = \frac{\text{Nominallohn}}{\text{Preisniveau der Konsumgüter}}$$

5.8 Lohn- und Gehaltsabrechnung

442 Nennen Sie die Rechtsgrundlagen für die Entlohnung der Arbeit!

Die Rechtsgrundlagen für die Entlohnung der Arbeit sind

- Lohn- und Gehaltstarifvertrag (siehe Seite 24),
- Betriebsvereinbarung (siehe Seite 22),
- Einzelarbeitsvertrag (siehe Seite 22).

443 Wie wird der Nettolohn berechnet?

Für die Lohnabrechnung gilt i. d. R. folgendes Schema:

Grundlohn (Zeitlohn, Akkordlohn)
+ Zuschläge (z. B. Überstunden, Nachtarbeit)
+ Prämien
+ Zulagen (Schmutz, Lärm, Gefahr)
+ vermögenswirksame Leistung des Arbeitgebers

Bruttolohn
– Lohnsteuer (lt. Lohnsteuertabelle)
– Solidaritätszuschlag (5,5 % der Lohnsteuer)
– Kirchensteuer (8 bzw. 9 % der Lohnsteuer)
– Sozialversicherungsbeiträge (lt. Tabellen)

Nettolohn
– (gesamte) vermögenswirksame Leistungen
– sonstige Abzüge (z. B. Bausparverträge, Pfändungen)

auszuzahlender Lohn

(Beispiele für Lohnberechnungen siehe Seite 572 ff.).

444 Was ist bei der Ermittlung des Nettolohns zu beachten?

Bei der Ermittlung des **Nettolohns** sind zu beachten:

- Anwendung der Lohnsteuertabelle entsprechend der auf der Lohnsteuerkarte eingetragenen Steuerklasse (siehe Seite 44),
- Berücksichtigung der auf der Lohnsteuerkarte eingetragenen Steuerfreibeträge (siehe Seite 46),
- Beachtung der Beitragsbemessungs- und Versicherungspflichtgrenzen für die Berechnung der Sozialversicherungsbeiträge (siehe Seite 33),
- Abführen der einbehaltenen Abzüge an die entsprechenden Institutionen (siehe Seite 35).

445 Was sind Lohnnebenkosten?

Lohnnebenkosten (Personalnebenkosten) sind Aufwendungen, die zusätzlich zu den Lohnkosten (Personalkosten) in Zusammenhang mit einem Arbeitsverhältnis entstehen.

Man unterscheidet

- gesetzliche Lohnnebenkosten wie z. B. Beiträge des Arbeitgebers zur gesetzlichen Sozialversicherung, gesetzliche Lohnfortzahlung (im Krankheitsfall), Lohnkosten während der Zeit des Mutterschutzes, bezahlte Feier- und Ausfalltage;
- tarifliche und zusätzliche Lohnnebenkosten wie z. B. Beiträge zur Vermögensbildung der Arbeitnehmer, Betriebspensionen, Gratifikationen (z. B. Weihnachtsgratifikationen).

6 Finanzwirtschaft

6.1 Investition

446	Was versteht man unter Investition?	Unter **Investition** versteht man die Verwendung der durch die Finanzierung beschafften Mittel (Umwandlung finanzieller Mittel in Produktionsmittel). Die Kapitalverwendung findet ihren Niederschlag auf der Aktivseite der Bilanz (Anlage- und Umlaufvermögen).
447	Welche Investitionsarten werden unterschieden (Überblick)?	Man unterscheidet die **Investitionsarten** nach: 1. Vermögensgegenständen, ● Sachinvestition, ● Finanzinvestition, ● immaterielle Investition; 2. Investitionsgründen, ● Ersatzinvestition, ● Erweiterungsinvestition, ● Rationalisierungsinvestition, ● Schutzinvestition.
448	Unterscheiden Sie Sach-, Finanz- und immaterielle Investition!	Eine **Sachinvestition** liegt vor, wenn finanzielle Mittel in Sachgüter wie z. B. Gebäude, Maschinen, Rohstoffe, umgewandelt werden. Bei der **Finanzinvestition** werden finanzielle Mittel in Finanzvermögen umgewandelt, z. B. Beteiligungen. Von einer **immateriellen Investition** spricht man, wenn finanzielle Mittel für immaterielle Werte wie z. B. Patente, Werbung aufgewendet werden.
449	Unterscheiden Sie Ersatz-, Erweiterungs-, Rationalisierungs- und Schutzinvestition!	**Ersatzinvestition** (Erhaltungsinvestition) ist der Teil der Investitionen, der auf die Ersatzbeschaffung wirtschaftlich verbrauchter Güter entfällt. Die Betriebskapazität bleibt gleich. Die **Erweiterungsinvestition** (Neuinvestition) erhöht die Betriebskapazität. Die **Rationalisierungsinvestition** verbessert die Wirtschaftlichkeit im Betrieb (durch technisch verbesserte Maschinen). **Schutzinvestitionen** dienen der Sicherheit sowie der Gesundheit der Arbeitnehmer und dem Schutz der Umwelt; sie sind häufig gesetzlich vorgeschrieben oder vertraglich vereinbart.
450	Was ist Desinvestition?	Wenn die investierten Geldmittel über den Markt (meist durch Verkauf von Erzeugnissen) wieder freigesetzt, d. h. in flüssige Mittel umgewandelt werden, spricht man von **Desinvestition.**
451	Nennen Sie Möglichkeiten zur Beurteilung von Investitionen!	Zur Beurteilung von Investitionsalternativen werden bestimmte Rechenverfahren **(Investitionsrechnung)** eingesetzt, welche die Grundlage einer Investitionsentscheidung bilden. Mit Hilfe

dieser Verfahren wird versucht, die Investitionsentscheidung zu optimieren, d. h., es soll festgestellt werden, welche von mehreren zur Auswahl stehenden Alternativen die beste ist.

Man unterscheidet zwei Arten der Investitionsrechnung:

1. **Statische Investitionsrechnung,** sie geht von gleich bleibenden Kosten und Erträgen im Zeitablauf aus, d. h., mögliche zukünftige Entwicklungen werden nicht berücksichtigt; die erforderlichen Daten stammen überwiegend aus der Kosten- und Leistungsrechnung; man unterscheidet
   - **Kostenvergleichsrechnung,** berücksichtigt werden nur die Kosten der einzelnen Investitionsalternativen, dabei wird unterstellt, dass die Erlöse durch die Investition nicht beeinflusst werden; die Investition mit den geringsten Kosten wird ausgewählt;
   - **Gewinnvergleichsrechnung,** berücksichtigt werden sowohl die Kosten als auch die mit der Investitionsalternative verbundenen Erlöse; die Investition mit dem höchsten Gewinn (Erlöse – Kosten) wird ausgewählt;
   - **Rentabilitätsvergleichsrechnung,** für jede Investitionsalternative wird ihre Rentabilität (Periodengewinn : Kapitaleinsatz · 100) ermittelt; die Investition mit der höchsten Rentabilität wird ausgewählt;
   - **Amortisationsrechnung** (Kapitalrückflussrechnung, Pay-back-Rechnung), für jede Investitionsalternative wird der Zeitraum ermittelt, innerhalb dessen der investierte Kapitalbetrag durch die Nettoeinnahmen der Investition zurückgeflossen ist; die Investition mit der kürzesten Amortisationsdauer wird ausgewählt;
2. **dynamische Investitionsrechnung,** sie berücksichtigt die geschätzten Auszahlungen und Einzahlungen jeder Investitionsalternative, und zwar über den gesamten Investitionszeitraum.

(Siehe zur statischen Investitionsrechnung auch Seite 574).

452 Was ist ein Investitionsplan?

Im **Investitionsplan** wird festgelegt, welche Investitionen zu welchem Zeitpunkt durchgeführt werden. Die Entscheidung über die durchzuführende Investition wird mit Hilfe der Investitionsrechnung getroffen.

Probleme des Investitionsplans sind z. B.

- Interdependenz der Teilpläne, d. h., der Investitionsplan muss mit den anderen betrieblichen Teilplänen wie z. B. Absatz- und Produktionsplan abgestimmt werden;
- Planungsunsicherheit, d. h., mit zunehmender Planungsdauer wird die Einschätzung der künftigen Entwicklung unsicherer.

20 Groh/Schröer – ISBN 3-8120-0420-8

6.2 Finanzierung

453 **Was versteht man unter Finanzierung?**

Finanzierung umfasst alle Maßnahmen, die mit der Kapitalbeschaffung verbunden sind. Der Gegenwert des Kapitals kann in Form von Geld, Gütern oder Wertpapieren zur Verfügung gestellt werden.

Die Kapitalbeschaffung findet ihren Niederschlag auf der Passivseite der Bilanz (Positionen des Eigen- und Fremdkapitals).

454 **Welche Arten des Kapitalbedarfs gibt es?**

Der **Kapitalbedarf** wird unterschieden in

1. ordentlichen Kapitalbedarf,
   - Erstausstattungsbedarf (bei Gründung eines Unternehmens),
   - laufender Kapitalbedarf (bedingt durch die Betriebstätigkeit);
2. außerordentlichen Kapitalbedarf (z.B. bedingt durch Absatzrückgang, unvorhergesehene betriebliche Störungen).

455 **Wovon ist der Kapitalbedarf abhängig?**

Der Kapitalbedarf eines Unternehmens ist vor allem abhängig von

- der Betriebsgröße (z.B. Anzahl der Beschäftigten),
- dem Vermögensaufbau (Zusammensetzung des Anlage- und Umlaufvermögens),
- dem Produktionsprogramm,
- dem Absatz,
- dem Investitionsplan,
- den Zahlungsgewohnheiten (eigene und die der Kunden),
- Saison- und Konjunktureinflüssen,
- den Bedingungen auf den Beschaffungsmärkten (für die Produktionsfaktoren).

456 **Welche Aufgaben hat die Finanzplanung?**

Der **Finanzplan** als Teilplan im System der betrieblichen Planung enthält die zukünftigen Einnahmen und Ausgaben der Unternehmung für einen bestimmten Zeitraum.

Aufgabe der Finanzplanung ist die Ermittlung des zukünftigen Kapitalbedarfs und der optimalen Finanzierungsform unter Berücksichtigung der ständigen Zahlungsfähigkeit der Unternehmung.

Im Rahmen der betrieblichen Gesamtplanung stellt der Finanzplan, neben dem Absatzplan, oft einen Engpass dar, an dem sich die anderen Teilpläne orientieren müssen.

457 **Beschreiben Sie die wichtigsten Finanzierungsgrundsätze!**

Folgende **Finanzierungsgrundsätze** müssen beachtet werden:

- Wahrung der Liquidität,
- langfristige Finanzierung des Anlagevermögens und der langfristig gebundenen Teile des Umlaufvermögens (eiserner Bestand) durch Eigenkapital und langfristiges Fremdkapital **(goldene Bilanzregel);**

- die Fristigkeit des Fremdkapitals muss der Zeit der Bindung des Kapitals in Vermögensteilen entsprechen (Fristenkongruenz);
- Rentabilität des Kapitaleinsatzes;
- von mehreren Finanzierungsmöglichkeiten muss die kostengünstigste genommen werden.

458 Welche Bedeutung hat die Kapitalbindung für ein Unternehmen?

Werden finanzielle Mittel in betriebliches Anlage- bzw. Vorratsvermögen festgelegt, spricht man von **Kapitalbindung.**

- Verkürzt der Lieferer sein Zahlungsziel, bedeutet dies für das Unternehmen (Käufer) eine Verlängerung der Kapitalbindungszeit.
- Verkürzt das Unternehmen (Verkäufer) seine Zahlungsziele, bedeutet dies für das Unternehmen eine Verkürzung der Kapitalbindungszeit.

459 Was ist Liquidität?

Unter **Liquidität** versteht man die Fähigkeit eines Unternehmens, seine fälligen Verpflichtungen termingerecht erfüllen zu können (siehe auch Seite 483).

- Überliquidität liegt vor, wenn der Zahlungsmittelbestand höher ist als der Zahlungsmittelbedarf (führt zu Zinsverlusten).
- Unterliquidität (vorübergehende Zahlungsstockung) liegt vor, wenn die Zahlungsmittelbestände zu gering sind (kann Illiquidität, d. h. völlige und dauerhafte Zahlungsunfähigkeit zur Folge haben).
- Optimale Liquidität liegt vor, wenn sich der Betrieb im finanziellen Gleichgewicht befindet (Einnahmen und Ausgaben stimmen überein).

460 Was ist Rentabilität?

Wird der Gewinn eines Unternehmens als Differenz von Ertrag und Aufwand zum eingesetzten Kapital ins Verhältnis gesetzt, spricht man von **Rentabilität** (siehe auch Seite 485).

$$\text{Rentabilität} = \frac{\text{Gewinn} \cdot 100}{\text{Kapital}}$$

461 Welchen Zielkonflikt gibt es zwischen Rentabilität und Liquidität?

Da eine optimale Liquidität in der Praxis nur sehr schwer verwirklicht werden kann, bilden die Unternehmen zur Sicherung der Zahlungsfähigkeit finanzielle Reserven. Aufgrund dieses nicht genutzten Kapitals entsteht ein Zinsverlust, der eine Verringerung des Gewinns zur Folge hat. Dies bewirkt eine Verschlechterung der Rentabilität (je höher die Überliquidität, desto geringer ist die Rentabilität).

Die Liquidität hat stets Vorrang vor der Rentabilität.

462 Welche Finanzierungsarten werden unterschieden (Überblick)?

Man unterscheidet:

1. Außenfinanzierung,
   - Kreditfinanzierung (Fremdfinanzierung),
   - Einlagenfinanzierung (Eigenfinanzierung);

2. Innenfinanzierung,
- Selbstfinanzierung (Eigenfinanzierung),
- Freisetzungsfinanzierung (Eigen- oder Fremdfinanzierung).

463 Unterscheiden Sie Außen- und Innenfinanzierung!

Bei der **Außenfinanzierung** wird das Kapital dem Unternehmen von außen zugeführt, es stammt also nicht aus dem betrieblichen Umsatzprozess.

Bei der **Innenfinanzierung** stammt das Kapital aus dem Unternehmen selbst.

464 Was ist Kreditfinanzierung?

Bei der **Kreditfinanzierung (Fremdfinanzierung)** wird dem Unternehmen durch außenstehende Kapitalgeber (Gläubiger) Fremdkapital auf begrenzte Zeit zur Verfügung gestellt (z. B. Darlehensaufnahme, Einkauf auf Ziel).

Das **Fremdkapital** verursacht im Gegensatz zum Eigenkapital Ausgaben durch den Zins- und Tilgungsdienst, die sich auf die Liquidität eines Unternehmens auswirken können.

465 Was ist Einlagenfinanzierung?

Einlagenfinanzierung (Beteiligungsfinanzierung) liegt vor, wenn dem Unternehmen durch die Eigentümer Eigenkapital zur Verfügung gestellt wird.

Einzelfirmen und Personengesellschaften erhalten das Kapital aus den privaten Mitteln des Unternehmers bzw. der Gesellschafter oder durch Neuaufnahme von Gesellschaftern.

Kapitalgesellschaften erhalten ihr Eigenkapital durch die Ausgabe von Aktien bzw. durch die Stammeinlagen der Gesellschafter.

466 Was ist Selbstfinanzierung?

Bei der **Selbstfinanzierung** werden Teile des Gewinns nicht ausgeschüttet, sondern zurückbehalten (Gewinnthesaurierung).

Bei der **offenen Selbstfinanzierung** wird der zurückbehaltene Gewinn entweder den Kapitalkonten zugeschrieben (Einzelfirmen, Personengesellschaften) oder auf Rücklagenkonten gesammelt (Betriebe mit festem Nominalkapital wie AG, GmbH).

Stille (verdeckte) **Selbstfinanzierung** geschieht durch die Bildung **stiller Rücklagen.** Diese entstehen entweder durch Unterbewertung von Vermögensteilen (z. B. durch überhöhte Abschreibungen) oder durch Überbewertung von Schulden (z. B. überhöhte Rückstellungen). Überhöhte Abschreibungen z. B. erhöhen den Aufwand der betreffenden Periode, wodurch der tatsächliche Gewinn vermindert wird. Dieser nicht ausgewiesene Gewinn schafft zusätzliches „unsichtbares" Eigenkapital.

467 Was ist Freisetzungsfinanzierung?

Freisetzungsfinanzierung (Finanzierung aus freigesetztem Kapital) ist die Finanzierung durch

- Abschreibungsrückflüsse (Desinvestition),

- Vermögensumschichtungen (z.B. Verkauf nicht betriebsnotwendiger Vermögensteile wie Wertpapiere, Grundstücke),
- Rationalisierungsmaßnahmen (z.B. Verkürzung der Lagerdauer von Erzeugnissen),
- Bildung von Pensionsrückstellungen (bis zur Auszahlung der Pensionen kann mit dem Kapital gearbeitet werden).

468 Unterscheiden Sie Fremdfinanzierung und Eigenfinanzierung!

Erhält das Unternehmen von Außenstehenden (Gläubigern) Kapital, spricht man von **Fremdfinanzierung.**

Wird zusätzliches Kapital durch die Eigentümer (Unternehmer, Gesellschafter, Aktionäre) bzw. durch Zurückbehalten von Gewinnen aufgebracht, handelt es sich um **Eigenfinanzierung.**

469 Stellen Sie die Vorteile der Eigen- und Fremdfinanzierung gegenüber!

Vorteile der **Eigenfinanzierung** sind:

- kein fester Zins- und Tilgungsdienst, dadurch keine Belastung der Liquidität;
- Eigenkapital gewährt nur dann das Recht auf Gewinnanteile, wenn Gewinne erzielt wurden, dadurch entsteht keine Verringerung der betrieblichen Substanz in Verlustjahren;
- Kapital steht i.d.R. unbefristet zur Verfügung.

Vorteile der **Fremdfinanzierung** sind:

- Gläubiger des Fremdkapitals haben i.d.R. kein Mitbestimmungsrecht;
- Fremdkapitalzinsen können als Betriebsausgaben abgezogen werden, dadurch wird der steuerpflichtige Gewinn vermindert.

470 Was ist eine Aktie?

Aktien sind Urkunden, die ein Anteilrecht (Beteiligung) an Aktiengesellschaften gewähren (siehe Seite 115).

Man unterscheidet:

- **Nennbetragsaktien,** sie müssen auf mindestens einen Euro lauten[1], höhere Aktiennennbeträge müssen auf volle Euro lauten; der Nennwert ist der auf der Aktie genannte Betrag, der Anteil am Grundkapital bestimmt sich nach dem Verhältnis des Nennbetrages zum Grundkapital;
- **Stückaktien,** sie lauten auf keinen Nennbetrag, sie sind in gleichem Umfang am Grundkapital beteiligt. Der Anteil am Grundkapital bestimmt sich nach der Zahl der Aktien.

Der Preis, zu dem die Aktie an der Börse gehandelt wird, ist der **Kurswert** (Marktwert).

471 Nennen Sie Merkmale der Aktie!

Die Aktie hat folgende Merkmale:

- Der Eigentümer ist Teilhaber an dem Unternehmen mit allen Teilhaberrechten, z.B. Stimmrecht;
- Recht auf Beteiligung am Unternehmenserfolg (Dividende, bezogen auf den Nennbetrag der Aktie);
- Höhe der Dividende schwankt;

1 Bis zum 31. Dezember 2001 kann der Mindest-Nennbetrag auch auf fünf DM lauten.

- Kurse schwanken oft stärker als bei Gläubigerpapieren (Kurswert meist höher als Nennwert);
- hohes Risiko für Eigentümer bei schlechter Ertragslage;
- Chance für Kursgewinne bei guter Geschäftslage.

472 Welche Aktienarten gibt es?

Man unterscheidet:

1. nach der Übertragungsweise,
   - **Inhaberaktien:** Eigentumsübertragung durch Einigung und Übergabe (häufigste Form der Aktie);
   - **Namensaktien:** lauten auf den Namen des Aktionärs, Übertragung durch Indossament und Übergabe bei gleichzeitiger Umschreibung im Aktienbuch der Unternehmung;
   - **vinkulierte Namensaktien:** Übertragung wie Namensaktien, jedoch nur mit Zustimmung der Gesellschaft;
2. nach den mit dem Eigentum verbundenen Rechten,
   - **Stammaktien** (gewöhnliche Aktien): gewähren die üblichen Rechte einer Aktie;
   - **Vorzugsaktien:** gewähren dem Aktionär bestimmte Sonderrechte, z. B. höhere Dividende;
3. nach dem Zeitpunkt der Ausgabe,
   - **alte Aktien:** Ausgabe vor einer Kapitalerhöhung;
   - **junge Aktien:** Ausgabe bei einer Kapitalerhöhung.

473 Was ist eine Industrieobligation?

Durch die Ausgabe von **Industrieobligationen** (Schuldverschreibungen) beschaffen sich Industriebetriebe Fremdkapital (langfristige Fremdfinanzierung), um Investitionen zu finanzieren.

474 Nennen Sie Merkmale der Industrieobligation!

Industrieobligationen haben folgende Merkmale:

- Der Eigentümer ist Gläubiger,
- Verzinsung zu einem festen Zinssatz,
- geringe Kursschwankungen (Nennwert oft höher als Kurswert),
- lange Laufzeit,
- geringes Risiko für Anleger durch hohe Sicherheit,
- am Ende der Laufzeit wird die Auszahlung des Nennwertes garantiert.

475 Was ist eine Wandelschuldverschreibung?

Eine **Wandelschuldverschreibung** ist eine Schuldverschreibung (Obligation) einer Aktiengesellschaft, die nach einer bestimmten Zeit in eine Aktie umgewandelt werden kann.

476 Was ist Leasing?

Werden Anlagen und Investitionsgüter durch die Hersteller selbst oder durch spezielle Leasing-Gesellschaften vermietet oder verpachtet, spricht man von **Leasing.**

Diese besondere Form der Finanzierung findet Anwendung als Equipment-Leasing (Vermietung von Büromaschinen, Büromöbeln, Transportmaschinen u. a.) und als Industrieanlagen-Leasing (Vermietung bzw. Verpachtung von kompletten Industrieanlagen, Verwaltungsgebäuden u. a.).

477 Nennen Sie Vor- und Nachteile des Leasing!

Vorteile für den Leasinggeber sind
- Absatzförderung,
- dauerhafter und guter Kundenkontakt.

Nachteile für den Leasinggeber sind
- unsachgemäßer Umgang mit den Leasing-Gegenständen,
- Leasing-Vertrag kann gekündigt werden.

Vorteile für den Leasingnehmer sind
- keine hohen Anschaffungskosten,
- keine Überalterung der Anlagen.

Nachteile für den Leasingnehmer sind
- Beeinträchtigung der Liquidität durch die monatlichen Mietkosten,
- bei längerer Vertragsdauer insgesamt höhere Aufwendungen als beim Kauf.

478 Vergleichen Sie Kauf und Leasing!

Ein Vergleich zwischen Leasing und Kauf ist nur im Einzelfall möglich. Beurteilungskriterien sind:
- technische Gesichtspunkte, z. B. das Veralten der Maschinen;
- finanzielle Gesichtspunkte, Vergleich der Miet- bzw. Pachtkosten mit anderen Finanzierungsmöglichkeiten, Auswirkungen auf die Liquidität;
- steuerliche Gesichtspunkte, die Mietraten können unter bestimmten Bedingungen voll als Aufwendungen angesetzt werden.

479 Was ist Factoring?

Beim **Factoring** tritt ein Unternehmen eine Buchforderung an einen Factor (i. d. R. Factoringbank) ab. Der Factor schreibt dem Unternehmen nach Abzug von Zinsen und Provision den Forderungsbetrag gut.

Der Factor übernimmt
- die Eintreibung und Verwaltung der Forderungen (Dienstleistungsfunktion),
- das Risiko des Forderungsausfalls (Risikofunktion),
- die Vergütung der Forderung (Finanzierungsfunktion).

480 Welche Vor- und Nachteile hat der Factorkunde?

Vorteile für den Factorkunden sind:
- Verbesserung der Liquidität,
- Abwälzung des Kreditrisikos,
- weniger Kosten für Fakturier- und Mahnwesen.

Nachteile sind:
- Kundenkontakt wird vermindert,
- hohe Zins- und Provisionskosten.

6.3 Kredit und Kreditarten

481	Was versteht man unter Kredit?	**Kredit** ist die Übertragung von ● Geldmitteln (Geldkredit) oder ● Gütern (Warenkredit) an andere Personen gegen das Versprechen späterer Rückvergütung (normalerweise gegen Entgelt).
482	Welchen Inhalt hat der Kreditvertrag?	Der **Kreditvertrag** (siehe auch Seite 567 f.) beinhaltet Regelungen über: ● Kreditumfang, ● Kreditdauer, ● Kreditkosten (Zinsen und Provision), ● Rückzahlungsmodalitäten, ● Sicherheiten (Kreditsicherung).
483	Welche Kreditarten unterscheidet man (Überblick)?	Die Kredite werden unterschieden nach 1. Art der Leistung, ● Geldkredit, ● Warenkredit; 2. Kreditgeber, ● Liefererkredit, ● Bankkredit; 3. Kreditdauer, ● kurzfristige Kredite, ● mittelfristige Kredite, ● langfristige Kredite; 4. Kreditzweck, ● Produktivkredit, ● Konsumtivkredit; 5. Verfügbarkeit des Kredits, ● Kontokorrentkredit, ● Darlehen; 6. Kreditsicherung.
484	Unterscheiden Sie Geld- und Warenkredit!	Unter **Geldkredit** versteht man die Vergabe von Geldmitteln. Wenn das Geld bar ausgezahlt wird, liegt ein **Barkredit** vor. Unter **Warenkredit** versteht man einen Kauf (bzw. Verkauf) auf Ziel.
485	Unterscheiden Sie Lieferer- und Bankkredit!	Der **Liefererkredit** erfolgt in der Regel als Warenkredit; er ist auch in Form des Geldkredits möglich (z. B. gewährt ein Hersteller einem Großhändler einen Kredit für die Anschaffung von Einrichtungsgegenständen).

Der Liefererkredit ist normalerweise ein teurer Kredit (siehe Seite 394 f.).

Der **Bankkredit** erfolgt in der Regel als Barkredit.

486 Unterscheiden Sie die Kredite nach der Kreditdauer!

Kurzfristige Kredite liegen vor, wenn die Kreditlaufzeit unter sechs Monaten liegt.

Bei **mittelfristigen Krediten** liegt die Laufzeit zwischen sechs Monaten und vier Jahren.

Bei einer Laufzeit von vier Jahren und darüber spricht man von **langfristigen Krediten.**

487 Unterscheiden Sie Produktiv- und Konsumtivkredit!

Der **Produktivkredit** dient der Finanzierung der betrieblichen Produktion; man unterscheidet Investitions-, Betriebsmittel- und Zwischenkredit.

Der **Konsumtivkredit** (Konsumkredit) dient dem Endverbraucher zur Finanzierung seines Konsums.

488 Unterscheiden Sie Investitions-, Betriebsmittel- und Zwischenkredit!

Der **Investitionskredit** dient der Erstellung, Erweiterung und Erneuerung von Anlagevermögen.

Der **Betriebsmittelkredit** dient der Verstärkung des Umlaufvermögens (z. B. Erhöhung der Rohstoffbestände).

Der **Zwischenkredit** (Saisonkredit) dient der Überbrückung von kurzfristigen Liquiditätsschwierigkeiten.

489 Was versteht man unter Kontokorrentkredit?

Beim **Kontokorrentkredit** räumt die Bank einem Kreditnehmer auf einem „laufenden Konto" (Kontokorrentkonto) einen Kredit bis zu einer bestimmten Höhe (Kreditlimit, Kreditlinie) für einen bestimmten Kreditzeitraum ein.

Der Kontoinhaber kann den Kredit

- ganz oder teilweise beanspruchen,
- ganz oder teilweise zurückzahlen,
- stets wieder neu in Anspruch nehmen, d. h., die Kredithöhe wechselt dauernd.

Abgerechnet werden nicht die einzelnen Zahlungen (Gutschriften oder Lastschriften), sondern der sich jeweils ergebende Saldo.

Berechnet werden:

- Kreditzinsen (werden nur vom tatsächlich beanspruchten Kredit berechnet),
- Kreditprovision,
- Umsatzprovision,
- Überziehungsprovision.

Dieser Kredit dient vor allem der Sicherung der Liquidität und ist in der Regel kurzfristig.

490 Was ist ein Darlehen?

Beim **Darlehen** wird der Darlehensbetrag dem Kreditnehmer in einem Betrag (oder in Teilbeträgen) für eine bestimmte Zeitdauer zur Verfügung gestellt. Im Gegensatz zum Kontokorrentkredit ist das Darlehen ein langfristiger Kredit.

Die Rückzahlung der Darlehenssumme kann erfolgen

- in voller Höhe am Fälligkeitsdatum = **Fälligkeitsdarlehen,**
- in voller Höhe nach Kündigung und Ablauf einer vorher festgelegten Kündigungsfrist = **Kündigungsdarlehen** (wie beim Fälligkeitsdarlehen werden während der Laufzeit nur Zinsen gezahlt),
- in Teilbeträgen (Raten) = **Tilgungsdarlehen** (als Annuitäten- oder Abzahlungsdarlehen).

491 Beschreiben Sie die Arten der Darlehenstilgung!

Das **Annuitätendarlehen** (Annuitätentilgung) verpflichtet den Schuldner zur regelmäßigen Zahlung jährlich gleich bleibender Beträge (Annuitäten). Davon entfällt ein ständig wachsender Teil auf die Tilgung und ein ständig sinkender Teil auf die Zinsen für die Restschuld.

Das **Abzahlungsdarlehen** (Ratentilgung) sieht eine jährlich gleich bleibende Tilgungsquote vor. Da die Zinsen für die verbleibende Restschuld sinken, verringern sich die jährlichen Zahlungen. Die Rückzahlung dauert im Vergleich zur Annuitätentilgung länger (bei sonst gleichen Bedingungen).

6.4 Kreditsicherung

492 Welche Kriterien bestimmen die Kreditwürdigkeit?

Der Kreditgeber wird in der Regel vor der Kreditvergabe die **Kreditwürdigkeit** prüfen (Bonitätsprüfung). Diese wird vor allem bestimmt durch die

- Persönlichkeit und die persönlichen Verhältnisse des Kreditnehmers (z. B. Zuverlässigkeit und berufliche Erfolge),
- wirtschaftlichen Verhältnisse des Kreditnehmers (z. B. geregeltes Einkommen, Einkommenshöhe, vorhandenes Vermögen),
- wirtschaftlichen Verhältnisse im Unternehmen des Kreditnehmers (z. B. Höhe des Eigenkapitals, Haftung in Abhängigkeit von der Rechtsform, Vermögens- und Kapitalstruktur, Unternehmensgröße, Rentabilität, Liquidität).

493 Welche Formen der Kreditsicherung gibt es (Überblick)?

Nach der Art der **Kreditsicherung** unterscheidet man:

1. Personalkredit (Blankokredit);
2. verstärkter Personalkredit,
   - Wechseldiskontkredit,
   - Bürgschaftskredit,
   - Zession,
   - Kreditleihe;

3. Realkredit,
   - Verpfändung (Lombardkredit),
   - Sicherungsübereignung,
   - Grundpfandrechte (Hypothek, Grundschuld).

6.4.1 Personalkredit

494 Beschreiben Sie den reinen Personalkredit!

Beim **reinen Personalkredit** (ungedeckter Kredit, Blankokredit) liegt die Sicherung des Kredites nur in der Person bzw. in der Kreditwürdigkeit des Kreditnehmers; darüber hinaus bestehen keine zusätzlichen Sicherheiten.

Der reine Personalkredit wird vor allem gewährt als Kontokorrentkredit, persönlicher Kleinkredit, persönliches Anschaffungsdarlehen. Er ist in der Regel ein kurzfristiger Kredit.

495 Beschreiben Sie den verstärkten Personalkredit!

Beim **verstärkten Personalkredit** haften neben dem Kreditnehmer noch weitere Personen für die Kreditrückzahlung.

496 Was ist ein Wechseldiskontkredit?

Beim **Wechseldiskontkredit** (Diskontkredit) kauft das Kreditinstitut später fällige Wechsel und stellt dem Verkäufer (Kreditnehmer) den Barwert zur Verfügung, d. h., bei diesem Kredit löst die Bank den Wechsel abgezinst ein.

Der Diskontkredit bietet folgende Vorteile:

- günstige Bedingungen für den Kreditnehmer (der Diskontkredit ist, verglichen mit anderen Kreditarten, ein billiger Kredit);
- Sicherheit für den Kreditgeber infolge der Wechselstrenge, der Haftung der Wechselverpflichteten (Bezogener, Aussteller und Wechselnehmer), der Kurzfristigkeit und des festen Rückzahlungstermins;
- bei Bedarf zusätzliche Liquidität für den Kreditgeber durch die Möglichkeit der Verpfändung des Wechsels.

497 Was ist ein Bürgschaftskredit?

Beim **Bürgschaftskredit** werden zwei Verträge abgeschlossen:

- Kreditvertrag zwischen Kreditnehmer (Hauptschuldner) und Kreditgeber (Gläubiger);
- Bürgschaftsvertrag (einseitig verpflichtender Vertrag) zwischen Bürge und Gläubiger; der Bürge verpflichtet sich in diesem Vertrag, für die Erfüllung der Verbindlichkeit des Hauptschuldners einzustehen. Grundsätzlich muss ein Bürgschaftsvertrag schriftlich abgeschlossen werden. Kaufleute können sich auch mündlich verbürgen, falls die Bürgschaft im Rahmen ihres Geschäftsbetriebes eingegangen wird.

498 Unterscheiden Sie Ausfallbürgschaft und selbstschuldnerische Bürgschaft!

Bei der **Ausfallbürgschaft** kann der Bürge verlangen, dass der Gläubiger zunächst mit allen außergerichtlichen und gerichtlichen Mitteln versucht, den Hauptschuldner zur Zahlung zu veranlassen (Recht der „Einrede der Vorausklage"). Zahlt der Schuldner nicht, muss der Bürge zahlen.

Bei der **selbstschuldnerischen Bürgschaft** haftet der Bürge wie der Hauptschuldner selbst, d.h., er verzichtet auf das Recht der Einrede der Vorausklage. Kommt der Schuldner seinen Zahlungsverpflichtungen nicht nach, so kann der Gläubiger zur Befriedigung seiner Forderungen sofort den Bürgen heranziehen.

Kreditinstitute verlangen in der Regel die selbstschuldnerische Bürgschaft. Kaufleute können sich nur selbstschuldnerisch verbürgen.

499 Was ist eine Zession?

Unter **Zession** versteht man die Abtretung einer Forderung an eine Bank oder einen anderen Kreditgeber zur Sicherung eines Kredits. Neben dem Kreditvertrag wird zwischen Kreditnehmer und Kreditgeber ein Zessionsvertrag abgeschlossen. Durch diesen geht die Forderung des bisherigen Gläubigers (Kreditnehmer, Zedent) gegenüber seinem Schuldner (Drittschuldner) auf den neuen Gläubiger (Zessionar) über.

500 Beschreiben Sie die offene Zession!

Bei der **offenen Zession** erfährt der Drittschuldner von der Forderungsabtretung und zahlt direkt an den neuen Gläubiger.

Vorteile der offenen Zession sind:

- Der Kreditgeber (Bank) erhält ohne Umweg über den Kreditnehmer den Forderungsbetrag vom Drittschuldner;
- der Kreditnehmer hat mit der Zahlungsabwicklung nichts mehr zu tun.

Nachteile sind:

- Der Drittschuldner ist informiert über die Kreditaufnahme seines Geschäftspartners;
- relativ schlechte Sicherheit für den Kreditgeber, wenn der Drittschuldner Gegenansprüche gegen den Kreditnehmer geltend macht (z.B. bei Gewährleistungsansprüchen).

501 Beschreiben Sie die stille Zession!

Bei der **stillen Zession** erfährt der Drittschuldner nichts von der Forderungsabtretung und zahlt weiter an den bisherigen Gläubiger. Dieser leitet die Zahlungen an den Zessionar weiter.

Aufgrund der geringen Sicherheit behält sich die Bank vor, die stille Zession in eine offene Zession umzuwandeln, wenn der Kreditnehmer in Zahlungsschwierigkeiten gerät.

502 Unterscheiden Sie Einzel-, Mantel- und Globalzession!

Bei der **Einzelzession** wird eine bestimmte Forderung an den Kreditgeber abgetreten.

Bei der **Mantelzession** werden mehrere, genau festgelegte Forderungen in einer bestimmten Höhe abgetreten. Forderungen, die an den Kreditnehmer zurückgezahlt wurden, müssen durch neue Forderungsabtretungen ersetzt werden.

Bei der **Globalzession** werden sämtliche bestehenden und zukünftigen Forderungen oder ein bestimmter Teil davon (z. B. Kundenforderungen von A bis M) an den Kreditgeber abgetreten. Sie ist sehr einfach und für den Gläubiger besonders sicher.

503 Was versteht man unter Kreditleihe?

Stellt eine Bank einem Kunden kein Geld zur Verfügung, sondern ihre eigene Kreditwürdigkeit, so spricht man von **Kreditleihe.**

Man unterscheidet:

- **Avalkredit** (Bankbürgschaft): Hier übernimmt das Kreditinstitut eine selbstschuldnerische Bürgschaft zugunsten eines Kunden. Bankbürgschaften erhalten vor allem Behörden, aber auch private Unternehmer für Zahlungsverpflichtungen aus Zöllen und Steuern, für vereinbarte Konventionalstrafen im Baugewerbe u. a.;
- **Akzeptkredit** (Bankakzept): Das Kreditinstitut akzeptiert einen von einem vertrauenswürdigen Kunden auf sich gezogenen Wechsel. Der Kunde kann den Wechsel als Kreditmittel verwenden (diskontieren) oder als Zahlungsmittel an einen Gläubiger weitergeben. Rechtzeitig vor Verfall des Wechsels muss der Kunde für Deckung sorgen.

6.4.2 Realkredit

504 Was versteht man unter Realkredit?

Beim **Realkredit** haften neben dem Kreditnehmer bestimmte Vermögensgegenstände zur Sicherung des Kredits.

505 Was ist Verpfändung?

Werden dem Gläubiger zur Sicherung eines Kredits **(Lombardkredit)** bewegliche, entbehrliche Sachen (z. B. Schmuck) oder verbriefte Rechte (z. B. Wertpapiere, Bausparverträge, Lebensversicherungen) als Faustpfand übergeben, spricht man von **Verpfändung.** Der Gläubiger wird Besitzer, der Schuldner bleibt Eigentümer der Pfandsache.

Ein Pfandrecht entsteht durch Einigung zwischen Pfandgeber (Kreditnehmer) und Pfandnehmer (Kreditgeber) und durch Übergabe der Pfandsache.

Der Kreditnehmer erhält nur einen bestimmten Teil des vollen Wertes (Beleihungssatz) des Pfandes als Kredit.

Kommt der Schuldner seiner Leistungspflicht nicht nach, kann der Gläubiger das Pfand verwerten, z. B. durch öffentliche Versteigerung.

506 **Nennen Sie Vor- und Nachteile der Verpfändung!**

Vorteile der Verpfändung sind:

- Der Kreditnehmer bleibt Eigentümer, er erhält also die verpfändeten Sachen zurück, wenn der Kredit getilgt ist;
- relativ günstige Kreditmöglichkeit.

Nachteile der Verpfändung sind:

- Der Kreditnehmer kann die Sachen nicht mehr nutzen, da er sie übergeben muss;
- der Beleihungssatz ist oft sehr gering;
- der Kreditgeber muss die verpfändeten Sachen verwahren.

507 **Was ist Sicherungsübereignung?**

Werden dem Gläubiger zur Sicherung eines Kredits bewegliche, unentbehrliche, genau bezeichnete Sachen (z. B. Waren, Maschinen, Fahrzeuge) ohne Übergabe übereignet, liegt **Sicherungsübereignung** vor. Der Gläubiger wird Eigentümer, der Schuldner bleibt Besitzer der Sache.

Der Gläubiger (Kreditgeber) erwirbt nur das bedingte Eigentum an der Sache, d. h., nur bei Verletzung der Rückzahlungspflicht kann er von seinem Herrschaftsrecht Gebrauch machen (öffentliche Versteigerung). Wird der Kredit ordnungsgemäß zurückgezahlt, geht das Eigentum von selbst wieder auf den Kreditnehmer über.

508 **Nennen Sie Vor- und Nachteile der Sicherungsübereignung!**

Vorteile der Sicherungsübereignung sind:

- Der Kreditnehmer kann die übereigneten Sachen weiter nutzen,
- der Kreditgeber muss die Sachen nicht verwahren.

Nachteile sind:

- Die übereigneten Sachen können verkauft oder zerstört werden,
- der Kreditgeber muss die Sachen kontrollieren.

509 **Was ist ein Grundpfandrecht?**

Ein **Grundpfandrecht** (Hypothek, Grundschuld) ist die Belastung eines Grundstücks mit einem bestimmten Pfandbetrag. Den auf diese Weise gesicherten Kredit bezeichnet man als Grundkredit (Realkredit im engeren Sinne). Dieser Kredit ist grundsätzlich langfristig.

Grundpfandrechte entstehen (i. d. R.) durch Einigung und Eintragung ins Grundbuch. Diese Eintragung ersetzt die bei Immobilien nicht mögliche Übergabe des Pfandes.

510 **Welche Aufgaben hat das Grundbuch?**

Das **Grundbuch** ist ein Verzeichnis (auch als Datenbank möglich) aller Grundstücke eines bestimmten Bezirks. Es wird von den Amtsgerichten (Grundbuchämtern) geführt und gibt verbindlich Auskunft (Grundbuch genießt öffentlichen Glauben,

d. h., die Eintragungen gelten grundsätzlich als richtig) über die Rechtsverhältnisse eines Grundstücks. Löschungen von Grundbucheintragungen erfolgen durch rotes Unterstreichen.

Es enthält Angaben über

- Lage, Art und Größe des Grundstücks,
- Eigentümer,
- Rechte, die mit dem Grundstück verbunden sind (z. B. Nießbrauchrecht, Erbbaurecht);
- Grundpfandrechte (sind mehrere Grundpfandrechte eingetragen, so ist bei einer eventuellen Zwangsvollstreckung in das Grundstück der Rang, d. h. die Reihenfolge der Eintragungen, entscheidend für die Befriedigung der einzelnen Gläubiger).

511 Was ist eine Hypothek?

Die **Hypothek** (Hypothekarkredit) ist die Belastung eines Grundstücks in Form eines Pfandrechts zur Sicherung einer bestimmten Forderung. Das Bestehen einer Forderung ist Voraussetzung für das Entstehen einer Hypothek. Ist die Forderung beglichen, so erwirbt der Grundstückseigentümer die Hypothek (Eigentümergrundschuld).

Dem Kreditgeber haften

- der Kreditnehmer mit seinem gesamten Vermögen (persönliche Haftung),
- das verpfändete Grundstück aufgrund der im Grundbuch eingetragenen Hypothek (dingliche Haftung).

Zahlt der Schuldner nicht, kann sich der Gläubiger auf dem Wege der Zwangsvollstreckung aus dem Grundstück befriedigen.

512 Was ist eine Verkehrshypothek?

Bei der **Verkehrshypothek** kann sich der Gläubiger zum Beweis seiner Forderung auf die Grundbucheintragung oder auf den Hypothekenbrief berufen, falls er sich mit Hilfe seines Pfandrechts aus dem Grundstück befriedigen will. Bezüglich der Höhe der Forderung trägt der Hypothekenschuldner die Beweislast (häufigste Form der Hypothek).

Eine Verkehrshypothek kann bestellt werden als

- **Buchhypothek:** Sie ist nur im Grundbuch eingetragen, der Gläubiger erhält keine Urkunde über sein Pfandrecht;
- **Briefhypothek:** Die Grundbucheintragung wird ergänzt durch den so genannten Hypothekenbrief, welcher der Hypothek eine größere Beweglichkeit verleiht.

513 Was ist eine Sicherungshypothek?

Bei der **Sicherungshypothek** liegt die Beweislast über die Höhe der Forderung beim Hypothekengläubiger; er kann sich nicht auf die Grundbucheintragung berufen.

Eine **Höchstbetraghypothek** (Sonderform der Sicherungshypothek) liegt vor, wenn das Grundstück nur bis zu einem im Grundbuch eingetragenen Höchstbetrag haften soll.

Die Sicherungshypothek ist immer eine Buchhypothek.

514 Wie wird eine Hypothek übertragen?

Der Hypothekengläubiger kann seine Forderung nur mit der dazugehörigen Hypothek an einen Dritten übertragen. Grundsätzlich gilt, dass die Forderung nicht ohne die Hypothek und die Hypothek nicht ohne die Forderung übertragen werden kann.

Die Übertragung erfolgt

- bei der Briefhypothek durch eine schriftliche Abtretungserklärung und durch die Übergabe des Hypothekenbriefes; die Übertragung kann ins Grundbuch eingetragen werden;
- bei der Buchhypothek durch eine notariell beglaubigte Abtretungserklärung seitens des Hypothekengläubigers und Umschreibung im Grundbuch auf den neuen Gläubiger.

515 Was ist eine Grundschuld?

Wird ein Grundstück in Form eines Pfandrechts in der Weise belastet, dass an den Berechtigten eine bestimmte Geldsumme aus dem Grundstück zu zahlen ist, liegt eine **Grundschuld** vor.

Im Gegensatz zur Hypothek

- setzt die Grundschuld keine Forderung voraus und sie ist von einer bestehenden Forderung unabhängig (Grundschuld ohne Schuldgrund),
- besteht bei der Grundschuld nur dingliche Haftung (wird ein Kreditvertrag abgeschlossen, kommt die persönliche Haftung hinzu).

Eine Grundschuld kann als eine Buch- oder Briefgrundschuld bestellt werden.

516 Welche Vorteile bietet die Grundschuld?

Banken bevorzugen in der Regel die Grundschuld, da nicht nur langfristige Kredite, sondern auch Kontokorrentkredite gesichert werden können. Besonders bei wiederholter Kreditaufnahme ist die Grundschuld vorteilhaft, da sie auch bei Rückzahlungen eines Kredits in voller Höhe bestehen bleibt. Sie muss also im Gegensatz zur Hypothek nicht neu bestellt werden.

517 Was ist Eigentümergrundschuld?

Bei der **Eigentümergrundschuld** trägt der Grundstückseigentümer die Grundschuld für sich selbst ein. Er kann sich dann später durch Abtretung der Grundschuld schnell und einfach einen Kredit beschaffen.

Eine Hypothek verwandelt sich in eine Eigentümergrundschuld, wenn ein Hypothekenschuldner seine Schuld getilgt hat.

6.5 Liquiditätsprobleme

518 | Nennen Sie Gründe für Liquiditätsprobleme in Unternehmen!

Gründe für **Liquiditätsprobleme** in Unternehmen (zur Liquidität siehe Seite 483) sind vor allem:

1. innerbetriebliche Gründe,
   - mangelhafte Planung, Organisation und Kontrolle,
   - zunehmende Verschuldung durch zu hohe Kreditgewährung an Kunden,
   - unangemessen hohe Privatentnahmen (bei Personengesellschaften),
   - risikoreiche Finanzpolitik (z.B. Nichtbeachtung von Finanzierungsregeln, siehe Seite 306f.);
2. außerbetriebliche Gründe,
   - Veränderungen auf den Beschaffungsmärkten (z.B. stark gestiegene Rohstoffpreise),
   - Veränderungen auf den Absatzmärkten (z.B. Nachfrageverschiebungen),
   - Veränderungen auf den Kapitalmärkten (z.B. ansteigende Zinssätze),
   - Verschlechterung der konjunkturellen Lage (z.B. Rezession).

519 | Nennen Sie Maßnahmen bei Liquiditätsproblemen in Unternehmen!

Maßnahmen bei Liquiditätsproblemen **(Zahlungsschwierigkeiten)** in Unternehmen können sein:

1. ohne gerichtliche Beteiligung,
   - freiwillige Sanierung,
   - freiwilliger Vergleich,
   - freiwillige Liquidation;
2. mit gerichtlicher Beteiligung (nach der Insolvenzordnung),
   - Insolvenzverfahren,
   - Insolvenzplan.

520 | Nennen Sie Maßnahmen bei Liquiditätsproblemen von natürlichen Personen

Wenn natürliche Personen ihre Zahlungsverpflichtungen nicht mehr erfüllen können, gibt es nach der **Insolvenzordnung** zwei Möglichkeiten:

- Verbraucherinsolvenzverfahren,
- Restschuldbefreiung.

6.5.1 Maßnahmen ohne gerichtliche Beteiligung

521 | Was ist freiwillige Sanierung?

Unter **Sanierung** versteht man alle Maßnahmen finanzierungstechnischer und organisatorischer Art, welche den Fortbestand eines Unternehmens, das in Zahlungsschwierigkeiten geraten ist, sichern sollen. Erfolgt die Sanierung ohne Einschaltung eines Gerichts (im Rahmen der Insolvenzordnung), spricht man von freiwilliger Sanierung.

21 Groh/Schröer – ISBN 3-8120-0420-8

522 Welche Sanierungsmaßnahmen gibt es?

Man unterscheidet z. B. folgende **Sanierungsmaßnahmen:**

1. organisatorische Maßnahmen,
   - Verbesserung der Aufbau- und Ablauforganisation;
   - Verminderung des Personalbestands, Veränderung der Personalstruktur;
   - Anpassung der Absatzpolitik unter Berücksichtigung der veränderten Marktgegebenheiten;
2. finanzierungstechnische Maßnahmen,
   - Kapitalherabsetzung bei Kapitalgesellschaften;
   - Auflösung offener und stiller Rücklagen;
   - Zuführung zusätzlicher Mittel durch die Gesellschafter bzw. Aufnahme neuer Gesellschafter;
   - Verkauf von Sachwerten;
3. freiwilliger Vergleich.

523 Was ist ein freiwilliger Vergleich?

Um das Unternehmen zu erhalten und wieder funktionsfähig zu machen, gewähren die Gläubiger dem in Zahlungsschwierigkeiten geratenen Unternehmen einen Zahlungsaufschub **(Stundungsvergleich)** oder verzichten auf einen Teil ihrer Forderungen **(Erlassvergleich).**

Bei dieser Form der Sanierung spricht man vom **freiwilligen Vergleich,** da kein Gericht eingeschaltet wird.

524 Was ist freiwillige Liquidation?

Unter **Liquidation** versteht man die Auflösung eines Unternehmens, indem entweder die vorhandenen Vermögensteile einzeln veräußert werden oder das Unternehmen als Ganzes veräußert wird.

Die Liquidation ist dann sinnvoll, wenn die Zahlungsschwierigkeiten des Unternehmens unüberwindlich erscheinen. Erfolgt die Veräußerung des Unternehmens ohne Einschaltung des Gerichts, spricht man von freiwilliger Liquidation.

Die Liquidation eines Unternehmens ist selbstverständlich auch möglich, wenn keine Zahlungsschwierigkeiten vorliegen (z. B. verkauft ein Unternehmer sein Unternehmen, wenn er keine Erben hat).

Bei der Liquidation ist zu beachten, dass aus den Veräußerungserlösen zunächst alle Verbindlichkeiten zu begleichen sind. Beginn und Beendigung der Liquidation sind zur Eintragung in das Handelsregister anzumelden. Nach erfolgter Liquidation wird die Firma im Handelsregister gelöscht.

6.5.2 Insolvenzverfahren

525 Nennen Sie die Ziele des Insolvenzverfahrens!

Das **Insolvenzverfahren** ist ein gerichtliches Verfahren, das angewendet wird, wenn ein Schuldner (z. B. ein Unternehmen) in Zahlungsschwierigkeiten geraten ist und eine Lösung des Liquiditätsproblems ohne Gericht nicht mehr möglich erscheint. Grundlage für die Durchführung des Insolvenzverfahrens ist die Insolvenzordnung.

Das Insolvenzverfahren dient dazu, die Gläubiger eines Schuldners gemeinschaftlich zu befriedigen, indem das Vermögen des Schuldners verwertet und der Erlös verteilt wird; wenn möglich sollen überlebensfähige Unternehmen erhalten bleiben.

526 Welches Gericht ist für das Insolvenzverfahren zuständig?

Die Zuständigkeit der Gerichte für das Insolvenzverfahren unterteilt man in:

- sachliche Zuständigkeit, zuständig ist das Amtsgericht, in dessen Bezirk ein Landgericht seinen Sitz hat, und zwar als **Insolvenzgericht** für den Bezirk des Landgerichts;
- örtliche Zuständigkeit, zuständig ist das Insolvenzgericht, in dessen Bezirk der Schuldner seinen allgemeinen Gerichtsstand hat.

527 Wer stellt den Antrag auf Eröffnung des Insolvenzverfahrens?

Das Insolvenzverfahren wird nur auf Antrag eröffnet **(Eröffnungsantrag)**, antragsberechtigt sind die Gläubiger und der Schuldner.

528 Welche Gründe gibt es für die Eröffnung des Insolvenzverfahrens?

Gründe für die Eröffnung eines **Insolvenzverfahrens** sind:

- Zahlungsunfähigkeit, der Schuldner ist zahlungsunfähig, wenn er nicht in der Lage ist, seine fälligen Zahlungspflichten zu erfüllen (Zahlungsunfähigkeit wird unterstellt, wenn der Schuldner seine Zahlungen eingestellt hat);
- drohende Zahlungsunfähigkeit, der Schuldner droht zahlungsunfähig zu werden, wenn er voraussichtlich nicht in der Lage sein wird, seine bestehenden Zahlungspflichten im Zeitpunkt der Fälligkeit zu erfüllen;
- Überschuldung bei juristischen Personen, das Vermögen des Schuldners deckt nicht mehr die bestehenden Verbindlichkeiten.

529 Welche Sicherungsmaßnahmen können nach dem Eröffnungsantrag getroffen werden?

Wenn ein Antrag auf Eröffnung des Insolvenzverfahrens gestellt worden ist, hat das Insolvenzgericht alle Maßnahmen zu treffen, die notwendig sind, um zu verhindern, dass sich die Vermögenslage des Schuldners verschlechtert (und somit die Gläubiger benachteiligt werden).

Das Gericht kann insbesondere

- einen vorläufigen **Insolvenzverwalter** (Sequester) bestellen,

- dem Schuldner ein allgemeines Verfügungsverbot auferlegen (der Schuldner kann nicht mehr über sein Vermögen verfügen).

530 Was versteht man unter Abweisung mangels Masse?

Das Insolvenzgericht weist den Antrag auf Eröffnung des Insolvenzverfahrens ab, wenn das Vermögen des Schuldners voraussichtlich nicht ausreichen wird, um die Kosten des Verfahrens zu decken **(Abweisung mangels Masse).**

531 Was ist der Eröffnungsbeschluss?

Der Beschluss für die Eröffnung des Insolvenzverfahrens **(Eröffnungsbeschluss)** enthält:

- Firma oder Namen und Vornamen, Geschäftszweig oder Beschäftigung, gewerbliche Niederlassung oder Wohnung des Schuldners;
- Namen und Anschrift des endgültigen Insolvenzverwalters;
- die Aufforderung an die Gläubiger, ihre Forderungen innerhalb einer bestimmten Frist anzumelden;
- die Aufforderung an die Gläubiger, dem Insolvenzverwalter unverzüglich mitzuteilen, welche Sicherungsrechte sie an beweglichen Sachen oder an Rechten des Schuldners in Anspruch nehmen; die davon betroffenen Sachen und Rechte gehören nicht zur **Insolvenzmasse** (z.B. unter Eigentumsvorbehalt gelieferte Waren);
- Termin für die Gläubigerversammlung.

Für den Eröffnungsbeschluss gelten folgende Regeln:

- er wird sofort öffentlich bekannt gemacht (Tageszeitung, Bundesanzeiger);
- den Gläubigern und Schuldnern des Schuldners und dem Schuldner selbst ist der Beschluss zuzustellen;
- ist der Schuldner im Handelsregister eingetragen, wird dem Registergericht eine Ausfertigung des Eröffnungsbeschlusses übermittelt;
- die Eröffnung des Insolvenzverfahrens ist in das Grundbuch einzutragen, und zwar bei Grundstücken, deren Eigentümer der Schuldner ist.

532 Nennen Sie die Wirkungen der Eröffnung des Insolvenzverfahrens!

Die **Eröffnung des Insolvenzverfahrens** hat folgende Wirkungen:

- Das Recht des Schuldners, über die Insolvenzmasse zu verfügen, geht auf den Insolvenzverwalter über;
- der Insolvenzverwalter erstellt ein Verzeichnis der einzelnen Gegenstände der Insolvenzmasse (Verzeichnis der Massegegenstände) und ein Verzeichnis aller Gläubiger des Schuldners (Gläubigerverzeichnis) sowie ein Verzeichnis mit dem Vermögen und den Verbindlichkeiten des Schuldners (Vermögensübersicht);
- hat der Schuldner nach der Eröffnung des Insolvenzverfahrens über einen Gegenstand der Insolvenzmasse verfügt, dann ist diese Verfügung unwirksam;

- die Insolvenzgläubiger können ihre Forderungen nur nach den Vorschriften über das Insolvenzverfahren verfolgen;
- Zwangsvollstreckungen für einzelne Insolvenzgläubiger sind während der Dauer des Insolvenzverfahrens nicht zulässig.

533 Was ist die Insolvenzmasse?

Unter **Insolvenzmasse** versteht man das gesamte Vermögen, das dem Schuldner zur Zeit der Eröffnung des Insolvenzverfahrens gehört und das er während des Verfahrens erlangt. Die Insolvenzmasse dient zur Befriedigung der Gläubiger.

534 Wie werden die Gläubiger in der Insolvenzordnung eingeteilt?

Nach der Insolvenzordnung werden die **Gläubiger** in folgender **Rangordnung** berücksichtigt:

1. Gläubiger mit dem Recht auf **Aussonderung:** Vermögensgegenstände, welche zwar im Besitz des Schuldners sind, ihm aber nicht gehören (z.B. unter Eigentumsvorbehalt gelieferte Vermögensgegenstände), erhält der Gläubiger vorab, da sie nicht zur Insolvenzmasse zählen (diese Gläubiger sind keine Insolvenzgläubiger);
2. Gläubiger mit dem Recht auf **Absonderung:** Vermögensgegenstände, die mit einem fremden Recht belastet sind, werden aus der Insolvenzmasse abgesondert, d.h. die Gläubiger werden vorrangig befriedigt (z.B. Zwangsversteigerung eines mit einer Hypothek belasteten Grundstücks, Verwertung eines Pfandrechts an einer beweglichen Sache);
3. **Massegläubiger:** Die Kosten des Insolvenzverfahrens und die sonstigen Masseverbindlichkeiten (z.B. Kosten, die aufgrund der Verwaltung der Insolvenzmasse entstehen) werden vorweg aus der Insolvenzmasse berücksichtigt;
4. **Insolvenzgläubiger:** Gläubiger, die zur Zeit der Eröffnung des Insolvenzverfahrens einen begründeten Vermögensanspruch gegen den Schuldner haben (z.B. Forderung eines Lieferanten, Lohnforderung);
5. nachrangige Insolvenzgläubiger: Diese Gläubiger werden zuletzt berücksichtigt (z.B. laufende Zinsen aus Forderungen der Insolvenzgläubiger seit Eröffnung des Insolvenzverfahrens).

535 Was ist Insolvenzgeld?

Arbeitnehmer haben (nach dem Sozialgesetzbuch) Anspruch auf **Insolvenzgeld,** und zwar, wenn für ihren Arbeitgeber

- das Insolvenzverfahren eröffnet worden ist,
- der Antrag auf Eröffnung des Insolvenzverfahrens mangels Masse abgelehnt worden ist.

Das Insolvenzgeld wird für die vorausgehenden drei Monate gezahlt, wenn die Arbeitnehmer noch Ansprüche auf ihr Arbeitsentgelt haben.

536 Was ist die Gläubigerversammlung?

Die **Gläubigerversammlung** wird vom Insolvenzgericht einberufen. Zur Teilnahme an der Versammlung sind alle absonderungsberechtigten Gläubiger, alle Insolvenzgläubiger, der Insolvenzverwalter und der Schuldner berechtigt.

Ein Beschluss der Gläubigerversammlung kommt zustande, wenn die Summe der Forderungsbeträge der zustimmenden Gläubiger mehr als die Hälfte der Summe der Forderungsbeträge der abstimmenden Gläubiger beträgt.

Die Gläubigerversammlung beschließt

- ob das Unternehmen des Schuldners stillgelegt wird (Zwangsauflösung),
- ob das Unternehmen des Schuldners vorläufig fortgeführt werden soll (z. B. auf der Grundlage eines Insolvenzplans).

537 Wie erfolgt die Verwertung der Insolvenzmasse?

Für die Verwertung der **Insolvenzmasse** gelten folgende Regelungen:

- Im Berichtstermin muss der Insolvenzverwalter über die wirtschaftliche Lage des Schuldners berichten. Er hat darzulegen, ob Aussichten bestehen, das Unternehmen des Schuldners im Ganzen oder in Teilen zu erhalten, welche Möglichkeiten für einen Insolvenzplan bestehen und welche Auswirkungen jeweils für die Befriedigung der Gläubiger eintreten würden.
- Nach dem Berichtstermin hat der Insolvenzverwalter unverzüglich das zur Insolvenzmasse gehörende Vermögen zu verwerten (z. B. Zwangsversteigerung).
- Verteilungen an die Insolvenzgläubiger können stattfinden, so oft hinreichende Barmittel in der Insolvenzmasse vorhanden sind.
- Die Schlussverteilung erfolgt, sobald die Verwertung der Insolvenzmasse beendet ist.
- Die Schlussverteilung erfolgt entsprechend der **Insolvenzquote** (der prozentuale Anteil der zur Verfügung stehenden Mittel an der Summe der Forderungen der Insolvenzgläubiger).
- Zum Schlusstermin findet eine abschließende Gläubigerversammlung statt, in deren Mittelpunkt der Abschlussbericht des Insolvenzverwalters steht.
- Sobald die Schlussverteilung vollzogen ist, beschließt das Insolvenzgericht die Aufhebung des Insolvenzverfahrens.

538 Was ist die Aufhebung des Insolvenzverfahrens?

Sobald die **Schlussverteilung** vollzogen ist, beschließt das Insolvenzgericht die Aufhebung des Insolvenzverfahrens. Die Insolvenzgläubiger können nach der Aufhebung des Insolvenzverfahrens ihre restlichen Forderungen gegen den Schuldner unbeschränkt geltend machen.

6.5.3 Insolvenzplan

539 Was ist der Insolvenzplan?

Wenn die Gläubiger erwarten, dass sie mit der (vorläufigen) Fortführung des Unternehmens des Insolvenzschuldners einen größeren Teil ihrer Forderungen erhalten als bei der Zwangsauflösung, können sie die Weiterführung in der Gläubigerversammlung beschließen; diese kann den Insolvenzverwalter mit der Aufstellung eines Insolvenzplans beauftragen.

Der **Insolvenzplan** regelt in Abweichung vom Insolvenzverfahren

- die Befriedigung der absonderungsberechtigten Gläubiger und der Insolvenzgläubiger,
- die Verwertung der Insolvenzmasse und deren Verteilung an die Beteiligten,
- die Haftung des Schuldners nach der Beendigung des Insolvenzverfahrens.

540 Welchen Inhalt kann ein Insolvenzplan haben?

Der Insolvenzplan kann z. B. beinhalten, dass

- die Gläubiger auf einen Teil ihrer Forderungen verzichten (Vergleich),
- die Gläubiger dem Schuldner ihre Forderungen stunden (Stundungsvergleich),
- das Unternehmen noch eine bestimmte Zeit weiter bestehen bleibt.

6.5.4 Verbraucherinsolvenzverfahren

541 Was versteht man unter Verbraucherinsolvenzverfahren?

Wenn eine natürliche Person, die keine wirtschaftliche Tätigkeit (z. B. Verbraucher) oder nur eine geringfügige selbstständige wirtschaftliche Tätigkeit (z. B. Kleingewerbetreibender) ausübt, in Zahlungsschwierigkeiten geraten ist, muss dieser Schuldner sich um eine außergerichtliche Einigung mit seinen Gläubigern bemühen. Nur wenn die außergerichtliche Einigung nachweisbar gescheitert ist, kann der Schuldner die Eröffnung eines vereinfachten Insolvenzverfahrens beantragen **(Verbraucherinsolvenzverfahren).**

542 Welchen Inhalt muss der Antrag auf Eröffnung des Verbraucherinsolvenzverfahrens haben?

Mit dem **Antrag auf Eröffnung** des Verbraucherinsolvenzverfahrens muss der Schuldner vorlegen:

- eine Bescheinigung, dass eine außergerichtliche Einigung mit den Gläubigern erfolglos versucht worden ist (z. B. ausgestellt durch eine Schuldenberatungsstelle);
- den Antrag auf Erteilung von Restschuldbefreiung;
- ein Verzeichnis des Vermögens und des Einkommens des Schuldners, ein Verzeichnis der Gläubiger mit den betreffenden Forderungen;
- einen Schuldenbereinigungsplan, der darlegt, wie unter Berücksichtigung der Gläubigerinteressen und der Situation des Schuldners eine angemessene Schuldenbereinigung herbeigeführt werden kann.

543 Welche Regelungen gibt es bezüglich der Annahme des Schuldenbereinigungsplans?

Der **Schuldenbereinigungsplan** wird angenommen, wenn z. B.

- kein Gläubiger Einwendungen erhoben hat,
- mehr als die Hälfte der Gläubiger zugestimmt hat und die Summe der Ansprüche der zustimmenden Gläubiger größer ist als die Hälfte der Ansprüche aller Gläubiger.

Wird der Schuldenbereinigungsplan abgelehnt, muss das Insolvenzverfahren von Amts wegen wieder aufgenommen werden.

6.5.5 Restschuldbefreiung

544 Wann ist Restschuldbefreiung möglich?

Restschuldbefreiung ist nur möglich

- für natürliche Personen nach dem Verbraucherinsolvenzverfahren,
- für natürliche Personen, welche persönlich haftende Unternehmer sind.

545 Was ist Restschuldbefreiung?

Restschuldbefreiung bedeutet, dass der Schuldner von seinen im Insolvenzverfahren nicht erfüllten Verbindlichkeiten gegenüber allen Insolvenzgläubigern befreit wird.

Voraussetzungen für die Restschuldbefreiung sind insbesondere:

- Antrag des Schuldners beim Insolvenzgericht,
- Erklärung des Schuldners, dass er für die Dauer von sieben Jahren seine Arbeitskraft nutzen (Wohlverhalten bzw. Redlichkeit des Schuldners) und den pfändbaren Teil seines Einkommens auf einen Treuhänder übertragen wird **(Abtretungserklärung).**

Die Restschuldbefreiung wird versagt, wenn dies von einem Insolvenzgläubiger beantragt worden ist und wenn z. B.

- der Schuldner wegen einer Straftat verurteilt worden ist;
- der Schuldner in den letzten drei Jahren (vor dem Antrag auf Eröffnung des Insolvenzverfahrens) oder nach diesem Antrag vorsätzlich oder grob fahrlässig unrichtige oder unvollständige Angaben über seine wirtschaftlichen Verhältnisse gemacht hat, um einen Kredit zu erhalten oder Leistungen aus öffentlichen Mitteln zu beziehen;
- dem Schuldner in den letzten zehn Jahren (vor dem Eröffnungsantrag) oder nach diesem Antrag Restschuldbefreiung erteilt oder versagt worden ist;
- der Schuldner im letzten Jahr (vor dem Eröffnungsantrag) oder nach dem Antrag vorsätzlich oder grob fahrlässig die Befriedigung der Insolvenzgläubiger beeinträchtigt hat (z. B. Verschwendung von Vermögen).

546 Welche Pflichten hat der Schuldner, um Restschuldbefreiung zu erlangen?

Während der Dauer von sieben Jahren muss der Schuldner

- eine angemessene Erwerbstätigkeit ausüben oder sich um eine solche bemühen,
- ererbtes Vermögen zur Hälfte des Wertes an den Treuhänder herausgeben,
- jeden Wechsel des Wohnsitzes oder der Beschäftigungsstelle mitteilen,
- Zahlungen zur Befriedigung der Insolvenzgläubiger ausschließlich an den Treuhänder leisten.

Nach Ablauf der sieben Jahre entscheidet das Insolvenzgericht über die Erteilung der Restschuldbefreiung.

III. Datenverarbeitung

1 Aufbau und Funktion eines Datenverarbeitungssystems

1.1 Aufbau einer Datenverarbeitungsanlage (Hardware)

1 Was versteht man unter Datenverarbeitung?

Unter **Datenverarbeitung** versteht man jede Verarbeitung von digitalen oder analogen Daten mit Hilfe von Datenverarbeitungsanlagen, indem Eingabedaten nach bestimmten Regeln (Algorithmen, Programme) in Ausgabedaten umgewandelt werden.

Man spricht hierbei von automatisierter Datenverarbeitung (ADV), elektronischer Datenverarbeitung (EDV) oder allgemein von Datenverarbeitung (DV).

Das Prinzip der DV heißt:
Eingabe → Verarbeitung → Ausgabe (EVA-Prinzip).

2 Was versteht man unter Daten?

Daten sind numerische oder alphanumerische Informationen über Personen, Sachen und Sachverhalte (zur Einteilung der Daten siehe Seite 344).

In der Datenverarbeitung versteht man unter Daten nur solche Informationen, die sich so codieren lassen, dass sie von einer Datenverarbeitungsanlage erkannt werden können (siehe Seite 334).

3 Erklären Sie den Grundaufbau einer DVA!

Entsprechend dem Grundprinzip der Datenverarbeitung (Eingabe – Verarbeitung – Ausgabe) besitzt eine **DVA:**

- Eingabegeräte, führen die Verarbeitungsdaten entweder den internen Speichern zu oder geben sie direkt zur Verarbeitung ein;
- Zentraleinheit;
- Ausgabegeräte, übernehmen Ausgabedaten aus der Zentraleinheit und geben sie über den jeweiligen Datenträger aus.

Alle Geräte, welche an die Zentraleinheit angeschlossen sind, bezeichnet man als **Peripherie** (Ein- und Ausgabegeräte).

4 Erklären Sie die Zentraleinheit!

In der **Zentraleinheit** findet die eigentliche Verarbeitung der Daten statt; sie ist der Mittelpunkt jeder Datenverarbeitungsanlage und umfasst folgende Bausteine:

- Das **Rechenwerk** übernimmt die Durchführung von arithmetischen Operationen (addieren, subtrahieren, multiplizieren usw.) sowie von logischen Operationen (Vergleichen von Daten wie z.B. =, > oder <). Zur Verarbeitung werden die Daten vom Hauptspeicher in das Rechenwerk übertragen und dort verarbeitet; die Ergebnisse der durchgeführten

Operationen werden anschließend im Hauptspeicher gespeichert.

- Das **Steuerwerk (Leitwerk)** ist die „Kommandozentrale“ der DV-Anlage; sie steuert die Eingabe, Verarbeitung und Ausgabe der Daten entsprechend der Reihenfolge der Befehle eines Programms (das im Arbeitsspeicher gespeichert ist).

  Das Steuerwerk ruft die Befehle aus dem Arbeitsspeicher ab, decodiert (entschlüsselt) und modifiziert (wandelt ab) sie und löst durch Erzeugen von Impulsen die Ausführung der Befehle aus.

- Im **Arbeitsspeicher (Hauptspeicher, Zentralspeicher)** werden alle Daten, die zur Bearbeitung einer gestellten Aufgabe erforderlich sind, festgehalten (entweder im ROM oder im RAM); dazu zählen insbesondere die erforderlichen Programme, die zu verarbeitenden Daten sowie die anfallenden Zwischen- und Endergebnisse der Datenverarbeitung (auf diese Daten kann direkt zugegriffen werden).

- Die **Ein- und Ausgabeprozessoren** bzw. die **Kanäle** ermöglichen den Datentransfer zwischen dem Hauptspeicher und den peripheren Geräten.

5 Was ist ein Prozessor?

Unter einem **Prozessor** versteht man eine Einrichtung, welche nach vorgegebenen Programmen andere Einrichtungen steuern kann. Dabei übernimmt der Prozessor sowohl die Aufgaben des Rechenwerks als auch des Steuerwerks.

Stellen Rechenwerk und Steuerwerk der Zentraleinheit eine Einheit dar, spricht man von **Zentralprozessor** (CPU = Central processing unit); manchmal wird auch die Zentraleinheit als Zentralprozessor bezeichnet.

Wird der Prozessor als so genannte integrierte Schaltung auf kleinstem Raum verwirklicht, spricht man vom **Mikroprozessor.**

6 Unterscheiden Sie RAM und ROM!

Der **RAM-Speicher** ist der Teil des Arbeitsspeichers,

- in den geschrieben und aus dem gelesen werden kann (Schreib-/Lesespeicher);
- der Programme, Daten und Teile des Betriebssystems aufnimmt;
- bei dem der Zugriff auf die gespeicherten Daten direkt erfolgt (**R**andom **A**ccess **M**emory);
- bei dem der Speicherinhalt beim Ausschalten der Zentraleinheit verloren geht (flüchtiger Speicher).

Der **ROM-Speicher** ist der Teil des Arbeitsspeichers,

- dessen Inhalt fest vorgegeben und nicht veränderbar ist;
- aus dem nur gelesen werden kann (Nur-Lese-Speicher = **R**ead **O**nly **M**emory);

- der vor allem die Teile des Betriebssystems enthält, die zum Start der Anlage notwendig sind;
- bei dem der Speicherinhalt beim Ausschalten der Zentraleinheit erhalten bleibt (dauerhafter, residenter Speicher).

7 Welche Verbindungen gibt es zwischen den Funktionseinheiten einer DV-Anlage (Überblick)?

Zwischen den einzelnen Funktionseinheiten einer DV-Anlage sind folgende **Verbindungen** möglich:

- Schnittstelle (Interface),
- Akustikkoppler und Modem,
- innerbetriebliche Verbindungen (siehe Seite 364f.),
- Übertragungsnetze der Deutschen Telekom AG (siehe Seite 366).

8 Was ist eine Schnittstelle?

Die **Schnittstelle (Interface)** ist eine Übergangsstelle zwischen

- Mensch und Computer (Benutzerschnittstelle),
- Zentraleinheit und peripheren Geräten (z.B. Schnittstelle zwischen Zentraleinheit und Drucker = Druckerschnittstelle),
- Hardware und Software.

Genormte Schnittstellen (z.B. Centronics-Schnittstellen) sind Voraussetzung für die Kompatibilität einer DV-Anlage (siehe Seite 333).

9 Unterscheiden Sie serielle und parallele Schnittstelle!

Man unterscheidet in Abhängigkeit von der Art der Datenübertragung

- **serielle Schnittstelle:** Die zu übermittelnden Bits werden nacheinander (sequentiell) übertragen;
- **parallele Schnittstelle:** Jeweils eine Bitgruppe wird gleichzeitig übertragen (z.B. die acht Bits eines Bytes).

10 Unterscheiden Sie Akustikkoppler und Modem!

Der **Akustikkoppler** dient dazu, Daten von einer Zentraleinheit oder einem mobilen Datenerfassungsgerät an eine DV-Anlage über das Telefonnetz der Telekom zu übertragen. Zu diesem Zweck ist über das Telefon eine Verbindung mit der Zentraleinheit herzustellen, welche die Daten empfangen soll; die Übertragung der Daten erfolgt über den Koppler, der mit dem Telefonhörer verbunden wird.

Das **Modem** dient dazu (wie beim Akustikkoppler), binär dargestellte Informationen von einer DV-Anlage über das Telefonnetz der Telekom an eine andere DV-Anlage zu übertragen. Bei Sender und Empfänger ist ein Modem notwendig (**MO**dulieren, **DEM**odulieren).

11 Geben Sie einen Überblick über die peripheren Geräte!

Zu den **peripheren Geräten** zählen:

1. **Eingabegeräte** (erfüllen nur Eingabefunktion; sind einfunktional),
   - Belegleser für Markierungen und Klarschrift, dienen der direkten Datenerfassung bei Markierungsbeleg und Klarschriftbeleg;
   - Belegleser für Codes (Codeleser), dienen der Erfassung von codierten Daten wie z. B. EAN-Strichcode und OCR-Schrift (z. B. mit Hilfe von Scanner und Lesestift);
   - akustische Eingabegeräte (z. B. Akustikkoppler und Modem);
   - Maus und Joystick;
2. **Ausgabegeräte** (erfüllen nur Ausgabefunktion; sind einfunktional),
   - Drucker (z. B. Matrixdrucker, Typenraddrucker, Laserdrucker);
   - Plotter (Zeichengerät);
   - Mikrofilmausgabegerät;
   - akustische Ausgabegeräte (z. B. Akustikkoppler, Modem);
3. **Dialoggeräte** (erlauben einen direkten Informationsaustausch des Benutzers (z. B. Sachbearbeiter) mit der Zentraleinheit; erfüllen Ein- und Ausgabefunktion; sind zweifunktional),
   - Terminal (Bildschirm, Datensichtgerät) mit Tastatur;
4. **externe Speicher** (dienen der kostengünstigeren Speicherung von größeren Datenbeständen außerhalb der Zentraleinheit; erfüllen Ein-, Ausgabe- und Speicherfunktion; sind dreifunktional),
   - Magnetbandspeicher (Datenträger ist Magnetband),
   - Streamer (Sonderform des Magnetbandspeichers), dient vor allem der Datensicherung,
   - Magnetbandkassettenspeicher (Datenträger ist Magnetbandkassette),
   - Magnetplattenspeicher (Datenträger ist Magnetplatte),
   - Diskettenlaufwerk (Datenträger ist Diskette),
   - optische Speicherplatte (z. B. CD-ROM), von ihr können die gespeicherten Informationen allerdings nur gelesen werden.

12 Beschreiben Sie die Belegleser!

Belegleser sind Geräte, mit deren Hilfe maschinenlesbare Zeichen auf Belegen (z. B. Urbeleg) direkt gelesen (erfasst) werden können.

Man unterscheidet:

- **Markierungsbelegleser,** erfasst werden Markierungen wie z. B. Striche und Kreuze (Speichermedium ist der Markierungsbeleg; siehe Seite 335);
- **Klarschriftbelegleser** (z. B. Lesestift, Lesepistole), erfasst werden z. B. Handschrift und genormte Schriften wie die OCR-Schrift; (Speichermedium ist der Klarschriftbeleg; siehe Seite 336);
- **Scanner,** tasten Markierungen, Spezialcodes, Schriften sowie Bilder ab, um die Informationen mit Hilfe der DV-Anlage verarbeiten zu können; Scanner dienen z. B. im Handel als Handscanner oder als stationäre Scanner zum Erfassen von Daten, die in Form von Codes (z. B. EAN, siehe Seite 335) oder in Form von genormten Schriften dargestellt sind; in der Bild- und Textkommunikation dienen die Scanner z. B. zum Erfassen von Bildern und Texten.

13 Was ist ein Kanal?

Der **Kanal** ist die Übertragungsstrecke zwischen der Zentraleinheit und einem peripheren Gerät.

14 Was ist ein Bus?

Der **Bus** ist ein System von Leitungen zum Austausch von Informationen innerhalb der Zentraleinheit.

Man unterscheidet

- Steuerbus, er überträgt Steuerinformationen vom Steuerwerk an andere Hardware-Teile;
- Adressbus, er überträgt Adressinformationen an den Hauptspeicher;
- Datenbus, er überträgt Daten zwischen Rechenwerk, Hauptspeicher und Ein- und Ausgabeprozessoren.

15 Was versteht man unter Konfiguration?

Die Zusammenstellung von Zentraleinheit und Peripheriegeräten in Verbindung mit der Systemsoftware bezeichnet man als **Konfiguration.**

16 Was versteht man unter Kompatibilität?

Kompatibilität bedeutet, dass Datenverarbeitungsgeräte, Speichermedien und Programme des gleichen Herstellers oder auch von unterschiedlichen Herstellern ohne besondere Anpassungsmaßnahmen miteinander kombiniert und eingesetzt werden können.

Man unterscheidet demzufolge Hardwarekompatibilität und Softwarekompatibilität.

17 Welche Kriterien bestimmen die Leistungsfähigkeit einer DV-Anlage?

Kriterien für die Leistungsfähigkeit einer DV-Anlage sind:

- **Speicherkapazität** (des Arbeitsspeichers und der externen Speicher), wird gemessen z. B. durch die Anzahl der Speicherplätze (Bytes), die ein Speicher aufnehmen kann (z. B. 1 Kilo-Byte = 1 KB = 1 024 Zeichen; 1 Mega-Byte = 1 MB = 1 048 576 Zeichen; 1 GB = 1 024 Mega-Byte);
- **Zugriffsart,** unterschieden wird Reihenfolgezugriff (serieller Zugriff) und direkter Zugriff (wahlfreier Zugriff, Random-Zugriff);
- **Zugriffszeit,** benötigte Zeitdauer zum Finden eines Speicherplatzes, um dort vorhandene Daten zu lesen oder zu schreiben (bei sequentiellen Speichern ist die Zugriffszeit um ein Vielfaches größer als bei Random-Speichern);
- **Leseleistung,** Anzahl der pro Zeiteinheit vom Speicher gelesenen Zeichen;
- **Verarbeitungsgeschwindigkeit,** Anzahl der Befehle, die pro Zeiteinheit in der Zentraleinheit ausgeführt werden können (Leistungsfähigkeit der CPU);
- **Übertragungsrate** (Übertragungsgeschwindigkeit), gibt die Anzahl der Bytes an, die in einer Zeiteinheit übertragen werden (z. B. im Telex-Verkehr oder von externen Speichern in die Zentraleinheit);
- **Zykluszeit,** gibt an, in welcher Zeit sich wiederholende Abläufe durchgeführt werden.

1.2 Interne Informationsdarstellung

18 Was ist ein Code?

Codierung ist ganz allgemein die Darstellung von Informationen in einer anderen Form. Die Umsetzungsvorschrift heißt **Code;** er ermöglicht es auch, verschlüsselte Informationen zu decodieren (rückübersetzen).

Codieren wird oft gleichgesetzt mit Programmieren, d. h., die Schritte, welche zur Lösung eines Problems erforderlich sind (und z. B. im Programmablaufplan dargestellt sind), werden als Programmbefehle formuliert.

Für die interne Zeichendarstellung bei Datenverarbeitungsgeräten werden Binärcodes verwandt (z. B. BCD, EBCDI, ASCII).

19 Erklären Sie das Binärsystem!

Computer können nur zwei Arten von Signalen verstehen (z. B. magnetisiert – nicht magnetisiert). Die Form der Darstellung, bei der den binären Zuständen die Werte 0 und 1 zugeordnet werden, heißt **Binärsystem** (zweiwertige Logik). In dem Binärcode werden alle Zeichen durch unterschiedliche Kombinationen der Binärelemente **(Bit)** codiert, und zwar benötigt man für ein Zeichen (z. B. ein Buchstabe oder eine Ziffer) 8 Bits **(= 1 Byte).**

1.3 Speichermedien

20 Welche Speichermedien gibt es (Überblick)?

Man unterscheidet folgende **Speichermedien:**

1. bedruckte und handbeschriftete Datenträger,
   - Markierungsbeleg,
   - Beleg mit Balkencode,
   - Klarschriftbeleg;
2. magnetische Datenträger,
   - Magnetband (Magnetbandrolle),
   - Streamer,
   - Magnetbandkassette,
   - Magnetplatte,
   - Diskette,
   - Magnetstreifenkarte,
   - Chipkarte;
3. optische Datenträger,
   - Mikrofilm,
   - optische Speicherplatte.

21 Beschreiben Sie den Markierungsbeleg!

Beim **Markierungsbeleg** sind auf genormten Vordrucken für die möglichen Informationen an bestimmten Stellen Markierungspositionen vorgesehen, welche durch einen Markierungsstift (z. B. Bleistift) gekennzeichnet werden. Der Markierungsleser erkennt die Markierungen und verschlüsselt sie maschinengerecht.

Der Markierungsbeleg findet Anwendung, wenn nicht allzu viele Informationen verarbeitet werden, die sich zudem leicht klassifizieren lassen, z. B. bei statistischen Fragebögen, Bestelllisten und programmierten Prüfungsaufgaben.

Der Vorteil des Markierungsbelegs liegt in der visuellen und maschinellen Lesbarkeit; der Nachteil liegt in der hohen Fehlerquote durch falsche oder schlecht ausgeführte Markierungen.

22 Was versteht man unter dem Balkencode?

Unter dem **Balkencode (Strichcode, Barcode)** versteht man eine genormte, maschinenlesbare Darstellung von Daten, welche die Daten in Form von Balken verschlüsselt.

Der bekannteste Balkencode ist der **EAN-Strichcode** (**E**uropäische **A**rtikel **N**ummer). Dieser Code wird im Handel zur Kennzeichnung der Waren eingesetzt.

Die beiden ersten Stellen der 13-stelligen EAN kennzeichnen das Herstellerland, die nächsten fünf Stellen kennzeichnen den Hersteller, die nächsten fünf Stellen beinhalten die Artikelnummer (wird vom Hersteller selbst festgelegt), die letzte Stelle ist eine Prüfziffer. Gelesen wird der Balkencode mit Scanner, Lesestift und Lesepistole.

23 Beschreiben Sie den Klarschriftbeleg!

Der **Klarschriftbeleg** enthält die zu verarbeitenden Daten in optisch lesbaren Schriftzeichen, welche bestimmten Normschriften (z.B. OCR-Schrift) entsprechen und vom Belegleser (z.B. Lesepistole) aufgrund der Hell-Dunkel-Unterscheidung erkannt werden.

Der Klarschriftbeleg wird aufgrund der visuellen (mit dem menschlichen Auge) und der maschinellen Lesbarkeit vorwiegend im Scheck- und Überweisungsverkehr, bei Inventurarbeiten und im Etikettensystem im Textileinzelhandel eingesetzt.

24 Nennen Sie Vor- und Nachteile des Klarschriftbeleges!

Vorteile des **Klarschriftbeleges** sind:

- visuelle und maschinelle Lesbarkeit,
- problemlose Beschriftung, Urbeleg (Originalbeleg) ist gleichzeitig maschinengerechter Datenträger (Übertragungsvorgang entfällt).

Nachteile sind:

- sehr sorgfältige Behandlung des Beleges ist erforderlich,
- teuer.

25 Erklären Sie das Magnetband!

Das **Magnetband (Magnetbandrolle)** besteht aus einem Kunststoffband mit magnetisierbarer Oberfläche und eignet sich besonders für die Verarbeitung von großen Datenmengen, die fortlaufend verarbeitet werden (z.B. Stammdaten in der Lohnabrechnung) sowie für die Datensicherung.

Beim Magnetband können die gespeicherten Daten nur in der auf dem Band festgelegten Reihenfolge (sequentielle Speicherung) bearbeitet werden. Um bestimmte Daten zu finden, muss das gesamte Band bis zu den gewünschten Daten durchlaufen werden. Das Abrufen der Daten erfolgt im **Reihenfolgezugriff.**

26 Welche Vor- und Nachteile hat das Magnetband?

Vorteile des **Magnetbandes** sind:

- hohe Speicherkapazität,
- hohe Lese- und Schreibgeschwindigkeit,
- Platz sparend,
- preiswert,
- mehrmals verwendbar (durch Löschen nicht mehr benötigter Daten).

Nachteile sind:

- nur Reihenfolgezugriff (sequentielle Verarbeitung) möglich,
- manuelle Verarbeitung ist nicht möglich,
- nur eine Seite des Bandes ist magnetisierbar,
- Band ist besonders abzusichern, damit gespeicherte Daten nicht durch Überschreiben vernichtet werden.

27 Beschreiben Sie die Magnetbandkassette!

Die **Magnetbandkassette** ist eine Sonderform des Magnetbandes und mit der Tonbandkassette vergleichbar. Sie besitzt eine geringere Kapazität (etwa 3 Millionen Zeichen) als das Magnetband, ist aber sehr preiswert und leicht zu handhaben.

28 Was ist ein Streamer?

Der **Streamer** ist eine Sonderform des Magnetbandspeichers. Er dient nicht der normalen Datenverarbeitung, sondern der schnellen Sicherung von großen Datenmengen (z. B. wird der Inhalt eines Magnetplattenspeichers auf den Streamer, der eine Art Magnetbandkassette darstellt, übertragen).

29 Beschreiben Sie die Magnetplatte und den Magnetplattenspeicher!

Die **Magnetplatte** ist eine runde Aluminiumscheibe, die auf beiden Seiten magnetisierbar ist und konzentrische, voneinander unabhängige Informationsspuren hat, in denen die Daten verschlüsselt werden.

Beim **Magnetplattenspeicher** sind mehrere Platten übereinander gestapelt. Während der Plattenstapel mit hoher Geschwindigkeit rotiert, werden die Platten durch Schreib-/Leseköpfe, welche an einem Zugriffskamm befestigt sind, beschrieben und gelesen. Zusammengehörende Daten werden in übereinander liegenden Spuren gespeichert, um durch das gleichzeitige Bearbeiten mehrerer Spuren die Zugriffszeit zu verkürzen (Zylinder-Konzept).

Magnetplatte und Magnetplattenspeicher werden eingesetzt, wenn aus großen Datenbeständen bestimmte Angaben im Direktzugriff verarbeitet werden sollen wie z. B. im Auskunfts- und Buchungssystem bei Reisebüros, bei der Lagerhaltung, im Bestellwesen sowie bei computergestützten Kassensystemen im Einzelhandel.

30 Welche Vor- und Nachteile haben Magnetplatte und Magnetplattenspeicher?

Vorteile der **Magnetplatte** und des **Magnetplattenspeichers** sind:

- sehr hohe Speicherkapazität,
- Direktzugriff,
- sehr hohe Bearbeitungsgeschwindigkeit,
- mehrfach verwendbar.

Nachteil:

- hohe Kosten.

31 Beschreiben Sie die Diskette!

Die **Diskette (Floppy-Disk, ZIP-Disk, JAZ-Disk)** ist eine Sonderform der Magnetplatte. Sie besteht aus einer flexiblen Kunststoffplatte, die durch eine Hülle geschützt ist. Der Zugriff auf die Daten erfolgt über die Schreib-Lese-Köpfe im Diskettenlaufwerk.

Die Diskette wird vorwiegend in Microcomputern (z. B. Personalcomputern) eingesetzt.

22 Groh/Schröer – ISBN 3-8120-0420-8

32 Welche Vor- und Nachteile hat die Diskette?

Vorteile der **Diskette** sind:

- einfache Handhabung,
- gute Transportmöglichkeit,
- kostengünstig,
- direkter Zugriff.

Nachteile sind:

- Massenspeicher mit begrenzter Kapazität.

33 Unterscheiden Sie die Magnetstreifenkarte und die Chipkarte!

Magnetstreifenkarten (Magnetkarten) enthalten sowohl unverschlüsselte Daten in Klarschrift (z. B. Name, Kartennummer) als auch auf einem Magnetstreifen verschlüsselte Daten (z. B. Identitätsnummer, Kontonummer). Zum Verarbeiten der Daten ist ein Magnetkartenleser erforderlich.

Magnetkarten werden vor allem eingesetzt als Scheckkarten (Eurochequekarten) und als Kreditkarten (z. B. Eurocard, Visa, American Express).

Magnetkarten können z. B. eingesetzt werden zur Bargeldabhebung an Geldautomaten sowie zum bargeldlosen Einkauf im Einzelhandel.

Chipkarten speichern die verschlüsselten Daten (im Gegensatz zur Magnetstreifenkarte) in einem Mikrochip. Chipkarten werden ebenfalls vorwiegend im Zahlungsverkehr eingesetzt (siehe Seite 86).

34 Beschreiben Sie die optische Speicherplatte!

Die **optische Speicherplatte** ist eine Scheibe, auf der die Informationen mittels Laser aufgezeichnet und gelesen werden. Sie ist geeignet, schriftliche, bildliche und sprachliche Daten zu speichern (z. B. Werbung mit Text, Bild und Musik).

Einsatzgebiete der optischen Speicherplatte liegen in der Archivierung großer Datenbestände wie z. B. im Bibliotheks- und Dokumentationswesen.

Man unterscheidet optische Speicherplatten, die vom Anwender gelesen und selbst beschrieben werden können sowie Speicherplatten, die vom Anwender nur gelesen werden können und vom Hersteller bzw. Anwender selbst beschrieben wurden (z. B. **CD-ROM**).

35 Nennen Sie Auswahlkriterien für Speichermedien!

Auswahlkriterien für **Speichermedien** sind vor allem

- Speicherkapazität,
- Zugriffsart und Zugriffszeit,
- Preis-/Leistungsverhältnis,
- Transportierbarkeit (z. B. für Datenträgeraustausch).

1.4 Software

36 Unterscheiden Sie Hardware, Firmware und Software!

Zur **Hardware** zählen alle Maschinen und Maschinenteile eines Datenverarbeitungssystems; dies sind insbesondere die Zentraleinheit und sämtliche Peripheriegeräte.

Die **Firmware** umfasst die Programmteile eines Computers, die für die Funktion der Hardware erforderlich sind und die in einem ROM-Baustein gespeichert sind. Die Firmware stellt die Verbindung zwischen der Hardware und der Systemsoftware her.

Die **Software,** zu der auch oft die Datenbestände gezählt werden, wird in verschiedene Software-Ebenen unterschieden:

- Betriebssystem (Systemsoftware),
- Anwendersoftware (Anwendungssoftware), Programme, die zur Lösung bestimmter Aufgaben eingesetzt werden.

Die Beziehungen, die sich zwischen Hardware, Firmware, Systemsoftware und Anwendersoftware herstellen lassen, bezeichnet man als **Schichtenmodell.**

37 Was ist ein Betriebssystem?

Unter dem **Betriebssystem (Systemsoftware)** versteht man alle Programme, die benötigt werden, um mit einer Datenverarbeitungsanlage arbeiten zu können (werden vom Hersteller entwickelt und dem Anwender zur Verfügung gestellt).

Das Betriebssystem beinhaltet

- Steuerprogramme,
- Übersetzungsprogramme,
- Dienstprogramme.

38 Welche Aufgaben haben Steuerprogramme?

Steuerprogramme übernehmen die Koordination von Zentraleinheit, Peripherie und Anwenderprogrammen; sie sind i. d. R. im Arbeitsspeicher der Zentraleinheit gespeichert.

Sie übernehmen folgende Aufgaben:

- Eingabe, d. h. Einlesen von Anwenderprogrammen und Einlesen von Daten;
- Ausgabe, d. h. Ausgeben von Daten über eine Ausgabeeinheit;
- Datenzugriff, d. h. Suchen von benötigten Daten im Arbeitsspeicher oder auf einem externen Speicher;
- Programmablauf, d. h. Ausführen der einzelnen Schritte eines Programms.

39 Welche Aufgaben haben Übersetzungsprogramme?

Übersetzungsprogramme haben die Aufgabe, die Anweisungen einer Programmiersprache in Anweisungen einer Maschinensprache umzuwandeln.

Man unterscheidet

- **Assembler,** er wandelt maschinenorientierte Programmiersprachen in die Maschinensprache der jeweiligen DV-Anlagen um;
- **Compiler,** er wandelt eine problemorientierte Programmiersprache (Quellenprogramm) in die Maschinensprache (Zielprogramm, Objektprogramm) um.

40 Welche Aufgaben haben Dienstprogramme?

Dienstprogramme sind Standardprogramme, die häufig wiederkehrende Aufgaben übernehmen wie z.B. Suchen, Kopieren, Löschen und Umbenennen von Dateien.

41 Was versteht man unter Anwendersoftware?

Anwendersoftware wird unterschieden in

- **Individualsoftware,** vom Benutzer selbst erstellte oder für ihn von einem Softwarehaus entwickelte, den speziellen Wünschen angepasste Software (Nachteil: teuer);
- **Standardsoftware,** Programme, die für einen größeren Kreis von Anwendern verwendbar sind (Nachteil: entspricht oft nicht voll den Anforderungen der Benutzer).

Bei der **Standardsoftware** unterscheidet man

1. Endbenutzerwerkzeuge (Tools, Softwaretools) als Einzelprogramme wie z.B.
   - Textverarbeitungs-Programme (z.B. Word, WordPro);
   - Tabellenkalkulations-Programme (z.B. Excel);
   - Dateiverwaltungs-Programme bzw. Datenbanksysteme (z.B. Access, Informix);
   - Geschäftsgrafik-Programme (z.B. Excel);
2. anwendungsorientierte (aufgabenbezogene) Software,
   - branchenspezifische Programme, z.B. für Steuerberater, Architekten, Apotheker;
   - funktionsorientierte Programme, z.B. Finanzbuchhaltung, Fakturierung, Lagerhaltung;
3. Endbenutzerwerkzeuge als **integrierte Programme** (integrierte Anwendungspakete), enthalten i.d.R. Programme für Textverarbeitung, Tabellenkalkulation, Geschäftsgrafik und Datenbanken (z.B. Star Office, Lotus 1-2-3).

2 Betriebssystem

42 Welche Betriebssysteme gibt es?

Das **Betriebssystem** umfasst die Gesamtheit derjenigen Programme, die unabhängig von einem bestimmten Anwendungsfall den Betrieb eines Computers ermöglichen.

Man unterscheidet bei den Betriebssystemen in Abhängigkeit davon, ob eine grafische Benutzeroberfläche vorhanden ist oder nicht, zwei Arten:

- die Befehle werden (hinter der Eingabeaufforderung des Betriebssystems über die Tastatur als Befehlswörter eingegeben, z.B. MS-DOS, NOVELL, UNIX;
- die Befehle werden aus der grafischen Benutzeroberfläche vor allem mit Hilfe der Maus ausgewählt, z.B. Windows 95, OS/2.

43 Beschreiben Sie die grafische Benutzeroberfläche!

Bei der **grafischen Benutzeroberfläche** ist der Bildschirm benutzerfreundlich mit Symbolen und einprägsamen Befehlswörtern aufgebaut; damit lassen sich die vielfältigsten Arbeiten einfach ausführen.

Betriebssysteme mit grafischer Benutzeroberfläche sind vor allem durch folgende Eigenschaften gekennzeichnet:

- Der Benutzer bzw. die Benutzerin braucht sich keine **Befehle** zu merken; der gewünschte Befehl wird ausgeführt, indem ein Symbol bzw. ein Befehlswort auf dem Bildschirm ausgewählt wird;
- **Menüsysteme** werden verwendet;
- nach der Auswahl eines Befehls wird ein neues **Fenster** mit weiteren Befehlen geöffnet, falls es weitere Auswahlmöglichkeiten gibt; dies ist mehrmals hintereinander möglich, und zwar so lange, bis man bei dem gewünschten Befehl angelangt ist; aufgrund der geöffneten und auf dem Bildschirm angezeigten Fenster spricht man von der Fenstertechnik;
- mit der Funktion **Drag & Drop** werden Befehle wie z.B. Kopieren und Verschieben von Dateien durchgeführt, indem die Datei mit der Maus an die gewünschte Stelle gezogen wird;
- mit der Funktion **Plug & Play** werden neue Hardware-Komponenten vom Betriebssystem erkannt und automatisch eingerichtet;
- **Anwenderprogramme** können einfach mit Hilfe von festgelegten Symbolen (Icons) gestartet werden;
- Anwenderprogramme, die für ein bestimmtes Betriebssystem entwickelt wurden, haben alle die gleiche grafische Benutzeroberfläche (z.B. die Anwenderprogramme Winword, Excel und Access im Betriebssystem Windows 95); die Handhabung der einzelnen Anwenderprogramme wird damit wesentlich erleichtert;

- Daten können von einem Anwenderprogramm problemlos in ein anderes Anwenderprogramm übertragen werden (z.B. Daten aus einem Tabellenkalkulations-Programm in ein Textverarbeitungs-Programm); dabei wird unterschieden in Einbetten (Daten werden von einer Anwendung in die andere Anwendung übertragen) sowie Verknüpfen (Daten werden von einer Anwendung in eine andere Anwendung übertragen, wobei Änderungen im Quellprogramm automatisch auch im Zielprogramm übernommen werden);
- mehrere Anwenderprogramme können gleichzeitig ausgeführt werden **(Multi-tasking);**
- der Einsatz von Multimedia wird ermöglicht;
- der Zugriff auf elektronische Kommunikationsformen wird ermöglicht, z.B. Fax und E-Mail;
- der Zugang zu Kommunikationsnetzen wird ermöglicht (z.B. Internet).

44 Beschreiben Sie die Menüsysteme!

Menüsysteme stellen in bedienerfreundlicher Form eine Auswahl von Befehlen zur Verfügung. Man unterscheidet z.B.

- **Listenmenü,** die möglichen Befehle sind in einer Liste dargestellt und werden entweder mit dem Cursor angesteuert oder über die Kennziffer des entsprechenden Befehls ausgewählt. Oft beinhaltet ein solches Menüsystem ein Hauptmenü mit Untermenüs;
- **Pull-Down-Menü,** eine Menüleiste enthält eine Auswahl von Menünamen. Wird einer dieser Menünamen mit der Maus angeklickt, öffnet sich eine Liste (Fenster, Window) mit weiteren Befehlen; diese Befehle können ebenfalls mit der Maus angewählt werden.

45 Nennen Sie wichtige Befehle eines Betriebssystems!

Ein Betriebssystem beinhaltet z.B. **Befehle** für

- Anlegen, Umbenennen, Verschieben, Kopieren und Suchen von Verzeichnissen (Ordner);
- Umbenennen, Verschieben, Kopieren und Suchen von Dateien;
- Wechsel des Laufwerks;
- Formatieren und Kopieren von Datenträgern.

46 Nennen Sie wichtige Systemdienste eines Betriebssystems!

Wichtige **Systemdienste** eines Betriebssystems sind:

- Installation von Hardware-Komponenten (z.B. Drucker, Bildschirm);
- Installation von Software;
- Einstellen des Datums und der Uhrzeit;
- Einstellen von länderspezifischen Besonderheiten (z.B. Datums- und Währungsformat);
- Einrichten und Verwalten von Kennwörtern.

47 Nennen Sie wichtige Tools eines Betriebssystems!

In einem Betriebssystem gibt es Programme für spezielle Aufgaben; diese Programme werden **Tools (Werkzeuge)** genannt. Tools gibt es z. B. für

- Rechner (dargestellt in Form eines Taschenrechners);
- Nutzung von Multimedia, Fax und Kommunikationsnetzen;
- Erstellen von Zeichnungen;
- Erstellen von Sicherungskopien (siehe Seite 362 f.);
- Analyse der Oberfläche eines Datenträgers;
- Überprüfen von Dateien und Verzeichnissen auf mögliche Fehler;
- Defragmentieren eines Datenträgers (die Speicherung der Daten auf dem Datenträger wird optimiert).

48 Unterscheiden Sie Kalt- und Warmstart!

Um ein Betriebssystem zu starten, gibt es grundsätzlich zwei Möglichkeiten:

- **Kaltstart (Hardware-Start),** der Systemstart erfolgt automatisch beim Einschalten des Rechners, und zwar entweder von der Festplatte oder von einer Boot-Diskette;
- **Warmstart (Software-Start),** der Systemstart erfolgt durch das Drücken der Reset-Taste oder einer bestimmten Tastenfolge; der Warmstart ist möglich, wenn das System abgestürzt ist (z. B. infolge eines Fehlers bei einer Programmausführung). Daten, die sich im Arbeitsspeicher befinden und noch nicht abgespeichert wurden, gehen verloren.

3 Anwendersoftware

49 Was sind Daten?

Daten sind Informationen, die aus Ziffern, Buchstaben und Sonderzeichen (z. B. +, –, $, %) bestehen.

50 Unterscheiden Sie numerische, alphabetische und alphanumerische Daten!

Daten werden entsprechend der Art der verwendeten Zeichen eingeteilt in

- **numerische Daten:** bestehen aus Ziffern und Zahlen (z. B. 4711); mit numerischen Daten kann gerechnet werden;
- **alphabetische Daten:** bestehen aus Buchstaben und Wörtern (z. B. Merkur Verlag);
- **alphanumerische Daten:** stellen Kombinationen von Buchstaben, Ziffern und Sonderzeichen dar (z. B. 31735 Rinteln).

Alphanumerische und alphabetische Daten werden auch als **nichtnumerische Daten** bezeichnet.

51 Unterscheiden Sie die Daten in Abhängigkeit von ihrer Aufgabe und ihrer Veränderung!

Daten werden entsprechend ihrer Aufgabe eingeteilt in

- **Rechendaten:** Mit ihnen werden Rechenoperationen durchgeführt (z. B. Preise, Mengen);
- **Ordnungsdaten:** Mit ihrer Hilfe werden Personen, Sachen und Sachverhalte identifiziert und sortiert (z. B. Artikelbezeichnung, Artikelnummer).

Daten werden entsprechend ihrer Veränderung eingeteilt in

- **Stammdaten:** bleiben über längere Zeit hinweg unverändert (z. B. Personalangaben, Artikelnummern);
- **Bewegungsdaten:** ändern sich häufig bzw. fallen stets neu an (z. B. Bestellmengen, Rechnungsdatum).

52 Was ist eine Datei?

Eine **Datei** ist eine für eine bestimmte Aufgabe vorgenommene Zusammenstellung von Daten, wobei die Datei auf einem externen Speicher der Datenverarbeitungsanlage gespeichert wird.

Dateien werden z. B. erstellt bei der Arbeit mit Datenbank-, Tabellenkalkulations- und Textverarbeitungs-Programmen.

3.1 Datenbank

3.1.1 Grundlagen der Datenbank

53 Was ist eine Datenbank?

Eine **Datenbank** fasst gleichartige Daten in Form von Datensätzen in Tabellenform zusammen (z. B. Artikeldaten, Kundendaten) und beinhaltet bestimmte Bearbeitungswerkzeuge (z. B. Eingabeformular, Abfrage).

54 Was ist ein Datensatz?

Ein **Datensatz** umfasst mehrere zusammengehörende Daten und bezieht sich stets auf den gleichen Sachverhalt; die Summe aller Datensätze ergibt die Tabelle (z. B. enthält die

Tabelle für die Artikeldaten die Datensätze für Artikel A, Artikel B usw.). Jeder Datensatz ist gleich aufgebaut und enthält die gleichen Datenfelder.

Ein **Datenfeld** beschreibt jeweils einen bestimmten Sachverhalt innerhalb eines Datensatzes (z. B. enthält die Tabelle für die Artikeldaten Datenfelder wie Artikelnummer, Artikelbezeichnung). Datenfelder mit demselben Feldnamen haben stets die gleiche Feldlänge.

Die **Tabelle** besteht aus Zeilen (Datensätze) und Spalten (Datenfelder).

55 Welche Objekte kann eine Datenbankdatei enthalten?

Eine **Datenbankdatei** kann verschiedene **Objekte (Komponenten)** enthalten; diese werden einmal erstellt und können bei Bedarf abgerufen werden. Beispiele sind:

- **Tabellen** (z. B. für Artikeldaten, Kundendaten);
- **Abfragen,** sie ermöglichen den gezielten Zugriff auf bestimmte Daten einer Tabelle bzw. mehrerer Tabellen (z. B., welche Kunden haben mit einem bestimmten Artikel einen bestimmten Umsatz erzielt);
- **Formulare,** sie erleichtern die Eingabe, Bearbeitung und Ausgabe der Daten;
- **Berichte,** sie fassen Daten aus Tabellen und Abfragen zusammen;
- **Makros,** sie sind Programme mit einer fest vorgegebenen Folge von Befehlen, die automatisch ausgeführt werden, wenn das entsprechende Makro aufgerufen wird;
- **Module,** sie sind Programme, die in der Programmiersprache der Datenbank erstellt wurden und die Datenbank um bestimmte Funktionen erweitern.

56 Was versteht man unter einem Datenbankverwaltungssystem?

Unter einem **Datenbankverwaltungssystem (Datenbankmanagementsystem)** versteht man die Gesamtheit aller Programme, die erforderlich sind, um die Daten einer Datenbank zu verwalten. Dazu zählen insbesondere Programme für

- das Anlegen der Dateien,
- die eigentliche Verwaltung (z. B. Ergänzen und Löschen von Datensätzen, Ändern von Feldinhalten und Satzstrukturen, Sortieren von Dateien, Anlegen von Indexdateien),
- das Auswerten (z. B. Ausgabe von Datensätzen nach Kriterien),
- die Sicherung der Daten.

57 Was ist eine relationale Datenbank?

Bei einer **relationalen Datenbank** können zwei (oder mehrere) Tabellen über ein in beiden Tabellen vorhandenes Datenfeld mit gleichem Inhalt (Schlüsselfeld) miteinander verknüpft werden (Normalisierung einer Datenbank). Beispielsweise können aus der Tabelle mit den Artikeldaten die Adressen derjenigen Kunden aus der Kundentabelle herausgesucht werden, die mit einem bestimmten Artikel einen bestimmten Mindestumsatz erzielt haben; Voraussetzung ist, dass in beiden Tabellen das Schlüsselfeld Kundennummer enthalten ist.

Vorteile der relationalen Datenbank sind:

- Gleiche Daten werden nur einmal erfasst und gespeichert (**Datenredundanz** wird vermieden);
- Fehler bei der Eingabe gleicher Daten an verschiedenen Stellen gibt es nicht (**Dateninkonsistenz** wird vermieden).

3.1.2 Arbeiten mit einer Datenbank (dargestellt anhand von Access)

58 Wie wird eine Datenbank angelegt?

Eine **Datenbank** wird z. B. in folgenden Schritten eingerichtet:

1. Planung des Aufbaus der Datenbank in Abhängigkeit von der vorgegebenen Zielsetzung; zu berücksichtigen sind z. B.
   - gewünschte Informationen (z. B. Schaffung eines Informationssystems über Artikel, Kunden und Lieferanten),
   - einzusetzende Objekte (z. B. einzurichtende Tabellen, Formulare und Abfragen),
   - erforderliche Verknüpfungen (z. B. Verknüpfung der Tabellen für Artikeldaten, Kundendaten und Lieferantendaten);
2. Festlegung des Namens der Datenbankdatei;
3. Festlegung der Struktur der Datensätze innerhalb einer Tabelle **(Tabellenstruktur),** zu berücksichtigen sind z. B.
   - Festlegung der Feldnamen (z. B. Artikelnummer, Artikelbezeichnung),
   - Festlegung des Felddatentyps (z. B. Text, Zahl, Datum/Zeit);
4. Festlegung der **Feldeigenschaften (Feldattribute),** z. B.
   - Feldgröße (die längstmögliche Eintragung in das betreffende Feld ist zu berücksichtigen),
   - Dezimalstellen (z. B. beim Datentyp Zahl),
   - Gültigkeitsregel (z. B. genau fünf Stellen für die Eingabe von Postleitzahlen) und entsprechende Gültigkeitsmeldung (z. B. Postleitzahlen müssen fünfstellig eingegeben werden),
   - Primärschlüssel (eindeutige Kennzeichnung für jeden Datensatz, z. B. mit einer fortlaufenden Nummer),
   - Standardwert (z. B. Vorbelegung im Datenfeld Rabatt mit 3 %),
   - Indizierung (Indexe beschleunigen das Suchen und Sortieren von Daten);
5. Speichern der Tabellenstruktur (Datensatzstruktur);

6. Herstellung der erforderlichen Verknüpfungen (z. B. zwischen den Tabellen für die Artikeldaten und die Lieferantendaten über das Schlüsselfeld Lieferantennummer);
7. Anlegen und Aufnehmen der erforderlichen Objekte (z. B. Ausgabeformular für Kunden, die eine Mahnung erhalten sollen).

59 Welche Aufgaben fallen bei der Datenbankverwaltung an?

Zu den Aufgaben der **Datenbankverwaltung** zählen:

1. Anlegen und Öffnen einer Datenbank;
2. Daten in die Tabelle eingeben und bearbeiten, z. B.
   - Eingabe neuer Datensätze,
   - Ändern von Daten bereits bestehender Datensätze (z. B. Änderung einer Kundenanschrift),
   - Löschen von Datensätzen (z. B. Entfernen eines Kunden aus der Tabelle),
   - Sortieren von Datensätzen (z. B. Kundentabelle wird sortiert nach dem Alphabet oder der Umsatzhöhe),
   - Suchen von Daten (z. B. alle Kunden aus einem bestimmten Ort werden gesucht);
3. Bearbeiten von Tabellen, z. B.
   - Tabellen öffnen, schließen und speichern,
   - Tabellen kopieren, umbenennen und löschen,
   - nachträgliches Ändern der Tabellenstruktur (z. B. Aufnahme eines neuen Feldes in die Artikeltabelle),
   - Indizieren von Tabellenfeldern,
   - Beziehungen zwischen Tabellen herstellen (Verknüpfungen),
   - Drucken von Tabellen;
4. Erstellen von Abfragen;
5. Erstellen von Formularen und Berichten;
6. Erstellen von Makros und Modulen.

60 Welche Funktionen bietet eine Datenbank?

Beim Arbeiten mit Datenbanken stehen z. B. folgende **Funktionen** zur Verfügung:

- Summe, bildet die Summe von Werten;
- Mittelwert, errechnet den Durchschnittswert;
- Min (Minimum), sucht den niedrigsten Wert in einem Bereich;
- Max (Maximum), sucht den höchsten Wert in einem Bereich;
- Anzahl, ermittelt die Anzahl der Datensätze;
- Datum, fügt das aktuelle Datum ein.

3.2 Tabellenkalkulation

3.2.1 Grundlagen der Tabellenkalkulation

61	Was ist eine Tabelle?	Eine **Tabelle** ist eine Anordnung (Verzeichnis, Liste) von Informationen in Zeilen und Spalten. Jeweils eine Zeile und eine Spalte bestimmen ein Tabellenfeld (Zelle); auf jedes Tabellenfeld einer Tabelle kann also durch Angabe einer bestimmten Zeile und einer bestimmten Spalte zugegriffen werden (Bezug, Adresse). Ein Tabellenbereich umfasst mehrere zusammenhängende Tabellenfelder.
62	Was versteht man unter einem Tabellenkalkulations-Programm?	Mit **Tabellenkalkulations-Programmen** (z.B. Lotus 1-2-3, Excel) lassen sich die verschiedenartigsten kaufmännischen Probleme (z.B. Preiskalkulationen, Umsatzstatistiken, Abschreibungspläne, Betriebsabrechnungsbogen) mit Hilfe einer auf dem Bildschirm dargestellten Tabelle lösen. Entsprechend der Problemstellung werden nach der Problemanalyse Struktur (Anordnung der Felder) und Aussehen der Tabelle festgelegt, wobei für jedes Feld der Feldinhalt einzutragen ist. Eingabedaten, die beliebig geändert werden können, werden nach den festgelegten Regeln (z.B. Formeln) automatisch in Ausgabedaten umgewandelt; ändert man z.B. in einer Abschreibungstabelle den Abschreibungssatz, wird die gesamte Tabelle automatisch neu durchgerechnet und ausgegeben.
63	Welche Arten von Bezügen gibt es für die Tabellenkalkulation?	Um die Arbeit in der Tabellenkalkulation zu erleichtern, werden häufig Formeln aus einer Zelle in andere Zellen übertragen (kopiert). Beim Kopieren der Formeln unterscheidet man folgende Bezüge (Arten der Adressierung): ● **relativer Bezug (relative Adressierung),** der Bezug in der kopierten Formel wird automatisch angepasst; relative Bezüge verweisen in einer kopierten Formel auf andere Zellen als in der Ausgangsformel; zwischen diesen Zellen und der Zelle mit der kopierten Formel besteht dieselbe Beziehung wie zwischen der Zelle mit der Ausgangsformel und den darin bezogenen Zellen; ● **absoluter Bezug (absolute Adressierung),** der Bezug in der Ausgangsformel wird unverändert in die Kopie der Formel übernommen; ein absoluter Bezug wird eingetragen, wenn in der Ausgangsformel und in der Kopie der Formel auf dieselbe Zelle Bezug genommen wird. Eine weitere Arbeitserleichterung ist die Verwendung von **Namen;** darunter versteht man eine Kennzeichnung für ein Feld, einen Bereich, einen konstanten oder einen berechneten Wert. Formeln sind einfacher zu handhaben, wenn man Namen anstatt Bezüge verwendet (z.B. Nettopreis · Mehrwertsteuersatz).

64 Welche Vorteile bieten Tabellenkalkulations-Programme?

Tabellenkalkulations-Programme bieten folgende Vorteile:

- übersichtliche Darstellung des zu lösenden Problems (z. B. Kalkulation des Verkaufspreises);
- schnelle Durchführung von Alternativrechnungen (z. B. werden bei der Preiskalkulation nacheinander verschiedene Prozentsätze für den Gewinnzuschlag eingegeben);
- Hilfe bei der Entscheidungsfindung (aufgrund der Alternativrechnungen wird der endgültige Verkaufspreis festgelegt).

3.2.2 Arbeiten mit der Tabellenkalkulation (dargestellt anhand von Excel)

65 Was ist eine Arbeitsmappe?

In einer **Arbeitsmappe** werden mehrere Tabellen (Tabellenblätter) zusammengefasst, wobei ein inhaltlicher Zusammenhang zwischen den einzelnen Tabellen bestehen sollte (z. B. werden die Abschreibungstabellen für die einzelnen Anlagegüter in der Arbeitsmappe Anlagen zusammengefasst). Eine Arbeitsmappe wird als Datei gespeichert; innerhalb der Arbeitsmappe erhalten die Tabellenblätter eigene Namen.

66 Wie wird eine Arbeitsmappe angelegt?

Eine **Arbeitsmappe** wird z. B. in folgenden Schritten eingerichtet:

1. Festlegung des Aufbaus der Arbeitsmappe in Abhängigkeit von der Problemstellung und Problemanalyse, zu berücksichtigen sind z. B.
   - gewünschte Informationen (z. B. Schaffung eines Informationssystems über die Abschreibungspläne der Anlagegüter),
   - einzurichtende Tabellen;
2. Festlegung des Namens der Arbeitsmappendatei;
3. Festlegung der Struktur jeder Tabelle (z. B. Einrichten des Tabellenkopfs durch Festlegen der Spalten- und Zeilenüberschriften);
4. Festlegung der Feldinhalte der Zellen,
   - Texte (nichtnumerische Daten);
   - Werte (numerische Daten);
   - Formeln (beinhalten z. B. Werte, Bezüge, Operatoren (z. B. +, =, <) oder Funktionen),
   - Funktionen (sie berechnen neue Werte aus vorhandenen Werten);
5. Speichern der Arbeitsmappe.

67 Welche Arbeiten fallen bei der Tabellenkalkulation an?

Zu den Arbeiten im Rahmen der **Tabellenkalkulation** zählen:

1. Anlegen bzw. Öffnen einer Arbeitsmappe, z. B.
   - Anlegen der einzelnen Tabellenblätter,
   - Namen der Tabellenblätter vergeben bzw. ändern;

2. Daten in die Tabellenblätter eingeben bzw. bearbeiten (z. B. Werte und Formeln);

3. Gestalten der Tabellenblätter, z. B.
   - Formatieren der Zahlen (z. B. Währungsformat, Prozentformat, Datumsformat),
   - Festlegen der Spaltenbreite und der Zeilenhöhe,
   - Ausrichten der Feldinhalte (z. B. linksbündig, rechtsbündig, zentriert),
   - Festlegen der Schriftart, der Schriftgröße sowie der Schriftattribute (z. B. fett, kursiv, unterstrichen),
   - Rahmen und Schattieren von Zellen,
   - Schutz von Zellen und Tabellenblättern (z. B. vor unbeabsichtigten Änderungen);

4. Bearbeiten von Tabellenblättern, z. B.
   - Tabellen bzw. Teile von Tabellen kopieren und löschen,
   - nachträgliches Ändern des Tabellenaufbaus (z. B. Einfügen und Löschen von Zeilen und Spalten),
   - Beziehungen zwischen Tabellenblättern herstellen,
   - Drucken von Tabellenblättern.

68 Welche Funktionen bietet ein Tabellenkalkulations-Programm?

Beim Arbeiten mit einem **Tabellenkalkulations-Programm** bieten sich z. B. folgende vordefinierte (im Programm vorgegebene) **Funktionen** an:

1. Mathematische Funktionen, z. B.
   - Summe, bildet die Summe von Werten in Tabellenzellen,
   - Runden, rundet eine Zahl kaufmännisch,
   - Ganzzahl, bildet für eine Dezimalzahl die nächstkleinere ganze Zahl;

2. Statistische Funktionen, z. B.
   - Max, ermittelt den größten Zahlenwert aus einer Reihe von Werten,
   - Min, ermittelt den kleinsten Zahlenwert,
   - Mittelwert, ermittelt den Durchschnittswert von Zahlen;

3. Logische Funktionen, z. B.
   - Wenn, ermittelt in Abhängigkeit einer Bedingungsprüfung den Wert, der von zwei unterschiedlichen Werten in Frage kommt,
   - Und, liefert das Ergebnis „wahr“, wenn die Bedingungen der Funktion alle wahr sind,
   - Oder, liefert das Ergebnis „wahr“, wenn mindestens eine der Bedingungen der Funktion wahr ist;

4. Datums- und Zeitfunktionen, z. B.
   - Heute, gibt das gegenwärtige Datum an,
   - Jetzt, gibt das gegenwärtige Datum und die Uhrzeit an.

3.3 Geschäftsgrafik

3.3.1 Grundlagen der Geschäftsgrafik

69 Was ist eine Geschäftsgrafik?

Mit Hilfe der **Geschäftsgrafik** werden Daten aus einer Tabelle eines Tabellenkalkulations-Programms in grafischer Form als **Diagramm** dargestellt. Das Programm zur Erstellung von Grafiken ist i.d.R. Bestandteil eines Tabellenkalkulations-Programms (z.B. Excel).

70 Nennen Sie Anwendungsbereiche der Geschäftsgrafik!

Geschäftsgrafiken werden in allen Bereichen der Betriebsstatistik eingesetzt wie z.B.

- Absatz- und Umsatzstatistik,
- Einkaufsstatistik,
- Personalstatistik,
- Lagerstatistik,
- Kostenstatistik,
- Gewinnstatistik.

71 Nennen Sie Vorteile der Geschäftsgrafik!

Geschäftsgrafiken bieten vor allem folgende Vorteile:

- Zahlenwerte werden anschaulich dargestellt;
- die Aussagefähigkeit der Grafik ist höher als die einer Zahlentabelle;
- der Vergleich und die Analyse von Zahlenwerten wird erleichtert;
- die Zahlenwerte können in jeder Darstellungsart präsentiert werden.

72 Nennen Sie die Darstellungsarten der Geschäftsgrafik!

Geschäftsgrafiken können dargestellt werden als:

- **Flächendiagramm,** zeigt mit Hilfe der Fläche zwischen zwei (oder mehreren) Linien, in welchem Umfang sich zwei (oder mehrere) Größen über einen bestimmten Zeitraum unterscheiden;
- **Balkendiagramm,** Zahlenwerte werden mit Hilfe von vertikal übereinander angeordneten Balken (meist bezogen auf einen bestimmten Zeitpunkt) dargestellt;
- **Säulendiagramm,** Zahlenwerte werden mit Hilfe von horizontal nebeneinander angeordneten Säulen (meist über einen bestimmten Zeitraum) dargestellt;
- **Liniendiagramm,** Trends und Änderungen von Daten über einen bestimmten Zeitraum werden mit Hilfe von Linien dargestellt;
- **Kreisdiagramm,** zeigt mit Hilfe von Kreis und Kreisausschnitten die Beziehung von Zahlenwerten zur Gesamtheit;
- **Punktdiagramm,** Zahlenwerte werden über einen bestimmten Zeitraum in Form von Punkten dargestellt.

Flächen, Balken-, Säulen-, Linien- und Kreisdiagramme können auch dreidimensional als so genannte 3-D-Diagramme dargestellt werden. (Zur Darstellung von Diagrammen siehe auch Seite 398 ff.).

3.3.2 Arbeiten mit der Geschäftsgrafik (dargestellt anhand von Excel)

73 Wie wird ein Diagramm erstellt?

Ein **Diagramm** wird in folgenden Schritten erstellt:

- Auswählen der grafisch aufzubereitenden Daten im entsprechenden Tabellenblatt der Arbeitsmappe,
- Auswählen des Diagrammtyps (z. B. Flächen-, Balkendiagramm),
- Festlegen der Diagrammelemente Legende, Diagrammtitel und Achsenbeschriftung.

74 Welche Arbeiten fallen bei der Geschäftsgrafik an?

Zu den Arbeiten im Rahmen der **Geschäftsgrafik** zählen:

- Diagrammelemente gestalten (z. B. Rahmen, Muster, Schriftgröße festlegen),
- Texte in das Diagramm einfügen und bearbeiten,
- Legende bearbeiten (z. B. Position verändern),
- Achsen bearbeiten (z. B. Zahlenformat für die Achsenbeschriftung festlegen),
- Gitternetzlinien festlegen (z. B. ein- oder ausschalten),
- Datengruppen (z. B. Balken, Säulen) formatieren (z. B. Farbe, Muster festlegen),
- Diagrammtyp nachträglich ändern,
- neue Daten in das Diagramm aufnehmen,
- Diagramm drucken.

3.4 Projektplanung

3.4.1 Grundlagen der Projektplanung

75 Was versteht man unter Projektplanung?

Unter **Projektplanung (Projektmanagement)** versteht man die Planung, Organisation und Verwaltung von Vorgängen und Ressourcen, um ein vorherbestimmtes Ziel, unter Beachtung von Zeit und Kosten, zu erreichen. **Ressourcen (Einsatzmittel)** umfassen Mitarbeiter, Betriebsmittel und Material, die bzw. das für die Durchführung von Vorgängen in einem Projekt erforderlich sind bzw. ist.

76 Nennen Sie Anwendungsbereiche der Projektplanung!

Anwendungsbereiche der Projektplanung sind z. B. Planung und Durchführung

- einer Werbemaßnahme,
- einer Ausstellung auf einer Messe,
- einer Umbaumaßnahme im Betrieb,

- eines betrieblichen Neubaus,
- der Einführung eines neuen Produktes.

77 Nennen Sie Vorteile der Projektplanung!

Vorteile der Projektplanung sind z. B.
- exakte Projektanalyse,
- Berücksichtigung aller Vorgänge und Ressourcen,
- übersichtliche Darstellung des Projektes in grafischer Form (Balkendiagramm, Netzplan),
- ständige Information über Ablauf und Stand des Projektes,
- Festlegung des kritischen Pfades,
- ständige Kontrolle der Kosten.

78 Was ist ein Balkendiagramm?

Das **Balkendiagramm (Gantt-Diagramm)**
- stellt den Projektterminplan über einen bestimmten Zeitraum grafisch dar,
- enthält eine Vorgangsliste, welche Reihenfolge und Dauer der einzelnen Vorgänge aufführt,
- stellt jeden einzelnen Vorgang mit Hilfe eines Balkens dar, wobei die Balkenlänge die Vorgangsdauer angibt,
- legt die geplanten Anfangs- und Endtermine aller Vorgänge fest,
- bestimmt Dauer und geplanten Endtermin des gesamten Projektes,
- gibt den aktuellen Stand des Vorhabens zu jedem Zeitpunkt durch Soll-Ist-Vergleiche an.

79 Was ist ein Netzplandiagramm?

Das **Netzplandiagramm (PERT)** ist eine netzartige Darstellung der Abhängigkeiten zwischen den Vorgängen eines Projektes.

Der Netzplan gibt an
- die frühesten und spätesten Anfangs- und Endzeitpunkte für jeden Vorgang,
- die Gesamtdauer der Projektes,
- die Zeitreserven für bestimmte Vorgänge **(Pufferzeiten),**
- den kritischen Pfad.

80 Was ist der kritische Pfad?

Der **kritische Pfad (kritischer Weg)** wird durch die Vorgänge bestimmt, für die keine Pufferzeiten zur Verfügung stehen; er legt damit die Gesamtdauer des Projektes fest. Auf eine genaue Einhaltung der geplanten Zeiten muss bei diesen (kritischen) Vorgängen geachtet werden, da eine Verzögerung innerhalb des kritischen Pfades die Gesamtdauer des Projektes verlängert.

3.4.2 Arbeiten mit der Projektplanung (dargestellt anhand von Project)

81 Nennen Sie die Phasen der Projektplanung!

Die **Projektplanung (Projektmanagement)** erfolgt in drei Phasen:

23 Groh/Schröer – ISBN 3-8120-0420-8

1. Erstellen eines Projektes, z.B.
   - Festlegung des Anfangstermins des Projektes sowie des Projektnamens und des Projektmanagers,
   - Analyse des Projektes,
   - Eingabe der einzelnen Projektvorgänge mit Vorgangsnamen und Vorgangsdauer (Anfangs- und Endtermine werden automatisch ermittelt),
   - Festlegung der Vorgangsbeziehungen (Vorgangsverknüpfungen), die wichtigste Vorgangsverknüpfung ist die Ende-Anfangs-Beziehung, d.h., ein Vorgang (Nachfolger) kann erst beginnen, wenn ein anderer Vorgang (Vorgänger) abgeschlossen ist,
   - Festlegung von Meilensteinen, ihre Vorgangsdauer ist null (z.B. Projektbeginn und Projektende),
   - Festlegung von Sammelvorgängen, dies sind Vorgänge, welche untergeordnete Vorgänge zusammenfassen (z.B. Hauptphasen eines Projektes),
   - Festlegung von Einschränkungen, für bestimmte Vorgänge wird ein spätestmöglicher Endtermin festgelegt,
   - Eingeben von Projektressourcen,
   - Speichern des Projektes unter seinem Projektnamen;
2. Verwalten und Überwachen eines Projektes, z.B.
   - Verwalten des Terminplans, d.h. Erkennen der kritischen und nichtkritischen Vorgänge eines Projektes sowie der Pufferzeiten,
   - Verwalten der Ressourcen, dazu zählt z.B. die Darstellung der prozentualen Ressourcenauslastung sowie der Ressourcenkosten,
   - Verfolgung des Projektablaufs (Projektverfolgungsprozess), dazu zählt z.B. der Vergleich des ursprünglichen Terminplans mit dem aktualisierten Terminplan sowie die Angabe, zu wie viel Prozent ein Vorgang abgeschlossen ist;
3. Erstellen von Berichten über ein Projekt, z.B.
   - Vorgangsberichte mit Informationen, z.B. über berechnete Termine sowie Vorgänger und Nachfolger,
   - Ressourcenberichte mit Informationen, z.B. über Kosten für Vorgänge,
   - Projektübersichtsberichte mit Informationen, z.B. über Anzahl der Vorgänge und Ressourcen sowie Anfangs- und Endtermine.

82 Nennen Sie Hilfsmittel der Projektplanung!

Hilfsmittel der Projektplanung sind:

- Ansichten, z.B. Balkendiagramm, Netzplandiagramm, Ressourcengrafik;
- Tabellen, z.B. Ressourcentabelle, Vorgangstabelle;
- Filter, z.B. Darstellung der kritischen Vorgänge.

3.5 Textverarbeitung

3.5.1 Grundlagen der Textverarbeitung

83 Was versteht man unter Textverarbeitung?

Unter **Textverarbeitung** versteht man die gedankliche und technische Produktion von Texten mit Hilfe der Datenverarbeitung. Textverarbeitungsprogramme sind z. B. Word, WordPro.

84 Nennen Sie Anwendungsbereiche der Textverarbeitung!

Die **Textverarbeitung** wird eingesetzt für das Erstellen von Dokumenten wie z. B. Geschäftsbriefe, Bestellungen, Angebote, Rechnungen und Mahnungen. Mit Hilfe eines Textverarbeitungsprogramms werden Dokumente erstellt, geändert, gedruckt und gespeichert.

Werden diese Dokumente als Serienbriefe geschrieben, können variable Textteile wie z. B. die Anschriften der Empfänger aus Dateien anderer Programme (z. B. Datenbankprogramm) übernommen werden.

85 Nennen Sie Vorteile der Textverarbeitung!

Vorteile der Textverarbeitung sind:

- Rationalisierung der Schreibarbeit;
- einfache Korrektur von Fehlern (z. B. durch Löschen, Überschreiben, Einfügen);
- einfache Änderung eines geschriebenen Textes (z. B. durch Löschen, Überschreiben, Einfügen, Kopieren, Versetzen);
- bequemes Erstellen von Tabellen;
- einfacher Einsatz von Tabstopps;
- schnelles Suchen bzw. Ersetzen von Begriffen und Formatierungen;
- Verbinden von Grafiken und von Dateien anderer Programme mit dem Dokument;
- Darstellung von Text und Grafik auf dem Bildschirm wie auf dem Ausdruck;
- Darstellung der Seiten mit Seitenrändern, Kopf- und Fußzeilen, Fußnoten und Seitenzahlen (Layout);
- platzsparende Speicherung von Dokumenten auf Magnetplatten, Magnetbändern und Disketten;
- einfacher und schneller Zugriff auf die Dateien (auch im Rechnernetz).

86 Was beinhaltet die Rationalisierung der Schreibarbeit?

Die **Rationalisierung** der Schreibarbeit erfolgt durch

- **Textbausteine,** sie sind häufig verwendete Texte, die unter einem bestimmten Namen abgespeichert sind und beliebig oft in neue Dokumente eingefügt werden können;
- **Serienbriefe,** sie sind eine bestimmte Anzahl von Dokumenten, bei denen jedes Exemplar einen gleichen Grundtext und variable Textelemente (z. B. Namen und Anschrift des Empfängers) enthält;

- **Druckformate (Formatvorlagen),** sie beinhalten bestimmte Absatz- und Zeichenformatierungen, die über den Druckformatnamen einem Absatz zugeordnet werden können;
- **Dokumentvorlagen,** sie enthalten z.B. feststehenden Text, Druckformate, Textbausteine und Makros und sie werden als Muster für Schreiben gleicher Art verwendet (z.B. im Formularwesen);
- **Makros** (siehe Seite 345);
- **Inhaltsverzeichnis,** es kann unter Verwendung der Gliederung ohne zusätzliche Schreibarbeit erstellt werden, wobei die Seitenzahlen stets automatisch aktualisiert werden;
- **Register,** es wird mit Hilfe der ausgewählten Registerbegriffe erstellt, wobei die Seitenzahlen stets automatisch aktualisiert werden;
- **Rechtschreibüberprüfung,** aufgrund eines vorgegebenen Wörterbuchs, das der Benutzer selbst ergänzen kann, wird die Rechtschreibung eines Dokumentes überprüft; Rechtschreibfehler werden entweder nach Vorschlag des Rechtschreibprogrammes oder vom Benutzer selbst korrigiert;
- **Trennhilfe,** die Silbentrennung im Text wird entweder automatisch durchgeführt oder der Benutzer wählt eine vom System vorgeschlagene Trennung aus;
- **Synonymenlexikon,** für einen ausgewählten Begriff schlägt das Programm verschiedene sinnverwandte Begriffe vor.

87 Nennen Sie Regeln für die Gestaltung von Geschäftsbriefen!

Bei der Gestaltung von **Geschäftsbriefen** sind zu beachten

- formale Gesichtspunkte,
- inhaltliche Gesichtspunkte,
- rechtliche Gesichtspunkte, nach dem HGB müssen auf allen Geschäftsbriefen des Kaufmanns seine Firma, die Bezeichnung (siehe Seite 110f.), der Ort seiner Handelsniederlassung, das Registergericht und die Nummer, unter der die Firma in das Handelsregister eingetragen ist, angegeben werden.

88 Nennen Sie wichtige Regeln für die formale Gestaltung von Geschäftsbriefen!

Bei der **formalen Gestaltung** von Geschäftsbriefen sind DIN 676 (Gestaltungsregeln für den Geschäftsbrief DIN A4) und DIN 5008 (Schreib- und Gestaltungsregeln für die Textverarbeitung) zu beachten. Wichtige Regeln sind:

- Das Feld für den **Briefkopf** enthält Firmennamen und Anschrift des Absenders; er ist häufig grafisch gestaltet (z.B. mit Firmenlogo). Das Feld erstreckt sich über die gesamte Blattbreite; seine Höhe beträgt bei Form A (hoch gestelltes Anschriftfeld) 27 mm und bei Form B (tief gestelltes Anschriftfeld) 45 mm.
- Das Feld für die **Postanschrift des Absenders** schließt sich nach unten an das Feld für den Briefkopf an. Die Postanschrift des Absenders wird einzeilig und in Kurzform (Name, Straße oder Postfach, Postleitzahl, Ort) klar abgegrenzt über das Feld für die Anschrift des Empfängers so eingefügt, dass es im Fenster des Kuverts zu erkennen ist.

- Das Feld für die **Anschrift des Empfängers** enthält Versendungsform bzw. Sendungsart (z. B. „Einschreiben“, „Warensendung“), Empfängerbezeichnung (z. B. „Firma“, „Frau“, „Herrn“, u. U. mit akademischem Grad), Postfach mit Nummer (Abholangabe) oder Straße und Hausnummer (Zustellangabe) sowie Postleitzahl und Bestimmungsort. Das Feld darf höchstens 9 Zeilen umfassen.
- Die **Bezugszeichenzeile** enthält Angaben, die sich auf das vorliegende Schreiben beziehen; sie werden eine Zeile unter die Leitwörter der Bezugszeichenzeile „Ihr Zeichen, Ihre Nachricht vom“, „Unser Zeichen, Unsere Nachricht vom“, „Telefon, Name“ und „Datum“ geschrieben.
- Der **Betreff** weist in Kurzform auf den Inhalt des Briefes hin; er ist zwei Leerzeilen nach den Bezugszeichen zu schreiben und steht ohne Schlusspunkt.
- Die **Anrede** (z. B. Sehr geehrte Damen und Herren,) ist zwei Leerzeilen nach dem Betreff zu schreiben, sie wird durch eine Leerzeile vom folgenden Text getrennt. Die persönliche Anrede (z. B. Sehr geehrte Frau Haupert,) ist der anonymen Anrede (z. B. Sehr geehrte Damen und Herren,) vorzuziehen.
- Der **Text** ist grundsätzlich mit Zeilenabstand 1 zu schreiben. Absätze sind durch eine Leerzeile zu trennen. Wichtige Informationen werden eingerückt; vor und nach der Einrückung steht eine Leerzeile.
- Der **Gruß** ist mit einer Leerzeile vom Text zu trennen; häufige Grußformen sind „Mit freundlichen Grüßen“ und „Hochachtungsvoll“.
- Zwischen Gruß und **Firmenbezeichnung** ist eine Leerzeile vorzusehen.
- Für die **Unterschrift** sind nach der Firmenbezeichnung i. d. R. drei Leerzeilen einzurichten; darunter kann die maschinenschriftliche Angabe des Unterzeichners bzw. der Unterzeichnerin erfolgen.
- Der Mindestabstand des **Anlagenvermerks** beträgt vom Gruß oder von der Firmenbezeichnung drei Leerzeilen; bei maschinenschriftlicher Angabe der Unterzeichner folgt der Anlagenvermerk nach einer Leerzeile.
- Für den **Verteilervermerk** gelten die Regeln für den Anlagenvermerk. Gibt es einen Anlagenvermerk, erfolgt der Verteilervermerk nach einer Leerzeile.
- Für **Kalenderdaten** gibt es die numerische Schreibweise (das angegebene Datum wird in der Reihenfolge Jahr-Monat-Tag mit Mittestrich gegliedert; Tag und Monat werden zweistellig und die Jahreszahl zwei- bzw. vierstellig angegeben; z. B. 1997-09-01) und die alphanumerische Schreibweise (z. B. 1. Sept. 1997).

89 Nennen Sie wichtige Regeln für die inhaltliche Gestaltung von Geschäftsbriefen!

Bei der **inhaltlichen Gestaltung** von Geschäftsbriefen ist Folgendes zu beachten:

- Auf eine lange Einleitung sollte verzichtet werden; im Hauptteil sollte der Grund des Schreibens (z.B. Bestellung, Angebot, Einladung) genannt werden.
- Der Text des Briefes soll sich durch klaren Satzbau, knappe Sätze und eine verständliche Sprache auszeichnen.
- Es ist auf einen einwandfreien sprachlichen Ausdruck zu achten (z.B. sollte die Aktivform verwendet werden, Tätigkeiten sollten durch Tätigkeitswörter ausgedrückt werden).
- Auf überflüssige Redewendungen und Phrasen ist zu verzichten (dies gilt auch für Floskeln im Briefschluss).
- Rechtschreib-, Grammatik- und Zeichensetzungsregeln sind zu beachten (in Zweifelsfällen sind Nachschlagewerke zu benutzen, z.B. Rechtschreib-Duden).

3.5.2 Arbeiten mit der Textverarbeitung (dargestellt anhand von Word)

90 Wie wird ein Dokument erstellt?

Ein **Dokument** (z.B. Geschäftsbrief) wird z.B. in folgenden Schritten erstellt:

- Anlegen der Datei, z.B. unter Benutzung der geeigneten Dokumentvorlage; diese kann Briefkopf, Postanschrift des Absenders, Bezugszeichenzeile sowie das Feld für die Anschrift des Empfängers enthalten;
- Eingabe des Brieftextes, Textbausteine können benutzt werden;
- Speichern der Datei.

91 Welche Arbeiten fallen bei der Textverarbeitung an?

Zu den Arbeiten im Rahmen der **Textverarbeitung** zählen:

1. Text eingeben;
2. Kopieren, Einfügen, Löschen von Texten und Textteilen;
3. Textbausteine erstellen und benutzen;
4. Suchen und Ersetzen (z.B. bestimmte Textstellen bzw. bestimmte Formatierungen);
5. Grafiken einfügen und positionieren (mit Hilfe eines Positionsrahmens);
6. Tabellen erstellen;
7. Verzeichnisse erstellen (z.B. Inhaltsverzeichnis);
8. Index erstellen (z.B. Sachwortverzeichnis);
9. Text mit der Rechtschreibprüfung kontrollieren und verbessern;
10. Text formatieren, z.B.
    - Zeichenformatierung (z.B. Schriftart, Schriftgröße, Fettdruck),
    - Absatzformatierung (z.B. Zeilenabstand, Blocksatz, Einzüge),

- Tabstopps setzen (z. B. für Dezimalzahlen),
- Textelemente hervorheben durch Rahmen und Schattierungen,
- Textspalten einrichten (z. B. dreispaltiger Text),
- Nummerierungen und Aufzählungen einsetzen;

11. Dokument gestalten, z. B.
    - Seitenränder festlegen (z. B. Rand oben),
    - Position von Kopf- und Fußzeile festlegen,
    - Papierformat festlegen (z. B. DIN A4, Hochformat);
12. Seriendruck anwenden,
    - Hauptdokument erstellen,
    - Datenquelle erstellen;
13. Text drucken.

4 Datenmanagement

4.1 Formen der Datenerfassung und Datenverarbeitung

92 Nennen Sie die Organisationsformen der Datenverarbeitung (Überblick)!

Die Organisationsformen der Datenverarbeitung werden unterschieden nach

1. **Datenerfassung** und Datenverarbeitung,
   - offline bzw. online,
   - zentral bzw. dezentral;
2. **Datenübertragung (Datenfernverarbeitung),**
   - offline bzw. online;
3. Datenverarbeitung entsprechend der **Betriebsart,**
   - Stapelverfahren,
   - Echtzeitverarbeitung;
4. Besitzer der DV-Anlage,
   - interne Datenverarbeitung (DV erfolgt im eigenen Unternehmen),
   - externe Datenverarbeitung (DV erfolgt durch ein anderes Unternehmen).

93 Unterscheiden Sie die Begriffe online und offline!

Wenn die Datenein- und -ausgabegeräte (Terminals) mit einer (auch räumlich entfernten) Datenverarbeitungsanlage in Verbindung stehen, liegt das so genannte **Online-System** vor. Ein Vorteil dieses Systems liegt vor allem darin, dass viele Benutzer direkt über die zentral gespeicherten Daten verfügen können.

Wenn die Datenerfassungsgeräte ohne Verbindung mit der Zentraleinheit betrieben werden, spricht man vom **Offline-System.** Der Nachteil liegt darin, dass die Daten zur Anlage transportiert werden müssen und dadurch Zeitverluste entstehen.

94 Unterscheiden Sie zentrale und dezentrale Datenerfassung!

Bei der **zentralen Erfassung** von Daten erfolgt die Eingabe aller Daten einheitlich durch eine Stelle.

Vorteile sind z. B.:

- weniger Datenerfassungsgeräte sind notwendig,
- rationelles Arbeiten durch speziell geschultes Personal,
- besserer Datenschutz und bessere Datensicherung sind möglich,
- i. d. R. niedrigere Gesamtkosten.

Bei der **dezentralen Erfassung** von Daten erfolgt die Eingabe der Daten i. d. R. am Ort ihrer Entstehung.

Vorteile sind z. B.:

- flexibler Einsatz von Eingabegeräten,
- bessere Zuordnung der Verantwortlichkeit für die Datenerfassung,

- Mitarbeiter kennen die Zusammenhänge der Daten besser und können bei Problemfällen schneller und gezielter reagieren.

95 Was ist Betriebsdatenerfassung?

Unter **Betriebsdatenerfassung (BDE)** versteht man die Erfassung von Fertigungs- und anderen Betriebsdaten direkt an ihren Entstehungsorten. Diese Form der dezentralen Datenerfassung findet vor allem in Industriebetrieben Anwendung. Die Datenerfassung wird i. d. R. von den Personen vorgenommen, die am Produktionsprozess selbst beteiligt sind.

96 Unterscheiden Sie zentrale, dezentrale und verteilte Datenverarbeitung!

Bei der **zentralen Datenverarbeitung** werden die betrieblichen Daten von einer einzigen Datenverarbeitungsanlage verarbeitet.

Bei der **dezentralen Datenverarbeitung** werden die betrieblichen Daten mit mehreren Datenverarbeitungsanlagen (oft in räumlicher Nähe zum Entstehungsort der Daten) verarbeitet; i. d. R. werden kleinere Datenverarbeitungsanlagen eingesetzt wie z. B. Arbeitsplatzcomputer (Personalcomputer).

Bei der **verteilten Datenverarbeitung** wird ein Teil der betrieblichen Aufgaben durch dezentral aufgestellte Computer (z. B. Personalcomputer) ausgeführt. Andere Aufgaben werden von der zentralen Datenverarbeitungsanlage übernommen.

97 Was ist Datenfernverarbeitung?

Datenfernverarbeitung (Teleprocessing) liegt vor, wenn Eingabe- bzw. Ausgabeeinheiten (oft Terminals) räumlich von der Zentraleinheit entfernt sind. Die Daten werden am Ort der Entstehung erfasst und über eine Telefonleitung (als Wähl- oder Standleitung) oder spezielle Datenübertragungsnetze an das Rechenzentrum weitergeleitet, dort verarbeitet und u. U. an die Eingabestation als Ausgabedaten zurückübertragen. Beispiele sind: Platzbuchungs-, Auskunfts- und Kassenabrechnungssysteme.

98 Unterscheiden Sie Stapelbetrieb und Echtzeitbetrieb!

In Abhängigkeit vom Zeitpunkt der Verarbeitung der Daten werden die Betriebsarten unterteilt in:

- **Stapelverarbeitung,** d. h., die zu verarbeitenden Daten werden über einen längeren Zeitraum gesammelt (gestapelt) und dann auf einmal verarbeitet.

  Anwendungsbereiche der Stapelverarbeitung sind z. B. Absatzstatistik, Lohn- und Gehaltsabrechnung, Änderungen von Stammdaten in der Personaldatei.
- **Echtzeitverarbeitung,** d. h., die Daten werden dann bearbeitet, wenn sie anfallen (es gibt keine zeitlichen Verzögerungen).

  Anwendungsbereiche der Echtzeitverarbeitung sind z. B. Platzbuchungssysteme im Reise- und Flugverkehr, Auskunftsysteme bei Banken.

4.2 Datenaustausch

99 Was versteht man unter Datenaustausch?

Datenaustausch (Datentransfer) ist eine Übertragung (Transfer) von Daten

- innerhalb des Arbeitsspeichers,
- zwischen Arbeitsspeicher und externen Speichern (z.B. Speicherung von Daten auf der Festplatte),
- zwischen Arbeitsspeicher und Eingabe- bzw. Ausgabegeräten (z.B. Ausgabe von Daten auf dem Drucker),
- zwischen zwei oder mehreren Zentraleinheiten eines Betriebes (innerbetrieblicher Datenaustausch),
- zwischen zwei oder mehreren Zentraleinheiten verschiedener Betriebe entweder in Form der Datenfernübertragung oder durch den Versand von Datenträgern (z.B. verschickt ein Betrieb seine Diskette mit der Lohnabrechnung an seine Bank zur Durchführung der Lohnüberweisung),
- innerhalb eines Programmes (z.B. werden Serienbriefe unter Verwendung von Hauptdokument und Datenquelle erstellt),
- von einem Programm in ein anderes.

100 Welche Bedeutung hat der Datenaustausch zwischen Programmen?

Durch den Austausch von Daten zwischen Programmen ist es z.B. möglich,

- Tabellen bzw. Daten aus einem Tabellenkalkulationsprogramm in einen Text eines Textverarbeitungsprogramms zu integrieren,
- Daten aus einem Tabellenkalkulationsprogramm in einem Grafikprogramm grafisch aufzubereiten,
- Daten einer Datenbank (z.B. Anschriften) als Datenquelle für das Schreiben von Serienbriefen mit einem Textverarbeitungsprogramm zu benutzen.

4.3 Datensicherung

101 Nennen Sie Möglichkeiten der Datensicherung (Überblick)!

Unter **Datensicherung** versteht man alle Maßnahmen, die gegen den Verlust und die Verfälschung von Daten durch technische Ursachen, menschliches Versagen und unberechtigte Eingriffe sowie gegen die unberechtigte Aneignung von Daten sichern sollen.

Man unterscheidet folgende Möglichkeiten der Datensicherung:

1. organisatorische Sicherung,
   - Einsatz von Datenadministratoren,
   - Anlegen von Sicherungskopien,
   - Einsatz von Notstromaggregaten (Schutz bei Stromausfall);

2. programmierte Sicherung,
   - Formatkontrolle,
   - Plausibilitätskontrolle.

102 Was sind Datenadministratoren?

Datenadministratoren sind für die Datensicherung im Betrieb verantwortlich. Sie haben z. B. folgende Aufgaben:

- Anlegen von Sicherungskopien (back up) z. B. auf Diskette, Streamerband oder Magnetplatte;
- Registrierung der an der Datenverarbeitung beteiligten Personen (Systembenutzer).

103 Was versteht man unter dem Generationsprinzip bei der Datensicherung?

Erfolgt die Datensicherung auf einem externen Speicher wie z. B. einem Magnetband, sichert man sich gegen Verlust des Bandes oder Zerstörung seines Inhalts durch die so genannte Großvater-Vater-Sohn-Technik **(Generationsprinzip der Datenfortschreibung).**

Der zu sichernde Datenbestand wird zunächst (als Kopie des Originals) auf einem Datenträger („Sohn“) gesichert; nach Ablauf der festgelegten Sicherungszeit (z. B. eine Woche) wird der aktuelle Datenbestand auf einem anderen Datenträger (als „Sohn“) gesichert; der ursprüngliche „Sohn“ wird jetzt zum „Vater“. Nach erneutem Ablauf der festgelegten Sicherungszeit wird der aktuelle Datenbestand wiederum auf einem anderen Datenträger (als „Sohn“) gesichert; der vorangegangene „Sohn“ wird zum „Vater“ und der vorangegangene „Vater“ wird zum „Großvater“. Da im Rahmen der Datensicherung normalerweise zwei Generationen aufbewahrt werden, kann der jeweilige „Großvater“ gelöscht oder überschrieben werden.

104 Was ist Formatkontrolle?

Bei der **Formatkontrolle** werden eingegebene bzw. zu verarbeitende Daten dahingehend überprüft, ob sie der festgelegten Datenstruktur entsprechen (z. B. muss das Tagesdatum achtstellig sein, 97-09-01).

105 Was ist Plausibilitätskontrolle?

Plausibilitätskontrollen überprüfen Daten, die sich innerhalb bestimmter Grenzen bewegen, auf ihre Richtigkeit (z. B. darf die Anzahl der Tage eines Monats nicht größer sein als 31).

4.4 Kommunikation und Kommunikationsnetze

4.4.1 Kommunikation

106 Was ist Kommunikation?

Kommunikation ist der Austausch von Informationen zwischen zwei Informationsmedien (Mensch bzw. Maschine), wobei jedes Medium die Funktion des Senders und Empfängers wahrnehmen kann.

Man unterscheidet Sprach-, Text-, Bild- und Datenkommunikation. Die Kommunikation wird ermöglicht durch Übertragungskanäle.

Die Zusammenhänge bei der Kommunikation können in einem **Kommunikationsmodell** dargestellt werden.

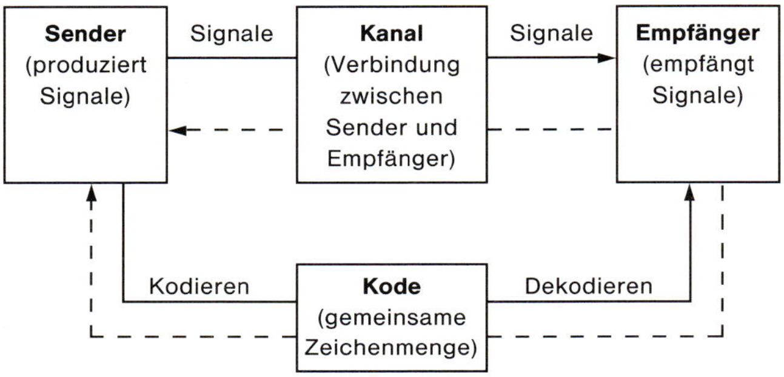

Die **Einwegkommunikation** erlaubt keinen Rollentausch zwischen Sender und Empfänger, z.B. Kommunikation über Massenmedien.

Bei der **Zweiwegkommunikation** kann der Sender zum Empfänger werden und der Empfänger zum Sender, z.B. bei einem Telefongespräch.

4.4.2 Kommunikationsnetze

107 Welche Kommunikationsnetze gibt es (Überblick)?

Man unterscheidet die **Kommunikationsnetze** z.B. in Abhängigkeit von

1. der geografischen Entfernung der Datenstationen,
   - lokale Netze,
   - Fernnetze;
2. den beteiligten Betrieben,
   - interne (innerbetriebliche) Netze,
   - externe (zwischenbetriebliche) Netze;
3. den Übertragungsnetzen (Teilnehmersystemen) der **Deutschen Telekom AG,**
   - Telefonnetz,
   - Telexnetz,
   - Datexnetz,
   - ISDN.

108 Was versteht man unter Netzkonfiguration?

Unter **Netzkonfiguration** versteht man die Art der Zusammenschaltung der Datenstationen innerhalb eines Rechnernetzes. Eine **Datenstation** (Endstation, Terminal) ist eine Endstelle in einem Rechnernetz zum Empfangen und/oder Senden von Daten. Sie besteht aus Datenendeinrichtung (Gesamtheit aller nicht für die Datenübertragung erforderlichen Geräteteile) und Datenübertragungseinrichtung.

Die Übertragungsleitungen zwischen den Datenstationen können sein

- Standleitungen (Standverbindungen),
- Wählleitungen (Wählverbindungen).

Unterschieden werden:

- private Übertragungsleitungen, nur möglich auf Privatgrundstücken in lokalen Netzen;
- Leitungen der Deutschen Telekom AG.

109 Was ist eine Standleitung?

Eine **Standleitung** verbindet zwei voneinander entfernt liegende Datenverarbeitungseinrichtungen mit fest durchgeschalteten Leitungen ständig miteinander.

Eine Standleitung bietet folgende Vorteile:

- Sie steht ausschließlich dem Benutzer zur Verfügung, dadurch entstehen keine Wartezeiten;
- sie ist bei der Übertragung von großen Datenbeständen und bei häufiger Datenübermittlung kostengünstiger als die Wählleitung;
- sie bietet eine hohe Übertragungssicherheit.

110 Was ist eine Wählleitung?

Bei der **Wählleitung** kann der Benutzer – im Gegensatz zur Standleitung – jeden dem entsprechenden Wählnetz angeschlossenen Teilnehmer für einen bestimmten Zeitraum anwählen.

Eine Wählleitung bietet folgende Vorteile:

- ein großer Teilnehmerkreis kann angesprochen werden (z. B. Telefonnetz);
- sie ist bei der Übertragung von kleinen Datenbeständen vorteilhaft.

111 Was ist ein lokales Computernetz?

Ein **lokales Computernetz** (Local area network, **LAN**)

- dient dem Datenaustausch zwischen den an das Rechnernetz angeschlossenen Einrichtungen, und zwar innerhalb eines örtlich begrenzten Bereichs (z.B. innerhalb eines Bürogebäudes oder innerhalb einer begrenzten Region.

- ist üblicherweise im Besitz eines einzelnen Betriebes und kann mit anderen lokalen Netzen im gleichen Privatbereich verbunden werden (in beiden Fällen liegt ein **internes Netz** vor);
- umfasst vor allem mehrere Arbeitsplatzrechner (Workstation), Netzwerkkarten (LAN-Karte), Kabel sowie ein besonderes Betriebssystem, das so genannte Netzwerk-Betriebssystem, (z.B. UNIX, Novell, Windows-NT);
- arbeitet mit hoher Übertragungsgeschwindigkeit und niedrigen Fehlerraten;
- arbeitet oft mit einem Server.

112 Was ist ein Server?

Der **Server** ist ein spezieller Rechner, der innerhalb eines Rechnernetzes eingesetzt wird; er

- stellt seine Leistungen allen Netzteilnehmern zur Verfügung,
- enthält die Netzwerksoftware sowie alle im Netz benötigten Programme,
- verwaltet die Daten der Netzteilnehmer,
- steuert das Drucken der Daten,
- ermöglicht die Verbindung mit anderen Netzen.

113 Was ist ein Computerfernnetz?

Ein **Fernnetz** (Weitverkehrsnetz, Wide area network, **WAN**)

- ermöglicht den Datenaustausch zwischen Datenstationen bzw. zwischen lokalen Computernetzen (auch weltweite Netze sind möglich);
- ist unabhängig von der Eigentumsregelung für die betroffenen Grundstücke;
- benutzt die Fernmeldewege (Datenübertragungswege) z.B. der Telekom als Stand- oder Wählleitungen;
- benötigt als Schnittstelle zum Übertragungsnetz Datenübertragungseinrichtungen wie z.B. Modem, ISDN.

114 Nennen Sie die Übertragungsnetze der Deutschen Telekom AG!

Die **Deutsche Telekom AG** bietet folgende Übertragungsnetze an:

- **Telefonnetz,** Übertragungsnetz für Fernsprechverkehr, Telefax sowie Datenfernübertragung (z.B. mit Hilfe von Akustikkoppler und Modem);
- **Telexnetz,** Übertragungsnetz für Fernschreiben;
- **Datexnetz,** Übertragungsnetz für Teletex;
- **ISDN.**

115 Was ist ISDN?

ISDN (**I**ntegrated **S**ervices **D**igital **N**etwork, Dienste integrierendes digitales Nachrichtennetz) ist ein Kommunikationsnetz der Deutschen Telekom AG, das national und international als

Universalnetz für die Übermittlung von Sprache, Text und Bild genutzt wird.

ISDN bietet vor allem folgende Vorteile:

- vielfältige Kommunikationsmöglichkeiten, z. B. Nutzung von Telefon, Bildtelefon, Telex und Telefax über einen einzigen ISDN-Anschluss;
- gleichzeitige und voneinander unabhängige Kommunikation bei einem Anschluss, z. B. können Telefon und Faxgerät gleichzeitig genutzt werden;
- schnelle Kommunikation durch sehr hohe Übertragungsraten der Daten.

4.4.3 Anwendungen der Kommunikation

116 Nennen Sie Möglichkeiten, um Nachrichten zu versenden und zu empfangen!

Zu den Anwendungen der Kommunikation zählen:

1. Dienste der Deutschen Telekom AG, z. B.
   - Telefon, weitere Anbieter sind z. B. Mannesmann Arcor, Mobilcom,
   - Telex,
   - Telefax,
   - T-Online;
2. E-Mail, z. B.
   - Mailbox,
   - Telebox;
3. Externe Datenbank, z. B.
   - Juris,
   - Genios.

117 Was ist Telex?

Unter **Telex** versteht man den internationalen öffentlichen Fernschreibverkehr, dessen Fernschreibwählnetz Telexnetz heißt. Die Teilnehmer am Telexverkehr haben die Möglichkeit, sich gegenseitig über die Telexkennung anzuwählen und sich Fernschreiben zu übermitteln. Die im Telexverkehr eingesetzten Geräte bezeichnet man als Fernschreibmaschinen (Fernschreiber, Telexgerät).

118 Was ist Telefax?

Telefax (Fax) ist ein internationaler öffentlicher Dienst für die originalgetreue Übertragung von Schriftstücken und Bildern über das Telefonnetz. Die eingesetzten Geräte bezeichnet man als Telefaxgeräte, Telekopierer bzw. Fernkopierer (ein Fax kann auch mittels PC übertragen werden).

119 Was ist T-Online?

T-Online ist der Online- und Internet- Dienst der Deutschen Telekom AG[1]. Dieser Dienst bietet:

- **Btx und Btx plus,** beinhalten zahlreiche Möglichkeiten der Online-Kommunikation wie z. B. Homebanking (z. B. Abrufen von Kontoständen, Veranlassung von Überweisungen), Homeshopping (z. B. Bestellen von Waren über den Bild-

1 Weitere Online-Informationsdienste sind z. B. AOL und CompuServe.

schirm), Zugang zu Datenbanken und Auskunftssystemen, direkte Verbindung zu Redaktionen;

- Zugangsmöglichkeit zum **Internet,** dem weltweiten Kommunikations- und Informationsnetz (z. B. Zugriff auf Informationen von Bibliotheken auf der ganzen Welt);
- **E-Mail,** ermöglicht das weltweite Versenden und Empfangen von Nachrichten.

Um T-Online nutzen zu können, benötigt man PC, Modem bzw. ISDN, Anschlusskennung (Zugangsberechtigung) sowie T-Online-Software der Deutschen Telekom AG.

120 Was ist E-Mail?

Unter **E-Mail** versteht man entweder die Übermittlung von Informationen (Text-, Bild- und Sprachkommunikation) auf elektronischen Übertragungswegen oder die übermittelte Information selbst. Die Übermittlung erfolgt vorwiegend vom PC des Absenders zum PC des Empfängers durch Übertragungsnetze (z. B. ISDN).

121 Was versteht man unter Mailbox?

Unter **Mailbox** versteht man einen elektronischen Briefkasten, in den ein Absender seine Nachrichten für den Empfänger hinterlegt und aus dem der Empfänger die Nachrichten entnehmen kann. Endgeräte im Mailbox-System können z. B. Personalcomputer sein.

Voraussetzung für die Anwendung der Mailbox ist ein entsprechendes Kommunikationsnetz:

- Übertragungsnetze der Deutschen Telekom AG (z. B. ISDN); diesen Dienst bezeichnet man als **Telebox**;
- private Netze (z. B. lokale Netze); hier spricht man von einer privaten Mailbox.

122 Was sind externe Datenbanken?

Externe Datenbanken sind umfassende Informationssysteme für ein bestimmtes Wissensgebiet, die von dem Anbieter den Teilnehmern bei einer entsprechenden Nutzungsberechtigung (z. B. Zahlung eines Beitrages) angeboten werden.

Beispiele für bekannte Datenbanken sind

- JURIS, liefert Informationen über Gesetze, Rechtsfälle und Urteile;
- GENIOS, liefert Informationen über Firmen, Produkte und Börsenkurse;
- PATOS, liefert Informationen über angemeldete Patente.

Vorteile einer externen Datenbank sind:

- Dem Benutzer stehen ganz spezielle und umfassende Informationen über ein bestimmtes Gebiet zur Verfügung;
- die Daten sind schnell verfügbar (Online-System);
- die gewünschten Daten können gezielt über Suchbegriffe gefunden werden;
- die zur Verfügung stehenden Daten sind stets aktuell.

5 Einsatz der Datenverarbeitung im Betrieb

123 Welche Kriterien sind für die Einführung der Datenverarbeitung zu beachten?

Bevor in einem Betrieb die Datenverarbeitung eingeführt wird, sind folgende Kriterien zu beachten:

- Die angestrebten Ziele sind zu formulieren (z.B. Rationalisierung in Verwaltung und Produktion, bessere und schnellere Informationsverarbeitung);
- die betroffenen betrieblichen Bereiche sind festzulegen (z.B. Rechnungswesen, Beschaffung, Fertigung);
- die einzusetzende Hardware und Software sind festzulegen;
- die Organisationsformen der Datenverarbeitung sind festzulegen (siehe Seite 360f.);
- eine Wirtschaftlichkeitsanalyse ist durchzuführen (z.B. muss der erwartete Nutzen die zu erwartenden Kosten übersteigen);
- im Finanzplan sind die erforderlichen Mittel festzulegen und die Finanzierung ist sicherzustellen;
- In Abhängigkeit von der Dringlichkeit ist festzulegen, in welcher Reihenfolge die Datenverarbeitung in den einzelnen Bereichen eingeführt wird.

124 Wie erfolgt die Einführung der Datenverarbeitung im Betrieb?

Bei der Einführung der Datenverarbeitung im Betrieb ist Folgendes zu beachten:

- In einem Umstellungsplan ist für alle betroffenen Abteilungen der Zeitpunkt der Einführung festzulegen;
- für die betroffenen Mitarbeiter sind Informations- und Schulungsmaßnahmen durchzuführen;
- der Einstellungsbedarf für zusätzliche Mitarbeiter ist zu ermitteln;
- Maßnahmen zur Datensicherung sind festzulegen (siehe Seite 362f.);
- der Datenschutz ist sicherzustellen (siehe Seite 371);
- Hardware und Software sind zu testen;
- es ist zu prüfen, ob die geänderten Arbeitsabläufe optimal aufeinander abgestimmt sind;
- für auftretende Anlaufschwierigkeiten sind Überbrückungsmaßnahmen vorzusehen.

125 Welche Arbeitsvorgänge eignen sich für die Datenverarbeitung?

Um festzustellen, welche Arbeitsvorgänge für die Verarbeitung mit einer DV-Anlage geeignet sind, gibt es folgende Überprüfungskriterien:

- Arbeiten sollten sich häufig wiederholen (z.B. Buchungen),
- Arbeiten sollten schematisierbar sein (z.B. Eingabe der Buchungssätze mit Hilfe von Eingabemasken),

24 Groh/Schröer – ISBN 3-8120-0420-8

- gleichartige Belege bzw. Schriftstücke sollten vorliegen (z. B. standardisierte Materialentnahmescheine),
- die Datenmenge sollte umfangreich sein (z. B. Anzahl der Buchungen pro Tag),
- die Bearbeitungszeiten sollten wesentlich verkürzt werden (z. B. Erstellung des Jahresabschlusses),
- die benötigten Informationen sollten wesentlich schneller zur Verfügung stehen (z. B. Auswertung des Jahresabschlusses).

126 Nennen Sie Kriterien für die Auswahl der Hardware!

Kriterien für die Auswahl der zu beschaffenden **Hardware** sind z. B.

- zu erfüllende Aufgaben (z. B. Steuerung der gesamten Fertigung),
- Anforderungen der geplanten Software an die Hardware,
- Leistungsfähigkeit der DV-Anlage (siehe Seite 334),
- Installation von Einzelplatzgeräten oder eines Rechnernetzes (siehe Seite 364 f.),
- Kompatibilität der Hardware (siehe Seite 333),
- Erweiterungsmöglichkeiten der Hardware (z. B. vorhandene Schnittstellen, Vergrößerung des Arbeitsspeichers),
- Ergonomie der Hardware (siehe Seite 227),
- Kosten der Hardware (Kauf oder Leasing).

127 Nennen Sie Kriterien für die Auswahl der Software!

Kriterien für die Auswahl zu beschaffender **Software** sind z. B.

- zu erfüllende Aufgaben (z. B. Textverarbeitung, Tabellenkalkulation, Geschäftsgrafik),
- Leistungsumfang der Software,
- Kompatibilität der Software,
- Bedienerfreundlichkeit der Software (z. B. Menüsystem und grafische Benutzeroberfläche, siehe Seite 341 f.),
- Hilfefunktion (z. B. Online-Hilfe, die sehr schnell und einfach Erläuterungen zu einem bestimmten Problem gibt),
- Handbuch (z. B. soll es umfassend, leicht verständlich, übersichtlich und fehlerfrei sein),
- Kosten der Software,
- Pflege der Software (z. B. stellt der Softwarehersteller Neuerungen und Verbesserungen zur Verfügung?).

6 Rahmenbedingungen und Auswirkungen der Datenverarbeitung

6.1 Datenschutz

128 Was ist Datenschutz?

Zweck des **Bundesdatenschutzgesetzes** ist es, den Einzelnen davor zu schützen, dass er durch den Umgang mit seinen personenbezogenen Daten in seinem Persönlichkeitsrecht beeinträchtigt wird.

Das Gesetz gilt für die Erhebung, Verarbeitung und Nutzung personenbezogener Daten durch

- öffentliche Stellen des Bundes und der Länder (z. B. Finanzbehörden);
- nichtöffentliche Stellen, soweit sie Daten geschäftsmäßig oder für gewerbliche Zwecke verarbeiten oder nutzen (z. B. Personalverwaltung eines privaten Unternehmens, Schufa).

Personenbezogene Daten sind Einzelangaben über persönliche Verhältnisse (z. B. Alter, Bildung, Krankheiten) oder sachliche Verhältnisse (z. B. Vermögen, Schulden) einer natürlichen Person. Die Verarbeitung personenbezogener Daten und deren Nutzung sind nur zulässig, wenn sie gesetzlich erlaubt sind oder soweit der Betroffene eingewilligt hat.

Den bei der Datenverarbeitung beschäftigten Personen ist untersagt, personenbezogene Daten unbefugt zu verarbeiten oder zu nutzen **(Datengeheimnis).**

129 Welche Rechte haben Betroffene bei der Datenverarbeitung durch öffentliche Stellen?

Bei der Datenverarbeitung personenbezogener Daten durch **öffentliche Stellen** hat der Betroffene nach dem Bundesdatenschutzgesetz das Recht auf

- **Auskunft,** dem Betroffenen ist auf Antrag Auskunft zu erteilen über die zu seiner Person gespeicherten Daten und den Zweck der Speicherung;
- **Berichtigung,** personenbezogene Daten sind zu berichtigen, wenn sie unrichtig sind;
- **Löschung,** personenbezogene Daten sind zu löschen, wenn ihre Speicherung unzulässig ist oder wenn die Daten nicht mehr erforderlich sind;
- **Sperrung,** personenbezogene Daten sind z. B. zu sperren, wenn ihre Richtigkeit vom Betroffenen bestritten wird und sich weder die Richtigkeit noch die Unrichtigkeit feststellen lässt (gesperrte Daten sind zu kennzeichnen, um ihre weitere Verarbeitung oder Nutzung einzuschränken).

130 Welche Rechte haben Betroffene bei der Datenverarbeitung durch nichtöffentliche Stellen?

Bei der Datenverarbeitung personenbezogener Daten durch **nichtöffentliche Stellen** hat der Betroffene nach dem Bundesdatenschutzgesetz das Recht auf

- **Benachrichtigung,** werden erstmals personenbezogene Daten für eigene Zwecke gespeichert, ist der Betroffene von der Speicherung und der Art der Daten zu benachrichtigen;
- Auskunft;
- Berichtigung, Löschung und Sperrung von Daten.

131 Welche Bedeutung hat der Bundesdatenschutzbeauftragte?

An den **Bundesbeauftragten für den Datenschutz** kann sich jedermann wenden, wenn er der Ansicht ist, dass seine Rechte bei der Verarbeitung seiner personenbezogenen Daten durch öffentliche Stellen des Bundes verletzt worden sind.

132 Welche Bedeutung hat der Beauftragte für den Datenschutz?

Nichtöffentliche Stellen, die personenbezogene Daten verarbeiten, haben einen **Beauftragten für den Datenschutz** zu bestellen, wenn

- die Daten automatisiert verarbeitet werden und hierbei i.d.R. mindestens fünf Arbeitnehmer ständig beschäftigt werden oder
- die Daten auf andere Weise (z.B. manuell) verarbeitet werden und hierbei mindestens 20 Arbeitnehmer ständig beschäftigt werden.

Der Datenschutzbeauftragte hat im Hinblick auf personenbezogene Daten z.B. folgende Aufgaben:

- Überwachung des Einsatzes der Datenverarbeitungsprogramme,
- Schulung der DV-Mitarbeiter in Bezug auf Datenschutzvorschriften,
- Mitwirkung bei der Auswahl des DV-Personals.

Das Unternehmen hat dem Beauftragten für den Datenschutz eine Übersicht zur Verfügung zu stellen, die Angaben enthält z.B. über eingesetzte Datenverarbeitungsanlagen, Art der Dateien, Art der gespeicherten Daten, regelmäßige Empfänger der Daten und zugriffsberechtigte Personen.

6.2 Auswirkungen der Datenverarbeitung

133 Welche Auswirkungen hat die Datenverarbeitung auf die berufliche Tätigkeit im Industriebetrieb?

Der zunehmende Einsatz der Datenverarbeitung im Industriebetrieb verändert in besonderem Maße

- Aus- und Weiterbildung der Mitarbeiter (erforderlich sind Grundwissen der Datenverarbeitung und spezielle Kenntnisse über die am Arbeitsplatz eingesetzte Hard- und Software);
- die technische Ausstattung am Arbeitsplatz (ständig steigender Einsatz von Großrechnern sowie leistungsstarken

Arbeitsplatzrechnern und Auf- bzw. Ausbau von Netzwerken, die einen schnellen Datenaustausch zwischen den einzelnen Datenverarbeitungsgeräten ermöglichen);

- Tätigkeiten im Verwaltungs- und Vertriebsbereich (Einsatz von Software wie z. B. Textverarbeitungs-, Tabellenkalkulations-, Geschäftsgrafik-, Datenbank- und Projektplanungs-Programmen);
- Tätigkeiten im Produktionsbereich (Einsatz von Software für die computerintegrierte Produktion [CIM]; Bausteine sind z. B. computerunterstütztes Zeichnen und Konstruieren [CAD], Betriebsdatenerfassung [BDE], computergesteuerte Werkzeugmaschinen [CNC], Produktionsplanung und -steuerung [PPS]).

134 Welche Auswirkungen hat die Datenverarbeitung auf die Aufbauorganisation?

Der Einsatz der Datenverarbeitung kann folgende Auswirkungen auf die **Aufbauorganisation** eines Betriebes haben:

- Beeinflussung und Änderung der Leitungssysteme, z. B. Einrichtung von Stabstellen und Projektgruppen (siehe Seite 173 und 291);
- Umstrukturierung von Abteilungen und Bildung neuer Abteilungen (siehe Seite 171);
- Neufestlegung der Instanzen (siehe Seite 171);
- Neufestlegung der Aufgaben der betroffenen Stellen mit Hilfe der Stellenbeschreibung (siehe Seite 171).

135 Welche Auswirkungen hat die Datenverarbeitung auf die Ablauforganisation?

Der Einsatz der Datenverarbeitung kann folgende Auswirkungen auf die **Ablauforganisation** eines Betriebes haben:

- geänderte Arbeitsabläufe aufgrund der Neufestlegung der Stellenaufgaben und aufgrund des Einsatzes von DV-Geräten (siehe Seite 176 f.),
- geänderte Arbeitsanweisungen (siehe Seite 178),
- geänderte Arbeitsplatzbeschreibungen (siehe Seite 178).

136 Welche Auswirkungen hat die Datenverarbeitung auf die Raum- und Arbeitsplatzgestaltung?

Der Einsatz der Datenverarbeitung stellt z. B. folgende Anforderungen an die Raum- und Arbeitsplatzgestaltung:

- richtige Beleuchtung, Steuerung der Raumtemperatur durch Klimaanlagen, Lärmreduzierung durch schalldämmende Maßnahmen;
- Einrichtung von datenverarbeitungsgerechten Arbeitsplätzen;
- Gewährleistung des Datenschutzes durch die entsprechende Anordnung der Datenverarbeitungsgeräte am Arbeitsplatz;
- Beachtung ergonomischer Erkenntnisse bezüglich der Arbeitsplatzgestaltung, z. B. leistungsfördernde Hardware und bedienerfreundliche Software (siehe Seite 227).

7 Aufgaben

Die Lösungen der Aufgaben zur Datenverarbeitung sind im Anhang, Seite 578 ff. zu finden.

Aufgabe 1

Sie sind Auszubildende/Auszubildender der Firma Fensterbau GmbH, Dachsweg 117, 66128 Saarbrücken, Telefon (06 81) 33 44 88, Telefax (06 81) 20 30 40.

Situation:

In Ihrem Ausbildungsbetrieb sollen alle Dateien der Einkaufsabteilung, die zum Teil noch in Form von Karteien geführt werden, in eine Datenbank zusammengefasst werden, und zwar mit Hilfe des Datenbankprogramms Access.

Folgende Karteikarten liegen vor:

Kartei Lieferanten Farben

Lieferant	**Farben**
lfd.Nr.:	1
Firma:	Lacke Gräser
Straße:	Bayernstr.9
PLZ:	66111
Ort:	Saarbrücken
Telefon:	(06 81) 12 35 46
Telefax:	(06 81) 12 35 47
Ansprechpartner:	Fr. Hirsch
Mindestsumme:	3000,00 DM
Stammlieferant:	☐ Ja ☒ Nein

Lieferant	**Farben**
lfd.Nr.:	2
Firma:	Farben Münster
Straße:	Adamsweg
PLZ:	67435
Ort:	Neustadt a. d. W.
Telefon:	(0 63 21) 15 03 10
Telefax:	(0 63 21) 15 03 23
Ansprechpartner:	Fr. Reiland
Mindestsumme:	5000,00 DM
Stammlieferant:	☒ Ja ☐ Nein

Lieferant	**Farben**
lfd.Nr.:	3
Firma:	Farben Gross
Straße:	Achstr. 56
PLZ:	66119
Ort:	Saarbrücken
Telefon:	(06 81) 52 05 91
Telefax:	(0681) 52 06 00
Ansprechpartner:	H. Hessler
Mindestsumme:	3000,00 DM
Stammlieferant:	☒ Ja ☐ Nein

Lieferant	**Farben**
lfd.Nr.:	4
Firma:	Braun Lackfabrik
Straße:	Maybachstr. 28
PLZ:	67269
Ort:	Grünstadt
Telefon:	(0 63 59) 8 00 50
Telefax:	(0 63 59) 80 05 01
Ansprechpartner:	Fr. Greif
Mindestsumme:	4000,00 DM
Stammlieferant:	☐ Ja ☒ Nein

Lieferant	**Farben**
lfd.Nr.:	5
Firma:	FALA Farben GmbH
Straße:	Denisstr. 140
PLZ:	67663
Ort:	Kaiserslautern
Telefon:	(06 31) 25 50 55
Telefax:	(06 31) 25 50 56
Ansprechpartner:	H. Mittag
Mindestsumme:	8000,00 DM
Stammlieferant:	☒ Ja ☐ Nein

Lieferant	**Farben**
lfd.Nr.:	6
Firma:	Farben Rung OHG
Straße:	Auestr. 19
PLZ:	67346
Ort:	Speyer
Telefon:	(0 62 32) 63 30 33
Telefax:	(0 62 32) 63 30 34
Ansprechpartner:	H. Daum
Mindestsumme:	6000,00 DM
Stammlieferant:	☒ Ja ☐ Nein

Kartei Produkte Farben

Produkt	Farben
lfd.Nr.:	1
Bezeichnung:	Acryllack weiß
Bestell-Nr:	25691
Lieferanten-Nr:	1
Einheit in Liter:	10
Mindestmenge:	100
EP je Einheit:	90,60 DM

Produkt	Farben
lfd.Nr.:	2
Bezeichnung:	Acryllack rot
Bestell-Nr:	25692
Lieferanten-Nr:	1
Einheit in Liter:	10
Mindestmenge:	100
EP je Einheit:	90,60 DM

Produkt	Farben
lfd.Nr.:	3
Bezeichnung:	Acryllack schwarz
Bestell-Nr:	25693
Lieferanten-Nr:	1
Einheit in Liter:	10
Mindestmenge:	100
EP je Einheit:	90,60 DM

Produkt	Farben
lfd.Nr.:	4
Bezeichnung:	Grundierlack
Bestell-Nr:	2364
Lieferanten-Nr:	5
Einheit in Liter:	25
Mindestmenge:	200
EP je Einheit:	104,20 DM

Produkt	Farben
lfd.Nr.:	5
Bezeichnung:	Alldeck Vorlack w.
Bestell-Nr:	665 K
Lieferanten-Nr:	4
Einheit in Liter:	25
Mindestmenge:	200
EP je Einheit:	174,30 DM

Produkt	Farben
lfd.Nr.:	6
Bezeichnung:	Alldeck Weißlack
Bestell-Nr:	667 L
Lieferanten-Nr:	4
Einheit in Liter:	5
Mindestmenge:	50
EP je Einheit:	42,90 DM

Produkt	Farben
lfd.Nr.:	7
Bezeichnung:	Alldeck Weißlack
Bestell-Nr:	667 E
Lieferanten-Nr:	4
Einheit in Liter:	10
Mindestmenge:	100
EP je Einheit:	78,50 DM

Produkt	Farben
lfd.Nr.:	8
Bezeichnung:	Alldeck Weißlack
Bestell-Nr:	667 J
Lieferanten-Nr:	4
Einheit in Liter:	25
Mindestmenge:	200
EP je Einheit:	164,10 DM

Produkt	Farben
lfd.Nr.:	9
Bezeichnung:	Glemalux Klarlack
Bestell-Nr:	2391
Lieferanten-Nr:	5
Einheit in Liter:	25
Mindestmenge:	25
EP je Einheit:	118,70 DM

Produkt	Farben
lfd.Nr.:	10
Bezeichnung:	Alldeck Weißlack
Bestell-Nr:	F 1458
Lieferanten-Nr:	3
Einheit in Liter:	10
Mindestmenge:	50
EP je Einheit:	71,20 DM

Produkt	Farben
lfd.Nr.:	11
Bezeichnung:	Alldeck Weißlack
Bestell-Nr:	F 1459
Lieferanten-Nr:	3
Einheit in Liter:	25
Mindestmenge:	50
EP je Einheit:	159,90 DM

Produkt	Farben
lfd.Nr.:	12
Bezeichnung:	Acryllack weiß
Bestell-Nr:	2399
Lieferanten-Nr:	5
Einheit in Liter:	10
Mindestmenge:	10
EP je Einheit:	98,70 DM

Produkt	Farben
lfd.Nr.:	13
Bezeichnung:	Alldeck Weißlack
Bestell-Nr:	AW 125
Lieferanten-Nr:	2
Einheit in Liter:	5
Mindestmenge:	100
EP je Einheit:	41,90 DM

Produkt	Farben
lfd.Nr.:	14
Bezeichnung:	Alldeck Weißlack
Bestell-Nr:	2 A 35
Lieferanten-Nr:	6
Einheit in Liter:	10
Mindestmenge:	200
EP je Einheit:	72,20 DM

Produkt	Farben
lfd.Nr.:	15
Bezeichnung:	Alldeck Weißlack
Bestell-Nr:	25681
Lieferanten-Nr:	1
Einheit in Liter:	25
Mindestmenge:	100
EP je Einheit:	172,00 DM

Aufgabenstellung:

a) Legen Sie die Struktur der Tabelle für die Lieferanten fest; die Lieferantennummer ist automatisch für jeden Lieferanten zu vergeben!
b) Legen Sie die Struktur der Tabelle für die Produkte fest; die Produktnummer ist automatisch für jedes Produkt zu vergeben!
c) Erstellen Sie für die Eingabe der Lieferantendaten ein Formular (als Autoformular)!
d) Erstellen Sie für die Eingabe der Produktdaten ein Formular (als Autoformular)!
e) Geben Sie die Datensätze für die Lieferanten ein!
f) Geben Sie die Datensätze für die Produkte ein!
g) Stellen Sie für die Datenbank sicher, dass kein Lieferant aus der Lieferantentabelle gelöscht werden kann, solange Produkte von ihm in der Produkttabelle enthalten sind!
h) Ermitteln Sie, welche Lieferanten zu welchen Preisen Alldeck Weißlack als 25-Liter-Gebinde anbieten!
i) Erstellen Sie für Alldeck Weißlack als 25-Liter-Gebinde einen Ausdruck mit allen relevanten Daten!
j) Ermitteln Sie, welche Lieferanten zu welchen Preisen Lacke in der Farbe Weiß als 10-Liter-Gebinde anbieten!
k) Ermitteln Sie für die Farbe Alldeck Weißlack den Einkaufspreis je Liter!

Aufgabe 2

Sie sind Mitarbeiter/Mitarbeiterin des Sportartikelherstellers Topfit KG, Sauerwiesweg 9, 66117 Saarbrücken, Telefon (0681) 471114, Telefax (0681) 471115.

Situation:

Der Leiter der Marketingabteilung in der Unternehmenszentrale legt Ihnen die Umsätze der vier Fabrikfilialen für das 1. Quartal vor:

Filiale 1	Januar	142500,00 DM	Februar	131100,00 DM	März	143600,00 DM
Filiale 2	Januar	64300,00 DM	Februar	67900,00 DM	März	74200,00 DM
Filiale 3	Januar	166440,00 DM	Februar	153900,00 DM	März	168720,00 DM
Filiale 4	Januar	72300,00 DM	Februar	83700,00 DM	März	89900,00 DM

Aufgabenstellung:

a) Erstellen Sie eine Tabelle anhand der oben aufgeführten Umsatzzahlen!
b) Ermitteln Sie sowohl für die Monate als auch für die Filialen mit Hilfe geeigneter Formeln die Summen!
c) Ermitteln Sie in einer gesonderten Tabellenspalte den prozentualen Anteil der Filialumsätze am Gesamtumsatz der vier Fabrikfilialen!
d) Erstellen Sie ein Säulendiagramm, das für die vier Fabrikfilialen die Umsatzentwicklung von Januar bis März darstellt! Das Diagramm soll Titel, Legende und Achsenbeschriftung enthalten.
e) Erstellen Sie ein Kreisdiagramm, welches für das gesamte Quartal die Umsatzanteile der Fabrikfilialen darstellt!

Aufgabe 3

Sie sind Mitarbeiter/Mitarbeiterin des Getränkeherstellers Waldqelle GmbH, Im Waldweg 27, 66440 Blieskastel, Telefon (06842) 9911, Telefax (06842) 1561.

Situation:

Der Leiter der Personalabteilung legt Ihnen folgende Zahlen für die Personalentwicklung im Jahr 19. . vor; bei den Werten handelt es sich um Stichtagswerte zum jeweiligen Quartalsende.

Quartal I	Innendienst	15	Außendienst	20	Auszubildende	4
Quartal II	Innendienst	16	Außendienst	24	Auszubildende	2
Quartal III	Innendienst	18	Außendienst	29	Auszubildende	5
Quartal IV	Innendienst	16	Außendienst	21	Auszubildende	5

Aufgabenstellung:

a) Erstellen Sie eine Tabelle anhand der oben aufgeführten Angaben!

b) Ermitteln Sie für jedes Quartal die Gesamtzahl der Mitarbeiter!

c) Ermitteln Sie zusätzlich für jedes Quartal die prozentualen Anteile der Mitarbeiter/Mitarbeiterinnen im Innendienst, Außendienst und der Auszubildenden an der Gesamtzahl der Beschäftigten!

d) Erstellen Sie ein Liniendiagramm, das für die vier Quartale die Personalentwicklung für die Personalbereiche Innendienst, Außendienst und Auszubildende darstellt! Das Diagramm soll Titel, Legende und Achsenbeschriftung enthalten.

e) Erstellen Sie ein 3-D-Kreisdiagramm, welches für das Quartal III die Personalanteile der drei Bereiche darstellt! Der Anteil der Auszubildenden ist besonders hervorzuheben!

Aufgabe 4

Sie sind Mitarbeiter/Mitarbeiterin des Büromaschinenherstellers Waldner OHG, Obere Kaiserstraße 138, 66386 St. Ingbert, Telefon (06894) 52267, Telefax (06894) 52268.

Situation:

Ihnen liegen für den Geschäfts-Pkw des Außendienstmitarbeiters folgende Abrechnungsdaten vor, und zwar für das 1. Quartal 19 . . Der Kilometerstand am Ende des vorangegangenen Quartals betrug 26500 km.

Tankdatum: 08.01.	Kilometerstand: 27320	Liter: 52,8	Rechnungsbetrag: 78,58 DM
Tankdatum: 23.01.	Kilometerstand: 28115	Liter: 50,2	Rechnungsbetrag: 76,72 DM
Tankdatum: 05.02.	Kilometerstand: 29125	Liter: 73,5	Rechnungsbetrag: 114,74 DM
Tankdatum: 19.02.	Kilometerstand: 29952	Liter: 56,9	Rechnungsbetrag: 92,39 DM
Tankdatum: 05.03.	Kilometerstand: 30499	Liter: 45,6	Rechnungsbetrag: 75,24 DM
Tankdatum: 15.03.	Kilometerstand: 31200	Liter: 58,1	Rechnungsbetrag: 95,87 DM
Tankdatum: 28.03.	Kilometerstand: 31748	Liter: 46,4	Rechnungsbetrag: 76,56 DM

Aufgabenstellung:

a) Erstellen Sie eine Tabelle, welche Tankdatum, den alten Kilometerstand, den neuen Kilometerstand, die getankten Liter und den Rechnungsbetrag enthält!

b) Berechnen Sie in der Tabelle die gefahrenen Kilometer pro Tankfüllung sowie den jeweiligen DM-Betrag pro Liter (dargestellt mit drei Dezimalstellen)!

c) Berechnen Sie in der Tabelle den Benzinverbrauch je 100 km pro Tankfüllung sowie den Verbrauch je 100 km, wenn man die gefahrenen Kilometer insgesamt zugrunde legt!
d) Stellen Sie in einem Liniendiagramm den Verbrauch je 100 km für jede Tankfüllung dar!
e) Stellen Sie in demselben Diagramm den Verbrauch je 100 km für die gefahrenen Kilometer insgesamt dar! Das Diagramm soll Titel, Untertitel, Legende und Achsenbeschriftung enthalten.

Aufgabe 5

Sie sind Auszubildender/Auszubildende der Firma Fensterbau GmbH, Dachsweg 117, 66128 Saarbrücken, Telefon (0681) 334488, Telefax (0681) 203040.

Situation:

Der Leiter der Personalabteilung legt Ihnen für die Mitarbeiter und Mitarbeiterinnen der Glaserei folgende Liste mit Soll- und Iststunden im Monat Januar vor:

Abel	176 Sollstunden	168 Iststunden
Greiner	176 Sollstunden	160 Iststunden
Hoffmann	88 Sollstunden	84 Iststunden
Mayer	176 Sollstunden	156 Iststunden
Mungei	88 Sollstunden	86 Iststunden
Rieger	176 Sollstunden	176 Iststunden

Aufgabenstellung:

a) Stellen Sie in einer Tabelle für jeden Mitarbeiter die Soll- und Iststunden gegenüber, ermitteln Sie die Fehlstunden und berechnen Sie den prozentualen Anteil der Fehlstunden an den jeweiligen Sollstunden! Ermitteln Sie die jeweiligen Spaltensummen!
b) Um die Fehlstunden zu verringern, gewährt die Unternehmensleitung jedem Mitarbeiter einen Prämienpunkt, wenn er im Monat nicht mehr als vier Stunden fehlt. Stellen Sie diese Regelung in der Tabelle dar!
c) Die eingeführte Prämienregelung soll nach Ansicht des Betriebsrates so umgestaltet werden, dass der Mitarbeiter dann einen Prämienpunkt erhält, wenn der prozentuale Anteil seiner Fehlstunden (gemessen an seinen Sollstunden) 2,3 % nicht übersteigt. Stellen Sie diese Regelung ebenfalls in der Tabelle dar!
d) Erstellen Sie ein Balkendiagramm, das für jeden Mitarbeiter die Soll- und Iststunden gegenüberstellt!
e) Das Balkendiagramm soll Titel, Legende und Achsenbeschriftung enthalten!

Aufgabe 6

Sie sind Auszubildende/Auszubildender des Getränkeherstellers Waldquelle GmbH, Im Waldweg 27, 66440 Blieskastel, Telefon (06842) 9911, Telefax (06842) 1561.

Situation:

Ihr Ausbildungsbetrieb beabsichtigt eine Lagerhalle für Getränke zu bauen und die Planung mit Hilfe des Projektplanungsprogramms Project durchzuführen. Ihnen liegen folgende Informationen von den beteiligten Firmen vor:

Firma	Art der Arbeit	Dauer	Ressource	Kosten je Einheit
Baufirma	Baugrube ausheben	2 Tage	1 Bagger 2 Bauarbeiter	200 DM/Std. 50 DM/Std.
	Rohbau	3 Wochen	6 Bauarbeiter 1 Betonmischer	50 DM/Std. 30 DM/Std.
	Keller	2 Wochen	5 Bauarbeiter 1 Betonmischer	50 DM/Std. 30 DM/Std.
	Fundament	1,5 Wochen	3 Bauarbeiter 1 Betonmischer	50 DM/Std. 30 DM/Std.
Installations-firma	Heizung	1 Woche	3 Installateure	65 DM/Std.
	Wasser	1 Woche	2 Installateure	65 DM/Std.
	Strom	1,5 Wochen	2 Elektriker	70 DM/Std.
Dachdecker	Dach decken	1 Woche	3 Dachdecker	53 DM/Std.
Zimmermann	Dachstuhl errichten	1 Woche	4 Zimmerleute	58 DM/Std.
Maler	Malerarbeiten	1 Woche	3 Anstreicher	52 DM/Std.
Gipser	Innenputz	2 Wochen	2 Gipser	64 DM/Std.
	Außenputz	1 Woche	3 Gipser	64 DM/Std.
Schreiner	Fenster und Türen	1 Woche	3 Schreiner	51 DM/Std.

Beginn der Arbeiten: 6. Januar 19. .

Die Malerarbeiten werden erst begonnen, wenn die Innen- und Außenputzarbeiten beendet sind.

Aufgabenstellung:

a) Erstellen Sie eine Liste, welche Reihenfolge und Dauer der einzelnen Arbeiten enthält!

b) Erstellen Sie das entsprechende Balkendiagramm!

c) Geben Sie anhand des Balkendiagramms Beginn und Ende aller Arbeiten sowie den Endtermin des geplanten Hallenbaus an!

d) Geben Sie anhand des Balkendiagramms die kritischen Vorgänge an!

e) Erstellen Sie für den geplanten Neubau den Netzplan!

f) Geben Sie anhand des Netzplans den kritischen Weg an!

g) Ermitteln Sie für jede Arbeit berechneten Anfang und berechnetes Ende, spätesten Anfang und spätestes Ende sowie die Pufferzeiten!

h) Ermitteln Sie die geplanten Arbeitskosten des Bauvorhabens!

i) Ende Januar sind die Baugrube ausgehoben und das Fundament erstellt; der Bau des Kellers ist erst zu 20 % fertig gestellt. Im Balkendiagramm ist der Baufortschritt zu berücksichtigen!

j) Erstellen Sie einen Ressourcenbericht mit den entsprechenden Terminen!

Aufgabe 7

Sie sind Auszubildender/Auszubildende des Lampenherstellers Leuchtsysteme Norbert Tech GmbH, Am Markt 5, 66482 Zweibrücken, Telefon (06332) 121670, Telefax (06332) 121671.

Situation:

Ihr Ausbildungsbetrieb bestellte zur Abrundung des eigenen Sortiments am 20. Oktober 19. . bei Karl Pieper e. K., Alemannenstr. 16, 67661 Kaiserslautern, 10 Hängelampen, Marke Artemide, Typ Macumba, Stückpreis 1 100,00 DM, Liefertermin 4 Wochen nach Auftragserteilung.

Am 22. November 19. . ist die Ware noch nicht eingetroffen.

Aufgabenstellung:

Herr Tech bittet Sie, ein Schreiben zu erstellen, in dem Folgendes zu berücksichtigen ist:

- Eine Nachfrist bis zum 2. Dezember 19. . ist zu setzen und der Rücktritt vom Vertrag bzw. die Ablehnung der Lieferung ist anzukündigen.
- Empfänger ist Herr Pieper.
- Der Betreff ist in Fettdruck zu schreiben.
- Nachfrist und Hinweis auf den Rücktritt vom Vertrag sind zentriert und in Fettdruck zu schreiben.
- Als Seitenränder sind festzulegen: links 2 cm, rechts 2 cm.
- Der gesamte Text ist einzeilig zu gestalten.

Aufgabe 8

Sie sind Auszubildender/Auszubildende der Fertighaus Nolte GmbH, Bahnhofplatz 43, 68161 Mannheim, Telefon (0621) 652643, Telefax (0621) 652644.

Situation:

Ihr Ausbildungsbetrieb schuldet der Baustoffgroßhandlung Dr. Scheffler e. Kfm., Waldstraße 20, 66386 St. Ingbert, für die Rechnung Nr. 4721 vom 30. August 19. . 23 400,00 DM. Die Rechnung ist am 15. September 19. . fällig. Wegen Zahlungsschwierigkeiten aufgrund von Umbauarbeiten und eines Umsatzrückgangs kann die Firma Nolte nur 10 000,00 DM zahlen.

Aufgabenstellung:

Herr Nolte bittet Sie, am 10. September 19. . ein Schreiben zu erstellen, in dem Folgendes zu berücksichtigen ist:

- Eine Teilzahlung über 10 000,00 DM erfolgt mit Scheck.
- Für die Restschuld soll Fristverlängerung bis zum 15. Dezember 19. . erbeten werden.
- Es wird angeboten, für die Restschuld einen Wechsel zu akzeptieren und die Verzugszinsen zu übenehmen.
- Empfänger ist Herr Dr. Scheffler.
- Der Betreff ist in Fettdruck zu schreiben.
- Wichtige Daten sind zentriert zu schreiben.
- Als Seitenränder sind festzulegen: links 2 cm, rechts 2 cm.
- Der gesamte Text ist einzeilig zu gestalten.

Aufgabe 9

Sie sind Auszubildender/Auszubildende des Polstermöbelherstellers Kuhn GmbH, Haldenweg 1, 66125 Saarbrücken, Telefon (0681) 769500, Telefax (0681) 769599.

Situation:

Nach umfangreichen Renovierungsarbeiten lädt die Kuhn GmbH seine Stammkunden zur Wiedereröffnung ein. Die Stammkunden sind in einer Kundendatei zusammengefasst, welche bereits als Datenquelle vorliegt. Sie wird auszugsweise wiedergegeben und hat folgenden Aufbau:

Vorname	Name	Straße	PLZ	Ort	Anrede
Eva	Brauns	Hauerweg 2	66127	Saarbrücken	Sehr geehrte Frau
Hans	Klein	Hasenstr. 21	66126	Saarbrücken	Sehr geehrter Herr
Irene	Konrad	Grünstr. 9	66111	Saarbrücken	Sehr geehrte Frau
Heidi	Magold	Gräffstr. 15	66113	Saarbrücken	Sehr geehrte Frau

Aufgabenstellung:

Der Geschäftsführer bittet Sie, das Einladungsschreiben als Serienbrief unterschriftsreif vorzubereiten. In der Einladung ist Folgendes zu beachten:

- Der Betreff ist fett und in Schriftgröße 12 zu schreiben.
- Die Anrede lautet „Sehr geehrte Frau ...“ bzw. „Sehr geehrter Herr...“.
- Die Wiedereröffnung erfolgt nach drei Monaten am Donnerstag, dem 23. März 19. ., 17:00 Uhr in den Geschäftsräumen; ein kleiner Imbiss wird angeboten.
- Der Termin der Wiedereröffnung ist durch Fettdruck hervorzuheben und zentriert zu schreiben.

IV. Wirtschaftsrechnen und Statistik

1 Dreisatz

Beispiel 1:

150 kg Schmierfette kosten 1 125,00 DM. Wie viel kosten 90 kg Schmierfette?

Lösung:

150 kg – 1 125,00 DM ①
90 kg – x DM ②

③

$$x = \frac{1\,125 \cdot 90}{150} = 675{,}00 \text{ DM}$$

90 kg Schmierfette kosten 675,00 DM.

Beispiel 2:

Für Versandarbeiten benötigen 3 Angestellte 10 Stunden. Wie lange brauchen 5 Angestellte?

Lösung:

3 Angestellte – 10 Stunden ①
5 Angestellte – x Stunden ②

③

$$x = \frac{10 \cdot 3}{5} = 6 \text{ Stunden}$$

5 Angestellte benötigen 6 Stunden.

Beispiel 3:

Für eine Inventur brauchten 4 Angestellte 2 Tage. Sie arbeiteten 7 Stunden täglich und erfassten insgesamt 40 000 Artikel. Wie lange brauchen 6 Angestellte bei einer täglichen Arbeitszeit von 8 Stunden, wenn 60 000 Artikel erfasst werden müssen?

Lösung:

4 Angestellte – 40 000 Artikel – 7 Std. tgl. – 2 Tage ①
6 Angestellte – 60 000 Artikel – 8 Std. tgl. – x Tage ②

③

$$x = \frac{2 \cdot 4 \cdot 60\,000 \cdot 7}{6 \cdot 40\,000 \cdot 8} = 1{,}75 \text{ Tage}$$

6 Angestellte brauchen $1\,^3/_4$ Tage.

Lösungsweg:

① Angabesatz aufstellen.

② Fragesatz aufstellen.

③ Bruchsatz ermitteln unter Beachtung des Verhältnisses (gerade oder ungerade).

Merke:

- Für den Dreisatz mit geradem Verhältnis gilt:

je mehr	–	desto mehr
je weniger	–	desto weniger

- Für den Dreisatz mit ungeradem Verhältnis gilt:

je mehr	–	desto weniger
je weniger	–	desto mehr

- Der **zusammengesetzte Dreisatz** wird in einzelne einfache Dreisätze aufgeteilt. Der Bruchsatz wird stufenweise ermittelt, indem für jeden einzelnen Dreisatz das entsprechende Verhältnis festgestellt wird.

2 Währungsrechnen

Auszug aus einer Kurstabelle

DEVISE- UND SORTENKURSE

mitgeteilt von der **Sparkasse Saarbrücken** (ohne Gewähr)

		Sorten in DM Ankauf Verkauf	Devisen 1 Euro =
Festkurse für die Euroländer vom 31. 12. 98			
Frankreich	100 FF	29,816400	6,559570
Lux/Belg.	100 lfrs./bfrs.	4,848300	40,339900
Italien	1 000 Lire	1,010100	1 936,270000
Österr.	100 Ö.S.	14,213500	13,760300
Spanien	100 Pta.	1,175400	166,386000
Irland	1 ir. £	2,483300	0,787564
Holland	100 hfl	88,751600	2,203710
Portugal	100 Esc	0,975500	200,482000
Finnland	100 FMK	32,894600	5,945730
Deutschland	DM		1,955830

		Sorten in DM Ankauf	Verkauf	Devisen 1 Euro = Geld	Brief
Andere Währungen vom:		**24. 02. 99**		**Geld**	**Brief**
Dänemark	100 dkr	25,139	27,546	7,4144	7,4544
Griechenland	100 Dr	0,532	0,667	319,3000	325,3000
Großbrit.	1 engl. £	2,784	2,997	0,6855	0,6895
USA	1 US $	1,733	1,857	1,0981	1,1041
Norwegen	100 nkr	21,087	23,578	8,6274	8,6754
Schweden	100 skr	20,278	22,969	8,8872	8,9352
Schweiz	100 sfrs	120,137	125,133	1,5908	1,5948
Australien	1 A-$	1,072	1,226	1,6220	1,8620
Japan	100 Yen	1,406	1,503	133,3300	133,8100
Kanada	1 kan-$	1,125	1,270	1,6470	1,6590

2.1 EWU-Währungen

Beispiel:

Für eine Geschäftsreise nach Frankreich werden 1 000,00 DM in FF umgetauscht. Wie viel FF erhält man bei folgenden Kursen (lt. Kurstabelle): 1,95583 DM / 1 Euro; 6,55957 FF / 1 Euro; 29,8164 DM / 100 FF.

Bankgebühren werden nicht berücksichtigt.

Lösung:

1,95583 DM	– 6,55957 FF ①	oder	29,8164 DM	– 100,00 FF ①
1 000,00 DM	– x FF ②		1 000,00 DM	– x FF ②

③

$$x = \frac{6{,}55957 \cdot 1\,000}{1{,}95583} = 3\,353{,}85 \text{ FF} \qquad x = \frac{100 \cdot 1000}{29{,}8164} \; 3\,353{,}86 \text{ FF}$$

Für 1 000,00 DM erhält man 3 353,85 FF.

Lösungsweg:

① Angabesatz mit Hilfe des Wechselkurses aufstellen.

② Fragesatz aufstellen.

③ Bruchsatz entwickeln (gerades Verhältnis).

Der Unterschied von 1 Pfennig beruht auf der Rundung.

2.2 Nicht-EWU-Währungen

Beispiel:

Ein Scheck über 2 000,00 US-$ wird bei der Bank eingereicht. Wie viel Euro werden gutgeschrieben bzw. wie viel DM werden bar ausgezahlt, und zwar bei folgenden Kursen (lt. Kurstabelle): 1,1041 US-$ ≙ 1 Euro; 1,95 583 DM ≙ 1 Euro. Bankgebühren werden nicht berücksichtigt.

Lösung:

1,1041 US-$	– 1,00 €		1,00 €	– 1,95583 DM
2000,00 US-$	– x €		1 811,43 €	– x DM

$$x = \frac{2\,000 \cdot 1}{1{,}1041} = 1\,811{,}43 \text{ €} \qquad x = \frac{1\,811{,}43 \cdot 1.95583}{1} = 3\,542{,}85 \text{ DM}$$

Merke:

- Der **Wechselkurs** ist das Austauschverhältnis einer Währung in eine andere Währung (siehe Seite 157 f.). Man unterscheidet Preisnotierung und Mengennotierung.
- Gibt der Wechselkurs an, welcher Betrag an inländischer Währung für einen bestimmten Betrag der ausländischen Währung zu zahlen ist, spricht man von **Preisnotierung** (z. B. 125,33 DM / 100 sfrs).
- Gibt der Wechselkurs an, welchen Betrag an ausländischer Währung man für einen bestimmten Betrag der inländischen Währung enthält, spricht man von **Mengennotierung** (z. B. 1,1041 US-$ / 1 Euro).
- **Devisen** sind Zahlungsmittel (z. B. Scheck, Wechsel), die auf ausländische Währung lauten. **Sorten** sind ausländische Banknoten und Münzen.
- Für die **Euroländer** gelten sowohl für die Preisnotierung als auch für die Mengennotierung Festkurse. Die Kursangaben bei der Mengennotierung bezeichnet man als **Referenzkurse** (z. B. 1,95583 DM / 1 Euro).
- Die Banken berechnen für die Nicht-EWU-Währungen beim Ankauf bzw. beim Verkauf von Sorten den **Ankaufskurs** bzw. **Verkaufskurs** (Preisnotierung).
- Die Banken berechnen für Nicht-EWU-Währungen beim Ankauf bzw. beim Verkauf von Devisen den **Briefkurs** bzw. **Geldkurs** (Mengennotierung); Gutschrift und Lastschrift auf dem Bankkonto erfolgen in Euro (eine weitere Umrechnung von Euro in DM ist möglich).

3 Durchschnittsrechnen

Beispiel 1:

Die Verkäufer A, B, C und D eines Betriebes haben folgende Monatsumsätze erzielt: 50 600,00 DM; 40 250,00 DM; 47 820,00 DM und 61 130,00 DM. Wie hoch ist der durchschnittliche Verkäuferumsatz pro Monat?

Lösung:

Verkäufer	Monatsumsätze		
A	50 600,00 DM		
B	40 250,00 DM		
C	47 820,00 DM		
D	61 130,00 DM	②	
①	199 800,00 DM	: 4 =	49 950,00 DM

Der durchschnittliche Verkäuferumsatz beträgt pro Monat 49 950,00 DM.

Lösungsweg:

① Addition der Monatsumsätze.

② Division der Summe der Monatsumsätze durch die Anzahl der Monatsumsätze.

Beispiel 2:

Ein Unternehmen kaufte während eines Jahres Heizöl zu folgenden Preisen:

12 000 l zu 63,8 Pf je l, 15 000 l zu 64,3 Pf je l, 9 000 l zu 68,7 Pf je l.

Wie hoch ist der durchschnittliche Heizölpreis pro Liter?

Lösung:

Menge	Preis je l	Gesamtpreis
12 000 l	63,8 Pf	7 656,00 DM
15 000 l	64,3 Pf	9 645,00 DM ①
9 000 l	68,7 Pf	6 183,00 DM
36 000 l ②		23 484,00 DM ②
1 l		③ 0,652 DM

Der Durchschnittspreis für das Heizöl betrug 65,2 Pf je Liter.

Lösungsweg:

① Berechnung der Gesamtpreise für jede Lieferung.

② Addition der Mengen und Gesamtpreise.

③ Ermittlung des Durchschnittspreises.

Merke:

- Beim **einfachen Durchschnitt** (einfaches arithmetisches Mittel) wird aus mehreren Werten, die sich alle auf eine einheitliche Größe beziehen (z. B. Umsatz, Lagerbestand), der Durchschnitt folgendermaßen berechnet.

25 Groh/Schröer – ISBN 3-8120-0420-9

$$\text{Einfacher Durchschnitt} = \frac{\text{Summe der Werte}}{\text{Anzahl der Werte}}$$

- Beim **gewogenen Durchschnitt** (gewogenes arithmetisches Mittel) wird aus mehreren Werten, die sich auf unterschiedliche Mengeneinheiten beziehen (z.B. unterschiedliche Preise für verschiedene Mengen), der Durchschnitt folgendermaßen berechnet.

$$\text{Gewogener Durchschnitt} = \frac{\text{Summe der mit ihren Mengeneinheiten multiplizierten Werte}}{\text{Summe der Mengeneinheiten}}$$

4 Verteilungsrechnen

4.1 Einfaches Verteilungsrechnen

Beispiel:

Die Heizölkosten eines Betriebes in Höhe von 6970,00 DM sollen auf die drei Abteilungen Produktion, Lager und Verwaltung verteilt werden. Verteilungsgrundlage ist die Fläche der Abteilungen: Produktion 380 m^2, Lager 140 m^2, Verwaltung 160 m^2.

Lösung:

Bezeichnung (Abteilungen)	Schlüssel (Fläche)	Teile	Anteile (Heizölkosten)
Produktion	380 m^2	19	3895,00 DM
Lager ①	140 m^2	7 ②	1435,00 DM ⑤
Verwaltung	160 m^2	8	1640,00 DM
		34 Teile –	6970,00 DM ③
		1 Teil –	205,00 DM ④

Lösungsweg:

① Schema aufstellen.

② Verteilungsschlüssel soweit wie möglich kürzen.

③ Die Summe der Teile entspricht dem zu verteilenden Gesamtbetrag.

④ Berechnung eines Teils.

⑤ Berechnung der Anteile. Die Summe der Anteile muss dem Gesamtbetrag entsprechen (Probe).

4.2 Verteilung von Gewichts- und Wertspesen

Beispiel:

In einer Sendung werden bezogen: Rohstoffe I 365 kg zu 8,20 DM je kg und Rohstoffe II 203 kg zu 17,60 DM je kg. Die Gewichtsspesen 147,68 DM und die Wertspesen 328,29 DM sind anteilig zu verrechnen.

Lösung:

Rohstoffe	Gewichtsspesen		Wertspesen	
	Gewicht	Spesenanteil ①	Wert ②	Spesenanteil ③
I	365 kg	94,90 DM	2993,00 DM	149,65 DM
II	203 kg	52,78 DM	3572,80 DM	178,64 DM
	568 kg –	147,68 DM	6565,80 DM –	328,29 DM
	1 kg –	0,26 DM	1,00 DM –	0,05 DM

Lösungsweg:

① Verteilung der Gewichtsspesen entsprechend dem Gewicht.

② Berechnung der Rohstoffwerte.

③ Verteilung der Wertspesen entsprechend dem jeweiligen Rohstoffwert.

Merke:

- Zu den **Gewichtsspesen** zählen z. B. Fracht, Rollgeld und Verladekosten. Verteilungsschlüssel ist das Gewicht der Ware.
- Zu den **Wertspesen** zählen z. B. Transportversicherungen, Verpackungskosten und Wertzölle. Verteilungsschlüssel ist der Wert (Einkaufspreis) der Waren.
- Die Verteilung der Gewichts- und Wertspesen wird bei der Bezugskalkulation angewandt.

4.3 Gewinnverteilung

Beispiel:

Der Reingewinn einer OHG beträgt 62350,00 DM und wird vertragsmäßig wie folgt verteilt: Vom Gewinn erhält A vorab für die Geschäftsführung 28000,00 DM; die Kapitaleinlagen der Gesellschafter werden mit 6% verzinst; der Restgewinn ist im Verhältnis 4 : 3 : 2 zu verteilen. Gesellschafter A ist mit 100000,00 DM, B mit 70000,00 DM und C mit 50000,00 DM beteiligt. Wie hoch sind die Gewinnanteile?

Lösung:

Gesellschafter	Kapital (DM)	Gehalt (DM)	Zinsen (DM)	Teile	Restanteile (DM)	Gesamtanteile (DM)
A	100000,00	28000,00	6000,00	4	9400,00	43400,00
B ①	70000,00		4200,00 ②	3	7050,00 ④	11250,00 ⑤
C	50000,00		3000,00	2	4700,00	7700,00
		28000,00	13200,00	9 T –	21150,00 ③	62350,00
				1 T –	2350,00	

Lösungsweg:

① Schema für Gewinnverteilung aufstellen.

② Zinsberechnung für die Kapitaleinlagen.

③ Berechnung der Restanteile (Gesamtgewinn – Gehalt – Gesamtzinsen).

④ Verteilung der Restanteile entsprechend dem vorgegebenen Schlüssel.

⑤ Ermittlung des Gesamtanteils (u. U. Gehalt + Zinsen + Restanteil).

Merke:

- Die **Gewinnverteilung der OHG** sieht nach dem HGB (gesetzliche Regelung) vor: Die Kapitaleinlagen werden mit 4 % verzinst, ein darüber hinaus vorhandener Gewinn wird nach Köpfen verteilt. Die Gewinnverteilung erfolgt in der Regel nach dem Gesellschaftsvertrag (vertragliche Regelung).
- Die **Gewinnverteilung der KG** sieht vor: Die Kapitaleinlagen werden mit 4 % verzinst, der Restgewinn wird in angemessenem Verhältnis verteilt (gesetzliche Regelung). Das „angemessene Verhältnis“ und der Zinssatz sind üblicherweise im Gesellschaftsvertrag geregelt.

5 Prozentrechnen

5.1 Prozentrechnen vom Hundert

Berechnen des Prozentwertes

Beispiel:

Auf einen Rechnungsbetrag von 1 850,00 DM gewährt ein Lieferer 3 % Skonto. Wie hoch ist der Skontoabzug?

Lösung:

100 % – 1 850,00 DM ①
3 % – x DM

②

$$x = \frac{1\,850 \cdot 3}{100} = 55{,}50 \text{ DM Skonto}$$

Lösungsweg:

① Dreisatz aufstellen (Grundwert entspricht immer 100 %).

② Bruchsatz entwickeln (gerades Verhältnis).

Merke:

- Der (reine) **Grundwert** entspricht 100 % (Prozentrechnen vom Hundert); der **Prozentsatz** gibt an, wie viel Teile auf Hundert entfallen; der **Prozentwert** ist der Wert, der aus dem Grundwert mit Hilfe des Prozentsatzes errechnet wird.
- Prozentwert = 1 % des Grundwertes · Prozentsatz

Berechnen des Prozentsatzes

Beispiel:

Ein Autohersteller produziert in einem Jahr 120 000 Pkw. Er exportiert davon 44 400 Stück. Wie viel Prozent entspricht der Exportanteil?

Lösung:

120 000 Pkw – 100 %
44 400 Pkw – x %

$$x = \frac{100 \cdot 44\,400}{120\,000} = 37\ \%\text{ Exportanteil}$$

Merke:

- $$\text{Prozentsatz} = \frac{\text{Prozentwert}}{1\,\%\text{ des Grundwertes}}$$

Berechnen des Grundwertes

Beispiel:

In einem Industriebetrieb fehlen durchschnittlich 6 % der Belegschaft; dies entspricht 360 Mitarbeitern. Wie groß ist die Belegschaft?

Lösung:

6 % – 360 Mitarbeiter
100 % – x Mitarbeiter

$$x = \frac{360 \cdot 100}{6} = 6\,000 \text{ Mitarbeiter}$$

Merke:

- $$\text{Grundwert} = \frac{\text{Prozentwert}}{\text{Prozentsatz}} \cdot 100$$

Bequeme Prozentsätze

Beispiel:

Ein Industriebetrieb steigert die Jahresproduktion von 9 728 Maschinen um 12 $\frac{1}{2}$ %. Wie hoch ist die Mehrproduktion?

Lösung:

9 728 : 8 = 1 216 Maschinen

Merke:

- **Bequeme Prozentsätze** sind ohne Rest in Hundert enthalten.
- $$\text{Bequemer Teiler} = \frac{100}{\text{bequemer Prozentsatz}}$$
- $$\text{Prozentwert} = \frac{\text{Grundwert}}{\text{bequemer Teiler}}$$
- Wichtige **bequeme Prozentsätze** sind:

Prozentsatz bequemer Teiler	50 % 2	25 % 4	12 $\frac{1}{2}$ % 8	6 $\frac{1}{4}$ % 16

Prozentsatz bequemer Teiler	20 % 5	10 % 10	5 % 20	2 $\frac{1}{2}$ % 40

Prozentsatz bequemer Teiler	33 $\frac{1}{3}$ % 3	16 $\frac{2}{3}$ % 6	8 $\frac{1}{3}$ % 12	4 $\frac{1}{6}$ % 24

5.2 Prozentrechnen auf Hundert und im Hundert

Beispiel 1:

Ein Industriebetrieb steigert die Erzeugung im Monat März um $8\frac{1}{3}$% gegenüber dem Monat Februar, im Februar betrug die Steigerung bezogen auf den Monat Januar 4%. Nach den beiden Steigerungen beträgt die Produktion 4056 Stück.

Wie hoch sind die Steigerungen und die Produktionsmengen?

Lösung:

		Stück			
Erzeugung Januar		3600	② 100% ↑	③	(Teiler = 26)
+ Steigerung 4%		144	4%		
Erzeugung Februar		3744	104%		② 100 % ↑
+ Steigerung $8\frac{1}{3}$%	①	312	(Teiler = 13)		$8\frac{1}{3}$% ③
Erzeugung März ↓		4056			$108\frac{1}{3}$%

Lösungsweg:

① Schema aufstellen, zeitlich vorgehen und mit dem frühesten Termin beginnen.

② Prozentsätze eintragen, dabei jeweils den Grundwert 100% setzen. Darauf achten, dass die erzeugte Menge im Februar vermehrter Grundwert und reiner Grundwert ist.

③ Von der erzeugten Menge im März stufenweise zur Menge im Januar zurückrechnen.

Beispiel 2:

Eine Maschine wurde zwei Jahre hintereinander degressiv mit $12\frac{1}{2}$% abgeschrieben und steht am Ende des zweiten Jahres mit 35218,75 DM zu Buche. Wie hoch war der Anschaffungswert?

Lösung:

Anschaffungswert		46000,00 DM	100 % ↑	②	(Teiler = 7)
– Abschreibung $12\frac{1}{2}$%		5750,00 DM	$12\frac{1}{2}$%		
= Restbuchwert 1. Jahr		40250,00 DM	$87\frac{1}{2}$%		100 % ↑
– Abschreibung $12\frac{1}{2}$%	①	5031,25 DM	(Teiler = 7)		$12\frac{1}{2}$% ②
= Restbuchwert 2. Jahr ↓		35218,75 DM			$87\frac{1}{2}$%

Lösungsweg:

① Schema aufstellen und Prozentsätze eintragen.

② Vom Restbuchwert im 2. Jahr stufenweise zum Anschaffungswert zurückrechnen.

Merke:

- Bei der **Prozentrechnung auf Hundert** ist der vermehrte Grundwert gegeben (> 100%):

vermehrter Grundwert = reiner Grundwert + Erhöhung

- Bei der **Prozentrechnung im Hundert** ist der verminderte Grundwert gegeben (< 100%):

verminderter Grundwert = reiner Grundwert – Senkung

- Die **bequemen Teiler** der Prozentrechnung vom Hundert werden bei der Prozentrechnung auf Hundert um 1 vermehrt, bei der Prozentrechnung im Hundert um 1 vermindert.

6 Zinsrechnen

6.1 Berechnen von Jahres-, Monats- und Tageszinsen

Beispiel:

Ein Industriebetrieb nimmt bei seiner Bank für die Zeit vom 16. Januar bis zum 25. März einen Überbrückungskredit in Höhe von 32 000,00 DM auf. Wie viel Zinsen berechnet die Bank bei einem Zinssatz von 9 % und welcher Gesamtbetrag ist zurückzuzahlen?

Lösung:

$$\text{Zinsen} = \frac{\text{Kapital} \cdot \text{Zinssatz} \cdot \text{Tage}}{100 \cdot 360} \quad ①$$

$$\text{Zinsen} = \frac{32\,000 \cdot 9 \cdot \overset{②}{69}}{100 \cdot 360} = 552{,}00 \text{ DM} \quad ③$$

Lösungsweg:

① Formel für die Tageszinsen angeben.

② Tage berechnen.

③ Berechnung der Zinsen.

Merke:

- Die Größen der Zinsrechnung sind **Kapital** (K), **Zinssatz** (p), **Zinsen** (Z) und die **Zeit** (j für Jahre, m für Monate, t für Tage).

- $$\text{Jahreszinsen} = \frac{K \cdot p \cdot j}{100}$$

- $$\text{Monatszinsen} = \frac{K \cdot p \cdot m}{100 \cdot 12}$$

- $$\text{Tageszinsen} = \frac{K \cdot p \cdot t}{100 \cdot 360}$$ bzw. $$Z = \text{Kapital} : 100 \cdot \text{Zinssatz} \cdot \text{Tage} : 360$$

- Die **kaufmännische Zinsformel** lautet:

$$\text{Tageszinsen} = \frac{K}{100} \cdot t : \frac{360}{p}$$ bzw. $$Z = \text{Zinszahl} : \text{Zinsteiler}$$

$$\frac{K}{100} \cdot t = \text{Zinszahl } (\#); \quad \frac{360}{p} = \text{Zinsteiler}$$

- Wichtige **bequeme Zinssätze** sind:

Zinssatz in %	20	15	12	10	9	8	6	5	4	3	2
Zinsteiler	18	24	30	36	40	45	60	72	90	120	180

- Der **Zinsmonat** hat 30 Tage, das **Zinsjahr** 360 Tage (nach deutscher kaufmännischer Methode).

- Der Monat **Februar** hat ebenfalls 30 Tage, wenn der Zinszeitraum über das Monatsende hinausgeht. Fällt der Zinstermin auf das Monatsende, berechnet man den Monat Februar mit 28 Tagen (im Schaltjahr mit 29 Tagen).
- **Zinstage** = Resttage des 1. Monats (30 − Tagesdatum)
  \+ Tage der ganzen Monate
  \+ Tage des letzten Monats

6.2 Summarisches Zinsrechnen

Beispiel:

Ein Industriebetrieb will zum 31. Dezember drei Rechnungen einschließlich 6% Verzugszinsen begleichen, und zwar 3680,00 DM, fällig am 5. Juni; 5790,00 DM, fällig am 13. Septemer; 2135,00 DM, fällig am 30. Oktober.

Lösung:

Stichtag: 31. Dezember ②

Kapital ①	fällig am	Tage ③	# ④
3680,00 DM	5. Juni	205	7544
5790,00 DM	13. September	107	6195
2135,00 DM	30. Oktober	60	1281

11605,00 DM — 15020 : 60 = 250,33 ⑤
250,33 DM (Zinsen)
11855,33 DM (Rückzahlungsbetrag am 31. Dezember) ⑥

Lösungsweg:

① Schema aufstellen.
② Stichtag ermitteln.
③ Tage berechnen (vom Verfalltag bis zum Stichtag).
④ Zinszahlen (#) berechnen.
⑤ Zinsen = Summe der Zinszahlen : Zinsteiler.
⑥ Berechnung des Rückzahlungsbetrages.

Merke:

- Die **summarische Zinsrechnung** wird angewandt, wenn mehrere Beträge zum gleichen Zinssatz verzinst werden. (Diese Methode muss nicht angewendet werden; die Zinsen können auch einzeln für jeden Betrag ausgerechnet und dann addiert werden.)
- Zinszahlen haben keine Benennung; sie werden üblicherweise auf ganze Zahlen gerundet.

6.3 Berechnen von Zinssatz, Kapital und Zeit

Beispiel:

6500,00 DM brachten vom 26. Mai bis zum 2. September 130,00 DM Zinsen. Welcher Zinssatz wurde zugrunde gelegt?

Lösung:

$$\text{Zinssatz} = \frac{\text{Zinsen} \cdot 100 \cdot 360}{\text{Kapital} \cdot \text{Tage}} \quad ①$$

$$\text{Zinssatz} = \frac{130 \cdot 100 \cdot 360}{6500 \cdot 96 \; ②} = 7{,}5\,\% \quad ③$$

Lösungsweg:

① Formel zur Berechnung des Zinssatzes angeben.

② Tage berechnen.

③ Zinssatz berechnen.

Merke:

- $$p = \frac{Z \cdot 100 \cdot 360}{K \cdot t}$$
- $$K = \frac{Z \cdot 100 \cdot 360}{p \cdot t}$$
- $$t = \frac{Z \cdot 100 \cdot 360}{K \cdot p}$$

6.4 Zinsrechnen auf Hundert und im Hundert

Beispiel 1:

Ein Industriebetrieb nimmt am 10. August ein Darlehen zu 9 % p. a. auf. Am 20. Mai des folgenden Jahres zahlt er einschließlich Zinsen 10914,00 DM zurück. Wie hoch sind Darlehen und Zinsen?

Lösung:

Umrechnen des Zinssatzes in einen Prozentsatz

360 Tage – 9 %
280 Tage ① – x %

$$x = \frac{9 \cdot 280}{360} = 7\,\% \quad ②$$

Darlehen	10200,00 DM	↑ 100 %
+ Zinsen	714,00 DM	7 % ③
vermehrtes Darlehen	10914,00 DM	107 %

Lösungsweg:

① Tage berechnen.

② Jahreszinssatz in einen Prozentsatz umrechnen.

③ Darlehen einschließlich Zinsen stellt vermehrtes Kapital dar. Ermittlung des Darlehens und der Zinsen.

Beispiel 2:

Ein Kredit mit einer Laufzeit vom 10. Juni bis 10. September wird unter Abzug von 10 % Zinsen mit 15 210,00 DM ausgezahlt. Wie hoch sind der Kredit und die Zinsen?

Lösung:

360 Tage – 10 %
90 Tage – x %

$$x = \frac{10 \cdot 3}{12} = 2{,}5\,\%$$

Darlehen	15 600,00 DM	↑ 100 %
– Zinsen	390,00 DM	2,5 %
vermindertes Darlehen	15 210,00 DM	97,5 %

Lösungsweg:

siehe Beispiel 1

Merke:

- Bei der **Zinsrechnung auf Hundert** ist das vermehrte Kapital gegeben:

  vermehrtes Kapital = Kapital + Zinsen

- Bei der **Zinsrechnung im Hundert** ist das verminderte Kapital gegeben:

  vermindertes Kapital = Kapital – Zinsen

- Der **Jahreszinssatz** (p. a.) wird in einen Prozentsatz **(Zeitzinssatz)** umgerechnet; der Zeitzinssatz bezieht sich auf den angegebenen Zeitraum. Aus der Zinsrechnung wird eine Prozentrechnung.
- Die Berechnung des Kapitals und der Zinsen erfolgt durch eine Rechnung auf Hundert bzw. im Hundert.

6.5 Effektive Verzinsung bei Gewährung von Skonto

Beispiel:

Eine Liefererrechnung lautet über 6 800,00 DM. Folgende Zahlungsbedingungen wurden vereinbart: „Zahlbar innerhalb von 10 Tagen unter Abzug von 2 % Skonto, innerhalb von 60 Tagen rein netto". Um Skonto ausnutzen zu können, müsste ein Kredit zu 12,5 % (p. a.) in Höhe des Überweisungsbetrages aufgenommen werden.

a) Wie viel DM sind zu überweisen, wenn Skonto in Anspruch genommen wird?
b) Soll ein Kredit aufgenommen werden, um Skonto auszunutzen?
c) Welchem Jahreszinssatz entspricht der Skontosatz?

Lösung:

a)

Rechnungsbetrag	6 800,00 DM	
– 2 % Skonto	136,00 DM	①
Überweisungsbetrag	6 664,00 DM	

b) Kreditkosten (Zinsen)

$$Z = \frac{K \cdot p \cdot t}{100 \cdot 360} \quad ②$$

$$Z = \frac{6664 \cdot 12{,}5 \cdot 50 \; ③}{100 \cdot 360} = 115{,}69 \text{ DM} \quad ②$$

Skonto	136,00 DM
./. Kreditkosten	115,69 DM ④
= Finanzierungsgewinn	20,31 DM

Die Skontoausnutzung lohnt sich, da ein Finanzierungsgewinn entsteht.

c) 50 Tage Lieferantenkredit – 2%
360 Tage Lieferantenkredit – x% ⑤

$$x = \frac{360 \cdot 2}{50} = 14{,}4\,\%$$

2% Skonto entsprechen einer effektiven Verzinsung von 14,4%.

Lösungsweg:

① Berechnung von Skonto und Überweisungsbetrag.

② Berechnung der Kreditkosten nach der Zinsformel.

③ Tageberechnung: Zahlungsziel (60 Tage) – Skontofrist (10 Tage) = Kreditzeitraum (50 Tage).

④ Finanzierungsgewinn = Skonto – Kreditkosten.

⑤ Umrechnung des Skontosatzes (und zwar bezogen auf den Kreditzeitraum) in den entsprechenden Jahreszinssatz.

Merke:

- Zu den **Kreditkosten** zählen: Kreditzinsen, Bearbeitungsgebühr und Provisionen.
- Kreditzeitraum = Zahlungsziel – Skontofrist

  (Der Kredit wird erst am letzten Tag der Skontofrist in Anspruch genommen.)
- Der Finanzierungsgewinn (-verlust) ergibt sich aus dem Vergleich von Skonto und Kreditkosten.
- Üblicherweise wird bei der Berechnung des Finanzierungsgewinns die im Skonto enthaltene Vorsteuer nicht berücksichtigt. Eine Berücksichtigung der Vorsteuer bedeutet eine Verringerung des Skontobetrages und damit einen geringeren Finanzierungsgewinn.
- Liegt der effektive Zinssatz über dem Zinssatz der Kreditkosten, lohnt sich die Kreditaufnahme.

6.6 Effektive Verzinsung bei Darlehen

Beispiel 1:

Für ein Darlehen in Höhe von 50000,00 DM, Zinssatz 8% p.a., Laufzeit 9 Monate, muss eine einmalige Bearbeitungsgebühr von 2% gezahlt werden.

Wie hoch ist die Effektivverzinsung?

Lösung:

$$\text{Zinsen} = \frac{50\,000 \cdot 8 \cdot 9}{100 \cdot 12} = 3\,000{,}00 \text{ DM} \quad (1)$$

$$\text{Gebühr} = \frac{50\,000 \cdot 2}{100} = 1\,000{,}00 \text{ DM} \quad (2)$$

$$\text{Gesamtaufwand} = 4\,000{,}00 \text{ DM} \quad (3)$$

$$\text{Effektiver Zinssatz} = \frac{4000 \cdot 100 \cdot 360}{50\,000 \cdot 270} = 10\tfrac{2}{3}\,\% \quad (4)$$

Lösungsweg:

(1) Berechnung der Zinsen mit der Zinsformel.

(2) Berechnung der Gebühr vom Darlehensvertrag.

(3) Berechnung der gesamten Belastung B (Zinsen + Gebühr).

(4) Berechnung des effektiven Zinssatzes $\left(p = \frac{B \cdot 100 \cdot 360}{K \cdot t}\right)$.

Beispiel 2:

Ein Darlehen in Höhe von 120 000,00 DM, Zinssatz 7 $\tfrac{1}{2}$ %, Laufzeit 6 Jahre, wird mit 96 % ausgezahlt. Das Darlehen wird am Ende der Laufzeit in voller Höhe zurückgezahlt.

Wie hoch ist der effektive Zinssatz für das Darlehen?

Lösung:

$$\text{Zinsen} = \frac{120\,000 \cdot 7{,}5}{100} = 9\,000{,}00 \text{ DM} \quad (1)$$

$$\text{Disagio} = \frac{120\,000 \cdot 4}{100} \overset{(2)}{=} 4\,800{,}00 \text{ DM} : 6 \text{ Jahre} = 800{,}00 \text{ DM} \quad (3)$$

$$\text{Gesamtaufwand pro Jahr} = 9\,800{,}00 \text{ DM} \quad (4)$$

$$\text{Effektiver Zinssatz} = \frac{9\,800 \cdot 100}{115\,200 \; (5)} = 8{,}51\,\% \quad (6)$$

Lösungsweg:

(1) Ermittlung der Zinsbelastung pro Jahr.

(2) Berechnung des Disagio.

(3) Verteilung des Disagio auf die Laufzeit (ergibt Disagio pro Jahr).

(4) Ermittlung des Gesamtaufwandes B pro Jahr.

(5) Berechnung des tatsächlich ausgezahlten Darlehensbetrages (Darlehen – Disagio).

(6) Berechnung des effektiven Zinssatzes $\left(p = \frac{B \cdot 100}{K}\right)$.

Merke:

- Der **Nominalzins** ist der vertraglich vereinbarte Zinssatz und er bezieht sich auf einen Zeitraum von einem Jahr (z. B. 8 % p. a.).
- Der **Effektivzins** (effektiver Zinssatz) berechnet die tatsächliche Belastung (Aufwand), die mit der Aufnahme eines Darlehens verbunden ist; zusätzlich zu den vereinbarten Zinsen fallen beispielsweise an: Bearbeitungsgebühr, Abschlussprovision und Disagio.

- **Disagio** (Abgeld, Damnum) ist der Unterschiedsbetrag zwischen der vertraglich vereinbarten Darlehenssumme und der tatsächlichen (niedrigeren) Auszahlung.
- Bei der Berechnung des effektiven Zinssatzes wird der Gesamtaufwand (Zinsen + Gebühr bzw. Zinsen + Disagio) auf die tatsächliche Darlehensauszahlung (u.U. Darlehenssumme – Disagio) bezogen.
- Gebühr und Disagio werden auf die Laufzeit des Darlehens verteilt, wenn die Laufzeit ein Jahr übersteigt.

7 Diskontrechnen

Beispiel:

Am 10. September wird ein Dreimonatswechsel über 4 600,00 DM, der am 30. Juni ausgestellt wurde, bei der Bank diskontiert. Die Bank berechnet 9 % Diskont und 5,00 DM Auslagen. Wie viel DM werden gutgeschrieben?

Lösung:

Wechselbetrag fällig am 30. Sept.		4 600,00 DM	
– 9 % Diskont / 20 Tage	②	23,00 DM	③
Barwert am 10. Sept.		4 577,00 DM	④
– Auslagen	①	5,00 DM	
Gutschrift am 10. Sept.		4 572,00 DM	④

Lösungsweg:

① Schema aufstellen.

② Restlaufzeit = Verfalltag (30. Sept.) – Tag der Diskontierung (10. Sept.).

③ Diskontberechnung mit der Tageszinsformel oder der kaufmännischen Zinsformel.

④ Berechnung des Barwertes und der Gutschrift.

Merke:

- **Diskontieren** bedeutet Verkauf eines Wechsels vor dem Verfalltag.
- **Nennwert** (Wechselbetrag; Wechselsumme) = Wert des Wechsels am Verfalltag.
- **Diskont** = Zinsabzug für die Zeit vom Tag der Diskontierung bis zum Verfalltag.
- Im Gegensatz zur normalen Zinsrechnung (siehe Seite 391 f.) wird bei der Diskontierung von Wechseln für die Berechnung der **Diskonttage** die **Eurozinsmethode** angewandt. Danach werden die tatsächlichen Tage eines Kalendermonats berücksichtigt (z.B. hat der Monat Juli 31 Tage); das Kalenderjahr wird mit 365 bzw. 366 Tagen gerechnet. Der Divisor in der Zinsformel bleibt mit 360 Tagen erhalten.
- Bei sehr niedrigen Diskontbeträgen berücksichtigen die Banken anstelle des niedrigen Diskontbetrages oftmals einen **Mindestdiskont,** z.B. 10,00 DM pro Wechsel.
- **Barwert** = Wert des Wechsels am Tag der Diskontierung.

  Barwert = Nennwert – Diskont

- **Diskontsatz** = Zinssatz der Diskontierung.

8 Statistik

8.1 Tabellen und Diagramme

Beispiel:

Ein Industriebetrieb bietet drei Produktgruppen an. Für das abgelaufene Kalenderjahr liegen folgende Umsätze (angegeben in TDM) pro Quartal vor:

1. Quartal:	Produktgruppe A	Umsatz 11 300
	Produktgruppe B	Umsatz 9 800
	Produktgruppe C	Umsatz 15 600
2. Quartal:	Produktgruppe A	Umsatz 12 600
	Produktgruppe B	Umsatz 10 900
	Produktgruppe C	Umsatz 14 100
3. Quartal:	Produktgruppe A	Umsatz 14 700
	Produktgruppe B	Umsatz 9 200
	Produktgruppe C	Umsatz 11 700
4. Quartal:	Produktgruppe A	Umsatz 14 600
	Produktgruppe B	Umsatz 6 300
	Produktgruppe C	Umsatz 13 400

Erstellen Sie aus den Zahlenwerten für das oben angeführte Unternehmen

a) eine Umsatztabelle, welche die Umsätze der Produktgruppen A, B und C für die vier Quartale enthält;

b) ein Balkendiagramm, welches die Umsatzentwicklung der Produktgruppen A, B und C für die vier Quartale darstellt;

c) ein 3-D-Säulendiagramm, welches die Umsatzentwicklung der Produktgruppen A, B und C für die vier Quartale darstellt;

d) ein Liniendiagramm, welches die Umsatzentwicklung der Produktgruppen A, B und C für die vier Quartale darstellt;

e) ein Liniendiagramm, welches die prozentuale Umsatzentwicklung (Umsatz des 1. Quartals entspricht 100 %) der Produktgruppen A, B und C für die vier Quartale darstellt.

f) ein 3-D-Kreisdiagramm, welches für das 1. Quartal den Umsatzanteil jeder Produktgruppe aufzeigt.

Lösung:

a) Umsatztabelle

Quartal	**Produktgruppe** (Umsatz in TDM)		
	A	B	C
1	11 300	9 800	15 600
2	12 600	10 900	14 100
3	14 700	9 200	11 700
4	14 600	6 300	13 400

b) Balkendiagramm für die Umsatzentwicklung

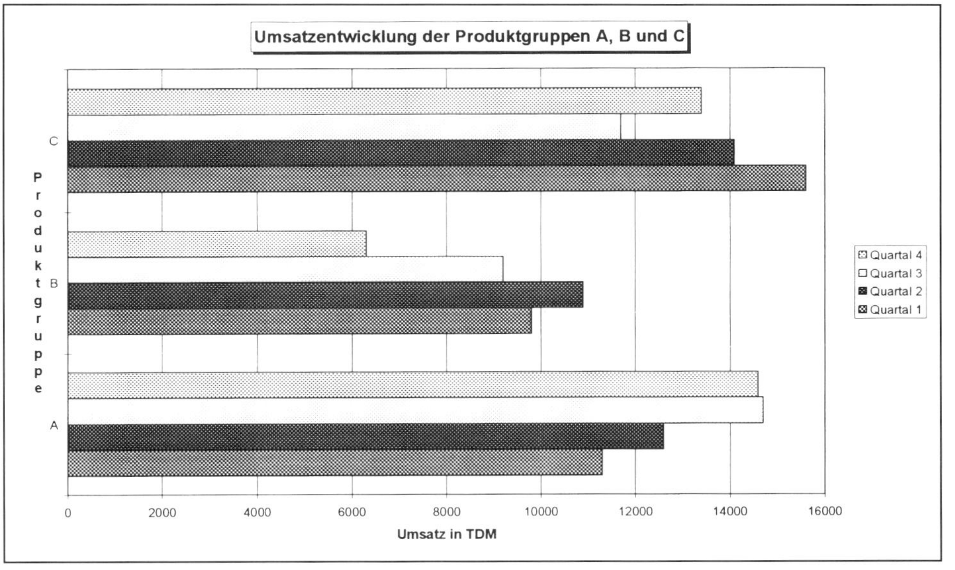

c) 3-D-Säulendiagramm für die Umsatzentwicklung

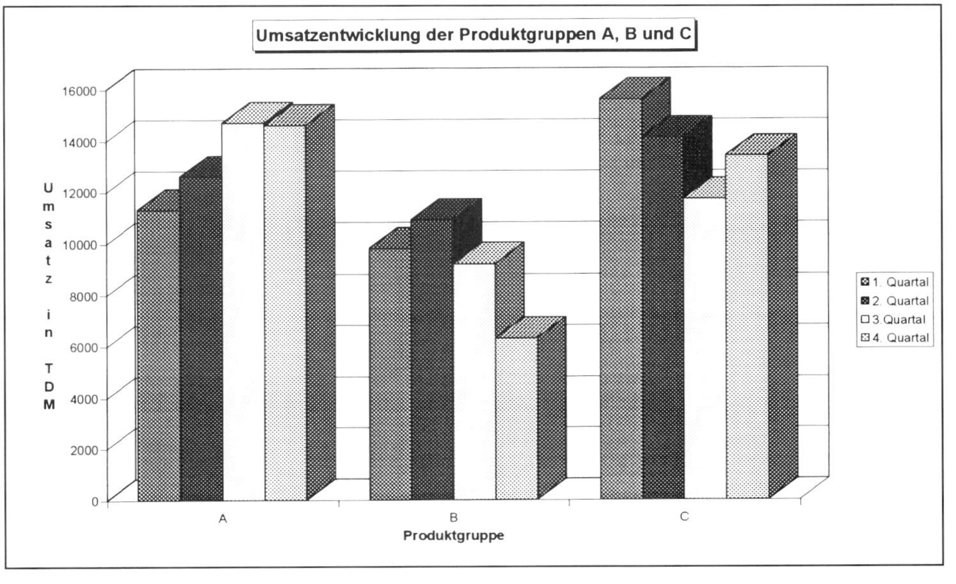

d) Liniendiagramm für die Umsatzentwicklung

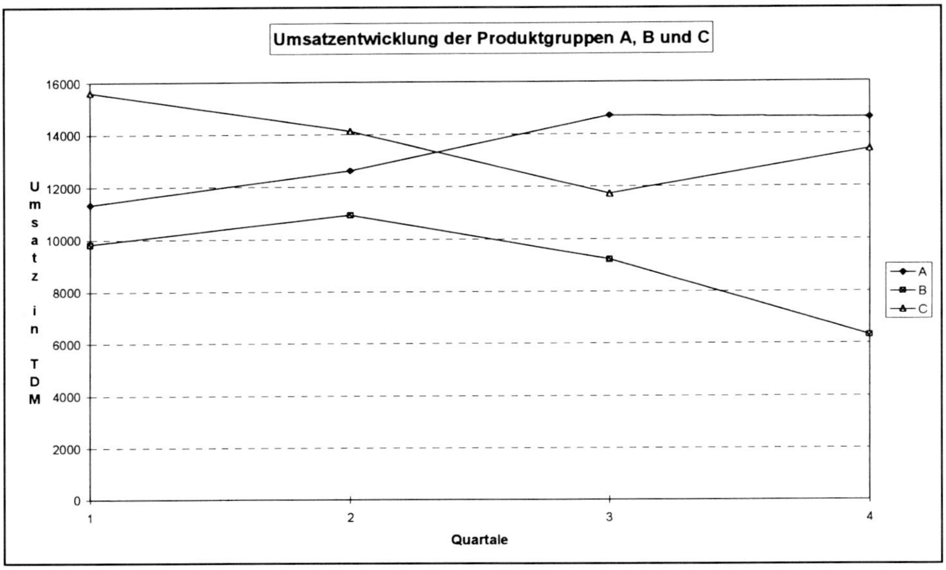

e) Liniendiagramm für die prozentuale Umsatzentwicklung[1]

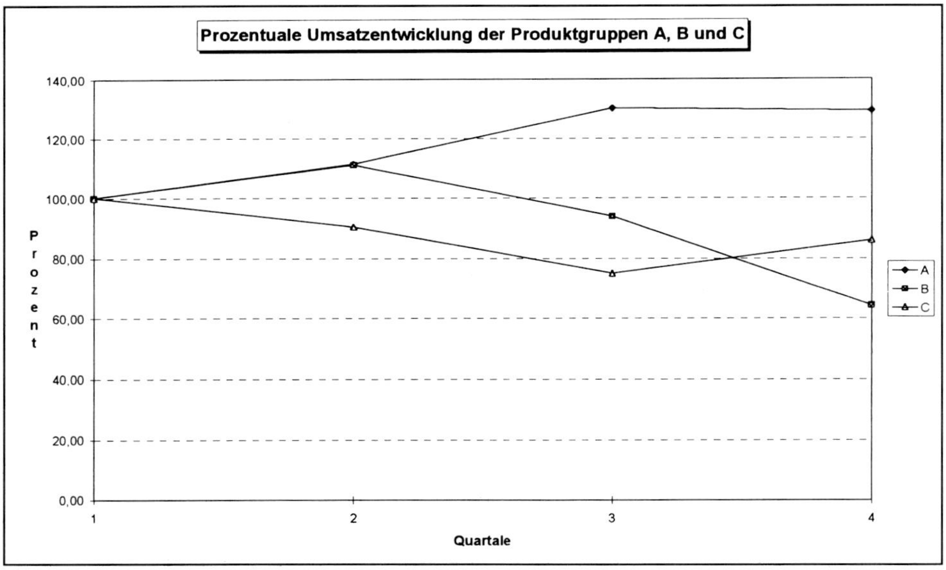

1 Für dieses Diagramm muss vorab eine Tabelle mit den entsprechenden Prozentzahlen erstellt werden.

f) 3-D-Kreisdiagramm für die Umsatzanteile jeder Produktgruppe (1. Quartal)

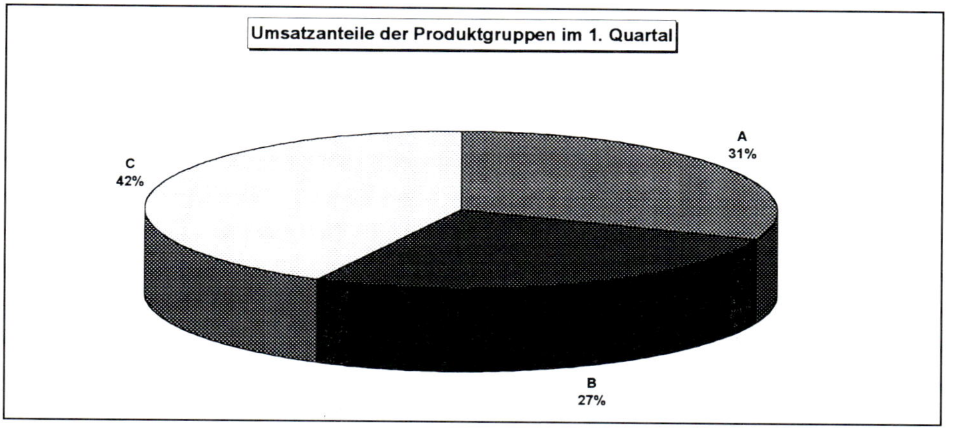

Merke:

- Die **Statistik (Betriebsstatistik)** ist ein Teilbereich des betrieblichen Rechnungswesens. Mit ihrer Hilfe wird das Zahlenmaterial der Buchführung sowie der Kosten- und Leistungsrechnung aufbereitet, übersichtlich dargestellt, analysiert und interpretiert. Die Ergebnisse der Statistik sind Grundlage für die betriebliche Planung und Entscheidung.
- Schwerpunkte der Statistik sind die Materialwirtschaft (z. B. Einkaufsstatistik), die Produktionswirtschaft (z. B. Auslastung der Fertigungsmaschinen), die Absatzwirtschaft (z. B. Umsatzstatistik), die Personalwirtschaft (z. B. Krankenstatistik), Finanzwirtschaft (z. B. Rentabilitätskennziffern).
- Bei der Statistik unterscheidet man den innerbetrieblichen und den zwischenbetrieblichen Vergleich. Beim **innerbetrieblichen Vergleich** werden die Daten eines Betriebes miteinander verglichen (z. B. Umsatzentwicklung im Zeitablauf). Beim **zwischenbetrieblichen Vergleich** werden die Daten von Betrieben der gleichen Branche miteinander verglichen (z. B. Arbeitsproduktivität).
- Darstellungsmöglichkeiten der Statistik sind Tabellen und Diagramme (Grafiken). In **Tabellen** wird statistisches Zahlenmaterial übersichtlich mit Hilfe von Spalten- und Zeilenköpfen angeordnet. Bei den **Diagrammen** wird das tabellarisch aufbereitete Zahlenmaterial grafisch dargestellt; man unterscheidet z. B. Balken- und 3-D-Balkendiagramm, Säulen- und 3-D-Säulendiagramm, Kreis- und 3-D-Kreisdiagramm sowie Liniendiagramm. Die 3-D-Darstellung erfolgt dreidimensional und ist damit anschaulicher als die zweidimensionale Darstellung (siehe Seite 351 f.).
- Das **Balken-** und das **Säulendiagramm** sind besonders geeignet zur Darstellung absoluter Zahlenwerte einer Datenreihe oder mehrerer Datenreihen; auch Indexzahlen können so dargestellt werden.
- Das **Kreisdiagramm** ist besonders geeignet zur Darstellung von Gliederungszahlen.
- Das **Liniendiagramm** (Kurvendiagramm) ist besonders geeignet zur Darstellung von Zahlenreihen im Zeitablauf; Trends sind gut erkennbar.
- Zur Darstellung von Tabellen und Diagrammen werden häufig Tabellenkalkulations- und Geschäftsgrafik-Programme eingesetzt (siehe Seite 351 f.).

26 Groh/Schröer – ISBN 3-8120-0420-8

8.2 Kennzahlen

8.2.1 Verhältniszahlen

Beispiel:

Ein Industriebetrieb bietet drei Produktgruppen A, B und C an. Für das abgelaufene Kalenderjahr liegen folgende Umsätze der Produktgruppe A (angegeben in TDM) pro Quartal vor:

Produktgruppe	**Quartalsumsatz in TDM**			
	Quartal 1	Quartal 2	Quartal 3	Quartal 4
A	11 300	12 600	14 700	14 600

Der mit der Produktgruppe A erzielte Gewinn betrug für das abgelaufene Kalenderjahr 3 192 000,00 DM.

Ermitteln Sie für die Produktgruppe A

a) den prozentualen Anteil der Quartalsumsätze am Jahresumsatz,

b) die Umsatzrendite,

c) die prozentuale Umsatzentwicklung (Umsatz des 1. Quartals entspricht 100 %)!

Lösung:

a)

Produktgruppe	**Quartalsumsatz in Prozent vom Gesamtumsatz** ①			
	Quartal 1	Quartal 2	Quartal 3	Quartal 4
A	21,24	23,68	27,63	27,45 ② ③

b) $\text{Umsatzrendite} = \frac{3\,192\,000}{53\,200\,000} \cdot 100 = 6\,\%$ ④

c)

Produktgruppe	**Prozentuale Umsatzentwicklung** ⑤			
	Quartal 1	Quartal 2	Quartal 3	Quartal 4
A	100,00 %	111,50 %	130,09 %	129,20 %

Lösungsweg:

① Gesamtumsatz berechnen (53 200 000,00 DM).

② Prozentuale Quartalsumsätze berechnen (z. B. für Quartal 1: $\frac{11\,300\,000}{53\,200\,000} \cdot 100 = 21{,}24\,\%$).

③ Die Summe der prozentualen Anteile muss formal 100 % ergeben. Aufgrund der Rundung der Prozentzahlen auf zwei Dezimalstellen ergibt die Summe nicht immer 100 %; der Rundungsfehler wird durch Aufrundung im Quartal 4 ausgeglichen.

④ $\text{Umsatzrendite} = \frac{\text{Gewinn}}{\text{Umsatz}} \cdot 100$

⑤ Der Umsatz im 1. Quartal entspricht 100 %. Prozentuale Umsatzentwicklung berechnen (z. B. für Quartal 2: $\frac{12\,600\,000}{11\,300\,000} \cdot 100 = 111{,}50\,\%$).

Merke:

● Zu den **statistischen Rechenverfahren** zählt man Verhältniszahlen und Mittelwerte (Durchschnittszahlen).

- **Verhältniszahlen** geben das Verhältnis zwischen zwei absoluten Zahlenwerten an. Bei den Verhältniszahlen unterscheidet man Gliederungszahlen, Beziehungszahlen und Indexzahlen (Messzahlen).
- **Gliederungszahlen** beziehen Teilgrößen auf ihre Gesamtgröße; meistens werden sie dargestellt als Prozentzahlen. Beispiele sind: Umsatzanteil eines Produktes am Gesamtumsatz, Anteil der Auszubildenden an der Gesamtbelegschaft, Anteil des Eigenkapitals am Gesamtkapital. Gliederungszahlen lassen sich grafisch mit Hilfe des Kreis- bzw. 3-D-Kreisdiagramms darstellen.
- **Beziehungszahlen** geben das Verhältnis zweier Größen wieder, die sachlich zueinander in Beziehung stehen. Beispiele sind: Rentabilitäts-, Produktivitäts- und Wirtschaftlichkeitskennzahlen (siehe Seite 217).
- **Indexzahlen** beziehen sich auf eine Grundzahl (Basiszahl, Index), die mit 100% festgesetzt wird; die übrigen Zahlen der Zahlenreihe werden in Prozentzahlen umgerechnet. Indexzahlen veranschaulichen die Entwicklung einer Zahlenreihe. Beispiele sind: Umsatz- und Gewinnentwicklung, Entwicklung des Personalbestandes.

  Indexzahlen lassen sich grafisch mit Hilfe von Linien-, Balken- und Säulendiagrammen darstellen.

8.2.2 Mittelwerte (Durchschnittszahlen)

Beispiel:

Im Rahmen der Qualitätskontrolle wurden in einem Unternehmen im Laufe einer Woche folgende Werte für fehlerhafte Produkte ermittelt:

Wochentag	Mo.	Di.	Mi.	Do.	Fr.	Sa.
Ausschuss in Stück	34	25	25	21	26	31

Ermitteln Sie

a) den durchschnittlichen Ausschuss pro Tag,

b) den Modalwert der Ausschusszahlen,

c) den Zentralwert der Ausschusszahlen!

Lösung:

a) Durchschnittlicher Ausschuss pro Tag $= \frac{34 + 25 + 25 + 21 + 26 + 31}{6} = 27$ Stück.

b) Der Modalwert ist 25 Stück.

c) Zentralwert $= \frac{25 + 26}{2} = 25{,}5$ Stück (und zwar für die Zahlenreihe 21, 25, 25, 26, 31, 34).

Merke:

- Die **Mittelwerte (Durchschnittszahlen)** stellen neben den Verhältniszahlen die zweite Gruppe der statistischen Rechenverfahren dar.
- Der **Mittelwert** ist entweder eine durchschnittliche Größe oder eine in Abhängigkeit von ihrer Lage oder Häufigkeit typische Größe einer Zahlenreihe. Man unterscheidet vor allem arithmetisches Mittel, Modalwert und Zentralwert.

- Das **arithmetische Mittel (Durchschnittswert)** ergibt sich, indem man die Summe mehrerer Werte durch die Anzahl der Werte dividiert. Man unterscheidet das einfache und das gewogene arithmetische Mittel (siehe Seite 385 f.).
- Der **Modalwert** ist der häufigste Wert, der in einer Zahlenreihe vorkommt.
- Der **Zentralwert (Median)** ergibt sich aus seiner Lage innerhalb einer geordneten Zahlenreihe (Mittelwert der Lage). Der Zentralwert liegt genau in der Mitte der Zahlenreihe; ist die Anzahl der Zahlenwerte gerade, ist der Zentralwert das arithmetische Mittel der beiden mittleren Zahlenwerte.

9 Aufgaben

Die Lösungen der Aufgaben zu Wirtschaftsrechnen und Statistik sind im Anhang, Seite 595 ff. zu finden.

Aufgabengruppe 1

1 Der Reingewinn einer OHG beträgt 44 700,00 DM. Nach dem Gesellschaftsvertrag erhält der Gesellschafter A zunächst 24 000,00 DM. Der Rest wird unter die Gesellschafter entsprechend ihrer Kapitalbeteiligung verteilt.

Kapital A	115 000,00 DM
Kapital B	158 000,00 DM
Kapital C	72 000,00 DM

a) Wie viel erhält jeder Gesellschafter?

b) Wie viel Prozent beträgt die Kapitalverzinsung?

2 Ein Industriebetrieb schuldet einem englischen Lieferanten £ 443,15 und gibt seiner Bank den Auftrag, diesen Betrag nach London zu überweisen. Die Bank führt die Überweisung aus und berechnet $2\frac{1}{2}$ ‰ Provision; der Umrechnungskurs beträgt 2,7938.

Mit welchem Betrag belastet die Bank das Konto des Auftraggebers?

3 Ein Kredit, der am 31. März 19. . zurückzuzahlen ist, wurde am 30. November des vorangegangenen Jahres nach Abzug von 30,00 DM Bearbeitungsgebühr und 12 % Zinsen mit 1 410,00 DM ausgezahlt.

Wie hoch war die Kreditsumme?

4 Nach einer dreimaligen degressiven Abschreibung in Höhe von 20 % steht eine Maschine am Ende des dritten Jahres noch mit 40 960,00 DM zu Buch.

Wie hoch war der Anschaffungswert?

5 In einer Holzfabrik stellen 25 Arbeiter bei einer täglichen Arbeitszeit von 8 Stunden und der 5-Tage-Woche 1 200 Paletten her. Der Betrieb erhält einen Auftrag über 1 800 Paletten. Weil 5 Arbeiter wegen Urlaubs ausfallen, wird täglich eine Stunde länger gearbeitet.

In welcher Zeit (Tage und Arbeitsstunden) wird der Auftrag ausgeführt?

Aufgabengruppe 2

1 Für eine Liefererrechnung über 21 000,00 DM gelten folgende Zahlungsbedingungen: Zahlbar innerhalb von 10 Tagen abzüglich 2 % Skonto oder innerhalb 30 Tagen netto. Um Skonto ausnutzen zu können, müsste ein Kredit zu 8 % aufgenommen werden.

a) Welchem Zinssatz entspricht der Skonto?

b) Wie hoch ist der Finanzierungsgewinn?

2 Eine am 15. Juli fällige Rechnung über 2 450,00 DM wurde erst am 27. September einschließlich Verzugszinsen mit 2 479,40 DM bezahlt.

Wie viel Prozent Verzugszinsen sind berechnet worden?

3 Ein Handlungsreisender einer Brauerei erhält monatlich ein festes Gehalt von 1 500,00 DM und eine Umsatzprovision von 2,5 %.

Welchen Umsatz muss er erreichen, um ein monatliches Gesamteinkommen von 3 500,00 DM zu erzielen?

4 Für einen Kredit, der vom 30. Mai bis zum 31. Juli in Anspruch genommen wurde, zahlte ein Betrieb einschließlich 12 % Zinsen 91 800,00 DM zurück.

Wie hoch waren der Kredit und die Zinsen?

5 Nach Abzug von 2 % Skonto überweist ein Schuldner 9 192,00 DM. Die Zahlungsbedingungen lauteten: Zahlbar innerhalb von 10 Tagen mit 2 % Skonto oder innerhalb von 60 Tagen netto Kasse. Um den Skonto ausnutzen zu können, musste der Schuldner einen kurzfristigen Kredit aufnehmen, für den 153,20 DM Zinsen berechnet wurden.

a) Wie hoch war der Rechnungsbetrag?

b) Wie viel Tage war der Kredit in Anspruch genommen?

c) Wie hoch war der Zinssatz für den Kredit?

Aufgabengruppe 3

1 Ein Schweizer Geschäftsmann wechselt bei einer Geschäftsreise in Deutschland 4 000,00 Schweizer Franken in kanadische Dollar um.

Wie viel kanadische Dollar erhält er (Umrechnungskurs: 118,372 DM für 100 Schweizer Franken; 1,180 DM für 1 kanadischen Dollar)?

2 Für ein Darlehen von 4 500,00 DM, das am 28. Juni ausgeliehen wurde, sind 9 % Zinsen vereinbart worden.

Wann wurde das Darlehen zurückgezahlt, wenn 139,50 DM Zinsen berechnet wurden?

3 Eine Gesellschaft hat ein Eigenkapital von 850 000,00 DM. Bei der Gewinnverteilung erhalten:

A 23 800,00 DM
B 27 200,00 DM
C 34 000,00 DM
D 21 250,00 DM

Wie groß ist die Kapitaleinlage eines jeden Gesellschafters, wenn der Gewinn nach dem Verhältnis der Kapitalanteile verteilt wurde?

4 In der Schlussbilanz eines Industriebetriebes zum 31. Dezember stand den Vermögenswerten (Aktiva) in Höhe von 438 000,00 DM ein Fremdkapital in Höhe von 284 000,00 DM gegenüber. Die Gewinn- und Verlustrechnung zeigte 83 835,00 DM Aufwendungen und 99 180,00 DM Umsatzerlöse. Einlagen sind nicht gemacht worden; die Privatentnahmen betrugen 8 345,00 DM.

Wie hat sich das Eigenkapital (Anfangskapital) im Geschäftsjahr verzinst?

5 Für ein am 17. Januar ausgeliehenes Kapital wurden am 22. Mai 6 % Zinsen in Höhe von 151,25 DM gezahlt.

Wie hoch ist das Kapital?

Aufgabengruppe 4

1 Der Neubau einer Garage wurde mit 48 600,00 DM veranschlagt. Bei Beginn des Baues wurde eine Abschlagszahlung von 24 000,00 DM geleistet. Der Rest soll vier Monate nach Fertigstellung zuzüglich $7\,^1/_2$ % Zinsen bezahlt werden. Die endgültige Kostenrechnung lautet über 49 815,00 DM.

a) Um wie viel Prozent wurde der Kostenanschlag überschritten?

b) Wie hoch ist die Restzahlung?

2 Ein Industriebetrieb hat in einer Sendung zwei Sorten Rohstoffe bezogen:

1. Sorte 1 430 kg zu insgesamt 942,00 DM
2. Sorte 1 844 kg zu insgesamt 2 355,00 DM

Die Bezugsspesen in Höhe von 72,80 DM sind wertmäßig zu verteilen.

Ermitteln Sie für jede Sorte den Bezugspreis pro kg!

3 Ein Industriebetrieb hat eine am 20. März fällige Rechnung in Höhe von 12 400,00 DM zu bezahlen. Er gibt dem Lieferer zunächst zwei Akzepte:

1. 5 200,00 DM, fällig am 25. April
2. 4 600,00 DM, fällig am 15. Mai

Den Restbetrag zahlt er am 20. März durch Bankscheck.

Über welchen Betrag lautet dieser Scheck, wenn $7\,^1/_2$ % Diskont berechnet werden?

4 Ein Industriebetrieb hat Rohstoffe für 8 500,00 DM bestellt. Lieferung sofort. Zahlung: 30 Tage Ziel oder 2 % Skonto, falls er beim Eingang der Rohstoffe zahlt. Um den Skonto ausnutzen zu können, nimmt er einen Bankkredit über 6 000,00 DM zum Jahreszinssatz von 10 % auf.

a) Wie viel DM spart er bei sofortiger Zahlung?

b) Welchem Zinssatz entspricht der Skonto?

5 Ein Industriebetrieb kauft eine Maschine zum Preis von 80 000,00 DM. 20 000,00 DM werden am 15. Februar bei Lieferung bezahlt; der Rest ist in drei gleichen Raten am 15. Mai, 15. August und am 15. November zu bezahlen!

Wie viel DM sind am 15. November einschließlich 9 % Zinsen zu überweisen?

Aufgabengruppe 5

1 Ein Unternehmen erwirbt ein Geschäftsgebäude für 450 000,00 DM. Finanziert wird der Kauf durch eine Hypothek über 150 000,00 DM und durch eigene Mittel. Die monatlichen Mieteinnahmen betragen 4 500,00 DM. Folgende Aufwendungen fallen an: 8 % Hypothekenzinsen, 2 % Abschreibung, sonstige Kosten monatlich 1 200,00 DM.

Wie hoch ist die Eigenkapitalverzinsung?

2 Ein Kunde überweist nach Abzug von 3 % Skonto 9 312,00 DM. Zahlungsbedingungen: Zahlbar innerhalb von 10 Tagen mit 3 % Skonto oder innerhalb 30 Tagen netto Kasse. Um den Skonto in Anspruch nehmen zu können, musste der Kunde einen Kredit aufnehmen, für den 77,60 DM Zinsen zu zahlen waren.

a) Wie hoch war der Rechnungsbetrag?

b) Welchem Zinssatz entspricht der Skontosatz?

c) Welcher Kreditzinssatz lag zugrunde?

3 Eine Bank zahlte nach Abzug von 8 % Zinsen und 1 % Bearbeitungsgebühr (vom Kredit) 24 250,00 DM aus. Der Kredit wurde beansprucht vom 24. August bis zum 24. November.

Wie hoch waren der Kredit, die Zinsen und die Bearbeitungsgebühr?

4 Nach einer Steigerung von $6\,^1/_4$ %, einem Rückgang von 10 % und einer anschließenden Steigerung von $3\,^1/_3$ % beträgt der Umsatz eines Unternehmens 256 912,50 DM.

Wie hoch war der ursprüngliche Umsatz?

5 Ein Erzeugnis verliert beim Reifeprozess 5 % seines Gewichts. In der anschließenden Veredelungsphase nimmt das Gewicht (gemessen am Gewicht nach dem Reifeprozess) um 2 % zu. Das Erzeugnis wiegt nun 116,280 kg.

Wie hoch war das ursprüngliche Gewicht des Erzeugnisses?

Aufgabengruppe 6

1 Die Aufwendungen für einen Baukran betrugen: Anschaffungspreis netto 400 000,00 DM, Bezugskosten netto 8 000,00 DM, Montagekosten netto 12 000,00 DM. Die Summe der bisherigen Abschreibungen beträgt 294 000,00 DM.

Wie viel Jahre wurde der Kran genutzt, wenn er in 10 Jahren linear abgeschrieben wird?

2 Von einem Industriebetrieb sind für ein Quartal folgende Daten gegeben: fixe Gesamtkosten: 500 000,00 DM, variable (proportionale) Kosten pro Stück: 60,00 DM, hergestellte und abgesetzte Menge: 2 000 Stück.

Wie hoch muss der Nettoverkaufspreis pro Stück mindestens sein, damit die Gesamtkosten des Quartals gedeckt werden?

3 Von einem Industriebetrieb sind folgende Daten gegeben:

Quartal I: 412 000,00 DM Gesamtkosten für eine Produktionsmenge von 900 Stück,
Quartal II: 457 000,00 DM Gesamtkosten für eine Produktionsmenge von 1 150 Stück.

Wie hoch sind die fixen Gesamtkosten in beiden Quartalen (wenn proportionaler Gesamtkostenverlauf unterstellt wird)?

4 Ein Industriebetrieb produziert in einem Monat bei einem Beschäftigungsgrad von 75% 12000 Einheiten, die alle abgesetzt werden. Folgende Monatsdaten sind gegeben: Gesamtkosten 80000,00 DM, variable Kosten je Einheit 4,00 DM, Nettoverkaufspreis je Einheit 13,00 DM.

Wie hoch wäre der Gewinn pro Einheit, wenn das Unternehmen mit einem Beschäftigungsgrad von 100% arbeiten würde?

5 Eine Brauerei kann im Jahr (bei 240 Arbeitstagen) 1,8 Millionen Hektoliter Bier brauen. Im Januar (20 Arbeitstage) lag der Bierausstoß bei 120000 Hektoliter.

Berechnen Sie den Beschäftigungsgrad der Brauerei im Januar!

Aufgabengruppe 7

1 Die Vorgabezeit für die Herstellung eines Werkstückes beträgt 6 Stunden; der Akkordrichtsatz beträgt 16,00 DM je Stunde.

Wie hoch ist der tatsächliche Bruttolohn eines Arbeiters, wenn er das Werkstück in 4 Stunden fertig stellt?

2 Das Sozialprodukt eines Landes betrug in einem Jahr 1200 Mrd. DM, im nächsten Jahr 1266,9 Mrd. DM.

Wie groß ist das reale Wachstum des Sozialproduktes, wenn die Inflationsrate 3% betrug?

3 Der Jahresabsatz eines Unternehmens betrug für ein Produkt 4000 Stück. Der Exportanteil betrug 25%. Das Unternehmen hatte für dieses Produkt einen Inlandsmarktanteil von 2%.

Wie viel Produkte wurden insgesamt (d.h. von allen Anbietern) auf dem Inlandsmarkt abgesetzt?

4 Die durchschnittliche Lagerdauer in einem Betrieb beträgt 20 Tage.

Welcher Lagerzinssatz ergibt sich für das Lager, wenn der bankenübliche Jahreszinssatz 12% beträgt?

5 Die gleiche Ware wird von zwei Lieferern zum gleichen Stückpreis von 16,30 DM angeboten.
A gewährt beim Kauf von mindestens 100 Stück 8% Rabatt.
B bietet bei Abnahme von jeweils 50 Stück zusätzlich 5 Stück kostenlos an.

Wie hoch sind die Stückpreise der beiden Angebote, wenn 120 Stück dieser Ware gebraucht werden?

Aufgabengruppe 8

1 Ein Industriebetrieb stellt für einen Kunden Alu-Fensterrahmen in verschiedenen Größen her: von Größe A 30 Stück, von Größe B 40 Stück, von Größe C 60 Stück.

Folgende Daten sind bekannt:

Akkordrichtsatz	20,00 DM
Leistungsgrad der Arbeiter	110%
Rüstzeit für jede Umstellung auf die entsprechende Größe	3 Stunden
Ausführungszeit insgesamt	90 Stunden

Berechnen Sie die Lohnkosten für den gesamten Auftrag und die Lohnkosten je Fensterrahmen!

2 Ein Industriebetrieb stellt Kugellager her.

Folgende Daten für ein Abrechnungsquartal sind bekannt:

Betriebskapazität	40 000 Stück
Beschäftigungsgrad	70 %
variable (proportionale) Stückkosten	42,00 DM
fixe Kosten	1 200 000,00 DM

Aus verkaufspolitischen Gründen sollen die Selbstkosten je Stück auf 82,00 DM begrenzt werden. Wie viel Stück müssen zu diesem Zweck zusätzlich produziert werden?

3 Ein Akkordarbeiter erbringt eine Istleistung von 90 Stück in 36 Minuten.

Wie hoch ist der Leistungsgrad des Arbeiters, wenn die Normalleistung 120 Stück in 60 Minuten beträgt?

4 Die Rohstoffkosten betrugen im abgelaufenen Geschäftsjahr 2 000 000,00 DM. Im folgenden Geschäftsjahr betragen die Rohstoffkosten 2 152 800,00 DM, wobei zu Anfang des Jahres die Rohstoffpreise um 4 % angestiegen waren.

Wie hoch ist die reale Steigerung der Rohstoffkosten in Prozent?

5 Bei der Endkontrolle eines Fertigerzeugnisses, von dem insgesamt 20 000 Einheiten hergestellt wurden, wurde fünfmal eine Stichprobe mit jeweils 50 Einheiten entnommen.

Die Stichproben lieferten folgende Ergebnisse:

Stichprobe	fehlerhafte Erzeugnisse
1	2
2	0
3	4
4	3
5	1

Wie viel fehlerhafte Erzeugnisse lassen sich insgesamt aufgrund der Stichprobenergebnisse vermuten?

Aufgabengruppe 9

1 Gegeben ist folgendes Diagramm:

Energieträger in Deutschland 19. .

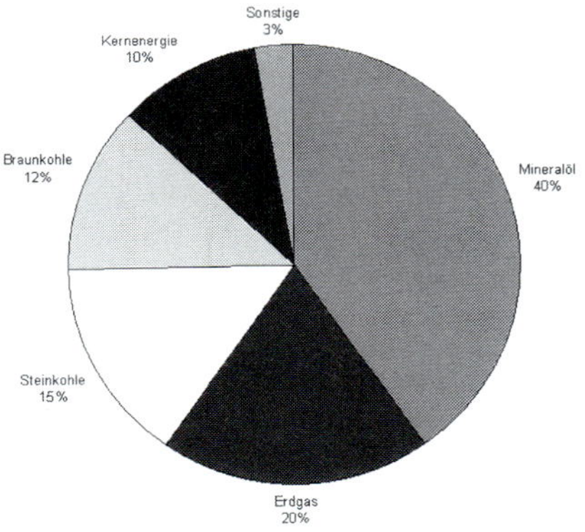

a) Wie nennt man die Form der Darstellung?

b) Der Mineralölverbrauch betrug 195,2 Mio. t SKE (Steinkohleneinheiten). Berechnen Sie den Kernenergieverbrauch in Mio. t SKE!

c) Berechnen Sie den gesamten Energieverbrauch in Mio. t SKE!

d) Berechnen Sie den Pro-Kopf-Verbrauch an Energie, wenn die Bevölkerungszahl 80 Mio. betrug!

2 Gegeben ist folgende Tabelle für die Entwicklung von Wareneinfuhr und Warenausfuhr:

Jahr	Einfuhr	Ausfuhr	Bruttoinlandsprodukt
	in Mrd. DM		
1	643,9	665,8	2853,6
2	637,5	671,2	3075,6
3	566,5	628,4	3159,1
4	611,2	685,1	3320,0

a) Berechnen Sie den Saldo des Außenhandels im 4. Jahr!

b) Berechnen Sie die einzelnen Veränderungen der Einfuhr bezogen auf das 1. Jahr (Basisjahr)!

c) Berechnen Sie die Steigerung der Einfuhr im 4. Jahr im Vergleich zum 3. Jahr!

d) Berechnen Sie den Anteil der Ausfuhr am Bruttoinlandsprodukt im 4. Jahr!

3 Gegeben ist folgendes Diagramm:

Arbeitskosten in der Industrie im internationalen Vergleich 19. .

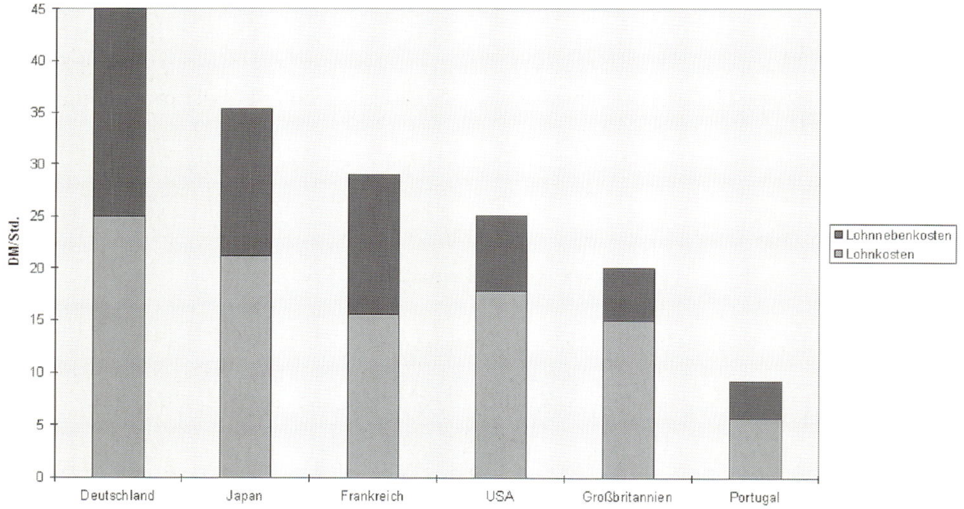

a) Wie nennt man die Form der grafischen Darstellung?

b) Berechnen Sie den prozentualen Anteil der Lohnnebenkosten an den Lohnkosten für Deutschland und Großbritannien!

c) Um wie viel Prozent sind die Arbeitskosten in Deutschland höher als die Arbeitskosten in Großbritannien?

d) Um wie viel Prozent sind die Lohnkosten und die Lohnnebenkosten in Deutschland höher als die entsprechenden Kosten in Großbritannien?

4 Gegeben sind folgende Informationen über die Entwicklung des Bruttoinlandsprodukts:

Bruttoinlandsprodukt 19..

Jahr	Nominal	Real
	in Mrd. DM	
1	1925	1791
2	1990	1818
3	2096	1886
4	2024	1954
5	2425	2065
6	2816	2307
7	3028	2355
8	3107	2325
9	3230	2344

Entwicklung des Bruttoinlandsprodukts

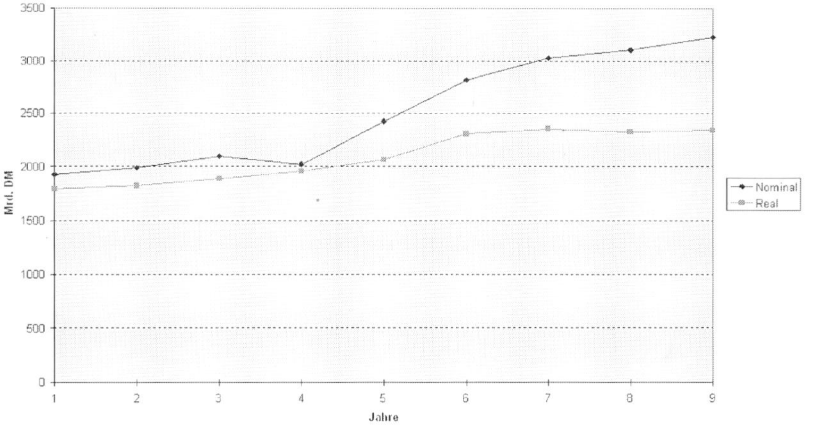

a) Wie nennt man die Form der grafischen Darstellung?

b) Berechnen Sie für jedes Jahr das nominale und das reale Wirtschaftswachstum!

c) Für das Jahr 10 beträgt die nominale Steigerung des Bruttoinlandsprodukts 4,9 %; berechnen Sie die Höhe des Bruttoinlandsprodukts!

d) Für das Jahr 10 beträgt die Inflationsrate 2,6 %; berechnen Sie das reale Bruttoinlandsprodukt!

e) Beurteilen Sie die Entwicklung des Bruttoinlandsprodukts!

5 Gegeben ist folgendes Diagramm:

Ausgewählte Steuereinnahmen von Bund und Ländern

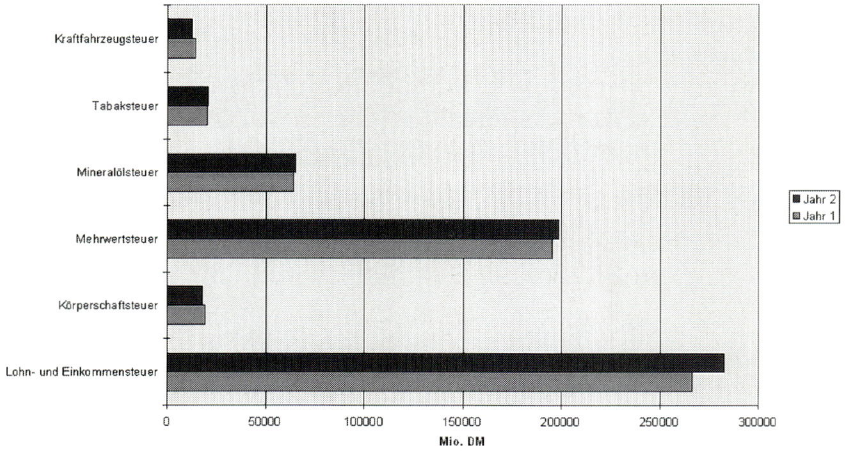

a) Wie nennt man die Form der grafischen Darstellung?

b) Beurteilen Sie die Entwicklung der einzelnen Steuerarten!

c) Nennen Sie jeweils die wichtigste Bundessteuer, Ländersteuer und gemeinschaftliche Steuer!

V. Buchführung (IKR)

1 Grundlagen der Buchführung

1.1 Grundbegriffe

Aufgabe 1:

Unterscheiden Sie folgende Begriffe:

a) Grundbuch, Hauptbuch und Nebenbücher,

b) Personenkonten und Sachkonten,

c) Kontenrahmen (IKR) und Kontenplan!

Lösung:

a) Das **Grundbuch** (Journal, Tagebuch) enthält alle Geschäftsvorfälle in zeitlicher Reihenfolge.

Das **Hauptbuch** erfasst auf Konten alle Vorgänge des Grundbuchs entsprechend ihrem sachlichen Zusammenhang.

Die **Nebenbücher** ergänzen und erläutern in Form von Karteien bzw. Dateien bestimmte Sachkonten des Hauptbuchs. Die Nebenbücher sind mit den entsprechenden Konten des Hauptbuchs abzustimmen. Nebenbücher sind

- **Geschäftsfreundebuch** (Kontokorrentbuch), es erläutert die Konten Forderungen (Kundenkonten = Debitoren) und Verbindlichkeiten (Liefererkonten = Kreditoren), indem für jeden Kunden und jeden Lieferer ein eigenes Konto eingerichtet wird; bei den Abschlussarbeiten (z.B. am Monats- oder Jahresende) muss die Summe der Salden der Debitoren mit dem Saldo des Kontos Forderungen des Hauptbuches übereinstimmen; ebenfalls übereinstimmen muss die Summe der Salden der Kreditoren mit dem Saldo des Kontos Verbindlichkeiten.
- **Anlagebuch,** es erläutert alle Anlagekonten, indem für jeden Anlagegegenstand eine Kartei bzw. Datei angelegt wird (erfasst werden z.B. Anschaffungsjahr, geplante Nutzungsdauer, Abschreibungen);
- **Wechselbuch,** erfasst werden alle Wechselforderungen und -verbindlichkeiten;
- **Lohn- und Gehaltsbuch,** erfasst werden für jeden Arbeitnehmer alle mit der Lohn- und Gehaltszahlung verbundenen Daten;
- **Lagerbuch** (Lagerbuchführung, siehe Seite 200f.).

b) **Personenkonten** sind die Konten der Kunden (Debitoren) und der Lieferer (Kreditoren). Die Personenkonten werden meist in Form eines Nebenbuches geführt, und zwar als Geschäftsfreundebuch (es handelt sich um namentlich geführte Konten).

Sachkonten sind alle Hauptbuchkonten, d.h. alle Konten, die über das Schlussbilanzkonto bzw. das Gewinn- und Verlustkonto abgeschlossen werden.

c) Der **IKR** (Industriekontenrahmen) ordnet alle für Industriebetriebe wichtigen Sachkonten einheitlich nach einem verbindlichen System (Klassen 0 bis 4: Bestandskonten, Klassen 5 bis 7: Erfolgskonten, Klasse 8: Eröffnungs- und Abschlusskonten; vgl. auch den beigefügten Kontenrahmen).

Die Konten sind nach dem **Abschlussgliederungsprinzip** entsprechend dem Aufbau der Bilanz und der GuV-Rechnung gegliedert.

Zu den **Aufgaben des IKR** zählen:

- Vereinheitlichung und Organisation des Rechnungswesens für Industriebetriebe,
- Grundlage für zwischen- und innerbetriebliche Vergleiche (siehe Seite 401),
- Erleichterung der Anwendung der Datenverarbeitung,
- Harmonisierung des Rechnungswesens innerhalb der Europäischen Union.

Der **Kontenplan** wird aus dem Kontenrahmen entwickelt; er enthält nur die für das betreffende Unternehmen erforderlichen Konten.

Aufgabe 2:

Nennen Sie die wichtigsten gesetzlichen Bestimmungen der Buchführung nach dem

a) Handelsgesetzbuch,

b) Steuerrecht!

Lösung:

a) Das 3. Buch des **HGB** enthält u.a. folgende Vorschriften:

- **1. Abschnitt** (gilt für alle Kaufleute):
  Buchführungspflicht (§ 238); Pflicht zur Aufstellung des Inventars (§ 240) und des Jahresabschlusses (§ 242); Bewertungsgrundsätze und Bewertungsvorschriften (§§ 252–256, siehe Seite 463 f.); Aufbewahrungspflicht (§ 257);
- **2. Abschnitt** (enthält ergänzende Vorschriften für Kapitalgesellschaften):
  Gliederung der Bilanz (§ 266), Gliederung der Gewinn- und Verlustrechnung (§ 275), Erläuterung der Bilanz und der Gewinn- und Verlustrechnung im Anhang (§§ 284–288), Lagebericht (§ 289), Offenlegung (§ 325); (zum Lagebericht und zur Offenlegung siehe Seite 109 f.);
- **3. Abschnitt** (enthält ergänzende Vorschriften für eingetragene Genossenschaften):
  Pflicht zur Aufstellung von Jahresabschluss und Lagebericht; Vorschriften zur Bilanz, zum Anhang und zur Offenlegung.

b) **Steuerrechtliche Vorschriften** für die Buchführung sind enthalten in:

- **Abgabenordnung,** ergänzende Vorschriften über die ordnungsgemäße Buchführung; Recht zur Betriebsprüfung durch das Finanzamt;
- **Einkommensteuergesetz,** Vorschriften für die Ermittlung des Einkommens von natürlichen Personen;
- **Körperschaftsteuergesetz,** Vorschriften für die Ermittlung des Einkommens von juristischen Personen (z.B. Aktiengesellschaft).

Aufgabe 3:

Beschreiben Sie folgende Grundsätze ordnungsmäßiger Buchführung (GoB):

a) Verständlichkeit,

b) Kopien abgesandter Handelsbriefe,

c) Sprache der Buchführung,

d) Vollständigkeit,

e) Änderungen in den Büchern,

f) Speicherung auf Datenträgern,

g) Aufbewahrung,
h) Belegprinzip!

Lösung:

a) Die Buchführung muss so beschaffen sein, dass ein **sachverständiger Dritter** sich in angemessener Zeit darin zurechtfinden kann.
b) Der Kaufmann ist verpflichtet, **Kopien** abgesandter **Handelsbriefe** zurückzubehalten (z. B. Durchschriften, Mikrofilm oder Datenträger wie z. B. Diskette).
c) Die Handelsbücher und Aufzeichnungen müssen in einer **lebenden Sprache** abgefasst sein.
d) Alle Eintragungen müssen **vollständig** (lückenlos), **richtig** (fiktive Buchungen und Konten sind verboten), **zeitgerecht** und **geordnet** (z. B. Belegnummerierung) sein.
e) Eintragungen dürfen nicht überschrieben oder radiert werden, der **ursprüngliche Inhalt** muss feststellbar sein. Notwendige Korrekturen sind mit Stornobuchungen durchzuführen.
f) Die **Speicherung** der Buchführungsunterlagen auf Datenträgern der Datenverarbeitung (z. B. Diskette, Magnetplatte) ist möglich, wenn die Daten jederzeit verfügbar und lesbar gemacht werden können. Für diese Form der Buchführung gelten die **Grundsätze ordnungsgemäßer Speicherbuchführung** (GoS).
g) Handelsbücher, Inventare, Bilanzen, GuV-Rechnungen und Buchungsbelege sind 10 Jahre, Handelsbriefe sind 6 Jahre **aufzubewahren.** Die Aufbewahrungsfrist beginnt mit dem Schluss des Kalenderjahres, in dem die Unterlagen angefallen sind.
h) Das **Belegprinzip** besagt, dass keine Buchung ohne Beleg erfolgen darf. Man unterscheidet **Fremdbelege** (z. B. Eingangsrechnungen, Bank- und Postbelege), **Eigenbelege** (z. B. Ausgangsrechnungen, Materialentnahmescheine, Lohn- und Gehaltslisten, Belege über den Eigenverbrauch) sowie **Notbelege** (erforderlich bei Fehlen bzw. Verlust von Fremd- oder Eigenbelegen).

Merke:

- Das **betriebliche Rechnungswesen** umfasst die Bereiche Buchführung, Kosten- und Leistungsrechnen (siehe Seite 515ff.); Statistik (siehe Seite 398ff.) sowie Planungsrechnung (siehe Seite 545ff.).

  Aufgaben des Rechnungswesens sind Information, Dokumentation, Planung und Kontrolle.
- Hauptaufgabe der **Buchführung** ist die lückenlose und ordnungsgemäße Erfassung aller Geschäftsvorfälle eines Unternehmens.

  Die Buchführung zeigt den Stand sowie alle Veränderungen des Vermögens und der Schulden. Sie ermittelt den Erfolg des Unternehmens, ist Grundlage für die Besteuerung des Unternehmens und dient als Beweismittel bei Rechtsstreitigkeiten.
- Der **Jahresabschluss** der Einzelkaufleute und Personengesellschaften umfasst die Bilanz und die Gewinn- und Verlustrechnung; der Jahresabschluss der Kapitalgesellschaften umfasst die Bilanz, die Gewinn- und Verlustrechnung und den Anhang (siehe Seite 478ff.). Grundlegende Aufgaben des Jahresabschlusses sind die Informations-, Rechenschaftslegungs- und Gewinnverwendungsfunktion.
- Im Zusammenhang mit der Erstellung des Jahresabschlusses sind folgende Aufgaben durchzuführen: periodengerechte Erfassung der Aufwendungen und Erträge (z. B. zeitliche Abgrenzungen), Ermittlung der Bestände an Vermögen und Schulden durch die Inventur (Differenzen zwischen Inventur- und Buchwerten sind buchhalterisch auszugleichen), Bewertung der Vermögensteile und Schulden, Vornahme der vorbereitenden Abschlussbuchungen (z. B. Abschluss der Unterkonten über die entsprechenden Hauptkonten, Abschluss der Konten Vorsteuer bzw. Umsatzsteuer), Abschluss der Konten des Hauptbuchs.

1.2 Inventar und Bilanz

Beispiel:

Für die Maschinen- und Anlagenbau AG, Kaiserstr. 25, 66424 Homburg, liegt aufgrund der Inventur am Ende des Geschäftsjahres (31. Dezember 19. .) folgendes Inventar vor:

	DM	DM
A. Vermögen		
I. Anlagevermögen		
1. Gebäude		
Fabrikgebäude	2 600 000,00	
Verwaltungsgebäude	2 150 000,00	4 750 000,00
2. Maschinen (lt. Anlagendatei 1)		3 680 000,00
3. Fuhrpark (lt. Anlagendatei 2)		890 000,00
4. Betriebs- und Geschäftsausstattung		
Lagereinrichtung (lt. Anlagendatei 3)	270 000,00	
Büroeinrichtung (lt. Anlagendatei 4)	420 000,00	
DV-Anlagen (lt. Anlagendatei 5)	140 000,00	830 000,00
II. Umlaufvermögen		
1. Rohstoffe (lt. Inventurliste 1)		23 000,00
2. Hilfsstoffe (lt. Inventurliste 2)		18 000,00
3. Betriebsstoffe (lt. Inventurliste 3)		13 000,00
4. unfertige Erzeugnisse		78 000,00
5. fertige Erzeugnisse		
80 Bohrmaschinen BM5 je 2 100,00 DM	168 000,00	
45 Schleifmaschinen SM7 je 3 800,00 DM	171 000,00	339 000,00
6. Forderungen aus Lieferungen und Leistungen		
Gergen GmbH, St. Ingbert	11 000,00	
Leyser OHG, Homburg	23 000,00	
Bauer AG, Kaiserslautern	35 000,00	69 000,00
7. Kassenbestand		4 000,00
8. Guthaben bei Kreditinstituten		
Kreissparkasse Homburg	21 000,00	
Volksbank Homburg	13 000,00	34 000,00
Summe des Vermögens (Rohvermögen)		**10 728 000,00**
B. Schulden		
1. Verbindlichkeiten gegenüber Kreditinstituten		
Hypothekendarlehen Kreissparkasse Homburg	2 800 000,00	
Darlehen Volksbank Homburg	900 000,00	3 700 000,00
2. Verbindlichkeiten aus Lieferungen und Leistungen		
Stahl GmbH, Dillingen	140 000,00	
Elektro Müller OHG, Saarbrücken	390 000,00	530 000,00
Summe der Schulden		**4 230 000,00**
C. Ermittlung des Eigenkapitals (Reinvermögen)		
Summe des Vermögens		10 728 000,00
– Summe der Schulden		4 230 000,00
= Eigenkapital (Reinvermögen)		**6 498 000,00**

Erstellen Sie auf der Grundlage des Inventars die Bilanz zum 31. Dezember 19. .!

Lösung:

Aktiva	Bilanz zum 31. Dezember 19..		Passiva
I. Anlagevermögen		I. Eigenkapital	6 498 000,00
1. Gebäude	4 750 000,00	II. Verbindlichkeiten	
2. Maschinen	3 680 000,00	1. Verbindlichkeiten gegenüber Kreditinstituten	3 700 000,00
3. Fuhrpark	890 000,00	2. Verbindlichkeiten a. L. u. L.	530 000,00
4. Betriebs- und Geschäftsausstattung	830 000,00		
II. Umlaufvermögen			
1. Rohstoffe	23 000,00		
2. Hilfsstoffe	18 000,00		
3. Betriebsstoffe	13 000,00		
4. unfertige Erzeugnisse	78 000,00		
5. fertige Erzeugnisse	339 000,00		
6. Forderungen a. L. u. L.	69 000,00		
7. Kassenbestand	4 000,00		
8. Guthaben bei Kreditinstituten	34 000,00		
	10 728 000,00		10 728 000,00

Merke:

- Jeder Kaufmann ist nach dem HGB (§ 240) verpflichtet, bei der Gründung und am Ende eines jeden Geschäftsjahres ein ausführliches Verzeichnis aller Vermögensgegenstände und Schulden seines Unternehmens aufzustellen; dieses Verzeichnis ist das **Inventar.**
- Das **Vermögen** des Unternehmens wird eingeteilt in Anlage- und Umlaufvermögen. Zum **Anlagevermögen** zählen alle Vermögensteile, die dazu bestimmt sind, dem Unternehmen langfristig zu dienen (z. B. Gebäude, Maschinen). Zum **Umlaufvermögen** zählen alle Vermögensteile, die nur kurzfristig im Unternehmen verbleiben, weil sie ständig umgesetzt werden (z. B. Rohstoffe, Forderungen).
- Zu den **Schulden** des Unternehmens gehören z. B. Verbindlichkeiten gegenüber Kreditinstituten und gegenüber Lieferanten.
- Den Unterschiedsbetrag zwischen Vermögen und Schulden bezeichnet man als **Reinvermögen (Eigenkapital).**

Eigenkapital = Summe des Vermögens − Summe der Schulden

- Voraussetzung zur Aufstellung des Inventars ist die Inventur. Die **Inventur** ist die mengen- und wertmäßige Bestandsaufnahme (durch Zählen, Messen und Wiegen) aller Vermögensgegenstände und Schulden eines Unternehmens. Man unterscheidet Buchinventur (z. B. bei Forderungen) und körperliche Inventur (z. B. bei Vorräten). (Zur Inventur siehe auch Seite 202).
- Jeder Kaufmann ist nach dem HGB (§ 242) verpflichtet, bei der Gründung und am Ende eines jeden Geschäftsjahres eine **Bilanz** aufzustellen; die Bilanz ist eine kurz gefasste Gegenüberstellung des Vermögens (Aktiva) und des Kapitals (Passiva) eines Unternehmens in Kontenform; sie ist ein Stichtagsbild von Bestandsgrößen. Das Kapital umfasst das Eigenkapital und das Fremdkapital. Grundlage für die Aufstellung der Bilanz ist das Inventar.
- Am Ende eines Geschäftsjahres wird die **Schlussbilanz** erstellt; sie stimmt inhaltlich mit der **Eröffnungsbilanz** des folgenden Geschäftsjahres überein.

27 Groh/Schröer – ISBN 3-8120-0420-8

- Die Passivseite der Bilanz gibt Auskunft über die Herkunft der finanziellen Mittel (Mittelherkunft, Finanzierung).

  Die Aktivseite der Bilanz gibt Auskunft über die Verwendung der finanziellen Mittel (Mittelverwendung, Investierung).
- In der Bilanz entspricht die Summe der Aktiva der Summe der Passiva (Bilanzgleichung).

Vermögen = Eigenkapital + Fremdkapital

- Der Unternehmenserfolg (Gewinn bzw. Verlust) kann ermittelt werden durch den Vergleich des Eigenkapitals am Jahresanfang mit dem Eigenkapital am Jahresende (Erfolgsermittlung durch Kapitalvergleich).

1.3 Erfolgsermittlung durch Kapitalvergleich

Beispiel 1:

Das Eigenkapital eines Betriebes beträgt am Anfang eines Geschäftsjahres 125 000,00 DM und am Ende des Geschäftsjahres 151 000,00 DM.

Bestimmen Sie den Erfolg des Betriebes!

Lösung:

Eigenkapital am Ende des Geschäftsjahres	151 000,00 DM
– Eigenkapital am Anfang des Geschäftsjahres	125 000,00 DM
Erfolg (Gewinn)	26 000,00 DM

Beispiel 2:

Das Eigenkapital eines Betriebes beträgt am Anfang eines Geschäftsjahres 236 000,00 DM und am Ende des Geschäftsjahres 250 000,00 DM. Im Laufe des Geschäftsjahres betrugen die Kapitaleinlagen 42 000,00 DM und die Privatentnahmen 15 000,00 DM.

Bestimmen Sie den Erfolg des Betriebes!

Lösung:

Eigenkapital am Ende des Geschäftsjahres	250 000,00 DM
– Kapitaleinlagen	42 000,00 DM
+ Privatentnahmen	15 000,00 DM
– Eigenkapital am Anfang des Geschäftsjahres	236 000,00 DM
Erfolg (Verlust)	13 000,00 DM

Merke:

- Bei der Erfolgsermittlung durch **Kapitalvergleich** wird das Eigenkapital am Ende des Geschäftsjahres mit dem Eigenkapital am Anfang des Geschäftsjahres verglichen. Ist das Eigenkapital am Jahresende größer als das Eigenkapital am Jahresanfang, liegt ein Gewinn vor; im umgekehrten Fall liegt ein Verlust vor.
- **Kapitaleinlagen** werden vom Eigenkapital am Ende des Geschäftsjahres subtrahiert, **Privatentnahmen** werden addiert.

1.4 Bestands- und Erfolgskonten

Beispiel:

Für die Maschinen- und Anlagenbau AG, Kaiserstr. 25, 66424 Homburg, liegt folgende Eröffnungsbilanz vor:

Aktiva	Bilanz zum 1. Januar 19..		Passiva
I. Anlagevermögen		I. Eigenkapital	378 000,00
1. Betriebsgebäude	550 000,00	II. Verbindlichkeiten	
2. Maschinen	430 000,00	1. Verbindlichkeiten gegenüber Kreditinstituten	920 000,00
3. Betriebs- und Geschäftsausstattung	210 000,00	2. Verbindlichkeiten a. L. u. L.	210 000,00
II. Umlaufvermögen			
1. Rohstoffe	65 000,00		
2. Forderungen a. L. u. L.	58 000,00		
3. Kassenbestand	2 000,00		
4. Guthaben bei Kreditinstituten	193 000,00		
	1 508 000,00		1 508 000,00

Für das Geschäftsjahr liegen folgende Geschäftsfälle vor:

– Kunde überweist Rechnungsbetrag auf unser Bankkonto	9 000,00 DM
– Zielkauf von Rohstoffen, netto[1]	60 000,00 DM
– Umwandlung einer Liefererschuld in eine Bankverbindlichkeit	62 000,00 DM
– Ausgleich einer Liefererrechnung durch Banküberweisung	11 000,00 DM
– Zielverkauf aller Fertigerzeugnisse, netto	340 000,00 DM
– Banküberweisung für Löhne	160 000,00 DM
– Banküberweisung für Miete	24 000,00 DM
– Verbrauch von Rohstoffen[1]	77 000,00 DM

Bearbeiten Sie folgende Aufgaben:

a) Bilden Sie die Buchungssätze für die Eröffnung der Bestandskonten!

b) Bilden Sie die Buchungssätze für die Geschäftsfälle!

c) Buchen Sie die Geschäftsfälle auf Konten und schließen Sie die Konten ab!

d) Bilden Sie die Buchungssätze für den Abschluss der Konten!

Lösung:

a) Buchungssätze für die Eröffnung der Bestandskonten

- Aktivkonto
  an Eröffnungsbilanzkonto
- Eröffnungsbilanzkonto
  an Passivkonto

1 Diese Geschäftsfälle sind nach dem bestandsorientierten Verfahren zu buchen!

b) Buchungssätze für die Geschäftsfälle

	Soll	Haben
– 2800 Bank	9000,00	
an 2400 Forderungen		9000,00
– 2000 Rohstoffe	60000,00	
2600 Vorsteuer	9600,00	
an 4400 Verbindlichkeiten a. L. u. L.		69600,00
– 4400 Verbindlichkeiten a. L. u. L.	62000,00	
an 4250 Langfristige Bankverbindlichkeiten		62000,00
– 4400 Verbindlichkeiten a. L. u. L.	11000,00	
an 2800 Bank		11000,00
– 2400 Forderungen	394400,00	
an 5000 Umsatzerlöse		340000,00
an 4800 Umsatzsteuer		54400,00
– 6200 Löhne	160000,00	
an 2800 Bank		160000,00
– 6700 Mietaufwendungen	24000,00	
an 2800 Bank		24000,00
– 6000 Rohstoffaufwendungen	77000,00	
an 2000 Rohstoffe		77000,00

c) Buchung

S 0530 Betriebsgebäude H

8000)	550000,00	8010)	550000,00

S 0720 Maschinen H

8000)	430000,00	8010)	430000,00

S 0800 Betriebsausstattung H

8000)	210000,00	8010)	210000,00

S 2000 Rohstoffe H

8000)	65000,00	6000)	77000,00
4400)	60000,00	8010)	48000,00
	125000,00		125000,00

S 2400 Forderungen H

8000)	58000,00	2800)	9000,00
5000/...)	394400,00	8010)	443400,00
	452400,00		452400,00

S 2800 Bank H

8000)	193000,00	4400)	11000,00
2400)	9000,00	6200)	160000,00
		6700)	24000,00
		8010)	7000,00
	202000,00		202000,00

S 2880 Kasse H

8000)	2000,00	8010)	2000,00

S 3000 Eigenkapital H

8010)	457000,00	8000)	378000,00
		8020)	79000,00
	457000,00		457000,00

S 4250 Bankverbindlichkeiten H

8010)	982000,00	8000)	920000,00
		4400)	62000,00
	982000,00		982000,00

S 4400 Verbindlichkeiten H

4250)	62000,00	8000)	210000,00
2800)	11000,00	2000/...)	69600,00
8010)	206600,00		
	279600,00		279600,00

S 2600 Vorsteuer H

4400)	9600,00	4800)	9600,00

S 4800 Umsatzsteuer H

2600)	9600,00	2400)	54400,00
8010)	44800,00		
	54400,00		54400,00

S 5000 Umsatzerlöse H

8020)	340000,00	2400)	340000,00

S	6000 Aufwendungen für Rohstoffe		H
2000)	77 000,00	8020)	77 000,00

S	6200 Löhne		H
2800)	160 000,00	8020)	160 000,00

S	6700 Mieten		H
2800)	24 000,00	8020)	24 000,00

S	8020 GuV		H
6000)	77 000,00	5000)	340 000,00
6200)	160 000,00		
6700)	24 000,00		
3000)	79 000,00		
	340 000,00		340 000,00

S	8010 SBK		H
0530)	550 000,00	3000)	457 000,00
0720)	430 000,00	4250)	982 000,00
0800)	210 000,00	4400)	206 600,00
2000)	48 000,00	4800)	44 800,00
2400)	443 400,00		
2800)	7 000,00		
2880)	2 000,00		
	1 690 400,00		1 690 400,00

d) Buchungssätze für den Abschluss der Konten

Vorbereitende Abschlussbuchung

4800 Umsatzsteuer[1]	9 600,00	
an 2600 Vorsteuer		9 600,00

Abschluss der Erfolgskonten

8020 GuV-Konto	77 000,00	
an 6000 Aufwendungen für Rohstoffe		77 000,00
8020 GuV-Konto	160 000,00	
an 6200 Löhne		160 000,00
8020 GuV-Konto	24 000,00	
an 6700 Mieten		24 000,00
5000 Umsatzerlöse	340 000,00	
an 8020 GuV-Konto		340 000,00
8020 GuV-Konto	79 000,00	
an 3000 Eigenkapital		79 000,00

Abschluss der Bestandskonten

8010 Schlussbilanzkonto	550 000,00	
an 0530 Betriebsgebäude		550 000,00
8010 Schlussbilanzkonto	430 000,00	
an 0720 Maschinen		430 000,00
8010 Schlussbilanzkonto	210 000,00	
an 0800 Betriebs- und Geschäftsausstattung		210 000,00
8010 Schlussbilanzkonto	48 000,00	
an 2000 Rohstoffe		48 000,00
8010 Schlussbilanzkonto	443 400,00	
an 2400 Forderungen		443 400,00
8010 Schlussbilanzkonto	7 000,00	
an 2800 Bank		7 000,00

1 Zur Mehrwertsteuer siehe Seite 425 ff.

8010	Schlussbilanzkonto	2 000,00	
	an 2880 Kasse		2 000,00
3000	Eigenkapital	457 000,00	
	an 8010 Schlussbilanzkonto		457 000,00
4250	Langfristige Bankverbindlichkeiten	982 000,00	
	an 8010 Schlussbilanzkonto		982 000,00
4400	Verbindlichkeiten a. L. u. L.	206 600,00	
	an 8010 Schlussbilanzkonto		206 600,00
4800	Umsatzsteuer	44 800,00	
	an 8010 Schlussbilanzkonto		44 800,00

Lösungsweg:

- Einrichtung der erforderlichen Bestands- und Erfolgskonten.
- Eröffnung der Bestandskonten über das Eröffnungsbilanzkonto (EBK).
- Bildung der Buchungssätze zu den laufenden Geschäftsfällen.
- Buchung der Buchungssätze auf den Bestands- und Erfolgskonten.
- Abschluss des Kontos Vorsteuer über das Konto Umsatzsteuer (vorbereitende Abschlussbuchung).
- Abschluss der Erfolgskonten über das GuV-Konto.
- Abschluss des GuV-Kontos über das Konto Eigenkapital.
- Abschluss der Bestandskonten über das Schlussbilanzkonto (SBK).

Merke:

- Nach dem **Grundsatz der doppelten Buchführung** werden alle Buchungen doppelt gebucht: im Soll und im Haben.

  Für den **Buchungssatz** gilt:

Sollkonto bzw. Sollkonten **an** Habenkonto bzw. Habenkonten

Summe der Sollbuchungen = Summe der Habenbuchungen

- Für alle Posten der Bilanz werden im Hauptbuch **Bestandskonten** eingerichtet, welche die Bestände und deren Veränderungen erfassen. Für die Aktivposten werden Aktivkonten (z. B. Gebäude) und für die Passivposten werden Passivkonten (z. B. Verbindlichkeiten) eingerichtet.
- Für die **Aktivkonten** gilt:
  Anfangsbestand und Mehrungen stehen im Soll, Minderungen und Schlussbestand stehen im Haben.
- Für die **Passivkonten** gilt:
  Anfangsbestand und Mehrungen stehen im Haben, Minderungen und Schlussbestand stehen im Soll.
- Die Eröffnung der Bestandskonten erfolgt über das **Eröffnungsbilanzkonto** (Aktivkonto an EBK bzw. EBK an Passivkonto).

  Der Abschluss der Bestandskonten erfolgt über das **Schlussbilanzkonto** (SBK an Aktivkonto bzw. Passivkonto an SBK).
- Bei der Auswirkung von Geschäftsfällen unterscheidet man vier Möglichkeiten von **Wertveränderungen** der Bilanzpositionen, wobei in jedem Falle das Gleichgewicht der Bilanz erhalten bleibt (Summe der Aktiva = Summe der Passiva).

- Ein **Aktivtausch** liegt vor, wenn durch einen Geschäftsfall ein Aktivposten der Bilanz um den gleichen Betrag zunimmt wie ein anderer Aktivposten abnimmt.

  Ein **Passivtausch** liegt vor, wenn durch einen Geschäftsfall ein Passivposten der Bilanz um den gleichen Betrag zunimmt wie ein anderer Passivposten abnimmt.

  In beiden Fällen verändert sich die Bilanzsumme nicht.
- Eine **Aktiv-Passivmehrung** liegt vor, wenn durch einen Geschäftsfall sowohl ein Aktiv- als auch ein Passivposten um den gleichen Betrag zunehmen.

  Eine **Aktiv-Passivminderung** liegt vor, wenn durch einen Geschäftsfall sowohl ein Aktiv- als auch ein Passivposten um den gleichen Betrag abnehmen.

  Die Bilanzsumme nimmt zu bzw. ab.
- Das Schlussbilanzkonto enthält die buchungsmäßig festgestellten Schlussbestände (Sollbestände). Die Schlussbilanz enthält die durch die Inventur festgestellten Bestände (Istbestände). Die Werte des Schlussbilanzkontos und die Werte der Schlussbilanz müssen übereinstimmen; Differenzen zwischen den Buchbeständen und den Inventurbeständen (Soll-Ist-Vergleich) müssen buchhalterisch ausgeglichen werden.
- **Erfolgskonten** erfassen alle Aufwendungen und Erträge, die im Laufe eines Geschäftsjahres anfallen; man unterscheidet Aufwandskonten (z. B. Löhne, Aufwendungen für Rohstoffe) und Ertragskonten (z. B. Umsatzerlöse, Zinserträge).
- Aufwendungen werden im Soll gebucht, Erträge werden im Haben gebucht.
- Die Erfolgskonten werden über das **Gewinn- und Verlustkonto** abgeschlossen; der Saldo des GuV-Kontos stellt den Unternehmenserfolg (Gewinn bzw. Verlust) dar.
- Das GuV-Konto wird am Jahresende bei Einzelunternehmen und Personengesellschaften über das Konto Eigenkapital abgeschlossen.

1.5 Bestandsveränderungen an fertigen und unfertigen Erzeugnissen

Beispiel:

Ermitteln Sie aus folgenden Angaben das Betriebsergebnis und geben Sie die Buchungssätze an:

Anfangsbestände:	Fertige Erzeugnisse	25 000,00 DM
	Unfertige Erzeugnisse	15 000,00 DM
Endbestände:	Fertige Erzeugnisse	10 000,00 DM
	Unfertige Erzeugnisse	35 000,00 DM
Aufwendungen der Rechnungsperiode:		280 000,00 DM
Umsatzerlöse:		345 000,00 DM

Buchung:

S	2200 Fertige Erzeugnisse		H
8000)	25 000,00	8010)	10 000,00
		5200)	15 000,00
	25 000,00		25 000,00

S	2100 Unfertige Erzeugnisse		H
8000)	15 000,00	8010)	35 000,00
5200)	20 000,00		
	35 000,00		35 000,00

S	5200 Bestandsveränderungen		H
2200)	15 000,00	2100)	20 000,00
8020)	5 000,00		
	20 000,00		20 000,00

S	8020 GuV		H
Kl. 6, 7)	280 000,00	5000)	345 000,00
3000)	70 000,00	5200)	5 000,00
	350 000,00		350 000,00

Buchungssätze:

2200 Fertige Erzeugnisse	25 000,00	
an 8000 Eröffnungsbilanzkonto		25 000,00
2100 Unfertige Erzeugnisse	15 000,00	
an 8000 Eröffnungsbilanzkonto		15 000,00
8010 Schlussbilanzkonto	10 000,00	
an 2200 Fertige Erzeugnisse		10 000,00
8010 Schlussbilanzkonto	35 000,00	
an 2100 Unfertige Erzeugnisse		35 000,00
5200 Bestandsveränderungen	15 000,00	
an 2200 Fertige Erzeugnisse		15 000,00
2100 Unfertige Erzeugnisse	20 000,00	
an 5200 Bestandsveränderungen		20 000,00
5200 Bestandsveränderungen	5 000,00	
an 8020 GuV-Konto		5 000,00
8020 GuV-Konto	70 000,00	
an 3000 Eigenkapital		70 000,00

Merke:

- Bei den aktiven Bestandskonten **Fertige Erzeugnisse** und **Unfertige Erzeugnisse** können **Mehr- und Minderbestände** vorliegen.

Mehrbestand:	Schlussbestand > Anfangsbestand (Produktion > Verkauf)

Minderbestand:	Anfangsbestand > Schlussbestand (Verkauf > Produktion)

- Die Konten Fertige Erzeugnisse und Unfertige Erzeugnisse werden über das Erfolgskonto **5200 Bestandsveränderungen** abgeschlossen.
- Das Konto 5200 Bestandsveränderungen wird über das **Gewinn- und Verlust-Konto (8020)** abgeschlossen (ein Minderbestand erhöht die Aufwendungen und wird auf der Sollseite des GuV-Kontos gebucht; ein Mehrbestand verringert die Aufwendungen und wird im Haben gebucht).

1.6 Mehrwertsteuer

Zahllast und Vorsteuerüberhang

Beispiel 1:

Aufgrund der Eingangsrechnungen wurde Vorsteuer in Höhe von 25 200,00 DM, aufgrund der Ausgangsrechnungen Umsatzsteuer in Höhe von 34 800,00 DM gebucht.

a) Ermitteln Sie die Zahllast und buchen Sie deren Überweisung durch die Bank!

b) Die Zahllast ist bis zum 31. Dezember noch nicht überwiesen. Wie lauten die Buchungen am Jahresende und im neuen Jahr?

Buchung:

S	2600 Vorsteuer		H
	25 200,00	4800)	25 200,00

S	4800 Umsatzsteuer		H
2600)	25 200,00		34 800,00
2800)	9 600,00		
	34 800,00		34 800,00

Buchungssätze:

a)	4800 Umsatzsteuer	25 200,00	
	an 2600 Vorsteuer		25 200,00
	4800 Umsatzsteuer	9 600,00	
	an 2800 Bank		9 600,00
b)	**Im alten Jahr:**		
	4800 Umsatzsteuer	9 600,00	
	an 8010 Schlussbilanzkonto		9 600,00
	Im neuen Jahr:		
	8000 Eröffnungsbilanzkonto	9 600,00	
	an 4800 Umsatzsteuer		9 600,00
	4800 Umsatzsteuer	9 600,00	
	an 2800 Bank		9 600,00

Beispiel 2:

Im Monat Dezember entstanden Vorsteuer in Höhe von 9 700,00 DM und Umsatzsteuer in Höhe von 7 300,00 DM. Wie wird am 31. Dezember gebucht?

Buchung:

S	2600 Vorsteuer		H
	9 700,00	4800)	7 300,00
		8010)	2 400,00
	9 700,00		9 700,00

S	4800 Umsatzsteuer		H
2600)	7 300,00		7 300,00

Buchungssätze:

4800 Umsatzsteuer	7 300,00	
an 2600 Vorsteuer		7 300,00
8010 Schlussbilanzkonto	2 400,00	
an 2600 Vorsteuer		2 400,00

Merke:

- Auf jeder Stufe des Warenweges entsteht ein Mehrwert (Wertschöpfung), welcher der **Mehrwertsteuer** unterliegt (siehe Seite 166).
- Nach dem **Umsatzsteuergesetz** unterliegen alle Lieferungen und Leistungen, die ein Unternehmen im Inland gegen Entgelt ausführt, der Mehrwertsteuer (Ausfuhrlieferungen sind von der Mehrwertsteuer befreit). Besteuert werden auch der Eigenverbrauch sowie die Einfuhr von Gegenständen aus Drittländern in das EU-Gemeinschaftsgebiet (Einfuhrumsatzsteuer). Der gewerbliche Erwerb von Gütern aus EU-Mitgliedsstaaten (sog. innergemeinschaftlicher Erwerb) unterliegt ebenfalls der Umsatzsteuer.
- Bemessungsgrundlage für die Mehrwertsteuerberechnung ist der **Nettowarenwert.**
- Die Mehrwertsteuer trägt allein der Letztverbraucher; für das Unternehmen ist sie ein durchlaufender Posten, sie stellt keine Kosten dar.
- Die Mehrwertsteuer beim Einkauf wird immer auf dem Konto 2600 Vorsteuer gebucht (im Soll).
  Die Vorsteuer stellt eine Forderung an das Finanzamt (Aktivkonto) dar.
- Die Mehrwertsteuer beim Verkauf wird immer auf dem Konto 4800 Umsatzsteuer gebucht (im Haben).
  Die Umsatzsteuer stellt eine Verbindlichkeit gegenüber dem Finanzamt dar (Passivkonto).
- Vorsteuer wird über Umsatzsteuer abgeschlossen (Vorsteuerabzug). Der Saldo des Kontos Umsatzsteuer ergibt die **Zahllast,** welche an das Finanzamt abzuführen ist.

  Zahllast = Umsatzsteuer − Vorsteuer

- Die Zahllast ist i.d.R. monatlich zu ermitteln (Voranmeldungszeitraum) und bis zum 10. des folgenden Monats an das Finanzamt zu überweisen.
- Am Jahresende ist die Zahllast als Verbindlichkeit zu **passivieren.**
- Übersteigt die Vorsteuer die Umsatzsteuer, liegt ein **Vorsteuerüberhang** vor (Abschluss von Umsatzsteuer über Vorsteuer); dieser ist am Jahresende als Forderung zu **aktivieren.** Der Vorsteuerüberhang wird vom Finanzamt ausgezahlt.

Vorsteuer bei Aufwendungen

Beispiel:

Ein Industriebetrieb überweist einem Handelsvertreter eine Provision von 2000,00 DM netto und 16% Mehrwertsteuer.

Buchungssatz:

6150 Vertriebsprovisionen	2000,00	
2600 Vorsteuer	320,00	
an 2800 Bank		2320,00

Merke:

- Die Mehrwertsteuerbeträge, welche von anderen Unternehmen berechnet werden, stellen **Vorsteuer** dar; dies gilt für alle Aufwendungen der Kontenklassen 6 und 7 (z.B. Provisionen, Ausgangsfrachten, Instandhaltungskosten, Büromaterial).

1.7 Privatkonto

Beispiel 1:

Ein Unternehmer

a) tätigt am 15. Februar eine Kapitaleinlage auf das Bankkonto in Höhe von 12000,00 DM,

b) entnimmt am 18. Juli der Geschäftskasse für Privatzwecke 2300,00 DM,

c) entnimmt am 19. November Erzeugnisse für seinen Haushalt im Nettowert von 650,00 DM (Mehrwertsteuer 16%).

Buchungssätze:

a)	2800 Bank	12000,00	
	an 3001 Privatkonto		12000,00
b)	3001 Privatkonto	2300,00	
	an 2880 Kasse		2300,00
c)	3001 Privatkonto	754,00	
	an 5420 Eigenverbrauch		650,00
	an 4800 Umsatzsteuer		104,00

Beispiel 2:

Die Aufwendungen für einen Pkw betrugen in einem Geschäftsjahr 7400,00 DM; davon sind 5800,00 DM mit Vorsteuer belastet. Das Fahrzeug wurde zu 40% privat genutzt (Mehrwertsteuer 16%).

Wie lautet die Buchung für die private Nutzung am 31. Dezember?

Buchungssätze:

3001 Privatkonto	2691,20	
an 5420 Eigenverbrauch		2320,00
an 4800 Umsatzsteuer		371,20
3001 Privatkonto	640,00	
an 5421 Steuerfreier Eigenverbrauch		640,00

Merke:

- Das **Privatkonto** ist ein Unterkonto des Kapitalkontos (nur Einzelkaufleute und Vollhafter bei Personengesellschaften führen ein Privatkonto).
- Auf der Sollseite des Privatkontos stehen die Privatentnahmen (Minderung des Eigenkapitals), auf der Habenseite die Privateinlagen (Mehrung des Eigenkapitals).
- Beim **Eigenverbrauch** (Entnahme von Erzeugnissen für private Zwecke, private Nutzung von betrieblichen Gegenständen, private Inanspruchnahme von betrieblichen Dienstleistungen) wird unterschieden in umsatzsteuerpflichtigen Eigenverbrauch (z. B. AfA für die private Nutzung eines Geschäftswagens) und steuerfreien Eigenverbrauch (z. B. Kfz-Steuer).
- Der Eigenverbrauch wird auf dem Ertragskonto 5420 Eigenverbrauch bzw. 5421 Steuerfreier Eigenverbrauch gebucht.
- Das Privatkonto wird über das Kapitalkonto, die Konten Eigenverbrauch werden über das GuV-Konto abgeschlossen.
- Wird ein Vermögensgegenstand vom Unternehmer in das Privatvermögen übernommen, so ist diese Entnahme mehrwertsteuerpflichtig. Dieser Eigenverbrauch ist mit dem Marktwert (Teilwert) zu bewerten; liegt dieser über dem Buchwert, entsteht ein Ertrag aus Vermögensabgang (Konto 5460).

2 Buchungen in der Material- und Produktionswirtschaft

2.1 Beschaffung und Verbrauch von Werkstoffen

2.1.1 Bestandsorientiertes Verfahren

Beispiel 1:

Ein Industriebetrieb kauft Rohstoffe auf Ziel im Nettowert von 28 500,00 DM, Mehrwertsteuer 16 %. Lt. Materialentnahmescheinen liegt ein Rohstoffverbrauch in Höhe von 24 000,00 DM vor.

Bilden Sie die Buchungssätze für den Einkauf und den Rohstoffverbrauch nach dem bestandsorientierten Verfahren!

Buchungssätze:

Einkauf (lt. Eingangsrechnung)

2000 Rohstoffe	28 500,00	
2600 Vorsteuer	4 560,00	
an 4400 Verbindlichkeiten a. L. u. L.		33 060,00

Verbrauch (lt. Materialentnahmeschein)

6000 Aufwendungen für Rohstoffe	24 000,00	
an 2000 Rohstoffe		24 000,00

Beispiel 2:

Ein Industriebetrieb kauft Rohstoffe auf Ziel im Nettowert von 28 500,00 DM, Mehrwertsteuer 16 %. Zu Beginn des Geschäftsjahres wies das Konto Rohstoffe einen Bestand in Höhe von 10 000,00 DM aus. Die Inventur am Ende des Geschäftsjahres ergab einen Bestand in Höhe von 14 500,00 DM.

Bilden Sie die Buchungssätze für den Einkauf und den Rohstoffverbrauch nach dem bestandsorientierten Verfahren!

Buchungssätze:

Einkauf (lt. Eingangsrechnung)

2000 Rohstoffe	28 500,00	
2600 Vorsteuer	4 560,00	
an 4400 Verbindlichkeiten a. L. u. L.		33 060,00

Verbrauch (lt. Verbrauchsberechnung)

6000 Aufwendungen für Rohstoffe	24 000,00	
an 2000 Rohstoffe		24 000,00

Merke:

- Beim **Einkauf von Werkstoffen** (Roh-, Hilfs- und Betriebsstoffe) unterscheidet man das bestandsorientierte und das verbrauchsorientierte Verfahren.
- Beim **bestandsorientierten Verfahren** wird der Einkauf von Werkstoffen auf den entsprechenden Bestandskonten (z. B. 2000 Rohstoffe, 2020 Hilfsstoffe, 2030 Betriebsstoffe) erfasst.
- Bei der Ermittlung und Buchung des Verbrauchs von Werkstoffen gibt es zwei Möglichkeiten, entweder aufgrund von Materialentnahmescheinen oder aufgrund der Inventurwerte:

  Anfangsbestand + Einkäufe − Schlussbestand (lt. Inventur) = Verbrauch

- Die beim Einkauf von Werkstoffen anfallende Mehrwertsteuer wird auf 2600 Vorsteuer (im Soll) erfasst.

2.1.2 Verbrauchsorientiertes Verfahren

Beispiel 1:

Ein Industriebetrieb kauft Rohstoffe auf Ziel im Nettowert von 28 500,00 DM, Mehrwertsteuer 16%. Zu Beginn des Geschäftsjahres wies das Konto Rohstoffe einen Bestand in Höhe von 10 000,00 DM aus. Die Inventur am Ende des Geschäftsjahres ergab einen Bestand in Höhe von 14 500,00 DM.

Bilden Sie nach dem verbrauchsorientierten Verfahren die Buchungssätze für den Einkauf und die Bestandsveränderung an Rohstoffen und buchen Sie auf Konten!

Buchung:

S — 2000 Rohstoffe — H

S		H	
8000)	10 000,00	8010)	14 500,00
6000)	4 500,00		
	14 500,00		14 500,00

S — 6000 Aufwendungen für Rohstoffe — H

S		H	
4400/...)	28 500,00	2000)	4 500,00
		8020)	24 000,00
	28 500,00		28 500,00

Buchungssätze:

Einkauf (lt. Eingangsrechnung)

6000 Rohstoffe	28 500,00	
2600 Vorsteuer	4 560,00	
an 4400 Verbindlichkeiten a. L. u. L.		33 060,00

Bestandsmehrung

2000 Rohstoffe	4 500,00	
an 6000 Aufwendungen für Rohstoffe		4 500,00

Beispiel 2:

Ein Industriebetrieb kauft Rohstoffe auf Ziel im Nettowert von 28 500,00 DM, Mehrwertsteuer 16 %. Zu Beginn des Geschäftsjahres wies das Konto Rohstoffe einen Bestand in Höhe von 10 000,00 DM aus. Die Inventur am Ende des Geschäftsjahres ergab einen Bestand in Höhe von 3 000,00 DM.

Bilden Sie nach dem verbrauchsorientierten Verfahren die Buchungssätze für den Einkauf und die Bestandsveränderung an Rohstoffen und buchen Sie auf Konten!

Buchung:

S	2000 Rohstoffe		H
8000)	10 000,00	8010)	3 000,00
		6000)	7 000,00
	10 000,00		10 000,00

S	6000 Aufwendungen für Rohstoffe		H
4400/...)	28 500,00	8020)	35 500,00
2000)	7 000,00		
	35 500,00		35 500,00

Buchungssätze:

Einkauf (lt. Eingangsrechnung)

6000 Rohstoffe	28 500,00	
2600 Vorsteuer	4 560,00	
an 4400 Verbindlichkeiten a. L. u. L.		33 060,00

Bestandsminderung

6000 Aufwendungen für Rohstoffe	7 000,00	
an 2000 Rohstoffe		7 000,00

Merke:

- Beim **verbrauchsorientierten Verfahren** wird der **Einkauf von Werkstoffen** im Gegensatz zum bestandsorientierten Verfahren direkt auf den entsprechenden Aufwandskonten (z. B. 6000 Aufwendungen für Rohstoffe) erfasst. Bei diesem Verfahren wird angenommen, dass die beschafften Werkstoffe sofort in der Produktion verbraucht werden **(Just-in-time-Verfahren;** siehe Seite 203 f.).
- Der Wert der in einem Geschäftsjahr beschafften Werkstoffe kann entweder höher (Mehrbestand an Werkstoffen) oder niedriger sein als der Verbrauch der Werkstoffe (Minderbestand an Werkstoffen). Der Unterschied zwischen Beschaffung und Verbrauch wird am Ende des Geschäftsjahres buchhalterisch auf dem entsprechenden Bestandskonto (z. B. 2000 Rohstoffe) erfasst.
- Ein **Mehrbestand** an Werkstoffen liegt vor, wenn der Schlussbestand höher ist als der Anfangsbestand; der Mehrbestand verringert die Aufwendungen an Werkstoffen (z. B. 2000 Rohstoffe an 6000 Aufwendungen für Rohstoffe).
- Ein **Minderbestand** an Werkstoffen liegt vor, wenn der Schlussbestand niedriger ist als der Anfangsbestand; der Minderbestand erhöht die Aufwendungen an Werkstoffen (z. B. 6000 Aufwendungen für Rohstoffe an 2000 Rohstoffe).

2.2 Beschaffung von Handelswaren

2.2.1 Bestandsorientiertes Verfahren

Beispiel:

Ein Industriebetrieb kauft Handelswaren auf Ziel im Nettowert von 34 000,00 DM, Mehrwertsteuer 16 %.

Bilden Sie den Buchungssatz nach dem bestandsorientierten Verfahren!

Buchungssatz:

2280 Handelswaren	34 000,00	
2600 Vorsteuer	5 440,00	
an 4400 Verbindlichkeiten a. L. u. L.		39 440,00

Merke:

- Beim **Einkauf von Handelswaren** (von anderen Unternehmen bezogene Erzeugnisse, welche nicht weiterverarbeitet werden und der Abrundung des Sortiments dienen) unterscheidet man das bestandsorientierte und das verbrauchsorientierte Verfahren.
- Beim **bestandsorientierten Verfahren** wird der Einkauf der Handelswaren auf dem Bestandskonto 2280 Waren (Handelswaren) erfasst.
- Die beim Einkauf von Handelswaren anfallende Mehrwertsteuer wird auf 2600 Vorsteuer (im Soll) erfasst.

2.2.2 Verbrauchsorientiertes Verfahren

Beispiel:

Ein Industriebetrieb kauft Handelswaren auf Ziel im Nettowert von 34 000,00 DM, Mehrwertsteuer 16 %.

Bilden Sie den Buchungssatz nach dem verbrauchsorientierten Verfahren!

Buchungssatz:

6080 Aufwendungen für Waren	34 000,00	
2600 Vorsteuer	5 440,00	
an 4400 Verbindlichkeiten a. L. u. L.		39 440,00

Merke:

- Beim **verbrauchsorientierten Verfahren** wird der **Einkauf von Handelswaren** im Gegensatz zum bestandsorientierten Verfahren direkt auf dem Aufwandskonto 6080 Aufwendungen für Waren erfasst. Bei diesem Verfahren wird angenommen, dass die beschafften Handelswaren sofort verkauft werden (Just-in-time-Verfahren, siehe Seite 203 und 436).

2.3 Bezugskosten

Beispiel:

Barzahlung der Fracht und des Rollgeldes für gelieferte Rohstoffe netto 480,00 DM, 16% Mehrwertsteuer.

Bilden Sie den Buchungssatz nach dem bestandsorientierten Verfahren!

Buchungssatz:

2001 Bezugskosten	480,00	
2600 Vorsteuer	76,80	
an 2880 Kasse		556,80

Merke:

- **Bezugskosten** (z. B. Fracht, Rollgeld, Transportversicherung, Verpackung, Einfuhrzoll) unterliegen grundsätzlich der Mehrwertsteuer.
- Wird der Einkauf von Stoffen und Handelswaren auf **Bestandskonten** gebucht, werden die Bezugskosten auf Unterkonten dieser Bestandskonten erfasst (z. B. 2001 Bezugskosten für Rohstoffe, 2281 Bezugskosten für Handelswaren).

  Die Konten Bezugskosten werden über die entsprechenden Bestandskonten abgeschlossen (z. B. 2000 Rohstoffe an 2001 Bezugskosten für Rohstoffe); die Bezugskosten werden damit als **Anschaffungsnebenkosten** aktiviert.
- Wird der Einkauf von Stoffen auf **Aufwandskonten** gebucht (verbrauchsorientiertes Verfahren), werden die Bezugskosten auf Unterkonten dieser Aufwandskonten erfasst (z. B. 6001 Bezugskosten für Rohstoffe).

  Die Konten Bezugskosten werden über die entsprechenden Aufwandskonten abgeschlossen (z. B. 6000 Aufwendungen für Rohstoffe an 6001 Bezugskosten für Rohstoffe); die Bezugskosten stellen damit ebenfalls Aufwand dar.

2.4 Rücksendungen an Lieferer

Beispiel:

Ein Industriebetrieb kauft auf Ziel Rohstoffe für 12 000,00 DM netto, 16% Mehrwertsteuer. Stoffe im Wert von 500,00 DM netto sind unbrauchbar und werden an den Lieferer zurückgeschickt.

Bilden Sie die Buchungssätze nach dem bestandsorientierten Verfahren!

Buchungssätze:

Einkauf

2000 Rohstoffe	12 000,00	
2600 Vorsteuer	1 920,00	
an 4400 Verbindlichkeiten a. L. u. L.		13 920,00

Rücksendung

4400 Verbindlichkeiten a. L. u. L.	580,00	
an 2000 Rohstoffe		500,00
an 2600 Vorsteuer		80,00

Merke:

- **Rücksendungen an den Lieferer** (z. B. bei mangelhafter und falscher Lieferung) werden als **Berichtigungsbuchungen** (Storno) direkt auf den entsprechenden Bestandskonten (bestandsorientiertes Verfahren) bzw. Aufwandskonten (verbrauchsorientiertes Verfahren) gebucht.
- Bei Rücksendungen an den Lieferer ist die **Vorsteuer** (im Haben) zu berichtigen.

2.5 Boni und Nachlässe von Lieferern

Beispiel:

Ein Lieferer gewährt für bezogene Handelswaren im Nettowert von 28 000,00 DM einen Bonus in Höhe von 5 % (16 % Mehrwertsteuer).

Buchen Sie nach dem bestandsorientierten Verfahren netto und brutto!

Buchungssätze:

Nettobuchung

4400 Verbindlichkeiten a. L. u. L.	1 624,00	
an 2282 Nachlässe		1 400,00 DM
an 2600 Vorsteuer		224,00 DM

Bruttobuchung

4400 Verbindlichkeiten a. L. u. L.	1 624,00	
an 2282 Nachlässe		1 624,00 DM
2282 Nachlässe	224,00	
an 2600 Vorsteuer		224,00 DM

Merke:

- **Boni beim Einkauf** (nachträglich gewährte Rabatte) sowie **Nachlässe aufgrund von Mängelrügen** mindern die Einstandspreise und werden nach dem bestandsorientierten Verfahren auf Unterkonten der entsprechenden Bestandskonten erfasst (z. B. 2002 Nachlässe für Rohstoffe) bzw. nach dem verbrauchsorientierten Verfahren auf Unterkonten der Aufwandskonten (z. B. 6002 Nachlässe für Rohstoffe).
- **Sofortrabatte**, die der Lieferer als Mengen- oder Wiederverkäuferrabatt gewährt, werden buchhalterisch nicht berücksichtigt; gebucht werden die um die Rabatte verminderten Beträge.
- Bei der **Nettobuchung**[1] wird die anteilige Vorsteuer sofort berichtigt.
- Bei der **Bruttobuchung**[1] (praxisnäher) wird der Nachlass zunächst brutto (d. h. inklusive Mehrwertsteuer) gebucht. Die Berichtigung der Vorsteuer (im Haben) erfolgt am Monatsende.
- Die Konten Nachlässe werden über die entsprechenden Bestandskonten abgeschlossen (z. B. 2002 Nachlässe für Rohstoffe an 2000 Rohstoffe) bzw. über die entsprechenden Aufwandskonten (z. B. 6002 Nachlässe für Rohstoffe an 6000 Aufwendungen für Rohstoffe).

---

1 Erfolgt die Buchführung mit Hilfe der Datenverarbeitung, gibt es die Unterscheidung in Netto- und Bruttobuchung in dieser Form nicht. Erfasst wird der Bruttobetrag, der Nettobetrag und die anteilige Vorsteuer werden automatisch berechnet und auf den betreffenden Konten gebucht.

28 Groh/Schröer – ISBN 3-8120-0420-8

3 Buchungen in der Absatzwirtschaft

3.1 Verkauf von Erzeugnissen und Dienstleistungen

Beispiel:

Ein Industriebetrieb verkauft Erzeugnisse auf Ziel im Nettowert von 29 000,00 DM, Mehrwertsteuer 16 %. Bilden Sie den Buchungssatz entsprechend der Ausgangsrechnung!

Buchungssatz:

2400 Forderungen a. L. u. L.	33 640,00	
an 5000 Umsatzerlöse		29 000,00
an 4800 Umsatzsteuer		4 640,00

Merke:

- Industriebetriebe verkaufen ihre produzierten Erzeugnisse (Fertigerzeugnisse) und u. U. Dienstleistungen wie z. B. Reparaturen und Installationen an ihre Kunden.
- **Verkäufe** werden mit dem Nettobetrag auf dem Ertragskonto 5000 Umsatzerlöse für eigene Erzeugnisse bzw. auf dem Ertragskonto 5050 Umsatzerlöse für andere eigene Leistungen erfasst.
- Die beim Verkauf anfallende Mehrwertsteuer wird auf dem Konto 4800 Umsatzsteuer (im Haben) erfasst.

3.2 Verkauf von Handelswaren

3.2.1 Bestandsorientiertes Verfahren

Beispiel:

Das Konto Handelswaren enthält im Soll einen Anfangsbestand von 25 000,00 DM und Einkäufe (netto) von 55 000,00 DM. Der Schlussbestand lt. Inventur beträgt 10 000,00 DM. Die Umsatzerlöse (netto) betragen 100 000,00 DM.

Buchen Sie nach dem bestandsorientierten Verfahren auf den entsprechenden Konten!

Buchung:

S 2280 Handelswaren H

8000)	25 000,00	8010)	10 000,00
Einkäufe)	55 000,00	6080)	70 000,00
	80 000,00		80 000,00

S 6080 Aufwendungen für Waren H

2280)	70 000,00	8020)	70 000,00

S 5100 Umsatzerlöse H

8020)	100 000,00	Versch. Konten)	100 000,00

S 8020 GuV H

6080)	70 000,00	5100)	100 000,00

Buchungssätze:

		Soll	Haben
8010	Schlussbilanzkonto	10 000,00	
	an 2280 Handelswaren		10 000,00
6080	Aufwendungen für Waren	70 000,00	
	an 2280 Handelswaren		70 000,00
8020	GuV-Konto	70 000,00	
	an 6080 Aufwendungen für Waren		70 000,00
5100	Umsatzerlöse für Waren	100 000,00	
	an 8020 GuV-Konto		100 000,00

Merke:

- Beim **Einkauf und Verkauf von Handelswaren** unterscheidet man das bestandsorientierte und das verbrauchsorientierte Verfahren.
- Der Verkauf der Waren wird mit dem Nettobetrag auf 5100 Umsatzerlöse für Waren erfasst; die Mehrwertsteuer wird auf 4800 Umsatzsteuer (im Haben) gebucht.
- Beim **bestandsorientierten Verfahren** stellt der Saldo des Kontos 2280 Waren (nachdem die Unterkonten 2281 Bezugskosten und 2282 Nachlässe abgeschlossen sind) den Warenverkauf zu Einstandspreisen dar. Dieser Saldo wird auf das Konto 6080 Aufwendungen für Waren übertragen.

Anfangsbestand + Einkäufe − Schlussbestand (lt. Inventur) = Warenverkauf zu Einstandspreisen

- Die Konten 6080 Aufwendungen für Waren und 5100 Umsatzerlöse für Waren (beide sind Erfolgskonten) werden über das GuV-Konto abgeschlossen; d. h., die Verkäufe zu Einstandspreisen werden den Verkäufen zu Verkaufspreisen gegenübergestellt. Die Differenz zwischen den Umsatzerlösen und den Aufwendungen für Waren stellt den **Warenrohgewinn** dar.

3.2.2 Verbrauchsorientiertes Verfahren

Beispiel:

Das Konto Handelswaren enthält einen Anfangsbestand von 25 000,00 DM und einen Schlussbestand lt. Inventur von 10 000,00 DM; die Einkäufe (netto) betrugen 55 000,00 DM und die Umsatzerlöse (netto) 100 000,00 DM.

Buchen Sie nach dem verbrauchsorientierten Verfahren auf den entsprechenden Konten!

Buchung:

S — 2280 Handelswaren — H

S			H
8000)	25 000,00	8010)	10 000,00
		6080)	15 000,00
	25 000,00		25 000,00

S — 6080 Aufwendungen für Waren — H

S			H
4400)	55 000,00	8020)	70 000,00
2280)	15 000,00		
	70 000,00		70 000,00

S — 5100 Umsatzerlöse für Waren — H

S			H
8020)	100 000,00	2400)	100 000,00

S — 8020 GuV-Konto — H

S			H
6080)	70 000,00	5100)	100 000,00

Buchungssätze:

6080	Aufwendungen für Waren	55 000,00	
2600	Vorsteuer	8 800,00	
	an 4400 Verbindlichkeiten a. L. u. L.		63 800,00
2400	Forderungen a. L. u. L.	116 000,00	
	an 5100 Umsatzerlöse für Waren		100 000,00
	an 4800 Umsatzsteuer		16 000,00
8010	Schlussbilanzkonto	10 000,00	
	an 2280 Handelswaren		10 000,00
6080	Aufwendungen für Waren	15 000,00	
	an 2280 Handelswaren		15 000,00
8020	GuV-Konto	70 000,00	
	an 6080 Aufwendungen für Waren		70 000,00
5100	Umsatzerlöse für Waren	100 000,00	
	an 8020 GuV-Konto		100 000,00

Merke:

- Beim **verbrauchsorientierten Verfahren** werden zunächst die **Einkäufe von Handelswaren** direkt auf dem Aufwandskonto 6080 Aufwendungen für Waren erfasst.
- Der Wert der in einem Geschäftsjahr beschafften Waren kann entweder höher (Mehrbestand an Waren) oder niedriger sein als der **Verkauf der Waren** (Minderbestand an Waren). Der Unterschied zwischen Einkauf und Verkauf wird am Ende des Geschäftsjahres buchhalterisch auf dem Bestandskonto 2280 Waren erfasst.
- Ein **Minderbestand** an Waren liegt vor, wenn der Schlussbestand niedriger ist als der Anfangsbestand; der Minderbestand erhöht die Aufwendungen für Waren (6080 Aufwendungen für Waren an 2280 Waren).
- Ein **Mehrbestand** an Waren liegt vor, wenn der Schlussbestand höher ist als der Anfangsbestand; der Mehrbestand verringert die Aufwendungen für Waren (2280 Waren an 6080 Aufwendungen für Waren).
- Die Konten 6080 Aufwendungen für Waren und 5100 Umsatzerlöse für Waren (beide sind Erfolgskonten) werden über das GuV-Konto abgeschlossen; d. h., die Verkäufe zu Einstandspreisen werden den Verkäufen zu Verkaufspreisen gegenübergestellt. Die Differenz zwischen den Umsatzerlösen und den Aufwendungen für Waren stellt den **Warenrohgewinn** dar.

3.3 Versandkosten

Beispiel 1:

Ein Industriebetrieb kauft Verpackungsmaterial auf Ziel im Nettowert von 3 800,00 DM. Eine noch nicht gebuchte Rechnung eines Spediteurs für mehrere Lieferungen an Kunden im Nettowert von 2 600,00 DM wird durch Banküberweisung beglichen. Der Mehrwertsteuersatz beträgt 16 %.

Bilden Sie die Buchungssätze!

Buchungssätze:

6040	Aufwendungen für Verpackungsmaterial	3 800,00	
2600	Vorsteuer	608,00	
	an 4400 Verbindlichkeiten a. L. u. L.		4 408,00
6140	Frachten und Fremdlager	2 600,00	
2600	Vorsteuer	416,00	
	an 2800 Bank		3 016,00

Beispiel 2:

Ein Industriebetrieb verkauft Erzeugnisse im Nettowert von 13 400,00 DM auf Ziel und stellt dem Kunden zusätzlich Verpackungskosten in Höhe von 130,00 DM netto und Fracht in Höhe von 280,00 DM netto in Rechnung (Mehrwertsteuer 16 %).

Buchungssatz:

2400	Forderungen a. L. u. L.	16 019,60	
	an 5000 Umsatzerlöse		13 810,00
	an 4800 Umsatzsteuer		2 209,60

Merke:

- Aufwendungen wie 6040 Aufwendungen für Verpackungsmaterial, 6140 Frachten und Fremdlager und 6150 Vertriebsprovisionen werden zum Zeitpunkt ihres Entstehens gebucht. Der Industriebetrieb kann seinen Kunden diese Aufwendungen im Zusammenhang mit dem Verkauf seiner Erzeugnisse als **Versandkosten** (Vertriebskosten) in Rechnung stellen.
- Die den Kunden in Rechnung gestellten Versandkosten werden nicht auf gesonderten Konten, sondern zusammen mit den Umsatzerlösen (in einem Betrag) auf 5000 Umsatzerlöse für eigene Erzeugnisse erfasst.
- Beim Einkauf von **Verpackungsmaterial** kann neben dem verbrauchsorientierten Verfahren auch das bestandsorientierte Verfahren angewandt werden (siehe Seite 428 f.).

3.4 Rücksendungen von Kunden

Beispiel:

Ein Industriebetrieb verkauft Erzeugnisse auf Ziel für 6 300,00 DM netto, 16 % Mehrwertsteuer. Der Kunde sendet beschädigte Erzeugnisse im Wert von 400,00 DM netto zurück.

Buchungssätze:

Verkauf

2400	Forderungen a. L. u. L.	7 308,00	
	an 5000 Umsatzerlöse		6 300,00
	an 4800 Umsatzsteuer		1 008,00

Rücksendung

5000	Umsatzerlöse	400,00	
4800	Umsatzsteuer	64,00	
	an 2400 Forderungen a. L. u. L.		464,00

Merke:

- **Rücksendungen von Kunden** werden als Berichtigungsbuchungen direkt auf den entsprechenden Erlöskonten gebucht.
- Bei Rücksendungen von Kunden ist die **Umsatzsteuer** (im Soll) zu berichtigen.

3.5 Boni und Nachlässe an Kunden

Beispiel:

Ein Industriebetrieb gewährt einem Kunden für bezogene Fertigerzeugnisse im Nettowert von 30 000,00 DM (16 % Mehrwertsteuer) einen Bonus von 3 %. Buchen Sie netto und brutto entsprechend der Gutschriftsanzeige!

Buchungssätze:

Nettobuchung

5001 Erlösberichtigungen	900,00	
4800 Umsatzsteuer	144,00	
an 2400 Forderungen a. L. u. L.		1 044,00

Bruttobuchung

5001 Erlösberichtigungen	1 044,00	
an 2400 Forderungen a. L. u. L.		1 044,00
4800 Umsatzsteuer	144,00	
an 5001 Erlösberichtigungen		144,00

Merke:

- **Boni beim Verkauf** sowie **Nachlässe aufgrund von Mängelrügen** mindern die Erlöse und werden (als Erlösberichtigungen) auf Unterkonten der Erlöskonten erfasst (5001 Erlösberichtigungen für eigene Erzeugnisse, 5051 Erlösberichtigungen für andere eigene Leistungen; 5101 Erlösberichtigungen für Waren und 5191 Erlösberichtigungen für sonstige Umsatzerlöse).
- Auch die den Kunden gewährten Skonti stellen Nachlässe dar und vermindern die Erlöse (siehe Seite 441).
- Bei der **Nettobuchung**[1] wird die anteilige Umsatzsteuer sofort berichtigt. Bei der **Bruttobuchung**[1] wird die Erlösberichtigung zunächst brutto (d. h. inklusive Umsatzsteuer) gebucht; die Berichtigung der Umsatzsteuer (im Soll) erfolgt am Monatsende.
- Die **Umsatzsteuer** muss (im Soll) berichtigt werden.
- Die Konten **Erlösberichtigungen** werden über die entsprechenden Erlöskonten abgeschlossen (z. B. 5000 Umsatzerlöse an 5001 Erlösberichtigungen).

1 Erfolgt die Bruttobuchung mit Hilfe der Datenverarbeitung, gibt es die Unterscheidung in Netto- und Bruttobuchung in dieser Form nicht. Erfasst wird der Bruttobetrag, der Nettobetrag und die anteilige Vorsteuer werden automatisch berechnet und auf den betreffenden Konten gebucht.

4 Buchungen im Zahlungsverkehr

4.1 Ausgleich von Kunden- und Liefererrechnungen

Beispiel:

Bilden Sie die Buchungssätze für folgende Geschäftsfälle:

a) Ein Kunde überweist zum Ausgleich einer Ausgangsrechnung 7800,00 DM auf das Bankkonto.

b) Der Betrieb überweist per Bank zum Ausgleich einer Eingangsrechnung 13600,00 DM.

c) Barkauf von Büromaterial in Höhe von 360,00 DM netto (Mehrwertsteuer 16%).

d) Banküberweisung der Umsatzsteuerzahllast für den Monat Mai in Höhe von 24000,00 DM.

e) Ein Kunde begleicht eine Rechnung über 3800,00 DM mit Verrechnungsscheck.

f) Gutschrift der Bank für den eingereichten Verrechnungsscheck über 3800,00 DM.

g) Ein zum Ausgleich einer Liefererrechnung über 8100,00 DM ausgestellter Verrechnungsscheck wird durch die Bank eingelöst.

Buchungssätze:

a)	2800	Bank	7800,00	
		an 2400 Forderungen a.L.u.L.		7800,00
b)	4400	Verbindlichkeiten a.L.u.L.	13600,00	
		an 2800 Bank		13600,00
c)	6800	Büromaterial	360,00	
	2600	Vorsteuer	57,60	
		an 2880 Kasse		417,60
d)	4800	Umsatzsteuer	24000,00	
		an 2800 Bank		24000,00
e)	2860	Schecks	3800,00	
		an 2400 Forderungen		3800,00
f)	2800	Bank	3800,00	
		an 2860 Schecks		3800,00
g)	4400	Verbindlichkeiten a.L.u.L.	8100,00	
		an 2800 Bank		8100,00

Merke:

- **Zahlungseingänge** (z.B. Ausgleich von Ausgangsrechnungen durch Kunden) und **Zahlungsausgänge** (z.B. Ausgleich von Eingangsrechnungen) können erfolgen über 2800 Bank, 2850 Postbank Giroguthaben, 2860 Schecks und 2880 Kasse.
- **Kundenschecks** (Besitzschecks, eingegangene Schecks) können entweder bereits beim Scheckeingang (2860 Schecks an 2400 Forderungen a.L.u.L.) oder erst nach der Gutschrift durch die Bank gebucht werden (2800 Bank an 2400 Forderungen a.L.u.L.).
- **Eigene Schecks** (Schecks an Lieferer) werden grundsätzlich erst dann gebucht, wenn die Lastschrift der Bank vorliegt (4400 Verbindlichkeiten a.L.u.L. an 2800 Bank).

4.2 Liefererskonti

Beispiel:

Ein Industriebetrieb überweist an einen Rohstofflieferanten eine Rechnung über 5 800,00 DM brutto (16 % Mehrwertsteuer) unter Abzug von 2 % Skonto. Buchen Sie netto und brutto!

Nettobuchung

Buchung:

S	2800 Bank		H
AB		4400)	5 684,00

S	2002 Nachlässe		H
		4400)	100,00

S	2600 Vorsteuer		H
		4400)	16,00

S	4400 Verbindlichkeiten a. L. u. L.		H
2800/2002/2600)	5 800,00	2000/2600)	5 800,00

Buchungssatz:

4400 Verbindlichkeiten a. L. u. L.	5 800,00	
an 2800 Bank		5 684,00
an 2002 Nachlässe		100,00
an 2600 Vorsteuer		16,00

Bruttobuchung

Buchungssätze:

4400 Verbindlichkeiten a. L. u. L.	5 800,00	
an 2800 Bank		5 684,00
an 2002 Nachlässe		116,00
2002 Nachlässe	16,00	
an 2600 Vorsteuer		16,00

Merke:

- **Liefererskonti** (Skonti beim Einkauf) mindern die Einstandspreise und werden als Nachlässe auf Unterkonten der entsprechenden Bestandskonten (z. B. 2002 Nachlässe für Rohstoffe) bzw. auf Unterkonten der entsprechenden Aufwandskonten (z. B. 6002 Nachlässe für Rohstoffe) erfasst.
- Man unterscheidet Netto- und Bruttobuchung (siehe Seite 438).
- Der **Skontoabzug** wird vom Rechnungsbetrag (einschließlich Mehrwertsteuer) ermittelt. Von diesem Bruttoskonto ist die anteilige Mehrwertsteuer (Prozentrechnung auf Hundert) zu berechnen; dieser Betrag ist auf 2600 **Vorsteuer** (im Haben) zu berichtigen.

Rechnungsbetrag	4400 Verbindlichkeiten a. L. u. L.
– Bruttoskonto	2002 bzw. 6002 Liefererskonti
(einschließlich MWSt)	2600 Vorsteuer
Überweisung	2800 Bank

- Die Konten Nachlässe (durch Lieferer) werden über die entsprechenden Bestandskonten (z. B. 2002 Nachlässe für Rohstoffe an 2000 Rohstoffe) bzw. über die entsprechenden Aufwandskonten (z. B. 6002 Nachlässe für Rohstoffe an 6000 Aufwendungen für Rohstoffe) abgeschlossen.

4.3 Kundenskonti

Beispiel:

Banküberweisung eines Kunden für Fertigerzeugnisse, Rechnungsbetrag 4 640,00 DM (16 % Mehrwertsteuer) abzüglich 3 % Skonto.

Buchen Sie netto und brutto!

Nettobuchung

Buchung:

S	2400 Forderungen a. L. u. L.		H
5000/4800)	4 640,00	2800/5001/4800)	4 640,00

S	2800 Bank		H
2400)	4 500,80		

S	5001 Erlösberichtigungen		H
2400)	120,00		

S	4800 Umsatzsteuer		H
2400)	19,20	2400)	600,00

Buchungssatz:

2800 Bank	4 500,80	
5001 Erlösberichtigungen	120,00	
4800 Umsatzsteuer	19,20	
an 2400 Forderungen a. L. u. L.		4 640,00

Bruttobuchung

Buchungssätze:

2800 Bank	4 500,80	
5001 Erlösberichtigungen	139,20	
an 2400 Forderungen a. L. u. L.		4 640,00
4800 Umsatzsteuer	19,20	
an 5001 Erlösberichtigungen		19,20

Merke:

- **Kundenskonti** (Skonti beim Verkauf) mindern die Erlöse und werden (als Erlösberichtigungen) auf den Unterkonten der entsprechenden Erlöskonten erfasst.
- Man unterscheidet Netto- und Bruttobuchung (siehe Seite 438).
- Die **Umsatzsteuer** muss (im Soll) berichtigt werden.
- Die Konten **Erlösberichtigungen** werden über die entsprechenden Erlöskonten abgeschlossen.

4.4 Anzahlungen an Lieferer (geleistete Anzahlungen)

Beispiel:

Für einen Rohstoffkauf im Wert von 160 000,00 DM netto (16 % Mehrwertsteuer) werden 60 000,00 DM netto (16 % Mehrwertsteuer) durch Banküberweisung angezahlt; für die Anzahlung liegt eine Anzahlungsrechnung mit gesondertem Ausweis der Mehrwertsteuer vor. Bei der Rohstofflieferung wird der Restbetrag überwiesen.

Buchungssätze:

Anzahlung

2300 geleistete Anzahlungen	60 000,00	
2600 Vorsteuer	9 600,00	
an 2800 Bank		69 600,00

Lieferung

2000 Rohstoffe	160 000,00	
2600 Vorsteuer	16 000,00	
an 2300 geleistete Anzahlungen		60 000,00
an 4400 Verbindlichkeiten a. L. u. L.		116 000,00

Überweisung

4400 Verbindlichkeiten a. L. u. L.	116 000,00	
an 2800 Bank		116 000,00

Merke:

- **Anzahlungen an Lieferer** (z. B. bei Großaufträgen und langfristigen Aufträgen) erfolgen vor der Lieferung; sie werden (als Forderungen) auf dem Aktivkonto 0900 Geleistete Anzahlungen auf Sachanlagen (für Gegenstände des Anlagevermögens) bzw. 2300 Geleistete Anzahlungen auf Vorräte (für Gegenstände des Umlaufvermögens) erfasst.

  Die Lieferung von Stoffen kann entweder auf Bestands- oder Aufwandskonten gebucht werden.
- Anzahlungen an Lieferer können geleistet werden entweder aufgrund einer **Anzahlungsrechnung** (mit gesondertem Ausweis der Mehrwertsteuer) oder ohne dass eine Anzahlungsrechnung vorliegt.
- Liegt eine Anzahlungsrechnung mit Ausweis der Mehrwertsteuer vor, werden die Anzahlung mit ihrem Nettobetrag und die Vorsteuer gesondert gebucht.
- Liegt keine Anzahlungsrechnung vor, wird der Anzahlungsbetrag in voller Höhe (ohne Buchung der Vorsteuer) auf dem entsprechenden Anzahlungskonto erfasst. Die Vorsteuer wird mit dem gesamten Betrag dann gebucht, wenn die Eingangsrechnung vorliegt.

4.5 Anzahlungen von Kunden (erhaltene Anzahlungen)

Beispiel:

Ein Industriebetrieb erhält für eine zu liefernde Maschine im Nettowert von 135 000,00 DM (16 % Mehrwertsteuer) vorab eine Anzahlung in Höhe von 50 000,00 DM. Der Rechnungsausgleich erfolgt bei Lieferung durch Banküberweisung.

Buchungssätze:

Anzahlung

2800 Bank		50 000,00	
	an 4300 Erhaltene Anzahlungen		43 103,45
	an 4800 Umsatzsteuer		6 896,55

Lieferung

2400 Forderungen a. L. u. L.		106 600,00	
4300 Erhaltene Anzahlungen		43 103,45	
	an 5000 Umsatzerlöse		135 000,00
	an 4800 Umsatzsteuer		14 703,45

Überweisung

2800 Bank		106 600,00	
	an 2400 Forderungen a. L. u. L.		106 600,00

Merke:

- **Anzahlungen von Kunden** werden (als Verbindlichkeiten) auf dem Passivkonto 4300 Erhaltene Anzahlungen auf Bestellungen erfasst.
- Anzahlungen von Kunden unterliegen beim Zahlungseingang der Mehrwertsteuer (Umsatzsteuer).

4.6 Kreditoren- und Debitorenbuchhaltung (Kontokorrentbuchhaltung)

Beispiel:

Aus der Hauptbuchhaltung eines Industriebetriebes liegen folgende Informationen vor:

Bestand an Forderungen a. L. u. L.	78 000,00 DM
Bestand an Verbindlichkeiten a. L. u. L.	56 000,00 DM

Aus der Nebenbuchhaltung liegen folgende Informationen vor:

Forderungen an Kunde H. Mayer OHG	45 000,00 DM
Forderungen an Kunde M. Gross KG	33 000,00 DM
Verbindlichkeiten gegenüber Stahlbau GmbH	20 000,00 DM
Verbindlichkeiten gegenüber Industriebau AG	36 000,00 DM

Es liegen folgende Geschäftsfälle vor (Mehrwertsteuer 16 %):

a) Verkauf von Erzeugnissen auf Ziel an H. Mayer OHG im Nettowert von 11 000,00 DM.

b) Banküberweisung von H. Mayer OHG zum Ausgleich einer Ausgangsrechnung in Höhe von 18 000,00 DM.

c) Verkauf von Erzeugnissen auf Ziel an M. Gross KG im Nettowert von 24 000,00 DM.

d) Zielkauf von Stahlelementen bei Stahlbau GmbH im Nettowert von 7 000,00 DM.

e) Banküberweisung an Stahlbau GmbH zum Ausgleich einer Eingangsrechnung in Höhe von 16 000,00 DM.

f) Banküberweisung an Industriebau AG zum Ausgleich einer Eingangsrechnung in Höhe von 9 000,00 DM.

Buchen Sie die Geschäftsfälle auf den Sach- und Personenkonten und stimmen Sie die Konten ab!

Buchungssätze:

a)	2400 Forderungen a. L. u. L.	12 760,00	
	an 5000 Umsatzerlöse		11 000,00
	an 4800 Umsatzsteuer		1 760,00
b)	2800 Bank	18 000,00	
	an 2400 Forderungen a. L. u. L.		18 000,00
c)	2400 Forderungen a. L. u. L.	27 840,00	
	an 5000 Umsatzerlöse		24 000,00
	an 4800 Umsatzsteuer		3 840,00
d)	2000 Rohstoffe	7 000,00	
	2600 Vorsteuer	1 120,00	
	an 4400 Verbindlichkeiten a. L. u. L.		8 120,00
e)	4400 Verbindlichkeiten a. L. u. L.	16 000,00	
	an 2800 Bank		16 000,00
f)	4400 Verbindlichkeiten a. L. u. L.	9 000,00	
	an 2800 Bank		9 000,00

Buchung:

Hauptbuchführung

S 2400 Forderungen a. L. u. L. H

S		H	
AB	78 000,00	2800)	18 000,00
5000/...)	12 760,00	SB	100 600,00
5000/...)	27 840,00		
	118 600,00		118 600,00

S 4400 Verbindlichkeiten a. L. u. L. H

S		H	
2800)	16 000,00	AB	56 000,00
2800)	9 000,00	2000/...)	8 120,00
SB	39 120,00		
	64 120,00		64 120,00

Nebenbuchführung

Kundenkonto H. Mayer OHG — Konto-Nr. 24001

Datum	Beleg	Text	Soll	Haben	Saldo
2. Jan.		Saldovortrag	45 000,00		45 000,00
7. Jan.	AR 1	Verkauf v. Erz.	12 760,00		57 760,00
16. Jan.	BA 1	Banküberweisung		18 000,00	39 760,00

Kundenkonto M. Gross KG — Konto-Nr. 24002

Datum	Beleg	Text	Soll	Haben	Saldo
2. Jan.		Saldovortrag	33 000,00		33 000,00
10. Jan.	AR 2	Verkauf v. Erz.	27 840,00		60 840,00

Liefererkonto Stahlbau GmbH — Konto-Nr. 44001

Datum	Beleg	Text	Soll	Haben	Saldo
2. Jan.		Saldovortrag		20 000,00	20 000,00
9. Jan.	ER 1	Kauf von Stahl		8 120,00	28 120,00
20. Jan.	BA 2	Banküberweisung	16 000,00		12 120,00

Liefererkonto Industriebau GmbH — Konto-Nr. 44002

Datum	Beleg	Text	Soll	Haben	Saldo
2. Jan.		Saldovortrag		36 000,00	36 000,00
24. Jan.	BA 3	Banküberweisung	9 000,00		27 000,00

Merke:

- Die **Kreditoren- und Debitorenbuchhaltung (Kontokorrentbuchhaltung)** dient der Kontrolle der Geschäftsfälle mit Lieferern (Kreditoren) und Kunden (Debitoren) sowie der Erläuterung der **Sachkonten** im Hauptbuch (2400 Forderungen a. L. u. L. und 4400 Verbindlichkeiten a. L. u. L.).

  Die Kreditoren- und Debitorenbuchhaltung ist ein wichtiger Teil der Nebenbuchhaltung (Nebenbücher).
- Die Kontokorrentbuchführung führt gesonderte **Personenkonten,** und zwar für jeden Lieferer ein Liefererkonto und für jeden Kunden ein Kundenkonto.
- Jeder Geschäftsfall mit Lieferern und Kunden wird auf den entsprechenden Sachkonten im Hauptbuch erfasst; gleichzeitig wird im Nebenbuch auf dem entsprechenden Personenkonto lediglich der Betrag der Verbindlichkeit bzw. der Forderung erfasst. Erfolgt die Buchführung mit Hilfe von Finanzbuchführungsprogrammen, wird jeder Geschäftsfall nur in der Nebenbuchführung erfasst; die Übertragung der Buchung auf die Sachkonten des Hauptbuchs erfolgt automatisch durch die Datenverarbeitung.
- Die Personenkonten weisen für jeden Lieferer bzw. für jeden Kunden den aktuellen Stand (Saldo) der Verbindlichkeiten bzw. der Forderungen aus.
- Nach dem Abschluss der beiden Hauptbuchkonten müssen der Saldo von 4400 Verbindlichkeiten a. L. u. L. mit den aufsummierten Salden der Liefererkonten und der Saldo von 2400 Forderungen a. L. u. L. mit den aufsummierten Salden der Kundenkonten übereinstimmen.

5 Buchungen in der Personalwirtschaft

5.1 Löhne und Gehälter

Beispiel 1:

Ein Arbeitnehmer erhält einen Gehaltsvorschuss in Höhe von 400,00 DM bar.

Buchungssatz:

2650 Forderungen an Mitarbeiter		400,00	
an 2880 Kasse			400,00

Beispiel 2:

Ein Arbeitnehmer erhält ein Bruttogehalt von 3 000,00 DM. Lohn- und Kirchensteuer betragen 560,00 DM, der Solidaritätszuschlag beträgt 28,26 DM, der Arbeitnehmeranteil zur Sozialversicherung beträgt 510,00 DM. Vorschuss in Höhe von 400,00 DM ist zu verrechnen. Der Arbeitgeberanteil zur Sozialversicherung beträgt 510,00 DM. Die noch abzuführenden Abgaben werden überwiesen.

Buchungssätze:

Gehaltsbuchung

6300 Gehälter		3 000,00	
an 2800 Bank			1 501,74
an 4830 Sonstige Verbindlichkeiten g. Finanzbehörden			588,26
an 4840 Verbindlichkeiten g. Sozialversicherungsträgern			510,00
an 2650 Forderungen an Mitarbeiter			400,00

Arbeitgeberanteil

6410	Arbeitgeberanteil zur Sozialversicherung	510,00	
	an 4840 Verbindlichkeiten g. Sozialversicherungsträgern		510,00

Begleichung der Verbindlichkeiten:

4830	Sonstige Verbindlichkeiten g. Finanzbehörden	588,26	
4840	Verbindlichkeiten g. Sozialversicherungsträgern	1 020,00	
	an 2800 Bank		1 608,26

Merke:

- Der **Personalaufwand** wird erfasst in den Kontengruppen 62 Löhne, 63 Gehälter und 64 Soziale Abgaben und Aufwendungen für Altersversorgung und für Unterstützung; innerhalb dieser Kontengruppen ist auf den entsprechenden Unterkonten zu buchen.
- **Nettobezüge** (auszuzahlende Gehälter bzw. Löhne) werden berechnet, indem vom steuer- und sozialversicherungspflichtigen Bruttolohn Abzüge abgezogen werden (siehe Seite 303).
- **Lohnnebenkosten** stellen zusätzliche Lohnkosten dar (siehe Seite 303).
- Die vom Arbeitgeber einbehaltene Lohn- und Kirchensteuer sowie der Solidaritätszuschlag (5,5 % der Lohnsteuer) werden auf 4830 Sonstige Verbindlichkeiten gegenüber Finanzbehörden erfasst; der einbehaltene Arbeitnehmeranteil zur Sozialversicherung wird auf 4840 Verbindlichkeiten gegenüber Sozialversicherungsträgern erfasst. Der Arbeitgeberanteil zur Sozialversicherung wird als Aufwand entweder auf 6400 (Lohnbereich) oder auf 6410 (Gehaltsbereich) erfasst; als Verbindlichkeit wird er auf 4840 gegengebucht. Die Konten 4830 und 4840 können zusammengefasst werden und werden dann als **noch abzuführende Abgaben** bezeichnet.
- Die noch abzuführenden Abgaben sind bis zum 10. des folgenden Monats an die entsprechenden Institutionen abzuführen (siehe Seite 35).
- Sind die **noch abzuführenden Abgaben** am Bilanzstichtag noch nicht überwiesen, müssen sie in der Bilanz passiviert werden (z. B. 4830 Verbindlichkeiten gegenüber Finanzbehörden an 8010 SBK).
- **Vorschüsse** an Arbeitnehmer werden bei der Gewährung auf dem Konto 2650 Forderungen an Mitarbeiter (im Soll) erfasst; sie werden mit der nächsten Lohn- oder Gehaltszahlung verrechnet.
- Beiträge zur **Unfallversicherung** (trägt der Arbeitgeber allein) werden auf dem Konto 6420 Beiträge zur Berufsgenossenschaft (im Soll) erfasst.

5.2 Vermögenswirksame Leistungen

Beispiel 1:

Arbeitgeber übernimmt vermögenswirksame Leistungen

Ein Arbeitnehmer erhält ein Bruttogehalt von 3 000,00 DM. Der Arbeitgeber übernimmt die gesamte vermögenswirksame Leistung von 78,00 DM. Die Abzüge betragen: Lohn- und Kirchensteuer 570,00 DM, Solidaritätszuschlag 28,76 DM, Arbeitnehmeranteil zur Sozialversicherung 520,00 DM, vermögenswirksame Leistung 78,00 DM. Das Nettogehalt wird überwiesen. Der Arbeitgeberanteil zur Sozialversicherung beträgt 520,00 DM.

Buchungssätze:

Gehaltsbuchung

6300	Gehälter	3 000,00	
6320	Sonstige tarifliche oder vertragliche Aufwendungen	78,00	
	an 2800 Bank		1 881,24
	an 4830 Sonstige Verbindlichkeiten g. Finanzbehörden		598,76
	an 4840 Verbindlichkeiten g. Sozialversicherungsträgern		520,00
	an 4860 Verbindlichkeiten a. vermögenswirks. Leistungen		78,00

Arbeitgeberanteil

6410	Arbeitgeberanteil zur Sozialversicherung	520,00	
	an 4840 Verbindlichkeiten g. Sozialversicherungsträgern		520,00

Beispiel 2:

Arbeitnehmer übernimmt vermögenswirksame Leistungen

Ein Arbeitnehmer erhält einen Bruttolohn von 2 500,00 DM. Die Abzüge betragen: Lohn- und Kirchensteuer 470,00 DM, Solidaritätszuschlag 23,72 DM, Arbeitnehmeranteil zur Sozialversicherung 425,00 DM, vermögenswirksame Leistung 78,00 DM (ohne Beteiligung des Arbeitgebers). Der Nettolohn wird überwiesen.

Der Arbeitgeberanteil zur Sozialversicherung beträgt 425,00 DM.

Buchungssätze:

Lohnbuchung

6200	Löhne	2 500,00	
	an 2800 Bank		1 503,28
	an 4830 Sonstige Verbindlichkeiten g. Finanzbehörden		493,72
	an 4840 Verbindlichkeiten g. Sozialversicherungsträgern		425,00
	an 4860 Verbindlichkeiten a. vermögenswirks. Leistungen		78,00

Arbeitgeberanteil

6410	Arbeitgeberanteil zur Sozialversicherung	425,00	
	an 4840 Verbindlichkeiten g. Sozialversicherungsträgern		425,00

Merke:

- Nach dem **Vermögensbildungsgesetz** (Stand 1. Januar 1999) kann jeder Arbeitnehmer bis zu 78,00 DM monatlich (d. h. 936,00 DM jährlich) als **vermögenswirksame Leistungen** anlegen. Bei der Anlage in Produktivkapital erhöht sich der jährliche Betrag auf 1 736,00 DM.
- Wird die vermögenswirksame Leistung in Form von Produktivkapital angelegt (z. B. Aktienfonds), gewährt der Staat für diese Sparleistung eine **Arbeitnehmersparzulage** in Höhe von 20 %; für das Bausparen beträgt die Sparzulage 10 %.

  Für die übrigen Formen des Geldsparens (z. B. Konten- und Versicherungssparen) gibt es keine Sparzulage.

  Die Zulage ist nicht steuer- und sozialversicherungspflichtig. (Die Arbeitnehmersparzulage wird nur gewährt bis zu einem zu versteuernden Jahreseinkommen von 35 000,00 DM bei Ledigen bzw. 70 000,00 DM bei Ehegatten.)
- Die vermögenswirksamen Leistungen können ganz oder teilweise vom Arbeitgeber übernommen werden; ansonsten trägt sie der Arbeitnehmer allein. Sie werden vom Arbeitgeber einbehalten und an die entsprechende Institution (z. B. Bausparkasse) abgeführt; sie sind steuer- und sozialversicherungspflichtig.

- Die **Arbeitnehmersparzulage** wird dem Arbeitnehmer auf Antrag vom Finanzamt am Ende der für die Anlageart festgelegten Sperrfrist ausgezahlt (der entsprechende Antrag wird üblicherweise jährlich mit dem Lohnsteuerjahresausgleich bzw. mit der Einkommensteuererklärung gestellt).

5.3 Sonstige Bezüge

Beispiel 1:

Ein Arbeitnehmer erhält im Monat Juni zusätzlich zu seinem Bruttogehalt von 3 235,00 DM Urlaubsgeld in Höhe von 500,00 DM. Die Abzüge betragen: Lohnsteuer 596,16 DM, Kirchensteuer 52,52 DM, Solidaritätszuschlag 32,79 DM, Arbeitnehmeranteil zur Sozialversicherung 754,04 DM.

Buchungssatz:

6300 Gehälter		3 235,00	
6310 Urlaubs- und Weihnachtsgeld		500,00	
an	2800 Bank		2 299,49
an	4830 Sonstige Verbindlichkeiten g. Finanzbehörden		681,47
an	4840 Verbindlichkeiten g. Sozialversicherungsträgern		754,04

Beispiel 2:

Ein Arbeitnehmer erhält ein monatliches Gehalt von 3 330,00 DM brutto. Die Abzüge betragen: Lohnsteuer 400,50 DM, Kirchensteuer 36,04 DM, Solidaritätszuschlag 22,03 DM, Arbeitnehmeranteil zur Sozialversicherung 773,66 DM. Dem Arbeitnehmer steht ein firmeneigener Pkw zur privaten Nutzung zur Verfügung. Dieser Sachbezug wird mit 464,00 DM monatlich angesetzt.

Buchungssatz:

6300 Gehälter		3 794,00	
an	2800 Bank		2 097,77
an	4830 Sonstige Verbindlichkeiten g. Finanzbehörden		458,57
an	4840 Verbindlichkeiten g. Sozialversicherungsträgern		773,66
an	5430 Andere sonstige betriebliche Erträge		400,00
an	4800 Umsatzsteuer		64,00

Merke:

- **Sonstige Bezüge** werden dem Arbeitnehmer zusätzlich zu seinem Gehalt bzw. Lohn gewährt; man unterscheidet geldliche Bezüge und Sachbezüge.
- Zu den **geldlichen Bezügen** zählen einmalige Zahlungen wie z. B. Urlaubsgeld, Weihnachtsgeld, 13. Monatsgehalt, Gratifikationen, Beihilfen bei Heirat und Geburt. Die geldlichen Bezüge erhöhen den Bruttoverdienst und sie sind damit steuer- und sozialversicherungspflichtig. Diese Bezüge werden in den Kontengruppen 62 Löhne bzw. 63 Gehälter erfasst.
- **Sachbezüge** stellen Zuwendungen für den Arbeitnehmer dar, die nicht in Geld erfolgen **(geldwerte Vorteile).** Zu den Sachbezügen zählen z. B. die kostenlose Überlassung von firmeneigenen Wohnungen bzw. von Fahrzeugen für private Zwecke, Deputate (z. B. erhalten die Mitarbeiter einer Brauerei monatlich kostenlos mehrere Kisten Bier). Die Sachbezüge erhöhen den Bruttoverdienst und sie sind damit steuer- und sozialversicherungspflichtig. Diese Bezüge werden nicht auf einem gesonderten Konto erfasst, sondern zusammen mit dem Lohn bzw. Gehalt auf dem entsprechenden Konto.

- Die Sachbezüge werden steuerlich wie Verkäufe behandelt; sie sind deshalb **umsatzsteuerpflichtig.** Der Nettobetrag des Sachbezugs wird auf 5430 Andere sonstige betriebliche Erträge gebucht.
- **Aufwendungen des Betriebes** z. B. für Belegschaftsveranstaltungen, Dienstjubiläen, Fort- und Weiterbildung der Arbeitnehmer, werden in der Kontengruppe 66 Sonstige Personalaufwendungen erfasst. Diese Aufwendungen stellen kein Entgelt für den Arbeitnehmer dar.

6 Buchungen in der Anlagenwirtschaft

6.1 Kauf von Anlagegütern

Beispiel:

Ein Industriebetrieb kauft eine Fertigungsmaschine auf Ziel für 25 000,00 DM netto, Transport- und Montagekosten 2 400,00 DM netto. Die Mehrwertsteuer beträgt 16%. Die Rechnung wird durch Banküberweisung unter Abzug von 3% Skonto beglichen.

Buchungssätze:

Kauf

0720	Anlagen und Maschinen	27 400,00	
2600	Vorsteuer	4 384,00	
	an 4400 Verbindlichkeiten a. L. u. L.		31 784,00

Rechnungsausgleich

4400	Verbindlichkeiten a. L. u. L.	31 784,00	
	an 2800 Bank		30 830,48
	an 0720 Anlagen und Maschinen		822,00
	an 2600 Vorsteuer		131,52

Merke:

- Beim **Anlagevermögen** sind nur die Gegenstände auszuweisen, die bestimmt sind, dauernd dem Geschäftsbetrieb zu dienen.
- **Anschaffungskosten** sind die Aufwendungen, die geleistet werden, um einen Vermögensgegenstand zu erwerben und ihn in einen betriebsbereiten Zustand zu versetzen. Dabei sind die Anschaffungsnebenkosten und die Anschaffungspreisminderungen zu berücksichtigen.
- **Anschaffungsnebenkosten** (z. B. Bezugs- und Montagekosten bei Maschinen, Beurkundungskosten und Grunderwerbsteuer bei Grundstücken und Gebäuden sowie Erschließungsbeiträge für Grundstücke) werden aktiviert.
- **Minderungen der Anschaffungskosten** (Rabatte, Boni, Skonti) verringern den Anschaffungspreis und werden im Haben des entsprechenden Bestandskontos gebucht.
- Die **aktivierungspflichtigen Anschaffungskosten** bilden die Grundlage für die Abschreibung (AfA).

Anschaffungspreis (netto)
+ Anschaffungsnebenkosten
− Minderungen der Anschaffungskosten
= aktivierungspflichtige Anschaffungskosten

29 Groh/Schröer – ISBN 3-8120-0420-8

6.2 Selbsterstellung von Anlagegütern

Beispiel:

Ein Industriebetrieb erstellt mit eigenen Mitteln ein Betriebsgebäude mit einem Herstellungsaufwand von 320 000,00 DM.

Buchungssatz:

0530 Betriebsgebäude	320 000,00	
an 5300 Andere aktivierte Eigenleistungen		320 000,00

Merke:

- Werden Anlagegüter innerbetrieblich erstellt, sind diese **Eigenleistungen** mit ihrem Herstellungsaufwand (Herstellungskosten) zu aktivieren (aktivierungspflichtige innerbetriebliche Leistungen).
- Das Konto 5300 Andere aktivierte Eigenleistungen (Ertragskonto) wird über GuV abgeschlossen, wo sich Eigenleistungen und die entsprechenden Aufwendungen in gleicher Höhe gegenüberstehen.
- Laufende Zahlungen für Anlagen, die sich im Bau befinden (Eigen- oder Fremdherstellung), werden auf dem Konto 0950 Anlagen im Bau erfasst. Das Konto wird am Jahresende über SBK abgeschlossen. Bei Fertigstellung der Anlage wird das Konto 0950 über das entsprechende Anlagekonto abgeschlossen (Anlagekonto an 0950).

6.3 Methoden der Abschreibung

Beispiel:

Die Anschaffungskosten eines Pkw betragen 40 000,00 DM netto; die voraussichtliche Nutzungsdauer beträgt 4 Jahre.

Ermitteln Sie die Abschreibungsbeträge und die Buchwerte bei der

a) linearen Abschreibung;

b) geometrisch-degressiven Abschreibung (AfA-Satz 30 %);

c) Leistungs-AfA, wenn die voraussichtliche Gesamtleistung 160 000 km beträgt und die Fahrleistungen in den ersten 3 Jahren 45 000 km, 38 000 km und 42 000 km betragen!

Lösung:

a) und b)

Jahr	lineare Abschreibung			degressive Abschreibung		
	Buchwert am Jahresanfang	Abschreibungsbetrag pro Jahr	Buchwert am Jahresende	Buchwert am Jahresanfang	Abschreibungsbetrag pro Jahr	Buchwert am Jahresende
1	40 000,00	10 000,00	30 000,00	40 000,00	12 000,00	28 000,00
2	30 000,00	10 000,00	20 000,00	28 000,00	8 400,00	19 600,00
3	20 000,00	10 000,00	10 000,00	19 600,00	5 880,00	13 720,00
4	10 000,00	10 000,00	0,00	13 720,00	4 116,00	9 604,00

c)

Jahr	Leistung pro Jahr in km	Abschreibungsbetrag pro Jahr
1	45000	11250,00
2	38000	9500,00
3	42000	10500,00
4	35000	8750,00
Summe	160000	40000,00

Merke:

- **Abschreibungen** erfassen die Wertminderung von Anlagegütern (z.B. Abnutzung durch Gebrauch, natürlicher Verschleiß, Entwicklung neuer und verbesserter Anlagegüter aufgrund des technischen Fortschritts).

  Man unterscheidet die lineare und degressive Abschreibung sowie die Abschreibung nach Leistungseinheiten.

- Bei der **linearen Abschreibung** werden die Abschreibungsbeträge durch die Division der Anschaffungskosten eines Anlagegutes durch die geschätzte Lebensdauer ermittelt.

  $$\text{Abschreibung} = \frac{\text{Anschaffungswert}}{\text{geschätzte Nutzungsdauer}}$$

  $$\text{Abschreibungssatz} = \frac{100}{\text{geschätzte Nutzungsdauer}}$$

  Die jährlichen Abschreibungsbeträge sind gleich hoch; im letzten Abschreibungsjahr wird der Restbuchwert von null erreicht.

- Bei der **degressiven Abschreibung** (geometrisch-degressive Abschreibung, Buchwert-AfA) wird die jährliche Abschreibungsquote als fester Prozentsatz vom jeweiligen Restbuchwert ermittelt. Eine volle Abschreibung bis zum Restbuchwert von null wird nicht erreicht.

  Die degressive Abschreibung arbeitet mit sinkenden Abschreibungsbeträgen; diese sind im ersten Jahr der Nutzung am höchsten, im letzten am geringsten. Ihre Anwendung wird mit dem hohen Wertverlust in den ersten Nutzungsjahren begründet.

- Bei der **Abschreibung nach Leistungseinheiten** (variable Abschreibung, Leistungs-AfA) richtet sich der Abschreibungsbetrag nach der Beanspruchung des Anlagegutes. Man dividiert die Anschaffungskosten durch die geschätzte Zahl der mit dem Anlagegut zu erbringenden Leistungen (z.B. Stück, Kilometer, Stunden) und erhält den Abschreibungsbetrag je Leistungseinheit.

  Die Leistungs-AfA ermittelt die Wertminderung in direkter Abhängigkeit von der Inanspruchnahme des Anlagegutes.

- Die lineare, degressive und variable Abschreibung sind nach dem HGB (handelsrechtlich) und nach dem Einkommensteuergesetz (steuerrechtlich) möglich.

- Bei der **bilanzmäßigen Abschreibung** werden sowohl handelsrechtliche als auch steuerrechtliche Gesichtspunkte berücksichtigt. Abzuschreiben ist stets von den Anschaffungs- bzw. Herstellungskosten.

- Für die lineare Abschreibung hat die Finanzverwaltung einheitlich für bestimmte Wirtschaftsgüter die betriebsgewöhnliche Nutzungsdauer sowie die linearen AfA-Sätze (in **AfA-Tabellen**) festgelegt. Im Steuerrecht nennt man die Abschreibung „Absetzung für Abnutzung“ (AfA).

- Grundsätzlich beginnt die Abschreibung mit dem Monat, in dem das Anlagegut angeschafft bzw. hergestellt wird.

  Nach der sog. **Halbjahresregel** (Vereinfachungsregel) ist es bei beweglichen Anlagegütern zulässig, bei Zugängen im 1. Halbjahr den gesamten Jahres-AfA-Betrag anzusetzen; bei Zugängen im 2. Halbjahr kann lediglich die Hälfte des Jahres-AfA-Betrages berücksichtigt werden.

  Für die degressive Abschreibung gilt, dass der Abschreibungsprozentsatz das Dreifache des linearen Satzes nicht übersteigen und höchstens 30 % betragen darf. Der Übergang von der degressiven zur linearen Abschreibung ist steuerrechtlich möglich, der umgekehrte Fall ist nicht erlaubt.

  Der Übergang von der degressiven zur linearen Abschreibung ist in dem Jahr sinnvoll, in dem der nach der linearen Methode berechnete Abschreibungsbetrag (bezogen auf den Buchwert dieses Jahres) erstmals größer ist als der nach der degressiven Methode berechnete Abschreibungsbetrag.

- Die **planmäßige Abschreibung** erfasst die normale Wertminderung eines Anlagegutes entsprechend der betriebsgewöhnlichen Nutzungsdauer (in einem Abschreibungsplan) auf den Konten 6510 Abschreibungen auf immaterielle Vermögensgegenstände, 6520 Abschreibungen auf Sachanlagen und 6540 Abschreibungen auf geringwertige Wirtschaftsgüter. Die **außerplanmäßige** (außerordentliche) **Abschreibung** erfasst unvorhergesehene Wertminderungen (z. B. ein Anlagegut ist aufgrund technischer Neuerungen überholt), und zwar auf 6550 Außerplanmäßige Abschreibungen auf Sachanlagen.

- Der Buchwert bei der planmäßigen Abschreibung wird wie folgt berechnet:

Buchwert = Anschaffungs- bzw. Herstellungskosten – Summe der Abschreibungen

- Wird ein Anlagegut nach vollständiger Abschreibung weiterhin im Betrieb genutzt, ist es mit dem **Erinnerungswert** von 1,00 DM zu aktivieren.

- Die **kalkulatorische Abschreibung** berücksichtigt die tatsächliche Wertminderung; sie findet Anwendung in der Kosten- und Leistungsrechnung. Um die betriebliche Substanz zu erhalten, kann von den (höheren) Wiederbeschaffungskosten abgeschrieben werden (siehe Seite 521).

  Bei der kalkulatorischen Abschreibung wird i. d. R. linear abgeschrieben.

6.4 Planmäßige Abschreibung von Anlagegütern

Beispiel:

Ein Lkw mit einem Anschaffungswert von 160 000,00 DM wird am Jahresende mit 20 % abgeschrieben.

Schreiben Sie direkt ab und geben Sie die Abschlussbuchungen an!

Buchungssätze:

Buchung der Abschreibung

6520	Abschreibungen auf Sachanlagen	32 000,00	
	an 0840 Fuhrpark		32 000,00

Abschlussbuchungen

8020	GuV-Konto	32 000,00	
	an 6520 Abschreibungen auf Sachanlagen		32 000,00
8010	Schlussbilanzkonto	128 000,00	
	an 0840 Fuhrpark		128 000,00

Merke:

- Bei der **direkten Abschreibung** wird die Wertminderung direkt auf dem Anlagekonto erfasst. In der Schlussbilanz steht der Restbuchwert.
- Die Abschreibung wird erfasst auf dem Konto 6520 Abschreibungen auf Sachanlagen.

6.5 Verkauf von gebrauchten Anlagegütern

Beispiel 1:

Eine gebrauchte Schreibmaschine, Buchwert 560,00 DM, wird für 650,00 DM netto zuzüglich 16% Mehrwertsteuer bar verkauft.

Buchungssätze:

Methode 1:

2880 Kasse		754,00	
	an 0860 Büromaschinen		560,00
	an 4800 Umsatzsteuer		104,00
	an 5460 Erträge a.d. Abgang v. Vermögensgegenständen		90,00

Methode 2:

2880 Kasse		754,00	
	an 5410 Sonstige Erlöse		650,00
	an 4800 Umsatzsteuer		104,00
5410 Sonstige Erlöse		650,00	
	an 0860 Büromaschinen		560,00
	an 5460 Erträge a.d. Abgang v. Vermögensgegenständen		90,00

Beispiel 2:

Eine gebrauchte Transportanlage, Buchwert 5000,00 DM, wird für 4200,00 DM netto gegen Bankscheck verkauft (16% Mehrwertsteuer).

Buchungssätze:

Methode 1:

Zahlungseingang:

2800 Bank		4872,00	
	an 0830 Transporteinrichtungen		4200,00
	an 4800 Umsatzsteuer		672,00

Buchung des Verlusts

6960 Verluste a.d. Abgang v. Vermögensgegenständen		800,00	
	an 0830 Transporteinrichtungen		800,00

Methode 2:

2800 Bank		4872,00	
	an 5410 Sonstige Erlöse		4200,00
	an 4800 Umsatzsteuer		672,00
5410 Sonstige Erlöse		4200,00	
6960 Verluste a.d. Abgang v. Vermögensgegenständen		800,00	
	an 0830 Transporteinrichtungen		5000,00

Beispiel 3:

Eine gebrauchte Schreibmaschine mit einem Erinnerungswert von 1,00 DM wird beim Kauf einer neuen Schreibmaschine, Anschaffungskosten 2100,00 DM netto zuzüglich 16% Mehrwertsteuer, für 150,00 DM netto zuzüglich 16% Mehrwertsteuer in Zahlung gegeben. Der Restbetrag wird unter Abzug von 3% Skonto durch Banküberweisung beglichen.

Buchungssätze:

Kauf

0860 Büromaschinen	2100,00	
2600 Vorsteuer	336,00	
an 4400 Verbindlichkeiten a. L. u. L.		2436,00

Inzahlunggabe nach Methode 1

4400 Verbindlichkeiten a. L. u. L.	174,00	
an 0860 Büromaschinen		1,00
an 4800 Umsatzsteuer		24,00
an 5460 Erträge a. d. Abgang v. Vermögensgegenständen		149,00

Inzahlunggabe nach Methode 2

4400 Verbindlichkeiten a. L. u. L.	174,00	
an 5410 Sonstige Erlöse		150,00
an 4800 Umsatzsteuer		24,00
5410 Sonstige Erlöse	150,00	
an 0860 Büromaschinen		1,00
an 5460 Erträge a. d. Abgang v. Vermögensgegenständen		149,00

Überweisung des Restbetrages

4400 Verbindlichkeiten a. L. u. L.	2262,00	
an 2800 Bank		2194,14
an 0860 Büromaschinen		58,50
an 2600 Vorsteuer		9,36

Beispiel 4:

Ein gebrauchter Pkw mit einem Buchwert zu Beginn des Geschäftsjahres in Höhe von 12000,00 DM wird am 18. September für 10000,00 DM netto zuzüglich 16% Mehrwertsteuer bar verkauft. Der jährliche Abschreibungsbetrag liegt bei 6000,00 DM.

Buchungssätze:

Zeitanteilige AfA

6520 Abschreibungen auf Sachanlagen	4000,00	
an 0840 Fuhrpark		4000,00

Verkauf nach Methode 1

2880 Kasse	11600,00	
an 0840 Fuhrpark		8000,00
an 4800 Umsatzsteuer		1600,00
an 5460 Erträge a. d. Abgang v. Vermögensgegenständen		2000,00

Verkauf nach Methode 2

2880 Kasse	11600,00	
an 5410 Sonstige Erlöse		10000,00
an 4800 Umsatzsteuer		1600,00

5410 Sonstige Erlöse		10 000,00	
	an 0840 Fuhrpark		8 000,00
	an 5460 Erträge a.d. Abgang v. Vermögensgegenständen		2 000,00

Merke:

- Der **Verkauf von Anlagegütern** unterliegt der Mehrwertsteuer; Bemessungsgrundlage ist der Nettoverkaufspreis.
- Man unterscheidet:

Nettoverkaufspreis = Buchwert
Nettoverkaufspreis > Buchwert → 5460 Erträge a.d. Abgang v. Vermögensgegenständen
Nettoverkaufspreis < Buchwert → 6960 Verluste a.d. Abgang v. Vermögensgegenständen

- Beim **Verkauf von Anlagegütern** können der Buchwert des verkauften Gutes unmittelbar ausgebucht und der entstehende Ertrag bzw. Verlust unmittelbar erfasst werden.

  Im Unterschied dazu kann der Nettoverkaufspreis zunächst auf dem Zwischenkonto 5410 Sonstige Erlöse erfasst werden (die anfallende Umsatzsteuer kann bei dieser Methode im Rahmen der DV-gestützten Buchführung automatisch ermittelt werden). Das Zwischenkonto (Sonstige Erlöse) wird durch das Ausbuchen des Buchwertes des Anlagegutes und durch Berücksichtigung des Ertrages (bzw. Verlustes) aufgelöst.
- Bei der **Inzahlunggabe von Anlagegütern** wird das Konto 4400 Verbindlichkeiten a.L.u.L als Verrechnungskonto eingesetzt.
- Werden noch nicht voll abgeschriebene Vermögensgegenstände während eines Geschäftsjahres verkauft, ist die Abschreibung bis zum Zeitpunkt des Ausscheidens zeitanteilig vorzunehmen (die Abschreibung ist anteilig zu ermitteln für die vollen vorangegangenen Monate).

6.6 Geringwertige Wirtschaftsgüter

Beispiel:

Kauf einer Rechenmaschine für 620,00 DM netto und 16% Mehrwertsteuer gegen Bankscheck.

Buchungssätze:

Bei Anschaffung

0890 Geringwertige Vermögensgegenstände		620,00	
2600 Vorsteuer		99,20	
	an 2800 Bank		719,20

Am Jahresende

6540 Abschreibungen auf geringwertige Wirtschaftsgüter		620,00	
	an 0890 Geringwertige Vermögensgegenstände		620,00

Merke:

- **Geringwertige Wirtschaftsgüter (GWG)** sind bewegliche, abnutzbare, selbstständig nutzbare und selbstständig bewertbare Gegenstände des Anlagevermögens, deren Anschaffungs- bzw. Herstellungskosten nicht mehr als 800,00 DM netto betragen. Sie werden gebucht auf

0790 Geringwertige Anlagen und Maschinen oder auf 0890 Geringwertige Vermögensgegenstände der Betriebs- und Geschäftsausstattung.

- Geringwertige Wirtschaftsgüter können entweder im Jahr der Anschaffung bzw. Herstellung in voller Höhe oder während der gesamten Nutzungsdauer abgeschrieben werden (Wahlrecht).

  Welche Abschreibungsmöglichkeit das Unternehmen wählt, ist davon abhängig, ob das Unternehmen im laufenden Geschäftsjahr einen hohen oder niedrigen Gewinn ausweisen will.

- Gegenstände des Anlagevermögens mit Anschaffungs- oder Herstellungskosten bis zu 100,00 DM (netto) werden sofort als Aufwand erfasst (z.B. 6800 Büromaterial).

6.7 Anlagenspiegel

Aufgabe:

Erstellen Sie das Anlagengitter für die Kontengruppe 07 Technische Anlagen und Maschinen; die Buchführung liefert folgende Daten.

Die (historischen) Anschaffungskosten betragen 860 000,00 DM; es wurden in den Vorjahren 320 000,00 DM abgeschrieben; im Abschlussjahr wurde eine Stanzmaschine, Anschaffungskosten 40 000,00 DM, zum Buchwert in Höhe von 10 000,00 DM (netto) verkauft; eine Lackieranlage mit Anschaffungskosten in Höhe von 150 000,00 DM wurde gekauft; eine im Bau befindliche Anlage, Herstellungskosten 270 000,00 DM, wird in Betrieb genommen; aufgrund des Wertaufholungsgebots wird für eine Fräsmaschine eine Zuschreibung in Höhe von 8 000,00 DM vorgenommen; abzuschreiben sind im Abschlussjahr 90 000,00 DM.

Lösung:

Im **Anlagengitter (Anlagenspiegel)** ist die Entwicklung aller Posten des Anlagevermögens nach folgendem Schema darzustellen.

Anlagengitter zum 31. Dezember

Jahr	Bilanzposten ①	Gesamte Anschaffungs-/Herstellungskosten	Zugänge +	Abgänge −	Umbuchungen +/−	Abschreibungen kumuliert −	Zuschreibungen +	Buchwert 31. Dez. Abschlussjahr	Buchwert 31. Dez. Vorjahr	Abschreibungen Abschlussjahr
19..	A. II. 2.	860 000,00 ②	150 000,00 ②	40 000,00 ②	+ 270 000,00 ③	380 000,00 ④	8 000,00 ②	868 000,00 ⑤	540 000,00 ⑥	90 000,00 ②
19..	A. II. 4.	270 000,00			− 270 000,00					

Lösungsweg:

① Schema aufstellen.

② Gesamte Anschaffungs- bzw. Herstellungskosten der Kontengruppe, Zugänge und Abgänge von Anlagegegenständen bewertet mit Anschaffungs- bzw. Herstellungskosten, Zuschreibungen und Abschreibungen im Abschlussjahr eintragen.

③ Position A. II. 4. in Position A. II. 2. umbuchen (Aktivtausch).

④

	Abschreibungen der Vorjahre	320 000,00 DM
+	Abschreibungen des Abschlussjahres	90 000,00 DM
−	gesamte Abschreibungen für das ausgeschiedene Gut	30 000,00 DM
=	Abschreibungen kumuliert	380 000,00 DM

⑤	Gesamte Anschaffungskosten	860 000,00 DM
+	Zugänge	150 000,00 DM
–	Abgänge	40 000,00 DM
+	Umbuchungen	270 000,00 DM
–	Abschreibungen kumuliert	380 000,00 DM
+	Zuschreibungen	8 000,00 DM
=	Buchwert im Abschlussjahr	868 000,00 DM

⑥	Gesamte Anschaffungskosten	860 000,00 DM
–	bisherige Abschreibungen	320 000,00 DM
=	Buchwert im Vorjahr	540 000,00 DM

Merke:

- **Kapitalgesellschaften** sind nach dem HGB verpflichtet, im **Anlagenspiegel (Anlagengitter)** die Entwicklung der einzelnen Posten des Anlagevermögens vom Zeitpunkt der Anschaffung bzw. Herstellung bis zum Ende des laufenden Geschäftsjahres darzustellen (Buchwert am Ende des Geschäftsjahres).
- Im Anlagenspiegel sind, ausgehend von den gesamten **Anschaffungs- bzw. Herstellungskosten,** die **Zugänge** (z. B. Kauf eines Anlagegutes), **Abgänge** (z. B. Verkauf eines Anlagegutes), **Umbuchungen** des Geschäftsjahres (z. B. Inbetriebnahme eines Betriebsgebäudes, das über mehrere Jahre gebaut wurde) und **Zuschreibungen** des Geschäftsjahres (z. B. Wertaufholung für eine Maschine) sowie die **Abschreibungen** in ihrer gesamten Höhe gesondert auszuweisen.

  Üblicherweise enthält der Anlagenspiegel auch die Abschreibungen des Geschäftsjahres.
- Der Anlagenspiegel kann entweder in der Bilanz oder im Anhang dargestellt werden.
- Die Grundlage für die Erstellung des Anlagenspiegels bildet die **Anlagenbuchführung.**

6.8 Anlagenbuchhaltung

Beispiel:

Ein Industriebetrieb setzt in der Fertigung eine Fräsmaschine ein, für die die folgenden Informationen vorliegen:

Bezeichnung:	Fräsmaschine GSX 2000
Hersteller:	Industrieanlagen GmbH, Saarbrücken
Baujahr:	19. .
Fabrikationsnummer:	FM 156 799
Lieferer:	Industrieanlagen GmbH, Saarbrücken
Garantie:	3 Jahre
Standort:	Produktionshalle 3
Inventar-Nummer:	AV 56/6
Tag der Anschaffung:	25. Mai 19. .
Anschaffungskosten:	160 000,00 DM
Nutzungsdauer:	8 Jahre
Abschreibungsmethode:	linear

Erstellen Sie das Muster für eine Anlagendatei und tragen Sie die Daten für die Fräsmaschine ein!

Lösung:

Muster für die Anlagendatei:

Bezeichnung: Fräsmaschine GSX 2000	*Garantie:* 3 Jahre
Hersteller: Industrieanlagen GmbH, Saarbrücken	*Standort:* Produktionshalle 3
Baujahr: 19..	*Inventar-Nummer:* AV 56/6
Fabrikationsnummer: FM 156799	*Tag der Anschaffung:* 25. Mai 19..
Lieferer: Industrieanlagen GmbH, Saarbrücken	*Abschreibungsmethode:* linear
Anschaffungskosten: 160000,00 DM	*Nutzungsdauer:* 8 Jahre
Tag des Abgangs:	*Sonstiges:*

Jahr	Abschreibungen (linear)		Buchwert in DM
	Prozentsatz	Betrag in DM	
31. Dez. 19..	12,5	20000,00	140000,00

Merke:

- Die **Anlagenbuchhaltung** erläutert und ergänzt (als Nebenbuchhaltung) die Anlagenkonten des Hauptbuchs.
- Für jedes Anlagegut wird ein eigener Datensatz in der **Anlagendatei** geführt. Für jedes Anlagegut werden detaillierte technische Daten (z. B. Bezeichnung, Hersteller) und betriebswirtschaftliche Daten (z. B. Anschaffungskosten, Abschreibungen) erfasst.
- Die jährliche Inventur des Anlagevermögens kann entfallen, wenn eine Anlagendatei mit den erforderlichen Daten geführt wird.

7 Steuern

Beispiel:

Ein Unternehmen überweist Grundsteuer 4500,00 DM, Einkommensteuer 21000,00 DM, Grunderwerbsteuer 28000,00 DM und Umsatzsteuerzahllast 34700,00 DM.

Buchungssatz:

7020	Grundsteuer	4500,00	
3001	Privatkonto	21000,00	
0500	Unbebaute Grundstücke	28000,00	
4800	Umsatzsteuer	34700,00	
	an 2800 Bank		88200,00

Merke:

- Nach dem Kontenrahmen werden Steuern erfasst als betriebliche Steuern (z. B. 7020 Grundsteuer, 7030 Kfz-Steuer) und als Steuern vom Einkommen und Ertrag (z. B. 7700 Gewerbeertragsteuer).

  Darüber hinaus unterscheidet man aktivierungspflichtige Steuern, Aufwandsteuern, Personensteuern und Steuern als durchlaufende Posten.
- **Aktivierungspflichtige Steuern** sind als Anschaffungsnebenkosten auf den entsprechenden Bestandskonten zu erfassen, z. B. Grunderwerbsteuer (auf dem Konto Grundstücke).
- **Aufwandsteuern** (Kostensteuern, Betriebssteuern) mindern den Gewinn; sie werden im Steuerrecht als Betriebsausgaben (abzugsfähige Steuern) bezeichnet. Beispiele sind 7020 Grundsteuer, 7030 Kfz-Steuer, 7070 Ausfuhrzölle, 7700 Gewerbeertragsteuer.
- **Personensteuern** stellen keinen Aufwand (keine abzugsfähigen Betriebsausgaben) dar; sie werden aus dem Gewinn des Unternehmens gezahlt.

  Einzelunternehmen und Personengesellschaften erfassen Einkommen- und Kirchensteuer über das entsprechende Privatkonto (Privatentnahme).

  Kapitalgesellschaften erfassen die Körperschaftsteuer auf 7710.
- **Steuern als durchlaufende Posten** sind durch das Unternehmen von Dritten einzuziehen und an das Finanzamt abzuführen, z. B. 4800 Umsatzsteuer, 4830 Lohn- und Kirchensteuer, 7080 Verbrauchsteuern (wie Mineralölsteuer).
- **Außerordentlicher Steueraufwand** ist periodenfremd, d. h., er betrifft frühere Geschäftsjahre; er wird erfasst auf 6990 Periodenfremde Aufwendungen.

  Steuererstattungen aus Aufwandsteuern, welche frühere Geschäftsjahre betreffen, werden auf 5490 Periodenfremde Erträge erfasst.

8 Zeitliche Abgrenzungen

8.1 Sonstige Forderungen und sonstige Verbindlichkeiten (antizipative Posten)

Beispiel 1:

Ein Darlehensschuldner zahlt die Halbjahreszinsen in Höhe von 1 200,00 DM nachträglich Ende Februar durch Banküberweisung.

Buchungssätze:

31. Dezember		
2690 Sonstige Forderungen	800,00	
an 5710 Zinserträge		800,00
28. Februar		
2800 Bank	1 200,00	
an 2690 Sonstige Forderungen		800,00
an 5710 Zinserträge		400,00

Beispiel 2:

Einem Industrievertreter werden am 31. Januar 5 700,00 DM Provision zuzüglich 16 % Mehrwertsteuer für die Zeit vom 15. Dezember bis 31. Januar überwiesen. Auf das alte Jahr entfallen 2 100,00 DM. Die Provisionsabrechnung wird erst am 31. Januar erstellt.

Buchungssätze:

31. Dezember		
6150 Vertriebsprovisionen	2 100,00	
an 4890 Sonstige Verbindlichkeiten		2 100,00
31. Januar		
4890 Sonstige Verbindlichkeiten	2 100,00	
6150 Vertriebsprovisionen	3 600,00	
2600 Vorsteuer	912,00	
an 2800 Bank		6 612,00

Merke:

- Aufgabe der **zeitlichen Abgrenzung** ist die periodengerechte Gewinnermittlung, d. h., Aufwendungen und Erträge werden unabhängig vom Zeitpunkt der Ausgabe bzw. Einnahme dem Geschäftsjahr zugeordnet, zu dem sie wirtschaftlich gehören.
- Bei der zeitlichen Abgrenzung unterscheidet man die **antizipativen** Posten (Sonstige Forderungen und Sonstige Verbindlichkeiten) und die **transitorischen** Posten (Aktive und Passive Rechnungsabgrenzung).
- Die **antizipativen Posten** beeinflussen im laufenden Geschäftsjahr die Höhe des Erfolgs. Die Buchung der Sonstigen Forderungen erhöht den Gewinn (bzw. mindert den Verlust); die Buchung der Sonstigen Verbindlichkeiten mindert den Gewinn (bzw. erhöht den Verlust).
- Ertrag altes Jahr und Zahlung (Einnahme) neues Jahr
  → 2690 Sonstige Forderungen
- Aufwand altes Jahr und Zahlung (Ausgabe) neues Jahr
  → 4890 Sonstige Verbindlichkeiten
- Liegt zum Bilanzstichtag für die antizipativen Posten keine Rechnung vor, wird die Vorsteuer erst bei Vorliegen der Rechnung gebucht.

8.2 Aktive und passive Rechnungsabgrenzungsposten (transitorische Posten)

Beispiel 1:

Am 1. September wird die Kfz-Steuer in Höhe von 1 500,00 DM für einen Lkw im Voraus für ein Jahr überwiesen (Steuerzeitraum: 1. September bis 31. August).

Buchungssätze:

1. September

7030	Kraftfahrzeugsteuer	1 500,00	
	an 2800 Bank		1 500,00

31. Dezember

2900	Aktive Jahresabgrenzung	1 000,00	
	an 7030 Kraftfahrzeugsteuer		1 000,00

1. Januar

7030	Kraftfahrzeugsteuer	1 000,00	
	an 2900 Aktive Jahresabgrenzung		1 000,00

Beispiel 2:

Ein Mieter überweist am 1. Dezember die Miete in Höhe von 2 550,00 DM für drei Monate im Voraus.

Buchungssätze:

1. Dezember

2800	Bank	2 550,00	
	an 5401 Nebenerlöse aus Vermietung und Verpachtung		2 550,00

31. Dezember

5401	Nebenerlöse aus Vermietung und Verpachtung	1 700,00	
	an 4900 Passive Jahresabgrenzung		1 700,00

1. Januar

4900	Passive Jahresabgrenzung	1 700,00	
	an 5401 Nebenerlöse aus Vermietung und Verpachtung		1 700,00

Merke:

- Die transitorischen Posten werden als **Aktive und Passive Rechnungsabgrenzungsposten** ausgewiesen. Die Buchung der aktiven Rechnungsabgrenzung mindert die bereits beim Zahlungsausgang gebuchten Aufwendungen; die Buchung der passiven Rechnungsabgrenzung mindert die bereits beim Zahlungseingang gebuchten Erträge.
- Als **Rechnungsabgrenzungsposten** sind auf der Aktivseite Ausgaben vor dem Abschlussstichtag auszuweisen, soweit sie Aufwand für eine bestimmte Zeit nach diesem Tag darstellen.

Zahlung (Ausgabe) altes Jahr und Aufwand neues Jahr
→ 2900 Aktive Jahresabgrenzung

- Auf der Passivseite sind als Rechnungsabgrenzungsposten Einnahmen vor dem Abschlussstichtag auszuweisen, soweit sie Ertrag für eine bestimmte Zeit nach diesem Tag darstellen.

Zahlung (Einnahme) altes Jahr und Ertrag neues Jahr → 4900 Passive Jahresabgrenzung

- Die Rechnungsabgrenzungsposten (RAP) werden als Bestandskonten über SBK abgeschlossen.

9 Bewertung in der Bilanz

9.1 Bewertung des Anlagevermögens

Beispiel 1:

Ein Unternehmen besitzt ein Grundstück mit einem Anschaffungswert von 300 000,00 DM.

Wie ist das Grundstück am Bilanzstichtag zu bewerten, wenn

a) aufgrund eines Umlegungsverfahrens (Grundstück wird als zukünftiges Bebauungsland ausgewiesen) der zu erzielende Verkaufspreis auf 550 000,00 DM gestiegen ist?

b) aufgrund einer Stromtrasse über das Grundstück der Verkehrswert auf 130 000,00 DM gefallen ist?

Lösung:

a) Das Grundstück wird mit 300 000,00 DM bewertet.

b) Das Grundstück wird mit 130 000,00 DM bewertet.

Beispiel 2:

Eine Datenverarbeitungsanlage, Anschaffungskosten 60 000,00 DM, planmäßige Abschreibung pro Jahr 12 000,00 DM, hat am Ende des 3. Nutzungsjahres aufgrund des technischen Fortschritts im DV- Bereich einen Marktwert von 15 000,00 DM. Mit welchem Betrag ist die Anlage in der Jahresbilanz zu aktivieren?

Buchungssätze:

Anschaffungskosten	60 000,00 DM
– planmäßige Abschreibungen	36 000,00 DM
Buchwert (Ende 3. Jahr)	24 000,00 DM
– außerplanmäßige Abschreibung	9 000,00 DM
Ansatz in der Bilanz	15 000,00 DM

planmäßige Abschreibung (3. Jahr)

6520 Abschreibungen auf Sachanlagen	12 000,00	
an 0860 Büromaschinen		12 000,00

außerplanmäßige Abschreibung

6550 Außerplanmäßige Abschreibungen auf Sachanlagen	9 000,00	
an 0860 Büromaschinen		9 000,00

Merke:

- In der **Handelsbilanz** erfolgt die Bewertung nach dem Handelsgesetzbuch; im Vordergrund stehen der Schutz der Gläubiger und das Prinzip der kaufmännischen Vorsicht.
- In der **Steuerbilanz** erfolgt die Bewertung nach dem Einkommensteuergesetz (bzw. Körperschaftsteuergesetz); im Vordergrund steht die gerechte Besteuerung.
- Die Wertansätze in der Handelsbilanz gelten grundsätzlich auch für die Steuerbilanz **(Maßgeblichkeitsprinzip der Handelsbilanz),** wenn nicht das Steuerrecht eine andere Bewertung vorschreibt.

  Im Rahmen des Jahresabschlusses können die Unternehmen zwei Bilanzen erstellen: eine Handelsbilanz und eine an der Handelsbilanz orientierte Steuerbilanz. Die Unternehmen können aber auch nur eine Bilanz erstellen, die gleichzeitig Handels- und Steuerbilanz ist, wobei von vornherein die Bewertungsvorschriften des Einkommensteuergesetzes beachtet werden müssen.

- Nach dem HGB gelten u. a. folgende allgemeine **Bewertungsvorschriften.** Die Vermögensgegenstände und Schulden sind einzeln zu bewerten (Grundsatz der **Einzelbewertung**). Nach dem Prinzip der kaufmännischen Vorsicht dürfen Gewinne nur dann berücksichtigt werden, wenn sie am Abschlussstichtag realisiert sind **(Realisationsprinzip);** nicht realisierte Verluste müssen dagegen ausgewiesen werden (die ungleiche Behandlung von Gewinnen und Verlusten bezeichnet man als **Imparitätsprinzip**).

  Die auf den vorhergehenden Jahresabschluss angewandten Bewertungsmethoden sollen beibehalten werden (Grundsatz der **Bewertungsstetigkeit**); dies gilt z. B. für die Abschreibungsmethoden, die Ermittlung der Herstellungskosten.

- **Nicht abnutzbare Gegenstände des Anlagevermögens** (z. B. Grundstücke, Finanzanlagen) werden nach dem **HGB** höchstens mit den Anschaffungskosten angesetzt. Ein niedrigerer Wert am Bilanzstichtag (Tageswert) kann angesetzt werden, wenn die Wertminderung vorübergehend ist **(gemildertes Niederstwertprinzip);** der niedrigere Wert muss angesetzt werden, wenn die Wertminderung von Dauer ist **(strenges Niederstwertprinzip).** Die Wertminderungen werden jeweils durch außerplanmäßige Abschreibungen berücksichtigt.

  Nicht abnutzbare Gegenstände des Anlagevermögens werden nach dem **Einkommensteuergesetz** höchstens mit den Anschaffungskosten angesetzt. Statt der Anschaffungskosten kann der niedrigere **Teilwert** angesetzt werden (gemildertes Niederstwertprinzip).

- **Abnutzbare Gegenstände des Anlagevermögens** (z. B. technische Anlagen und Maschinen, Geschäftsausstattung) werden nach dem **HGB** zu Anschaffungs- oder Herstellungskosten, vermindert um planmäßige Abschreibungen, bewertet. Außerplanmäßige Abschreibungen können vorgenommen werden, um die Vermögensgegenstände mit dem niedrigeren Wert anzusetzen, der ihnen am Abschlussstichtag beizulegen ist (gemildertes Niederstwertprinzip); sie sind vorzunehmen bei einer voraussichtlich dauernden Wertminderung (strenges Niederstwertprinzip).

  Abnutzbare Gegenstände des Anlagevermögens werden nach dem **Einkommensteuergesetz** mit den Anschaffungs- oder Herstellungskosten, vermindert um die Absetzungen für Abnutzungen, angesetzt. Ist der **Teilwert** niedriger, so kann dieser angesetzt werden (gemildertes Niederstwertprinzip).

- Für **Kapitalgesellschaften** gelten nach dem HGB im Bereich des **Anlagevermögens** – im Gegensatz zu den Vorschriften für alle Kaufleute – folgende abweichende Regelungen. Abschreibungen von immateriellen Anlagegütern und Sachanlagen dürfen bei vorübergehenden Wertminderungen nicht gebildet werden; dies gilt nicht für Finanzanlagen, d. h., Kapitalgesellschaften dürfen bei vorübergehenden Wertminderungen auch abschreiben.

- **Anschaffungskosten** umfassen nach dem **HGB** den Anschaffungspreis (für den Vermögensgegenstand) und die Anschaffungsnebenkosten (siehe Seite 449); Anschaffungspreisminderungen (siehe Seite 449) sind abzusetzen.

  Nach dem **Steuerrecht** sind die Anschaffungskosten deckungsgleich mit den handelsrechtlichen Anschaffungskosten.

- **Herstellungskosten** sind nach dem HGB die Aufwendungen, die durch den Verbrauch von Gütern und die Inanspruchnahme von Diensten für die Herstellung eines Vermögensgegenstandes entstehen.

  Bei der Ermittlung der Herstellungskosten müssen alle Einzelkosten berücksichtigt werden (ergibt die **Wertuntergrenze**); angemessene Teile bestimmter Gemeinkosten können berücksichtigt werden **(Wertobergrenze).**

	Materialkosten (Einzelkosten; insbesondere Rohstoffe)
+	Fertigungskosten (Einzelkosten; insbesondere Fertigungslöhne)
+	Sonderkosten der Fertigung (Einzelkosten; z. B. Modellkosten)
=	**Mindestumfang der Herstellungskosten (Wertuntergrenze)**

	Mindestumfang der Herstellungskosten (Wertuntergrenze)
+	Materialgemeinkosten (z. B. Kosten der Materialverwaltung)
+	Fertigungsgemeinkosten (z. B. Energiekosten)
+	Wertverzehr des Anlagevermögens (durch die Fertigung verursachte planmäßige Abschreibung)
+	Kosten der allgemeinen Verwaltung (z. B. Personalbüro)
+	Aufwendungen für soziale Einrichtungen (z. B. Kantine)
+	Fremdkapitalzinsen (soweit zurechenbar)
=	**Höchstsatz der Herstellungskosten (Wertobergrenze)**

Vertriebskosten dürfen nicht in die Herstellungskosten einbezogen werden.

- Nach dem **Steuerrecht** sind für die Ermittlung der Wertuntergrenze die Herstellungskosten zu berücksichtigen: alle Einzelkosten, die Material- und Fertigungsgemeinkosten sowie der Werteverzehr des Anlagevermögens, soweit er durch die Fertigung veranlasst ist; zusätzlich können die Kosten der allgemeinen Verwaltung und die Aufwendungen für soziale Einrichtungen mit einbezogen werden (Wertobergrenze).
- **Teilwert** ist nach dem **Einkommensteuergesetz** und dem **Bewertungsgesetz** der Betrag, den ein Käufer des Betriebes im Rahmen des Gesamtkaufpreises für das einzelne Wirtschaftsgut ansetzen würde; dabei ist davon auszugehen, dass der Käufer den Betrieb fortführt.
- Unter **Wertaufholung** versteht man im Gegensatz zur Abschreibung die Zuschreibung auf höchstens die Anschaffungs- bzw. Herstellungskosten eines Vermögensgegenstandes (vermindert um die planmäßigen Abschreibungen).
- Für **nicht abnutzbare Gegenstände des Anlagevermögens** (und für Gegenstände des Umlaufvermögens) ist eine Wertaufholung handels- und steuerrechtlich möglich, wenn die Gründe für eine bereits vorgenommene außerplanmäßige Abschreibung entfallen. Für Kapitalgesellschaften besteht (handelsrechtlich) ein **Wertaufholungsgebot.**
- Für **abnutzbare Gegenstände des Anlagevermögens** ist handelsrechtlich eine Wertaufholung möglich, steuerrechtlich hingegen nicht. Für Kapitalgesellschaften besteht (handelsrechtlich) ein Wertaufholungsgebot.

30 Groh/Schröer – ISBN 3-8120-0420-8

9.2 Bewertung des Vorratsvermögens

Beispiel:

Die Lagerdatei eines Industriebetriebes liefert für einen Gegenstand des Vorratsvermögens folgende Daten:

Vorgang	Datum	Stück	Anschaffungskosten/Stück
AB	1. Jan.	400	72,00 DM
Zugang	2. März	800	75,00 DM
Abgang	5. Mai	1 100	
Zugang	8. Juli	600	73,00 DM
Abgang	10. Sept.	350	
Zugang	15. Nov.	900	76,00 DM
SB	31. Dez.	1 250	

Mit welchem Wert ist der Bestand am 31. Dezember anzusetzen bei einem Tageswert von 77,00 DM/Stück (bei einem Tageswert von 74,20 DM/Stück), wenn die Bewertung erfolgt nach

a) dem gewogenen Durchschnittswert,

b) der permanenten Durchschnittswertermittlung,

c) dem Lifo-Verfahren?

Lösung:

a) Bestandsbewertung nach dem gewogenen Durchschnittswert

400 · 72,00 DM
\+ 800 · 75,00 DM
\+ 600 · 73,00 DM
\+ 900 · 76,00 DM
= 201 000,00 DM : 2 700 Stück = 74,44 DM/Stück

Wertansatz bei einem Tageswert von 77,00 DM/Stück = 74,44 · 1 250 = 93 050,00 DM
(Wertansatz bei einem Tageswert von 74,20 DM/Stück = 74,20 · 1 250 = 92 750,00 DM)

b) Bestandsbewertung nach der permanenten Durchschnittswertermittlung

Vorgang	Datum	Berechnung	Wert
AB	1. Jan.	400 Stück zu 72,00 DM	28 800,00 DM
+ Zugang	2. März	800 Stück zu 75,00 DM	60 000,00 DM
= Bestand	2. März	1 200 Stück zu 74,00 DM	88 800,00 DM
− Abgang	5. Mai	1 100 Stück zu 74,00 DM	81 400,00 DM
= Bestand	5. Mai	100 Stück zu 74,00 DM	7 400,00 DM
+ Zugang	8. Juli	600 Stück zu 73,00 DM	43 800,00 DM
= Bestand	8. Juli	700 Stück zu 73,14 DM	51 200,00 DM
− Abgang	10. Sept.	350 Stück zu 73,14 DM	25 599,00 DM
= Bestand	10. Sept.	350 Stück zu 73,15 DM	25 601,00 DM
+ Zugang	15. Nov.	900 Stück zu 76,00 DM	68 400,00 DM
= **SB**	31. Dez.	**1 250** Stück zu **75,20 DM**	94 001,00 DM

Wertansatz bei einem Tageswert von 77,00 DM/Stück = 75,20 · 1 250 = 94 001,00 DM
(Wertansatz bei einem Tageswert von 74,20 DM/Stück = 74,20 · 1 250 = 92 750,00 DM)

c) Bestandsbewertung nach dem Lifo-Verfahren

400 · 72,00 DM
\+ 800 · 75,00 DM
\+ 50 · 73,00 DM
= 92 450,00 DM : 1 250 Stück = 73,96 DM/Stück

Wertansatz bei einem Tageswert von 77,00 DM/Stück = 73,96 · 1 250 = 92 450,00 DM
(Wertansatz bei einem Tageswert von 74,20 DM/Stück = 73,96 · 1 250 = 92 450,00 DM)

Merke:

- **Gegenstände des Umlaufvermögens** (z. B. Vorräte, Forderungen, Wertpapiere) sind nach dem HGB entweder mit ihren Anschaffungskosten (Wertobergrenze) oder mit ihrem Tageswert (Markt- und Börsenpreis) anzusetzen. Liegt der Tageswert unter den Anschaffungskosten, muss der Tageswert berücksichtigt werden **(strenges Niederstwertprinzip).**
- Gegenstände des Umlaufvermögens sind steuerrechtlich so zu bewerten wie die nicht abnutzbaren Gegenstände des Anlagevermögens.
- Abweichend vom Grundsatz der Einzelbewertung können nach dem HGB gleichartige **Gegenstände des Vorratsvermögens** (z. B. Roh-, Hilfs- und Betriebsstoffe) entweder nach dem Durchschnittsverfahren (gewogener Durchschnittswert, permanente Durchschnittswertermittlung) oder nach den Bewertungsvereinfachungsverfahren (z. B. Fifo-, Lifo- und Hifo-Methode) bewertet werden.
- Beim **gewogenen Durchschnittswert** werden der Anfangsbestand und die Zugänge, die mit den jeweiligen Preisen bewertet werden, berücksichtigt. Ermittelt wird ein Durchschnittswert, der für die Bewertung des Schlussbestandes in Frage kommt.
- Bei der **permanenten Durchschnittswertermittlung** wird der Bestand nach jedem Lagerzugang bzw. Lagerabgang anhand der Lagerdatei ermittelt. Für die Berechnung werden die Zugänge mit den bekannten Anschaffungskosten und die Abgänge mit dem jeweils neuesten Durchschnittswert bewertet. Für die Bewertung des Schlussbestandes kommt der letzte Durchschnittswert in Frage.
- Bei der **Fifo-Methode** wird der Schlussbestand mit dem Preis aus dem letzten Zugang (bzw. mit den Preisen aus den letzten Zugängen) bewertet; unterstellt wird, dass die zuerst angeschafften oder hergestellten Vermögensgegenstände zuerst verbraucht wurden (**f**irst **i**n – **f**irst **o**ut).
- Bei der **Lifo-Methode** wird der Schlussbestand mit dem Preis aus dem Anfangsbestand (bzw. mit den Preisen aus den ersten Zugängen) bewertet; unterstellt wird, dass die zuletzt angeschafften oder hergestellten Vermögensgegenstände zuerst verbraucht wurden (**l**ast **i**n – **f**irst **o**ut).
- Bei der **Hifo-Methode** wird der Schlussbestand mit dem niedrigsten Anschaffungspreis (bzw. mit den niedrigsten Anschaffungspreisen) bewertet; unterstellt wird, dass die zu den höchsten Preisen angeschafften oder hergestellten Vermögensgegenstände zuerst verbraucht wurden (**h**ighest **i**n – **f**irst **o**ut).
- Nach dem HGB sind die Durchschnitts- und Bewertungsvereinfachungsverfahren (Sammelbewertungsverfahren) zulässig, sofern ihre Ergebnisse nicht gegen das Niederstwertprinzip verstoßen.

9.3 Bewertung von Forderungen

9.3.1 Zweifelhafte Forderungen

Beispiel:

Über das Vermögen eines Kunden wird das Insolvenzverfahren eröffnet. Die Forderung beträgt 4 640,00 DM brutto.

Buchungssatz:

2470	Zweifelhafte Forderungen	4 640,00	
	an 2400 Forderungen a. L. u. L.		4 640,00

Merke:

- Eine (einwandfreie) Forderung wird dann eine **zweifelhafte Forderung** (Dubiose), wenn ein Kunde des Unternehmens entweder seine Verbindlichkeiten (trotz mehrerer Mahnungen) nicht begleicht oder wenn ein Antrag auf Eröffnung des Insolvenzverfahrens über das Vermögen des Kunden gestellt wurde.
- Der Antrag auf Eröffnung des **Insolvenzverfahrens** kann gestellt werden wegen Zahlungsunfähigkeit bzw. wegen drohender Zahlungsunfähigkeit des Schuldners. Bei juristischen Personen kann der Antrag auch bei Überschuldung gestellt werden. (Zum Insolvenzverfahren siehe Seite 323 ff.)
- Zweifelhafte Forderungen werden durch eine Umbuchung von den einwandfreien Forderungen getrennt; dabei wird die Umsatzsteuer nicht korrigiert (2470 Zweifelhafte Forderungen an 2400 Forderungen).

9.3.2 Uneinbringliche Forderungen

Beispiel 1:

Eine zweifelhafte Forderung über 4 640,00 DM wird uneinbringlich (16 % Mehrwertsteuer).

Buchungssatz:

6951	Abschreibungen auf Ford. wegen Uneinbringlichkeit	4 000,00	
4800	Umsatzsteuer	640,00	
	an 2470 Zweifelhafte Forderungen		4 640,00

Beispiel 2:

Banküberweisung von 928,00 DM auf eine im Vorjahr abgeschriebene uneinbringliche Forderung.

Buchungssatz:

2800	Bank	928,00	
	an 5490 Periodenfremde Erträge		800,00
	an 4800 Umsatzsteuer		128,00

Beispiel 3:

Der Kunde überweist aufgrund des Sanierungsplans 55 % von der Gesamtforderung; diese beträgt 2 900,00 DM (16 % Mehrwertsteuer).

Buchungssätze:

Zahlungseingang

2800	Bank	1 595,00	
	an 2470 Zweifelhafte Forderungen		1 595,00

Abschreibung (direkt)

6951	Abschreibungen auf Ford. wegen Uneinbringlichkeit	1 125,00	
4800	Umsatzsteuer	180,00	
	an 2470 Zweifelhafte Forderungen		1 305,00

Merke:

- Eine **uneinbringliche Forderung** liegt z. B. vor, wenn die Eröffnung des Insolvenzverfahrens mangels Masse abgelehnt bzw. wenn fruchtlos gepfändet wird.
- Wurde ein Antrag auf Eröffnung des Insolvenzverfahrens gestellt, prüft das Insolvenzgericht, ob zumindest die Kosten des Verfahrens gedeckt sind; ist dies nicht der Fall, wird der Antrag **mangels Masse** abgelehnt.
- Uneinbringliche Forderungen sind **direkt** abzuschreiben auf 6951 Abschreibungen auf Forderungen wegen Uneinbringlichkeit, und zwar unter **Berichtigung der Umsatzsteuer.**
- Werden auf eine als uneinbringlich abgeschriebene Forderung Zahlungen geleistet, lebt die Umsatzsteuer wieder auf; der um die Umsatzsteuer verminderte Betrag wird auf 5490 Periodenfremde Erträge erfasst, wenn die Abschreibung im Vorjahr erfolgte.

9.3.3 Einzelwertberichtigungen zu Forderungen

Beispiel 1:

Am 25. November wird über das Vermögen eines Kunden das Insolvenzverfahren eröffnet. Die Forderung beträgt 3 480,00 DM brutto (16 % Mehrwertsteuer). Der Forderungsausfall wird am 31. Dezember auf 60 % geschätzt.

Buchungssätze:

25. November

2470 Zweifelhafte Forderungen	3 480,00	
an 2400 Forderungen a. L. u. L.		3 480,00

31. Dezember

6952 Einstellung in Einzelwertberichtigung	1 800,00	
an 3670 Einzelwertberichtigungen zu Forderungen		1 800,00

Beispiel 2:

Nach Abschluss des Insolvenzverfahrens (Beispiel 1) werden am 3. April 1 160,00 DM überwiesen.

Buchungssätze:

Methode 1:

1. Januar

2470 Zweifelhafte Forderungen	3 480,00	
an 8000 Eröffnungsbilanzkonto		3 480,00
8000 Eröffnungsbilanzkonto	1 800,00	
an 3670 Einzelwertberichtigungen zu Forderungen		1 800,00

3. April

Zweifelhafte Forderung	3 480,00 DM
– Zahlungseingang	1 160,00 DM
tatsächlicher Forderungsausfall (brutto)	2 320,00 DM
– Umsatzsteueranteil	320,00 DM
tatsächlicher Forderungsausfall (netto)	2 000,00 DM
– Wertberichtigung	1 800,00 DM
Verlust	200,00 DM

Zahlungseingang

2800 Bank	1 160,00	
an 2470 Zweifelhafte Forderungen		1 160,00

Umsatzsteuerberichtigung

4800 Umsatzsteuer	320,00	
an 2470 Zweifelhafte Forderungen		320,00

Auflösung der Wertberichtigung

3670 Einzelwertberichtigungen zu Forderungen	1 800,00	
an 2470 Zweifelhafte Forderungen		1 800,00

Verlust

6990 Periodenfremde Aufwendungen	200,00	
an 2470 Zweifelhafte Forderungen		200,00

Methode 2:

1. Januar

2470 Zweifelhafte Forderungen	3 480,00	
an 8000 Eröffnungsbilanzkonto		3 480,00
8000 Eröffnungsbilanzkonto	1 800,00	
an 3670 Einzelwertberichtigungen zu Forderungen		1 800,00

3. April

Zahlungseingang

2800 Bank	1 160,00	
an 2470 Zweifelhafte Forderungen		1 160,00

Direkte Abschreibung

6951 Abschreibungen auf Ford. wegen Uneinbringlichkeit	2 000,00	
4800 Umsatzsteuer	320,00	
an 2470 Zweifelhafte Forderungen		2 320,00

Merke:

- Bei der **Einzelbewertung** wird jede Forderung am Bilanzstichtag daraufhin überprüft, inwieweit der Zahlungseingang gesichert ist. Stellt sich eine Forderung als zweifelhaft heraus, muss diese Forderung einzeln bewertet und mit ihrem wahrscheinlichen Wert bilanziert werden.
- Der geschätzte Forderungsausfall wird **indirekt** abgeschrieben, d.h., es wird eine entsprechende **Einzelwertberichtigung** gebildet (3670 Einzelwertberichtigungen zu Forderungen). Berechnungsgrundlage ist immer der **Nettowert der Forderung.** Die Umsatzsteuerberichtigung darf erst vorgenommen werden, wenn der endgültige Forderungsausfall feststeht.
- Bei der Einzelbewertung von Forderungen unterscheidet man zwei Methoden der Buchung. Steht der tatsächliche Forderungsausfall fest (z.B. aufgrund der Insolvenzquote, siehe Seite 326), wird entweder die Einzelwertberichtigung aufgelöst (Methode 1) oder die uneinbringliche Forderung wird (ohne Berücksichtigung der Einzelwertberichtigung) direkt abgeschrieben (Methode 2).
- Bei **Methode 1** gilt für den tatsächlichen und geschätzten Forderungsausfall:

geschätzter Forderungsausfall > tatsächlicher Forderungsausfall
→ 5450 Erträge aus der Auflösung von Wertberichtigungen auf Forderungen

geschätzter Forderungsausfall < tatsächlicher Forderungsausfall
→ 6990 Periodenfremde Aufwendungen

Für die **Reihenfolge der Buchungen** gilt:

1. Zahlungseingang,
2. Umsatzsteuerberichtigung,
3. Auflösung der Wertberichtigung,
4. Verlust oder Ertrag.

- Bei **Methode 2** wird zunächst die uneinbringliche Forderung direkt abgeschrieben; am Jahresende wird der vorhandene Bestand an Einzelwertberichtigungen zu Forderungen dem neuen Bestand angepasst, wobei unterschieden wird in Heraufsetzung (6952 Einstellung in Einzelwertberichtigungen an 3670 Einzelwertberichtigungen zu Forderungen) bzw. Herabsetzung (3670 Einzelwertberichtigungen zu Forderungen an 5450 Erträge aus der Auflösung oder Herabsetzung von Wertberichtigungen auf Forderungen).
- Kapitalgesellschaften, welche zur Offenlegung des Jahresabschlusses (siehe Seite 109) verpflichtet sind, dürfen in der zu veröffentlichenden Bilanz **keine Wertberichtigungen** ausweisen (siehe Seite 472f.).

9.3.4 Pauschalwertberichtigungen zu Forderungen

Beispiel 1:

Forderungsbestand am 31. Dezember brutto 696000,00 DM (16% Mehrwertsteuer), Pauschalwertberichtigung hierauf 3%.

Buchungssatz:

6953 Einstellung in Pauschalwertberichtigungen	18000,00	
an 3680 Pauschalwertberichtigungen zu Forderungen		18000,00

Beispiel 2:

Im Laufe des Geschäftsjahres wird ein Kunde zahlungsunfähig; die Forderung beträgt 5220,00 DM (16% Mehrwertsteuer).

Buchungssatz:

Methode 1:

3680 Pauschalwertberichtigungen zu Forderungen	4500,00	
4800 Umsatzsteuer	720,00	
an 2400 Forderungen a.L.u.L.		5220,00

Methode 2:

6951 Abschreibungen auf Ford. wegen Uneinbringlichkeit	4500,00	
4800 Umsatzsteuer	720,00	
an 2400 Forderungen a.L.u.L.		5220,00

Merke:

- Ist aufgrund fehlender Informationen und/oder aufgrund der Vielzahl von Forderungen eine Einzelwertberichtigung aller Forderungen nicht möglich, wird am Bilanzstichtag eine **Pauschalwertberichtigung** gebildet, welche das allgemeine, unvorhersehbare Ausfallrisiko berücksichtigt (i.d.R. bis zu 3%).

- Die Pauschalwertberichtigung wird vom **Nettowert der Forderungen** gebildet.
- Beim Ausfall einer bestimmten Forderung wird entweder die Pauschalwertberichtigung aufgelöst (Methode 1) oder die uneinbringliche Forderung wird (ohne Berücksichtigung der Pauschalwertberichtigung) direkt abgeschrieben (Methode 2). Die Umsatzsteuer ist in jedem Falle anteilig zu berichtigen.
- Die einmal gebildete Pauschalwertberichtigung muss jährlich dem neuen Forderungsbestand angepasst werden. Die Wertberichtigung kann erhöht werden (6953 an 3680) bzw. herabgesetzt werden (3680 an 5450).
- Kapitalgesellschaften, welche zur Offenlegung des Jahresabschlusses (siehe Seite 109) verpflichtet sind, dürfen in der zu veröffentlichenden Bilanz keine Wertberichtigungen ausweisen (siehe Seite 472 f.).

9.3.5 Gemischte Bewertung

Beispiel:

Ein Industriebetrieb hat am 31. Dezember einen Forderungsbestand in Höhe von 997 600,00 DM (16 % Mehrwertsteuer). Aufgrund vorliegender Informationen müssen für Forderungen in Höhe von 55 680,00 DM Einzelwertberichtigungen gebildet werden. Der Forderungsausfall für diese Forderungen wird auf 80 % geschätzt.

Für den verbleibenden Betrag der Forderungen wird eine Pauschalwertberichtigung von 1,5 % gebildet.

Buchungssätze:

Forderungsbestand	997 600,00 DM
– zweifelhafte Forderungen	55 680,00 DM
	941 920,00 DM
– 16 % Umsatzsteuer	129 920,00 DM
Forderungen (Pauschalwertberichtigung)	812 000,00 DM

31. Dezember

6952	Einstellung in Einzelwertberichtigungen	38 400,00	
	an 3670 Einzelwertberichtigungen zu Forderungen		38 400,00
6953	Einstellung in Pauschalwertberichtigungen	12 180,00	
	an 3680 Pauschalwertberichtigungen zu Forderungen		12 180,00

Merke:

- Bei der gemischten Bewertung wird für die zweifelhaften Forderungen eine Einzelwertberichtigung, für den Rest der Forderungen (einwandfreie) eine Pauschalwertberichtigung gebildet.

9.3.6 Forderungen in den zu veröffentlichenden Bilanzen von Kapitalgesellschaften

Beispiel:

Die interne Bilanz einer Kapitalgesellschaft beinhaltet u. a. folgende Positionen:

Forderungen	1 437 500,00 DM
Zweifelhafte Forderungen	41 400,00 DM
Pauschalwertberichtigungen zu Forderungen	25 000,00 DM
Einzelwertberichtigungen zu Forderungen	30 600,00 DM

Mit welchem Betrag sind die Forderungen in der zu veröffentlichenden Jahresbilanz auszuweisen?

Lösung:

	Forderungen	1 437 500,00 DM
+	Zweifelhafte Forderungen	41 400,00 DM
–	Pauschalwertberichtigungen zu Forderungen	25 000,00 DM
–	Einzelwertberichtigungen zu Forderungen	30 600,00 DM
	Forderungen (zu veröffentlichen)	1 423 300,00 DM

Merke:

- **Kapitalgesellschaften** und Unternehmen, die nach dem Publizitätsgesetz zur Rechnungslegung verpflichtet sind, dürfen in den zu **veröffentlichenden Bilanzen** weder Einzel- noch Pauschalwertberichtigungen zu Forderungen ausweisen; das Gleiche gilt für die zweifelhaften Forderungen.
- Die Berechnung der (zu veröffentlichenden) Forderungen erfolgt, indem man die Einzel- und Pauschalwertberichtigungen **aktivisch** von dem Gesamtbetrag der Forderungen absetzt.

9.4 Bewertung der Verbindlichkeiten

Beispiel 1:

Ein Industriebetrieb kaufte am 15. Dezember 19. . in den USA 120 Fremdbauteile zum Stückpreis von 4 500,00 $ mit einem Zahlungsziel von 4 Wochen. Der Tageskurs für den Dollar betrug am 15. Dezember 1,5268 und am 31. Dezember 1,5642.

Bilden Sie die Buchungssätze am 15. und am 31. Dezember (nach dem bestandsorientierten Verfahren)!

Buchungssätze:

15. Dezember

2010 Fremdbauteile		824 472,00	
	an 4400 Verbindlichkeiten a. L. u. L.		824 472,00

31. Dezember

2010 Fremdbauteile		20 196,00	
	an 4400 Verbindlichkeiten a. L. u. L.		20 196,00

Beispiel 2:

Ein Industriebetrieb nimmt bei seiner Hausbank ein Darlehen über 2 000 000,00 DM zu 9 % p. a. mit einer Laufzeit von 5 Jahren auf. Das Darlehen wird mit 98 % ausgezahlt.

Bilden Sie die Buchungssätze für die Darlehensaufnahme und die Abschreibung des Disagios!

Buchungssätze:

Darlehensaufnahme

2800 Bank		1 960 000,00	
2900 Aktive Jahresabgrenzung		40 000,00	
	an 4250 Langfristige Bankverbindlichkeiten		2 000 000,00

Abschreibung des Disagios am 31. Dezember

7590 Sonstige zinsähnliche Aufwendungen		8 000,00	
	an 2900 Aktive Jahresabgrenzung		8 000,00

Merke:

- **Verbindlichkeiten** sind am Bilanzstichtag mit ihrem Rückzahlungsbetrag zu bewerten.
- Für die Währungsverbindlichkeiten gilt das **Höchstwertprinzip**, d. h., wenn der Tageskurs am Bilanzstichtag über dem Anschaffungskurs liegt, muss die Verbindlichkeit mit dem höheren Tageskurs bewertet werden.
- Langfristige Bankdarlehen können unter Abzug eines **Disagios** (Damnum, Abgeld) ausgezahlt bzw. mit einem **Agio** (Aufgeld) zurückgezahlt werden. Disagio und Agio können handelsrechtlich als Rechnungsabgrenzungsposten aktiviert werden; sie sind auf die Laufzeit des Darlehens zu verteilen und jährlich entsprechend abzuschreiben. Steuerrechtlich müssen Disagio und Agio aktiviert und abgeschrieben werden.

9.5 Bildung von Rückstellungen

Beispiel 1:

Am Bilanzstichtag rechnet man für einen laufenden Prozess mit Kosten in Höhe von 8700,00 DM. Am 5. April des nächsten Jahres werden überwiesen:

a) 8700,00 DM,
b) 6500,00 DM,
c) 9600,00 DM.

Buchungssätze:

31. Dezember

6770 Rechts- und Beratungskosten	8700,00	
an 3930 Sonst. Rückstellungen f. a. ungewisse Verb.		8700,00

5. April

a) 3930 Sonst. Rückstellungen f. a. ungewisse Verb.	8700,00	
an 2800 Bank		8700,00
b) 3930 Sonst. Rückstellungen f. a. ungewisse Verb.	8700,00	
an 2800 Bank		6500,00
an 5480 Erträge a. d. Herabsetzung v. Rückstellungen		2200,00
c) 3930 Sonst. Rückstellungen f. a. ungewisse Verb.	8700,00	
6990 Periodenfremde Aufwendungen	900,00	
an 2800 Bank		9600,00

Beispiel 2:

Ein Industriebetrieb bestellt am 3. Dezember 50 kg Rohstoffe zu 120,00 DM netto je kg; die Lieferung soll am 15. Januar erfolgen. Am Bilanzstichtag ist der Beschaffungspreis des Rohstoffs auf 100,00 DM netto je kg gefallen.

Bilden Sie die Buchungssätze nach dem bestandsorientierten Verfahren!

Buchungssätze:

31. Dezember: Bildung der Rückstellung

6980 Zuführungen zu Rückstellungen für Gewährleistung	1000,00	
an 3970 Sonst. Rückstellungen für drohende Verluste		1000,00

15. Januar: Rechnungseingang

2000 Rohstoffe	6000,00	
2600 Vorsteuer	960,00	
an 4400 Verbindlichkeiten a. L. u. L.		6960,00

Auflösung der Rückstellung

3970 Sonst. Rückstellungen für drohende Verluste	1 000,00	
an 2000 Rohstoffe		1 000,00

Merke:

- **Rückstellungen** sind Passivposten (Fremdkapital), die zur Berücksichtigung bestimmter künftiger Ausgaben gebildet werden. Sie werden gebildet für Aufwendungen des alten Jahres, die am Bilanzstichtag wahrscheinlich oder sicher, aber in ihrer Höhe und Fälligkeit noch unbestimmt sind (sie müssen geschätzt werden). Rückstellungen sind im Gegensatz zu den Sonstigen Verbindlichkeiten „ungewisse Schulden (Ausgaben)".
- Rückstellungen sind nach dem HGB nur in Höhe des Betrages anzusetzen, der nach vernünftiger kaufmännischer Beurteilung notwendig ist.
- Rückstellungen werden erfasst auf 3700 Rückstellungen für Pensionen und ähnliche Verpflichtungen, 3800 Steuerrückstellungen, 3910 Rückstellungen für Gewährleistung, 3930 Rückstellungen für andere ungewisse Verbindlichkeiten, 3970 Rückstellungen für drohende Verluste aus schwebenden Geschäften und auf 3990 Rückstellungen für Aufwendungen.
- Nach dem HGB **müssen** alle Kaufleute Rückstellungen bilden für **(Passivierungspflicht):**
  1. ungewisse Verbindlichkeiten, z. B. Steuernachzahlungen, Prozesskosten, Garantieverpflichtungen, Pensionsverbindlichkeiten;
  2. drohende Verluste aus schwebenden Geschäften, z. B. liegt beim Einkauf von Vermögensgegenständen, die im neuen Jahr geliefert werden, der vereinbarte Kaufpreis über dem am Bilanzstichtag geltenden Preis;
  3. im Geschäftsjahr unterlassene Aufwendungen für Instandhaltung, die im folgenden Geschäftsjahr innerhalb von drei Monaten nachgeholt werden;
  4. Gewährleistungen, die ohne rechtliche Verpflichtung erbracht werden (Kulanz).
- Nach dem HGB **können** alle Kaufleute Rückstellungen bilden für **(Passivierungswahlrecht):**
  1. unterlassene Aufwendungen für Instandhaltung, die in den letzten neun Monaten des folgenden Geschäftsjahres nachgeholt werden;
  2. so genannte **Aufwandsrückstellungen,** z. B. Rückstellungen für Großreparaturen, die später durchgeführt werden.
- Nach dem Steuerrecht sind in der **Steuerbilanz** nur die Rückstellungen anzusetzen, für die in der Handelsbilanz Passivierungspflicht besteht.
- Rückstellungen dürfen nur **aufgelöst** werden, soweit der Grund hierfür entfallen ist.

  Bei der Auflösung unterscheidet man

Rückstellung = Ausgabe	
Rückstellung > Ausgabe →	5480 Erträge aus der Herabsetzung von Rückstellungen
Rückstellung < Ausgabe →	6990 Periodenfremde Aufwendungen

10 Jahresabschluss (nach dem Handelsrecht)

10.1 Grundsätze ordnungsgemäßer Bilanzierung

Aufgabe 1:

Beschreiben Sie folgende Grundsätze ordnungsgemäßer Buchführung zum Jahresabschluss:

a) Aufstellung,
b) Klarheit und Vollständigkeit,
c) Verrechnungsverbot,
d) Kontinuität,
e) Einzelbewertung,
f) Grundsatz der Vorsicht,
g) periodengerechte Gewinnermittlung!

Lösung:

a) Jeder Kaufmann hat zu Beginn seines Handelsgewerbes und zu jedem Geschäftsjahresende eine Bilanz und eine GuV-Rechnung aufzustellen; dieser Jahresabschluss ist nach den Grundsätzen ordnungsmäßiger Buchführung (siehe Seite 414f.) aufzustellen **(Pflicht zur Aufstellung).** Der Jahresabschluss ist in deutscher Sprache und in Euro aufzustellen (er kann auch in Deutscher Mark aufgestellt werden, letztmals für das im Jahr 2001 endende Geschäftsjahr).

b) Der Jahresabschluss muss klar und übersichtlich sein; er muss sämtliche Vermögensgegenstände, Schulden, Rechnungsabgrenzungsposten, Aufwendungen und Erträge enthalten **(Klarheit, Übersichtlichkeit, Vollständigkeit).**

c) Posten der Aktivseite dürfen nicht mit Posten der Passivseite, Aufwendungen nicht mit Erträgen verrechnet werden **(Verrechnungsverbot).**

d) Die Wertansätze in der Eröffnungsbilanz des Geschäftsjahres müssen mit denen der Schlussbilanz des vorhergehenden Geschäftsjahres übereinstimmen **(Bilanzidentität).**

   Die auf den vorhergehenden Jahresabschluss angewandten Bewertungsmethoden sollen beibehalten werden **(Bewertungsstetigkeit).**

e) Die Vermögensgegenstände und Schulden sind zum Abschlussstichtag einzeln zu bewerten **(Grundsatz der Einzelbewertung)** (Ausnahmen siehe Seite 467).

f) Nach dem **Prinzip der Vorsicht** sind das Niederstwertprinzip, das Imparitätsprinzip und das Realisationsprinzip zu beachten (siehe Seite 464).

g) Aufwendungen und Erträge des Geschäftsjahres sind unabhängig von den Zeitpunkten der entsprechenden Zahlungen (Ausgaben und Einnahmen) im Jahresabschluss zu berücksichtigen; die **periodengerechte Gewinnermittlung** erfolgt z. B. durch die zeitlichen Abgrenzungen (siehe Seite 460ff.).

Aufgabe 2:

Erklären Sie folgende Begriffe des HGB im Hinblick auf den Jahresabschluss:

a) Bilanzierungsverbote,
b) Haftungsverhältnisse,
c) Unterzeichnung!

Lösung:

a) **Bilanzierungsverbot** bedeutet, dass Aufwendungen für die Gründung des Unternehmens und die Beschaffung des Eigenkapitals sowie immaterielle Vermögensgegenstände des Anlagevermögens, die nicht entgeltlich erworben wurden, nicht in die Bilanz als Aktivposten aufgenommen werden dürfen.

b) Unter der Bilanz sind, sofern sie nicht auf der Passivseite auszuweisen sind, Verbindlichkeiten aus der Übertragung von Wechseln, aus Bürgschaften und aus Gewährleistungsverträgen zu vermerken (Angabe der **Haftungsverhältnisse**).

   Haftungsverhältnisse sind alle Verbindlichkeiten, für die der Kaufmann nur unter bestimmten Umständen, mit deren Eintritt er nicht rechnet, haftungsrechtlich herangezogen werden kann.

c) Der Jahresabschluss ist vom Kaufmann unter Angabe des Datums zu unterzeichnen. Sind mehrere persönlich haftende Gesellschafter vorhanden, so haben sie alle zu unterzeichnen (Grundsatz der **Unterzeichnung**).

Merke:

- Die **Grundsätze ordnungsgemäßer Bilanzierung** gelten für **alle** Kaufleute (lt. HGB).
- Allgemein geregelt sind auch die Bewertungsvorschriften in Form von allgemeinen Bewertungsgrundsätzen und in Form von Wertansätzen für Vermögensgegenstände und Schulden (siehe Seite 463 ff.).

10.2 Jahresabschluss der Einzelkaufleute und Personengesellschaften

Aufgabe:

Beschreiben Sie die gesetzlichen Bestimmungen für den Jahresabschluss der Einzelkaufleute und Personengesellschaften!

Lösung:

Die Bilanz und die GuV-Rechnung bilden den **Jahresabschluss.**

Es gibt weder für die Bilanz noch für die GuV-Rechnung eine Gliederungsvorschrift. Vorgeschrieben ist lediglich der **Inhalt der Bilanz:** Das Anlage- und das Umlaufvermögen, das Eigenkapital, die Schulden sowie die Rechnungsabgrenzungsposten sind gesondert auszuweisen und hinreichend aufzugliedern.

Merke:

- Einzelkaufleute und Personengesellschaften unterliegen mit ihrem Jahresabschluss **keiner Publizitätspflicht;** eine Ausnahme liegt vor, wenn sie unter das Publizitätsgesetz fallen.
- Das **Publizitätsgesetz** besagt, dass auch die Nicht-Kapitalgesellschaften ihren Jahresabschluss offenlegen müssen, wenn mindestens zwei der folgenden Größenmerkmale überschritten werden:

  125 Millionen DM Bilanzsumme, 250 Millionen DM Umsatzerlöse, 5000 Arbeitnehmer.
- Der **Jahresabschluss** gilt als ordnungsmäßig aufgestellt, wenn die Aufstellung spätestens 12 Monate nach Ablauf des Geschäftsjahres erfolgt ist.

10.3 Jahresabschluss der Kapitalgesellschaften

10.3.1 Bestandteile des Jahresabschlusses

Aufgabe 1:

Nennen Sie die Bestandteile des Jahresabschlusses einer Kapitalgesellschaft!

Lösung:

Der **Jahresabschluss einer Kapitalgesellschaft** umfasst nach dem HGB die Bilanz, die GuV-Rechnung und den Anhang; er hat ein den tatsächlichen Verhältnissen entsprechendes Bild der Vermögens-, Finanz- und Ertragslage des Unternehmens zu vermitteln.

Aufgabe 2:

Beschreiben Sie folgende allgemeine Grundsätze für die Gliederung des Jahresabschlusses einer Kapitalgesellschaft:

a) formelle Stetigkeit,
b) Angabe der Vorjahresbeträge!

Lösung:

a) Die Form der Darstellung, insbesondere die Gliederung der aufeinander folgenden Bilanzen und GuV-Rechnungen ist beizubehalten **(formelle Stetigkeit);** dies wird erreicht durch die Beachtung der im HGB vorgeschriebenen Gliederungsschemen.
b) In der Bilanz sowie in der GuV-Rechnung ist zu jedem Posten der entsprechende Betrag des vorhergehenden Geschäftsjahres anzugeben **(Angabe der Vorjahresbeträge).**

Aufgabe 3:

Wie ist die Bilanz der Kapitalgesellschaft zu gliedern?

Lösung:

Die Bilanz ist in **Kontoform** aufzustellen. Das HGB (§ 266) schreibt die **Gliederung der Bilanz** zwingend vor (vgl. die Bilanzgliederung im Anhang des Buches).

Große und mittelgroße Kapitalgesellschaften müssen alle Posten gesondert und in der vorgeschriebenen Reihenfolge ausweisen. Kleine Kapitalgesellschaften dürfen eine verkürzte Bilanz aufstellen. (Zur Abgrenzung der Größenklassen siehe Seite 109 f.)

Aufgabe 4:

Wie ist die Position Eigenkapital in der Bilanz der Kapitalgesellschaft zu gliedern?

Lösung:

Das **Eigenkapital** umfasst: gezeichnetes Kapital, Kapitalrücklage, Gewinnrücklagen, Gewinnvortrag/Verlustvortrag, Jahresüberschuss/Jahresfehlbetrag.

Das **gezeichnete Kapital** (Stamm- bzw. Grundkapital) ist das Kapital, auf das die Haftung der Gesellschafter für die Verbindlichkeiten der Kapitalgesellschaft gegenüber den Gläubigern beschränkt ist. Das gezeichnete Kapital ist mit dem Nennbetrag zu bewerten.

Die **Rücklagen** werden unterschieden in Kapitalrücklage und Gewinnrücklagen (siehe Seite 480 f.).

Der **Gewinnvortrag** ist der Gewinnrest, der verbleibt, nachdem die Hauptversammlung über die Verwendung des Jahresüberschusses beschlossen hat. Der Gewinnvortrag wird im laufenden Geschäftsjahr erwirtschaftet und ins nächste Geschäftsjahr übertragen.

Der **Verlustvortrag** ist der Verlust eines Geschäftsjahres, der ins nächste Geschäftsjahr übertragen wird.

Der **Jahresüberschuss** (bzw. der **Jahresfehlbetrag**) ist das Ergebnis der Gewinn- und Verlustrechnung. Der Jahresüberschuss wird in die Bilanz übernommen, bevor die Hauptversammlung über seine Verwendung beschlossen hat.

Aufgabe 5:

Wie ist die GuV-Rechnung der Kapitalgesellschaft zu gliedern?

Lösung:

Die **GuV-Rechnung** ist in **Staffelform** nach dem **Gesamtkostenverfahren** oder dem **Umsatzkostenverfahren** aufzustellen (beide Verfahren führen zum gleichen Jahresergebnis, legen allerdings unterschiedliche Berechnungsmethoden zugrunde). Das HGB (§ 275) schreibt die **Gliederung** der GuV-Rechnung zwingend vor (vgl. die Gliederung der GuV-Rechnung nach dem Gesamtkostenverfahren im Anhang des Buches).

Die GuV-Rechnung stellt den (unternehmensgewöhnlichen) Erträgen die (unternehmensgewöhnlichen) Aufwendungen gegenüber und ermittelt als Zwischenergebnis das **Ergebnis der gewöhnlichen Geschäftstätigkeit** (es umfasst das Betriebs- und Finanzergebnis vor Steuern).

Das **Jahresergebnis** wird dann nach folgendem Schema ermittelt:

	Ergebnis der gewöhnlichen Geschäftstätigkeit	
+	außerordentliche Erträge	außerordentliches Ergebnis
–	außerordentliche Aufwendungen	
–	Steuern vom Einkommen und Ertrag	
–	sonstige Steuern	
	Jahresüberschuss/Jahresfehlbetrag	

Außerordentliche Erträge und **außerordentliche Aufwendungen** sind Erträge und Aufwendungen, die außerhalb der gewöhnlichen Geschäftstätigkeit der Kapitalgesellschaft anfallen (Beispiele sind: Verluste/Gewinne aus dem Verkauf von bedeutenden Grundstücken und Beteiligungen, Verluste aus außergewöhnlichen Schadensfällen).

Kleine und mittelgroße Kapitalgesellschaften dürfen bestimmte Positionen der GuV-Rechnung zusammenfassen (größenabhängige Erleichterungen).

Aufgabe 6:

Wie wird das Jahresergebnis einer Kapitalgesellschaft verwendet?

Lösung:

Die **Verwendung des Jahresergebnisses** einer Kapitalgesellschaft kann nach folgendem Schema erfolgen, wenn die Ergebnisverwendung vor Aufstellung der Bilanz durchgeführt wird:

Jahresüberschuss/Jahresfehlbetrag
Gewinnvortrag/Verlustvortrag aus dem Vorjahr
Entnahmen aus der Kapitalrücklage
Entnahmen aus Gewinnrücklagen
Einstellungen in Gewinnrücklagen

Bilanzgewinn
Ergebnisausschüttung

Gewinnvortrag/Verlustvortrag ins neue Jahr

Aufgabe 7:

Welche Aufgaben hat der Anhang?

Lösung:

Der **Anhang** erläutert die Bilanz und die GuV-Rechnung der Kapitalgesellschaft.

Im Anhang müssen z. B. angegeben werden:

a) angewandte Bilanzierungs- und Bewertungsmethoden,
b) Abweichungen von bisherigen Bilanzierungs- und Bewertungsmethoden,
c) in die Herstellungskosten einbezogene Fremdkapitalzinsen,
d) Aufgliederung der Umsatzerlöse (z. B. nach Tätigkeitsbereichen, Märkten),
e) durchschnittliche Beschäftigtenzahl,
f) Gesamtbezüge (z. B. Gehälter, Tantiemen) von Mitgliedern der Geschäftsführung und des Aufsichtsrats,
g) Anlagengitter (kann auch in der Bilanz dargestellt werden).

Merke:

- Die **Grundsätze ordnungsgemäßer Bilanzierung,** wie sie für alle Kaufleute gelten, werden für Kapitalgesellschaften ergänzt durch die Gliederungsvorschriften für den Jahresabschluss und spezielle Bewertungsregeln (siehe Seite 463 ff.).
- Die Gliederungsvorschriften für den Jahresabschluss der Kapitalgesellschaften gelten auch für alle Unternehmen, die unter das **Publizitätsgesetz** fallen.
- Alle Kapitalgesellschaften unterliegen grundsätzlich der **Publizitätspflicht (Offenlegung).** Für kleine und mittelgroße Kapitalgesellschaften gibt es größenabhängige Erleichterungen (siehe Seite 109).
- Die Kapitalgesellschaften sind verpflichtet, innerhalb von 3 Monaten nach Ende des Geschäftsjahres zusammen mit dem Jahresabschluss einen **Lagebericht** aufzustellen (siehe Seite 110). Kleine Kapitalgesellschaften (siehe Seite 109) können den Jahresabschluss innerhalb von 6 Monaten nach Ende des Geschäftsjahres aufstellen; die Aufstellung eines Lageberichts ist nicht erforderlich.

10.3.2 Bildung von Rücklagen

Beispiel:

Eine Aktiengesellschaft mit einem Jahresüberschuss von 650 000,00 DM bildet eine gesetzliche Rücklage von 5 %, eine satzungsmäßige Rücklage in Höhe von 20 000,00 DM und eine freie Rücklage in Höhe von 80 000,00 DM.

Bilden Sie den Buchungssatz für die Bildung der Rücklagen!

Buchungssatz:

8020 Gewinn- und Verlustkonto		132 500,00	
	an 3210 Gesetzliche Rücklagen		32 500,00
	an 3230 Satzungsmäßige Rücklagen		20 000,00
	an 3240 Andere Gewinnrücklagen		80 000,00

Merke:

- **Rücklagen** werden nur in Kapitalgesellschaften gebildet (lt. HGB); sie stellen **Eigenkapital** dar und werden in der Bilanz (auf der Passivseite) ausgewiesen als Kapitalrücklage und Gewinnrücklagen. Rücklagen dienen dem Schutz des Eigenkapitals, der Deckung zukünftiger Verluste und der Selbstfinanzierung.

- Rücklagen werden erfasst auf 3100 Kapitalrücklage, 3210 Gesetzliche Rücklagen, 3230 Satzungsmäßige Rücklagen und auf 3240 Andere Gewinnrücklagen (Passivkonten).
- Als **Kapitalrücklage** ist z. B. der Betrag auszuweisen, der bei der Ausgabe von Anteilen (Aktien, GmbH-Anteile, Wandelschuldverschreibungen) über den Nennbetrag hinaus (Aufgeld, Agio) erzielt wird sowie der Betrag von Zuzahlungen der Gesellschafter in das Eigenkapital.
- **Gewinnrücklagen** werden aus dem bereits versteuerten Jahresgewinn gebildet und ausgewiesen als gesetzliche Rücklage, satzungsmäßige Rücklage, andere Gewinnrücklagen.
- Aktiengesellschaften müssen **gesetzliche Rücklagen** (lt. AktG) zur Deckung zukünftiger Jahresverluste bilden. Ihnen sind 5 % des Jahresüberschusses so lange zuzuführen, bis die gesetzliche Rücklage und die Kapitalrücklage zusammen 10 % des Grundkapitals erreicht haben.
- **Satzungsmäßige Rücklagen** werden in Höhe des durch die Satzung festgelegten Betrages gebildet.
- **Andere Gewinnrücklagen** (freie Rücklagen) können (lt. AktG) bis zur Hälfte des Jahresüberschusses für beliebige Zwecke gebildet werden (z. B. für zukünftige Investitionen).
- In eine **Rücklage für eigene Anteile** ist der Betrag einzustellen, der dem auf der Aktivseite der Bilanz für die eigenen Anteile (z. B. eigene Aktien) anzusetzenden Betrag entspricht.
- Nach der Erkennbarkeit in der Bilanz unterscheidet man **offene Rücklagen** (Kapital-, Gewinnrücklagen und Rücklagen für eigene Anteile) und **stille Rücklagen** (siehe Seite 308).
- Scheidet ein Anlagegut durch höhere Gewalt (z. B. Brand) aus, kann eine steuerfreie Rücklage für Ersatzbeschaffung in Höhe des Unterschieds zwischen dem Buchwert des betreffenden Anlagegutes und dem Entschädigungsbetrag (Versicherungsleistung) gebildet werden **(3500 Sonderposten mit Rücklageanteil),** wenn ernstlich geplant ist, das Anlagegut zu ersetzen.

  Bei der Anschaffung des neuen Anlagegutes ist der Sonderposten mit Rücklageanteil über das entsprechende Bestandskonto aufzulösen; dadurch wird die stille Rücklage auf das neue Anlagegut übertragen.

10.4 Auswertung des Jahresabschlusses

10.4.1 Auswertung der Bilanz

Beispiel:

Gegeben ist folgende aufbereitete Bilanz einer Kapitalgesellschaft:

Aktiva	Bilanz zum 31. Dezember 19..		Passiva
Sachanlagen	410 000,00	Gezeichnetes Kapital	300 000,00
Finanzanlagen	60 000,00	Gewinnrücklage	90 000,00
Vorräte	90 000,00	Rückstellungen	40 000,00
Forderungen	70 000,00	Langfristige Verbindlichkeiten	190 000,00
Flüssige Mittel	40 000,00	Kurzfristige Verbindlichkeiten	50 000,00
	670 000,00		670 000,00

31 Groh/Schröer – ISBN 3-8120-0420-8

Ermitteln Sie die Kennzahlen für:

a) Vermögensstruktur,
b) Anteil des Anlagevermögens,
c) Anteil des Umlaufvermögens,
d) Kapitalstruktur,
e) Grad der finanziellen Unabhängigkeit,
f) Verschuldungsgrad,
g) Deckung des Anlagevermögens (Investierung),
h) Liquidität (Liquidität 1., 2. und 3. Grades)!

(Die Rückstellungen werden je zur Hälfte den lang- und kurzfristigen Verbindlichkeiten zugeordnet.)

Lösung:

a) Vermögensstruktur $= \frac{470\,000 \cdot 100}{200\,000} = 235{,}00\,\%$

b) Anteil des Anlagevermögens $= \frac{470\,000 \cdot 100}{670\,000} = 70{,}15\,\%$

c) Anteil des Umlaufvermögens $= \frac{200\,000 \cdot 100}{670\,000} = 29{,}85\,\%$

d) Kapitalstruktur $= \frac{390\,000 \cdot 100}{280\,000} = 139{,}29\,\%$

e) Grad der finanziellen Unabhängigkeit $= \frac{390\,000 \cdot 100}{670\,000} = 58{,}21\,\%$

f) Verschuldungsgrad $= \frac{280\,000 \cdot 100}{670\,000} = 41{,}79\,\%$

g) Deckungsgrad I $= \frac{390\,000 \cdot 100}{470\,000} = 82{,}98\,\%$

Deckungsgrad II $= \frac{600\,000 \cdot 100}{470\,000} = 127{,}66\,\%$

h) Liquidität 1. Grades $= \frac{40\,000 \cdot 100}{70\,000} = 57{,}14\,\%$

Liquidität 2. Grades $= \frac{110\,000 \cdot 100}{70\,000} = 157{,}14\,\%$

Liquidität 3. Grades $= \frac{200\,000 \cdot 100}{70\,000} = 285{,}71\,\%$

Merke:

- Die **Bilanzanalyse** ist die Untersuchung des Jahresabschlusses (Bilanz und Gewinn- und Verlustrechnung) mit Hilfe von Kennzahlen. Die Bilanzanalyse dient der Beurteilung eines Unternehmens, und zwar im Hinblick auf den innerbetrieblichen Vergleich (Zeitvergleich) und den zwischenbetrieblichen Vergleich (Betriebsvergleich).
- Die Bilanzanalyse untersucht im Einzelnen das **Wachstum** (z. B. Anlagenintensität), die **Ertragskraft** (z. B. Eigenkapitalrentabilität), das **Risiko** (z. B. Verschuldungsgrad) sowie die **Umweltbeanspruchung** (z. B. Abfallintensität) eines Unternehmens.
- Die nach den Vorschriften des Handelsrechts erstellte Bilanz ist für die Bildung der Bilanzkennzahlen ungeeignet; die Bilanz muss entsprechend aufbereitet werden, d. h., Bilanzpositionen müssen entweder zusammengefasst oder neu geordnet werden.

- Zur Beurteilung des **Vermögensaufbaus (Konstitution)** einer Unternehmung werden das Anlagevermögen und das Umlaufvermögen berücksichtigt.

$$\text{Vermögensstruktur} = \frac{\text{Anlagevermögen} \cdot 100}{\text{Umlaufvermögen}}$$

$$\text{Anteil des Anlagevermögens (Anlagenintensität)} = \frac{\text{Anlagevermögen} \cdot 100}{\text{Gesamtvermögen}}$$

$$\text{Anteil des Umlaufvermögens (Umlaufvermögensintensität)} = \frac{\text{Umlaufvermögen} \cdot 100}{\text{Gesamtvermögen}}$$

- Zur Beurteilung der **Kapitalstruktur (Finanzierung)** werden das Eigenkapital und das Fremdkapital berücksichtigt.

$$\text{Kapitalstruktur} = \frac{\text{Eigenkapital} \cdot 100}{\text{Fremdkapital}}$$

$$\text{Grad der finanziellen Unabhängigkeit (Eigenkapitalanteil)} = \frac{\text{Eigenkapital} \cdot 100}{\text{Gesamtkapital}}$$

$$\text{Verschuldungsgrad} = \frac{\text{Fremdkapital} \cdot 100}{\text{Gesamtkapital}}$$

- Zur Beurteilung der **Anlagendeckung (Investierung)** werden das langfristige Kapital und das Anlagevermögen berücksichtigt.

$$\text{Deckungsgrad I} = \frac{\text{Eigenkapital} \cdot 100}{\text{Anlagevermögen}}$$

$$\text{Deckungsgrad II} = \frac{(\text{Eigenkapital} + \text{langfristiges Fremdkapital}) \cdot 100}{\text{Anlagevermögen}}$$

- Zur Beurteilung der **Liquidität (Zahlungsfähigkeit)** werden Teile des Umlaufvermögens und die kurzfristigen Verbindlichkeiten berücksichtigt.

$$\text{Liquidität 1. Grades} = \frac{\text{flüssige Mittel} \cdot 100}{\text{kurzfristige Verbindlichkeiten}}$$

$$\text{Liquidität 2. Grades} = \frac{(\text{flüssige Mittel} + \text{Forderungen}) \cdot 100}{\text{kurzfristige Verbindlichkeiten}}$$

$$\text{Liquidität 3. Grades} = \frac{\text{Umlaufvermögen} \cdot 100}{\text{kurzfristige Verbindlichkeiten}}$$

10.4.2 Auswertung der Gewinn- und Verlustrechnung

Beispiel:

Aus der Buchhaltung liegen folgende Zahlen vor:

Gewinn (Jahresüberschuss)	40 000,00 DM
Umsatzerlöse	600 000,00 DM
Materialkosten (Materialaufwand)	190 000,00 DM
Lohnkosten (Personalaufwand)	130 000,00 DM
Fremdkapitalzinsen	25 000,00 DM
Abschreibungen auf Sachanlagen	120 000,00 DM
Zuführungen zu langfristigen Rückstellungen	15 000,00 DM
Gesamtkosten (Gesamtaufwand)	560 000,00 DM
durchschnittliches Eigenkapital	200 000,00 DM
durchschnittliches Fremdkapital	280 000,00 DM
durchschnittlicher Forderungsbestand	30 000,00 DM

Berechnen Sie:

a) Unternehmerrentabilität,
b) Unternehmungsrentabilität,
c) Umsatzrentabilität,
d) Cashflow,
e) Umschlagshäufigkeit der Forderungen,
f) durchschnittliche Kreditdauer,
g) Umschlagshäufigkeit des Kapitals,
h) Materialkostenanteil,
i) Lohnkostenanteil!

Lösung:

a) Unternehmerrentabilität $= \frac{40\,000 \cdot 100}{200\,000} = 20\,\%$

b) Unternehmungsrentabilität $= \frac{65\,000 \cdot 100}{480\,000} = 13{,}54\,\%$

c) Umsatzrentabilität $= \frac{40\,000 \cdot 100}{600\,000} = 6^2/_3\,\%$

d) Cashflow $= 40\,000 + 120\,000 + 15\,000 = 175\,000{,}00$ DM

e) Umschlagshäufigkeit d. Forder. $= \frac{600\,000}{30\,000} = 20$

f) durchschnittliche Kreditdauer $= \frac{360}{20} = 18$ Tage

g) Umschlagshäufigkeit des Kapitals $= \frac{600\,000}{480\,000} = 1{,}25$

h) Materialkostenanteil $= \frac{190\,000 \cdot 100}{560\,000} = 33{,}93\,\%$

i) Lohnkostenanteil $= \frac{130\,000 \cdot 100}{560\,000} = 23{,}21\,\%$

Merke:

- **Rentabilitätskennzahlen** berücksichtigen den Gewinn und den Kapitaleinsatz bzw. den Umsatz.

$$\text{Unternehmerrentabilität (Eigenkapitalrentabilität)} = \frac{\text{Gewinn} \cdot 100}{\text{Eigenkapital}}$$

$$\text{Unternehmungsrentabilität (Gesamtkapitalrentabilität)} = \frac{(\text{Gewinn} + \text{Fremdkapitalzinsen}) \cdot 100}{\text{Gesamtkapital}}$$

$$\text{Umsatzrentabilität} = \frac{\text{Gewinn} \cdot 100}{\text{Umsatz}}$$

- Der Cashflow ist eine Kennzahl zur Beurteilung der Finanz- und Ertragssituation eines Unternehmens; er gibt an, in welcher Höhe das Unternehmen selbst finanzielle Mittel zur Verfügung stellen kann (Innenfinanzierung).

	Jahresüberschuss
+	Abschreibungen auf Sachanlagen
+	Zuführungen zu langfristigen Rückstellungen
=	Cashflow

- **Umschlagskennzahlen** sind:

$$\text{Umschlagshäufigkeit der Forderungen} = \frac{\text{Umsatz}}{\text{durchschnittlicher Forderungsbestand}}$$

$$\text{durchschnittliche Kreditdauer} = \frac{360}{\text{Umschlagshäufigkeit der Forderungen}}$$

$$\text{Umschlagshäufigkeit des Kapitals} = \frac{\text{Umsatzerlöse}}{\text{durchschnittliches Kapital}}$$

- **Kennzahlen der Kostenstruktur** berechnen den prozentualen Anteil einzelner Kostenarten an den Gesamtkosten.

10.4.3 Auswertung der Ökobilanz

Beispiel:

Das Umwelt-Management-System eines Unternehmens der weiterverarbeitenden Industrie, welches drei Produkte herstellt, liefert folgende Informationen:

Input-Output-Bilanz					
Input (I)			**Output (O)**		
Nr.	Bezeichnung	Menge	Nr.	Bezeichnung	Menge
I1	**Rohstoffe**		**O1**	**Produkte**	
I1.1	Metalle	35 000 kg	O1.1	Produkt A	45 500 kg
I1.2	Kunststoffe	46 000 kg	O1.2	Produkt B	23 100 kg
I2	**gekaufte Teile**	8 900 kg	O1.3	Produkt C	19 800 kg
I3	**Hilfsstoffe**		**O2**	**Abfälle**	
I3.1	Verpackungsmaterial	3 200 kg	O2.1	verwertbare Abfälle	
I3.2	Farben und Lacke	7 700 kg	O2.1.1	Altmetalle	3 200 kg
I4	**Betriebsstoffe**		O2.1.2	Kunststoffe	4 500 kg
I4.1	Öle und Fette	2 800 kg	O2.2	unverwertbare Abfälle	
I4.2	Reinigungsmittel	1 100 kg	O2.2.1	Gewerbeabfall	5 300 kg
I5	**Wasser**	830 m^3	O2.2.2	Altöl	470 kg
I6	**Energie**		**O3**	**Abwasser**	790 m^3
I6.1	Gas	42 000 kWh	**O4**	**Emissionen**	
I6.2	Strom	132 000 kWh	O4.1	Kohlendioxid	7 400 kg
I6.3	Heizöl	86 000 kWh	O4.2	Kohlenmonoxid	380 kg

Die gesamte Grundstücksfläche des Unternehmens beträgt 8 200 m^2, davon sind 4 900 m^2 versiegelt.

Ermitteln Sie

a) den Anteil der einzelnen Rohstoffarten am gesamten Rohstoffeinsatz, den Anteil der einzelnen Hilfsstoffe am gesamten Einsatz der Hilfsstoffe und den Rohstoffanteil pro produzierte Einheit,

b) den Wassereinsatz-Anteil und den Abwasser-Anteil pro produzierte Einheit,

c) den prozentualen Anteil jeder Energieart am Gesamt-Energieverbrauch und den Energieverbrauch pro produzierte Einheit,

d) den Anteil der verwertbaren Abfälle am Gesamtabfall und die Abfallmenge pro produzierte Einheit,

e) die emittierte Schadstoffmenge an Kohlendioxid und an Kohlenmonoxid pro produzierte Einheit,

f) den Anteil der versiegelten Fläche an der Gesamtfläche!

Lösung:

a) **Material-Kennzahlen**

Metall-Anteil $= \dfrac{35\,000}{81\,000} \cdot 100 = 43{,}21\,\%$

$$\text{Kunststoff-Anteil} = \frac{46\,000}{81\,000} \cdot 100 = 56{,}79\,\%$$

$$\text{Verpackungsmaterial-Anteil} = \frac{3\,200}{10\,900} \cdot 100 = 29{,}26\,\%$$

$$\text{Farben-Anteil} = \frac{7\,700}{10\,900} \cdot 100 = 70{,}64\,\%$$

$$\text{Rohstoffeinsatz-Quote} = \frac{81\,000}{88\,400} = 0{,}916 \text{ kg/Einheit}$$

b) **Wasser- und Abwasser-Kennzahlen**

$$\text{Wassereinsatz-Quote} = \frac{830}{88\,400} = 0{,}0094 \text{ m}^3\text{/kg}$$

$$\text{Abwasser-Quote} = \frac{790}{88\,400} = 0{,}0089 \text{ m}^3\text{/kg}$$

c) **Energie-Kennzahlen**

$$\text{Gas-Anteil} = \frac{42\,000}{260\,000} \cdot 100 = 16{,}15\,\%$$

$$\text{Strom-Anteil} = \frac{132\,000}{260\,000} \cdot 100 = 50{,}77\,\%$$

$$\text{Heizöl-Anteil} = \frac{86\,000}{260\,000} \cdot 100 = 33{,}08\,\%$$

$$\text{Energieeinsatz-Quote} = \frac{260\,000}{88\,400} = 2{,}941 \text{ kWh/kg}$$

d) **Abfall-Kennzahlen**

$$\text{verwertbarer Abfall-Anteil} = \frac{7\,700}{13\,470} \cdot 100 = 57{,}16\,\%$$

$$\text{Abfall-Quote} = \frac{13\,470}{88\,400} = 0{,}152 \text{ kg/Einheit}$$

e) **Abluft-Kennzahlen**

$$\text{Emissions-Quote für Kohlendioxid} = \frac{7\,400}{88\,400} = 0{,}084 \text{ kg/Einheit}$$

$$\text{Emissions-Quote für Kohlenmonoxid} = \frac{380}{88\,400} = 0{,}004 \text{ kg/Einheit}$$

f) **Standortbezogene Umwelt-Kennzahlen**

$$\text{Flächenversiegelungs-Anteil} = \frac{4\,900}{8\,200} \cdot 100 = 59{,}76\,\%$$

Merke:

- Die **Ökobilanz** erfasst, im Gegensatz zur traditionellen Finanzbuchhaltung und zur Jahresbilanz, die ökologischen Umweltwirkungen des Betriebsgeschehens, und zwar gegliedert nach Input und Output.

- Unter dem **Input** versteht man den Verbrauch der eingesetzten Stoffe und Energiearten (Verbrauch von Ressourcen); Beispiele sind: Verbrauch von Roh-, Hilfs- und Betriebsstoffen sowie Wasser- und Energieverbrauch.

- Unter dem **Output** versteht man das Ergebnis der Produktion (angegeben in Erzeugniseinheiten) und die Folgen der Produktion für die Umwelt; Beispiele sind verwertbare und nicht verwertbare Abfälle, Abwasser und Emissionen (Abluft).

- Die Auswertung der Ökobilanz lässt ökologische Schwachstellen im Materialbereich (z. B. hoher Anteil an Verpackungsmaterial), bei den Fertigungsprozessen (z. B. hohe Emissionswerte) und bei der Gestaltung der Produkte (z. B. hoher Anteil an Kunststoff) erkennen. Wichtiges Hilfsmittel für die Auswertung sind **Umwelt-Kennzahlen;** sie ermöglichen innerbetriebliche und zwischenbetriebliche Vergleiche und stellen darüber hinaus Planungs-, Steuerungs- und Kontrollgrößen für ein umweltbewusstes Management dar.

- **Material-Kennzahlen** stellen dar, welche Stoffe in welchen Mengen in den Leistungsprozess des Unternehmens eingehen. Beispiele sind:

$$\text{Rohstoffanteil A} = \frac{\text{Rohstoffeinsatz A}}{\text{Gesamt-Rohstoffeinsatz}} \cdot 100$$

$$\text{Rohstoffeinsatz-Quote} = \frac{\text{Gesamt-Rohstoffeinsatz}}{\text{Anzahl der Produkteinheiten}}$$

Die Kennzahlen für Hilfs- und Betriebsstoffe werden analog gebildet.

- **Wasser- und Abwasser-Kennzahlen** beziehen sich auf das Wasser als Input-Größe und als Output-Größe; Beispiele sind:

$$\text{Wassereinsatz-Quote} = \frac{\text{Wassermenge}}{\text{Anzahl der Produkteinheiten}}$$

$$\text{Abwasser-Quote} = \frac{\text{Abwassermenge}}{\text{Anzahl der Produkteinheiten}}$$

- **Energie-Kennzahlen** stellen den Energieverbrauch und den Einsatz der Energieträger dar; Beispiele sind:

$$\text{Energieträger-Anteil} = \frac{\text{Verbrauch des Energieträgers}}{\text{Gesamt-Energieverbrauch}} \cdot 100$$

$$\text{Energieeinsatz-Quote} = \frac{\text{Gesamt-Energieverbrauch}}{\text{Anzahl der Produkteinheiten}}$$

- **Abfall-Kennzahlen** beziehen sich auf die Abfälle des Unternehmens, die in verwertbare und nicht verwertbare Abfälle gegliedert werden; Beispiele sind:

$$\text{Abfallanteil A} = \frac{\text{Abfallmenge A}}{\text{Gesamt-Abfallmenge}} \cdot 100$$

$$\text{Abfall-Quote} = \frac{\text{Gesamt-Abfallmenge}}{\text{Anzahl der Produkteinheiten}}$$

- **Abluft-Kennzahlen** beziehen sich auf den Ausstoß von Luft-Schadstoffen (z. B. Emissionen von Kohlendioxid, Kohlenmonoxid, Schwefeldioxid, Stickstoffoxide); Beispiele sind:

$$\text{Emissions-Quote A} = \frac{\text{emittierte Schadstoffmenge}}{\text{Anzahl der Produkteinheiten}}$$

- **Standortbezogene Umwelt-Kennzahlen** verarbeiten zusätzliche Informationen wie z. B. die versiegelte Fläche auf dem Betriebsgelände:

$$\text{Flächenversiegelungs-Anteil} = \frac{\text{versiegelte Fläche}}{\text{Gesamtfläche}} \cdot 100$$

11 Aufgaben

Die Lösungen der Aufgaben zur Buchführung sind im Anhang, Seite 601 ff. zu finden.

Anmerkung: Den Aufgaben sind **16% Mehrwertsteuer** zugrunde gelegt.

11.1 Buchung nach Geschäftsvorfällen

Aufgabengruppe 1

1 Der Geschäftsinhaber entnimmt für Privatzwecke 1 800,00 DM Bargeld und Waren im Wert von 720,00 DM netto.

2 Kunde begleicht Rechnung über 2 784,00 DM (brutto) unter Abzug von 2% Skonto.

Buchen Sie
a) netto und
b) brutto!

3 a) Am Bilanzstichtag wird mit einer Gewerbeertragsteuernachzahlung von 1 700,00 DM gerechnet.
b) Im neuen Jahr werden 2 100,00 DM Gewerbeertragsteuer nachgezahlt.

4 In einem Betrieb der Fotoindustrie betrug der Einstandspreis für Silber 980,00 DM/kg. Am Bilanzstichtag liegt der Tagespreis bei
a) 997,00 DM,
b) 972,00 DM.

Mit welchen Preisen ist zu bewerten?

5 Ein Industriebetrieb erstellt mit eigenen Mitteln einen Baukran mit einem Herstellungsaufwand von 165 000,00 DM.

6 Ein Schuldner überweist am 1. November die Halbjahreszinsen in Höhe von 4 800,00 DM im Voraus.

Wie lauten die Buchungen
a) im alten Jahr,
b) im neuen Jahr?

7 Banküberweisung für: Gewerbesteuer 14 800,00 DM, Einkommensteuer 24 300,00 DM, Kfz-Steuer 2 760,00 DM, Grunderwerbsteuer 7 000,00 DM und Umsatzsteuer 11 900,00 DM.

8 a) Über das Vermögen eines Kunden wird das Insolvenzverfahren eröffnet. Die Forderung beträgt 1 740,00 DM.
b) Der Forderungsausfall wird am Jahresende auf 70% geschätzt.
c) Im neuen Jahr überweist der Insolvenzverwalter 696,00 DM.

9 Ein Kunde wird mit Verzugszinsen in Höhe von 60,00 DM belastet.

10 Die Feuerversicherungsprämie für die Betriebsgebäude in Höhe von 2 400,00 DM wird am 1. September für ein Jahr im Voraus überwiesen.

Wie lauten die Buchungen
a) im alten Jahr,
b) im neuen Jahr?

Aufgabengruppe 2

1 Auf eine bereits abgeschriebene uneinbringliche Forderung werden unerwartet 500,00 DM überwiesen.

2 Eine Nachzahlung für Gewerbeertragsteuer für das vergangene Jahr in Höhe von 682,00 DM wird durch Banküberweisung beglichen.

3 Kunde erhält am Jahresende einen Bonus über 3600,00 DM netto.

Buchen Sie (bestandsorientiert)

a) brutto,

b) netto!

4 Eine Drehbank, Anschaffungswert 25000,00 DM, wurde 7 Jahre im Betrieb genutzt und jährlich mit 2500,00 DM abgeschrieben. Sie wird für 7200,00 DM netto gegen Bankscheck verkauft.

5 a) Ein Kunde, der 9280,00 DM schuldet, beantragt die Eröffnung des Insolvenzverfahrens.

b) Am Jahresende wird die Insolvenzquote auf 25% geschätzt.

c) Nach Abschluss des Insolvenzverfahrens werden im neuen Jahr 1856,00 DM überwiesen.

6 Ermitteln Sie das Eigenkapital und geben Sie die Buchungssätze an!

S	3001	H
8000,00		2500,00

S	8020	H
480000,00		592000,00

S	3000	H
		420000,00

7 Kunde begleicht Rechnung durch Bankscheck 1950,00 DM.

8 Banküberweisung an Rohstofflieferanten, Rechnungsbetrag 3190,00 DM abzüglich 3% Skonto.

Buchen Sie

a) nach dem Bruttoverfahren,

b) nach dem Nettoverfahren!

9 a) Zielverkauf von Fertigerzeugnissen, netto 4800,00 DM.

b) Kunde sendet unbrauchbare Erzeugnisse im Wert von 220,00 DM netto zurück.

c) Für leicht beschädigte Erzeugnisse im Nettowert von 350,00 DM erhält der Kunde einen Preisnachlass in Höhe von 30% (Bruttobuchung).

10 Die Anschaffungskosten für ein Grundstück betrugen 230000,00 DM. Am Bilanzstichtag beträgt der Tageswert

a) 250000,00 DM,

b) 160000,00 DM.

Es handelt sich bei b) um eine dauernde Wertminderung, da das Grundstück im Flächennutzungsplan nicht als Bauplatz ausgewiesen wurde.

Welche Werte sind in der Bilanz anzusetzen?

Aufgabengruppe 3

1 Eine Aktiengesellschaft mit einem Jahresüberschuss von 1 200 000,00 DM bildet eine gesetzliche Rücklage in Höhe von 5 % und eine freie Rücklage in Höhe von 2 %.

2 Verkauf eines gebrauchten Pkw für 5 000,00 DM netto in bar, Anschaffungswert 20 000,00 DM, bisherige Abschreibungen 16 000,00 DM.

3 Für die Lohnwoche vom 29. Dezember bis 4. Januar sind 28 500,00 DM am 4. Januar zu zahlen. Einzubehaltende Abzüge insgesamt 8 200,00 DM. Der Arbeitgeberanteil zur Sozialversicherung beträgt insgesamt 4 700,00 DM. Auf das alte Jahr entfallen 11 400,00 DM Löhne und 1 900,00 DM Arbeitgeberanteil zur Sozialversicherung.

Wie lauten die Buchungen

a) im alten Jahr,

b) im neuen Jahr?

4 Geben Sie die Buchungssätze für den Stoffverbrauch an!

S	2000		H
8000)	30 600,00	8010)	20 500,00
4400)	5 300,00		

S	2020		H
8000)	5 700,00	4400)	190,00
4400)	870,00	8010)	2 000,00

5 Ein Kunde teilt mit, dass er aufgrund der Verjährung unsere Forderung in Höhe von 719,20 DM nicht begleichen wird.

6 Der Buchwert einer ADV-Anlage beträgt 45 000,00 DM. Aufgrund der technischen Entwicklung liegt der Wert der Anlage bei 30 000,00 DM.

Welcher Wert ist in der Bilanz anzusetzen?

7 Verkauf von Fertigerzeugnissen auf Ziel, brutto 5 568,00 DM.

8 Ein Industriebetrieb bestellt Rohstoffe im Wert von 16 900,00 DM netto.

a) Die geforderte Anzahlung über 4 000,00 DM wird (ohne gesonderte Anzahlungsrechnung) durch Postbank Scheck beglichen.

b) Die bestellten Rohstoffe werden geliefert.

9 Ein Arbeiter erhält von seinem Arbeitgeber Urlaubsgeld in Höhe von 400,00 DM durch Banküberweisung.

10 a) Auf einen bestellten Lkw zum Preis von 64 000,00 DM netto wird eine Anzahlung durch Banküberweisung in Höhe von 20 000,00 DM geleistet; eine Rechnung über die Anzahlung liegt vor.

b) Bei Lieferung des Lkw werden 24 000,00 DM durch Bankscheck beglichen.

c) Überweisung der Restschuld.

Aufgabengruppe 4

1 a) Verkauf von Fertigerzeugnissen lt. AR netto 5 670,00 DM.

b) Ausgangsfracht hierauf bar 224,00 DM netto.

c) Banküberweisung der Vertreterprovision in Höhe von 5 %.

2 a) Am Jahresende wird für den Forderungsbestand in Höhe von 185 600,00 DM (brutto) eine Pauschalwertberichtigung von 3 % gebildet.

b) Im neuen Geschäftsjahr wird das Insolvenzverfahren gegen einen Kunden mangels Masse eingestellt; der Forderungsverlust beträgt 2 436,00 DM.

3 Schließen Sie die folgenden Konten ab und geben Sie die Buchungssätze an!

S	3000	H
	AB	52 000,00

S	3001	H
4 800,00		1 700,00

S	5200	H
3 200,00		2 600,00

S	8020	H
27 000,00		39 000,00

4 Im Februar wurden Einkäufe in Höhe von 96 000,00 DM (netto) und Verkäufe in Höhe von 147 500,00 DM (netto) getätigt. Die Zahllast wird am 10. März überwiesen.

Geben Sie die entsprechenden Buchungssätze an!

5 a) Zielkauf von 200 Walzblechen für 62 300,00 DM netto.

b) 5 Walzbleche sind unbrauchbar und werden zurückgeschickt.

c) Für 12 Walzbleche wird aufgrund leichter Beschädigungen ein Preisnachlass von 20 % gewährt (Nettobuchung).

6 a) Banküberweisung für Löhne, brutto 23 700,00 DM, Lohn- und Kirchensteuer sowie Solidaritätszuschlag 4 266,00 DM, Arbeitnehmeranteil zur Sozialversicherung 3 910,00 DM, Arbeitgeberanteil zur Sozialversicherung 3 910,00 DM.

b) Banküberweisung der noch abzuführenden Abgaben.

7 Banküberweisung der Beiträge für die gesetzliche Unfallversicherung 711,00 DM.

8 Ein Lieferwagen, Anschaffungswert 45 000,00 DM, abgeschrieben auf 9 000,00 DM, wird für 8 200,00 DM netto gegen Bankscheck verkauft.

9 a) Kauf eines Automaten auf Ziel für 31 000,00 DM netto.

b) Rechnungsausgleich durch Banküberweisung unter Abzug von 2 % Skonto.

10 Passivieren Sie die Zahllast und geben Sie die Buchungssätze an!

S	2600	H
15 620,00		

S	4800	H
		27 426,00

Aufgabengruppe 5

1 Die Miete für eine Lagerhalle für die Monate November, Dezember und Januar in Höhe von 4 500,00 DM wird nachträglich vom Mieter überwiesen.

Wie lauten die Buchungen

a) im alten Jahr,

b) im neuen Jahr?

2 Kassenfehlbetrag 160,00 DM.

3 Erwerb eines Grundstücks zum Kaufpreis von 320 000,00 DM, 3,5 % Grunderwerbsteuer, 6 000,00 DM Notariatskosten zuzüglich 16 % Mehrwertsteuer sowie 1 000,00 DM Grundbuchkosten. Rechnungsausgleich durch Banküberweisung.

4 Ein Kunde bestellt Erzeugnisse für 18 000,00 DM netto.

a) Als Anzahlung sendet er einen Verrechnungsscheck über 5 000,00 DM.

b) Die bestellten Erzeugnisse werden geliefert.

5 Rücksendung von Hilfsstoffen an einen Lieferer in Höhe von 1 665,00 DM netto.

6 Kauf einer Fertigungsmaschine auf Ziel für 18 000,00 DM netto, Transport- und Montagekosten 1 200,00 DM netto.

7 Der gesamte Forderungsbestand beträgt 139 200,00 DM. Eine Forderung in Höhe von 4 176,00 DM unterliegt der Einzelwertberichtigung, geschätzter Ausfall 60 %. Für den Rest der Forderungen ist eine Pauschalwertberichtigung von 2 % zu bilden.

8 a) Ein Angestellter erhält einen Vorschuss von 400,00 DM bar.

b) Banküberweisung des Gehalts, brutto 3 600,00 DM, Lohn- und Kirchensteuer sowie Solidaritätszuschlag 576,00 DM, Arbeitnehmeranteil zur Sozialversicherung 534,00 DM, zu verrechnender Vorschuss 400,00 DM, zu verrechnende Miete für die Werkswohnung 350,00 DM.

c) Arbeitgeberanteil zur Sozialversicherung 534,00 DM.

d) Passivierung der noch abzuführenden Abgaben.

9 Schließen Sie folgende Konten (enthalten Nettobeträge) ab und geben Sie die Buchungssätze an!

S	2001	H
1 780,00		

S	2002	H
		1 310,00

S	2011	H
360,00		

S	2282	H
		520,00

S	5001	H
950,00		

10 Im Monat Dezember fielen 33 640,00 DM Vorsteuer und 27 310,00 DM Umsatzsteuer an.

Wie lauten die Buchungen am 31. Dezember?

Aufgabengruppe 6

1 Kauf von Schmieröl lt. ER für 1260,00 DM netto.

Barzahlung der Fracht und des Rollgeldes für die Lieferung 63,00 DM netto.

2 Ein Lieferer gewährt einen Bonus von 480,00 DM netto für Handelswaren.

3 Brand im Rohstofflager, Schaden 6500,00 DM.

4 Eine Liefererrechnung über 2740,00 DM wird mit Verrechnungsscheck beglichen.

5 10% Abschreibung auf Büromaschinen, Buchwert 223000,00 DM.

Buchen Sie die Abschreibung!

6 Ein Möbelhersteller verkauft als Handelswaren auch Elektrogeräte.

Anfangsbestand 30000,00 DM, Einkäufe 60000,00 DM, Erlöse aus dem Verkauf der Geräte 70000,00 DM, Schlussbestand laut Inventur 40000,00 DM.

a) Buchen Sie (bestandsorientiert) auf den entsprechenden Konten und ermitteln Sie den Warengewinn!

b) Geben Sie die Buchungssätze an!

7 Kauf einer DV-Anlage zum Anschaffungspreis von 18000,00 DM netto. Die gebrauchte DV-Anlage, Anschaffungswert 12000,00 DM netto, abgeschrieben auf einen Restbuchwert von 4000,00 DM, wird für 2500,00 DM netto in Zahlung gegeben. Der Restbetrag wird unter Abzug von 3% Skonto überwiesen.

8 Schließen Sie folgende Konten ab und geben Sie die Buchungssätze an!

S	2100		H
8000)	36000,00	8010)	28000,00

S	2200		H
8000)	84000,00	8010)	96000,00

S	5200		H

S	8020		H
Kl. 6/7)	216000,00	Kl. 5)	265000,00

9 Bilden Sie die Buchungssätze (einschließlich der Überweisungen aller einbehaltenen Beträge)!

a) Angestellter erhält Gehaltsvorschuss bar 300,00 DM.

b) Bruttogehalt 3500,00 DM, vermögenswirksame Leistung des Arbeitgebers 26,00 DM (vermögenswirksame Leistung insgesamt 52,00 DM), Lohn- und Kirchensteuer sowie Solidaritätszuschlag 540,00 DM, Sozialversicherungsanteil Arbeitgeber und Arbeitnehmer je 590,00 DM, Verrechnung des Gehaltsvorschusses 300,00 DM.

10 Bilden Sie die Buchungssätze!

a) Verkauf von Fertigerzeugnissen auf Ziel, netto 8000,00 DM.

b) Der Kunde zahlt die Hälfte des Rechnungsbetrages durch Banküberweisung unter Abzug von 2% Skonto.

c) Der Kunde begleicht einen Monat nach Ablauf des Zahlungsziels den Restbetrag zuzüglich 8% Verzugszinsen mit Bankscheck.

Aufgabengruppe 7

1 Bilden Sie die Buchungssätze!

a) Zielkauf eines Lkw, netto — 90 000,00 DM

Die Lieferfirma stellt zusätzlich in Rechnung:

Zulassungskosten, netto	180,00 DM
Kraftstoffkosten, netto	200,00 DM

Diese Kosten werden beim Kauf bar bezahlt.

b) Ein PC, der zum betrieblichen Vermögen eines Einzelunternehmers gehört, wird in das Privatvermögen übernommen:

Buchwert zum Zeitpunkt der Entnahme	1 500,00 DM
Teilwert	1 000,00 DM

2 Bilden Sie die Buchungssätze!

Banküberweisung für

Grunderwerbsteuer	9 200,00 DM
Kraftfahrzeugsteuer	1 280,00 DM
Einkommensteuer des Unternehmers	3 870,00 DM
Umsatzsteuerzahllast	5 430,00 DM
Steuernachzahlung für das abgelaufene Geschäftsjahr	3 400,00 DM

3 Gesamtbetrag der Forderungen am 31. Dezember 788 800,00 DM.

Eröffnung des Insolvenzverfahrens über das Vermögen des Kunden XY am 19. Dezember, voraussichtliche Insolvenzquote 12 %, die Forderung beträgt 5 336,00 DM.

a) Bilden Sie die Einzelwertberichtigung und eine Pauschalwertberichtigung in Höhe von 3 % zum 31. Dezember!

b) Mit welchem Betrag sind die Forderungen in der zu veröffentlichenden Jahresbilanz anzusetzen?

4 Bilden Sie die Buchungssätze am 31. Dezember!

a) Am 25. Juli wurde die Jahresprämie für die Gebäude-Feuerversicherung überwiesen (1. August bis 31. Juli), 960,00 DM.

b) Am 1. Dezember bezahlten wir die Garagenmiete für die Monate Dezember bis Februar im Voraus, 300,00 DM.

c) Wir haben einem Geschäftsfreund ein Darlehen von 12 000,00 DM zu 8 % gewährt. Die Zinsen sind halbjährlich nachträglich zu zahlen, und zwar jeweils am 30. April und am 30. Oktober.

d) Unserem Vertreter stehen für den Monat Dezember 1 800,00 DM netto zu. Die Provisionsabrechnung liegt am Jahresende vor.

e) Am 1. August hat ein Mieter für einen Büroraum seine lt. Vertrag halbjährlich im Voraus zu zahlende Miete überwiesen, 2 400,00 DM.

5 Verkauf von Fertigerzeugnissen, netto 120 000,00 DM. Zahlungsbedingungen: 25 % Anzahlung vom Bruttobetrag lt. Anzahlungsrechnung, Restzahlung nach der Lieferung.

Bilden Sie die Buchungssätze für

a) den Eingang der Anzahlung,

b) die Erstellung der Endrechnung,

c) den Eingang der Restzahlung!

6 Eine Schreibmaschine, die zum betrieblichen Vermögen eines Einzelunternehmers zählt, wird in das Privatvermögen übernommen:

Buchwert zum Zeitpunkt der Entnahme 450,00 DM, Teilwert 600,00 DM.

7 Welche Geschäftsvorfälle liegen folgenden Buchungssätzen zugrunde?

a)	3001)			5 800,00	
		an	0840)		4 000,00
		an	5460)		1 000,00
		an	4800)		800,00
b)	2800)			4 547,20	
	5001)			80,00	
	4800)			12,80	
		an	2400)		4 640,00
c)	7510)			3 600,00	
		an	2800)		3 600,00
d)	2650)			300,00	
		an	2880)		300,00
e)	4400)			580,00	
		an	2000)		500,00
		an	2600)		80,00
f)	3800)			5 000,00	
		an	2800)		4 800,00
		an	5480)		200,00

8 Ein Industriebetrieb erhält beim Barkauf einer Schreibmaschine, Listenpreis 900,00 DM netto, 20 % Rabatt.

Buchen Sie

a) den Kauf,

b) die Abschreibung am Jahresende!

9 Am Jahresende sind die Pensionsrückstellungen um 160 000,00 DM zu erhöhen; das Risiko aus Garantieverpflichtungen wird mit 45 000,00 DM veranschlagt.

10 Ein Automat, Anschaffungskosten 12 000,00 DM, Nutzungsdauer 5 Jahre, lineare Abschreibungsmethode, hat am Ende des 2. Nutzungsjahres einen Marktwert von 3 000,00 DM.

a) Buchen Sie die Abschreibungen am Ende des 2. Jahres!

b) Wie hoch ist der Bilanzwert am Ende des 2. Jahres?

32 Groh/Schröer – ISBN 3-8120-0420-8

Aufgabengruppe 8

1 Zielkauf einer Fertigungsanlage am 19. Februar, netto 94800,00 DM; Transport- und Montagekosten hierfür, netto 2300,00 DM; Zahlungsbedingungen: bei Zahlung innerhalb von 10 Tagen – auch von Teilbeträgen – 3% Skonto, innerhalb 30 Tagen rein netto; nach 30 Tagen 7% Verzugszinsen.

Am 28. Februar werden 40% des Gesamtbetrages überwiesen und am 18. März 35%. Die Restzahlung erfolgt am 1. April.

Bilden Sie die Buchungssätze am 19. Februar, 28. Februar, 18. März und am 1. April!

2 a) Gesamtbetrag der Forderungen am 31. Dezember 464000,00 DM. Eine Pauschalwertberichtigung in Höhe von 2% ist zu bilden.

b) Am 25. Februar des nächsten Jahres wird ein Kunde zahlungsunfähig; die Forderung beträgt 3364,00 DM.

c) Forderungsbestand am Ende des neuen Jahres 487200,00 DM. Restwert der Pauschalwertberichtigung 1200,00 DM. Die Pauschalwertberichtigung wird an den neuen Forderungsbestand angepasst (2%).

3 Bilden Sie die Buchungssätze zum 31. Dezember!

a) Wir erhalten Ende Februar nachträglich die Darlehenszinsen für ein halbes Jahr in Höhe von 3600,00 DM.

b) Unser Mieter zahlt die Miete für die Monate Dezember bis Februar bereits am 1. Dezember in Höhe von 6900,00 DM.

4 Kauf eines Pkw am 4. September für 24000,00 DM netto. Ein gebrauchter Pkw, Buchwert zu Beginn des Geschäftsjahres 12000,00 DM, jährlicher linearer Abschreibungsbetrag 6000,00 DM, wird für 7000,00 DM netto in Zahlung gegeben. Der Restbetrag wird unter Abzug von 3% Skonto durch Banküberweisung beglichen.

Bilden Sie die Buchungssätze für

a) den Kauf,

b) die zeitanteilige AfA,

c) die Inzahlunggabe und die Überweisung des Restbetrages!

5 Bilden Sie die Buchungssätze (bestandsorientiert)!

a)	Kunde erhält Bonus, brutto	603,20 DM
b)	Rücksendung beschädigter Rohstoffe an Lieferer, netto	1800,00 DM
c)	Banküberweisung an den Lieferer, Rechnungsbetrag abzüglich 3% Skonto (Bruttobuchung)	5568,00 DM
d)	Banküberweisung eines Kunden, Rechnungsbetrag abzüglich 2% Skonto (Nettobuchung)	4176,00 DM.

6 Bilden Sie die Buchungssätze!

a)	Privatentnahme von Fertigerzeugnissen, netto	120,00 DM
b)	Banküberweisung für Vertreterprovision, netto	2300,00 DM
c)	Banküberweisung eines Gehaltes, brutto	4350,00 DM
	einbehaltene Abzüge	1430,00 DM
	zu verrechnende Miete für Betriebswohnung	470,00 DM
	Arbeitgeberanteil, noch nicht abgeführt	640,00 DM
	Banküberweisung der noch abzuführenden Abgaben.	

7 Von den Forderungen werden infolge der Eröffnung des Insolvenzverfahrens über das Vermögen eines Kunden 696,00 DM (brutto) zweifelhaft. Die folgenden Fälle sind unabhängig voneinander zu buchen.

a) Das Insolvenzverfahren wird mangels Masse eingestellt.

b) Im Laufe des Geschäftsjahres gehen 116,00 DM ein. Der Rest ist uneinbringlich.

c) Der Ausgang des Insolvenzverfahrens ist am Jahresende noch ungewiss. Es wird mit einem Ausfall von 85% gerechnet. Im neuen Jahr wird eine Insolvenzquote von 20% überwiesen.

Wie lauten die Buchungen am Jahresende und im neuen Jahr?

8 Zielkauf von Rohstoffen, netto 30500,00 DM; Barzahlung der Fracht und des Rollgeldes für die Rohstoffe, brutto 556,80 DM.

Buchen Sie

a) nach dem verbrauchsorientierten Verfahren,

b) nach dem bestandsorientierten Verfahren!

9 Ausgabe einer Industrieobligation am 1. Januar zum Nennwert von 20 Mio. DM, Zinssatz 6%, Ausgabekurs 97%, Rückzahlungskurs 102%, Laufzeit 10 Jahre.

Buchen Sie

a) Die Ausgabe der Obligation am 1. Januar,

b) die Behandlung von Agio und Disagio am 31. Dezember!

10 Ein Lieferer gewährt für bezogene Rohstoffe im Nettowert von 45000,00 DM einen Bonus in Höhe von 4%. Das Unternehmen wendet das Just-in-time-Verfahren an.

Buchen Sie nach der Nettomethode!

11.2 Buchung nach Belegen

Sie sind Mitarbeiter(in) der Privatbrauerei Becker, 66386 St Ingbert.

Das Unternehmen unterhält folgende Konten:

Kreissparkasse Saarpfalz,	BLZ 594 500 10,	Konto-Nr. 1 613 325
Vereinigte Volksbanken, St Ingbert,	BLZ 591 901 00,	Konto-Nr. 9 011 263
Postbank Saarbrücken,	BLZ 590 100 66,	Konto-Nr. 29 58-661

Geben Sie die Buchungssätze für die folgenden Belege an!
(Für die Lastschriften liegen die entsprechenden Kontoauszüge vor.)

①

Privatbrauerei Becker St Ingbert

DRAHTWORT: BRAUEREI ST INGBERT · FERNRUF 06894/103-0 · TELEX 4429433

Brauerei BECKER GmbH + Co KG · Postfach 1420 · 66361 St Ingbert

Gaststätte „Zum Mühlenhannes"
Luitpold Michely
Obere Kaiserstr.

66386 St Ingbert

Ihr Zeichen, Ihre Nachricht vom	Unser Zeichen, unsere Nachricht vom	☎	St Ingbert
	st		19. .-08-17

Warenrücknahme

Sehr geehrte Damen und Herren,

am 10. August 19. . haben Sie uns 5 Fass Beckers Pils zu je 50 l zurückgebracht.

Wir schreiben Ihnen gut:

Warenwert	620,00 DM
16% Umsatzsteuer	99,20 DM
	719,20 DM

Mit freundlichen Grüßen

PRIVATBRAUEREI BECKER

Stumpf
i. A. Stumpf

SITZ UND REGISTERGERICHT ST INGBERT HR A NR. 1032
KOMPLEMENTÄR: VERWALTUNGSGESELLSCHAFT BECKER MBH, ST INGBERT – REGISTERGERICHT ST INGBERT HR S NR. 2301
GESCHÄFTSFÜHRER: NIKO BECKER, ST INGBERT
BANKKONTEN: DEUTSCHE BANK SAAR ST INGBERT 9011263 (BLZ 59070070), KREISSPARKASSE St INGBERT 1613325 (BLZ 59450000)
POSTBANK SAARBRÜCKEN 2958-661 (BLZ 59010066)

②

Privatbrauerei Becker St Ingbert

DRAHTWORT: BRAUEREI ST INGBERT · FERNRUF 06894/103-0 · TELEX 4429433

Brauerei BECKER GmbH + Co KG · Postfach 1420 · 66361 St Ingbert

Hotel
Zur Post
Waldweg 8

66424 Homburg

Ihr Zeichen, Ihre Nachricht vom	Unser Zeichen, unsere Nachricht vom	☎	St Ingbert
19. .-08-14	be-sch		19. .-08-26

Belastung mit Verzugszinsen

Sehr geehrte Damen und Herren,

wegen Überschreitung des Zahlungszieles der Rechnung Nr. 6673 über 12380,00 DM berechnen wir Ihnen

7,5% Verzugszinsen für 90 Tage 232,13 DM.

Mit diesem Betrag belasten wir Ihr Konto.

Mit freundlichen Grüßen

PRIVATBRAUEREI BECKER

ppa. Schneider
Schneider

SITZ UND REGISTERGERICHT ST INGBERT HR A NR. 1032
KOMPLEMENTÄR: VERWALTUNGSGESELLSCHAFT BECKER MBH, ST INGBERT – REGISTERGERICHT ST INGBERT HR S NR. 2301
GESCHÄFTSFÜHRER: NIKO BECKER, ST INGBERT
BANKKONTEN: DEUTSCHE BANK SAAR ST INGBERT 9011263 (BLZ 59070070), KREISSPARKASSE St INGBERT 1613325 (BLZ 59450000)
POSTBANK SAARBRÜCKEN 2958-661 (BLZ 59010066)

③

Privatbrauerei Becker St. Ingbert
Kaiserstraße 170 - 174 Telefon: 06894/103-0

Kd.-Nr. 1712
Fahrer A 14

74635 *

Lieferschein/Rechnung von Herrn/Frau Gasthaus Zur Post, Homburg

	Faß	à	l =	hl
Pils :	5 Faß	à 50	l =	2,5 hl
	2 Faß	à 100	l =	2,0 hl
				hl
Export :	3 Faß	à 50	l =	1,5 hl
	Faß	à	l =	hl
				hl
Bock :	Faß	à	l =	hl
Altstadt-Alt :	Faß	à	l =	hl
König-Pilsner :	Faß	à	l =	hl

Rechnung			DM
4,5	hl Pils	à DM 205,00	922,50
1,5	hl Export	à DM 188,00	282,00
	hl Bock	à DM	
	hl Altstadt-Alt	à DM	
	hl König-Pilsner	à DM	
	hl	à DM	
	hl Überpreis je hl	à DM	
	Fl. Kohlensäure	à DM	
	Stück Becher	à DM	
	Stück Pokale	à DM	
	Stück	à DM	
			1204,50
	16 % Mehrwertsteuer =		192,72
			1397,22

Bierglasuntersetzer ______ Rollen

Eis ______ Blöcke à 25 kg
______ Pack Tropfer

Quittung · Nebenstehenden Betrag von DM erhalten zu haben, bescheinigt **Brauerei Becker**

Leergutkontrolle	Keller-Bestand	heut. Sendung	Bestand	leer zurück
Fässer				
Kohlensäurefl.				

Ware erhalten und Leergutrechnung anerkannt

Homburg, den 8. Okt. 19..

Mair
Unterschrift des Kunden

Lieferungs- und Zahlungsbedingungen: Das Eigentum an der gelieferten Ware einschließlich des Leergutes wird bis zum Erlöschen unserer Forderungen ausdrücklich vorbehalten. Für nicht zurückgegebenes oder beschädigtes Leergut sind die Neuanschaffungskosten zu vergüten. Sofern nicht anderes vereinbart, sind unsere Rechnungen sofort nach Erhalt ohne Abzug zu zahlen. Reklamationen sind unverzüglich vorzubringen. Rückbier wird nur vergütet, wenn das Bier nicht länger als 10 Tage von der Brauerei entfernt war. Erfüllungsort und Gerichtsstand für beide Teile ist St. Ingbert.

Alle Mitteilungen erbitten wir schriftlich oder telefonisch. Bierbestellungen bitten wir rechtzeitig einen Tag vorher aufzugeben. **An Sonn-, Feiertagen und Samstagen ist geschlossen.**

④

KUNDEN NUMMER 7 3 1 3 2 4

Stornoanweisung

FKZ 1 3

Die Rechnung Nr. 1423 vom 19..-05-10 über 516,60 DM

an Gaststätte Sonne
ist zu stornieren.

Neu berechnet unter Nr. 1489 mit 615,60 DM

KUNDEN NUMMER 7 3 1 3 2 4

an Gaststätte Sonne

Begründung: fehlerhafter Betrag

19..-05-12
Ausstellungsdatum

1 3 0 5
Leistungsmonat der Stornobuchung

Dief
Unterschrift des Abt.-Leiters

Eingangsdatum
Buchhaltung 13.05.

Gebucht
Soll/Haben-Beleg Nr.:

Art. 100 d

⑤

TRANSPORTE Schindler GmbH

Schindler Transporte, Postfach 1722, 66408 Homburg

Privatbrauerei Becker
Postfach 1180

66361 St Ingbert

Spedition
Spezialtransporte
Lagerung (Klein- u. Eiltransporte)
Einheckstrasse 29
66424 Homburg
Telefon: (06841) 78404 und 72836
Telex: 447136 schin d

Bankverbindung:
Raiffeisenkasse Homburg
(BLZ 59491114) Kto.-Nr. 851300

Tag 19. .-07-16

Rechnung

Für die Anlieferung von zwei Groß-Kesseln am 2. Juli 19. . berechnen wir Ihnen

Lkw-Fracht	5700,00 DM
+ 16% Umsatzsteuer	912,00 DM
	6612,00 DM

Wir arbeiten ausschließlich aufgrund der Allgemeinen Deutschen Spediteurbedingungen (ADSp) neuester Fassung – Gerichtsstand ist Homburg Saar
Frachtforderungen sind sofort und ohne Abzug zahlbar – Amtsgericht Homburg HRA 2006 – Geschäftsführer P & G Schindler

⑥

Kontonummer: 1613325
Die Finanzgruppe: Sparkasse, SaarLB, LBS und SAARLAND Versicherungen
Kreissparkasse Saarpfalz
Bankleitzahl: 59450010

Buchungstag	Tag der Wertstellung	Verwendungszweck/Buchungstext	Buchungsnummer	
				alter Kontostand DEM 15000,94 +
0407	0407	Finanzkasse Saarbrücken Rückerstattung von Kfz-Steuer für IGB-AL 97 Steuernummer 671/5525	999001	470,30 +
				DEM 15471,24 + neuer Kontostand

Kontoauszug vom 6.07.19. . – Auszug 1 – Blatt 1

Beleg für Kontoinhaber/Einzahler-Quittung

⑦

Kreissparkasse Saarpfalz 59450010

(Name und Sitz des beauftragten Kreditinstituts) (Bankleitzahl)

Empfänger:
UNICEF

Konto-Nr. des Empfängers 300000 — **Bankleitzahl** 370 501 98

unicef

*Bis zur Einführung des Euro (= EUR) nur DM; danach DM oder EUR.

DM od. EUR* DM — **Betrag** 2000,00

Spenden-/Mitgliedsnummer oder Name des Spenders: (max. 27 Stellen) — **ggf. Stichwort**
Privatbrauerei Becker

PLZ und Straße des Spenders: (max. 27 Stellen)

Kontoinhaber/Einzahler: Name, Ort (max. 27 Stellen)
Privatbrauerei Becker, St. Ingbert

Konto-Nr. des Kontoinhabers
1613325

SPENDE

113 219 800

II

---

⑧

Durchschrift für Kontoinhaber 591 901 00

VVBS VEREINIGTE VOLKSBANKEN SAARBRÜCKEN-ST. INGBERT eG

Empfänger
Finanzamt St. Ingbert

Konto-Nr. des Empfängers 59401500 — **Bankleitzahl** 59450010

bei (Kreditinstitut)
LZB Homburg

*Bis zur Einführung des Euro (= EUR) nur DM; danach DM oder EUR.

DM od. EUR* DM — **Betrag** 143200,00

Kunden-Referenznummer - noch Verwendungszweck, ggf. Name und Anschrift des Auftraggebers - (nur für Empfänger)

Lohn- und Kirchensteuer für April 19..

Kontoinhaber
Privatbrauerei Becker, St. Ingbert

Konto-Nr. des Kontoinhabers
2958-661

2

19..-05-10 — ppa. Schneider

Datum **Unterschrift**

⑨

Durchschrift 594 500 10

Kreissparkasse Saarpfalz

Empfänger
Saarbrücker Zeitung

Konto-Nr. des Empfängers: 2634003
Bankleitzahl: 59050000

bei (Kreditinstitut)
Landesbank Saar Girozentrale

* Bis zur Einführung des Euro (= EUR) nur DM; danach DM oder EUR.

DM od. EUR*: DM
Betrag: 2400,00

Kunden-Referenznummer - noch Verwendungszweck, ggf. Name und Anschrift des Auftraggebers - (nur für Empfänger)
Zeitungsannoncen Juni 19..

Kontoinhaber
Privatbrauerei Becker St. Ingbert

Konto-Nr. des Kontoinhabers: 1613325

111 305 000 So

2

19..-07-15 ppa. Schneider

Datum Unterschrift

⑩

Quittung

DM od. EUR: DM

Betrag: 300,00

Nr.

inclusive % MwSt./Betrag

Betrag in Worten: Dreihundert

von: Privatbrauerei Becker

für: Gehaltsvorschuss Monat Juli 19..

dankend erhalten

Datum/Ort: 19..-07-10 St. Ingbert

Buchungsvermerke

Stempel/Unterschrift des Empfängers

Meier

Zweckform Quittung

⑪

Durchschrift für Kontoinhaber 591 901 00

VVBS Vereinigte Volksbanken Saarbrücken-St. Ingbert eG

Empfänger
Gasthaus Sonne, St. Ingbert

Konto-Nr. des Empfängers: 41453
Bankleitzahl: 59190100

bei (Kreditinstitut)
Volksbank St. Ingbert

* Bis zur Einführung des Euro (= EUR) nur DM; danach DM oder EUR.

DM od. EUR*: DM
Betrag: 840,00

Kunden-Referenznummer - noch Verwendungszweck, ggf. Name und Anschrift des Auftraggebers - (nur für Empfänger)
Rückzahlung der doppelt gezahlten Rechnung
No. 8739 vom 19..-07-13

Kontoinhaber
Privatbrauerei Becker, St. Ingbert

Konto-Nr. des Kontoinhabers: 9011263

2

19..-07-17 Kiefer

Datum Unterschrift

⑫

Deutsche Post AG
66406 Homburg 1
88661357 3396 03.09.96

*6,90 DM

Postwertzeichen ohne Zuschlag

⑬

Kontonummer	Die Finanzgruppe: Sparkasse, SaarLB, LBS und SAARLAND Versicherungen		Bankleitzahl
1613325	Kreissparkasse Saarpfalz		59450010

Buchungstag	Tag der Wertstellung	Verwendungszweck/Buchungstext	Buchungsnummer	DEM alter Kontostand 28270,15 +
1403	1403	Finanzamt St. Ingbert St.- Nr. 870/159367 Gewerbesteuerrückerstattung 19..	999102	7480,65 +
1403	1403	Barabhebung	952023	10000,00 –
1603	1603	Telekom Buchhaltung 0321,52 9104203328 vom 05. 03. 19..	999101	2417,83 –

DEM 23332,97 + neuer Kontostand

Kontoauszug vom	Auszug	Blatt
17. 03. 19..	1	1

⑭

Privatbrauerei Becker St Ingbert

66386 St Ingbert · Kaiserstraße 170–174
☎ St Ingbert (06894) 103-0 · Rohrbach (06894) 51055 · Tholey (06853) 2033-34

Quittung № 12999 | Brauerei | Rohrb. | Tholey |

Org. Nr.: 480/15 Fahrer: Heinrich

Name: Pilsstube

vom:	Kunden-Nr.	Rg. Nr.	Betrag DM
19..-05-28	8413		168,00

zusammen 168,00

richtig erhalten zu haben, bestätigt:

Datum: 19..-05-28 Unterschrift: Heinrich

05.85 50

⑮

Allmannsberger GmbH

GAS- UND ÖLFEUERUNGEN · HEIZUNGSBAU · SANITÄR · LÜFTUNG · KLIMA

Allmannsberger GmbH · Postfach 12 01 · 66362 St Ingbert

Privatbrauerei Becker
Kaiserstr. 170 – 174

66386 St Ingebert

66386 St Ingbert
Geistkircher Str. 3
☎ (0 68 94) 5 10 52, 5 10 53
Bankverbindungen:
Volksbank St Ingbert
Konto 4 484, BLZ 594 901 00
Kreissparkasse St Ingbert
Konto 210 120, BLZ 594 500 00

Rechnung Nr. 981		
Proj. Nr.	Unser Zeichen	Tag
17	al/fu	. .–05-19

Lfd. Nr.	Anzahl	Gegenstand	Einzelpreis DM	Gesamtpreis DM
1	1	V-8 Gasbrenner Typ 2000		7 800,00
2		Montage Gasbrenner in Spedition		1 230,00
3		Reparatur Heizungsanlage Verwaltungsgebäude		641,00
				9 671,00
		+ 16 % Mehrwertsteuer		1 547,36
				11 218,36
		Zahlbar innerhalb 8 Tagen unter Abzug von 2 % Skonto oder 20 Tagen rein netto		

⑯

Lohn-/Gehaltsabrechnung — Firma (Stempel)

Name: Meiser, Norbert

Spedition

Zeitraum: Juli 19.. Nr.

Lohn/Gehalt	Gehalt/ … Std. … à DM		2 714,00
			+
	Überstunden … à DM		+
	Überstd.-/Akkord-Zuschläge		+
			+
			+
	Vermögenswirksame Leistungen des Arbeitgebers		+ 26,00
Bemessungsgrundlage	Brutto-Verdienst … 2 740,00		= 2 740,00
	Lohnsteuer-Freibetrag … − 250,00		
Abzüge	Lohnsteuer Kl. III/1 aus 2 490,00	= 259,30	
	1)	+	
	Kirchensteuer: ev. … kath.	+ 16,74	
	Sozialversicherungsbeiträge: Arbeitnehmeranteil — Krankenkasse	+ 164,40	
	Rentenversicherung	+ 258,93	
	Arbeitslosenversicherung	+ 56,17	
	Vorschuss/Abschlagszahlungen	+ 300,00	
		+	
	Vermögenswirksame Leistg. an	+ 52,00	− 1.107,54
Steuerfreie Bezüge			= 1.632,46
	Sonn-, Feiertags- und Nachtzuschläge	+	
	Auslagen-/Fahrgeld-Erstattung	+	
	Erstattung an Ersatzkassen-Mitglieder	+	
		+	
		+	
	% Sparzulage zur Vermögensbildung	+	+
	Auszuzahlender Betrag		= 1.632,46

Errechnet: 19..-07-28 (Datum), Zeichen: [Unterschrift]

Abrechnung anerkannt und Betrag richtig erhalten

19..-07-31 (Datum) — Meiser (Unterschrift)

⑰

Durchschrift — 594 500 10

Kreissparkasse Saarpfalz

Empfänger: Heidelsheimer Malzfabrik GmbH & Co. KG

Konto-Nr. des Empfängers: 2000933 — Bankleitzahl: 66070004

bei (Kreditinstitut): Deutsche Bank AG Bruchsal

* Bis zur Einführung des Euro (= EUR) nur DM; danach DM oder EUR. — DM od. EUR*: DM — Betrag: 52690,40

Kunden-Referenznummer - noch Verwendungszweck, ggf. Name und Anschrift des Auftraggebers - (nur für Empfänger)

Hopfen- und Malzlieferung vom 19..-02-08

54320,00 DM − 3% Skonto 1629,60 DM

Kontoinhaber: Privatbrauerei Becker, St. Ingbert

Konto-Nr. des Kontoinhabers: 1613325

111 305 000 Sa — 2

19..-02-12 (Datum) — ppa. Schneider (Unterschrift)

1) Auf die Darstellung des Solidaritätszuschlags wurde an dieser Stelle verzichtet.

(18)

NIERSTEINER MÄLZEREI-GESELLSCHAFT
M B H · K G
BRUCHSAL-HEIDELSHEIM

Fernruf: Bruchsal (0 72 51) 51 20 u. 51 51
Telex: 7 822 277 malz d

Mälzerei in 6505 Nierstein / Rhein
Fernruf Oppenheim (0 61 33) 56 44 u. 56 47
Bahnsendungen: Station Nierstein / Rhein

Niersteiner Mälzerei-Ges. Postfach 1330 · 76603 Bruchsal

Privatbrauerei Becker
Postfach 11 80

66361 St Ingbert

Kontakt-Nr.	Kunden-Nr.	Datum	Blatt
	131 408	19..-04-12	1

Bei Zahlung und Schriftverkehr bitte angeben!

Rechnung

Sitz der Gesellschaft: Bruchsal · Registergericht Bruchsal HRA 0577
Pers. haftende Gesellschafterin: Niersteiner Mälzerei GmbH
Sitz der Gesellschaft: Bruchsal · Registergericht Bruchsal HRB 0153
Geschäftsführer: K. F. Hiby-Durst – R. Hiby Durst · R. Stockmeier

Sie erhielten:

25 t	Malz	900,00 DM/t		22.500,00 DM
800 kg	Hopfen	85,00 DM/kg		68.000,00 DM
150 kg	Hefe	1,80 DM/kg		270,00 DM

				90.770,00 DM
	+ 16 % Umsatzsteuer			14.523,20 DM

				105.293,20 DM
				=============

Zahlbar innerhalb von 10 Tagen unter Abzug von 3 % Skonto oder 30 Tage netto.

Die gelieferte Ware bleibt bis zur vollständigen Bezahlung sämtlicher, auch der künftig entstehenden Forderungen (Haupt- und Nebenforderungen) aus der Geschäftsverbindung Eigentum des Verkäufers, der berechtigt ist, die Rechte der §§ 43 bis 48 der Konkursordnung für sich in Anspruch zu nehmen. Die aus der Weiterveräußerung der Vorbehaltsware resultierenden Forderungen werden hiermit an den Verkäufer abgetreten. Eine Verarbeitung oder Bearbeitung der Vorbehaltsware erfolgt für den Verkäufer. Verpfändung oder Sicherungsübereignung der Vorbehaltsware durch den Käufer ist nicht zulässig.

Commerzbank AG Stuttgart (BLZ 600 400 71) 5 300 512
Deutsche Bank AG Mannheim (BLZ 670 700 10) 0 304 287
Landeszentralbank Bruchsal (BLZ 663 000 00) 663 07325
Volksbank Bruchsal (BLZ 663 900 00) 424 900
Postbank Ludwigshafen/Rhein (BLZ 545 100 67) 7 12-673
Bahnsendungen: Station Nierstein/Rhein

(19)

Kontonummer	Die S-Finanzgruppe: Sparkasse, SaarLB, LBS und SAARLAND Versicherungen		Bankleitzahl
1613325	Kreissparkasse Saarpfalz		59450010

Buchungs-tag	Tag der Wertstellung	Verwendungszweck/Buchungstext	Buchungs-nummer	DEM (alter Kontostand) 54963,20 +
1506	1506	Habenzinsen ab 01. 01. 19..	999116	2340,68 +
1506	1506	Sollzinsen ab 01. 01. 19..	999115	14983,14 –
1506	1506	Gebühren lt. Aushang	999115	504,73 –

DEM 68110,39 – neuer Kontostand

16. 06. 19.. Kontoauszug vom — 1 Auszug — 1 Blatt

(20)

Kontonummer	Die S-Finanzgruppe: Sparkasse, SaarLB, LBS und SAARLAND Versicherungen		Bankleitzahl
1613325	Kreissparkasse Saarpfalz		59450010

Buchungs-tag	Tag der Wertstellung	Verwendungszweck/Buchungstext	Buchungs-nummer	DEM (alter Kontostand) 12790,13 +
0807	0807	Stadtkasse St. Ingbert Grundsteuer/Text 0870 14-05 607 00 418-03 2. Quartal 19..	999116	3127,00 –

DEM 9663,13 + neuer Kontostand

10. 07. 19.. Kontoauszug vom — 1 Auszug — 1 Blatt

(21)

Empfangsbescheinigung über die Einzahlung

für Kontoinhaber

Privatbrauerei Becker St Ingbert

Kontonummer: 1 613 325

DM: 25 300,00

19..-09-09

Kreissparkasse St Ingbert
i.A. Wolf

Für den Einzahlungstag und den Betrag ist der Maschinendruck maßgebend

(22)

Kontonummer 1613325 | Die Sparkassen-Finanzgruppe: Sparkasse, SaarLB, LBS und SAARLAND Versicherungen | Kreissparkasse Saarpfalz | Bankleitzahl 59450010

Buchungstag	Tag der Wertstellung	Verwendungszweck/Buchungstext	Buchungsnummer		
				DEM	alter Kontostand 2150,27 –
2509	2509	Gaststätte „Zur Sonne“ St. Ingbert Kundennummer 132526 Rechnungsnummer 64598 2780,72 – 3% Skonto = 83,42	999110		2697,30 +
				DEM	547,03 + neuer Kontostand

30. 09. 19.. Kontoauszug vom | 1 Auszug | 1 Blatt

(23)

Durchschrift **594** 500 **10**

Kreissparkasse Saarpfalz

Empfänger
Landesbausparkasse Saarbrücken

Konto-Nr. des Empfängers: 325664813 | Bankleitzahl: 59050101

bei (Kreditinstitut)
Stadtsparkasse Saarbrücken

* Bis zur Einführung des Euro (= EUR) nur DM; danach DM oder EUR. | DM od. EUR*: DM | Betrag: 10452,00

Kunden-Referenznummer - noch Verwendungszweck, ggf. Name und Anschrift des Auftraggebers - (nur für Empfänger)
Vermögenswirksame Leistungen für Arbeitnehmer lt. Liste IV-19..

Kontoinhaber
Privatbrauerei Becker, St. Ingbert

Konto-Nr. des Kontoinhabers
1613325

111 305 000 So

2

19..-10-01 ppa. Schneider
Datum Unterschrift

(24)

Deutsche Shell Aktiengesellschaft

Brauerei Becker St Ingbert

Verkauf im Namen und für Rechnung der Deutschen Shell Aktiengesellschaft

Liter	Produkt	DM	Pf
	Shell Benzin		
	Supershell		
120	Dieselshell	157	20
	Shell Autogas		
		157	20

Verkauf im Namen der unterzeichneten Firma

Menge	Produkt/Leistung	DM	Pf

Zu zahlen incl. Umsatzsteuer

Im Verkaufspreis für Kraftstoffe ist der gesetzliche Bevorratungsbeitrag enthalten.

Betrag dankend erhalten

den 19..-09-13 Rubeck
(Stempel und Unterschrift)

*) Bei Beträgen bis zu DM 200,– kein Ausweis des Umsatzsteuer-Betrages

1311 100×100 784

㉕

Allmannsberger GmbH

sanitär heizung klima

GAS- UND ÖLFEUERUNGEN · HEIZUNGSBAU · SANITÄR · LÜFTUNG · KLIMA

Allmannsberger GmbH · Postfach 1201 · 66362 St Ingbert

Privatbrauerei Becker
Postfach 11 80

66351 St Ingbert

66386 St Ingbert
Geistkircher Str. 3
☎ (06894) 51052, 51053
Bankverbindungen:
Volksbank St Ingbert
Konto 4484, BLZ 594 901 00
Kreissparkasse St Ingbert
Konto 210 120, BLZ 594 500 00

Ihr Zeichen, Ihre Nachricht vom	Unser Zeichen, unsere Nachricht vom	Datum
19. .-11-05	a-m	19. .-11-18

Gutschrift

Sehr geehrte Damen und Herren,

laut Rechnung Nr. 1614 haben wir Ihnen für die Gasbehälter netto 1 200,00 DM berechnet.

Für die zurückgeschickten Gasbehälter schreiben wir Ihnen vereinbarungsgemäß 2/3 gut:

netto	800,00 DM
16 % Mehrwertsteuer	128,00 DM
	928,00 DM

Mit freundlichen Grüßen

ALLMANNSBERGER

Allmannsberger
Allmannsberger

Registergericht: St Ingbert Nr. 7 HRB II/152   Geschäftsführer: Harald Allmannsberger

㉖

Durchschrift   594 500 10

Kreissparkasse Saarpfalz

Empfänger
Berufsgenossenschaft Nahrungsmittel und Gaststätten

Konto-Nr. des Empfängers: 4738203   Bankleitzahl: 50070200

bei (Kreditinstitut): Deutsche Bank Frankfurt

*Bis zur Einführung des Euro (= EUR) nur DM; danach DM oder EUR.

DM od. EUR*: DM   Betrag: 58600,00

Kunden-Referenznummer - noch Verwendungszweck, ggf. Name und Anschrift des Auftraggebers - (nur für Empfänger)
Mitgliedsnummer 14136899
Abschlagzahlung von 19. . -12-01

Kontoinhaber: Privatbrauerei Becker, St. Ingbert

Konto-Nr. des Kontoinhabers: 1613325

111 305 000 So   2

19. . -12-10   ppa. Schneider
Datum   Unterschrift

(27)

DURST MALZ

HEINRICH DURST · HEIDELSHEIMER MALZFABRIK GMBH & CO. KG

HEIDELSHEIM BEI BRUCHSAL

Privatbrauerei Becker
Postfach 11 80

66361 St. Ingbert

POSTFACH 1330
76603 BRUCHSAL
TELEFON: (07251) 5151-5154
TELEX: 7822277 MALZ D

Ihr Zeichen, Ihre Nachricht vom	Unser Zeichen, unsere Nachricht vom	☎ Name	BRUCHSAL
	ho-s	51 54	19..-10-15

Gewährung eines Bonus

Sehr geehrter Herr Schneider,

für die Umsätze in den Monaten Juli bis September d. J. gewähren wir Ihnen vereinbarungsgemäß einen Bonus in Höhe von

netto	4 760,00 DM
16 % USt	761,60 DM
	5 521,60 DM

Mit freundlichen Grüßen

HEIDELSHEIMER MALZFABRIK
GmbH & Co. KG

i. A. Hoffmann

Hoffmann

Sitz der Gesellschaft: Bruchsal · Registergericht Bruchsal HRA 0529
Persönl. haftende Gesellschaft: Malzfabrik Bruchsal-Heidelsheim GmbH · Sitz der Gesellschaft: Bruchsal · Registergericht Bruchsal HRB 0327
Geschäftsf.: K.F. Hiby-Durst · R. Hiby-Durst ·
Bankverbindungen: Deutsche Bank AG Bruchsal Nr. 2000933 (BLZ 66070004) · Landeszentralbank Bruchsal Nr. 66307312 (BLZ 66300000)
Postbank Karlsruhe Nr. 3411-754 (BLZ 66010075)

(28)

Buchungsbeleg Nr. 5123 **Privatbrauerei Becker**

SOLL Kto.	SOLL DM	HABEN Kto.	HABEN DM

Text: Entnahme von 25 kg Schmierfett für die Kfz-Werkstatt 230,00 DM

Datum	Handz.
08.09.19..	

(29)

TRANSPORTE Schindler GmbH

Schindler Transporte, Postfach 1722, 66408 Homburg

Privatbrauerei Becker
Postfach 1180

66361 St Ingbert

Spedition
Spezialtransporte
Lagerung (Klein- u. Eiltransporte)
Einheckstrasse 29
66424 Homburg
Telefon: (06841) 78404 und 72836
Telex: 447136 schin d

Bankverbindung:
Raiffeisenkasse Homburg
(BLZ 59491114) Kto.-Nr. 851300

Tag 10. März 19..

Rechnung

Für die Anlieferung von 25 t Malz berechnen wir Ihnen

Lkw-Fracht	435,00 DM
+ 16% Umsatzsteuer	69,60 DM
	504,60 DM

Wir arbeiten ausschließlich aufgrund der Allgemeinen Deutschen Spediteurbedingungen (ADSp) neuester Fassung – Gerichtsstand ist Homburg Saar
Frachtforderungen sind sofort und ohne Abzug zahlbar – Amtsgericht Homburg HRA 2006 – Geschäftsführer P & G Schindler

(30)

VEREINIGTE LICHTSPIELE HOMBURG-SAAR
HEINZ SCHRÖER

EDEN-THEATER	PALAST-THEATER	RESI-THEATER	FILM-STUDIO
Zweibrücker Straße 21	Kaiserstraße 4	Dürerstraße 11	Dürerstraße 11

Privatbrauerei Becker
Postfach 11 80

66361 St Ingbert

66424 HOMBURG
Büro: Zweibrücker Straße 21
Telefon: 2387

Bankkonto: Kreissparkasse Homburg 7374

Ihr Zeichen Ihre Nachricht Mein Zeichen Homburg, Tag 19..-06-05

Rechnung

Dia-Werbung Monat Mai 19..	150,00 DM
+ 16 % USt.	24,00 DM
	174,00 DM

33 Groh/Schröer – ISBN 3-8120-0420-8

(31)

Durchschrift 594 500 10

Kreissparkasse Saarpfalz

Empfänger
Finanzamt St. Ingbert

Konto-Nr. des Empfängers
6900473

Bankleitzahl
59450010

bei (Kreditinstitut)
Kreissparkasse Saarpfalz

* Bis zur Einführung des Euro (= EUR) nur DM; danach DM oder EUR.

DM od. EUR*
DM

Betrag
48315,00

Kunden-Referenznummer - noch Verwendungszweck, ggf. Name und Anschrift des Auftraggebers - (nur für Empfänger)
Steuer-Nr. 620/7613
Umsatzsteuer-Vorauszahlung November 19..

Kontoinhaber
Privatbrauerei Becker, St. Ingbert

Konto-Nr. des Kontoinhabers
1613325

2

111 305 000 So

19..-12-07 ppa. Schneider

Datum Unterschrift

(32)

Buchungsbeleg Nr. 4324 **Privatbrauerei Becker**

SOLL Kto.	DM	HABEN Kto.	DM

Text: Steuerkorrektur der Kundenskonti
Monat April 19..

Kundenskonti 5.380,00 DM
MWSt-Anteil 742,07 DM

Datum	Handz.
17.09. 19..	

(33)

Buchungsbeleg Nr. 5289 **Privatbrauerei Becker**

SOLL Kto.	DM	HABEN Kto.	DM

Text: Eigenerstellung von drei Bierständen durch Werkstatt
(ohne Fremdleistung)

Materialkosten	15 600,00 DM
Fertigungslöhne	4 900,00 DM
Fertigungsgemeinkosten	3 700,00 DM
	24 200,00 DM

Datum	Handz.
07.10. 19..	

VI. Kosten- und Leistungsrechnung

1 Grundlagen der Kosten- und Leistungsrechnung

Aufgabe:

Nennen Sie

a) die Aufgaben der Kosten- und Leistungsrechnung,

b) die Stufen der Kosten- und Leistungsrechnung,

c) die Systeme der Kosten- und Leistungsrechnung!

Lösung:

a) Die **Kosten- und Leistungsrechnung** ermittelt die Kosten und die Leistungen eines Industriebetriebes innerhalb eines bestimmten Zeitraumes (z. B. Monat).

Die Kosten- und Leistungsrechnung hat insbesondere folgende Aufgaben:

- Ermittlung des Betriebsergebnisses durch die Gegenüberstellung der Leistungen und Kosten des Abrechnungszeitraumes;
- Ermittlung der Selbstkosten eines Erzeugnisses oder eines Auftrages auf der Grundlage der angefallenen Kosten im Rahmen der Kalkulation;
- Kontrolle der Wirtschaftlichkeit mit dem Ziel, Kostensteigerungen rechtzeitig zu erkennen (Kostenüberwachung) und die Kostensituation zu verbessern;
- Bereitstellung von Informationen für Planung und Entscheidung in den betrieblichen Teilbereichen Beschaffung, Produktion, Absatz und Finanzierung.

b) Die Kosten- und Leistungsrechnung umfasst folgende Stufen:

- **Kostenartenrechnung,** sie erfasst sämtliche Kosten der Abrechnungsperiode;
- **Kostenstellenrechnung,** sie erfasst die Kosten für die betrieblichen Verantwortungsbereiche;
- **Kostenträgerrechnung,** sie ermittelt die Gesamtkosten für jeden Kostenträger in einer Abrechnungsperiode (Kostenträgerzeitrechnung) oder sie ermittelt die Stückkosten für jeden Kostenträger (Kostenträgerstückrechnung).

c) Bei der Kosten- und Leistungsrechnung unterscheidet man folgende Systeme:

- **Vollkostenrechnung,** sie rechnet dem einzelnen Kostenträger alle angefallenen Kosten (fixe und variable Kosten) zu;
- **Teilkostenrechnung,** sie rechnet dem einzelnen Kostenträger nur die variablen Kosten zu.

Merke:

- Die **Kosten- und Leistungsrechnung** ist im Gegensatz zur Geschäftsbuchführung gesetzlich nicht geregelt. Erfasst werden nur solche Größen, die mit der eigentlichen Leistungserstellung des Industriebetriebes in Verbindung stehen.
- Aufgrund der unterschiedlichen Zielsetzungen von Geschäftsbuchführung (Finanzbuchführung) und Kosten- und Leistungsrechnung (Betriebsbuchführung) sind die unternehmensbezogenen Aufwendungen und Erträge von den Kosten und Leistungen abzugrenzen sowie die kostenrechnerischen Korrekturen vorzunehmen; dies erfolgt in der **Abgrenzungsrechnung** der Ergebnistabelle.

2 Abgrenzungsrechnung (Ergebnistabelle)

Beispiel:

Eine KG hat folgendes GuV-Konto aufgestellt:

S		GuV	H
6000 Aufwendungen für Roh-, Hilfs- und Betriebsstoffe	49 000,00	5000 Umsatzerlöse	121 000,00
6200/6300 Löhne und Gehälter	36 000,00	5200 Bestandsveränderungen	4 000,00
6520 Abschreibungen auf Sachanlagen	16 000,00	5401 Mieterträge	6 000,00
7460 Verluste aus Wertpapierverkauf	3 000,00	5710 Zinserträge	7 000,00
7510 Zinsaufwendungen	5 000,00		
Jahresüberschuss	29 000,00		
	138 000,00		138 000,00

Die Kosten- und Leistungsrechnung liefert zusätzlich folgende Angaben:

Der Roh-, Hilfs- und Betriebsstoffverbrauch beträgt zu Verrechnungspreisen 51 000,00 DM, die kalkulatorischen Abschreibungen sind mit 15 000,00 DM, der kalkulatorische Unternehmerlohn ist mit 3 500,00 DM zu verrechnen.

Ermitteln Sie mit Hilfe der Ergebnistabelle das Gesamtergebnis, Abgrenzungsergebnis und Betriebsergebnis!

Lösung:

Ergebnistabelle (Abgrenzungsrechnung)

Rechnungskreis I			Rechnungskreis II					
Erfolgsbereich			Abgrenzungsbereich				Kosten- und Leistungsbereich	
Geschäftsbuchführung Kontenklassen 5, 6, 7			Unternehmensbezogene Abgrenzungen		Kosten- und leistungsrechnerische Korrekturen		Kosten- und Leistungsarten	
Konto	Aufwendungen	Erträge	Aufwendungen	Erträge	Aufwendungen	Erträge	Kosten	Leistungen
5000		121 000,00						121 000,00
5200		4 000,00						⑥ 4 000,00
5401		① 6 000,00		6 000,00				
5710		7 000,00		7 000,00				
6000	49 000,00		②		③ 49 000,00	④ 51 000,00	④ 51 000,00	
6200/6300	36 000,00						⑤ 36 000,00	
6520	16 000,00				③ 16 000,00	④ 15 000,00	④ 15 000,00	
7460	3 000,00		3 000,00					
7510	5 000,00		5 000,00					
kalk. U.-L.						⑦ 3 500,00	⑦ 3 500,00	
	109 000,00	138 000,00	8 000,00	13 000,00	65 000,00	69 500,00	105 500,00	125 000,00
⑧	29 000,00		5 000,00		4 500,00		19 500,00	
	138 000,00	138 000,00	13 000,00	13 000,00	69 500,00	69 500,00	125 000,00	125 000,00
Gesamtgewinn 29 000,00 DM		=	unternehmensbez. Gewinn 5 000,00 DM	+	Korrekturgewinn 4 500,00 DM	+	Betriebsgewinn 19 500,00 DM	

Lösungsweg:

① Übernahme der Werte der GuV-Rechnung in den Rechnungskreis I.

② Übernahme der Aufwendungen und Erträge aus dem Rechnungskreis I in denjenigen Teil des Abgrenzungsbereichs, der die unternehmensbezogenen Abgrenzungen enthält.

③ Übernahme der aufwandsungleichen Kosten aus dem Rechnungskreis I mit dem Betrag des Aufwands in die kosten- und leistungsrechnerischen Korrekturen.

④ Übernahme der aufwandsungleichen Kosten (Zahlen stammen aus der Kosten- und Leistungsrechnung) in den Kosten- und Leistungsbereich des Rechnungskreises II. Die Gegenbuchung erfolgt in den kosten- und leistungsrechnerischen Korrekturen des Rechnungskreises II als verrechnete Kosten in der Spalte Erträge.

⑤ Übernahme der kostengleichen Aufwendungen in den Kosten- und Leistungsbereich als Kosten.

⑥ Übernahme der betrieblichen Erträge in den Kosten- und Leistungsbereich als Leistungen.

⑦ Übernahme des kalkulatorischen Unternehmerlohns (Betrag stammt aus der Kosten- und Leistungsrechnung) in den Kosten- und Leistungsbereich. Die Gegenbuchung erfolgt in den kosten- und leistungsrechnerischen Korrekturen in der Spalte Erträge.

⑧ Ermittlung des Saldos für Rechnungskreis I und für jeden Teilbereich des Rechnungskreises II.

Merke:

- Die **Abgrenzungsrechnung** hat die Aufgabe, die Zahlen der Geschäftsbuchführung für die Kosten- und Leistungsrechnung aufzubereiten. Die Abgrenzungsrechnung steht zwischen dem Rechnungskreis I und der Kosten- und Leistungsrechnung im Rechnungskreis II. Rechnungskreis I und II bilden zusammen das **Zweikreissystem** des IKR.
- Im **Rechnungskreis I** (Geschäftsbuchführung) wird das **Gesamtergebnis** des Unternehmens ermittelt (durch die Gegenüberstellung aller Aufwendungen und Erträge einer Rechnungsperiode).
- Im **Rechnungskreis II** wird das Gesamtergebnis in das **Betriebsergebnis** (Kosten- und Leistungsrechnung bzw. Betriebsergebnisrechnung) und das **Abgrenzungsergebnis** (Abgrenzungsrechnung) getrennt.

Gesamtergebnis = Erträge − Aufwendungen (Geschäftsbuchführung)

Betriebsergebnis = Leistungen − Kosten

Untern.-bez. Ergebnis = untern.-bez. Erträge − untern.-bez. Aufwendungen

Korrekturergebnis = Erträge − Aufwendungen (Kosten- und leistungsrechnerische Korrekturen)

Abgrenzungsergebnis = untern.-bez. Ergebnis + Korrekturergebnis

Gesamtergebnis = Betriebsergebnis + Abgrenzungsergebnis

- Der Rechnungskreis II setzt sich zusammen aus dem Abgrenzungsbereich und dem Kosten- und Leistungsbereich.
- Der **Abgrenzungsbereich** umfasst die **unternehmensbezogenen Abgrenzungen** sowie die **kosten- und leistungsrechnerischen Korrekturen.**
- Der **Kosten- und Leistungsbereich** erfasst die Kosten und Leistungen der Abrechnungsperiode (i.d.R. monatlich).
- Der Rechnungskreis II kann in Form einer Tabelle oder kontenmäßig in der Kontenklasse 9 durchgeführt werden.

- Unter **Aufwendungen** versteht man den gesamten Werteverzehr in einem Unternehmen während einer Abrechnungsperiode. Man unterscheidet unternehmensbezogene Aufwendungen, Aufwendungen als kosten- und leistungsrechnerische Korrekturen und betriebliche Aufwendungen (Kosten).
- **Unternehmensbezogene Aufwendungen**[1] haben mit der betrieblichen Tätigkeit unmittelbar nichts zu tun (neutrale Aufwendungen); sie müssen von den betrieblichen Aufwendungen abgegrenzt werden.

  Beispiele für unternehmensbezogene Aufwendungen sind: 7400 Abschreibungen auf Finanzanlagen, 7450 Verluste aus dem Abgang von Finanzanlagen, 7460 Verluste aus dem Abgang von Wertpapieren des Umlaufvermögens, 7510 Zinsaufwendungen, 7600 außerordentliche Aufwendungen.
- Die **kosten- und leistungsrechnerischen Korrekturen**[1] (außerordentliche betriebsbezogene Abgrenzungen, Verrechnungskorrekturen, sonstige Abgrenzungen) erfassen als **Aufwendungen** z.B.: 6950 Abschreibungen auf Forderungen, 6960 Verluste aus dem Abgang von Vermögensgegenständen, 6990 Periodenfremde Aufwendungen.
- Unter **Kosten** versteht man den betrieblich bedingten Werteverzehr in einem Unternehmen während einer Abrechnungsperiode.

  Beispiele sind: 6200 Löhne, 6300 Gehälter, 6700 Mieten und Pachten, 6800 Büromaterial.
- Zur Abgrenzung der Begriffe Aufwand, Kosten, Auszahlung und Ausgabe siehe auch Seite 233ff.
- Unter **Erträgen** versteht man alle erfolgswirksamen Wertzuflüsse in ein Unternehmen während einer Abrechnungsperiode. Man unterscheidet unternehmensbezogene Erträge, Erträge als kosten- und leistungsrechnerische Korrekturen und betriebliche Erträge (Leistungen).
- **Unternehmensbezogene Erträge**[1] haben mit der betrieblichen Tätigkeit unmittelbar nichts zu tun (neutrale Erträge); sie müssen von den betrieblichen Erträgen abgegrenzt werden.

  Beispiele für unternehmensbezogene Erträge sind: 5401 Mieterträge, 5600 Erträge aus anderen Finanzanlagen, 5710 Zinserträge, 5780 Erträge aus Wertpapieren des Umlaufvermögens, 5800 außerordentliche Erträge.
- Die **kosten- und leistungsrechnerischen Korrekturen**[1] erfassen als **Erträge** z.B.: 5450 Erträge aus der Auflösung oder Herabsetzung von Wertberichtigungen auf Forderungen, 5460 Erträge aus dem Abgang von Vermögensgegenständen, 5480 Erträge aus der Herabsetzung von Rückstellungen, 5490 Periodenfremde Erträge.

  In der Spalte Erträge der kosten- und leistungsrechnerischen Korrekturen werden die kalkulatorischen Kosten (vgl. das folgende Kapitel) als Verrechnungskorrekturen erfasst. Das Gleiche gilt für den mit Verrechnungspreisen bewerteten Stoffverbrauch.
- **Leistungen** sind der betrieblich bedingte Wertezuwachs in einem Unternehmen während einer Abrechnungsperiode. Leistungen des Industriebetriebes sind: Absatzleistungen (Umsatzerlöse), Lagerleistungen (Mehrbestände), aktivierte Eigenleistungen (selbst erstellte Anlagen).
- Unter einer **Einzahlung** versteht man den Erhalt von Zahlungsmitteln; sie führt zu einer Erhöhung des Zahlungsmittelbestandes der Unternehmung (Beispiel: Barverkauf von Erzeugnissen).

  Unter einer **Einnahme** versteht man die Zunahme des Geldvermögensbestandes (Beispiel: Zielverkauf von Erzeugnissen).

---

1 Für die Zuordnung der verschiedenen Aufwendungen und Erträge gibt es keine Vorschriften; Abweichungen von der gewählten Zuordnung sind möglich.

3 Kalkulatorische Kosten

Beispiel:

In einem Industriebetrieb sind für ein Jahr folgende kalkulatorische Kosten zu verrechnen:

kalkulatorische Abschreibungen	190 000,00 DM
kalkulatorische Zinsen	125 000,00 DM
kalkulatorischer Unternehmerlohn	72 000,00 DM
Gewährleistungswagnis	24 000,00 DM

Die Geschäftsbuchhaltung weist für den gleichen Zeitraum folgende Beträge aus:

bilanzmäßige Abschreibungen	165 000,00 DM
Fremdkapitalzinsen	67 000,00 DM
Gewährleistungsaufwendungen	21 000,00 DM

Verrechnen Sie in einer Ergebnistabelle die Aufwendungen und die kalkulatorischen Kosten!

Lösung:

Rechnungskreis I ①			Rechnungskreis II			
Erfolgsrechnung			Abgrenzungsrechnung		KLR	
Kontonummer	Aufwendungen ②	Erträge	Aufwendungen ③	kalk. Kosten ③	Kosten ②	Leistungen
6500	165 000,00		165 000,00	190 000,00	190 000,00	
6980	21 000,00		21 000,00	24 000,00	24 000,00	
7510	67 000,00		67 000,00	125 000,00	125 000,00	
Unternehmerlohn				72 000,00	72 000,00	
	253 000,00		253 000,00	411 000,00	411 000,00	
Ergebnis	– 253 000,00 ←		④ + 158 000,00		→ – 253 000,00	– 411 000,00

Lösungsweg:

① Schema für Ergebnistabelle aufstellen.

② Aufwendungen im Rechnungskreis I und kalkulatorische Kosten im Rechnungskreis II (KLR) eintragen.

③ Aufwendungen und kalkulatorische Kosten in der Abgrenzungsrechnung gegenüberstellen.

④ Saldo zwischen kalkulatorischen Kosten und Aufwendungen ermitteln.

Merke:

- **Kalkulatorische Kosten** sind Kosten, welche neben den Grundkosten (der Geschäftsbuchführung) in der Kalkulation (Kosten- und Leistungsrechnung) als Zusatzkosten und Anderskosten verrechnet werden. Durch die Berücksichtigung dieser Kosten wird die Kalkulation genauer.
- **Zusatzkosten** sind Kosten, denen in der Geschäftsbuchführung kein Aufwand (keine Ausgabe) gegenübersteht. Dazu zählen **kalkulatorischer Unternehmerlohn** (Wertansatz für die Unternehmertätigkeit in Einzelunternehmen und Personengesellschaften), **kalkulatorische Miete** (Wertansatz für die vom Unternehmer zur Verfügung gestellten Räumlichkeiten) und **kalkulatorische Eigenkapitalzinsen** (Wertansatz für das bereitgestellte Eigenkapital).

- **Anderskosten** sind Kosten, denen in der Geschäftsbuchführung ein Aufwand gegenübersteht, der für die Kalkulation anders bewertet wird. Dazu zählen **kalkulatorische Abschreibungen** (berücksichtigen im Gegensatz zu den bilanzmäßigen Abschreibungen die tatsächlichen Wertminderungen vom Wiederbeschaffungswert und dienen damit im Gegensatz zur nominellen der substantiellen Kapitalerhaltung), **kalkulatorische Wagnisse** (Ausschusswagnis, Beständewagnis, Debitorenwagnis, Gewährleistungswagnis) und **kalkulatorische Fremdkapitalzinsen** (in der Regel wird der marktübliche Zinssatz zugrunde gelegt).
- Die **kalkulatorischen Zinsen** werden vom betriebsnotwendigen Kapital (betriebsnotwendiges Eigen- und Fremdkapital) berechnet; es handelt sich hierbei um das Kapital, das zur Erreichung der Betriebsziele notwendig ist.
- Das Gesamtergebnis wird in seiner Höhe durch die kalkulatorischen Kosten nicht verändert, wenn unterstellt wird, dass der Verkaufspreis durch den Ansatz der kalkulatorischen Kosten nicht verändert wird.

4 Kostenartenrechnung

Beispiel:

In einer Rechnungsperiode fielen in einem Betrieb folgende Kosten an:

Aufwendungen für Rohstoffe	112 000,00 DM	Soziale Abgaben	29 000,00 DM
Löhne	451 000,00 DM	Abschreibungen	189 000,00 DM
Aufwendungen für Hilfs- und Betriebsstoffe	85 000,00 DM	Steuern	54 000,00 DM
		Mieten	34 000,00 DM
Gehälter	232 000,00 DM	Instandhaltung	69 000,00 DM

Berechnen Sie die Summen der Einzel- und Gemeinkosten!

Lösung:

Summe der Einzelkosten: 563 000,00 DM
Summe der Gemeinkosten: 692 000,00 DM

Merke:

- Die Aufgabe der **Kostenartenrechnung** liegt in der vollständigen Erfassung sämtlicher Kosten, die in einem Betrieb während einer Abrechnungsperiode anfallen. Die Kostenartenrechnung beantwortet die Frage „Welche Kosten sind angefallen?".
- Die Kosten der **Kostenartenrechnung** werden entnommen aus dem Rechnungskreis II der Ergebnistabelle (Spalte Kosten des KLR-Bereichs).
- Im Rahmen der Kostenartenrechnung unterscheidet man **Materialkosten** (z. B. Aufwendungen für Roh-, Hilfs- und Betriebsstoffe), **Personalkosten** (z. B. Löhne, Gehälter, Soziale Abgaben), **Fremdleistungskosten** (z. B. Mieten und Pachten, Fremdinstandhaltung), **Öffentliche Abgaben** (z. B. Grundsteuer, Kraftfahrzeugsteuer) sowie **kalkulatorische Kosten.**
- **Einzelkosten** können bereits bei ihrer Erfassung unmittelbar einem Kostenträger zugeordnet werden (siehe Seite 235).
- **Gemeinkosten** können nicht unmittelbar einem Kostenträger zugeordnet werden (siehe Seite 235).

5 Kostenstellenrechnung

5.1 Betriebsabrechnungsbogen (BAB)

Beispiel:

In einer Rechnungsperiode fielen in einem Industriebetrieb folgende Gemeinkosten an:

	DM	Verteilungsschlüssel
Aufwendungen für Hilfs- und Betriebsstoffe	85 000,00	(1 : 3 : 8 : 5 : 0 : 0 : 0)
Gehälter	232 000,00	(2 : 3 : 4 : 4 : 2 : 9 : 5)
Soziale Abgaben	29 000,00	(2 : 3 : 4 : 4 : 2 : 9 : 5)
Abschreibungen	189 000,00	(2 : 4 : 8 : 7 : 3 : 2 : 1)
Steuern	54 000,00	(1 : 2 : 3 : 3 : 3 : 3 : 3)
Mieten	34 000,00	(0 : 0 : 7 : 5 : 0 : 2 : 3)
Instandhaltung	69 000,00	(3 : 1 : 6 : 8 : 0 : 3 : 2)

Stellen Sie den BAB für folgende Kostenstellen auf: Allgemeine Kostenstelle, Fertigungshilfsstelle, Fertigungsstellen A und B, Material-, Verwaltungs- und Vertriebsstelle! Die Umlage der Allgemeinen Kostenstelle erfolgt nach dem Schlüssel 5 : 17 : 12 : 6 : 5 : 4. Die Umlage der Fertigungshilfsstelle auf die Fertigungsstellen A und B erfolgt nach dem Schlüssel 4 : 3.

Lösung:

Gemeinkosten ①	Zahlen der KLR*	Allgem. Kostenstelle	Fertig.-Hilfsstelle	Fertigungsstellen		Materialstelle	Verwaltungsstelle	Vertriebsstelle
				A	B			
				②				
Aufwendungen für Hilfs- und Betriebsstoffe	85	5	15	40	25	–	–	–
Gehälter	232	16	24	32	32	16	72	40
Soziale Abgaben	29	2	3	4	4	2	9	5
Abschreibungen	189	14	28	56	49	21	14	7
Steuern	54	3	6	9	9	9	9	9
Mieten	34	–	–	14	10	–	4	6
Instandhaltung	69	9	3	18	24	–	9	6
Summe	692	49	79	173	153	48	117	73
Umlage der Allgemeinen Kostenstelle ③			5	17	12	6	5	4
			84					
Umlage der Fertigungshilfsstelle ③				48	36			
④				238	201	54	122	77

* In Tausend DM.

Lösungsweg:

① Schema des BAB aufstellen.

② Verteilung der Gemeinkosten nach den vorgegebenen Schlüsseln.

③ Umlage der Allgemeinen Kostenstelle und der Fertigungshilfsstellen nach den vorgegebenen Schlüsseln.

④ Addition der Kosten der Hauptkostenstellen (Fertigung, Material, Verwaltung, Vertrieb).
Probe: Summe aller Aufwendungen = Summe der Kosten der Hauptkostenstellen.

Merke:

- Im **Betriebsabrechnungsbogen (BAB)** werden die Gemeinkosten der Kostenartenrechnung auf die im Betrieb vorhandenen Kostenstellen verteilt. Die Gemeinkosten werden aus der Kostenartenrechnung übernommen.
- **Kostenstellen** sind abgegrenzte, betriebliche Verantwortungsbereiche, für welche die Belastung mit Gemeinkosten gesondert ermittelt werden kann, um sie den Kostenträgern zurechnen zu können. Die Bildung von Kostenstellen erfolgt nach organisatorischen, funktionellen oder räumlichen Gesichtspunkten.
- Eine systematische Kostenstellenrechnung erfordert die verbindliche Festlegung der Kostenstellen des Betriebes in einem **Kostenstellenplan.**
- Beim **einstufigen BAB** (einfacher BAB) werden die Gemeinkosten nur auf Hauptkostenstellen (wie z. B. Fertigung, Material, Verwaltung und Vertrieb) verteilt.
- Beim **BAB mit mehreren Fertigungshauptstellen** ist der Fertigungsbereich in mehrere Hauptkostenstellen (z. B. Dreherei, Fräserei, Montage) aufgeteilt.
- Beim **mehrstufigen BAB** werden die Gemeinkosten auf Allgemeine Kostenstellen, Hilfskostenstellen und Hauptkostenstellen verteilt.
- Die **Verteilung** der Gemeinkosten auf die entsprechenden Kostenstellen kann entweder direkt als Stellen-Einzelkosten mit Hilfe von Belegen (z. B. Gehaltslisten, Materialentnahmescheine, Belege über den Stromverbrauch) oder indirekt als Stellen-Gemeinkosten mit Hilfe von Verteilungsschlüsseln (z. B. Anzahl der Heizkörper für den Energieverbrauch, Wattzahlen der Maschinen für den Stromverbrauch, Wert des Anlagevermögens für die Abschreibungen) erfolgen.

  Die Verteilung der Gemeinkosten nach Schlüsseln muss verursachungsgerecht erfolgen, d. h., die Kostenbeanspruchung durch die jeweilige Stelle muss exakt zum Ausdruck kommen.
- **Allgemeine Kostenstellen** erbringen Leistungen für alle übrigen Kostenstellen (Beispiele sind: Fuhrpark, Energieversorgung, werkseigene Feuerwehr).
- **Hilfskostenstellen** erbringen Leistungen für ihnen übergeordnete Hauptkostenstellen (Beispiele sind Fertigungshilfskostenstellen wie Reparaturabteilung, Arbeitsvorbereitung, Planungs- und Konstruktionsbüro).
- Die **Umlage der Gemeinkosten** im mehrstufigen BAB erfolgt in zwei Schritten. Zunächst werden die Gemeinkosten der Allgemeinen Kostenstellen auf die Haupt- und Hilfskostenstellen verteilt, die von ihnen Leistungen erhalten haben. Im nächsten Schritt werden die Gemeinkosten der Hilfskostenstellen auf ihre übergeordneten Hauptkostenstellen verteilt.

  Die Umlage der Gemeinkosten erfolgt jeweils entweder direkt oder indirekt.
- Die wichtigsten **Aufgaben der Kostenstellenrechnung (BAB)** sind: Verteilung der Gemeinkosten auf die Kostenstellen, Ermittlung der Ist-Gemeinkostenzuschlagssätze, Ermittlung der Abweichungen der Soll- von den Ist-Gemeinkostenzuschlagssätzen (Kostenüber- bzw. Kostenunterdeckung), Kontrolle der Kostenentwicklung in den einzelnen Kostenstellen (Kosten- und Wirtschaftlichkeitskontrolle).

5.2 Gemeinkosten-Zuschlagssätze (Ist-Zuschlagssätze)

Beispiel:

Der BAB eines Industriebetriebes (siehe Seite 522) weist folgende Gemeinkosten aus:

Fertigungsstelle A	238 000,00 DM
Fertigungsstelle B	201 000,00 DM
Materialstelle	54 000,00 DM
Verwaltungsstelle	122 000,00 DM
Vertriebsstelle	77 000,00 DM

Außerdem sind folgende Kosten angefallen:

Fertigungslöhne	
Fertigungsstelle A	265 000,00 DM
Fertigungsstelle B	186 000,00 DM
Fertigungsmaterial	112 000,00 DM
Mehrbestand an fertigen Erzeugnissen	21 000,00 DM
Minderbestand an unfertigen Erzeugnissen	13 000,00 DM

Berechnen Sie die Zuschlagssätze für die Gemeinkosten!

Lösung:

Fertigungsgemeinkosten-Zuschlagssätze (FGKZ)

Kostenstelle A: $\frac{238\,000 \cdot 100}{265\,000} = 89{,}81\,\%$

Kostenstelle B: $\frac{201\,000 \cdot 100}{186\,000} = 108{,}06\,\%$

Materialgemeinkosten-Zuschlagssatz (MGKZ)

$$= \frac{54\,000 \cdot 100}{112\,000} = 48{,}21\,\%$$

Verwaltungsgemeinkosten- (VwGKZ) und Vertriebsgemeinkosten-Zuschlagssatz (VtGKZ)

Fertigungsmaterial	112 000,00 DM
+ Materialgemeinkosten	54 000,00 DM
+ Fertigungslöhne (A + B)	451 000,00 DM
+ Fertigungsgemeinkosten (A + B)	439 000,00 DM
Herstellkosten der Erzeugung	1 056 000,00 DM
− Mehrbestand an fertigen Erzeugnissen (FE)	21 000,00 DM
+ Minderbestand an unfertigen Erzeugnissen (UE)	13 000,00 DM
Herstellkosten des Umsatzes	1 048 000,00 DM

$$\text{VwGKZ} = \frac{122\,000 \cdot 100}{1\,048\,000} = 11{,}64\,\%$$

$$\text{VtGKZ} = \frac{77\,000 \cdot 100}{1\,048\,000} = 7{,}35\,\%$$

Merke:

- Die **Ist-Zuschlagssätze** für die Gemeinkosten (des BAB) benötigt man bei der Zuschlagskalkulation.

$$\text{FGKZ} = \frac{\text{Fertigungsgemeinkosten} \cdot 100}{\text{Fertigungslöhne}}$$

$$\text{MGKZ} = \frac{\text{Materialgemeinkosten} \cdot 100}{\text{Fertigungsmaterial}}$$

$$\text{VwGKZ} = \frac{\text{Verwaltungsgemeinkosten} \cdot 100}{\text{Herstellkosten des Umsatzes}}$$

$$\text{VtGKZ} = \frac{\text{Vertriebsgemeinkosten} \cdot 100}{\text{Herstellkosten des Umsatzes}}$$

- Zu den **Fertigungsgemeinkosten** zählen: Gehälter für Meister, Abschreibungen auf Maschinen und maschinelle Anlagen, Energieverbrauch für den Fertigungsprozess.

  Zu den **Materialgemeinkosten** zählen: Kosten für die Versicherung des Rohstofflagers, Hilfslöhne für Lagerarbeiter, Abschreibungen auf Lagereinrichtungen.

  Zu den **Verwaltungsgemeinkosten** zählen: Gehälter der Angestellten im Verwaltungsbereich, Kosten für das Büromaterial, Telefonkosten, Abschreibungen auf Geschäftsausstattung.

  Zu den **Vertriebsgemeinkosten** zählen: Werbekosten, Versandkosten, Kosten für das Fertigerzeugnislager.

- Bei der Ermittlung der **Herstellkosten des Umsatzes** werden Bestandsmehrungen subtrahiert, Bestandsminderungen addiert.

	Herstellkosten des Umsatzes
+	Verwaltungsgemeinkosten
+	Vertriebsgemeinkosten
	Selbstkosten des Umsatzes

5.3 Kostenüberdeckung und Kostenunterdeckung

Beispiel:

Ein Industriebetrieb kalkuliert mit folgenden Normal-Zuschlagssätzen:

FGKZ 110 %, MGKZ 50 %, VwGKZ 15 %, VtGKZ 6 %.

Zuschlagsgrundlagen sind folgende Einzelkosten:

Fertigungslöhne	120 000,00 DM
Fertigungsmaterial	45 000,00 DM
Herstellkosten des Umsatzes auf Normalkostenbasis (Minderbestand FE 7 500,00 DM, Mehrbestand UE 1 000,00 DM)	326 000,00 DM
Herstellkosten des Umsatzes auf Istkostenbasis	328 400,00 DM

Die Istgemeinkosten betragen lt. BAB:

Fertigung 138 000,00 DM; Material 18 900,00 DM; Verwaltung 41 050,00 DM; Vertrieb 21 346,00 DM.

Berechnen Sie

a) die Istgemeinkosten-Zuschlagssätze,

b) die Normalgemeinkosten,

c) die Über- und Unterdeckung für die vier Kostenstellen und insgesamt!

Lösung:

①	Fertigung DM	%	Material DM	%	Verwaltung DM	%	Vertrieb DM	%	Summe DM	
Istgemeinkosten	138000,00	115	18900,00	42	41050,00	12,5	21346,00	6,5	219296,00	②
Normalgemeinkosten	132000,00	110	22500,00	50	48900,00	15,0	19560,00	6,0	222960,00	③
Überdeckung (+)			3600,00		7850,00				3664,00	④
Unterdeckung (−)	6000,00						1786,00			

Lösungsweg:

① Schema (verkürzter BAB) aufstellen.

② Berechnung der Ist-Zuschlagssätze.

③ Berechnung der Normalgemeinkosten mit Hilfe der Normal-Zuschlagssätze und der entsprechenden Zuschlagsgrundlagen (Fertigungslöhne, Fertigungsmaterial, Herstellkosten des Umsatzes).

④ Berechnung der Über- und Unterdeckung.

Merke:

- **Istgemeinkosten** sind die tatsächlich entstandenen Kosten einer Abrechnungsperiode. Für sie werden im BAB **Ist-Zuschlagssätze** berechnet.
- **Normalgemeinkosten** (Sollgemeinkosten) sind Durchschnittskosten vergangener Abrechnungsperioden. Sie dienen der Berechnung der Normal-Zuschlagssätze.
- Die **Normal-Zuschlagssätze,** welche Kostenschwankungen ausschalten, ermöglichen die Kalkulation vor der Produktion.
- Am Ende des Abrechnungszeitraumes wird überprüft, in welchem Umfang die Normalgemeinkosten von den Istgemeinkosten abweichen:

Normalgemeinkosten	>	Istgemeinkosten	=	Überdeckung
Normalgemeinkosten	<	Istgemeinkosten	=	Unterdeckung

6 Kostenträgerzeitrechnung

Beispiel:

Der Kosten- und Leistungsbereich eines Industriebetriebes weist eine Überdeckung von 3664,00 DM aus. Die Normalzuschlagssätze betragen: MGKZ 50%, FGKZ 110%, VwGKZ 15%, VtGKZ 6%. Weiter sind folgende Daten bekannt:

Bezeichnung	Summe	Erzeugnisse	
		A	B
Fertigungsmaterial	45000,00	30000,00	15000,00
Fertigungslöhne	120000,00	86000,00	34000,00
Fertigerzeugnisse:			
Anfangsbestand	16000,00	10000,00	6000,00
Endbestand	8500,00	4500,00	4000,00
Unfertige Erzeugnisse:			
Anfangsbestand	22000,00	13000,00	9000,00
Endbestand	23000,00	15000,00	8000,00
Nettoumsatzerlöse	438200,00	325700,00	112500,00

Ermitteln Sie mit Hilfe des Kostenträgerblattes das Umsatzergebnis für die Erzeugnisse A und B und das Betriebsergebnis der Abrechnungsperiode!

Lösung:

①	Verrechnete Normalkosten		
	Summe DM	Erzeugnisse	
		A DM	B ② DM
Fertigungsmaterial	45000,00	30000,00	15000,00
+ MGKZ 50%	22500,00	15000,00	7500,00
Materialkosten	67500,00	45000,00	22500,00
Fertigungslöhne	120000,00	86000,00	34000,00
+ FGKZ 110%	132000,00	94600,00	37400,00
Fertigungskosten	252000,00	180600,00	71400,00
Herstellkosten der Erzeugung	319500,00	225600,00	93900,00
+ Minderbestand FE	+ 7500,00	+ 5500,00	+ 2000,00
− Mehrbestand UE	− 1000,00	− 2000,00	+ 1000,00
Herstellkosten des Umsatzes	326000,00	229100,00	96900,00
+ VwGKZ 15%	48900,00	34365,00	14535,00
+ VtGKZ 6%	19560,00	13746,00	5814,00
Selbstkosten des Umsatzes	394460,00	277211,00	117249,00
Netto-Umsatzerlöse	438200,00	325700,00	112500,00
Umsatzergebnis	43740,00	48489,00	− 4749,00 ③
+ Überdeckung	3664,00		
Betriebsergebnis	47404,00 ④		

Lösungsweg:

① Schema aufstellen.

② Verteilung der Kosten auf die Erzeugnisse A und B.

③ Netto-Umsatzerlöse − Selbstkosten des Umsatzes = Umsatzergebnis.

④ Umsatzergebnis + Überdeckung = Betriebsergebnis.

Merke:

- Die **Kostenträgerrechnung** baut auf der Kostenarten- und Kostenstellenrechnung auf; man unterscheidet Kostenträgerzeitrechnung und Kostenträgerstückrechnung.
- **Kostenträger** sind die Leistungseinheiten eines Betriebes wie z. B. Erzeugnisse, Erzeugnisgruppen und Aufträge.
- Die **Kostenträgerzeitrechnung** ermittelt im **Kostenträgerblatt (BAB II)** für jeden einzelnen Kostenträger bzw. für Gruppen von Kostenträgern die Selbstkosten sowie deren Anteile am Umsatzergebnis. Darüber hinaus dient die Kostenträgerzeitrechnung der **kurzfristigen Erfolgsrechnung,** d. h., für kurze Zeiträume (z. B. Monat) kann die Entwicklung der Kosten und Erlöse und damit das kurzfristige Betriebsergebnis dargestellt werden.
- Das Kostenträgerblatt kann auf Ist- und Normalkostenbasis aufgestellt werden.
- Für die Rechnung mit Normalkosten gilt:

Betriebsergebnis	=	Umsatzergebnis	+	Überdeckung (aus dem BAB)
Betriebsergebnis	=	Umsatzergebnis	−	Unterdeckung (aus dem BAB)

7 Kostenträgerstückrechnung (Kalkulation)

7.1 Divisionskalkulation

Beispiel:

In einem Industriebetrieb mit einheitlicher Massenfertigung betragen die Selbstkosten in einem Abrechnungszeitraum 263 480,00 DM. Die hergestellte Menge betrug 22 600 Stück. Wie hoch sind die Selbstkosten je Stück bei einer Bestandsminderung an unfertigen Erzeugnissen in Höhe von 18 730,00 DM?

Lösung:

Selbstkosten	263 480,00 DM		
+ Bestandsminderung	18 730,00 DM		
berichtigte Selbstkosten	282 210,00 DM	:	22 600 Stück
= Selbstkosten/Stück	12,49 DM		

Merke:

- Die **Kostenträgerstückrechnung** ermittelt die Selbstkosten und den Verkaufspreis eines Erzeugnisses bzw. eines Auftrages (Kostenträger).
- Die **Divisionskalkulation** wird angewandt in Betrieben mit Einproduktfertigung (z. B. Zementwerk, Ziegelei, Gaswerk).

- Die **Selbstkosten** sind um die Bestandsveränderungen an unfertigen Erzeugnissen zu berichtigen (Bestandsmehrungen werden subtrahiert, Bestandsminderungen addiert).

$$\text{Selbstkosten je Einheit} = \frac{\text{Selbstkosten}}{\text{hergestellte Menge}}$$

7.2 Äquivalenzziffernkalkulation

Beispiel:

Ein Getränkehersteller stellt in einem Abrechnungszeitraum Limonade her:
26000 Flaschen à 0,75 l
64000 Flaschen à 0,50 l
53000 Flaschen à 0,25 l.

Die Selbstkosten betragen 67340,00 DM.

Ermitteln Sie die Selbstkosten je Flasche!

Lösung:

Erzeugnis ①	Menge (Flaschen)	Äquivalenzziffer	Rechnungseinheiten	Selbstkosten (in DM)	
				insgesamt	je Flasche
0,75 l	26000	3	78000	20280,00	0,78
0,50 l	64000	2 ②	128000 ③	33280,00 ⑤	0,52 ⑥
0,25 l	53000	1	53000	13780,00	0,26
			259000	67340,00 ④	

Lösungsweg:

① Schema aufstellen.

② 0,25 l ⟹ Äquivalenzziffer = 1

0,50 l ⟹ $\frac{0{,}5 \cdot 1}{0{,}25} = 2$

③ Rechnungseinheiten = Menge · Äquivalenzziffer.

④ $\text{Selbstkosten je Rechnungseinheit} = \frac{\text{Selbstkosten}}{\text{Summe der Rechnungseinheiten}}$ (0,26 DM/Einheit).

⑤ Selbstkosten der Erzeugnisse = Rechnungseinheiten je Erzeugnis · Selbstkosten je Rechnungseinheit.

⑥ Selbstkosten je Erzeugnis = Selbstkosten der Erzeugnisse : jeweilige Menge oder
Selbstkosten je Erzeugnis = Selbstkosten je Rechnungseinheit · Äquivalenzziffer.

Merke:

- Die **Äquivalenzziffernkalkulation** wird angewandt bei der Herstellung gleichartiger Erzeugnisse, welche durch unterschiedliche Größen, Gewichte, Bearbeitungszeiten u.Ä. unterschiedliche Herstellungskosten verursachen (Beispiele: Brauerei, Walzwerk).
- Die **Äquivalenzziffern** geben das Kostenverhältnis der einzelnen Erzeugnisse zueinander an.

34 Groh/Schröer – ISBN 3-8120-0420-8

7.3 Bezugskalkulation (Angebotsvergleich)

Beispiel:

Zu vergleichen sind folgende Angebote:

Angebot A: 10 Kartons Motorenöl, je Karton 24 Dosen, Listeneinkaufspreis netto je Karton 96,00 DM, Liefererrabatt 25 %, Liefererskonto 3 %, Fracht 6,50 DM je Karton, Rollgeld 40,30 DM.

Angebot B: 15 Kartons Motorenöl, je Karton 12 Dosen, Listeneinkaufspreis netto je Karton 51,00 DM, Liefererrabatt 20 %, Liefererskonto 2 %, Rollgeld 32,80 DM.

Lösung:

	Angebot A ①	Angebot B ②
Listeneinkaufspreis	960,00 DM	765,00 DM
– Liefererrabatt	240,00 DM	153,00 DM
Zieleinkaufspreis	720,00 DM	612,00 DM
– Liefererskonto	21,60 DM	12,24 DM
Bareinkaufspreis	698,40 DM	599,76 DM
+ Fracht	65,00 DM	—
+ Rollgeld	40,30 DM	32,80 DM
Bezugspreis	803,70 DM	632,56 DM
Bezugspreis je Dose	3,35 DM	③ 3,51 DM

Lösungsweg:

① Bezugskalkulation für Angebot A durchführen.

② Bezugskalkulation für Angebot B durchführen.

③ Bezugspreis von A ist günstiger als von B.

Merke:

- Beim (quantitativen) **Angebotsvergleich** werden für verschiedene Angebote mit Hilfe der Bezugskalkulation die Bezugspreise für eine bestimmte Einheit eines beschafften Stoffes (z. B. kg, m, Stück) ermittelt und miteinander verglichen (siehe auch Seite 564 ff.).

7.4 Zuschlagskalkulation

7.4.1 Ermittlung des Angebotspreises (Vorkalkulation)

Beispiel:

Eine Möbelfabrik berechnet den Listenverkaufspreis netto eines Möbelstückes unter Berücksichtigung folgender Kosten und Normal-Zuschlagssätze: Fertigungsmaterial 70,00 DM, Materialgemeinkosten-Zuschlagssatz 5 %, Fertigungslöhne 120,00 DM, Fertigungsgemeinkosten 140 %, Sondereinzelkosten der Fertigung 10,50 DM, Verwaltungsgemeinkosten-Zuschlagssatz 10 %, Vertriebsgemeinkosten-Zuschlagssatz 5 %, Sondereinzelkosten des Vertriebs 9,20 DM, Gewinnzuschlag 30 %, Vertreterprovision 4 %, Kundenskonto 2 %, Kundenrabatt 20 %.

Lösung:

Fertigungsmaterial	70,00 DM			
+ Materialgemeinkosten 5 %	3,50 DM			
Materialkosten		73,50 DM		
Fertigungslöhne	120,00 DM			
+ Fertigungsgemeinkosten 140 %	168,00 DM			
+ Sondereinzelkosten der Fertigung	10,50 DM			
Fertigungskosten		298,50 DM		
Herstellkosten		372,00 DM		
+ Verwaltungsgemeinkosten 10 %		37,20 DM		
+ Vertriebsgemeinkosten 5 %		18,60 DM		
+ Sondereinzelkosten des Vertriebs		9,20 DM		
Selbstkosten		437,00 DM	100 %	
+ Gewinn 30 %		131,10 DM	30 %	
Barverkaufspreis		568,10 DM	130 %	94 %
+ Vertreterprovision 4 %		24,17 DM		4 %
+ Kundenskonto 2 %		12,09 DM		2 %
Zielverkaufspreis (Rechnungspreis)		604,36 DM	80 %	100 %
+ Kundenrabatt 20 %		151,09 DM	20 %	
Listenverkaufspreis (Angebotspreis) netto		755,45 DM	100 %	

Merke:

- Die **Zuschlagskalkulation** wird bei der Einzel- und Serienfertigung angewandt, d. h., für jedes einzelne Produkt (Auftrag) bzw. für jede Serie muss eine gesonderte Kalkulation durchgeführt werden. Voraussetzung für die Zuschlagskalkulation sind die Kostenarten- und die Kostenstellenrechnung.
- Die **Einzelkosten** werden aus der Kostenartenrechnung übernommen und direkt den Kostenträgern zugerechnet.
- Die **Gemeinkosten** werden aus der Kostenartenrechnung übernommen, in der Kostenstellenrechnung auf die Kostenstellen verteilt und mit Hilfe von Zuschlagssätzen indirekt den Kostenträgern zugerechnet.
- Die **Angebotskalkulation** wird vor Abgabe eines Angebots durchgeführt, um den Angebotspreis zu ermitteln; gerechnet wird mit Normalgemeinkosten-Zuschlagssätzen. Die Angebotskalkulation stellt damit eine **Vorkalkulation** dar.
- **Sondereinzelkosten** sind Einzelkosten, die über das Fertigungsmaterial und die Fertigungslöhne hinausgehen und dem Kostenträger direkt zugerechnet werden. Zu den Sondereinzelkosten der Fertigung zählen z. B. Modellkosten, Patentkosten; zu den Sondereinzelkosten des Vertriebs zählen Ausgangsfrachten, Verpackungskosten.
- Bei der Kalkulation des Angebotspreises wird vom Fertigungsmaterial bis zum Barverkaufspreis mit der Prozentrechnung vom Hundert, vom Barverkaufspreis bis zum Angebotspreis im Hundert gerechnet.

7.4.2 Ermittlung des Gewinns (Nachkalkulation)

Beispiel:

Eine Möbelfabrik verkauft ein Möbelstück zum kalkulierten Angebotspreis (siehe Beispiel Seite 530f.) und führt eine Nachkalkulation durch, wobei folgende Istkosten und Ist-Zuschlagssätze vorliegen: Fertigungsmaterial 72,00 DM, Materialgemeinkosten-Zuschlagssatz 6%, Fertigungslöhne 115,00 DM, Fertigungsgemeinkosten-Zuschlagssatz 145%, Sondereinzelkosten der Fertigung 10,50 DM, Verwaltungsgemeinkosten-Zuschlagssatz 10%, Vertriebsgemeinkosten-Zuschlagssatz 4%, Sondereinzelkosten des Vertriebs 9,20 DM.

Berechnen Sie den Gewinn in DM und Prozent und vergleichen Sie das Ergebnis mit der Vorkalkulation!

Lösung:

Fertigungsmaterial	72,00 DM			
+ Materialgemeinkosten 6%	4,32 DM			
Materialkosten		76,32 DM		
Fertigungslöhne	115,00 DM			
+ Fertigungsgemeinkosten 145%	166,75 DM			
+ Sondereinzelkosten der Fertigung	10,50 DM			
Fertigungskosten		292,25 DM		
Herstellkosten		368,57 DM		
+ Verwaltungsgemeinkosten 10%		36,86 DM		
+ Vertriebsgemeinkosten 4%		14,74 DM		
+ Sondereinzelkosten des Vertriebs		9,20 DM		
Selbstkosten		429,37 DM	100,0%	
+ Gewinn		138,73 DM	32,3%	
Barverkaufspreis		568,10 DM	132,3%	94%
+ Vertreterprovision 4%		24,17 DM		4%
+ Kundenskonto 2%		12,09 DM		2%
Zielverkaufspreis		604,36 DM	80%	100%
+ Kundenrabatt 20%		151,09 DM	20%	
Angebotspreis netto		755,45 DM	100%	

	Vorkalkulation	**Nachkalkulation**
Selbstkosten	437,00 DM	429,37 DM
+ Gewinn	131,10 DM	138,73 DM
Barverkaufspreis	568,10 DM	568,10 DM
+ Vertreterprovision 4%	24,17 DM	24,17 DM
+ Kundenskonto 2%	12,09 DM	12,09 DM
Zielverkaufspreis	604,36 DM	604,36 DM
+ Kundenrabatt 20%	151,09 DM	151,09 DM
Angebotspreis netto	755,45 DM	755,45 DM

Die Nachkalkulation ergibt, dass der erzielte Gewinn um 2,3% über dem in der Vorkalkulation ermittelten Gewinn liegt.

Merke:

- In der **Nachkalkulation** wird mit den tatsächlich angefallenen Kosten (Isteinzelkosten und Istgemeinkosten) gerechnet. Das Ergebnis der Nachkalkulation wird mit dem Ergebnis der Vorkalkulation (gerechnet wurde mit Normalkosten) verglichen; Abweichungen müssen untersucht werden.

- Mit der Nachkalkulation, die eine Differenzkalkulation darstellt, ermittelt man den tatsächlichen Gewinn, der mit dem Verkauf eines Erzeugnisses erzielt wurde.
- Bei der Nachkalkulation wird vom Fertigungsmaterial bis zu den Selbstkosten mit der Prozentrechnung vom Hundert gerechnet; vom Listenverkaufspreis bis zum Barverkaufspreis wird vom Hundert rückwärts gerechnet.

7.4.3 Rückwärtskalkulation

Beispiel:

Dem verbindlichen Angebotspreis (netto) von1 250,00 DM für eine Vitrine lagen folgende Zahlen der Vorkalkulation zugrunde: Materialgemeinkosten 12 ½ %, Fertigungslöhne 102,00 DM, Fertigungsgemeinkosten 115 %, Verwaltungs- und Vertriebsgemeinkosten 12 %, Gewinn 25 %, Vertreterprovision 4 %, Kundenskonto 3 %, Kundenrabatt 33 ⅓ %.

Berechnen Sie die aufwendbaren Kosten für das Fertigungsmaterial!

Lösung:

Fertigungsmaterial	297,13 DM		100 %	
+ Materialgemeinkosten 12 ½ %	37,14 DM		12 ½ %	
Materialkosten		334,27 DM	112 ½ %	
Fertigungslöhne	102,00 DM			
Fertigungsgemeinkosten 115 %	117,30 DM			
Fertigungskosten		219,30 DM		
Herstellkosten		553,57 DM		100 %
+ Verwaltungs- und Vertriebsgemeinkosten 12 %		66,43 DM		12 %
Selbstkosten		620,00 DM	100 %	112 %
+ Gewinn 25 %		155,00 DM	25 %	
Barverkaufspreis		775,00 DM	125 %	93 %
+ Vertreterprovision 4 %		33,33 DM		4 %
+ Kundenskonto 3 %		25,00 DM		3 %
Zielverkaufspreis		833,33 DM	66 ⅔ %	100 %
+ Kundenrabatt 33 ⅓ %		416,67 DM	33 ⅓ %	
Listenverkaufspreis netto		1 250,00 DM	100 %	

Merke:

- Mit Hilfe der **Rückwärtskalkulation** wird bei gegebenem Verkaufspreis das aufwendbare Fertigungsmaterial (oder die aufwendbaren Fertigungslöhne) bestimmt. Bis zum Barverkaufspreis wird rückwärts vom Hundert, von da ab bis zu den Herstellkosten auf Hundert gerechnet. Von den Materialkosten (Herstellkosten – Fertigungskosten) wird das Fertigungsmaterial auf Hundert ermittelt.

7.5 Kalkulation mit Maschinenstundensätzen

Beispiel 1:

Ein Industriebetrieb kennt für zwei Maschinen folgende Daten:

	Maschine I	Maschine II
Anschaffungskosten	200 000,00 DM	300 000,00 DM
Wiederbeschaffungskosten	240 000,00 DM	350 000,00 DM
Nutzungsdauer	8 Jahre	10 Jahre
Instandhaltung pro Periode	2 800,00 DM	3 600,00 DM
Raumbedarf	30 m^2	40 m^2
Stromverbrauch pro Stunde	9,5 kWh	12,3 kWh
sonstige maschinenabhängige Gemeinkosten pro Periode	1 600,00 DM	2 100,00 DM
Maschinenlaufzeit pro Periode	1 700 Std.	1 600 Std.

Für beide Maschinen gilt:

– kalkulatorischer Zinssatz p. a.	9 %
– Raumkostensatz pro m^2	32,00 DM
– Strompreis je kWh	0,21 DM
– maschinenunabhängige Fertigungsgemeinkosten	16 000,00 DM
– Fertigungslöhne	51 000,00 DM

Ermitteln Sie

a) den Maschinenstundensatz für Maschine I und Maschine II,

b) den Restfertigungsgemeinkosten-Zuschlagssatz für Maschine I und Maschine II,

c) auszugsweise den BAB für die beiden Maschinen!

Lösung:

a) **Berechnung der Maschinenstundensätze**

Maschinenabhängige Gemeinkosten pro Periode	Maschine I	Maschine II	
Abschreibungen	30 000,00 DM	35 000,00 DM	②
Zinsen	9 000,00 DM	13 500,00 DM	③
Instandhaltung	2 800,00 DM	3 600,00 DM	
Raumkosten	960,00 DM	1 280,00 DM	④
Energiekosten	3 391,50 DM	4 132,80 DM	⑤
sonstige Gemeinkosten	1 600,00 DM	2 100,00 DM	
Summe	47 751,50 DM	59 612,80 DM	⑥
Maschinenstundensatz	28,09 DM	37,26 DM	⑦

① (Kopfzeile)

b) **Berechnung des Restfertigungsgemeinkosten-Zuschlagssatzes**

Restfertigungsgemeinkosten-Zuschlagssatz = 31,37 % ⑧

c) **BAB (auszugsweise) für die Kostenstellen Maschine I und Maschine II**

	Kostenstelle ⑨		
	Maschinenabhängige Gemeinkosten		Rest-gemeinkosten
	Maschine I	Maschine II	
Gemeinkosten Maschinenlaufzeit Maschinenstundensatz	47751,50 DM 1700 Std. 28,09 DM	59612,80 DM 1600 Std. 37,26 DM	16000,00 DM
Fertigungslöhne	51000,00 DM		
Restgemeinkosten-Zuschlagsssatz			31,37 %

Lösungsweg:

① Schema aufstellen.
② Abschreibungen = Wiederbeschaffungskosten : Nutzungsdauer.
③ Zinsen = 0,5 · Anschaffungskosten · 0,09.
④ Raumkosten = Raumbedarf · 32.
⑤ Energiekosten = Stromverbrauch/Stunde · Maschinenlaufzeit · 0,21.
⑥ Summe der maschinenabhängigen Gemeinkosten bilden.
⑦ Maschinenstundensatz = Summe der maschinenabhängigen Gemeinkosten : Maschinenlaufzeit.
⑧ Restfertigungsgemeinkosten-Zuschlagssatz = Restfertigungsgemeinkosten · 100 : Fertigungslöhne.
⑨ Die Zahlen der Aufgaben a) und b) werden im BAB zusammengestellt.

Beispiel 2:

Ein Industriebetrieb kalkuliert die Selbstkosten eines Erzeugnisses, wobei folgende Daten gegeben sind:

Fertigungsmaterial	400,00 DM
Materialgemeinkosten-Zuschlagssatz	8 %
Kostenstelle A:	
Fertigungslöhne	250,00 DM
Fertigungsgemeinkosten-Zuschlagssatz	130 %
Kostenstelle B (mit 2 Maschinen):	
Fertigungslöhne	370,00 DM
Restfertigungsgemeinkosten-Zuschlagssatz (siehe Beispiel 1)	31,37 %
Maschinenstundensatz Maschine I (siehe Beispiel 1)	28,09 DM
Maschinenstundensatz Maschine II (siehe Beispiel 1)	37,26 DM
Bearbeitungszeit auf Maschine I	7 Std.
Bearbeitungszeit auf Maschine II	5 Std.
Verwaltungsgemeinkosten-Zuschlagssatz	12 %
Vertriebsgemeinkosten-Zuschlagssatz	9 %

Lösung:

Fertigungsmaterial	400,00 DM	
+ Materialgemeinkosten 8 %	32,00 DM	
Materialkosten		432,00 DM

Übertrag (Materialkosten)		432,00 DM
Kostenstelle A		
Fertigungslöhne	250,00 DM	
Fertigungsgemeinkosten 130 %	325,00 DM	
Kostenstelle B		
Fertigungslöhne	370,00 DM	
Restfertigungsgemeinkosten 31,37 %	116,07 DM	
Maschinenkosten Maschine I	196,63 DM	
Maschinenkosten Maschine II	186,30 DM	
Fertigungskosten		1 444,00 DM
Herstellkosten		1 876,00 DM
+ Verwaltungsgemeinkosten 12 %		225,12 DM
+ Vertriebsgemeinkosten 9 %		168,84 DM
Selbstkosten		2 269,96 DM

Merke:

- Da in Industriebetrieben im Zuge der Automatisierung in der Produktion verstärkt Maschinen und maschinelle Anlagen eingesetzt werden, gewinnt die **Kalkulation mit Maschinenstundensätzen** immer mehr an Bedeutung.
- Bei der Kalkulation mit Maschinenstundensätzen wird die Inanspruchnahme der einzelnen Maschinen durch jeden Kostenträger berücksichtigt. Sie stellt eine Sonderform der Zuschlagskalkulation dar und beruht, wie alle Zuschlagskalkulationen, auf Vollkostenbasis.
- Voraussetzung für die Anwendung der Kalkulation mit Maschinenstundensätzen ist die Aufteilung der Gemeinkosten in maschinenabhängige Gemeinkosten und maschinenunabhängige Gemeinkosten (Restgemeinkosten).
- **Maschinenabhängige Gemeinkosten** werden durch eine einzelne Maschine verursacht. Beispiele sind: kalkulatorische Abschreibungen, kalkulatorische Zinsen, Instandhaltungskosten, Raumkosten, Energiekosten und sonstige Gemeinkosten (z. B. Werkzeugkosten).

  Bei der Berechnung der kalkulatorischen Zinsen wird die Hälfte der Anschaffungskosten zugrunde gelegt.
- Maschinenunabhängige Gemeinkosten (Restgemeinkosten) stehen nicht in direktem Zusammenhang mit dem Einsatz der Maschinen. Für die Restgemeinkosten wird unterstellt, dass sie mit den Fertigungslöhnen in Beziehung stehen, d. h., für die Berechnung des Zuschlagssatzes für die Restfertigungsgemeinkosten stellen die Fertigungslöhne die Zuschlagsgrundlage dar:

$$\text{Restfertigungsgemeinkosten-Zuschlagssatz} = \frac{\text{Restfertigungsgemeinkosten} \cdot 100}{\text{Fertigungslöhne}}$$

- Unter Berücksichtigung der jährlichen Maschinenlaufzeit sowie der gesamten maschinenabhängigen Fertigungsgemeinkosten ergibt sich:

$$\text{Maschinenstundensatz} = \frac{\text{maschinenabhängige Fertigungsgemeinkosten} \cdot 100}{\text{Maschinenlaufzeit}}$$

- Maschinen können als eigene Maschinenplätze im BAB geführt werden; sie stellen entweder eine eigene Kostenstelle oder einen Teil einer Kostenstelle dar.
- Die Kalkulation der Selbstkosten eines Kostenträgers berücksichtigt bei den Fertigungskosten die Inanspruchnahme der Maschine(n) mit Hilfe des Maschinenstundensatzes bzw. der Maschinenstundensätze.

8 Deckungsbeitragsrechnung

8.1 Grundlagen der Deckungsbeitragsrechnung

Beispiel:

Ein Industrieunternehmen produziert drei unterschiedliche Produkte. Folgende Daten sind gegeben:

	Produkt A	Produkt B	Produkt C
Absatz (Stück)	3000	2000	4000
Verkaufspreis (pro Stück)	3,50 DM	5,00 DM	11,50 DM
variable Kosten (gesamt)	6000,00 DM	8000,00 DM	28000,00 DM

Die gesamten fixen Kosten betragen 15000,00 DM.

Berechnen Sie

a) die Deckungsbeiträge pro Stück für die drei Produkte,

b) die Deckungsbeiträge pro Periode für die drei Produkte,

c) den gesamten Deckungsbeitrag der Periode,

d) den Gewinn der Periode!

Lösung:

	Produkt A	Produkt B	Produkt C	Gesamt	
Absatz (Stück)	3000	2000	4000		
Verkaufspreis (pro Stück)	3,50 DM	5,00 DM	11,50 DM		
Umsatzerlöse	10500,00 DM	10000,00 DM	46000,00 DM	66500,00 DM	①
variable Kosten (gesamt)	6000,00 DM	8000,00 DM	28000,00 DM	42000,00 DM	
variable Kosten (pro Stück)	2,00 DM	4,00 DM	7,00 DM		②
Deckungsbeitrag (pro Stück)	1,50 DM	1,00 DM	4,50 DM		③
Deckungsbeitrag (gesamt)	4500,00 DM	2000,00 DM	18000,00 DM	24500,00 DM	④ ⑤
fixe Kosten				15000,00 DM	
Gewinn				9500,00 DM	⑥

Lösungsweg:

① Erlöse = Absatzmenge · Verkaufspreis pro Stück.

② Variable Kosten pro Stück = gesamte variable Kosten : Absatzmenge.

③ Deckungsbeitrag pro Stück = Verkaufspreis − variable Kosten pro Stück.

④ Produktbezogener Deckungsbeitrag der Periode = produktbezogene Erlöse − produktbezogene variable Kosten.

⑤ Gesamter Deckungsbeitrag der Periode = Gesamterlöse − gesamte variable Kosten.

⑥ Gewinn = gesamter Deckungsbeitrag der Periode − fixe Kosten.

Merke:

- Die **Deckungsbeitragsrechnung** stellt eine Teilkostenrechnung dar; sie verzichtet im Gegensatz zur Vollkostenrechnung auf eine Verteilung der gesamten fixen Kosten auf die einzelnen Kostenträger, da eine verursachungsgerechte Zurechnung der fixen Kosten nicht möglich ist.
- Die Anwendung der Deckungsbeitragsrechnung setzt die Aufteilung der Kosten in fixe und variable Kosten voraus (siehe Seite 547).

- Der **Deckungsbetrag** ist der Betrag, um den die Erlöse eines Kostenträgers seine variablen (direkt zurechenbaren) Kosten übersteigen; dieser Betrag wird zur Deckung der fixen Kosten verwendet.
- Die Deckungsbeitragsrechnung kann durchgeführt werden als **Stückrechnung** und als **Periodenrechnung.**

Deckungsbeitrag pro Stück = Verkaufspreis pro Stück − variable Kosten pro Stück

Deckungsbeitrag der Periode = Umsatzerlöse der Periode − gesamte variable Kosten

Betriebsergebnis = Deckungsbeitrag pro Periode − fixe Kosten

- Die Deckungsbeitragsrechnung ist Entscheidungsgrundlage für die Produktion bzw. Nicht-Produktion von Erzeugnissen, für die Ermittlung der Preisuntergrenze, für die Berechnung der Gewinnschwelle, für die Annahme von Zusatzaufträgen, für die Gestaltung des Produktionsprogramms und für die Wahl zwischen Eigenfertigung und Fremdbezug.
- Die Deckungsbeitragsrechnung kann in Form der einstufigen bzw. mehrstufigen Deckungsbeitragsrechnung durchgeführt werden.

8.2 Einstufige Deckungsbeitragsrechnung

8.2.1 Entscheidung über Produktion bzw. Nicht-Produktion von Erzeugnissen

Beispiel:

Für einen Industriebetrieb liegt für den Monat April 19. . folgender Auszug aus dem Kostenträgerblatt auf Istkostenbasis vor:

Ergebnisrechnung	Gesamt	Produkt A	Produkt B	Produkt C
Selbstkosten des Umsatzes Umsatzerlöse	760 000,00 DM 970 000,00 DM	320 000,00 DM 470 000,00 DM	140 000,00 DM 120 000,00 DM	300 000,00 DM 380 000,00 DM
Betriebsergebnis	210 000,00 DM	150 000,00 DM	−20 000,00 DM	80 000,00 DM

Die Selbstkosten des Umsatzes enthalten fixe Kosten in Höhe von 450 000,00 DM; die variablen Selbstkosten des Umsatzes betragen für Produkt A 150 000,00 DM, für Produkt B 60 000,00 DM und für Produkt C 100 000,00 DM.

a) Welche Entscheidung bezüglich der Produktion der drei Produkte wird getroffen, wenn nur die Informationen aus dem Kostenträgerblatt berücksichtigt werden?
b) Wie verändert sich das Betriebsergebnis, wenn Produkt B nicht mehr produziert wird?
c) Welche Entscheidung bezüglich der Produktion der drei Produkte wird getroffen, wenn mit Deckungsbeiträgen gerechnet wird?

Lösung:

a) **Entscheidung auf Vollkostenbasis**

   Produkt B wird nicht mehr produziert werden, da sein Beitrag zum Betriebsergebnis negativ ist.

b) **Betriebsergebnis ohne Produkt B**

Umsatzerlöse Produkt A	470 000,00 DM	
Umsatzerlöse Produkt C	380 000,00 DM	
Umsatzerlöse insgesamt		850 000,00 DM
variable Selbstkosten Produkt A	150 000,00 DM	
variable Selbstkosten Produkt C	100 000,00 DM	
– variable Selbstkosten insgesamt		250 000,00 DM
– fixe Selbstkosten		450 000,00 DM
= Betriebsergebnis		150 000,00 DM

Wenn Produkt B nicht produziert wird, verringert sich das Betriebsergebnis um 60 000,00 DM, d. h., die Entscheidung auf Vollkostenbasis ist falsch.

c) **Entscheidung auf Teilkostenbasis**

Ergebnisrechnung	Produkt A	Produkt B	Produkt C	insgesamt
Umsatzerlöse – variable Kosten	470 000,00 DM 150 000,00 DM	120 000,00 DM 60 000,00 DM	380 000,00 DM 100 000,00 DM	970 000,00 DM 310 000,00 DM
Deckungsbeitrag – fixe Kosten	320 000,00 DM	60 000,00 DM	280 000,00 DM	660 000,00 DM 450 000,00 DM
= Betriebsergebnis				210 000,00 DM

Die drei Produkte werden produziert, da sie jeweils einen positiven Deckungsbeitrag erzielen.

Merke:

- Bei der **einstufigen Deckungsbeitragsrechnung (Teilkostenrechnung)** werden der Summe der einzelnen Deckungsbeiträge die nicht zurechenbaren fixen Kosten insgesamt gegenübergestellt; die Differenz der beiden Größen stellt das Betriebsergebnis dar.
- Auf der Grundlage der Deckungsbeitragsrechnung wird entschieden, ob ein Produkt produziert werden soll oder nicht; der Deckungsbeitrag muss positiv sein.
- Wird auf der Grundlage der Vollkostenrechnung entschieden, ob ein Produkt produziert werden soll oder nicht, kann dies falsch sein; wird die Produktion eines Produkts eingestellt, werden nur dessen variable Kosten abgebaut, die fixen Kosten werden nicht abgebaut. Fixe Kosten können definitionsgemäß einem Kostenträger (gleichgültig welcher Verteilungsschlüssel angewandt wird) nicht richtig zugerechnet werden.

8.2.2 Preisuntergrenze

Beispiel:

Ein Ein-Produkt-Unternehmen produziert in einer Periode 12 000 Stück. In der Abrechnungsperiode betragen die fixen Kosten 360 000,00 DM und die variablen Kosten 480 000,00 DM. Der Marktpreis pro Stück beträgt 76,00 DM.

Berechnen Sie

a) den Deckungsbeitrag pro Stück,

b) die kurzfristige Preisuntergrenze,

c) die langfristige Preisuntergrenze!

Lösung:

a) **Deckungsbeitrag pro Stück**

Deckungsbeitrag = 76 – (480 000 : 12 000) = 36,00 DM/Stück

b) **Kurzfristige Preisuntergrenze**

Kurzfristige Preisuntergrenze = 480 000 : 12 000 = 40,00 DM/Stück

c) **Langfristige Preisuntergrenze**

Langfristige Preisuntergrenze = (480 000 + 360 000) : 12 000 = 70,00 DM/Stück

Merke:

- Die **Preisuntergrenze** eines Produktes gibt an, wie hoch dessen Nettoverkaufspreis mindestens sein muss, damit der Betrieb kurzfristig bzw. langfristig produzieren kann, ohne in finanzielle Schwierigkeiten zu geraten.
- Bei der **kurzfristigen Preisuntergrenze** muss der Nettoverkaufspreis gerade noch die variablen Kosten je Stück decken; der Deckungsbeitrag je Stück ist null. Der Preis darf auf keinen Fall unter die kurzfristige Preisuntergrenze sinken, da dann noch nicht einmal die anfallenden variablen Kosten gedeckt werden. Auf die Deckung der fixen Kosten wird ganz verzichtet.

Kurzfristige Preisuntergrenze = variable Kosten je Stück

- Bei der **langfristigen Preisuntergrenze** muss der Nettoverkaufspreis gerade noch die gesamten Kosten je Stück decken. In diesem Fall verzichtet das Unternehmen auf das Erzielen von Gewinn, es deckt aber alle anfallenden Kosten (fixe und variable Kosten).
- Im Gegensatz zur kurzfristigen kann die langfristige Preisuntergrenze nur im Ein-Produkt-Unternehmen ermittelt werden.

8.2.3 Gewinnschwelle

Beispiel:

Ein Ein-Produkt-Unternehmen produziert in einer Periode 12 000 Stück. In der Abrechnungsperiode betragen die fixen Kosten 360 000,00 DM und die variablen Kosten 480 000,00 DM. Der Marktpreis pro Stück beträgt 76,00 DM.

Berechnen Sie die Menge, die das Unternehmen mindestens produzieren und absetzen muss, damit es in die Gewinnzone gelangt!

Lösung:

Marktpreis	76,00 DM
– variable Kosten/Stück	40,00 DM
= Deckungsbeitrag/Stück	36,00 DM

$$\text{Gewinnschwellenmenge} = \frac{360\,000}{36} = 10\,000 \text{ Stück}$$

Merke:

- Unter der **Gewinnschwelle** versteht man die Produktions- bzw. Absatzmenge, ab der ein Unternehmen in die Gewinnzone kommt **(Gewinnschwellenmenge, kritische Menge, Break-even-point).**

- Die Gewinnschwellen-Analyse ist nur für Ein-Produkt-Unternehmen möglich; für Mehr-Produkt-Unternehmen kann sie nicht angewandt werden, da sich die fixen Kosten nicht auf die einzelnen Produktarten zurechnen lassen.
- Der Perioden-Deckungsbeitrag für ein Produkt muss gerade ausreichen, um die fixen Kosten der Perioden zu decken; der Gewinn wäre in diesem Fall gleich null. Es gilt also:

Perioden-Deckungsbeitrag = gesamte fixe Kosten

Deckungsbeitrag pro Stück · produzierte Menge = gesamte fixe Kosten

$$\text{Gewinnschwellenmenge} = \frac{\text{gesamte fixe Kosten}}{\text{Deckungsbeitrag pro Stück}}$$

- Die Gewinnschwellenmenge kann auch grafisch ermittelt werden (siehe Seite 241).

8.2.4 Zusatzaufträge

Beispiel:

Ein Ein-Produkt-Unternehmen produziert in einem Monat 12000 Stück, die zu einem Nettoverkaufspreis pro Stück von 76,00 DM verkauft werden. Die Kapazität des Unternehmens beträgt pro Monat 15000 Stück. In der Abrechnungsperiode betragen die fixen Kosten 360000,00 DM und die variablen Kosten 480000,00 DM.

Entscheiden Sie, ob das Unternehmen einen Zusatzauftrag über 1000 Stück zum Preis von 55,00 DM annehmen soll!

Lösung:

	Gewinn ohne Zusatzauftrag		Gewinn mit Zusatzauftrag	
Nettoerlöse – var. Kosten	12000 · 76	912000,00 DM 480000,00 DM	12000 · 76 + 1000 · 55 13000 · 40	967000,00 DM 520000,00 DM
= Deck.-Beitrag – fixe Kosten		432000,00 DM 360000,00 DM		447000,00 DM 360000,00 DM
= Gewinn		72000,00 DM		87000,00 DM

Der Zusatzauftrag ist trotz des niedrigeren Preises anzunehmen, da sich der Gewinn um 15000,00 DM erhöht. Dies ist darauf zurückzuführen, dass die fixen Kosten bereits durch die ursprünglichen Verkäufe gedeckt sind; durch den Zusatzauftrag wird ein Deckungsbeitrag pro Stück in Höhe von 15,00 DM, d.h. ein Deckungsbeitrag pro Periode in Höhe von 15000,00 DM erwirtschaftet.

Merke:

- Bei der Entscheidung über die Annahme von **Zusatzaufträgen** geht es darum, ob bei noch ungenutzter Kapazität ein Auftrag angenommen werden soll, wenn der Stückpreis unter dem derzeitigen Angebotspreis liegt.
- Die Entscheidung über die Annahme von Zusatzaufträgen ist auf der Grundlage der Deckungsbeitragsrechnung zu treffen. Ein Zusatzauftrag ist anzunehmen, wenn der Verkaufspreis über den variablen Kosten pro Stück liegt; es liegt ein positiver Deckungsbeitrag pro Stück vor.

8.2.5 Produktionsprogramm

Beispiel:

Ein Industriebetrieb kann in einem Monat drei Produkte herstellen, für die folgende Informationen vorliegen:

Produkt	Absoluter Deckungsbeitrag in DM/Stück	Fertigungszeit in Minuten/Stück	Erwartete Absatzmenge in Stück
A	58,00	15	5000
B	42,00	6	2500
C	30,00	4	3000

Die Abteilung Fertigung hat eine Kapazität von 750 Stunden.

Ermitteln Sie, in welcher Reihenfolge und mit welchen Stückzahlen die Produkte herzustellen sind!

Lösung:

Produkt	Absoluter Deckungsbeitrag in DM/Stück	Fertigungszeit in Minuten je Stück	Produzierbare Stücke Stück/Stunde ①	Relativer Deckungsbeitrag in DM/Std. ②
A	58,00	15	4	232,00
B	42,00	6	10	420,00
C	30,00	4	15	450,00

Produkt	Erwartete Absatzmenge Stück/Monat	Produzierbare Stücke je Stunde	Fertigungszeit insgesamt Std./Monat ④	Produzierte Menge Stück/Monat ⑥
C ③	3000	15	200	3000
B	2500	10	250	2500
A	5000	4	300 ⑤	1200
			750	

Lösungsweg:

① Ermittlung der Stückzahlen, die in einer Stunde hergestellt werden können.

② Ermittlung der relativen Deckungsbeiträge (absoluter Deckungsbeitrag · Stück/Stunde).

③ Festlegung der Reihenfolge der Produktion entsprechend den relativen Deckungsbeiträgen.

④ Ermittlung der Fertigungszeiten (Absatzmenge : produzierte Stücke).

⑤ Ermittlung der verbleibenden Fertigungszeit für Produkt A (750 – [200 + 250]).

⑥ Berechnung der zu produzierenden Mengen (produzierte Stücke je Stunde · Fertigungszeit).

Merke:

- Das **Produktionsprogramm** eines Industriebetriebes legt fest, welche Produktarten in welchen Mengen in welcher Zeit hergestellt werden.
- Liegt in einem Unternehmen für die Produktion der Erzeugnisse kein Engpass vor, werden alle Produktarten in das Produktionsprogramm aufgenommen, die einen positiven Deckungsbeitrag pro Stück aufweisen; Produktarten mit einem negativen Deckungsbeitrag pro Stück werden nicht hergestellt. Die Reihenfolge für die Produktion der einzelnen Produktarten orientiert sich an der Höhe der absoluten Deckungsbeiträge pro Stück.
- Liegt in einem Unternehmen für die Produktion der Erzeugnisse ein Engpass vor, müssen die relativen Deckungsbeiträge ermittelt werden (Engpässe können z.B. vorliegen in Form von

Fertigungsstunden pro Periode). Der relative Deckungsbeitrag ist der auf eine Fertigungsstunde umgerechnete Deckungsbeitrag.

Relativer Deckungsbeitrag	= absoluter Deckungsbeitrag/Stück · produzierbare Stücke/Stunde

- Beim Vorliegen eines Engpasses wird das optimale Produktionsprogramm wie folgt festgelegt: Die relativen Deckungsbeiträge werden für jede Produktart ermittelt; die Höhe der relativen Deckungsbeiträge legt die Rangordnung fest, nach welcher produziert wird.

  Die sich jeweils ergebende Restkapazität bestimmt, ob die nächste Produktart in der Rangordnung ganz oder teilweise produziert wird.

8.2.6 Eigenfertigung oder Fremdbezug

Beispiel:

Ein Industriebetrieb kann ein Erzeugnis entweder selbst herstellen (auf Maschine A) oder bei seinem Lieferanten kaufen. Für einen bestimmten Monat liegen folgende Informationen vor:

Benötigte Menge des Erzeugnisses	2000 Stück
Freie Kapazität der Maschine A	2300 Stück
Variable Kosten pro Erzeugnis	64,00 DM
Fixe Kosten pro Erzeugnis	28,00 DM
Einstandspreis des Erzeugnisses	75,00 DM

Entscheiden Sie, ob Eigenfertigung oder Fremdbezug günstiger ist!

Lösung:

Als Kosten der Eigenfertigung dürfen nur die variablen Kosten pro Erzeugnis berücksichtigt werden, da die fixen Kosten anfallen, gleichgültig ob die Maschine A eingesetzt wird oder nicht. Demnach ist die Eigenfertigung günstiger, da die variablen Kosten pro Erzeugnis unter dem Einstandspreis liegen.

Merke:

- Im Produktionsbereich stellt sich oft die Frage, ob es günstiger ist, Erzeugnisse selbst herzustellen (Eigenfertigung) oder von Lieferanten zu beziehen (Fremdbezug).
- Die Entscheidung über **Eigenfertigung** oder **Fremdbezug** ist bei freier Kapazität abhängig von den variablen Kosten pro Erzeugnis und vom Einstandspreis des Erzeugnisses. Es wird unterstellt, dass die fixen Kosten durch die bisherige Produktion bereits in voller Höhe gedeckt sind; sie bleiben damit unberücksichtigt.

  Eigenfertigung $\Rightarrow$ variable Kosten/Erzeugnis $<$ Einstandspreis

- Die Entscheidung über Eigenfertigung oder Fremdbezug ist bei Produktionsengpässen ebenfalls abhängig von den variablen Kosten pro Erzeugnis und vom Einstandspreis des Erzeugnisses. Ist die Eigenfertigung günstiger, wird das Erzeugnis solange auf der Maschine mit dem Engpass produziert, bis die Kapazität der Maschine ausgeschöpft ist; die noch fehlende Menge wird vom Lieferanten bezogen.
- Neben den rein kostenrechnerischen Überlegungen müssen auch qualitative Kriterien berücksichtigt werden wie z.B. Zuverlässigkeit der Lieferanten, Qualität der bezogenen Erzeugnisse, Abhängigkeit von Lieferanten.

8.3 Mehrstufige Deckungsbeitragsrechnung

Beispiel:

Ein Industriebetrieb bietet vier Produkte in zwei Produktgruppen an. Folgende Informationen liegen vor:

	Produktgruppe I		Produktgruppe II	
	Produkt A	Produkt B	Produkt C	Produkt D
Absatzmenge in Stück	3000	2000	1000	4000
Umsatzerlöse	290000,00 DM	360000,00 DM	180000,00 DM	450000,00 DM
variable Kosten	130000,00 DM	170000,00 DM	70000,00 DM	280000,00 DM
erzeugnisfixe Kosten	40000,00 DM	50000,00 DM	20000,00 DM	70000,00 DM

Die erzeugnisgruppenfixen Kosten betragen für Produktgruppe I 150000,00 DM, für Produktgruppe II 60000,00 DM; die unternehmensfixen Kosten betragen 90000,00 DM.

Ermitteln Sie den Betriebserfolg des Unternehmens und legen Sie die Reihenfolge fest, in der die Produkte zu produzieren sind!

Lösung:

Ergebnisrechnung (alle Werte in DM)	Produktgruppe I		Produktgruppe II		insgesamt
	Produkt A	Produkt B	Produkt C	Produkt D	
Umsatzerlöse	290000,00	360000,00	180000,00	450000,00	1280000,00
– variable Kosten	130000,00	170000,00	70000,00	280000,00	650000,00
Deckungsbeitrag I	160000,00	190000,00	110000,00	170000,00	630000,00
– erzeugnisfixe Kosten	40000,00	50000,00	20000,00	70000,00	180000,00
Deckungsbeitrag II	120000,00	140000,00	90000,00	100000,00	450000,00
– erzeugnisgruppenfixe Kosten	150000,00		60000,00		210000,00
Deckungsbeitrag III	110000,00		130000,00		240000,00
– unernehmensfixe Kosten					90000,00
Betriebsgewinn					150000,00

Entscheidungstabelle	Produkt A	Produkt B	Produkt C	Produkt D
Deckungsbeitrag II	120000,00 DM	140000,00 DM	90000,00 DM	100000,00 DM
Absatzmenge	3000 Stück	2000 Stück	1000 Stück	4000 Stück
Deckungsbeitrag II/Stück	40,00 DM	70,00 DM	90,00 DM	25,00 DM

Die Produkte sind entsprechend ihrer Deckungsbeiträge II pro Stück in der Reihenfolge C, B, A, D zu produzieren.

Merke:

- Bei der **mehrstufigen Deckungsbeitragsrechnung** (Fixkostendeckungsrechnung) werden die fixen Kosten aufgeteilt, und zwar z.B. in produktfixe Kosten, produktgruppenfixe Kosten und unternehmensfixe Kosten. Durch diese Aufspaltung ergeben sich auch Hinweise über eine eventuelle Abbaubarkeit fixer Kosten, wenn die Produktion bestimmter Produkte bzw. Produktgruppen eingestellt wird.
- **Produktfixe** (erzeugnisfixe) **Kosten** entstehen z.B. durch Entwicklung, Fertigung und Vertrieb einer bestimmten Produktart.

- **Produktgruppenfixe** (erzeugnisgruppenfixe) **Kosten** lassen sich nur einer bestimmten Gruppe von Produktarten zuordnen, z. B. Kosten für Maschinen, die nur für die Produktion dieser Produktgruppe eingesetzt werden.
- **Unternehmensfixe Kosten** fallen für das Unternehmen insgesamt an und können nicht weiter aufgeteilt werden, z. B. Kosten der Unternehmensleitung.
- Entsprechend der Einteilung der fixen Kosten unterscheidet man Deckungsbeitrag I, Deckungsbeitrag II und Deckungsbeitrag III.
- Der Deckungsbeitrag II pro Stück legt die Reihenfolge fest, in der die Produkte zu produzieren sind. Der Deckungsbeitrag III legt als Periodendeckungsbeitrag fest, in welcher Reihenfolge die Produktgruppen zu produzieren sind.

9 Plankostenrechnung

9.1 Grundlagen der Plankostenrechnung

Beispiel:

In einem Industriebetrieb durchläuft ein Produkt die vier Kostenstellen I bis IV, für die folgende Zahlen bekannt sind:

Beschäftigung in Stück	Kostenstellen			
	I	II	III	IV
maximale Beschäftigung	2000	2100	1900	2300
optimale Beschäftigung	1900	2050	1800	2100
durchschnittliche Beschäftigung	1820	1940	1880	2000

Ermitteln Sie die Planbeschäftigung unter Berücksichtigung des betrieblichen Engpasses!

Lösung:

Die Planbeschäftigung liegt bei 1 900 Stück pro Periode.

Lösungsweg:

Für die Engpassplanung sind die optimale Beschäftigung und die durchschnittliche Beschäftigung ohne Bedeutung.

Engpass ist die Kostenstelle III mit 1 900 Stück.

Merke:

- Unter der **Kapazität** eines Betriebes versteht man dessen Leistungsvermögen in einem bestimmten Zeitabschnitt, gemessen in betrieblichen Leistungen. Die **Beschäftigung** verkörpert die Inanspruchnahme der betrieblichen Kapazität (die maximale Beschäftigung entspricht der Kapazität). Der **Beschäftigungsgrad** stellt die Beschäftigung in Prozent der Kapazität dar.

35 Groh/Schröer – ISBN 3-8120-0420-8

- Unter **Plankostenrechnung** versteht man eine Kostenrechnung, bei der die Einzelkosten nach Kostenträgern und die Gemeinkosten für eine zukünftige Abrechnungsperiode (Planungsperiode) mit Hilfe der Kostenstellenrechnung im Voraus festgelegt werden.
- Die **Istkostenrechnung** verrechnet die tatsächlich angefallenen Kosten (Istkosten) auf die Kostenträger, sie dient der Nachkalkulation (siehe Seite 532 f.).

  Die **Normalkostenrechnung** rechnet mit Durchschnittswerten, die aus den Istkosten vergangener Abrechnungsperioden gebildet werden; sie dient der Vorkalkulation (siehe Seite 530 f.) und soll Kostenschwankungen bei der Kalkulation ausschalten.

  Im Gegensatz zur Normalkostenrechnung werden die **Plankosten** bei der **Plankostenrechnung** nicht nur mit Hilfe der Istkosten berechnet, sondern sie werden auf der Basis geplanter Größen wie z. B. Planbeschäftigung, im Voraus festgelegt, d. h., sie haben Plan- und Vorgabecharakter. Plankosten werden für jede Kostenstelle gesondert ermittelt und den verantwortlichen Leitern jeder Kostenstelle als Zielgröße vorgegeben.
- Mit Hilfe der Plankostenrechnung werden Istkosten und Plankosten einer Abrechnungsperiode miteinander verglichen, die entsprechenden Kostenabweichungen ermittelt und analysiert.
- Folgende Arten der Plankostenrechnung werden unterschieden:
  1. **Starre Plankostenrechnung**, die Plankosten der Kostenstellen werden für eine bestimmte Planbeschäftigung vorgegeben und während der Abrechnungsperioden nicht an Beschäftigungsschwankungen angepasst;
  2. **Flexible Plankostenrechnung,** die Plankosten der Kostenstellen werden den Istbeschäftigungen der Abrechnungsperioden angepasst. Innerhalb der flexiblen Plankostenrechnung unterscheidet man die Abrechnung auf der Basis von Vollkosten und auf der Basis von Teilkosten (Grenzplankosten).
- Bei der **flexiblen Plankostenrechnung auf Vollkostenbasis** werden die gesamten Plankosten einer Abrechnungsperiode berücksichtigt. Eine Auflösung der Kosten in ihre fixen und proportionalen Bestandteile (Kostenauflösung) wird vorgenommen, um die Sollkosten ermitteln zu können. Diese Form der Plankostenrechnung dient vor allem der Kostenstellenkontrolle.
- Bei der **flexiblen Plankostenrechnung auf Teilkostenbasis** (Grenzplankostenrechnung) werden die Kosten ebenfalls in ihre fixen und proportionalen Bestandteile getrennt (Kostenauflösung). Diese Form der Plankostenrechnung dient der Kostenstellenkontrolle und ist darüber hinaus Entscheidungsgrundlage, d. h., bei unternehmerischen Entscheidungen wie z. B. Festlegung von Preisuntergrenzen, sind nur diejenigen Kosten zu berücksichtigen, die im Planungszeitraum beeinflusst werden können (proportionale Kosten).
- Unter **Planbeschäftigung** versteht man den für eine zukünftige Periode geplanten Produktionsumfang. Sie ist z. B. abhängig von der Betriebskapazität, den Kapazitätsengpässen und der Marktsituation. Orientiert sich die Planung am betrieblichen Engpass (z. B. bestimmte Kostenstelle im Produktionsbereich), spricht man von Engpassplanung.
- Die Plankostenrechnung ist als **Kostencontrolling** wichtiger Bestandteil des Controllings (siehe Seite 552 ff.).

9.2 Kostenauflösung

Beispiel:

Die Beschäftigung innerhalb der Kostenstelle Dreherei erhöhte sich im Juni gegenüber dem Monat Mai von 70% auf 80%. Die Kapazität der Kostenstelle beträgt 10000 Einheiten. Die Gesamtkosten betrugen im Mai 466000,00 DM und erhöhten sich im Monat Juni auf 504000,00 DM.

Für den Monat Juli wird eine Planbeschäftigung in Höhe von 85% der Kapazität angenommen. Berechnen Sie die proportionalen, fixen und gesamten Plankosten für den Monat Juli für die Kostenstelle Dreherei!

Lösung:

		Istkosten		
Monat	Auslastung ①	Gesamtkosten	Proportionale Kosten	Fixe Kosten
Mai	7000 Stück	466000,00 DM	266000,00 DM ⑤	200000,00 DM ⑥
Juni	8000 Stück	504000,00 DM	304000,00 DM	200000,00 DM
Steigerung	1000 Stück	38000,00 DM ②	38000,00 DM ③	
je Einheit			38,00 DM ④	

		Plankosten		
Monat	Auslastung ⑦	Gesamtkosten	Proportionale Kosten	Fixe Kosten
Juli	8500 Stück	523000,00 DM ⑨	323000,00 DM ⑧	200000,00 DM

Lösungsweg:

① Kapazitätsauslastung in Stück pro Monat sowie Steigerung der Auslastung im Monat Juni.
② Steigerung der Gesamtkosten.
③ Die Steigerung der Gesamtkosten stellt proportionale Kosten dar.
④ Proportionale Kosten pro Stück (38000,00 DM : 1000 Stück).
⑤ Proportionale Kosten im Monat Mai (7000 Stück · 38,00 DM/Stück).
⑥ Fixe Kosten im Monat Mai (466000,00 DM – 266000,00 DM).
⑦ Geplante Auslastung im Monat Juli (85% von 10000 Einheiten).
⑧ Proportionale Plankosten im Monat Juli (8500,00 Stück · 38,00 DM/Stück).
⑨ Gesamte Plankosten (323000,00 DM + 200000,00 DM).

Merke:

- Mit Hilfe der **Kostenauflösung** werden die Gemeinkosten einer Kostenstelle in fixe und proportionale Kosten aufgespalten. **Fixe Kosten** sind beschäftigungsunabhängige Kosten; **proportionale Kosten** sind variable (veränderliche) Kosten, welche sich im gleichen Verhältnis wie der Beschäftigungsgrad verändern. Die Kostenauflösung kann für jede Kostenart getrennt bzw. für die Kosten der Kostenstelle insgesamt erfolgen; dies ist sowohl für Istkosten als auch für Plankosten möglich.
- Die Aufteilung der Kosten in fixe und proportionale Anteile hat den Zweck, dass bei Abweichungen von der Planbeschäftigung lediglich die proportionalen Plankosten an die neue Beschäftigung angepasst werden müssen, d.h., es werden die Sollkosten berechnet. Die flexible Plankostenrechnung auf Teilkostenbasis wird durch die Kostenauflösung ermöglicht.

9.3 Flexible Plankostenrechnung auf Vollkostenbasis

Beispiel:

Für die Kostenstelle Fräserei eines Industriebetriebes liegen bei einer Beschäftigung von 320 Stunden für den Monat Februar folgende Kosten vor:

Kostenarten	Gesamtkosten	Fixe Kosten	Variable Kosten
Instandhaltung	25 000,00 DM	5 000,00 DM	20 000,00 DM
Löhne	40 000,00 DM	12 000,00 DM	28 000,00 DM
Gehälter	30 000,00 DM	30 000,00 DM	—
soziale Abgaben	28 000,00 DM	5 600,00 DM	22 400,00 DM
Abschreibungen	110 000,00 DM	100 000,00 DM	10 000,00 DM
Zinsen	16 000,00 DM	12 000,00 DM	4 000,00 DM

Berechnen Sie für den Monat März

a) die gesamten Plankosten bei einer Planbeschäftigung von 360 Stunden,

b) die gesamten Sollkosten bei einer Abweichung von der Planbeschäftigung um −10%,

c) den Plankostenverrechnungssatz,

d) die Gesamtabweichung, wenn die Istkosten 255 000,00 DM betragen,

e) die Beschäftigungsabweichung,

f) die Verbrauchsabweichung für die Kostenart Instandhaltung, wenn die Istkosten 25 775,00 DM betragen!

Lösung:

a) **Plankosten**

$$\text{Plankosten} = \frac{84\,400 \cdot 360}{320} + 164\,600 = 259\,550{,}00 \text{ DM}$$

b) **Sollkosten**

Istbeschäftigung = 324 Stunden

$$\text{Variable Plankosten} = \frac{84\,400 \cdot 360}{320} = 94\,950{,}00 \text{ DM}$$

$$\text{Sollkosten} = \frac{94\,950 \cdot 324}{360} + 164\,600{,}00 = 250\,055{,}00 \text{ DM}$$

c) **Plankostenverrechnungssatz**

$$\text{Plankostenverrechnungssatz} = \frac{259\,550}{360} = 720{,}97 \text{ DM/Stunde}$$

d) **Gesamtabweichung**

Verrechnete Plankosten = 720,97 · 324 = 233 594,28 DM

Gesamtabweichung = 255 000,00 − 233 594,28 = 21 405,72 DM

(Es wurden 21 405,72 DM zu wenig Kosten verrechnet.)

e) **Beschäftigungsabweichung**

Beschäftigungsabweichung = 250 055,00 − 233 594,28 = 16 460,72 DM

(Es wurden 16 460,72 DM zu wenig fixe Kosten verrechnet.)

f) **Verbrauchsabweichung für die Kostenart Instandhaltung**

$$\text{Variable Plankosten} = \frac{20\,000 \cdot 360}{320} = 22\,500{,}00 \text{ DM}$$

$$\text{Sollkosten} = \frac{22\,500 \cdot 324}{360} + 5\,000{,}00 = 25\,250{,}00 \text{ DM}$$

Verbrauchsabweichung = 25 775,00 − 25 250,00 = 525,00 DM

(Die Istkosten haben die Sollkosten um 525,00 DM überschritten.)

Merke:

- Die **Plankosten** werden z. B. unter Berücksichtigung der Planbeschäftigung und der Istkosten vergangener Abrechnungsperioden als Plangrößen vorgegeben.

$$\text{Plankosten} = \frac{\text{variable Istkosten} \cdot \text{Planbeschäftigung}}{\text{Istbeschäftigung}} + \text{fixe Kosten}$$

$$\text{Variable Plankosten} = \frac{\text{variable Istkosten} \cdot \text{Planbeschäftigung}}{\text{Istbeschäftigung}}$$

- Unter **Sollkosten** versteht man Plankosten, welche auf die Istbeschäftigung umgerechnet werden; sie berücksichtigen die fixen Plankosten sowie die umgerechneten proportionalen (variablen) Kosten und stellen die Grundlage für die Kostenkontrolle dar.

$$\text{Sollkosten} = \frac{\text{variable Plankosten} \cdot \text{Istbeschäftigung}}{\text{Planbeschäftigung}} + \text{fixe Plankosten}$$

- Der **Plankostenverrechnungssatz** gibt für jede Kostenstelle die Plankosten pro Einheit der Planbeschäftigung an (Bezugsgrößen sind z. B. Stück, Stunden). Der Plankostenverrechnungssatz dient im Rahmen der Plankalkulation der Verrechnung der Plankosten auf die Kostenträger.

$$\text{Plankostenverrechnungssatz} = \frac{\text{Plankosten}}{\text{Planbeschäftigung}}$$

- **Verrechnete Plankosten** sind die im Rahmen der Vorkalkulation in einer Abrechnungsperiode auf die Kostenträger verrechneten Kosten.

$$\text{Verrechnete Plankosten} = \text{Plankostenverrechnungssatz} \cdot \text{Istbeschäftigung}$$

- Entsprechend der Hauptaufgabe der Plankostenrechnung, die Durchführung der Kostenstellenkontrolle, werden am Ende jeder Abrechnungsperiode **Kostenabweichungen** ermittelt. Man unterscheidet Gesamtabweichung, Beschäftigungsabweichung, Verbrauchsabweichung sowie Preisabweichung.

- Bei der **Gesamtabweichung** wird die Abweichung der gesamten Istkosten von den verrechneten Plankosten ermittelt. Sind die Istkosten größer als die verrechneten Plankosten, liegt eine Kostenunterdeckung vor, im umgekehrten Fall spricht man von einer Kostenüberdeckung.

$$\text{Gesamtabweichung} = \text{gesamte Istkosten} - \text{verrechnete Plankosten}$$

- Eine **Beschäftigungsabweichung** liegt vor, wenn die verrechneten Plankosten von den Sollkosten abweichen, d. h., es wurden entweder zu viel oder zu wenig fixe Kosten verrechnet. Der Leiter einer Kostenstelle ist für derartige Kostenabweichungen nicht verantwortlich.

Sollkosten	$<$	verrechnete Plankosten	$\Rightarrow$	Fixkostenüberdeckung
Sollkosten	$>$	verrechnete Plankosten	$\Rightarrow$	Fixkostenunterdeckung

- Eine **Verbrauchsabweichung** liegt vor, wenn die Istkosten von den Sollkosten abweichen, d. h., es wurden entweder zu viel oder zu wenig variable Kosten realisiert. Diese Kostenabweichung wird von der Kostenstelle selbst durch wirtschaftliches bzw. unwirtschaftliches Handeln verursacht und ist deshalb vom Leiter der Kostenstelle zu verantworten; die Ursachen der Verbrauchsabweichung sind zu ermitteln.

Istkosten	$>$	Sollkosten	$\Rightarrow$	Mehrverbrauch an Produktionsfaktoren
Istkosten	$<$	Sollkosten	$\Rightarrow$	Minderverbrauch an Produktionsfaktoren

- Im Gegensatz zur Erfolgsrechnung, bei welcher der Verbrauch der Güter und Dienstleistungen zu Istpreisen bewertet wird, erfolgt in der Plankostenrechnung der Wertansatz der Güter und Dienstleistungen mit Hilfe von festen Planpreisen, d. h., **Preisabweichungen** sind ausgeschlossen.

9.4 Flexible Plankostenrechnung auf Teilkostenbasis

Beispiel:

Für die Kostenstelle Fräserei eines Industriebetriebes liegen folgende Daten vor:

Kostenarten	Proportionale Istkosten Monat Februar	Proportionale Istkosten Monat März
Instandhaltung	20 000,00 DM	20 775,00 DM
Löhne	28 000,00 DM	29 600,00 DM
soziale Abgaben	22 400,00 DM	26 000,00 DM
Abschreibungen	10 000,00 DM	10 125,00 DM
Zinsen	4 000,00 DM	3 900,00 DM

Die Istbeschäftigung betrug im Monat Februar 320 Stunden und im Monat März 324 Stunden; die Planbeschäftigung für den Monat März war mit 360 Stunden angesetzt.

Berechnen Sie für den Monat März die proportionalen Plankosten, die Sollkosten und die Verbrauchsabweichungen!

Lösung:

Kostenarten	Proportionale Plankosten ①	Proportionale Istkosten	Proportionale Sollkosten ②	Istkosten – Sollkosten ③
Instandhaltung	22 500,00 DM	20 775,00 DM	20 250,00 DM	+ 525,00 DM
Löhne	31 500,00 DM	29 600,00 DM	28 350,00 DM	+ 1 250,00 DM
soziale Abgaben	25 200,00 DM	26 000,00 DM	22 680,00 DM	+ 3 320,00 DM
Abschreibungen	11 250,00 DM	10 125,00 DM	10 125,00 DM	0,00 DM
Zinsen	4 500,00 DM	3 900,00 DM	4 050,00 DM	– 150,00 DM
Summe	94 950,00 DM	90 400,00 DM	85 455,00 DM	+ 4 945,00 DM

Lösungsweg:

① Berechnung der proportionalen Plankosten für jede Kostenart (z. B. für Instandhaltung:

$$\frac{20\,000 \cdot 360}{320} = 22\,500{,}00 \text{ DM}).$$

② Berechnung der proportionalen Sollkosten (z. B. für Instandhaltung:

$$\frac{22\,500 \cdot 324}{360} = 20\,250{,}00 \text{ DM}).$$

③ Verbrauchsabweichung = proportionale Istkosten − proportionale Sollkosten.

Merke:

- Bei der **flexiblen Plankostenrechnung auf Teilkostenbasis (Grenzplankostenrechnung)** werden nur proportionale Kosten berücksichtigt. Die einzelnen Kostenarten jeder Kostenstelle müssen mit Hilfe der Kostenauflösung in ihre proportionalen und fixen Bestandteile aufgespalten werden. Die fixen Kosten werden allerdings bei der Grenzplankostenrechnung nicht berücksichtigt.
- Die Grenzplankostenrechnung dient durch den Vergleich von Ist- und Sollkosten der Kostenkontrolle (Kostenstellenkontrolle), d. h., ermittelt werden die Verbrauchsabweichungen der einzelnen Kostenarten der Kostenstelle. Die Grenzplankostenrechnung dient auch (wie die Deckungsbeitragsrechnung) als Entscheidungshilfe bei der Festlegung der kurzfristigen Preisuntergrenze und des Produktionsprogramms.
- Im Gegensatz zur Deckungsbeitragsrechnung (siehe Seite 537 ff.), welche mit Vergangenheitswerten wie Ist- bzw. Normalkosten arbeitet, werden bei der Grenzplankostenrechnung zukünftige Werte wie Plan- und Sollkosten als Vorgabewerte zugrunde gelegt.
- Der **Deckungsbeitrag,** welcher der Deckung der fixen Kosten dient, wird folgendermaßen berechnet:

  Geplanter Verkaufspreis pro Stück
  − Geplante proportionale Selbstkosten pro Stück
  = Geplanter Deckungsbeitrag pro Stück

10 Controlling

10.1 Budgetierung

Beispiel:

Ein Industriebetrieb, welcher vier Produktgruppen anbietet, hat für das 2. Quartal im Rahmen des Marketing-Budgets folgende Kosten und Absatzzahlen geplant:

	Produktgruppe A	Produktgruppe B	Produktgruppe C	Produktgruppe D
Marktforschung	0,00 DM	0,00 DM	20000,00 DM	15000,00 DM
Werbung	18000,00 DM	5000,00 DM	25000,00 DM	12000,00 DM
Salespromotion	3000,00 DM	8000,00 DM	14000,00 DM	6000,00 DM
Vertrieb	16000,00 DM	16000,00 DM	32000,00 DM	16000,00 DM
Absatz	1200	900	1900	3600
Verkaufspreis	180,00 DM	210,00 DM	415,00 DM	72,00 DM

Ermitteln Sie für die Produktgruppen und die Kostenstellen die Kostensummen sowie die Umsätze der Produktgruppen!

Lösung:

	Budgetzahlen				
	Produktgruppe A	Produktgruppe B	Produktgruppe C	Produktgruppe D	Summe
Marktforschung	0,00 DM	0,00 DM	20000,00 DM	15000,00 DM	35000,00 DM
Werbung	18000,00 DM	5000,00 DM	25000,00 DM	12000,00 DM	60000,00 DM
Salespromotion	3000,00 DM	8000,00 DM	14000,00 DM	6000,00 DM	31000,00 DM
Vertrieb	16000,00 DM	16000,00 DM	32000,00 DM	16000,00 DM	80000,00 DM
Summe	37000,00 DM	29000,00 DM	91000,00 DM	49000,00 DM	206000,00 DM
Absatz	1200	900	1900	3600	
Verkaufspreis	180,00 DM	210,00 DM	415,00 DM	72,00 DM	
Umsatz	216000,00 DM	189000,00 DM	788500,00 DM	259200,00 DM	1452700,00 DM

Merke:

- Unter **Controlling** versteht man den ständigen Prozess der Informationsverarbeitung zur Überwachung und Steuerung bei der Realisation von Plänen. Controlling ist im Gegensatz zur (vergangenheitsorientierten) Kontrolle gegenwarts- und zukunftsorientiert. Controlling ist ein Instrument der Unternehmensführung, das folgende Funktionen übernimmt: Planung, Information, Analyse und Steuerung.
- **Controllinginstrumente** sind vor allem: Budgetierung, Soll-Ist-Vergleich, Kennzahlensysteme, Berichtswesen.
- Anwendungsbereiche des Controlling sind vor allem Beschaffungs-, Logistik- und Absatzcontrolling; weitere Bereiche sind Personal-, Finanz- und Kostencontrolling (z.B. als Plankostenrechnung, siehe Seite 545ff.).

- Unter **Budgetierung** versteht man die Vorgabe von Planzahlen (Sollzahlen) für alle betrieblichen Teilbereiche; erfasst werden die Einnahmen (z. B. Verkaufserlöse) und die Ausgaben (z. B. Kosten) für einen bestimmten Zeitraum (z. B. Monat, Quartal, Jahr). Das Ergebnis der Budgetierung sind Einzelbudgets und das Gesamtbudget.
- **Einzelbudgets** sind z. B. Beschaffungs-, Produktions-, Logistik-, Personal-, Investitions-, Finanz-, Marketing-Budget. Die Einzelbudgets sind aufeinander abzustimmen und im **Gesamtbudget** zusammenzufassen.
- Die Budgetierung ist ein wichtiges Instrument des Controlling. Die einzelnen Budgets sollen sicherstellen, dass die betrieblichen Vorgaben eingehalten werden. Die Kontrolle der Budgets erfolgt mit Hilfe des Soll-Ist-Vergleichs.

10.2 Soll-Ist-Vergleich

Beispiel:

Ein Industriebetrieb, welcher vier Produktgruppen anbietet, hat für das 2. Quartal ein Marketing-Budget aufgestellt (siehe Beispiel, Seite 552). Nach Ablauf des Quartals werden folgende Istwerte ermittelt:

	Produktgruppe A	Produktgruppe B	Produktgruppe C	Produktgruppe D
Marktforschung	0,00 DM	0,00 DM	17 500,00 DM	16 300,00 DM
Werbung	21 200,00 DM	5 000,00 DM	22 900,00 DM	13 000,00 DM
Salespromotion	2 400,00 DM	8 100,00 DM	15 600,00 DM	6 000,00 DM
Vertrieb	18 900,00 DM	15 700,00 DM	35 600,00 DM	14 300,00 DM
Absatz	1 230	820	1 950	3 890
Verkaufspreis	182,00 DM	210,00 DM	403,00 DM	72,00 DM

a) Stellen Sie in einer Tabelle die Planwerte und die Istwerte gegenüber!

b) Ermitteln Sie in einer Tabelle die Abweichungen der Istwerte von den Planwerten, und zwar in DM und in Prozent!

Lösung:

a) Gegenüberstellung der Plan- und Istwerte

	Produktgruppe A		Produktgruppe B		Produktgruppe C		Produktgruppe D	
	Plan	Ist	Plan	Ist	Plan	Ist	Plan	Ist
Marktforschung	0	0	0	0	20 000	17 000	15 000	16 300
Werbung	18 000	21 200	5 000	5 000	25 000	22 900	12 000	13 000
Salespromotion	3 000	2 400	8 000	8 100	14 000	15 600	6 000	6 000
Vertrieb	16 000	18 900	16 000	15 700	32 000	35 600	16 000	14 300
Summe	37 000	42 500	29 000	28 800	91 000	91 600	49 000	49 600
Absatz	1 200	1 230	900	820	1 900	1 950	3 600	3 890
Verkaufspreis	180	182	210	210	415	403	72	72
Umsatz	216 000	223 860	189 000	172 200	788 500	785 850	259 200	280 080

b) Soll-Ist-Vergleich

	Produktgruppe A		Produktgruppe B		Produktgruppe C		Produktgruppe D	
	Abweichung		Abweichung		Abweichung		Abweichung	
	in DM	in %	in DM	in %	in DM	in %	in DM	in %
Marktforschung	0	0,0	0	0,0	– 2500	– 12,5	1300	8,7
Werbung	3200	17,8	0	0,0	– 2100	– 8,4	1000	8,3
Salespromotion	- 600	– 20,0	100	1,3	1600	11,4	0	0,0
Vertrieb	2900	18,1	– 300	– 1,9	3600	11,3	– 1700	– 10,6
Summe	5500	14,9	– 200	– 0,7	600	0,7	600	1,2
Absatz	30	2,5	– 80	– 8,9	50	2,6	290	8,1
Verkaufspreis	2	1,1	0	0,0	– 12	– 2,9	0	0,0
Umsatz	7860	3,6	–16800	– 8,9	– 2650	– 0,3	20880	8,1

Merke:

- Beim **Soll-Ist-Vergleich** werden die Sollzahlen (Planzahlen) des Budgets mit den tatsächlichen Zahlen (Istzahlen) verglichen. Mögliche Abweichungen werden ermittelt, und zwar absolut und in Prozent. Der Soll-Ist-Vergleich wird als Budgetkontrolle bezeichnet.
- Die Gründe für die aufgetretenen Abweichungen müssen im Rahmen der **Abweichungsanalyse** herausgefunden werden. Erkannte Fehlentwicklungen müssen korrigiert werden (z.B. wird ein geringer Absatz bei einer Produktgruppe festgestellt, weil nicht genügend Werbung für diese Produktgruppe betrieben wurde). Die Ergebnisse der Abweichungsanalyse werden i.d.R. beim Aufstellen der neuen Budgets berücksichtigt.

10.3 Kennzahlensysteme

Beispiel:

Von einem Industriebetrieb sind für die Produktionsabteilung folgende Werte bekannt:

Monat	Produzierte Einheiten	Umsatzerlöse	Zahl der Mitarbeiter	Geleistete Stunden	Personalkosten	Selbstkosten
Januar	1480	85840,00 DM	8	1408	35360,00 DM	68120,00 DM
Februar	1512	87696,00 DM	8	1280	32145,00 DM	66970,00 DM
März	1737	100746,00 DM	9	1512	37966,00 DM	75410,00 DM

Berechnen Sie für jeden Monat:

a) die Produktivitätskennzahlen Leistung je Mitarbeiter und Leistung je Arbeitsstunde;

b) die Wirtschaftlichkeitskennzahlen bezogen auf die Personalkosten und die Selbstkosten!

Lösung:

Monat	a) Produktivität		b) Wirtschaftlichkeit bezogen auf	
	Menge je Mitarbeiter	Menge je Arbeitsstunde	Personalkosten	Selbstkosten
Januar	185	1,051	2,428	1,260
Februar	189	1,181	2,728	1,309
März	193	1,149	2,654	1,336

Lösungsweg:

① Berechnung der Menge je Mitarbeiter (1 480 : 8).

② Berechnung der Menge je Arbeitsstunde (1 480 : 1 408).

③ Berechnung der personalkostenbezogenen Wirtschaftlichkeit (85 840 : 35 360).

④ Berechnung der selbstkostenbezogenen Wirtschaftlichkeit (85 840 : 68 120).

Merke:

- In einem **Kennzahlensystem** werden mehrere Kennzahlen, die sich auf einen bestimmten betrieblichen Bereich beziehen, zusammengefasst. Kennzahlensysteme gibt es z. B. für die Kosten- und Leistungsrechnung, für den Jahresabschluss (siehe Seite 481 ff.), die Lagerhaltung (siehe Seite 204 ff.), die Beschaffung, die Produktion und den Absatz.
- Kennzahlensysteme sind ein Hilfsmittel des Controlling; sie dienen demzufolge der Kontrolle der betrieblichen Abläufe und sind Grundlage für betriebliche Entscheidungen.
- Zu den Kennzahlen vgl. ausführlich das Kapitel Statistik (Seite 402 ff.).
- Wichtige Kennzahlen innerhalb des Kennzahlensystems zur Kosten- und Leistungsrechnung sind z. B. Produktivität und Wirtschaftlichkeit.
- Unter **Produktivität** versteht man das Verhältnis von Leistung (z. B. Produktionsergebnis in Stück) zu Faktoreinsatz (z. B. Zahl der Mitarbeiter, Fertigungsstunden, Anzahl der Maschinen, eingesetztes Kapital).

$$\text{Produktivität} = \frac{\text{Leistung in Stück}}{\text{Faktoreinsatz}}$$

- Bei der **Arbeitsproduktivität** wird die Leistung auf den Produktionsfaktor Arbeit bezogen, bei der **Kapitalproduktivität** wird die Leistung auf den Kapitaleinsatz bezogen.
- Bei der **Wirtschaftlichkeit** wird die bewertete Leistung (z. B. Umsatzerlöse) zum bewerteten Faktoreinsatz (z. B. Personalkosten, Maschinenkosten) in Beziehung gesetzt.

$$\text{Wirtschaftlichkeit} = \frac{\text{Leistung in DM}}{\text{Kosten}}$$

10.4 Berichtswesen

Beispiel:

Die Abteilung Controlling eines Industriebetriebes hat für den Vertriebsbereich folgenden Soll-Ist-Vergleich erstellt, und zwar für den Monat August:

	Umsatz in DM		Abweichung	
Reisende	Plan	Ist	in DM	in %
Adams	80 000	80 000	0	0,0
Beier	100 000	90 000	− 10 000	− 10,0
Zorn	110 000	128 000	18 000	16,4

Erstellen Sie für den Leiter der Abteilung Vertrieb einen Bericht!

Lösung:

Bericht über den Einsatz der Reisenden	
Berichtsmonat: *August*	
Sachbearbeiter(in):	
Erstellt am: *3. September*	
Reisende:	Beurteilung:
Adams	*Die Planvorgabe wurde zu 100 % erreicht.*
Beier	*Die Planvorgabe wurde um 10 % unterschritten.* *Begründung: Das Unternehmen des Großkunden Lauer GmbH wurde im Zuge eines Insolvenzverfahrens aufgelöst.* *Folgerung: Die Planvorgabe ist im neuen Budget entsprechend nach unten zu korrigieren.*
Zorn	*Die Planvorgabe wurde um 16,4 % überschritten.* *Begründung: Die Reisende hat 4 neue Kunden hinzugewonnen.* *Folgerung: Die Planvorgabe ist im neuen Budget entsprechend nach oben zu korrigieren.*

Merke:

- **Berichte (Reports)** erläutern in knappen Worten die Ergebnisse der Soll-Ist-Vergleiche und der Abweichungsanalysen. Die Summe aller Berichte bezeichnet man als Berichtswesen.
- Das **Berichtswesen** ist ein wichtiges Instrument des Controlling. Den Entscheidungsträgern werden damit alle erforderlichen Informationen für die Kontrolle, Planung und Entscheidung zur Verfügung gestellt.

11 Aufgaben

Die Lösungen der Aufgaben zur Kosten- und Leistungsrechnung sind im Anhang, Seite 616 ff. zu finden.

Aufgabengruppe 1

1 Ein Industriebetrieb kalkuliert wie folgt:

Materialverbrauch 420,00 DM, Fertigungslöhne 385,00 DM; Zuschlag für Materialkosten 5 %, für Fertigungsgemeinkosten 120 %, für Verwaltungs- und Vertriebsgemeinkosten 11 %; Gewinn 8 %, Skonto 3 %.

Wie hoch ist der Verkaufspreis?

2 Aus Konkurrenzgründen kann eine Möbelfabrik einen Bürostuhl nur zu 180,00 DM netto verkaufen. Der Betrieb kalkuliert mit 10 % Materialgemeinkosten, 22,00 DM Fertigungslohn, 150 % Fertigungsgemeinkosten, 20 % Verwaltungs- und Vertriebsgemeinkosten, 10 % Gewinn, 3 % Kundenskonto, 7 % Vertreterprovision und $16\frac{2}{3}$ % Kundenrabatt.

Wie viel DM können höchstens für das Fertigungsmaterial aufgewendet werden?

3 In einem Industriebetrieb werden am Jahresende folgende Kosten ermittelt:

Fertigungsmaterial	552 600,00 DM	Materialgemeinkosten	27 620,00 DM
Fertigungslöhne	318 400,00 DM	Verwaltungsgemeinkosten	98 780,00 DM
Fertigungsgemeinkosten	674 300,00 DM	Vertriebsgemeinkosten	76 510,00 DM

Aufgrund der hieraus zu ermittelnden Zuschlagsprozentsätze und nach Zurechnung von 12 % Gewinn sowie 16 % Umsatzsteuer ist der Verkaufspreis für einen Auftrag zu errechnen, bei dem für 580,00 DM Fertigungsmaterial verbraucht wurde und 320,00 DM Fertigungslöhne aufgewendet werden mussten.

4 Ein Betrieb, der mit 20 % Materialgemeinkosten und 130 % Fertigungsgemeinkosten kalkuliert, hat bei einem Auftrag Fertigungslöhne in Höhe von 9 800,00 DM und Herstellkosten in Höhe von 41 260,00 DM.

Wie viel DM wurden für das Fertigungsmaterial aufgewendet?

5 Der Nettoverkaufspreis für eine Maschine beträgt 1 028,95 DM.

Wie hoch ist der Verwaltungs- und Vertriebsgemeinkosten-Zuschlagssatz bei einem Gewinnzuschlag von $6\frac{1}{4}$ % und einer Vertreterprovision von 5 %? Die Herstellkosten betragen 800,00 DM.

Aufgabengruppe 2

1 Ein Unternehmen verkaufte von Produkt A 4 000 Einheiten zu 6,00 DM je Einheit, von Produkt B 5 000 Einheiten zu 3,50 DM je Einheit. Die variablen (proportionalen) Kosten betrugen für A 2,50 DM je Stück, für B 1,00 DM je Stück. Die fixen Kosten betrugen 18 000,00 DM.

a) Wie hoch ist der Deckungsbeitrag insgesamt für A und B?
b) Wie hoch ist der Deckungsbeitrag je Einheit für A und B?
c) Wie hoch ist der Gesamtgewinn?
d) Wie hoch ist die kurzfristige Preisuntergrenze für A und B?

2 Ein Industriebetrieb hat in einer Sendung zwei Sorten Rohstoffe bezogen:

1. Sorte 1 430 kg zu insgesamt 942,00 DM
2. Sorte 1 844 kg zu insgesamt 2 355,00 DM

Die Bezugskosten in Höhe von 72,80 DM sind wertmäßig zu verteilen.

Ermitteln Sie für jede Sorte den Bezugspreis pro kg!

3 Für eine Drehbank entstehen in einem Jahr folgende Kosten: Abschreibung 16 000,00 DM, Instandhaltung 4 500,00 DM, Energie 1 320,00 DM, sonstige Kosten 6 250,00 DM. Die Laufstunden pro Jahr betragen 1 400.

a) Berechnen Sie den Maschinenstundensatz!

b) Berechnen Sie die Herstellkosten eines Drehteils, wenn das Fertigungsmaterial 580,00 DM, die Materialgemeinkosten 12,8 %, der Fertigungslohn je Stunde 26,50 DM, der Zuschlag für die restlichen Fertigungsgemeinkosten 46,3 % und die Bearbeitungszeit 5 Stunden beträgt bzw. betragen!

4 In einem Industriebetrieb werden am Ende eines Monats folgende Kosten ermittelt: Fertigungsmaterial 37 500,00 DM, Fertigungslöhne 57 700,00 DM. Laut BAB betragen die Materialgemeinkosten 1 575,00 DM, die Fertigungsgemeinkosten 63 470,00 DM, die Verwaltungsgemeinkosten 13 621,00 DM und die Vertriebsgemeinkosten 12 540,00 DM.

Bestände	Halberzeugnisse	Fertigerzeugnisse
Anfangsbestände	22 400,00 DM	16 200,00 DM
Endbestände	28 700,00 DM	14 300,00 DM

a) Errechnen Sie die Selbstkosten des Umsatzes!

b) Ermitteln Sie die Zuschlagssätze für Materialgemeinkosten, Fertigungsgemeinkosten, Verwaltungsgemeinkosten und Vertriebsgemeinkosten!

c) Kalkulieren Sie den Verkaufspreis für folgenden Auftrag: Materialeinsatz 620,00 DM, Fertigungslöhne 1 080,00 DM, Gewinnzuschlag 15 %, Skonto 3 %!

5 Ein BAB enthält folgende Endbeträge: Fertigungsgemeinkosten 153 000,00 DM, Materialgemeinkosten 4 400,00 DM, Verwaltungsgemeinkosten 36 000,00 DM, Vertriebsgemeinkosten 24 000,00 DM. An Einzelkosten fielen im gleichen Rechnungsabschnitt an: Fertigungslöhne 102 000,00 DM, Fertigungsmaterial 80 000,00 DM. Die Bestände an Halberzeugnissen hatten sich um 6 000,00 DM vermindert, die Bestände an Fertigerzeugnissen um 2 400,00 DM vermehrt.

Ermitteln Sie die

a) Herstellkosten des Umsatzes,

b) Selbstkosten des Umsatzes,

c) Gemeinkostenzuschlagssätze!

Aufgabengruppe 3

1 In einer Ziegelei werden zwei Sorten Ziegelsteine hergestellt. Im abgelaufenen Monat betrug die Produktion bei Sorte I 784 000 Stück, bei Sorte II 348 000 Stück. Die gesamten Herstellkosten beliefen sich auf 42 629,20 DM. Die Herstellung von Sorte II verursacht je 1 000 Stück 35 % mehr Kosten als die von Sorte I.

Wie hoch sind die Herstellkosten für 1 000 Stück jeder Sorte?

2 Kostenträgerblatt

Bezeichnung	Istkosten		Über- bzw. Unterdeckung	Normalkosten		Kostenträger I	Kostenträger II
Fertigungsmaterial	60 000,00			60 000,00		40 000,00	20 000,00
Materialgemeinkosten		13 %			12 %		
Fertigungslöhne	90 000,00			90 000,00		50 000,00	40 000,00
Fertigungsgemeinkosten		175 %			180 %		
Herstellkosten der Periode							
Bestandsmehrung						3 000,00	1 000,00
Bestandsminderung						5 000,00	4 000,00
Herstellkosten des Umsatzes							
Verwaltungsgemeinkosten		6 %			5 %		
Vertriebsgemeinkosten		5 %			6 %		
Selbstkosten des Umsatzes							
Netto-Verkaufserlöse						245 600,00	178 300,00
Umsatzergebnis							
Über- bzw. Unterdeckung							
Betriebsergebnis							

a) Ermitteln Sie die Ist- und Normalgemeinkosten!
b) Ermitteln Sie die Über- bzw. Unterdeckung!
c) Ermitteln Sie die Selbstkosten des Umsatzes, das Umsatzergebnis und das Betriebsergebnis!

3 Ein Industriebetrieb hat Selbstkosten des Umsatzes in Höhe von 300 000,00 DM und Verwaltungsgemeinkosten in Höhe von 15 000,00 DM. Die Vertriebsgemeinkosten verhalten sich zu den Verwaltungsgemeinkosten wie 2 : 3.

Berechnen Sie den Vertriebsgemeinkosten-Zuschlagssatz!

4 Die Ergebnistabelle eines Unternehmens liefert folgende Daten:
aus Rechnungskreis I:

Gesamtergebnis	75 000,00 DM	Gewinn,

aus Rechnungskreis II:

Unternehmensbezogene Abgrenzungen	60 000,00 DM	Verlust,
Kosten- und leistungsrechnerische Korrekturen	15 000,00 DM	Gewinn.

Wie hoch ist das Betriebsergebnis?

5 Das Kostenträgerblatt eines Unternehmens weist aus:

Fertigungslöhne	280 000,00 DM
Fertigungsgemeinkosten als Normalkosten	336 000,00 DM
Kostenüberdeckung der Fertigungsgemeinkosten	14 000,00 DM

Wie hoch ist der Ist-Zuschlagssatz der Fertigungsgemeinkosten?

Aufgabengruppe 4

1 Die Materialkosten für ein Produkt betragen 117 000,00 DM, der Materialgemeinkosten-Zuschlagssatz beträgt 30 %.

Wie viel DM betragen die Aufwendungen für das Fertigungsmaterial?

2 Die Geschäftsbuchführung eines Industriebetriebes weist im Monat Oktober folgende Aufwendungen und Erträge aus:

5000	Umsatzerlöse für Fertigerzeugnisse	263 000,00 DM
5100	Umsatzerlöse für Handelswaren	28 000,00 DM
5401	Erträge aus Vermietung und Verpachtung	9 000,00 DM
5710	Zinserträge	4 000,00 DM
6000	Aufwendungen für Roh-, Hilfs- und Betriebsstoffe	92 000,00 DM
6160	Reparaturen	6 000,00 DM
6200	Löhne	48 000,00 DM
6300	Gehälter	37 000,00 DM
6400	Soziale Abgaben	14 000,00 DM
6520	Abschreibungen auf Sachanlagen	18 000,00 DM
6960	Verluste aus dem Abgang von Gegenständen des Anlagevermögens	13 000,00 DM
7000	Steuern	2 000,00 DM
7510	Zinsaufwendungen	5 000,00 DM

Die Kosten- und Leistungsrechnung liefert ergänzend folgende Angaben:
Der Stoffverbrauch wird zu festen Verrechnungspreisen bewertet mit 88 000,00 DM; die kalkulatorischen Abschreibungen auf Sachanlagen betragen 23 000,00 DM; die kalkulatorischen Zinsen betragen 7 000,00 DM.

Ermitteln Sie mit Hilfe einer Ergebnistabelle unternehmensbezogenes Ergebnis, Korrektur-, Betriebs- und Gesamtergebnis!

3 Ein Unternehmen wendet die Deckungsbeitragsrechnung an; es produziert drei Erzeugnisse A, B und C und kennt folgende Daten:

Erzeugnis	Variable Stückkosten	Nettoverkaufspreis je Stück	Fixe Gesamtkosten
A	21,00 DM	30,00 DM	80 000,00 DM
B	15,00 DM	20,00 DM	
C	5,00 DM	12,00 DM	

a) Von jedem Erzeugnis können monatlich 6 000 Stück verkauft werden. Betriebliche Engpässe liegen nicht vor. Wie hoch ist das Betriebsergebnis?

b) Wie hoch ist das Betriebsergebnis unter Berücksichtigung des optimalen Produktionsprogramms, wenn eine gemeinsame Produktionsstufe ein Enpass von monatlich 4 000 Fertigungsstunden aufweist und die Fertigungszeiten in dieser Stufe bei A 20 Minuten, bei B 10 Minuten und bei C 15 Minuten betragen! Von jedem Erzeugnis können 6 000 Stück verkauft werden.

4 Für die Fertigungskostenstelle Schleiferei sind für eine Planbeschäftigung von 1 000 Fertigungsstunden/Monat folgende Daten gegeben:

	Fix	Variabel	Gesamt
Fertigungslöhne	—	24 000,00 DM	24 000,00 DM
kalk. Abschreibungen	1 000,00 DM	5 000,00 DM	6 000,00 DM
Energie	200,00 DM	2 000,00 DM	2 200,00 DM
sonst. Gemeinkosten	12 800,00 DM	15 000,00 DM	27 800,00 DM

Die Istkosten bei einer Istbeschäftigung von 1 200 Fertigungsstunden/Monat betragen:

Fertigungslöhne	28 800,00 DM
kalk. Abschreibungen	7 000,00 DM
Energie	2 200,00 DM
sonst. Gemeinkosten	36 000,00 DM

Berechnen Sie

a) die Gesamtabweichung,

b) die Beschäftigungsabweichung,

c) die Verbrauchsabweichung insgesamt und die Verbrauchsabweichung für Energie!

5 Der Rechnungskreis II der Ergebnistabelle eines Unternehmens liefert folgende Daten:

Unternehmensbezogene Abgrenzungen	+ 48 000,00 DM
kostenrechnerische Korrekturen	– 25 000,00 DM
Betriebsergebnis	+243 000,00 DM

a) Wie hoch ist das Gesamtergebnis im Rechnungskreis I für diesen Zeitraum?

b) Wie verändern sich die Ergebnisse in beiden Rechnungskreisen, wenn nachträglich kalkulatorischer Unternehmerlohn in Höhe von 60 000,00 DM und statt der Zinsaufwendungen von 8 000,00 DM kalkulatorische Zinsen von 24 000,00 DM zu berücksichtigen sind?

Aufgabengruppe 5

1 Ein Industriebetrieb kennt aus der KLR folgende Daten:

Verwaltungs- und Vertriebsgemeinkosten-Zuschlag (zusammen)	12 %
Verwaltungs- und Vertriebsgemeinkosten (zusammen)	36 000,00 DM
Minderbestand an fertigen und unfertigen Erzeugnissen	20 000,00 DM

Berechnen Sie die Herstellkosten der Erzeugung und die Herstellkosten des Umsatzes!

2 Der BAB eines Industriebetriebes weist folgende Gemeinkostensummen aus:
MGK 90 000,00 DM, FGK 2 160 000,00 DM, VwGK 420 000,00 DM, VtGK 230 000,00 DM.

a) Berechnen Sie die Gemeinkosten-Zuschlagssätze, wenn weiter folgende Zahlen vorliegen: FM 1 500 000,00 DM, FL 1 800 000,00 DM, Minderbestand an FE 45 000,00 DM, Mehrbestand an UE 18 000,00 DM.

b) Der Betrieb kalkulierte u. a. mit folgenden Normalgemeinkosten-Zuschlagssätzen: MGKZ 7 %, FGKZ 118 %. Berechnen Sie für die beiden Kostenstellen die Über- bzw. Unterdeckung!

36 Groh/Schröer – ISBN 3-8120-0420-8

3 Das Kostenträgerblatt eines Industriebetriebes, erstellt auf Normalkostenbasis, weist folgende Zahlen aus:

Selbstkosten des Umsatzes	324000,00 DM
Nettoverkaufserlöse	418000,00 DM
Unterdeckung lt. BAB	19500,00 DM

Berechnen Sie das Betriebsergebnis!

4 Die Selbstkosten eines Erzeugnisses betragen 6737,92 DM.

Wie hoch ist der Fertigungsgemeinkosten-Zuschlag, wenn folgende Daten bekannt sind:

Fertigungsmaterial	800,00 DM
Materialgemeinkosten-Zuschlag	12%
Fertigungslöhne	1560,00 DM
Verwaltungs- und Vertriebsgemeinkosten-Zuschlag	28%

5 Das Kostenträgerblatt eines Unternehmens weist aus:

Fertigungsmaterial	280000,00 DM
Materialgemeinkosten als Normalkosten	336000,00 DM
Kostenunterdeckung der Materialgemeinkosten	14000,00 DM

Wie hoch ist der Ist-Zuschlagssatz der Materialgemeinkosten?

Aufgabengruppe 6

1 Für die Fertigungshauptstelle Lackieranlage liegen für einen bestimmten Monat folgende Zahlen vor:

Fixe maschinenabhängige Fertigungsgemeinkosten insgesamt	48000,00 DM
Variable maschinenabhängige Fertigungsgemeinkosten insgesamt	7040,00 DM
Geplante Beschäftigung	320 Stunden

a) Berechnen Sie den Maschinenstundensatz bei der geplanten Beschäftigung!

b) Wie hoch ist der Maschinenstundensatz bei einem Beschäftigungsrückgang von 25% bei vollem Ersatz der fixen Kosten?

2 Folgende Informationen liegen vor:

Erzeugnis	Stückzahl	Äquivalenzziffer	Rechnungseinheiten	Ges. Herstellkosten
A	?	0,8	?	?
B	1300	?	1300	?
C	2900	?	4350	?
			7090	2977800,00

Berechnen Sie die mit Fragezeichen gekennzeichneten Angaben!

3 Ein Industriebetrieb (Ein-Produkt-Unternehmen) stellt ein Erzeugnis her, seine Betriebskapazität liegt bei 24000 Stück pro Jahr. Der Nettoverkaufspreis je Stück beträgt 120,00 DM, die variablen Kosten pro Stück betragen 40,00 DM, die fixen Kosten betragen 1120000,00 DM. Die Kapazitätsauslastung liegt bei 70%. Das Unternehmen wendet die Deckungsbeitragsrechnung an.

a) Berechnen Sie die Gewinnschwelle!

b) Berechnen Sie das Betriebsergebnis!

c) Lohnt es sich für das Unternehmen, einen Zusatzauftrag über 3 000 Stück zum Verkaufspreis von 50,00 DM je Stück anzunehmen? Begründen Sie Ihre Antwort!

4 Das Kostenträgerblatt eines Industriebetriebes, erstellt auf Normalkostenbasis, weist folgende Zahlen aus:

Umsatzergebnis	85 200,00 DM Gewinn,
Betriebsergebnis	67 800,00 DM Gewinn.

Worauf ist der Unterschied zwischen Umsatzergebnis und Betriebsergebnis zurückzuführen?

5 Die Selbstkosten eines Betriebes betrugen in einem Abrechnungszeitraum 640 000,00 DM. Die Verwaltungs- und Vertriebsgemeinkosten betrugen zusammen 91 200,00 DM und fielen im Verhältnis 3 : 1 an.

Wie hoch sind die beiden Zuschlagssätze?

VII. Handlungsorientierte Aufgaben

Die Lösungen der Aufgaben sind im Anhang, Seite 623 ff. zu finden.

Aufgabe 1

Sie sind Auszubildender/Auszubildende in der Einkaufsabteilung des Industriebetriebes di-tronic Elektro GmbH, Bahnhofstr. 17, 66424 Homburg, Telefon (06841) 343536, Fax (06841) 455055.

Situation:

Dem Betrieb liegen für das Schaltgehäuse S 1 der Firma Hager AG Angebote von zwei Lieferanten vor:

Schaltanlagen Atzorn OHG

Schaltanlagen Atzorn OHG · Hauptstr. 22 · 66482 Zweibrücken

Firma
di-tronic Elektro GmbH
Bahnhofstr. 17

66424 Homburg

Telefax
(06332) 345578

Ihr Zeichen, Ihre Nachricht vom	Unser Zeichen, unsere Nachricht vom	☎ Name (06332) 345577	Datum
he-mü 19. .-11-22	lu-at	Ludwig	19. .-11-28

Angebot

Sehr geehrter Herr Hemmer,

auf Ihre Anfrage vom 22. November 19. . unterbreiten wir Ihnen für das Schaltgehäuse S 1 der Firma Hager AG folgendes Angebot.

Der Listenpreis (netto) für ein Gehäuse beträgt 75,00 DM. Ab einer Abnahmemenge von 20 Stück gewähren wir Ihnen 20% Rabatt; ab einer Abnahmemenge von 50 Stück erhöhen wir den Rabatt auf 30%.

Bei Zahlung innerhalb von 8 Tagen beträgt der Skonto 2%, innerhalb von 30 Tagen gilt rein netto.

Ab einer Bestellmenge von 20 Stück liefern wir frei Haus.

Wir würden uns freuen, wenn Sie uns den Auftrag erteilen.

Mit freundlichen Grüßen

Atzorn OHG

ELEKTRA Elektrohandelsgesellschaft mbH

Dunantstr. 139, 66119 Saarbrücken, Telefon (0681) 465860, Fax (0681) 465861

Elektra Elektrohandelsgesellschaft mbH, Dunantstr. 139, 66119 Saarbrücken

Firma
di-tronic Elektro GmbH
Bahnhofstr. 17

66424 Homburg

Ihr Zeichen, Ihre Nachricht vom	Unser Zeichen, unsere Nachricht vom	☎ Name	Datum
he-mü 19. .-11-22	do-gr	Dobert	19. .-11-30

Angebot

Sehr geehrter Herr Hemmer,

Ihre Anfrage vom 22. November 19. . haben wir erhalten und wir unterbreiten Ihnen folgendes Angebot für das von Ihnen gewünschte Schaltgehäuse S 1.

Listenpreis je Stück	75,00 DM
Mengenrabatt	25 %
Skonto	3 %
Bezugskosten pro 10 Stück	20,00 DM

Skonto wird bei Zahlung innerhalb von 10 Tagen gewährt, ansonsten gilt innerhalb von 30 Tagen rein netto.

Wir bitten Sie zu berücksichtigen, dass die Mindestabnahmemenge für die gewünschten Schaltgehäuse 30 Stück beträgt und unser Angebot nur bis zum Jahresende gilt.

Über Ihre Bestellung würden wir uns freuen.

Mit freundlichen Grüßen

Elektra GmbH

Aufgabenstellung:

a) Führen Sie einen Angebotsvergleich durch, wenn 40 Schaltgehäuse bestellt werden sollen und die Zahlung innerhalb der Skontofrist erfolgen soll!

b) Ermitteln Sie für das günstigere der beiden Angebote den Überweisungsbetrag, wenn Skonto ausgenutzt wird!

c) Erklären Sie die Bedeutung der Mehrwertsteuer beim Angebotsvergleich!

d) Unterscheiden Sie Rabatt und Skonto!

e) Welche Gründe sprechen für die Skontogewährung?

f) Welche Gründe sprechen für die Skontoausnutzung?

g) Berechnen Sie für das günstigere Angebot den Finanzierungsgewinn, wenn der Kreditzinssatz 12% beträgt!
h) Nennen Sie wichtige Regelungen für die Übernahme der Beförderungskosten!
i) Was versteht man unter einer Mindestabnahmemenge?
j) Erklären Sie die Gültigkeitsdauer für beide Angebote!
k) Nennen Sie zusätzliche Kriterien, die beim Angebotsvergleich eine Rolle spielen!
l) Erläutern Sie den organisatorischen Ablauf von der Feststellung des Bedarfs bis zur Zahlung der Eingangsrechnung!

Aufgabe 2

Sie sind Auszubildender/Auszubildende im Industriebetrieb di-tronic Elektro GmbH, Bahnhofstr. 17, 66424 Homburg, Telefon (06841) 343536, Fax (06841) 455055.

Situation:

Der Betrieb verkauft Schaltanlagen und hat 96 Beschäftigte. Der Organisationsplan (Organigramm) des Unternehmens hat folgendes Aussehen:

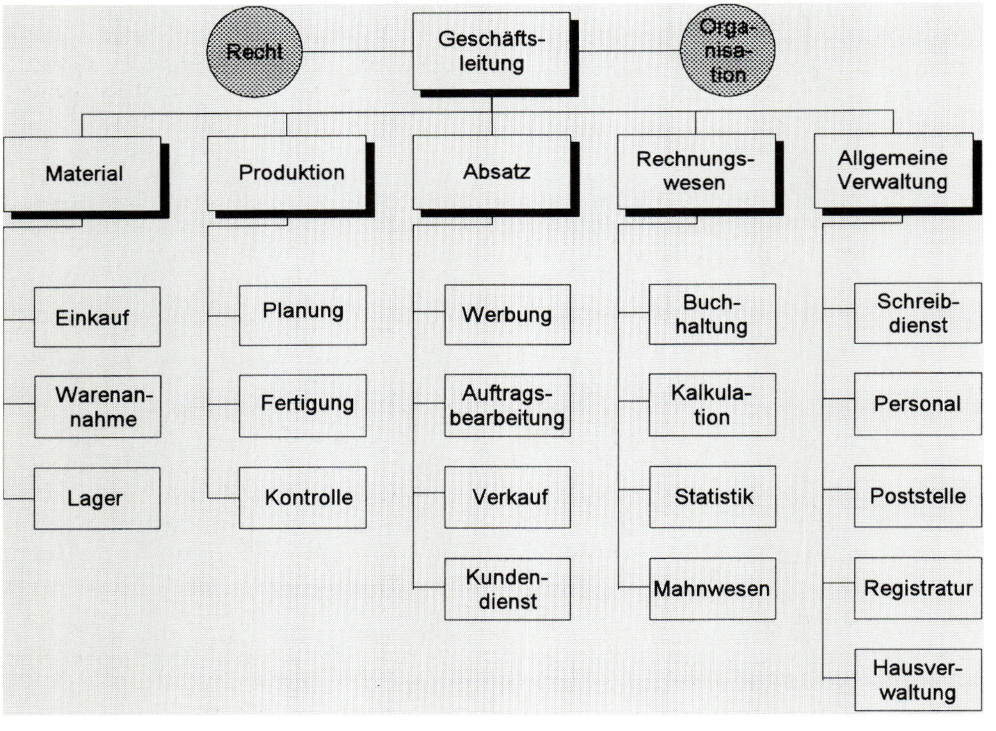

Aufgabenstellung:

a) Beschreiben Sie die Aufgaben eines Organisationsplans!
b) Welches Leitungssystem (Weisungssystem) liegt bei der di-tronic Elektro GmbH vor?
c) Beschreiben Sie das von der GmbH eingesetzte Leitungssystem und nennen Sie dessen Vor- und Nachteile!

d) Nennen Sie die Stabstellen sowie deren Aufgaben!

e) Nach welchem Gesichtspunkt erfolgte die Bildung der Abteilungen (Aufgabenanalyse)?

f) Der Leiter der Personalabteilung hat festgestellt, dass die Kontrolle der Arbeitszeit wegen fehlerhafter Bedienung der Stechuhr im Lager nicht möglich ist. Welchen Dienstweg muss er einhalten, um den Fehler abzustellen?

g) Ein Lieferant im Ausland liefert trotz zweifacher Mahnung eine dringend benötigte Ware nicht. An wen muss sich der Sachbearbeiter wenden, wenn er die Rechtslage nicht beurteilen kann?

h) Unterscheiden Sie Aufbau- und Ablauforganisation!

i) Erklären Sie den Instanzenaufbau einer Unternehmung!

j) Geben Sie einen Überblick über mögliche Organisationsformen für die Leitung und Führung in Betrieben!

Aufgabe 3

Sie sind Auszubildender/Auszubildende im Industriebetrieb di-tronic Elektro GmbH, Bahnhofstr. 17, 66424 Homburg, Telefon (0 68 41) 34 35 36, Fax (0 68 41) 45 50 55.

Situation:

Der Betrieb plant, im laufenden Geschäftsjahr eine Lagerhalle zu bauen. Die Baukosten betragen laut Kostenvoranschlag 860 000,00 DM; davon müssen 500 000,00 DM fremdfinanziert werden. Der Geschäftsführer legt Ihnen folgenden (in Auszügen dargestellten) Kreditantrag vor:

Kreissparkasse Saarpfalz

Kredit gegen Grundpfandrechte *und sonstige Sicherheiten*
Antrag

Persönliche Angaben
Kreditnehmer: *di-tronic Elektro GmbH*
Geschäftsführer: *Albert Frantzen*
beantragte Kreditsumme: *500 000,00 DM*

Aufteilung und Konditionen

Betrag	Kreditart	Zinssatz	Auszahlung	Tilgung	mtl. Annuität	ab	Laufzeit	Zinsen fest
500 000,00	*RK*	*6,5 %*	*98 %*	*5,5 %*	*5.000,00*	*1. Juni*	*12 Jahre*	*5 Jahre*

Verwendung: *Bau einer Lagerhalle in Homburg, Bahnhofstr. 17*

Finanzierungsplan

Gesamtkosten	*860.000,00 DM*		
1. Eigenmittel	*360.000,00 DM*	3. Fremdmittel der Sparkasse	*500.000,00 DM*
2. Eigenleistung	*0,00 DM*	4. Sonstige Fremdmittel	*0,00 DM*

Sicherstellung
Grundschuld: *500.000,00 DM*
weitere Sicherheiten:
Pfandgrundstück: *Firmenanwesen in Homburg, Bahnhofstr. 17*

Wirtschaftliche Verhältnisse

Gewinn nach Steuern	*280.000,00 DM*
sonstige laufende Verpflichtungen (pro Monat)	*4.000,00 DM*
Schulden (lt. Bilanz)	*580.000,00 DM*
sonstige Vermögenswerte	

Die Sparkasse ist berechtigt, jederzeit öffentliche Register einzusehen sowie Auskünfte einzuholen. Die mit der Sparkasse vereinbarten Konditionen werden durch Unterzeichnung rechtsverbindlich anerkannt.

Ort und Datum | Unterschrift des Kunden

Aufgabenstellung:

a) Wer haftet für den Kredit?

b) In welchem Umfang haftet der Geschäftsführer, der den Kreditantrag unterschreibt?

c) Welche Form der Kreditsicherung liegt vor?

d) Was bedeutet die Vereinbarung „Auszahlung 98%“?

e) Wie kann der Betrieb den fehlenden Kapitalbetrag finanzieren?

f) Welche Form der Tilgung liegt dem Kreditvertrag zugrunde? Erstellen Sie den Tilgungsplan für das erste Jahr!

g) Erklären Sie Grundschuld!

h) Welche öffentliche Register kann die Bank einsehen, um zusätzliche Informationen über das Unternehmen zu erhalten?

i) Nennen und erklären Sie den Realkredit!

j) Nennen und erklären Sie den Personalkredit!

Aufgabe 4

Sie sind Auszubildender/Auszubildende im Industriebetrieb di-tronic Elektro GmbH, Bahnhofstr. 17, 66424 Homburg, Telefon (06841) 343536, Fax (06841) 455055.

Situation:

Im Rahmen der Jahresabschlussarbeiten liegen für den Schaltkasten S2, Artikelnummer 2358 folgende Daten vor:

Zeitraum	Zugang in Stück	Abgang in Stück	Endbestand in Stück
1. Quartal	80	100	
2. Quartal	65	70	
3. Quartal	110	120	
4. Quartal	130	115	
Summe			

Der Anfangsbestand (zu Beginn des 1. Quartals) für den Schaltkasten S2 betrug 50 Stück. Der Bezugspreis je Schaltkasten betrug 130,00 DM. Das Unternehmen rechnet mit einem Jahreszinssatz von 14%.

Aufgabenstellung:

Beantworten Sie folgende Fragen bezüglich des Schaltkastens S2!

a) Die fehlenden Daten der Lagerdatei sind zu ergänzen!

b) Berechnen Sie den durchschnittlichen Lagerbestand!

c) Wie hoch ist die Lagerumschlagshäufigkeit?

d) Wie hoch ist die durchschnittliche Lagerdauer?

e) Wie hoch ist der Lagerzinssatz?

f) Wie hoch sind die Lagerzinsen?

g) Welche Gründe sprechen für eine Erhöhung der Lagerumschlagshäufigkeit?

h) Wie kann die Umschlagshäufigkeit erhöht werden?

i) Welche Gründe sprechen für die Einführung des Just-in-time-Verfahrens?

j) Welche Bedeutung haben Mindest-, Melde- und Höchstbestand in der Lagerhaltung?

Aufgabe 5

Sie sind Auszubildender/Auszubildende im Industriebetrieb di-tronic Elektro GmbH, Bahnhofstr. 17, 66424 Homburg, Telefon (06841) 343536, Fax (06841) 455055.

Situation:

Die di-tronic Elektro GmbH lieferte am 2. April 19.. Schaltelemente an den Elektrogroßhandelsbetrieb Roth OHG, Mainzer Str. 99, 66121 Saarbrücken. Für den Rechnungsbetrag in Höhe von 15600,00 DM galt die Zahlungsbedingung „zahlbar innerhalb von 8 Tagen unter Abzug von 2% Skonto, innerhalb von 30 Tagen rein netto". Da der Großhandelsbetrieb nicht fristgerecht zahlte, wurde er am 5. Mai und ein zweites Mal am 26. Mai gemahnt; als Zahlungstermin wurde der 10. Juni festgelegt. Am 12. Juni ist noch kein Zahlungseingang erfolgt.

Der Leiter der Abteilung Rechnungswesen legt Ihnen am 12. Juni 19.. einen Vordruck für den Mahnbescheid vor (siehe Seite 570).

Aufgabenstellung:

Der Leiter der Abteilung Rechnungswesen bittet sie, im Zusammenhang mit dem Mahnbescheid folgende Fragen zu beantworten:

a) Welches Gericht ist zuständig?

b) Nennen Sie den Antragsgegner!

c) Wer ist Antragsteller?

d) Beschreiben Sie den geltend gemachten Anspruch!

e) Wie hoch ist die Hauptforderung?

f) Wie setzen sich die Kosten des Verfahrens zusammen?

g) Nennen Sie das Gericht, welches für ein streitiges Verfahren zuständig ist!

h) Welche Bedeutung hat der Abschnitt „Antrag" auf dem Antragsformular?

Entwurfsblatt

– Bitte abtrennen –

Der Antrag wird gerichtet an das

Amtsgericht

Plz, Ort

Geschäftsnummer des Gerichts

①

② **Antragsgegner**/ges. Vertreter

Plz Ort

– Graue Felder bitte nicht beschriften! –

Mahnbescheid

← Datum des Mahnbescheids

③ **Antragsteller,** ges. Vertreter, Prozeßbevollmächtigter; Bankverbindung

④ **macht gegen Sie** ☐ als Gesamtschuldner

⑤ **folgenden Anspruch geltend** (genaue Bezeichnung, insbes. mit Zeitangabe): Geschäftszeichen des Antragstellers:

⑥ Hauptforderung DM	Zinsen, Bezeichnung der Nebenforderung				
⑦ Nebenforderung DM					
⑧ Kosten dieses Verfahrens (Summe 1 bis 5) DM	1 Gerichtskosten DM	2 Auslagen d. Antragst. DM	3 Gebühr d. Prozeßbev. DM	4 Auslagen d. Prozeßbev. DM	5 MwSt. d. Prozeßbev. DM
⑨ Gesamtbetrag DM	zuzüglich der laufenden Zinsen	Der Antragsteller hat erklärt, daß der Anspruch von einer Gegenleistung ☐ nicht abhänge. ☐ abhänge, diese aber erbracht sei.			

Das Gericht hat nicht geprüft, ob dem Antragsteller der Anspruch zusteht.
Es fordert Sie hiermit auf, innerhalb von zwei Wochen seit der Zustellung dieses Bescheids entweder die vorstehend bezeichneten Beträge, soweit Sie den geltend gemachten Anspruch als begründet ansehen, zu begleichen oder dem Gericht auf dem beigefügten Vordruck mitzuteilen, ob und in welchem Umfang Sie dem Anspruch widersprechen.

Wenn Sie die geforderten Beträge nicht begleichen und wenn Sie auch nicht Widerspruch erheben, kann der Antragsteller nach Ablauf der Frist einen **Vollstreckungsbescheid** erwirken und aus diesem die Zwangsvollstreckung betreiben.
Der Antragsteller hat angegeben, ein streitiges Verfahren sei durchzuführen vor dem

⑩

An dieses Gericht, dem eine Prüfung seiner Zuständigkeit vorbehalten bleibt, wird die Sache im Falle Ihres Widerspruchs abgegeben.

Rechtspfleger

Antrag

Ort, Datum

Anschrift des Antragstellers/Vertreters/Prozeßbevollmächtigten

⑪

Plz Ort

Ich beantrage, aufgrund der vorstehenden Angaben einen Mahnbescheid zu erlassen.

⑫ ☐ Im Falle des Widerspruchs beantrage ich die Durchführung des streitigen Verfahrens.

⑬ ☐ Ordnungsgemäße Bevollmächtigung versichere ich. ☐ Antragsteller ist nicht zum Vorsteuerabzug berechtigt.

⑭ ☐ Hier die Zahl der ausgefüllten Vordrucke angeben, falls sich der Antrag gegen mehrere Antragsgegner richtet.

Unterschrift des Antragstellers/Vertreters/Prozeßbevollmächtigten

Verlags-Nr. 701 Fassung 1.1.95

Aufgabe 6

Sie sind Auszubildender/Auszubildende im Industriebetrieb di-tronic Elektro GmbH, Bahnhofstr. 17, 66424 Homburg, Telefon (06841) 343536, Fax (06841) 455055.

Situation:

Bei der Beschaffung der Werkstoffe gilt für die ABC-Analyse folgende Klassifikation:

Materialart	Wertanteil in %	Mengenanteil in %
A-Güter	etwa 80%	etwa 10%
B-Güter	etwa 15%	etwa 25%
C-Güter	etwa 5%	etwa 65%

Folgende Informationen für einen Abrechnungszeitraum liegen vor:

Material-Nummer	Liefermenge	Preis je Einheit
M123	210	350,00 DM
M257	26	13200,00 DM
M318	130	940,00 DM
P113	68	8100,00 DM
P266	76	5600,00 DM
P390	120	670,00 DM
R005	170	180,00 DM
R020	30	11500,00 DM
T236	230	150,00 DM
V588	20	6200,00 DM
V694	380	15,00 DM
V980	1100	29,00 DM
X101	15	40,00 DM
Y333	55	9800,00 DM
Z010	140	75,00 DM

Aufgabenstellung:

a) Ermitteln Sie anhand der ABC-Analyse die Klassifikation der Werkstoffe!

b) Beurteilen Sie die Mengenanteile der A-, B- und C-Güter!

c) Welche Zielsetzung verfolgt die ABC-Analyse?

d) Die Einkäufer der A-Güter setzen auf dem Beschaffungsmarkt Preissenkungen in erheblichem Umfang durch; welche Auswirkungen hat dies auf die künftige Klassifizierung der Güter?

e) Was ist bei den Liefermengen und Preisen im Rahmen der ABC-Analyse zu beachten?

f) Welches Hilfsmittel ist besonders geeignet, um ABC-Analysen durchzuführen?

Aufgabe 7

Sie sind Auszubildender/Auszubildende im Industriebetrieb di-tronic Elektro GmbH, Bahnhofstr. 17, 66424 Homburg, Telefon (06841) 343536, Fax (06841) 455055.

Situation:

Von der Bilanz zum 31. Dezember 19.. der Firma di-tronic Elektro GmbH sind folgende Daten bekannt:

Grundstücke und Gebäude	460 000,00 DM
Maschinen	300 000,00 DM
Betriebs- und Geschäftsausstattung	200 000,00 DM
Roh-, Hilfs- und Betriebsstoffe	139 800,00 DM
unfertige/fertige Erzeugnisse	179 400,00 DM

Des Weiteren sind folgende Daten bekannt:

Eigenkapital am 1. Januar	300 000,00 DM
Eigenkapitalanteil	25 %
Umsatzrentabilität	6 %
Liquidität 1. Grades	20 %
Liquidität 2. Grades	80 %
Anteil des langfristigen Fremdkapitals am Fremdkapital	70 %
Umsatzerlöse	1 500 000,00 DM

Aufgabenstellung:

Ermitteln Sie

a) den Gewinn,

b) das Eigenkapital,

c) das Gesamtkapital,

d) das kurz- und langfristige Fremdkapital,

e) die flüssigen Mittel,

f) die Forderungen,

g) die Bilanz!

Aufgabe 8

Sie sind Auszubildender/Auszubildende im Industriebetrieb di-tronic Elektro GmbH, Bahnhofstr. 17, 66424 Homburg, Telefon (06841) 343536, Fax (06841) 455055.

Situation:

Ihnen liegt für den Monat März folgender Auszug aus der Gehaltsliste vor:

Name	St.-Kl.	Bruttogehalt	KV-Satz	Vorschuss	vwL AG	vwL gesamt	Konf.
Adam, Hans	I	3 790,00 DM	12,0 %	500,00 DM	—	—	r.-k.
Bauer, Frauke	V	3 774,00 DM	14,6 %	—	26,00 DM	26,00 DM	—
Best, Heide	II/1	3 785,00 DM	12,9 %	—	—	—	ev.
Dort, Franz	III/3	3 769,00 DM	15,2 %	—	26,00 DM	78,00 DM	r.-k.

Die Auszahlung des Kindergelds erfolgt durch die Familienkassen.

Das Kindergeld beträgt monatlich:

- für das erste und zweite Kind jeweils 250,00 DM,
- für das dritte Kind 300,00 DM,
- für jedes weitere Kind jeweils 350,00 DM.

Folgende Monatstabelle liegt Ihnen vor:

MONAT

Sozial-Vers. Gruppe K/L M P	Lohn/Gehalt (Versorgungs-Bezug) bis DM	Abzüge an Lohnsteuer, Solidaritätszuschlag (SolZ) und Kirchensteuer (8 %, 9 %) in den Steuerklassen I–VI		ohne Kinderfreibeträge			I, II, III, IV		mit Zahl der Kinderfreibeträge … 0,5			1			1,5			2			2,5			3		
			LSt	SolZ	8 %	9 %		LSt	SolZ	8 %	9 %	SolZ	8 %	9 %	SolZ	8 %	9 %	SolZ	8 %	9 %	SolZ	8 %	9 %	SolZ	8 %	9 %
383,91	3784,65	I, IV	643,58	48,26	51,48	57,92	I	643,58	41,71	44,50	50,06	35,29	37,64	42,35	29,–	30,93	34,79	22,83	24,36	27,40	16,80	17,92	20,16	6,85	11,62	13,07
122,93		II	502,50	37,68	40,20	45,22	II	502,50	31,34	33,43	37,61	25,13	26,80	30,15	19,05	20,32	22,86	12,71	13,96	15,71	–	7,75	8,72	–	1,68	1,89
		III	218,–	–	17,44	19,62	III	218,–	–	11,30	12,71	–	5,24	5,89	–	–	–	–	–	–	–	–	–	–	–	–
32,15	4284,65	V	1132,–	84,90	90,56	101,88	IV	643,58	44,97	47,97	53,96	41,71	44,50	50,06	38,48	41,05	46,18	35,29	37,64	42,35	32,13	34,27	38,55	29,–	30,93	34,79
		VI	1197,16	89,78	95,77	107,74																				
384,37	3789,15	I, IV	645,–	48,37	51,60	58,05	I	645,–	41,81	44,60	50,18	35,39	37,75	42,47	29,10	31,04	34,92	22,93	24,46	27,51	16,89	18,02	20,27	7,10	11,72	13,18
123,07		II	503,83	37,78	40,30	45,34	II	503,83	31,44	33,54	37,73	25,23	26,91	30,27	19,14	20,42	22,97	12,96	14,06	15,82	–	7,85	8,83	–	1,77	1,99
		III	220,33	–	17,62	19,82	III	220,33	–	11,49	12,92	–	5,42	6,10	–	–	–	–	–	–	–	–	–	–	–	–
32,19	4289,15	V	1133,66	85,02	90,69	102,02	IV	645,–	45,08	48,08	54,09	41,81	44,60	50,18	38,58	41,16	46,30	35,39	37,75	42,47	32,23	34,38	38,67	29,10	31,04	34,92
		VI	1199,–	89,92	95,92	107,91																				
384,83	3793,65	I, IV	646,33	48,47	51,70	58,16	I	646,33	41,91	44,71	50,30	35,49	37,86	42,59	29,19	31,14	35,03	23,02	24,56	27,63	16,98	18,12	20,38	7,35	11,82	13,29
123,22		II	505,16	37,88	40,41	45,46	II	505,16	31,54	33,64	37,85	25,32	27,01	30,38	19,23	20,52	23,08	13,21	14,16	15,93	–	7,94	8,93	–	1,86	2,09
		III	220,33	–	17,62	19,82	III	220,33	–	11,49	12,92	–	5,42	6,10	–	–	–	–	–	–	–	–	–	–	–	–
32,23	4293,65	V	1135,50	85,16	90,84	102,19	IV	646,33	45,18	48,19	54,21	41,91	44,71	50,30	38,69	41,27	46,43	35,49	37,86	42,59	32,33	34,48	38,79	29,19	31,14	35,03
		VI	1200,83	90,06	96,06	108,07																				
385,28	3798,15	I, IV	647,75	48,58	51,82	58,29	I	647,75	42,02	44,82	50,42	35,59	37,96	42,71	29,29	31,24	35,15	23,12	24,66	27,74	17,08	18,22	20,49	7,58	11,91	13,40
123,37		II	506,50	37,98	40,52	45,58	II	506,50	31,63	33,74	37,96	25,41	27,11	30,50	19,33	20,62	23,19	13,36	14,26	16,04	–	8,04	9,05	–	1,96	2,20
		III	222,83	0,16	17,82	20,05	III	222,83	–	11,68	13,14	–	5,61	6,31	–	–	–	–	–	–	–	–	–	–	–	–
32,27	4298,15	V	1137,16	85,28	90,97	102,34	IV	647,75	45,28	48,30	54,34	42,02	44,82	50,42	38,79	41,38	46,55	35,59	37,96	42,71	32,42	34,58	38,90	29,29	31,24	35,15
		VI	1202,66	90,20	96,21	108,23																				
385,74	3802,65	I, IV	649,08	48,68	51,92	58,41	I	649,08	42,12	44,93	50,54	35,69	38,07	42,83	29,39	31,35	35,27	23,21	24,76	27,86	17,17	18,32	20,61	7,83	12,01	13,51
123,51		II	507,83	38,08	40,62	45,70	II	507,83	31,73	33,85	38,08	25,51	27,22	30,62	19,42	20,72	23,31	13,46	14,36	16,15	–	8,14	9,15	–	2,05	2,30
		III	222,83	0,16	17,82	20,05	III	222,83	–	11,68	13,14	–	5,61	6,31	–	–	–	–	–	–	–	–	–	–	–	–
32,30	4302,65	V	1139,–	85,42	91,12	102,51	IV	649,08	45,38	48,41	54,46	42,12	44,93	50,54	38,89	41,48	46,67	35,69	38,07	42,83	32,52	34,69	39,02	29,39	31,35	35,27
		VI	1204,50	90,33	96,36	108,40																				

Abzüge an Krankenversicherung bei einem Beitragssatz (in %) von

11,4 / 13,3 / 15,2	11,5 / 13,4 / 15,3	11,6 / 13,5 / 15,4	11,7 / 13,6 / 15,5	11,8 / 13,7 / 15,6	11,9 / 13,8 / 15,7	12,0 / 13,9 / 15,8	12,1 / 14,0 / 15,9	12,2 / 14,1 / 16,0	Arbeitsentgelt	12,3 / 14,2 / 16,1	12,4 / 14,3 / 16,2	12,5 / 14,4 / 16,3	12,6 / 14,5 / 16,4	12,7 / 14,6 / 16,5	12,8 / 14,7 / 16,6	12,9 / 14,8 / 16,7	13,0 / 14,9 / 16,8	13,1 / 15,0 / 16,9	13,2 / 15,1 / 17,0
Gruppe G/H/F	Gruppe G/H/F	Gruppe G/H/F	Gruppe G/H/F	Gruppe G/H/F	Gruppe G/H/F	Gruppe G/H/F	Gruppe G/H/F	Gruppe G/H/F	bis DM	Gruppe G/H/F	Gruppe G/H/F	Gruppe G/H/F	Gruppe G/H/F	Gruppe G/H/F	Gruppe G/H/F	Gruppe G/H/F	Gruppe G/H/F	Gruppe G/H/F	Gruppe G/H/F
215,60	217,49	219,38	221,27	223,16	225,05	226,94	228,84	230,73		232,62	234,51	236,40	238,29	240,18	242,07	243,96	245,86	247,75	249,64
251,53	**253,42**	**255,31**	**257,20**	**259,09**	**260,99**	**262,88**	**264,77**	**266,66**	3784,65	**268,55**	**270,44**	**272,33**	**274,22**	**276,12**	**278,01**	**279,90**	**281,79**	**283,68**	**285,57**
287,46	289,35	291,24	293,14	295,03	296,92	298,81	300,70	302,59		304,48	306,37	308,27	310,16	312,05	313,94	315,83	317,72	319,61	321,50
215,85	217,75	219,64	221,53	223,43	225,32	227,21	229,11	231,–		232,89	234,79	236,68	238,57	240,47	242,36	244,26	246,15	248,04	249,94
251,83	**253,72**	**255,62**	**257,51**	**259,40**	**261,30**	**263,19**	**265,08**	**266,98**	3789,15	**268,87**	**270,76**	**272,66**	**274,55**	**276,44**	**278,34**	**280,23**	**282,12**	**284,02**	**285,91**
287,80	289,70	291,59	293,48	295,38	297,27	299,17	301,06	302,95		304,85	306,74	308,63	310,53	312,42	314,31	316,21	318,10	319,99	321,89
216,11	218,01	219,90	221,80	223,69	225,59	227,48	229,38	231,28		233,17	235,07	236,96	238,86	240,75	242,65	244,55	246,44	248,34	250,23
252,13	**254,02**	**255,92**	**257,82**	**259,71**	**261,61**	**263,50**	**265,40**	**267,29**	3793,65	**269,19**	**271,09**	**272,98**	**274,88**	**276,77**	**278,67**	**280,56**	**282,46**	**284,36**	**286,25**
288,15	290,04	291,94	293,83	295,73	297,62	299,52	301,42	303,31		305,21	307,10	309,–	310,89	312,79	314,69	316,58	318,48	320,37	322,27
216,37	218,26	220,16	222,06	223,96	225,86	227,75	229,65	231,55		233,45	235,35	237,24	239,14	241,04	242,94	244,84	246,73	248,63	250,53
252,43	**254,33**	**256,22**	**258,12**	**260,02**	**261,92**	**263,82**	**265,71**	**267,61**	3798,15	**269,51**	**271,41**	**273,30**	**275,20**	**277,10**	**279,–**	**280,90**	**282,79**	**284,69**	**286,59**
288,49	290,39	292,28	294,18	296,08	297,98	299,88	301,77	303,67		305,57	307,47	309,37	311,26	313,16	315,06	316,96	318,86	320,75	322,65
216,62	218,52	220,42	222,32	224,22	226,12	228,02	229,92	231,82		233,72	235,62	237,53	239,43	241,33	243,23	245,13	247,03	248,93	250,83
252,73	**254,63**	**256,53**	**258,43**	**260,33**	**262,23**	**264,13**	**266,03**	**267,93**	3802,65	**269,83**	**271,73**	**273,63**	**275,53**	**277,43**	**279,33**	**281,23**	**283,13**	**285,03**	**286,93**
288,83	290,73	292,63	294,53	296,43	298,33	300,23	302,13	304,03		305,93	307,83	309,73	311,63	313,53	315,43	317,33	319,23	321,13	323,03

Legende zur Sozialversicherung: ● K/L = Rentenversicherung ● M = Arbeitslosenversicherung ● P = Pflegeversicherung

Die Tabelle enthält lediglich die Beitragsanteile der Arbeitnehmer.

Aufgabenstellung:

a) Berechnen Sie für jeden Arbeitnehmer Lohnsteuer, Solidaritätszuschlag, Kirchensteuer (9 %), Summe der Steuerabzüge, Beiträge zur Renten-, Arbeitslosen-, Pflege- und Krankenversicherung, Summe der Beiträge zur Sozialversicherung.

   Ermitteln Sie die Auszahlungsbeträge unter Berücksichtigung aller Abzüge, des Vorschusses und der vermögenswirksamen Leistungen (vwL)!

   Erstellen Sie eine Gehaltsliste!

b) Bilden Sie die Buchungssätze für die Gehaltszahlungen sowie für die Arbeitgeberanteile zur Sozialversicherung!

c) Bilden Sie die Buchungssätze für die Überweisungen der einbehaltenen Beträge!

d) An welche Institutionen sind die einbehaltenen Beträge zu überweisen?

e) Wie werden die Beiträge zur Rentenversicherung verwendet?

f) Welche Bedeutung haben die vermögenswirksamen Leistungen für Arbeitgeber und Arbeitnehmer?

Aufgabe 9

Sie sind Auszubildender/Auszubildende im Industriebetrieb di-tronic Elektro GmbH, Bahnhofstr. 17, 66424 Homburg, Telefon (06841) 343536, Fax (06841) 455055.

Situation:

Das Unternehmen plant eine Erweiterungsinvestition im Produktionsbereich vorzunehmen; zur Herstellung eines Schaltmoduls stehen zwei alternative Anlagen (Anlage A und Anlage B) zur Verfügung, welche jeweils eine Nutzungsdauer von 10 Jahren haben; beide Anlagen wären linear abzuschreiben. Beide Anlagen besitzen eine Produktionskapazität pro Jahr von 15000 Schaltmodulen. Der Produktionsplan geht von einer Kapazitätsauslastung von 80 % aus. Der Verkaufspreis je Modul beträgt bei Anlage A 36,80 DM und bei Anlage B aufgrund der besseren Qualität 40,50 DM.

Das Unternehmen legt für seine Investitionsentscheidungen eine Mindestverzinsung von 9 % p. a. zugrunde; berücksichtigt wird als durchschnittlich gebundenes Kapital die Hälfte der Anschaffungskosten.

Weiter sind folgende Informationen bekannt:

	Anlage A	Anlage B
Anschaffungskosten	300000,00 DM	360000,00 DM
Sonstige fixe Kosten	32000,00 DM	38000,00 DM
Variable Kosten pro Stück	24,00 DM	25,00 DM

Aufgabenstellung:

a) Beurteilen Sie die Vorteilhaftigkeit der beiden Anlagen nach der Kostenvergleichs-, Gewinnvergleichs-, Rentabilitätsvergleichs- und Amortisationsrechnung!

b) Beurteilen Sie die einzelnen Verfahren der Investitionsrechnung!

Aufgabe 10

Sie sind Auszubildender/Auszubildende im Industriebetrieb di-tronic Elektro GmbH, Bahnhofstr. 17, 66424 Homburg, Telefon (0 68 41) 34 35 36, Fax (0 68 41) 45 50 55. Das Unternehmen stellt elektronische Schaltelemente her, welche aus selbst hergestellten Einzelteilen bestehen.

Im Rahmen Ihrer Ausbildung wechseln Sie in die Projektgruppe QM.

Situation:

Das Unternehmen sieht sich einem verschärften Wettbewerbsdruck auf dem Absatzmarkt ausgesetzt. In der jüngsten Zeit häufen sich die Kundenreklamationen; diese sind nach ersten Untersuchungen auf Fehler im Produktionsbereich sowie auf Fehler der beschafften Werkstoffe zurückzuführen. Die Unternehmensleitung beabsichtigt, ein Qualitätsmanagement-System (QMS) einzuführen, um die Wettbewerbsfähigkeit zu sichern und die Kundenzufriedenheit zu erhöhen. Nach Einführung des QMS soll die Zertifizierung erfolgen.

Aus den DIN ISO 9000 ff. (EN 29000 ff.) liegen Ihnen folgende Auszüge vor:

Verantwortung der Leitung

Die oberste Leitung des Lieferanten muss ihre Qualitätspolitik, eingeschlossen ihre Zielsetzungen und ihre Verpflichtung zur Qualität, festlegen und dokumentieren. Der Lieferant muss sicherstellen, dass diese Politik in allen Ebenen der Organisation verstanden, verwirklicht und aufrechterhalten wird.

Qualitätsmanagement-System

Der Lieferant muss als ein Mittel zur Sicherstellung, dass ein Produkt die festgelegte Qualitätsforderung erfüllt, ein QM-System einführen, dokumentieren und aufrechterhalten. Der Lieferant muss ein Qualitätsmanagement-Handbuch (QMH) erstellen.

Vertragsprüfung

Der Lieferant muss Verfahrensanweisungen zur Vertragsprüfung und für die Koordinierung dieser Tätigkeit einführen und aufrechterhalten.

Beschaffung

Der Lieferant muss Verfahrensanweisungen erstellen und aufrechterhalten, um sicherzustellen, dass beschaffte Produkte die festgelegten Qualitätsforderungen erfüllen.

Prozesslenkung

Der Lieferant muss die Produktions-, Montage- und Wartungsprozesse, welche die Qualität direkt beeinflussen, identifizieren und planen.

Prüfungen

Der Lieferant muss für Prüftätigkeiten Verfahrensanweisungen erstellen und aufrechterhalten, um zu verifizieren, dass die festgelegte Qualitätsforderung an das Produkt erfüllt wird. Die Prüfung umfasst Eingangs-, Zwischen- und Endprüfung sowie die entsprechenden Prüfaufzeichnungen.

Korrektur- und Vorbeugungsmaßnahmen

Eine Korrektur- und Vorbeugungsmaßnahme zur Beseitigung der Ursachen von tatsächlichen oder potentiellen Fehlern muss ein Ausmaß haben, das dem Problemumfang angemessen ist und den eingetroffenen Risiken entspricht.

Schulung

Der Lieferant muss . . . für die Schulung aller Mitarbeiter sorgen, die mit qualitätswirksamen Tätigkeiten betraut sind.

Aufgabenstellung:

a) Nennen Sie Gründe für die Einführung eines QMS!
b) Nennen Sie rechtliche Aspekte, welche für die Realisierung eines QMS eine Rolle spielen!
c) Zählen Sie die QM-Elemente auf!
d) Formulieren Sie einen Leitsatz für die Qualitätspolitik des Unternehmens!
e) Was ist ein QMH?
f) Erstellen Sie einen Ablaufplan für die Bearbeitung einer Anfrage bis zur Angebotsabgabe!
g) Erstellen Sie eine Checkliste zur Beurteilung von Lieferanten!
h) Nennen Sie Maßnahmen, welche eine qualitätsgerechte Produktion sicherstellen!
i) Erstellen Sie einen Ablaufplan für Qualitätsprüfung von der Beschaffung der Werkstoffe bis zur Endprüfung der Fertigprodukte!
j) Nennen Sie Korrekturmaßnahmen zur Beseitigung von Fehlerursachen!
k) Welche Bedeutung hat die Schulung im Rahmen des QMS?
l) Nach welchen Kriterien sind Qualitätszirkel zu bilden?
m) Was versteht man unter dem Null-Fehler-Prinzip?
n) Unterscheiden Sie Auditierung und Zertifizierung!

Aufgabe 11

Sie sind Auszubildender/Auszubildende im Industriebetrieb di-tronic Elektro GmbH, Bahnhofstr. 17, 66424 Homburg, Telefon (06841) 343536, Fax (06841) 455055.

Situation:

Der Leiter der Personalabteilung legt Ihnen die Stellenbeschreibung des Beauftragten für Qualitätsmanagement vor; die Stelle soll neu besetzt werden. Der Personalleiter bittet Sie, sich über die Bedeutung einer Stelle im Rahmen der Aufbauorganisation sowie über den Inhalt einer Stellenbeschreibung zu informieren.

Stellenbeschreibung

1. **Stellenbezeichnung**
   - Qualitätsmanagement-Beauftragte(r)
2. **Stellenaufgaben**
   - Einführung und Weiterführung des Qualitätsmanagement-Systems
   - Dokumentation
     ⇒ Qualitätsmanagement-Handbuch, Verfahrensanweisungen, Arbeitsanweisungen registrieren, verwalten und verteilen
     ⇒ Normen und Regelwerke verwalten und aktualisieren
   - Verwaltung von Qualitätsaufzeichnungen
     ⇒ Ablage (Registrierung)
     ⇒ Aufbewahrung
     ⇒ Vernichtung
   - Lieferantenüberwachung
   - Durchführung interner Qualitätsaudits
     ⇒ Planung
     ⇒ Erstellung eines Fragekatalogs

⇒ Berichterstellung
⇒ Festlegung der Fehlerbeseitigungs- und Korrekturmaßnahmen
⇒ Überwachung der Fehlerbeseitigungs- und Korrekturmaßnahmen

- Qualitätsförderung
  ⇒ Qualitätszirkel einrichten
  ⇒ Problemanalyse-Verfahren durchführen
- Schulung
  ⇒ Durchführung von speziell auf den Fachbereich bezogenen QM-Schulungsmaßnahmen
  ⇒ Überprüfung der Durchführung der notwendigen Schulung
- Berichtswesen
  ⇒ regelmäßige Berichterstattung an den Leiter des Fachbereichs
  ⇒ Beratung des Fachbereichsleiters bei aktuellen QM-Problemen
  ⇒ Miteinbeziehung des Betriebsrates
- Darlegung des QM-Systems nach außen
- Verfahren für die Kundenbetreuung festlegen
- Ansprechpartner für Mitarbeiter

3. **Stelleneingliederung**

Der Stelleninhaber (die Stelleninhaberin)

- ist dem Geschäftsführer unterstellt
- wird durch den Geschäftsführer vertreten
- hat keine Weisungsbefugnis

4. **Stellenanforderungen**

- Vorbildung: mittlerer Bildungsabschluss
- Ausbildung: Abschluss der Prüfung als Industriekaufmann/Industriekauffrau mit mindestens der Note „gut“
- Betriebserfahrung: mindestens fünf Jahre im Qualitätsmanagement
- Persönlichkeitsmerkmale: Verhandlungsgeschick, Kontaktfreudigkeit, Durchsetzungsvermögen, Teamfähigkeit, Gewissenhaftigkeit, Zuverlässigkeit

Aufgabenstellung:

a) Was versteht man unter einer Stelle?
b) Welche Art von Stelle liegt vor?
c) Was versteht man unter einer Stellenbeschreibung und welche Aufgaben hat sie?
d) Grenzen Sie die Stellenbeschreibung von der Arbeitsplatzbeschreibung ab!
e) Erklären Sie bezüglich der Stellenaufgaben die Begriffe Qualitätsmanagement-Handbuch, Qualitätszirkel und Qualitätsaudit!
f) Unterscheiden Sie innerbetriebliche und externe Ausschreibung!
g) Nennen Sie die Vorteile einer innerbetrieblichen Stellenbesetzung!
h) Nennen Sie die Vorteile einer externen Stellenbesetzung!
i) Beschreiben Sie den Ablauf einer Personalauswahl!
j) Welche Bedeutung hat das Assessmentcenter bei der Personalauswahl?
k) Welche Rolle spielt der Betriebsrat bei der Personalbeschaffung?

Lösungen Datenverarbeitung

Aufgabe 1, Seite 374

a) Struktur der Tabelle Lieferanten Farben

Tabelle: Lieferanten Farben

Feldname	Felddatentyp	Beschreibung
Nr	Zähler	Automatische Vergabe der Lieferantennummer
Firma	Text	Firma des Lieferanten
Straße	Text	Straße mit Hausnummer
PLZ	Text	Fünfstellige Postleitzahl
Ort	Text	Firmensitz
Telefon	Text	Telefonnummer mit Vorwahl
Telefax	Text	Faxnummer
Ansprechpartner	Text	Name der Kontaktperson
Mindestsumme	Währung	Zu beachtender Mindestbestellwert
Stammlieferant	Ja/Nein	Ständiger Lieferant Ja/Nein

b) Struktur der Tabelle Produkte Farben

Tabelle: Produkte Farben

Feldname	Felddatentyp	Beschreibung
Nr	Zähler	Automatische Vergabe der Produktnummer
Bezeichnung	Text	Produktbezeichnung
BestellNr	Text	Bestellnummer des Lieferanten
LieferantenNr	Zahl	Nummer des Lieferanten aus der Lieferantentabelle
Einheit_Liter	Zahl	Verkaufseinheit
Mindestmenge_L	Zahl	Menge, die mindestens bestellt werden muss
EP je Einheit	Währung	Einkaufspreis je Einheit

c) Eingabeformular Lieferantendaten

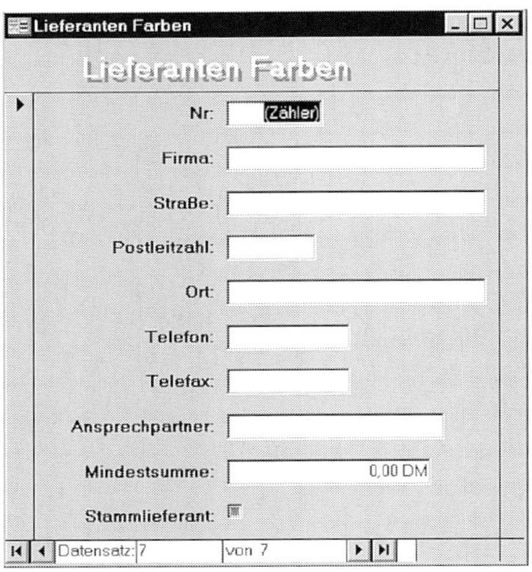

d) Eingabeformular Produktdaten

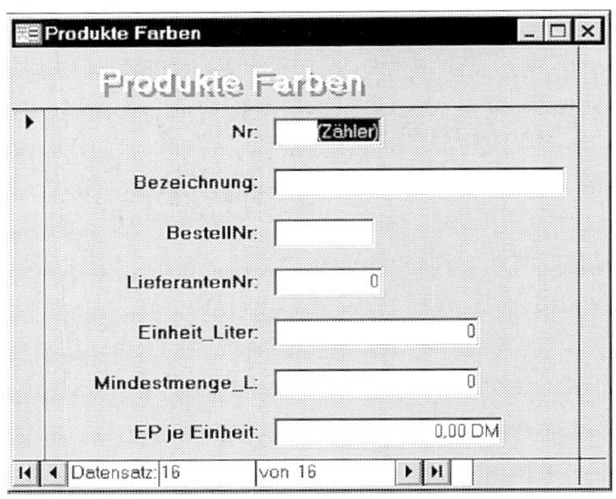

e) Lieferantentabelle

Tabelle: Lieferanten Farben

Nr	Firma	Straße	PLZ	Ort	Telefon	Telefax	Ansprechpartner	Mindestsumme	Stammlieferant
1	Lacke Gräser	Bayernstr. 9	66111	Saarbrücken	(0681)123546	(0681)123547	Fr. Hirsch	3.000,00 DM	Nein
2	Farben Münster	Adamsweg	67435	Neustadt a. d. W.	(06321)150310	(06321)150323	Fr. Reiland	5.000,00 DM	Ja
3	Farben Gross	Achstr. 56	66119	Saarbrücken	(0681)520591	(0681)520600	H. Hessler	3.000,00 DM	Ja
4	Braun Lackfabrik	Maybachstr. 28	67269	Grünstadt	(06359)80050	(06359)800501	Fr. Greif	4.000,00 DM	Nein
5	FALA Farben GmbH	Denisstr. 140	67663	Kaiserslautern	(0631)255055	(0631)255056	H. Mittag	8.000,00 DM	Ja
6	Farben Rung OHG	Auestr. 19	67346	Speyer	(06232)633033	(06232)633034	H. Daum	6.000,00 DM	Ja

f) Produkttabelle

Tabelle: Produkte Farben

Nr	Bezeichnung	BestellNr	LieferantenNr	Einheit_Liter	Mindestmenge_L	EP je Einheit
1	Acryllack weiß	25691	1	10	100	90,60 DM
2	Acryllack rot	25692	1	10	100	90,60 DM
3	Acryllack schwarz	25693	1	10	100	90,60 DM
4	Grundierlack	2364	5	25	200	104,20 DM
5	Alldeck Vorlack weiß	665 K	4	25	200	174,30 DM
6	Alldeck Weißlack	667 L	4	5	50	42,90 DM
7	Alldeck Weißlack	667 E	4	10	100	78,50 DM
8	Alldeck Weißlack	667 J	4	25	200	164,10 DM
9	Glemalux Klarlack	2391	5	25	25	118,70 DM
10	Alldeck Weißlack	F 1458	3	10	50	71,20 DM
11	Alldeck Weißlack	F 1459	3	25	50	159,90 DM
12	Acryllack weiß	2399	5	10	10	98,70 DM
13	Alldeck Weißlack	AW 125	2	5	100	41,90 DM
14	Alldeck Weißlack	2 A 35	6	10	200	72,20 DM
15	Alldeck Weißlack	25681	1	25	100	172,00 DM

g) Verknüpfung von Lieferantentabelle und Produkttabelle

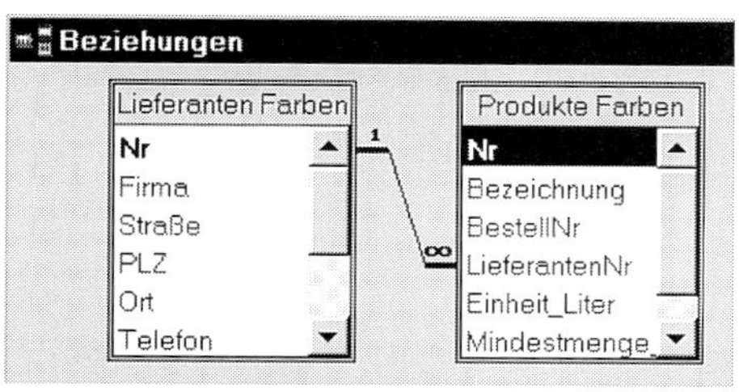

h) Lieferanten von Alldeck Weißlack als 25-Liter-Gebinde

Feld:	Bezeichnung	Einheit_Liter	EP je Einheit	Firma	Straße	PLZ	Ort
Sortierung:							
Anzeigen:	☒	☒	☒	☒	☒	☒	☒
Kriterien:	"Alldeck Weißlack"	25					
oder:							

Auswahlabfrage: Alldeck Weißlack 25

Bezeichnung	Einheit_Liter	EP je Einheit	Firma	Straße	PLZ	Ort
Alldeck Weißlack	25	164,10 DM	Braun Lackfabrik	Maybachstr. 28	67269	Grünstadt
Alldeck Weißlack	25	159,90 DM	Farben Gross	Achstr. 56	66119	Saarbrücken
Alldeck Weißlack	25	172,00 DM	Lacke Gräser	Bayernstr. 9	66111	Saarbrücken
*						

i) Bericht für Alldeck Weißlack als 25-Liter-Gebinde

Alldeck Weißlack 25

22. April 19. .

Bezeichnung: Alldeck Weißlack
Einheit/Liter: 25
EP je Einheit: 164,10 DM
Firma: Braun Lackfabrik
Straße: Maybachstr. 28
PLZ: 67269
Ort: Grünstadt

Bezeichnung: Alldeck Weißlack
Einheit/Liter: 25
EP je Einheit: 159,90 DM
Firma: Farben Gross
Straße: Achstr. 56
PLZ: 66119
Ort: Saarbrücken

Bezeichnung: Alldeck Weißlack
Einheit/Liter: 25
EP je Einheit: 172,00 DM
Firma: Lacke Gräser
Straße: Bayernstr. 9
PLZ: 66111
Ort: Saarbrücken

j) Lieferanten der Lacke weiß als 10-Liter-Gebinde

Auswahlabfrage: Alldeck Weißlack o Acryllack weiß 10

Feld:	Bezeichnung	Einheit_Liter	EP je Einheit	Firma	Straße	PLZ	Ort
Sortierung:	Aufsteigend						
Anzeigen:	☒	☒	☒	☒	☒	☒	☒
Kriterien:	"Alldeck Weißlack"	10					
oder:	"Acryllack weiß"						

Auswahlabfrage: Alldeck Weißlack o Acryllack weiß 10

Bezeichnung	Einheit_Liter	EP je Einheit	Firma	Straße	PLZ	Ort
Acryllack weiß	10	98,70 DM	FALA Farben GmbH	Denisstr. 140	67663	Kaiserslautern
Acryllack weiß	10	90,60 DM	Lacke Gräser	Bayemstr. 9	66111	Saarbrücken
Alldeck Weißlack	10	72,20 DM	Farben Rung OHG	Auestr. 19	67346	Speyer
Alldeck Weißlack	10	71,20 DM	Farben Gross	Achstr. 56	66119	Saarbrücken
Alldeck Weißlack	10	78,50 DM	Braun Lackfabrik	Maybachstr. 28	67269	Grünstadt

k) Einkaufspreis je Liter für Alldeck Weißlack

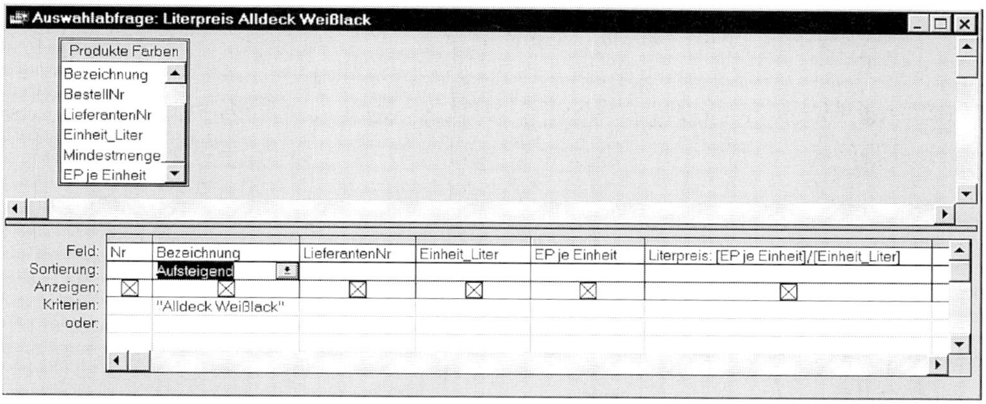

Auswahlabfrage: Literpreis Alldeck Weißlack

Nr	Bezeichnung	LieferantenNr	Einheit_Liter	EP je Einheit	Literpreis
15	Alldeck Weißlack	1	25	172,00 DM	6,88
14	Alldeck Weißlack	6	10	72,20 DM	7,22
13	Alldeck Weißlack	2	5	41,90 DM	8,38
11	Alldeck Weißlack	3	25	159,90 DM	6,396
10	Alldeck Weißlack	3	10	71,20 DM	7,12
8	Alldeck Weißlack	4	25	164,10 DM	6,564
7	Alldeck Weißlack	4	10	78,50 DM	7,85
6	Alldeck Weißlack	4	5	42,90 DM	8,58
(Zähler)		0	0	0,00 DM	

Aufgabe 2, Seite 376

a) b) c)

Tabelle

	A	B	C	D	E	F
1 2	Filiale	Januar	Februar	März	Summe	Anteil am Gesamtumsatz in %
3	1	142 500,00 DM	131 100,00 DM	143 600,00 DM	417 200,00 DM	30,71%
4	2	64 300,00 DM	67 900,00 DM	74 200,00 DM	206 400,00 DM	15,19%
5	3	166 440,00 DM	153 900,00 DM	168 720,00 DM	489 060,00 DM	36,00%
6	4	72 300,00 DM	83 700,00 DM	89 900,00 DM	245 900,00 DM	18,10%
7	Summe	445 540,00 DM	436 600,00 DM	476 420,00 DM	1 358 560,00 DM	100,00%

Tabelle mit Formeln

	A	B	C	D	E	F
1 2	Filiale	Januar	Februar	März	Summe	Anteil am Gesamtumsatz in %
3	1	142500	131100	143600	=B3+C3+D3	=E3/$E$7
4	2	64300	67900	74200	=B4+C4+D4	=E4/$E$7
5	3	166440	153900	168720	=B5+C5+D5	=E5/$E$7
6	4	72300	83700	89900	=B6+C6+D6	=E6/$E$7
7	Summe	=B3+B4+B5+B6	=C3+C4+C5+C6	=D3+D4+D5+D6	=SUMME(E3:E6)	=SUMME(F3:F6)

d) Säulendiagramm für Filialumsätze

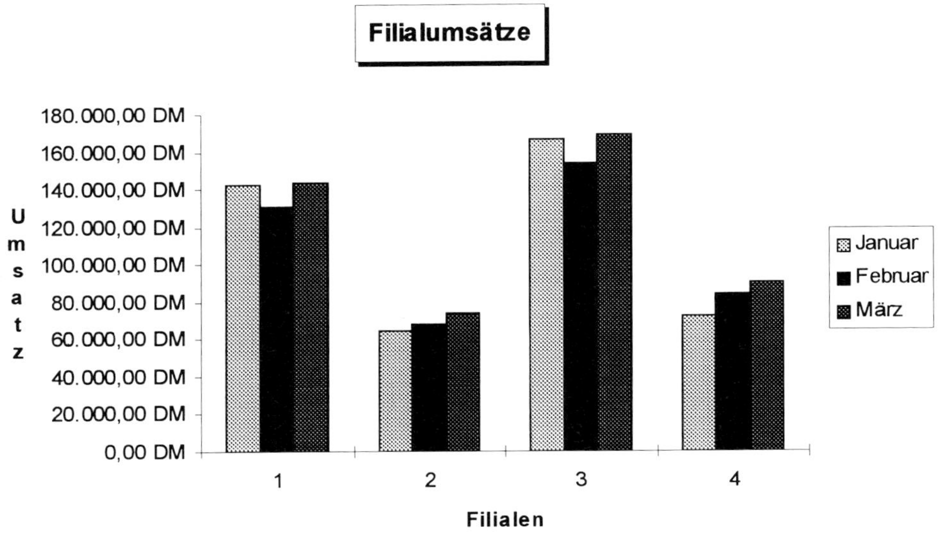

e) Kreisdiagramm für die Umsatzanteile der Filialen am Gesamtumsatz

Umsatzanteile der Filialen

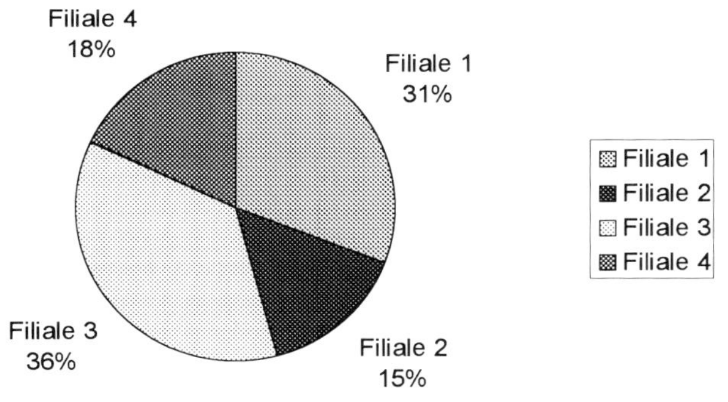

Aufgabe 3, Seite 377

a) b) c)

Tabelle

	A	B	C	D	E	F	G	H
1		Mitarbeiter						
2	Quartal	Innendienst	%	Außendienst	%	Auszubildende	%	Gesamt
3	I	15	38,5%	20	51,3%	4	10,3%	39
4	II	16	38,1%	24	57,1%	2	4,8%	42
5	III	18	34,6%	29	55,8%	5	9,6%	52
6	IV	16	38,1%	21	50,0%	5	11,9%	42

Tabelle mit Formeln

	A	B	C	D	E	F	G	H
1		Mitarbeiter						
2	Quartal	Innendienst	%	Außendienst	%	Auszubildende	%	Gesamt
3	I	15	=B3/H3	20	=D3/H3	4	=F3/H3	=B3+D3+F3
4	II	16	=B4/H4	24	=D4/H4	2	=F4/H4	=B4+D4+F4
5	III	18	=B5/H5	29	=D5/H5	5	=F5/H5	=B5+D5+F5
6	IV	16	=B6/H6	21	=D6/H6	5	=F6/H6	=B6+D6+F6

d) Liniendiagramm

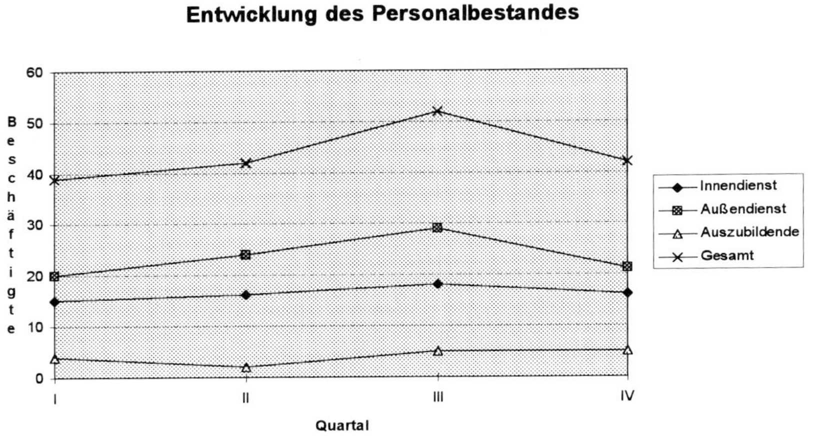

e) 3-D-Kreisdiagramm

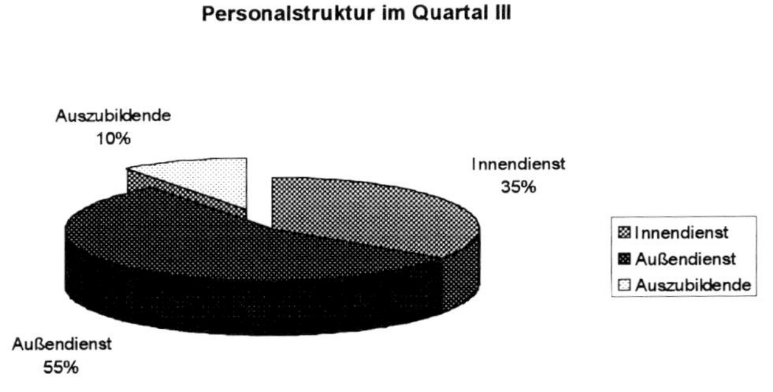

Aufgabe 4, Seite 377f.

a) b) c)

Tabelle

	A	B	C	D	E	F	G	H	I
1	Tank-	km-Stand	km-Stand	gefahrene	Liter	DM-	DM	Verbrauch je 100 km	
2	datum	alt	neu	km	getankt	Betrag	je Liter	einzeln	insgesamt
3	08.01.19..	26500	27320	820	52,8	78,85	1,493	6,44	6,44
4	23.01.19..	27320	28115	795	50,2	76,72	1,528	6,31	6,38
5	05.02.19..	28115	29125	1010	73,5	114,74	1,561	7,28	6,72
6	19.02.19..	29125	29952	827	56,9	92,39	1,624	6,88	6,76
7	05.03.19..	29952	30499	547	45,6	75,24	1,650	8,34	6,98
8	15.03.19..	30499	31200	701	58,1	95,87	1,650	8,29	7,17
9	28.03.19..	31200	31748	548	46,4	76,56	1,650	8,47	7,31

Tabelle mit Formeln

	A	B	C	D	E	F	G	H	I
1	Tank-	km-Stand	km-Stand	gefahrene	Liter	DM-	DM	Verbrauch je 100 km	
2	datum	alt	neu	km	getankt	Betrag	je Liter	einzeln	insgesamt
3	08.01.19..	26500	27320	=C3-B3	52,8	78,85	=F3/E3	=E3*100/D3	=SUMME($E$3:E3)*100/SUMME($D$3:D3)
4	23.01.19..	=C3	28115	=C4-B4	50,2	76,72	=F4/E4	=E4*100/D4	=SUMME($E$3:E4)*100/SUMME($D$3:D4)
5	05.02.19..	=C4	29125	=C5-B5	73,5	114,74	=F5/E5	=E5*100/D5	=SUMME($E$3:E5)*100/SUMME($D$3:D5)
6	19.02.19..	=C5	29952	=C6-B6	56,9	92,39	=F6/E6	=E6*100/D6	=SUMME($E$3:E6)*100/SUMME($D$3:D6)
7	05.03.19..	=C6	30499	=C7-B7	45,6	75,24	=F7/E7	=E7*100/D7	=SUMME($E$3:E7)*100/SUMME($D$3:D7)
8	15.03.19..	=C7	31200	=C8-B8	58,1	95,87	=F8/E8	=E8*100/D8	=SUMME($E$3:E8)*100/SUMME($D$3:D8)
9	28.03.19..	=C8	31748	=C9-B9	46,4	76,56	=F9/E9	=E9*100/D9	=SUMME($E$3:E9)*100/SUMME($D$3:D9)

d) e) Liniendiagramm für Benzinverbrauch einzeln und insgesamt

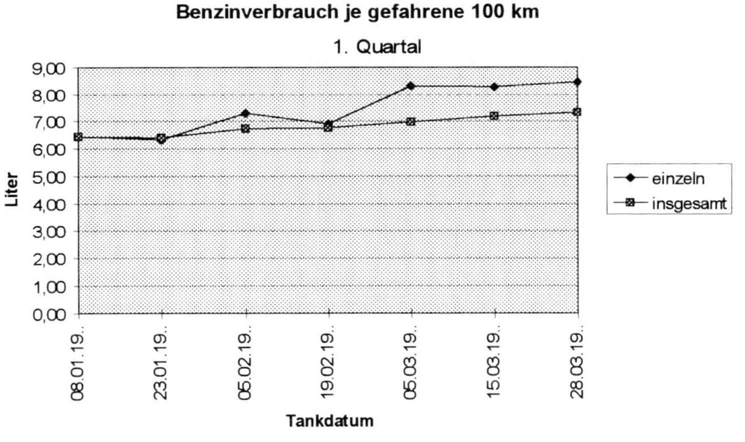

Aufgabe 5, Seite 378

a) b) c)

Tabelle

	A	B	C	D	E	F	G
1	**Fehltage im Monat Januar**						
2							
3		Stunden		Fehlstunden		Prämienregelung	
4		Soll	Ist	absolut	in %	absolut	in %
5	Abel	176	168	8	4,55%	kein Punkt	kein Punkt
6	Greiner	176	160	16	9,09%	kein Punkt	kein Punkt
7	Hoffmann	88	84	4	4,55%	1 Punkt	kein Punkt
8	Mayer	176	156	20	11,36%	kein Punkt	kein Punkt
9	Mungei	88	86	2	2,27%	1 Punkt	1 Punkt
10	Rieger	176	176	0	0,00%	1 Punkt	1 Punkt
11	Summe	880	830	50	5,68%		

Tabelle mit Formeln

	A	B	C	D	E
1	**Fehltage im Monat Januar**				
2					
3		Stunden		Fehltage	
4		Soll	Ist	absolut	in %
5	Abel	176	168	=B5-C5	=D5/B5
6	Greiner	176	160	=B6-C6	=D6/B6
7	Hoffmann	88	84	=B7-C7	=D7/B7
8	Mayer	176	156	=B8-C8	=D8/B8
9	Mungei	88	86	=B9-C9	=D9/B9
10	Rieger	176	176	=B10-C10	=D10/B10
11	Summe	=SUMME(B5:B10)	=SUMME(C5:C10)	=SUMME(D5:D10)	=D11/B11

	F	G
1		
2		
3	Prämienregelung	
4	absolut	in %
5	=WENN(D5<=4;“1 Punkt“;“kein Punkt“)	=WENN(E5<=2,3%;“1 Punkt“;“kein Punkt“)
6	=WENN(D6<=4;“1 Punkt“;“kein Punkt“)	=WENN(E6<=2,3%;“1 Punkt“;“kein Punkt“)
7	=WENN(D7<=4;“1 Punkt“;“kein Punkt“)	=WENN(E7<=2,3%;„1 Punkt“;“kein Punkt“)
8	=WENN(D8<=4;“1 Punkt“;“kein Punkt“)	=WENN(E8<=2,3%;“1 Punkt“;“kein Punkt“)
9	=WENN(D9<=4;“1 Punkt“;“kein Punkt“)	=WENN(E9<=2,3%;“1 Punkt“;“kein Punkt“)
10	=WENN(D10<=4;“1 Punkt“;“kein Punkt“)	=WENN(E10<=2,3%;“1 Punkt“;“kein Punkt“)
11		

d) e) Balkendiagramm

Vergleich der Soll- und Iststunden

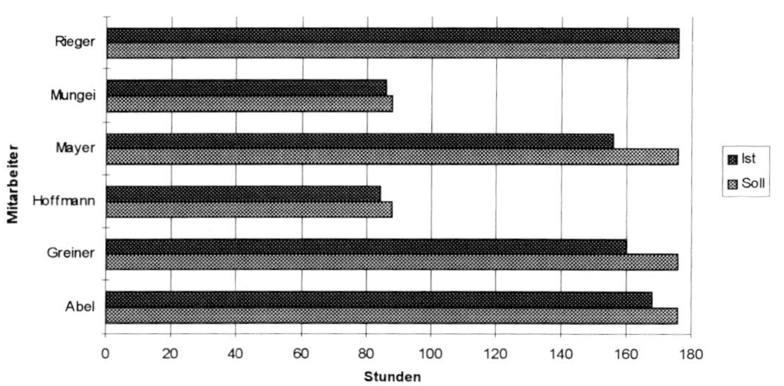

Aufgabe 6, Seite 378

a) b) c) d)

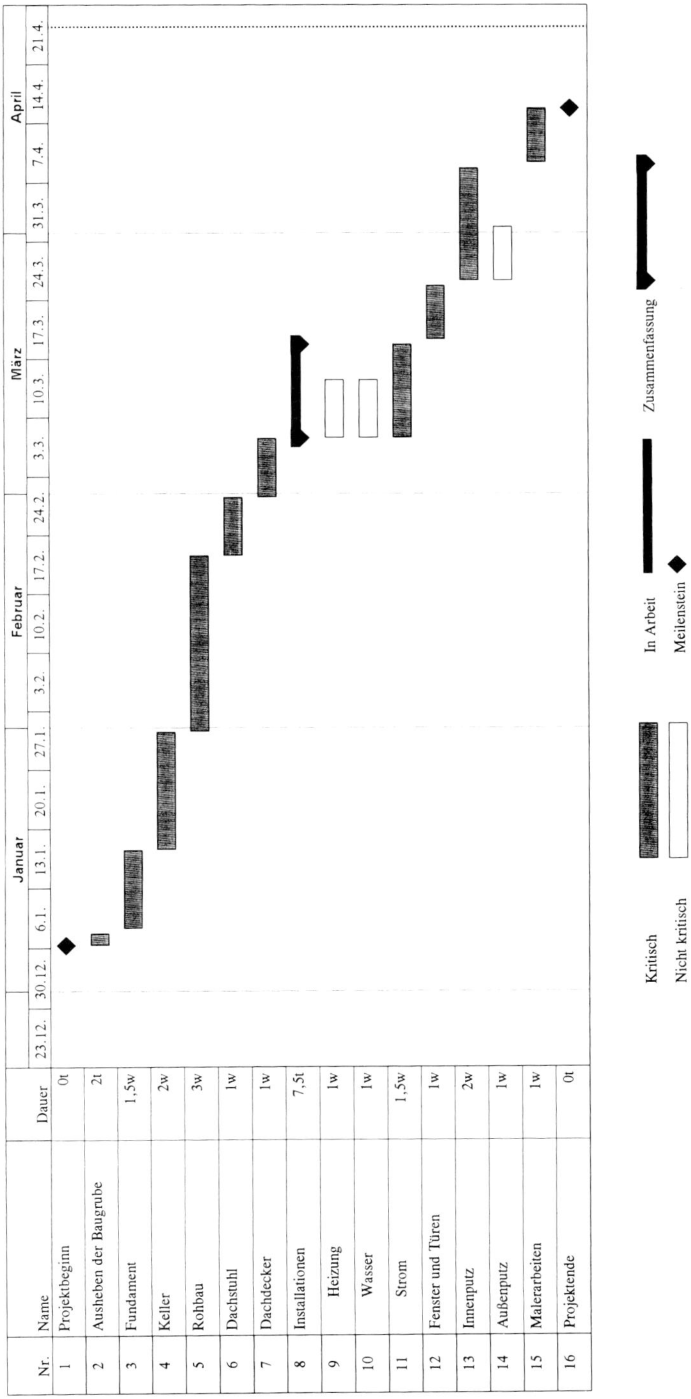

e) f)

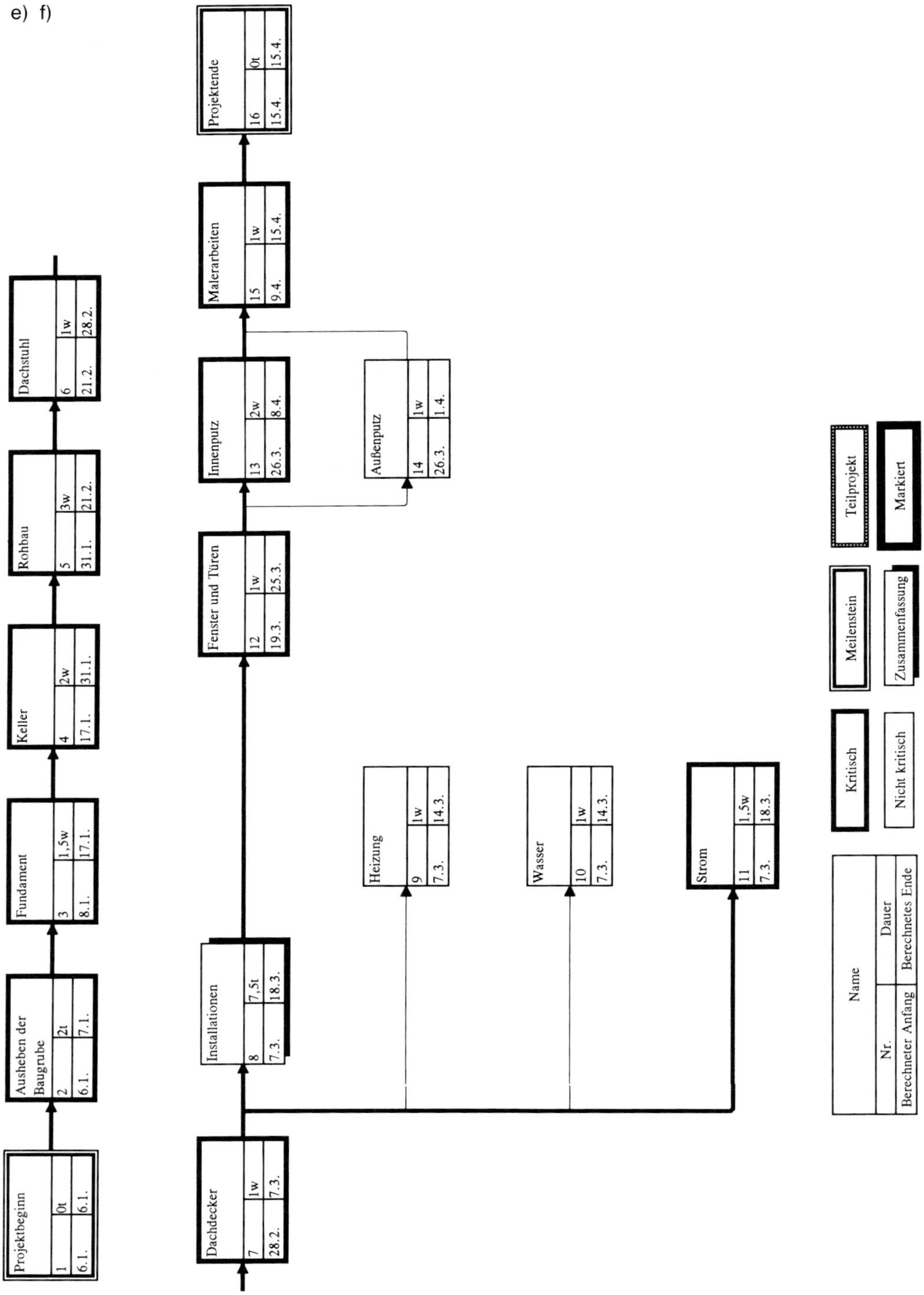

Projektbeginn
1
0t
6.1.
6.1.
Ausheben der Baugrube
2
2t
6.1.
7.1.
Fundament
3
1,5w
8.1.
17.1.
Keller
4
2w
17.1.
31.1.
Rohbau
5
3w
31.1.
21.2.
Dachstuhl
6
1w
21.2.
28.2.
Dachdecker
7
1w
28.2.
7.3.
Installationen
8
7,5t
7.3.
18.3.
Heizung
9
1w
7.3.
14.3.
Wasser
10
1w
7.3.
14.3.
Strom
11
1,5w
7.3.
18.3.
Fenster und Türen
12
1w
19.3.
25.3.
Innenputz
13
2w
26.3.
8.4.
Außenputz
14
1w
26.3.
1.4.
Malerarbeiten
15
1w
9.4.
15.4.
Projektende
16
0t
15.4.
15.4.
Name
Nr.
Dauer
Berechneter Anfang
Berechnetes Ende
Kritisch
Nicht kritisch
Meilenstein
Zusammenfassung
Teilprojekt
Markiert

g)

Nr.	Name	Berech. Anfang	Berech. Ende	Spätester Anfang	Spätestes Ende	Freier Puffer	Ges. Puffer
1	Projektbeginn	6.1.97 8:00	6.1.97 8:00	6.1.97 8:00	6.1.97 8:00	0t	0t
2	Ausheben der Baugrube	6.1.97 8:00	7.1.97 17:00	6.1.97 8:00	7.1.97 17:00	0t	0t
3	Fundament	8.1.97 8:00	17.1.97 12:00	8.1.97 8:00	17.1.97 12:00	0t	0t
4	Keller	17.1.97 13:00	31.1.97 12:00	17.1.97 13:00	31.1.97 12:00	0t	0t
5	Rohbau	31.1.97 13:00	21.2.97 12:00	31.1.97 13:00	21.2.97 12:00	0t	0t
6	Dachstuhl	21.2.97 13:00	28.2.97 12:00	21.2.97 13:00	28.2.97 12:00	0t	0t
7	Dachdecker	28.2.97 13:00	7.3.97 12:00	28.2.97 13:00	7.3.97 12:00	0t	0t
8	Installationen	7.3.97 13:00	18.3.97 17:00	7.3.97 13:00	18.3.97 17:00	0t	0t
9	Heizung	7.3.97 13:00	14.3.97 12:00	12.3.97 8:00	18.3.97 17:00	2,5t	2,5t
10	Wasser	7.3.97 13:00	14.3.97 12:00	12.3.97 8:00	18.3.97 17:00	2,5t	2,5t
11	Strom	7.3.97 13:00	18.3.97 17:00	7.3.97 13:00	18.3.97 17:00	0t	0t
12	Fenster und Türen	19.3.97 8:00	25.3.97 17:00	19.3.97 8:00	25.3.97 17:00	0t	0t
13	Innenputz	26.3.97 8:00	8.4.97 17:00	26.3.97 8:00	8.4.97 17:00	0t	0t
14	Außenputz	26.3.97 8:00	1.4.97 17:00	2.4.97 8:00	8.4.97 17:00	5t	5t
15	Malerarbeiten	9.4.97 8:00	15.4.97 17:00	9.4.97 8:00	15.4.97 17:00	0t	0t
16	Projektende	15.4.97 17:00	15.4.97 17:00	15.4.97 17:00	15.4.97 17:00	0t	0t

h)

Nr.	Name	Feste Kosten	Gesamtkosten
1	Projektbeginn	0,00 DM	0,00 DM
2	Ausheben der Baugrube	0,00 DM	4.800,00 DM
3	Fundament	0,00 DM	10.800,00 DM
4	Keller	0,00 DM	22.400,00 DM
5	Rohbau	0,00 DM	39.600,00 DM
6	Dachstuhl	0,00 DM	9.280,00 DM
7	Dachdecker	0,00 DM	6.360,00 DM
8	Installationen	0,00 DM	21.400,00 DM
9	Heizung	0,00 DM	7.800,00 DM
10	Wasser	0,00 DM	5.200,00 DM
11	Strom	0,00 DM	8.400,00 DM
12	Fenster und Türen	0,00 DM	6.120,00 DM
13	Innenputz	0,00 DM	10.240,00 DM
14	Außenputz	0,00 DM	7.680,00 DM
15	Malerarbeiten	0,00 DM	6.240,00 DM
16	Projektende	0,00 DM	0,00 DM

i)

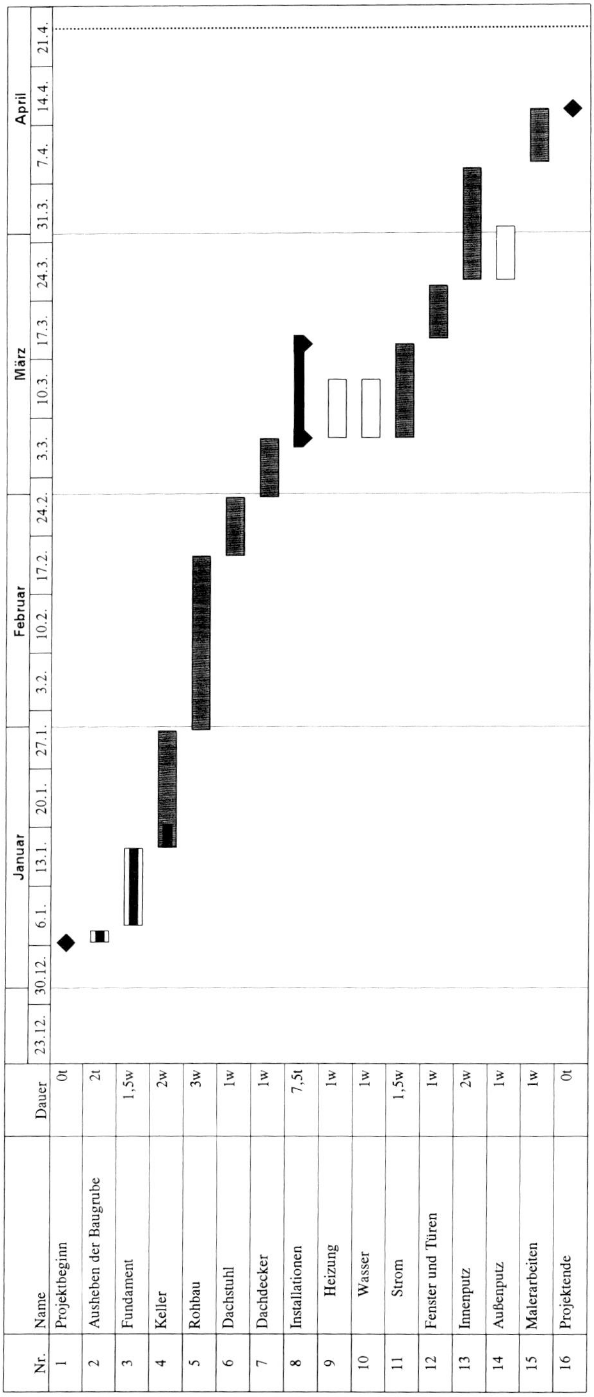
Nr.
Name
Dauer
Januar
Februar
März
April
23.12.
30.12.
6.1.
13.1.
20.1.
27.1.
3.2.
10.2.
17.2.
24.2.
3.3.
10.3.
17.3.
24.3.
31.3.
7.4.
14.4.
21.4.
1 Projektbeginn 0t
2 Ausheben der Baugrube 2t
3 Fundament 1,5w
4 Keller 2w
5 Rohbau 3w
6 Dachstuhl 1w
7 Dachdecker 1w
8 Installationen 7,5t
9 Heizung 1w
10 Wasser 1w
11 Strom 1,5w
12 Fenster und Türen 1w
13 Innenputz 2w
14 Außenputz 1w
15 Malerarbeiten 1w
16 Projektende 0t

j)

Nr.	Name	Dauer	Berechneter Anfang	Berechnetes Ende	Vorgänger
1	Projektbeginn	0t	6.1.97 8:00	6.1.97 8:00	
2	Ausheben der Baugrube	2t	6.1.97 8:00	7.1.97 17:00	1

Nr.	Ressourcenname	Einheiten	Arbeit	Verzögerung	Berechneter Anfang	Berechnetes Ende
1	Bagger	1	16h	0h	6.1.97 8:00	7.1.97 17:00
2	Bauarbeiter	2	32h	0h	6.1.97 8:00	7.1.97 17:00

3	Fundament	1,5w	8.1.97 8:00	17.1.97 12:00	2

Nr.	Ressourcenname	Einheiten	Arbeit	Verzögerung	Berechneter Anfang	Berechnetes Ende
2	Bauarbeiter	3	180h	0h	8.1.97 8:00	17.1.97 12:00
3	Betonmischer	1	60h	0h	8.1.97 8:00	17.1.97 12:00

4	Keller	2w	17.1.97 13:00	31.1.97 12:00	3

Nr.	Ressourcenname	Einheiten	Arbeit	Verzögerung	Berechneter Anfang	Berechnetes Ende
2	Bauarbeiter	5	400h	0h	17.1.97 13:00	31.1.97 12:00
3	Betonmischer	1	80h	0h	17.1.97 13:00	31.1.97 12:00

5	Rohbau	3w	31.1.97 13:00	21.2.97 12:00	4

Nr.	Ressourcenname	Einheiten	Arbeit	Verzögerung	Berechneter Anfang	Berechnetes Ende
2	Bauarbeiter	6	720h	0h	31.1.97 13:00	21.2.97 12:00
3	Betonmischer	1	120h	0h	31.1.97 13:00	21.2.97 12:00

6	Dachstuhl	1w	21.2.97 13:00	28.2.97 12:00	5

Nr.	Ressourcenname	Einheiten	Arbeit	Verzögerung	Berechneter Anfang	Berechnetes Ende
7	Zimmermann	4	160h	0h	21.2.97 13:00	28.2.97 12:00

7	Dachdecker	1w	28.2.97 13:00	7.3.97 12:00	6

Nr.	Ressourcenname	Einheiten	Arbeit	Verzögerung	Berechneter Anfang	Berechnetes Ende
6	Dachdecker	3	120h	0h	28.2.97 13:00	7.3.97 12:00

9	Heizung	1w	7.3.97 13:00	14.3.97 12:00	7

Nr.	Ressourcenname	Einheiten	Arbeit	Verzögerung	Berechneter Anfang	Berechnetes Ende
4	Installateur	3	120h	0h	7.3.97 13:00	14.3.97 12:00

10	Wasser	1w	7.3.97 13:00	14.3.97 12:00	7

Nr.	Ressourcenname	Einheiten	Arbeit	Verzögerung	Berechneter Anfang	Berechnetes Ende
4	Installateur	2	80h	0h	7.3.97 13:00	14.3.97 12:00

11	Strom	1,5w	7.3.97 13:00	18.3.97 17:00	7

Nr.	Ressourcenname	Einheiten	Arbeit	Verzögerung	Berechneter Anfang	Berechnetes Ende
5	Elektriker	2	120h	0h	7.3.97 13:00	18.3.97 17:00

12	Fenster und Türen	1w	19.3.97 8:00	25.3.97 17:00	8

Nr.	Ressourcenname	Einheiten	Arbeit	Verzögerung	Berechneter Anfang	Berechnetes Ende
10	Schreiner	3	120h	0h	19.3.97 8:00	25.3.97 17:00

13	Innenputz	2w	26.3.97 8:00	8.4.97 17:00	12

Nr.	Ressourcenname	Einheiten	Arbeit	Verzögerung	Berechneter Anfang	Berechnetes Ende
9	Gipser	2	160h	0h	26.3.97 8:00	8.4.97 17:00

14	Außenputz	1w	26.3.97 8:00	1.4.97 17:00	12

Nr.	Ressourcenname	Einheiten	Arbeit	Verzögerung	Berechneter Anfang	Berechnetes Ende
9	Gipser	3	120h	0h	26.3.97 8:00	1.4.97 17:00

15	Malerarbeiten	1w	9.4.97 8:00	15.4.97 17:00	13;14

Nr.	Ressourcenname	Einheiten	Arbeit	Verzögerung	Berechneter Anfang	Berechnetes Ende
8	Anstreicher	3	120h	0h	9.4.97 8:00	15.4.97 17:00

16	Projektende	0t	15.4.97 17:00	15.4.97 17:00	15

Aufgabe 7, Seite 380

Leuchtsysteme
Norbert Tech GmbH · Am Markt 5 · 66482 Zweibrücken

Leuchtsysteme Norbert Tech GmbH · Am Markt 5 · 66482 Zweibrücken

Firma
Karl Pieper
Alemannenstr. 16

67661 Kaiserslautern

Telefax
(06332) 121671

Ihr Zeichen, Ihre Nachricht vom	Unser Zeichen, unsere Nachricht vom	Telefon, Name	Datum
—	la-te	(06332) 121670	19..-11-22

Lieferungsverzug

Sehr geehrter Herr Pieper,

am 20. Oktober 19.. bestellten wir bei Ihnen 10 Hängelampen, Marke Artemide, Typ Macumba, zum Stückpreis von 1100,00 DM. Obwohl eine Lieferzeit von vier Wochen vereinbart war, ist die Sendung bis heute nicht bei uns eingetroffen.

Wir setzen Ihnen eine

Nachfrist bis zum 2. Dezember 19..

Wenn die Lampen bis zu diesem Zeitpunkt nicht geliefert sind, behalten wir uns vor,

vom Vertrag zurückzutreten oder Schadensersatzansprüche

geltend zu machen.

Wir bitten Sie um Verständnis für unsere Forderung, da wir unseren Kunden die Lieferung der Lampen fest zugesagt haben. Wir hoffen, dass Sie den neuen Liefertermin einhalten können.

Mit freundlichen Grüßen

Norbert Tech

Aufgabe 8, Seite 380

Fertighaus Nolte GmbH

Fertighaus Nolte GmbH, Bahnhofplatz 43, 68161 Mannheim

Firma
Dr. Scheffler
Waldstr. 20

66386 St Ingbert

Telefax
(0621) 652644

Ihr Zeichen, Ihre Nachricht vom	Unser Zeichen, unsere Nachricht vom	Telefon, Name	Datum
—	me-se	(0621) 652643	19. .-09-10

Rechnungsausgleich und Bitte um Stundung

Sehr geehrter Herr Dr. Scheffler,

aufgrund von Umbauarbeiten und einer unerwarteten rückläufigen Umsatzentwicklung befinden wir uns vorübergehend in Liquiditätsschwierigkeiten. Zu unserem Bedauern können wir deshalb Ihre Rechnung Nummer 4721 vom 30. August 19. . über

23 400,00 DM, fällig am 15. September 19. .,

nur teilweise ausgleichen.

Sie erhalten heute einen Verrechnungsscheck über

10 000,00 DM a/Stadtsparkasse Mannheim,

den Sie bitte mit der Gesamtschuld verrechnen wollen.

Für den Restbetrag

von 13 400,00 DM

bitten wir um eine Zielverlängerung bis zum 15. Dezember 19. . Wir sind gerne bereit, einen Wechsel über diesen Betrag zu akzeptieren. Selbstverständlich werden wir die Verzugszinsen übernehmen, die sie in den Wechselbetrag einrechnen können.

Wir hoffen auf Ihr Verständnis und danken Ihnen im Voraus für Ihr Entgegenkommen.

Mit freundlichen Grüßen

Nolte GmbH

Anlage
1 Verrechnungsscheck

38 Groh/Schröer – ISBN 3-8120-0420-8

Aufgabe 9, Seite 381

Polstermöbel
Kuhn GmbH
Bahnhofstr. 131
66111 Saarbrücken

Saarbrücken, 19..-03-10

Polstermöbel Kuhn GmbH · Bahnhofstr. 131 · 66111 Saarbrücken

«Vorname» «Name»
«Straße»
«Plz» «Ort»

Wiedereröffnung nach umfangreichen Renovierungsarbeiten

«Anrede» «Name»,

unser Unternehmen war wegen umfangreicher Renovierungs- und Umbauarbeiten drei Monate geschlossen.

Anlässlich der Wiedereröffnung unseres Betriebes

am Donnerstag, dem 23. März 19..,

möchten wir Sie gerne zu einer kleinen Feier um 17:00 Uhr nachmittags einladen. Für Ihr leibliches Wohl wird gesorgt und sie werden die Möglichkeit haben, sich unsere neu gestalteten Räume mit besonders ausgewählten Möbelstücken anzuschauen.

Mit freundlichen Grüßen

Polstermöbel Kuhn
Richard Kuhn

Merke:

- Unter einem **Serienbrief** versteht man eine bestimmte Anzahl von Dokumenten (z. B. Briefe), wobei jedes Exemplar zwei Arten von Text enthält: einen Grundtext, welcher in jedem Schreiben gleich ist und variable Textelemente, die in jedem einzelnen Brief verschieden sind (z. B. Namen und Anschrift des Empfängers). Ein Serienbrief wird also nicht für jeden Empfänger aufgesetzt, sondern es werden einzelne Teile einfach ausgetauscht.
- Ein Serienbrief verbindet zwei Dateien miteinander, und zwar das Hauptdokument (Serientextdatei) und die Datenquelle (Steuerdatei).
- Das **Hauptdokument** enthält Text und Grafik, die in jedem Exemplar des Serienbriefs gleich sind (feste Daten). Es kann wie jedes andere Dokument erstellt, formatiert und unter einem beliebigen Namen abgespeichert werden. In das Hauptdokument werden selbstdefinierte Seriendruckfelder (z. B. Name, Vorname, Umsatz) eingefügt, welche die variablen Daten (z. B. Brauns, Eva, 100 000,00 DM) aus der zugehörigen Datenquelle für jeden einzelnen Brief entnehmen, wenn das Hauptdokument mit der Datenquelle verbunden wird.
- Die **Datenquelle** wird wie ein gewöhnliches Dokument erstellt und unter einem beliebigen Namen gespeichert. Die Datenquelle enthält die (variablen) Informationen, die in das Hauptdokument eingefügt werden sollen. Jede Datenquelle besteht aus den beiden Bestandteilen Steuersatz und Datensätze.

Der **Steuersatz** muss der erste Absatz der Steuerdatei sein, er besteht aus den Feldnamen für jedes Seriendruckfeld (z.B. Name, Vorname, Umsatz), wobei die Feldnamen in den beiden Dateien gleichgeschrieben werden müssen.

Die **Datensätze** enthalten die Informationen zu den einzelnen Feldnamen, die in jedem Exemplar des Serienbriefes erscheinen.

Lösungen Wirtschaftsrechnen und Statistik

Aufgabengruppe 1, Seite 404

1. a) A: 6900,00 DM + 24000,00 DM
   B: 9480,00 DM
   C: 4320,00 DM

   b) Kapitalverzinsung: 6%

2. Kurs: 2,7938

443,15 £	=	1238,07 DM
+ $2\,^1/_2$‰	=	3,10 DM
		1241,17 DM

3.

Kreditsumme	1500,00 DM	100%
– Zinsen 12%/120 Tage	60,00 DM	4%
	1440,00 DM	96%
– Bearbeitungsgebühr	30,00 DM	
Auszahlung	1410,00 DM	

Zeitprozentsatz: $\frac{12 \cdot 120}{360} = 4\%$

4.

80000,00 DM	100%	
16000,00 DM	20%	
64000,00 DM	80%	100%
12800,00 DM		20%
51200,00 DM	100%	80%
10240,00 DM	20%	
40960,00 DM	80%	

5. $\frac{5 \cdot 25 \cdot 8 \cdot 1800}{20 \cdot 9 \cdot 1200} = 8{,}\overline{3}$ 8,33 = 8 Tage + 3 Arbeitsstunden

Aufgabengruppe 2, Seite 405

1. a) Zinssatz: $\frac{2 \cdot 360}{20} = 36\%$

   b) Kreditzinsen: $\frac{20580 \cdot 20 \cdot 8}{100 \cdot 360} = 91{,}47$ DM

Skontoertrag	420,00 DM
– Zinsen	91,47 DM
Finanzierungsgewinn	328,53 DM

2. $\frac{29{,}40 \cdot 100 \cdot 360}{2450 \cdot 72} = 6\,\%$

3.

		3500,00 DM
		− 1500,00 DM
2,5 %	–	2000,00 DM
100 %	–	80000,00 DM

4.

Kapital	90000,00 DM	100 %
+ Zinsen 12 %/60 Tage	1800,00 DM	2 %
vermehrtes Kapital	91800,00 DM	102 %

5. a)

Rechnungsbetrag	9379,59 DM	100 %
− Skonto	187,59 DM	2 %
Überweisung	9192,00 DM	98 %

b) 60 − 10 = 50 Tage

c) $\frac{153{,}20 \cdot 100 \cdot 360}{9192 \cdot 50} = 12\,\%$

Aufgabengruppe 3, Seite 405 f.

1. $\frac{4000 \cdot 118{,}372}{100} = 4734{,}88$ DM

$\frac{4734{,}88}{1{,}180} = 4012{,}61$ kan. Dollar

2. $\frac{139{,}50 \cdot 100 \cdot 360}{4500 \cdot 9} = 124$ Tage; 2. Nov. (Rückzahlung)

3.

	Zinsen	Kapital	
A	23800,00 DM	190400,00 DM	
B	27200,00 DM	217600,00 DM	
C	34000,00 DM	272000,00 DM	
D	21250,00 DM	170000,00 DM	
	106250,00 DM	850000,00 DM	(≙ 12,5 % Verzinsung)

4.

	438000,00 DM	
−	284000,00 DM	
	154000,00 DM	Endkapital
+	8345,00 DM	
−	15345,00 DM	Gewinn
	147000,00 DM	Anfangskapital

$\frac{15345 \cdot 100}{147000} = 10{,}44\,\%$ Verzinsung

5. $\frac{151{,}25 \cdot 100 \cdot 360}{125 \cdot 6} = 7260{,}00$ DM

Aufgabengruppe 4, Seite 406

1\. a) $\frac{1215 \cdot 100}{48600} = 2{,}5\,\%$

b)

	25815,00 DM
+	645,38 DM
	26460,38 DM

2\.

	Bez.-Spesen	Bezugspreis/kg
1.S.	20,80 DM	0,67 DM
2.S.	52,00 DM	1,31 DM
	72,80 DM	

3\. Barwert 1. Wechsel: 5200,00 DM $- \frac{5200 \cdot 7{,}5 \cdot 36}{100 \cdot 360} =$ 5161,00 DM

Barwert 2. Wechsel: 4600,00 DM $- \frac{4600 \cdot 7{,}5 \cdot 56}{100 \cdot 360} =$ 4546,33 DM

Summe der Barwerte		9707,33 DM
Rechnungsbetrag	12400,00 DM	
Scheckbetrag	2692,67 DM	

4\. a)

Skontoabzug	170,00 DM
– Zinsen 10 %/30 Tage	50,00 DM
Finanzierungsgewinn	120,00 DM

b) 24 %

5\.

	Tage	#
60000,00 DM	90	54000
40000,00 DM	90	36000
20000,00 DM	90	18000
		108000 : 40 = 2700,00 DM

15\. Nov.: 22700,00 DM

Aufgabengruppe 5, Seite 407

1\.

54000,00 DM	Einnahmen/Jahr
– 12000,00 DM	
– 9000,00 DM	
– 14400,00 DM	
18600,00 DM	Reinertrag;

$\frac{18600 \cdot 100}{300000} = 6{,}2\,\%$ Verzinsung

2\. a) $\frac{9312 \cdot 100}{97} = 9600{,}00$ DM

b) $\frac{3 \cdot 360}{20} = 54\,\%$

c) $\frac{77{,}60 \cdot 100 \cdot 360}{9312 \cdot 20} = 15\,\%$

3.	Kredit	25 000,00 DM	100 %
	– Zinsen 8 % / 90 Tage	500,00 DM	2 %
	– Bearbeitungsgebühr	250,00 DM	1 %
	Auszahlung	24 250,00 DM	97 %

4.		260 000,00 DM	ursprüngl. Umsatz
	+ $6\,^1/_4$ %	16 250,00 DM	
		276 250,00 DM	
	– 10 %	27 625,00 DM	
		248 625,00 DM	
	+ $3\,^1/_3$ %	8 287,50 DM	
		256 912,50 DM	

5.	120,000 kg	100 %	ursprüngl. Gewicht	
	6,000 kg	5 %		
	114,000 kg	95 %		100 %
	2,280 kg			2 %
	116,280 kg			102 %

Aufgabengruppe 6, Seite 407 f.

1. 400 000,00 DM
+ 8 000,00 DM
+ 12 000,00 DM
420 000,00 DM : 10 Jahre = 42 000,00 DM / Jahr
294 000,00 DM : 42 000,00 DM / Jahr = 7 Jahre

2. 500 000,00 DM
+ 120 000,00 DM (60 · 2 000,00 DM)
620 000,00 DM : 2 000 Stück = 310,00 DM / Stück

3. 457 000,00 DM (unter der Voraussetzung
– 412 000,00 DM von gleichen fixen Gesamtkosten in beiden Quartalen)
45 000,00 DM : 250 Stück = 180,00 DM / Stück (variable Stückkosten)

180,00 DM/Stück · 900 Stück = 162 000,00 DM (variable Gesamtkosten)

412 000,00 DM (Gesamtkosten)
– 162 000,00 DM (variable Gesamtkosten)
250 000,00 DM (fixe Gesamtkosten)

4. 80 000,00 DM Gesamtkosten
– 48 000,00 DM variable Gesamtkosten (4 · 12 000)
32 000,00 DM fixe Gesamtkosten

100 % ≙ 16 000 Einheiten

13,00 DM Preis pro Einheit
– 2,00 DM fixe Stückkosten (32 000 : 16 000)
– 4,00 DM variable Stückkosten
= 7,00 DM Gewinn pro Einheit

5. 1 800 000 Hektoliter : 240 Tage = 7 500 hl / Tag (Tageskapazität)

7 500 hl / Tag · 20 Tage = 150 000 hl (Monatskapazität)

150 000 hl – 100 %
120 000 hl – 80 % (Beschäftigungsgrad)

Aufgabengruppe 7, Seite 408

1. 16,00 DM / Stunde · 6 Stunden = 96,00 DM Lohn pro Werkstück

96,00 DM : 4 Stunden = 24,00 DM / Stunde

2. 103 % – 1 266,9 Mrd. DM
100 % – 1 230,00 Mrd. DM (reales Bruttosozialprodukt)

1 200,00 Mrd. DM – 100 %
30,00 Mrd. DM – 2,5 % (reales Wachstum)

3. 100 % – 4 000 Stück
75 % – 3 000 Stück (eigener Inlandsabsatz)

2 % – 3 000 Stück
100 % – 150 000 Stück (Gesamtabsatz im Inland)

4. Lagerzinssatz $= \frac{12 \cdot 20}{360} = {}^{2}/_{3}\,\%$

5. A: 120 · 16,30 – 8 % = 1 799,52 DM : 120 Stück = 15,00 DM / Stück
B: 110 · 16,30 = 1 793,00 DM : 120 Stück = 14,94 DM / Stück

Aufgabengruppe 8, Seite 408 f.

1.

Rüstzeit = 3 · 3 Stunden =	9 Stunden
+ Ausführungszeit	90 Stunden
Vorgabezeit	99 Stunden

Lohnkosten insgesamt = 99 · 20 · 1,1 = 2 178,00 DM
Lohnkosten pro Rahmen = 16,75 DM

2.

Selbstkosten je Stück	82,00 DM
– variable Stückkosten	42,00 DM
= fixe Stückkosten	40,00 DM

1 200 000,00 fixe Gesamtkosten · 40 = 30 000 Stück
Zusätzliche Produktion = 30 000 – 28 000 = 2 000 Stück

3. 36 Minuten – 90 Stück
60 Minuten – 150 Stück

Leistungsgrad $= \frac{150 \text{ Stück}}{120 \text{ Stück}} \cdot 100 = 125\,\%$

4. 104% – 2152800,00 DM
100% – 2070000,00 DM

2070000,00 DM – 2000000,00 DM = 70000,00 DM (reale Steigerung)

2000000,00 DM – 100%
70000,00 DM – 3,5% (prozentuale reale Steigerung)

5. 250 Einheiten – 10 fehlerhafte Erzeugnisse
20000 Einheiten – 800 fehlerhafte Erzeugnisse

Aufgabengruppe 9, Seite 409 ff.

1. a) Kreisdiagramm

b) Kernenergieverbrauch = 48,8 Mio. t SKE

c) Gesamter Energieverbrauch 488 Mio. t SKE

d) Pro-Kopf-Verbrauch = 6,1 t SKE

2. a) Saldo des Außenhandels im 4. Jahr = 73,9 Mrd. DM, d. h., die Ausfuhr an Waren überstieg die Einfuhr um 73,9 Mrd. DM.

b)

Jahr	1	2	3	4
Veränderung	—	−0,99%	−12,02%	−5,08%

c) Steigerung = 7,89%

d) Anteil = 20,64%

3. a) Säulendiagramm

b) Prozentualer Anteil in Deutschland = 80%
Prozentualer Anteil in Großbritannien = 33,3%

c) Die Arbeitskosten in Deutschland sind um 125% höher

d) Die Lohnkosten in Deutschland sind um 66,7% höher.
Die Lohnnebenkosten sind in Deutschland um 300% höher.

4. a) Liniendiagramm

b)

Jahr	Prozentuale Steigerung	
	Nominal	Real
2	3,38%	1,51%
3	5,33%	3,74%
4	− 3,44%	3,61%
5	19,81%	5,68%
6	16,12%	11,72%
7	7,53%	2,08%
8	2,61%	− 1,27%
9	3,96%	0,82%

c) Nominales Bruttoinlandsprodukt = 3388 Mrd. DM

d) Reales Bruttoinlandsprodukt = 2398 Mrd. DM

e) Ab dem 4. Jahr steigt das nominale Bruttoinlandsprodukt ständig an; das reale Bruttoinlandsprodukt verändert sich ab dem 6. Jahr kaum, d.h., ab diesem Jahr war eine relativ hohe Inflationsrate zu verzeichnen.

5\. a) Balkendiagramm

b) Mineralölsteuer, Mehrwertsteuer, Lohn- und Einkommensteuer steigen an, die Tabaksteuer bleibt unverändert, Kraftfahrzeugsteuer und Körperschaftsteuer gehen leicht zurück.

c) Wichtigste Bundessteuer = Mineralölsteuer
Wichtigste Ländersteuer = Kraftfahrzeugsteuer
Wichtigste gemeinschaftliche Steuer = Lohn- und Einkommensteuer

Lösungen Buchführung

Aufgabengruppe 1, Seite 490

1.	3001)			2635,20	
		an	2880)		1800,00
		an	5420)		720,00
		an	4800)		115,20
2. a)	2800)			2728,32	
	5001)			48,00	
	4800)			7,68	
		an	2400)		2784,00
b)	2800)			2728,32	
	5001)			55,68	
		an	2400)		2784,00
	4800)			7,68	
		an	5001)		7,68
3. a)	7700)			1700,00	
		an	3800)		1700,00
b)	3800)			1700,00	
	7700)			400,00	
		an	2800)		2100,00
4. a)	980,00 DM				
b)	972,00 DM				
5.	0750)			165000,00	
		an	5300)		165000,00
6. a)	2800)			4800,00	
		an	5710)		4800,00
	5710)			3200,00	
		an	4900)		3200,00
b)	4900)			3200,00	
		an	5710)		3200,00

7.		7700)			14 800,00	
		3001)			24 300,00	
		7030)			2 760,00	
		0500)			7 000,00	
		4800)			11 900,00	
			an	2800)		60 760,00
8.	a)	2470)			1 740,00	
			an	2400)		1 740,00
	b)	6952)			1 050,00	
			an	3670)		1 050,00
	c)	2800)			696,00	
			an	2470)		696,00
		4800)			144,00	
			an	2470)		144,00
		3670)			900,00	
			an	2470)		900,00
		3670)			150,00	
			an	5450)		150,00
9.		2400)			60,00	
			an	5710)		60,00
10.	a)	6900)			2 400,00	
			an	2800)		2 400,00
		2900)			1 600,00	
			an	6900)		1 600,00
	b)	6900)			1 600,00	
			an	2900)		1 600,00

Aufgabengruppe 2, Seite 491

1.		2800)			500,00	
			an	5450)		431,03
			an	4800)		68,97
2.	6990)				682,00	
			an	2800)		682,00
3.	a)	5001)			4 176,00	
			an	2400)		4 176,00
		4800)			576,00	
			an	5001)		576,00
	b)	5001)			3 600,00	
		4800)			576,00	
			an	2400)		4 176,00
4.		2800)			8 352,00	
			an	0720)		7 200,00
			an	4800)		1 152,00
		6960)			300,00	
			an	0720)		300,00

	oder:				
	2800)			8352,00	
		an	5410)		7200,00
		an	4800)		1152,00
	5410)			7200,00	
	6960)			300,00	
		an	0720)		7500,00
5. a)	2470)			9280,00	
		an	2400)		9280,00
b)	6952)			6000,00	
		an	3670)		6000,00
c)	2800)			1856,00	
		an	2470)		1856,00
	4800)			1024,00	
		an	2470)		1024,00
	3670)			6000,00	
		an	2470)		6000,00
	6990)			400,00	
		an	2470)		400,00

6.

S	3001		H
	8000,00		2500,00
		3000)	5500,00

S	8020		H
	480000,00		592000,00
3000)	112000,00		

S	3000		H
3001)	5500,00		420000,00
8010)	526500,00	8020)	112000,00

7.	2860)			1950,00	
		an	2400)		1950,00
	2800)			1950,00	
		an	2860)		1950,00
	oder:				
	2800)			1950,00	
		an	2400)		1950,00
8. a)	4400)			3190,00	
		an	2800)		3094,30
		an	2002)		95,70
	2002)			13,20	
		an	2600)		13,20
b)	4400)			3190,00	
		an	2800)		3094,30
		an	2002)		82,50
		an	2600)		13,20
9. a)	2400)			5568,00	
		an	5000)		4800,00
		an	4800)		768,00
b)	5000)			220,00	
	4800)			35,20	
		an	2400)		255,20

	c)	5001)		121,80	
		an	2400)		121,80
		4800)		16,80	
		an	5001)		16,80
10.	a)	230 000,00 DM			
	b)	160 000,00 DM			

Aufgabengruppe 3, Seite 492

1.		8020)		1 200 000,00	
		an	3210)		60 000,00
		an	3240)		24 000,00
		an	3350)		1 116 000,00
2.		2880)		5 800,00	
		an	0840)		4 000,00
		an	4800)		800,00
		an	5460)		1 000,00
		oder:			
		2880)		5 800,00	
		an	5410)		5 000,00
		an	4800)		800,00
		5410)		5 000,00	
		an	0840)		4 000,00
		an	5460)		1 000,00
3.	a)	6200)		11 400,00	
		an	4890)		11 400,00
		6400)		1 900,00	
		an	4840)		1 900,00
	b)	4890)		11 400,00	
		6200)		17 100,00	
		an	2800)		20 300,00
		an	4840)		8 200,00
		6400)		2 800,00	
		an	4840)		2 800,00
4.		6000)		15 400,00	
		an	2000)		15 400,00
		6020)		4 380,00	
		an	2020)		4 380,00
5.		6952)		620,00	
		4800)		99,20	
		an	2400)		719,20
6.		30 000,00 DM			
7.		2400)		5 568,00	
		an	5000)		4 800,00
		an	4800)		768,00
8.	a)	2300)		4 000,00	
		an	2850)		4 000,00

b)	2000)			16900,00	
	2600)			2704,00	
		an	4400)		15604,00
		an	2300)		4000,00

(verbrauchsorientierte Buchung ist möglich)

9.	6200)			400,00	
		an	2800)		400,00
10. a)	0900)			17241,38	
	2600)			2758,62	
		an	2800)		20000,00
b)	0840)			64000,00	
	2600)			7481,38	
		an	0900)		17241,38
		an	2800)		24000,00
		an	4400)		30240,00
c)	4400)			30240,40	
		an	2800)		30240,40

Aufgabengruppe 4, Seite 493

1. a)	2400)			6577,20	
		an	5000)		5670,00
		an	4800)		907,20
b)	6140)			224,00	
	2600)			35,84	
		an	2880)		259,84
c)	6150)			283,50	
	2600)			45,36	
		an	2800)		328,86
2. a)	6953)			4800,00	
		an	3680)		4800,00
b)	3680)			2100,00	
	4800)			336,00	
		an	2470)		2436,00
3.	3000)			3100,00	
		an	3001)		3100,00
	8020)			600,00	
		an	5200)		600,00
	8020)			11400,00	
		an	3000)		11400,00
	3000)			60300,00	
		an	8010)		60300,00
4.	4800)			15360,00	
		an	2600)		15360,00
	4800)			8240,00	
		an	2800)		8240,00

5.	a)	2000)		62 300,00	
		2600)		9 968,00	
			an 4400)		72 268,00
	b)	4400)		1 806,70	
			an 2000)		1 557,50
			an 2600)		249,20
	c)	4400)		867,22	
			an 2002)		747,60
			an 2600)		119,62
6.	a)	6200)		23 700,00	
			an 2800)		15 524,00
			an 4830)		4 266,00
			an 4840)		3 910,00
		6400)		3 910,00	
			an 4840)		3 910,00
	b)	4830)		4 266,00	
		4840)		7 820,00	
			an 2800)		12 086,00
7.		6420)		711,00	
			an 2800)		711,00
8.		2800)		9 512,00	
			an 0840)		8 200,00
			an 4800)		1 312,00
		6960)		800,00	
			an 0840		800,00
9.	a)	0860)		31 000,00	
		2600)		4 960,00	
			an 4400)		35 960,00
	b)	4400)		35 960,00	
			an 2800)		35 240,80
			an 0860)		620,00
			an 2600)		99,20
10.		4800)		15 620,00	
			an 2600)		15 620,00
		4800)		11 806,00	
			an 8010)		11 806,00

Aufgabengruppe 5, Seite 494

1.	a)	2690)		3 000,00	
			an 5401)		3 000,00
	b)	2800)		4 500,00	
			an 2690)		3 000,00
			an 5401)		1 500,00
2.		6960)		160,00	
			an 2880)		160,00

3.		0500)		338 200,00		
		2600)		960,00		
		an	2800)		339 160,00	
4.	a)	2800)		5 000,00		
		an	4300)		4 310,34	
		an	4800)		689,66	
	b)	4300)		4 310,34		
		2400)		15 880,00		
		an	5000)		18 000,00	
		an	4800)		2 190,34	
5.		4400)		1 931,40		
		an	2020)		1 665,00	
		an	2600)		266,40	
		(verbrauchsorientierte Buchung ist möglich)				
6.		0720)		19 200,00		
		2600)		3 072,00		
		an	4400)		22 272,00	
7.		6952)		2 160,00		
		an	3670)		2 160,00	
		6953)		2 328,00		
		an	3680)		2 328,00	
8.	a)	2650)		400,00		
		an	2880)		400,00	
	b)	6300)		3 600,00		
		an	2800)		1 740,00	
		an	4830)		576,00	
		an	4840)		534,00	
		an	2650)		400,00	
		an	5401)		350,00	
	c)	6410)		534,00		
		an	4840)		534,00	
	d)	4830)		576,00		
		an	8010)		576,00	
		4840)		1 064,00		
		an	8010)		1 064,00	
9.		2000)		1 780,00		
		an	2001)		1 780,00	
		2002)		1 310,00		
		an	2000)		1 310,00	
		2010)		360,00		
		an	2011)		360,00	
		2282)		520,00		
		an	2280)		520,00	
		5000)		950,00		
		an	5001)		950,00	
10.		4800)		27 310,00		
		an	2600)		27 310,00	
		8010)		6 330,00		
		an	2600)		6 330,00	(Vorsteuerüberhang)

Aufgabengruppe 6, Seite 495

1.	2030)		1 260,00	
	2600)		201,60	
	an	4400)		1 461,60
	2031)		63,00	
	2600)		10,08	
	an	2880)		73,08
	(verbrauchsorientierte Buchung ist möglich)			
2.	4400)		556,80	
	an	2282)		480,00
	an	2600)		76,80
	(verbrauchsorientierte Buchung ist möglich)			
3.	6930)		6 500,00	
	an	2000)		6 500,00
4.	4400)		2 740,00	
	an	2800)		2 740,00
5.	6520)		22 300,00	
	an	0860)		22 300,00

6. a)

S	2280		H
8000)	30 000,00	6080)	50 000,00
	60 000,00	8010)	40 000,00

S	6080		H
2280)	50 000,00	8020)	50 000,00

S	5100)		H
8020)	70 000,00		70 000,00

S	8020		H
6080)	50 000,00	5100)	70 000,00
	20 000,00		

b)	2280)		30 000,00	
	an	8000)		30 000,00
	8010)		40 000,00	
	an	2280)		40 000,00
	6080)		50 000,00	
	an	2280)		50 000,00
	8020)		50 000,00	
	an	6080)		50 000,00
	5100)		70 000,00	
	an	8020)		70 000,00
7.	0860)		18 000,00	
	2600)		2 880,00	
	an	4400)		20 880,00
	4400)		2 900,00	
	an	0860)		2 500,00
	an	4800)		400,00
	6960)		1 500,00	
	an	0860)		1 500,00

		4400)	17980,00	
		an 2800)		17440,60
		an 0860)		465,00
		an 2600)		74,40

(andere Buchung ist möglich)

8.

S	2100		H
8000)	36000,00	8010)	28000,00
		5200)	8000,00

S	2200		H
8000)	84000,00	8010)	96000,00
5200)	12000,00		

S	5200		H
2100)	8000,00	2200)	12000,00
8020)	4000,00		

S	8020		H
	216000,00		265000,00
3000)	53000,00	5200)	4000,00

		5200)	8000,00	
		an 2100)		8000,00
		2200)	12000,00	
		an 5200)		12000,00
		5200)	4000,00	
		an 8020)		4000,00
		8020)	53000,00	
		an 3000)		53000,00
9.	a)	2650)	300,00	
		an 2880)		300,00
	b)	6300)	3500,00	
		6320)	26,00	
		an 2650)		300,00
		an 2800)		2044,00
		an 4830)		540,00
		an 4840)		590,00
		an 4860)		52,00
		6410)	590,00	
		an 4840)		590,00
		4830)	540,00	
		4840)	1180,00	
		4860)	52,00	
		an 2800)		1772,00
10.	a)	2400)	9280,00	
		an 5000)		8000,00
		an 4800)		1280,00
	b)	2800)	4547,20	
		5001)	80,00	
		4800)	12,80	
		an 2400)		4640,00
	c)	2800)	4670,93	
		an 2400)		4640,00
		an 5710)		30,93

Aufgabengruppe 7, Seite 496 f.

1.	a)	0840)			90 000,00	
		2600)			14 400,00	
			an	4400)		104 400,00
		0840)			180,00	
		6030)			200,00	
		2600)			60,80	
			an	2880)		440,80
	b)	3001)			1 160,00	
			an	0860)		1 000,00
			an	4800)		160,00
		6960)			500,00	
			an	0860)		500,00
2.		0500)			9 200,00	
		7030)			1 280,00	
		3001)			3 870,00	
		4800)			5 430,00	
		6990)			3 400,00	
			an	2800)		23 180,00
3.	a)	6952)			4 048,00	
			an	3670)		4 048,00
		6953)			20 262,00	
			an	3680)		20 262,00

b)

788 800,00 DM Gesamtbetrag
– 4 048,00 DM Einzelwertberichtigung
– 20 262,00 DM Pauschalwertberichtigung
764 490,00 DM Bilanzansatz

4.	a)	2900)			560,00	
			an	6900)		560,00
	b)	2900)			200,00	
			an	6700)		200,00
	c)	2690)			160,00	
			an	5710)		160,00
	d)	6150)			1 800,00	
		2600)			288,00	
			an	4890)		2 088,00
	e)	5401)			400,00	
			an	4900)		400,00
5.	a)	2800)			34 800,00	
			an	4300)		30 000,00
			an	4800)		4 800,00
	b)	2400)			104 400,00	
		4300)			30 000,00	
			an	5000)		120 000,00
			an	4800)		14 400,00
	c)	2800)			104 400,00	
			an	2400)		104 400,00

6.		3001)		696,00	
		an	0860)		450,00
		an	4800)		96,00
		an	5460)		150,00

7. a) Privatentnahme eines Pkw, Buchwert 4 000,00 DM, Teilwert 5 000,00 DM

b) Kunde begleicht Rechnung über 4 640,00 DM unter Abzug von 2% Skonto

c) Zinsbelastung durch die Bank, 3 600,00 DM

d) Arbeitnehmer erhält Vorschuss in bar, 300,00 DM

e) Rücksendungen beschädigter Rohstoffe, netto 500,00 DM

f) Auflösung einer Steuerrückstellung in Höhe von 5 000,00 DM

8.	a)	0890)		720,00	
		2600)		115,20	
		an	2880)		835,20
	b)	6540)		720,00	
		an	0890)		720,00
9.		6440)		160 000,00	
		an	3700)		160 000,00
		6980)		45 000,00	
		an	3930)		45 000,00
10.	a)	6520)		2 400,00	
		an	0860)		2 400,00
		6550)		4 200,00	
		an	0860)		4 200,00
	b)	3 000,00 DM			

Aufgabengruppe 8, Seite 498 f.

1.		19. Februar			
		0720)		97 100,00	
		2600)		15 536,00	
		an	4400)		112 636,00
		28. Februar			
		4400)		45 054,40	
		an	2800)		43 702,77
		an	0720)		1 165,20
		an	2600)		186,43
		18. März			
		4400)		39 422,60	
		an	2800)		39 422,60
		1. April			
		4400)		28 159,00	
		7510)		65,70	
		an	2800)		28 224,70
2.	a)	6953)		8 000,00	
		an	3680)		8 000,00

	b)	3680)			2 900,00		
		4800)			464,00		
			an	2400)		3 364,00	
	c)	6953)			7 200,00		
			an	3680)		7 200,00	
3.	a)	2690)			2 400,00		
			an	5710)		2 400,00	
	b)	5401)			4 600,00		
			an	4900)		4 600,00	
4.	a)	0840)			24 000,00		
		2600)			3 840,00		
			an	4400)		27 840,00	
	b)	6520)			4 000,00		
			an	0840)		4 000,00	(für 8 Monate)
	c)	4400)			8 120,00		
			an	0840)		7 000,00	
			an	4800)		1 120,00	
		6960)			1 000,00		
			an	0840)		1 000,00	
		4400)			19 720,00		
			an	2800)		19 128,40	
			an	0840)		510,00	
			an	2600)		81,60	
		(andere Buchung ist möglich)					
5.	a)	5001)			520,00		
		4800)			83,20		
			an	2400)		603,20	
	b)	4400)			2 088,00		
			an	2000)		1 800,00	
			an	2600)		288,00	
	c)	4400)			5 568,00		
			an	2800)		5 400,96	
			an	2002)		167,04	
	d)	2800)			4 092,48		
		5001)			72,00		
		4800)			11,52		
			an	2400)		4 176,00	
6.	a)	3001)			139,20		
			an	5420)		120,00	
			an	4800)		19,20	
	b)	6150)			2 300,00		
		2600)			368,00		
			an	2800)		2 668,00	
	c)	6300)			4 350,00		
			an	2800)		2 450,00	
			an	4830)		790,00	
			an	4840)		640,00	
			an	5401)		470,00	

	6410)			640,00	
		an	4840)		640,00
	4830)			790,00	
	4840)			1 280,00	
		an	2800)		2 070,00
7.	2470)			696,00	
		an	2400)		696,00
a)	6952)			600,00	
	4800)			96,00	
		an	2470)		696,00
b)	2800)			115,00	
		an	2470)		115,00
	6952)			500,00	
	4800)			80,00	
		an	2470)		580,00
c)	6952)			510,00	
		an	3670)		510,00
	2800)			139,20	
		an	2470)		139,20
	4800)			76,80	
		an	2470)		76,80
	3670)			480,00	
		an	2470)		480,00
	3670)			30,00	
		an	5450)		30,00
8. a)	6000)			30 500,00	
	2600)			4 880,00	
		an	4400)		35 380,00
	6081)			480,00	
	2600)			76,80	
		an	2880)		556,80
b)	2000)			30 500,00	
	2600)			4 880,00	
		an	4400)		35 380,00
	2281)			480,00	
	2600)			76,80	
		an	2880)		556,80
9. a)	2800)			19 400 000,00	
	2900)			1 000 000,00	
		an	4100)		20 400 000,00
b)	7590)			100 000,00	
		an	2900)		100 000,00
10.	4400)			2 088,00	
		an	6002)		1 800,00
		an	2600)		288,00

Belege, Seite 499 ff.

1.	5000)			620,00	
	4800)			99,20	
		an	2400)		719,20
2.	2400)			232,13	
		an	5710		232,13
3.	2400)			1 397,22	
		an	5000)		1 204,50
		an	4800)		192,72
4.	5000)			445,34	
	4800)			71,26	
	2400)			615,60	
		an	2400)		516,60
		an	5000)		530,69
		an	4800)		84,91
5.	0730)			5 700,00	
	2600)			912,00	
		an	4400)		6 612,00
6.	2850)			470,30	
		an	5490)		470,30
7.	6880)			2 000,00	
		an	2800)		2 000,00
8.	4830)			143 200,00	
		an	2850)		143 200,00
9.	4400)			2 400,00	
		an	2800)		2 400,00
10.	2650)			300,00	
		an	2880)		300,00
11.	2400)			840,00	
		an	2800)		840,00
12.	6820)			6,90	
		an	2880)		6,90
13.	2800)			7 480,65	
		an	5490)		7 480,65
	2880)			10 000,00	
		an	2800)		10 000,00
	6820)			2 417,83	
		an	2800)		2 417,83
14.	2880)			168,00	
		an	5000)		144,83
		an	4800)		23,17
15.	0700)			9 030,00	
	6160)			641,00	
	2600)			1 547,36	
		an	4400)		11 218,36

16.	6300)		2 740,00	
		an 2880)		1 632,46
		an 4830)		276,04
		an 4840)		479,50
		an 2650)		300,00
		an 4860)		52,00
17.	Nettobuchung			
	4400)		54 320,00	
		an 2800)		52 690,40
		an 2002)		1 404,83
		an 2600)		224,77
	Bruttobuchung			
	4400)		54 320,00	
		an 2800)		52 690,40
		an 2002)		1 629,60
18.	2000)		90 500,00	
	2020)		270,00	
	2600)		14 523,20	
		an 4400)		105 293,20
19.	7510)		14 983,14	
	6750)		504,73	
		an 2800)		13 147,19
		an 5710)		2 340,68
20.	7020)		3 127,00	
		an 2800)		3 127,00
21.	2800)		25 300,00	
		an 2880)		25 300,00
22.	Nettobuchung			
	2800)		2 697,30	
	5001)		71,91	
	4800)		11,51	
		an 2400)		2 780,72
	Bruttobuchung			
	2800)		2 697,30	
	5001)		83,42	
		an 2400)		2 780,72
23.	4860)		10 452,00	
		an 2800)		10 452,00
24.	6030)		135,52	
	2600)		21,68	
		an 2880)		157,20
25.	4400)		928,00	
		an 2031)		800,00
		an 2600)		128,00
26.	6420)		58 600,00	
		an 2800)		58 600,00
27.	Nettobuchung			
	4400)		5 521,60	
		an 2002)		4 760,00
		an 2600)		761,60

			Soll	Haben
	Bruttobuchung			
	4400)		5 521,60	
		an 2002)		5 521,60
28.	6030)		230,00	
		an 2030)		230,00
29.	2001)		435,00	
	2600)		69,60	
		an 4400)		504,60
30.	6870)		150,00	
	2600)		24,00	
		an 4400)		174,00
31.	4800)		48 315,00	
		an 2800)		48 315,00
32.	4800)		742,07	
		an 5001)		742,07
33.	0850)		24 200,00	
		an 5300)		24 200,00

Lösungen Kosten- und Leistungsrechnung

Aufgabengruppe 1, Seite 557

1.		420,00 DM	
	5 %	21,00 DM	
		441,00 DM	
		385,00 DM	
	120 %	462,00 DM	
		1 288,00 DM	
	11 %	141,68 DM	
		1 429,68 DM	
	8 %	114,37 DM	
		1 544,05 DM	
	3 %	47,75 DM	
		1 591,80 DM	Verkaufspreis

2.	↑	42,97 DM	Fertigungsmaterial
	10 %	4,30 DM	
		47,27 DM	
		22,00 DM	
	150 %	33,00 DM	
		102,27 DM	
	20 %	20,46 DM	
		122,73 DM	
	10 %	12,27 DM	
		135,00 DM	
	3 % + 7 %	15,00 DM	
		150,00 DM	
	$16\frac{2}{3}$ %	30,00 DM	
		180,00 DM	Verkaufspreis

3\. $MGKZ = \frac{27620 \cdot 100}{552600} = 5\%$

$FGKZ = \frac{674300 \cdot 100}{318400} = 211{,}78\%$

$VwGKZ = \frac{98780 \cdot 100}{1572920} = 6{,}28\%$

$VtGKZ = \frac{76510 \cdot 100}{1572920} = 4{,}86\%$

	580,00 DM	
5%	29,00 DM	
	320,00 DM	
211,78%	677,70 DM	
	1 606,70 DM	
6,28%	100,90 DM	
4,86%	78,09 DM	
	1 785,69 DM	
12%	214,28 DM	
	1 999,97 DM	
16%	320,00 DM	
	2 319,97 DM	Verkaufspreis

4\.

	15 600,00 DM	Fertigungsmaterial
20%	3 120,00 DM	
	18 720,00 DM	
	9 800,00 DM	
130%	12 740,00 DM	
	41 260,00 DM	Herstellkosten

5\.

	800,00 DM
15%	120,00 DM
	920,00 DM
$6\frac{1}{4}\%$	57,50 DM
	977,50 DM
5%	51,45 DM
	1 028,95 DM

Aufgabengruppe 2, Seite 557 f.

1\.

		Gesamt	A	B
	Absatz (Stück)	9 000	4 000	5 000
	Verkaufspreis (Stück)	--	6,00 DM	3,50 DM
	Umsatzerlöse	41 500,00 DM	24 000,00 DM	17 500,00 DM
d)	variable K. (Stück)	--	2,50 DM	1,00 DM
	variable K. (gesamt)	15 000,00 DM	10 000,00 DM	5 000,00 DM
a)	Deckungsb. (gesamt)	26 500,00 DM	14 000,00 DM	12 500,00 DM
b)	Deckungsb. (Stück)	--	3,50 DM	2,50 DM
	fixe Kosten	18 000,00 DM		
c)	Gewinn	8 500,00 DM		

2\.

	Bez.-Spesen	Bezugspreis/kg
1. S.	20,80 DM	0,67 DM
2. S.	52,00 DM	1,31 DM
	72,80 DM	

3\. a) 28070 : 1400 = 20,05 DM/Maschinenstunde

b)

	580,00 DM
12,8%	74,24 DM
	654,24 DM
	132,50 DM (5 · 26,50 DM)
46,3%	61,35 DM
	100,25 DM (5 · 20,05 DM)
	948,34 DM Herstellkosten

4\. a)

Herstellkosten	155845,00 DM
Selbstkosten	182006,00 DM

b)

MGKZ	4,2%
FGKZ	110%
VwGKZ	8,74%
VtGKZ	8,05%

c)

	620,00 DM
4,2%	26,04 DM
	1080,00 DM
110%	1188,00 DM
	2914,04 DM
8,74%	254,69 DM
8,05%	234,58 DM
	3403,31 DM
15%	510,50 DM
	3913,81 DM
3%	121,05 DM
	4034,86 DM Verkaufspreis

5\. a) 343000,00 DM Herstellkosten

b) 403000,00 DM Selbstkosten

c)

MGKZ	5,5%
FGKZ	150%
VwGKZ	10,5%
VtGKZ	7%

Aufgabengruppe 3, Seite 558 ff.

1\.

I	784000	1	784000	26656,00 DM	34,00 DM/1000 Stück
II	348000	1,35	469800	15973,20 DM	45,90 DM/1000 Stück
			1253800	42629,20 DM	

2.

Bezeichnung	Istkosten		Über- bzw. Unterdeckung	Normalkosten		Kostenträger	
						I	II
Fertigungsmaterial	60000,00			60000,00		40000,00	20000,00
Materialgemeinkosten	7800,00	13%	– 600,00	7200,00	12%	4800,00	2400,00
Fertigungslöhne	90000,00			90000,00		50000,00	40000,00
Fertigungsgemeink.	157500,00	175%	+ 4500,00	162000,00	180%	90000,00	72000,00
Herstellkosten der Periode	315300,00		+ 3900,00	319200,00		184800,00	134400,00
Bestandsmehrung	4000,00			4000,00		3000,00	1000,00
Bestandsminderung	9000,00			9000,00		5000,00	4000,00
Herstellkosten des Umsatzes	320300,00		+ 3900,00	324200,00		186800,00	137400,00
Verwaltungsgemeink.	19218,00	6%	– 3008,00	16210,00	5%	9340,00	6870,00
Vertriebsgemeink.	16015,00	5%	+ 3437,00	19452,00	6%	11208,00	8244,00
Selbstkosten des Umsatzes	355533,00		+ 4329,00	359862,00		207348,00	152514,00
Netto-Verkaufserlöse	423900,00			423900,00		245600,00	178300,00
Umsatzergebnis				64038,00		38252,00	25786,00
Über- bzw. Unterdeckung				4329,00			
Betriebsergebnis	68367,00			68367,00			

3. Vertriebsgemeinkosten = 10000,00 DM

 300000,00 DM
– 15000,00 DM
– 10000,00 DM

275000,00 DM Herstellkosten des Umsatzes

$$\text{VtGKZ} = \frac{10000 \cdot 100}{275000} = 3{,}\overline{63}\,\%$$

4. Gesamtergebnis = untern. Abgrenzung + Korrekturen + Betriebsergebnis
75000,00 DM = – 60000,00 DM + 15000,00 DM + 120000,00 DM

5. 336000,00 DM
– 14000,00 DM

= 322000,00 DM (Istkosten)

280000,00 DM - 100%
322000,00 DM - 115% (Istzuschlag)

Aufgabengruppe 4, Seite 560f.

1. 130% - 117000,00 DM
   100% - 90000,00 DM

2. Ergebnistabelle

Rechnungskreis I			Rechnungskreis II					
Erfolgsbereich			Abgrenzungsbereich				Kosten- und Leistungsbereich	
Geschäftsbuchführung Kontenklassen 5, 6, 7			Unternehmensbezogene Abgrenzungen		Kosten- und leistungsrechnerische Korrekturen		Kosten- und Leistungsarten	
Konto	Aufwendungen	Erträge	Aufwendungen	Erträge	Aufwendungen	Erträge	Kosten	Leistungen
5000		263000,00						263000,00
5100		28000,00						28000,00
5401		9000,00		9000,00				
5710		4000,00		4000,00				
6000	92000,00				92000,00	88000,00	88000,00	
6160	6000,00						6000,00	
6200	48000,00						48000,00	
6300	37000,00						37000,00	
6400	14000,00						14000,00	
6520	18000,00				18000,00			
6960	13000,00				13000,00			
7000	2000,00						2000,00	
7510	5000,00		5000,00					
kalk. K.								
kalk. A.						23000,00	23000,00	
kalk. Z.						7000,00	7000,00	
Summen	235000,00	304000,00	5000,00	13000,00	123000,00	118000,00	225000,00	291000,00
Salden	69000,00		8000,00			5000,00	66000,00	
Ergebnis	Gesamtergebnis		unternehmensbez. Ergebnis		Korrekturergebnis		Betriebsergebnis	

3. a) Betriebsergebnis = 54000 + 30000 + 42000 − 80000 = 46000,00 DM

   b) Optimales Produktionsprogramm

Produkt	absoluter Deckungsbeitrag DM/Stück	Fertigungszeit je Stück Minuten/Stück	produzierbare Stücke Stück/Stunde	relativer Deckungsbeitrag DM/Stunde
A	9,00	20	3	27,00
B	5,00	10	6	30,00
C	7,00	15	4	28,00

Produkt	erwartete Absatzmenge Stück/Monat	produzierbare Stücke Stück/Stunde	Fertigungszeit insgesamt Stunden/Monat	produzierte Menge Stück/Monat
A	6000	3	1500	4500
B	6000	6	1000	6000
C	6000	4	1500	6000
			4000	

Reihenfolge des optimalen Produktionsprogramms: B, C, A

Betriebsergebnis = 40500 + 30000 + 42000 − 80000 = 32500,00 DM

4\. a) Sollkosten kalk. Abschreibungen $= 1\,000 + \frac{5\,000 \cdot 1\,200}{1\,000} =$ 7000,00 DM

Sollkosten Fertigungslöhne	= 28800,00 DM
Sollkosten Energie	= 2600,00 DM
Sollkosten sonst. Gemeinkosten	= 30800,00 DM
Sollkosten insgesamt	= 69200,00 DM

Plankostenverrechnungssatz $= \frac{60\,000}{1\,000} =$ 60,00 DM/Fertigungsstunde

verrechnete Plankosten = 60 · 1200 = 72000,00 DM

Gesamtabweichung = 74000 − 72000 = 2000,00 DM (Kostenunterdeckung)

b) Beschäftigungsabweichung = 72000 − 69200 = 2800,00 DM (Fixkostenüberdeckung)

c) Verbrauchsabweichung (gesamt) = 74000 − 69200 = 4800,00 DM (Mehrverbrauch)

Verbrauchsabweichung (Energie) = 2200 − 2600 = 400,00 DM (Minderverbrauch)

5\. a) Gesamtergebnis = 243000 + 48000 − 25000 = 266000,00 DM

b) Gesamtergebnis bleibt gleich.

Das Ergebnis aus unternehmensbezogenen Abgrenzungen bleibt gleich.

Ergebnis aus kostenrechnerischen Korrekturen = −25000 + 60000 + 16000 = 51000,00 DM

Betriebsergebnis = +243000 − 60000 − 16000 = 167000,00 DM.

(Die Zinsaufwendungen in Höhe von 8000,00 DM werden als Kosten und nicht – wie auch möglich – als unternehmensbezogene Aufwendungen betrachtet.)

Aufgabengruppe 5, Seite 561 f.

1\.

Herstellkosten der Erzeugung	280000,00 DM	
+ Minderbestand	20000,00 DM	
Herstellkosten des Umsatzes	300000,00 DM	(100%)
+ Verwaltungs- und Vertriebsgemeinkosten	36000,00 DM	(12%)

2\. a) Berechnung der Zuschlagssätze

$$\text{MGKZ} = \frac{90\,000 \cdot 100}{1\,500\,000} = 6\,\%$$

$$\text{FGKZ} = \frac{216\,000 \cdot 100}{1\,800\,000} = 120\,\%$$

Materialkosten	1590000,00 DM
+ Fertigungskosten	3960000,00 DM
+ Minderbestand	45000,00 DM
− Mehrbestand	18000,00 DM
Herstellkosten des Umsatzes	5577000,00 DM

$$\text{VwGKZ} = \frac{420\,000 \cdot 100}{5\,577\,000} = 7{,}53\,\%$$

$$\text{VtGKZ} = \frac{230\,000 \cdot 100}{5\,577\,000} = 4{,}12\,\%$$

b) Berechnung von Über- und Unterdeckung

Materialkostenstelle: 105000 − 90000 = 15000,00 DM (Überdeckung)

Fertigungskostenstelle: 2160000 − 2124000 = 36000,00 DM (Unterdeckung)

3. Umsatzergebnis = 418000 − 324000 = 94000,00 DM
Betriebsergebnis = 94000 − 19500 = 74500,00 DM

4.

Materialkosten	896,00 DM	
Fertigungslöhne	1560,00 DM	
+ FGK	2808,00 DM	130%
Herstellkosten	5264,00 DM	100%
+ VwVtGKZ	1473,92 DM	28%
Selbstkosten	6737,92 DM	128%

5. Ist-Materialgemeinkosten = 336000 + 14000 = 350000,00 DM

Ist-Zuschlagssatz der Materialgemeinkosten $= \frac{350000 \cdot 100}{280000} = 125\%$

Aufgabengruppe 6, Seite 562f.

1. a) Maschinenstundensatz $= \frac{55040}{320} = 172{,}00$ DM

b) Istbeschäftigung = 240 Stunden

neuer Maschinenstundensatz $= \frac{48000}{240} + \frac{7040}{320} = 222{,}00$ DM

2.

Erzeugnis	Stückzahl	Äquivalenzziffer	Rechnungseinheiten	Ges. Herstellkosten
A	1800	0,8	1440	60480,00
B	1300	1,0	1300	54600,00
C	2900	1,5	4350	182700,00
			7090	297780,00

3. a) Deckungsbeitrag je Stück = 80,00 DM

Gewinnschwelle $= \frac{1120000}{80} = 14000$ Stück

b) Betriebsgewinn $= 120 \cdot 16800 - 40 \cdot 16800 - 1120000 = 224000{,}00$ DM

c) Der Zusatzauftrag lohnt sich, da der Deckungsbeitrag 10,00 DM pro Stück beträgt; der Betriebsgewinn erhöht sich um 30000,00 DM.

4. Umsatzergebnis − Unterdeckung (17400,00 DM) = Betriebsergebnis

5. Verwaltungsgemeinkosten-Zuschlagssatz $= \frac{68400 \cdot 100}{640000 - 91200} = 12{,}46\%$

Vertriebsgemeinkosten-Zuschlagssatz $= \frac{22800 \cdot 100}{640000 - 91200} = 4{,}15\%$

Lösungen handlungsorientierte Aufgaben

Aufgabe 1, Seite 564

a)

	Angebot Atzorn	Angebot Elektra
Listeneinkaufspreis (netto)	3000,00 DM	3000,00 DM
– Liefererrabatt	600,00 DM	750,00 DM
Zieleinkaufspreis	2400,00 DM	2250,00 DM
– Liefererskonto	48,00 DM	67,50 DM
Bareinkaufspreis	2352,00 DM	2182,50 DM
+ Bezugskosten	0,00 DM	80,00 DM
Bezugspreis für 40 Stück	2352,00 DM	2262,50 DM
Bezugspreis für 1 Stück	58,80 DM	56,56 DM

Zum Angebotsvergleich siehe auch Seite 193 und 530.

b) Berechnung des **Überweisungsbetrages** für den Anbieter Elektra GmbH

Zieleinkaufspreis	2250,00 DM
+ Bezugskosten	80,00 DM
Rechnungsbetrag (netto)	2330,00 DM
+ 16% Mehrwertsteuer	349,50 DM
Rechnungsbetrag	2679,50 DM
– 3% Skonto	80,39 DM
Überweisungsbetrag	2599,11 DM

c) Beim Angebotsvergleich bleibt die **Mehrwertsteuer** außer Acht, da sie für den Betrieb einen durchlaufenden Posten darstellt.

d) Zur Unterscheidung von **Skonto** und **Rabatt** siehe Seite 251.

e) Gründe für die **Gewährung von Skonto** sind z. B.: schneller und sicherer Zahlungseingang, Sicherung der Liquidität, finanzielle Mittel für die eigene Skontoausnutzung stehen zur Verfügung.

f) Zur **Ausnutzung von Skonto** siehe Seite 394 f.

g) Berechnung des **Finanzierungsgewinns** für das Angebot Elektra GmbH:

Skonto	80,39 DM
– Kreditkosten	17,33 DM
Finanzierungsgewinn	63,06 DM

h) Zu den **Beförderungskosten** siehe Seite 57 f.

i) Zur **Mindestabnahmemenge** siehe Seite 263.

j) Das Angebot der Firma Atzorn OHG enthält keine Zeitangabe über die Gültigkeitsdauer; es muss etwa innerhalb einer Woche angenommen werden (siehe Seite 55).

Firma Elektra GmbH ist laut Schreiben bis zum 31. Dezember 19. . an ihr Angebot gebunden.

k) Zu den Kriterien beim **Angebotsvergleich** siehe Seite 193.

l) Zum organisatorischen Ablauf von der Feststellung des Bedarfs bis zur Zahlung der Eingangsrechnung siehe Seite 192 f.

Aufgabe 2, Seite 566 f.

a) Der **Organisationsplan** stellt den organisatorischen Aufbau eines Betriebes dar (siehe auch Seite 169 ff.).

b) Die di-tronic Elektro GmbH setzt das **Stabliniensystem** ein.

c) Das Stabliniensystem ist eine Erweiterung des Liniensystems (siehe Seite 173).

d) **Stabstellen** sind Recht und Organisation. Aufgaben der Stabstelle Recht sind z. B. Beratung in Fragen des Vertragsrechts, Steuerrechts, Unternehmensrechts, Personalrechts. Aufgaben der Stelle Organisation sind z. B. Beratung in Fragen der Aufbau- und Ablauforganisation.

e) Das Unternehmen hat seine **Abteilungen** überwiegend nach dem Gesichtspunkt der **Verrichtung** (Funktion) gebildet. In der Produktion erfolgte die Bildung der Abteilungen nach dem Gesichtspunkt der **Phase** (siehe Seite 170).

f) Der Leiter der Personalabteilung kann den Mitarbeitern in der Abteilung Versand keine Anweisungen erteilen; der einzuhaltende **Dienstweg** ist: Allgemeine Verwaltung, Geschäftsleitung, Material, Lager.

g) Der Mitarbeiter in der Abteilung Einkauf kann sich durch die **Stabstelle** Recht beraten lassen; er muss allerdings den Dienstweg Abteilungsleiter Material, Geschäftsleitung, Recht einhalten.

h) Zur Unterscheidung von **Aufbau- und Ablauforganisation** siehe auch Seite 169 ff. und 176 ff.

i) Zum **Instanzenaufbau** einer Unternehmung siehe Seite 169 f.

j) Zu den **Organisationsformen** für die Leitung und Führung von Betrieben siehe Seite 284 ff.

Aufgabe 3, Seite 567 f.

a) Zur **Haftung der GmbH** siehe Seite 113.

b) Aufgaben des Geschäftsführers sind die Geschäftsführung und die Vertretung (siehe Seite 114); Herr Frantzen haftet nicht für den Kredit.

c) Der Kredit ist ein **Realkredit** in Form der Grundschuld (siehe Seite 317 ff.).

d) Die Bank stellt der Firma 490 000,00 DM zur Verfügung; zum **Disagio** siehe Seite 397.

e) Aufgrund des Disagio fehlen im Finanzierungsplan 10 000,00 DM. Sinnvollerweise wird kein zusätzlicher Kreditvertrag abgeschlossen, sondern die beantragte Kreditsumme wird entsprechend erhöht.

f) Es liegt ein Tilgungsdarlehen mit **Annuitätentilgung** vor (siehe Seite 314).

Tilgungsplan für das erste Jahr (in DM)

Monat	Schuld Monatsanfang	Zinsen	Tilgung	Annuität	Schuld Monatsende
Juni	500 000,00	2 708,83	2 291,67	5 000,00	497 708,33
Juli	497 708,33	2 695,92	2 304,08	5 000,00	495 404,25
August	495 404,25	2 683,44	2 316,56	5 000,00	493 087,69
September	493 087,69	2 670,89	2 329,11	5 000,00	490 758,58
Oktober	490 758,58	2 658,28	2 341,72	5 000,00	488 416,86
November	488 416,86	2 645,59	2 354,41	5 000,00	486 062,45
Dezember	486 062,45	2 632,84	2 367,16	5 000,00	483 695,29
Januar	483 695,29	2 620,02	2 379,98	5 000,00	481 315,31
Februar	481 315,31	2 607,12	2 392,88	5 000,00	478 922,43
März	478 922,43	2 594,16	2 405,84	5 000,00	476 516,59
April	476 516,59	2 581,13	2 418,87	5 000,00	474 097,73
Mai	474 097,73	2 568,03	2 431,97	5 000,00	471 665,75

g) Zur **Grundschuld** siehe Seite 320.

h) Die Bank kann das **Grundbuch** einsehen; das erforderliche berechtigte Interesse kann sie durch den unterschriebenen Kreditantrag nachweisen (siehe Seite 318 f.). Die Bank kann aufgrund der Firmenöffentlichkeit auch jederzeit und ohne Formalität das **Handelsregister** einsehen (siehe Seite 107 f.).

i) Zum **Realkredit** siehe Seite 317 ff.

j) Zum **Personalkredit** siehe Seite 315 ff.

Aufgabe 4, Seite 568

a)

Zeitraum	Zugang in Stück	Abgang in Stück	Endbestand in Stück
1. Quartal	80	100	**30**
2. Quartal	65	70	**25**
3. Quartal	110	120	**15**
4. Quartal	130	115	**30**
Summe	**385**	**405**	

b) **Durchschnittlicher Lagerbestand** $= \frac{50 + 30 + 25 + 15 + 30}{5} = 30$ Stück.

c) **Umschlagshäufigkeit** $= \frac{405}{30} = 13{,}5$.

d) **Durchschnittliche Lagerdauer** $= \frac{360}{13{,}5} = 26{,}66$ Tage.

e) **Lagerzinssatz** $= \frac{14{,}0}{13{,}5} = 1{,}04\,\%$.

f) **Lagerzinsen** $= \frac{30 \cdot 130 \cdot 1{,}04}{100} = 40{,}56$ DM.

g) Zu den Gründen, die für eine Erhöhung der **Lagerumschlagshäufigkeit** sprechen siehe Seite 207 f.

h) Die **Lagerumschlagshäufigkeit** für den Schaltkasten S 2 kann z. B. durch eine Absatzsteigerung (verstärkte Werbung) oder durch eine Verringerung des durchschnittlichen Lagerbestandes (Einführung des Just-in-time-Verfahrens) erhöht werden.

i) Der Betrieb wendet das **Just-in-time-Verfahren** nicht an, da Bestände am Lager vorhanden sind. Zu den Gründen, die für eine Einführung des Just-in-time-Verfahrens sprechen, siehe Seite 203.

j) Zum **Mindestbestand, Meldebestand** und **Höchstbestand** siehe Seite 204 f.

Aufgabe 5, Seite 569 f.

a) Der Antrag für den **Mahnbescheid** ist an das Amtsgericht in Homburg zu richten (siehe Seite 73).

b) **Antragsgegner** für den Mahnbescheid ist der Elektrogroßhandelsbetrieb Roth OHG, Mainzer Str. 99, 66121 Saarbrücken.

c) **Antragsteller** des Mahnbescheides ist die di-tronic Elektro GmbH, Bahnhofstr. 17, 66424 Homburg.

d) **Anspruchsgrund** ist der Kauf von Erzeugnissen laut Rechnung vom 2. April 19. .

e) Die **Hauptforderung** beträgt 15 686,87 DM (15 600,00 DM + 86,87 DM Zinsen für 40 Tage bei 5 %).

f) Zu den **Kosten des Verfahrens** zählen Gerichtskosten (abhängig vom Wert der Hauptforderung), Auslagen des Antragstellers (z. B. Kosten des Vordrucksatzes, Porto für die Einsendung an das Gericht), Gebühr, Auslagen sowie Mehrwertsteuer des Prozessbevollmächtigten (z. B. Rechtsanwalt).

g) Zuständig für ein **streitiges Verfahren** ist das Landgericht in Saarbrücken (siehe Seite 74).

h) Zum **Antrag** zählen Anschrift des Antragstellers, Ort und Datum sowie Unterschrift des Antragstellers (bzw. Vertreter, Prozessbevollmächtigter). Für den Fall des Widerspruchs durch die Monique GmbH kann die Durchführung des streitigen Verfahrens (durch Ankreuzen des entsprechenden Feldes) beantragt werden.

Aufgabe 6, Seite 571

a) Berechnung des Lieferwertes und des %-Anteils am gesamten Einkaufswert für jeden Werkstoff

Mat.-Nr.	Menge	Preis/Einheit	Lieferwert	%-Anteil
M123	210	350,00 DM	73500,00 DM	2,70 %
M257	26	13200,00 DM	343200,00 DM	12,63 %
M318	130	940,00 DM	122200,00 DM	4,50 %
P113	68	8100,00 DM	550800,00 DM	20,27 %
P266	76	5600,00 DM	425600,00 DM	15,66 %
P390	120	670,00 DM	80400,00 DM	2,96 %
R005	170	180,00 DM	30600,00 DM	1,13 %
R020	30	11500,00 DM	345000,00 DM	12,70 %
T236	230	150,00 DM	34500,00 DM	1,27 %
V588	20	6200,00 DM	124000,00 DM	4,56 %
V694	380	15,00 DM	5700,00 DM	0,21 %
V980	1100	29,00 DM	31900,00 DM	1,17 %
X101	15	40,00 DM	600,00 DM	0,02 %
Y333	55	9800,00 DM	539000,00 DM	19,83 %
Z010	140	75,00 DM	10500,00 DM	0,39 %
Summe			2717500,00 DM	100,00 %

Klassifikation der Güter

Klassifikation nach dem Wert						Mengenanteile		
Mat.-Nr.	Menge	Preis/ Einheit	Lieferwert	%-Anteil	%-Anteil kum.	Menge	%-Anteil	%-Anteil kum.
P113	68	8100,00 DM	550800,00 DM	20,27	20,27	68	2,45	2,45
Y333	55	9800,00 DM	539000,00 DM	19,83	40,10	55	1,99	4,44
P266	76	5600,00 DM	425600,00 DM	15,66	55,76	76	2,74	7,18
R020	30	11500,00 DM	345000,00 DM	12,70	68,46	30	1,08	8,27
M257	26	13200,00 DM	343200,00 DM	12,63	81,09	26	0,94	9,21
V588	20	6200,00 DM	124000,00 DM	4,56	85,65	20	0,72	9,93
M318	130	940,00 DM	122200,00 DM	4,50	90,15	130	4,69	14,62
P390	120	670,00 DM	80400,00 DM	2,96	93,11	120	4,33	18,95
M123	210	350,00 DM	73500,00 DM	2,70	95,81	210	7,58	26,53
T236	230	150,00 DM	34500,00 DM	1,27	97,08	230	8,30	34,84
V980	1100	29,00 DM	31900,00 DM	1,17	98,26	1100	39,71	74,55
R005	170	180,00 DM	30600,00 DM	1,13	99,38	170	6,14	80,69
Z010	140	75,00 DM	10500,00 DM	0,39	99,77	140	5,05	85,74
V694	380	15,00 DM	5700,00 DM	0,21	99,98	380	13,72	99,46
X101	15	40,00 DM	600,00 DM	0,02	100,00	15	0,54	100,00
Summe			2717500,00 DM	100,00		2770	100,00	

A-Güter: P113, Y333, P266, R020, M257
B-Güter: V588, M318, P390, M123, T236
C-Güter: V980, R005, Z010, V694, X101

b) Die sich ergebenden Mengenanteile für die B-Güter betragen 25,63 % und sie weichen damit um rund 5 % von der Vorgabe ab. Der Anteil der C-Güter ist im Vergleich zur Vorgabe um rund 5 % zu niedrig. Diese Abweichungen sind unbedeutend, da für die ABC-Analyse der wertmäßige Anteil der Güter im Vordergrund steht.

c) Den A-Gütern ist bei der Beschaffung besondere Aufmerksamkeit zu widmen, da sie einen hohen Wertanteil aufweisen. Der Einkauf der A-Güter wird besonders erfahrenen Mitarbeitern übertragen. Verbesserte Einkaufskonditionen und niedrigere Einkaufspreise wirken sich bei ihnen besonders vorteilhaft aus. Die Beschaffung der B-Güter und vor allem der C-Güter muss nicht so aufwendig gestaltet werden wie die Beschaffung der A-Güter.

d) Preissenkungen bei den A-Gütern bewirken eine Verminderung des prozentualen Wertanteils, d. h., es ist möglich, dass Güter aus der B-Gruppe zu A-Gütern werden.

e) Bei der Erstellung der ABC-Analyse können bei den Liefermengen entweder Vergangenheitswerte (z. B. der vorangegangenen Periode) oder Planwerte (Sollwerte) zugrunde gelegt werden. Bei den Einkaufspreisen für die Werkstoffe können entweder Durchschnittswerte (z. B. der abgelaufenen Periode) oder Verrechnungs- bzw. Planpreise berücksichtigt werden.

f) Zur Durchführung von ABC-Analysen ist der Einsatz von Tabellenkalkulationsprogrammen sinnvoll.

Aufgabe 7, Seite 572

a) Umsatzrentabilität $= \dfrac{\text{Gewinn} \cdot 100}{\text{Umsatz}}$

Gewinn $= \dfrac{\text{Umsatzrentabilität} \cdot \text{Umsatz}}{100}$

Gewinn $= \dfrac{6 \cdot 1\,500\,000}{100} = 90\,000{,}00$ DM

b) Eigenkapital (Jahresende) $= 300\,000 + 90\,000 = 390\,000{,}00$ DM

c) Eigenkapitalanteil $= \dfrac{\text{Eigenkapital} \cdot 100}{\text{Gesamtkapital}}$

Gesamtkapital $= \dfrac{\text{Eigenkapital} \cdot 100}{\text{Eigenkapitalanteil}}$

Gesamtkapital $= \dfrac{390\,000 \cdot 100}{25} = 1\,560\,000{,}00$ DM

d) Fremdkapital $= 1\,560\,000 - 390\,000 = 1\,170\,000{,}00$ DM

langfristiges Fremdkapital $= 1\,170\,000 \cdot 0{,}7 = 819\,000{,}00$ DM

kurzfristiges Fremdkapital $= 1\,170\,000 \cdot 0{,}3 = 351\,000{,}00$ DM

e) Liquidität 1. Grades $= \dfrac{\text{flüssige Mittel} \cdot 100}{\text{kurzfr. Verbindlichkeiten}}$

flüssige Mittel $= \dfrac{\text{Liquidität 1. Grades} \cdot \text{kurzfr. Verbindlichkeiten}}{100}$

flüssige Mittel $= \dfrac{20 \cdot 351\,000}{100} = 70\,200{,}00$ DM

f) Liquidität 2. Grades $= \dfrac{(\text{flüssige Mittel} + \text{Forderungen}) \cdot 100}{\text{kurzfr. Verbindlichkeiten}}$

Forderungen $= \dfrac{\text{Liquidität 2. Grades} \cdot \text{kurzfr. Verbindlichkeiten}}{100} - \text{flüssige Mittel}$

Forderungen $= \dfrac{80 \cdot 351\,000}{100} - 70\,200 = 210\,600{,}00$ DM

g) Bilanz zum Jahresende

Aktiva	**Bilanz zum 31. Dezember 19..**		Passiva
I. Anlagevermögen		I. Eigenkapital	390 000,00
1. Gebäude	460 000,00	II. Verbindlichkeiten	
2. Maschinen	300 000,00	1. langfr. Verbindlichkeiten	819 000,00
3. Betriebs- und Geschäftsausstattung	200 000,00	2. kurzfr. Verbindlichkeiten	351 000,00
II. Umlaufvermögen			
1. Roh-, Hilfs- und Betriebsstoffe	139 800,00		
2. unfertige/fertige Erzeugnisse	179 400,00		
3. Forderungen a. L. u. L.	210 600,00		
4. Kassenbestand und Guthaben bei Kreditinstituten	70 200,00		
	1 560 000,00		1 560 000,00

Aufgabe 8, Seite 572 ff.

a) Gehaltsliste

Name	Adam	Bauer	Best	Dort
Steuer-Klasse	I	V	II/1	III/3
Bruttogehalt	3 790,00 DM	3 774,00 DM	3 785,00 DM	3 769,00 DM
vwL Arbeitgeber	0,00 DM	26,00 DM	0,00 DM	26,00 DM
zu versteuern	3 790,00 DM	3 800,00 DM	3 785,00 DM	3 795,00 DM
Lohnsteuer	646,33 DM	1 139,00 DM	503,83 DM	222,83 DM
Solidaritätszuschlag	48,47 DM	85,42 DM	25,23 DM	0,00 DM
Kirchensteuer	58,16 DM	102,51 DM	30,27 DM	0,00 DM
Summe Steuerabzüge	752,96 DM	1 326,93 DM	559,33 DM	222,83 DM
Rentenversicherung	384,83 DM	385,74 DM	384,37 DM	385,28 DM
Arbeitslosenversicherung	123,22 DM	123,51 DM	123,07 DM	123,37 DM
Pflegeversicherung	32,23 DM	32,30 DM	32,19 DM	32,27 DM
Krankenversicherung	227,48 DM	277,43 DM	244,26 DM	288,49 DM
Summe Sozialvers.-Beitr.	767,76 DM	818,98 DM	783,89 DM	829,41 DM
Vorschuss	500,00 DM	0,00 DM	0,00 DM	0,00 DM
vwL	0,00 DM	26,00 DM	0,00 DM	78,00 DM
Gesamtabzüge	2 020,72 DM	2 171,91 DM	1 343,22 DM	1 130,24 DM
Auszahlung	1 769,28 DM	1 628,09 DM	2 441,78 DM	2 664,76 DM

b)

		Soll	Haben
6300)		15 118,00	
6320)		52,00	
	an 2800)		8 503,91
	an 4830)		2 862,05
	an 4840)		3 200,04
	an 4860)		104,00
	an 2650)		500,00
6400)		3 200,04	
	an 4840)		3 200,04

c) 4830)		2 862,05	
4840)		6 400,08	
4860)		104,00	
	an 2800)		9 366,13

d) Zur Überweisung der einbehaltenen Beträge an die entsprechenden Institutionen siehe Seite 35.

e) Die Rentenversicherungsanstalten (LVA, BfA) verwenden die an sie überwiesenen Rentenbeiträge zur Zahlung der Renten an die augenblicklichen Rentenempfänger, d. h., es werden praktisch keine Rücklagen gebildet. Die Rentenzahlungen beruhen auf dem Generationenvertrag, siehe Seite 32.

f) Der Arbeitgeber kann seinen Arbeitnehmern vermögenswirksame Leistungen entweder freiwillig oder aufgrund von vertraglichen Vereinbarungen (z. B. Tarifvertrag) gewähren; diese Leistungen stellen für ihn zusätzliche Personalaufwendungen dar. Für den Arbeitnehmer stellen die vermögenswirksamen Leistungen eine Form der Vermögensbildung dar, die u. U. betrieblich wie auch staatlich gefördert wird (siehe auch Seite 447).

Aufgabe 9, Seite 574

a) Statische Investitionsrechenverfahren

Kostenvergleichsrechnung

Kosten	Anlage A	Anlage B
Abschreibung pro Jahr	30 000,00 DM	36 000,00 DM
kalkulatorische Zinsen	13 500,00 DM	16 200,00 DM
sonstige fixe Kosten	32 000,00 DM	38 000,00 DM
variable Gesamtkosten	288 000,00 DM	300 000,00 DM
Gesamtkosten pro Jahr	363 500,00 DM	390 200,00 DM

Nach der Kostenvergleichsrechnung ist Anlage A der Anlage B vorzuziehen.

Gewinnvergleichsrechnung

	Anlage A	Anlage B
Umsatz	441 600,00 DM	486 000,00 DM
Gesamtkosten pro Jahr	363 500,00 DM	390 200,00 DM
Gewinn pro Jahr	78 100,00 DM	95 800,00 DM

Nach der Gewinnvergleichsrechnung ist Anlage B der Anlage A vorzuziehen.

Rentabilitätsvergleichsrechnung

	Anlage A	Anlage B
Gewinn pro Jahr	78 100,00 DM	95 800,00 DM
kalkulatorische Zinsen	13 500,00 DM	16 200,00 DM
durchschnittliches Kapital	150 000,00 DM	180 000,00 DM
durchschnittliche Rentabilität	61,07 %	62,22 %

Hinweis: Bei der Berechnung der Rentabilität sind die kalkulatorischen Zinsen (wie Fremdkapitalzinsen) zu berücksichtigen (siehe Seite 485).

Nach der Rentabilitätsvergleichsrechnung ist Anlage B der Anlage A vorzuziehen.

Amortisationsrechnung

	Anlage A	Anlage B
Investitionsbetrag Gewinn pro Jahr Abschreibung pro Jahr	300000,00 DM 78100,00 DM 30000,00 DM	360000,00 DM 95800,00 DM 36000,00 DM
Amortisationszeit	2,78 Jahre	2,73 Jahre

Hinweis: $\text{Amortisationszeit} = \dfrac{\text{Investitionsbetrag}}{\text{Zinsen} + \text{Abschreibung}}$

Nach der Amortisationsrechnung ist Anlage B der Anlage A vorzuziehen.

b) Die Kostenvergleichsrechnung führt zu einem anderen Ergebnis als die drei übrigen Investitionsrechenverfahren, da nur bei ihr der Gewinn nicht berücksichtigt wird.

Bei der Gewinnvergleichsrechnung steht das Prinzip der Gewinnmaximierung im Vordergrund.

Bei der Rentabilitätsvergleichsrechnung steht die Verzinsung des eingesetzten Kapitals im Vordergrund.

Bei der Amortisationsrechnung spielt die Sicherheit der Investition eine Rolle, d. h., je schneller sich die Investition amortisiert, umso sicherer ist sie.

Aufgabe 10, Seite 575

a) Für die **Einführung eines QMS** sprechen:

- Steigerung der Kundenzufriedenheit;
- Schaffung von Vertrauen in die Qualitätsfähigkeit des Unternehmens (Verbesserung des Images);
- Verringerung bzw. Vermeidung von Ausschuss und Nachbesserungen (Senkung der Fehlerkosten);
- Verringerung von Gewährleistungsmängeln;
- Verminderung von Problemen bei den Schnittstellen zwischen Kunden, Produzenten und Lieferanten;
- Erhöhung der Mitarbeitermotivation.

b) **Rechtliche Aspekte eines QMS** sind z. B.:

- Verminderung der Gewährleistungshaftung aus dem Kaufvertrag;
- Verminderung der Haftung nach dem Produkthaftungsgesetz (siehe Seite 133).

c) **QM-Elemente** nach DIN ISO 9000 ff. (EN 29000 ff.) sind:

- Verantwortung der Leitung,
- Qualitätsmanagement-System,
- Vertragsprüfung,
- Designlenkung,
- Lenkung der Dokumente und Daten,
- Beschaffung,
- Lenkung der vom Kunden beigestellten Produkte,
- Kennzeichnung und Rückverfolgbarkeit von Produkten,
- Prozesslenkung,
- Prüfungen,
- Prüfmittelüberwachung,
- Prüfstatus,
- Lenkung fehlerhafter Produkte,

- Korrektur- und Vorbeugemaßnahmen,
- Handhabung, Lagerung, Verpackung, Konservierung und Versand,
- Lenkung von Qualitätsaufzeichnungen,
- interne Audits,
- Schulung,
- Wartung,
- statistische Methoden.

d) **Leitsatz für die Qualitätspolitik** des Unternehmens könnte sein:

„Höchste Kundenzufriedenheit durch hervorragende Qualität aller Produkte und Leistungen; Einbindung von Kunden und Lieferanten in den Entscheidungsprozess; Schaffung einer dauerhaften Basis für die Unternehmensentwicklung; aktive Mithilfe jedes einzelnen Mitarbeiters."

e) Das **QMH** ist ein Dokument, welches in systematischer und geordneter Weise das Qualitätsmanagement-System des Unternehmens beschreibt. Es beinhaltet vor allem

- Qualitätspolitik des Unternehmens mit den einzelnen Qualitätszielen,
- Unternehmensstruktur (Aufbauorganisation),
- Ablauforganisation,
- Verteilung der Aufgaben und Kompetenzen,
- Beschreibung der Schnittstellen,
- Darstellung der Schlüsselprozesse.

f) **Ablaufplan** für die Bearbeitung einer Anfrage bis zur Angebotsabgabe.

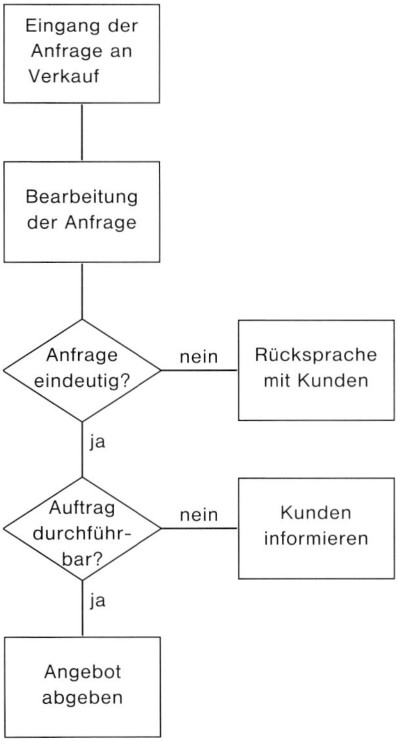

g) Zur **Beurteilung von Lieferanten** siehe Seite 193.

h) Im Rahmen der **Prozesslenkung** sind folgende Maßnahmen erforderlich:

- Fertigungsplanung,
- Erstellung von Fertigungsunterlagen und Arbeitsanweisungen,
- Bereitstellung von geeigneten Produktionsmitteln,
- Überwachung der Produktion (anhand von Prozessmerkmalen),
- Durchführung produktionsbegleitender Prüfungen,
- Instandhaltung und Wartung der Produktionsmittel,
- Einsatz von geeignetem Personal (ständige Schulung),
- Sicherstellung einer geeigneten Arbeitsumgebung (z. B. Lichtverhältnisse, Lärmschutz).

i) **Ablaufplan** für die Qualitätsprüfung von der Beschaffung der Werkstoffe bis zur Endprüfung der Fertigprodukte.

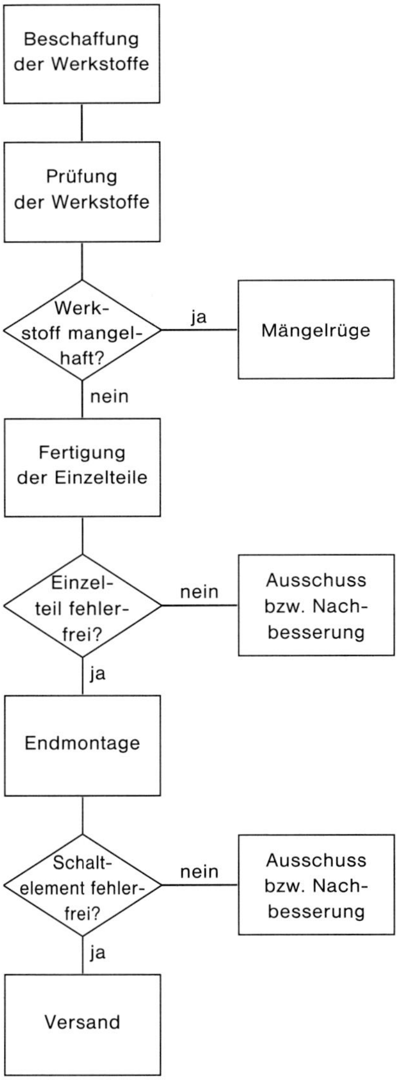

j) **Maßnahmen zur Beseitigung von Fehlerursachen** sind:
- wirksame Behandlung von Kundenbeschwerden und Berichten über Produktfehler,
- Untersuchen von Fehlerursachen bezüglich Produkt, Prozess und QMS,
- Festlegung der Korrekturmaßnahmen (z. B. Änderung des Produktionsprozesses, Schulung der Mitarbeiter).

k) Um die Ziele der Qualitätspolitik zu erreichen, muss das Qualitätsbewusstsein bei allen Mitarbeitern auf allen Ebenen durch eine entsprechende **Schulung** geweckt, gefestigt und gesteigert werden. Die Schulung bezieht sich auf das QMS, die Motivation der Mitarbeiter und den Einsatz am jeweiligen Arbeitsplatz.

l) **Qualitätszirkel** sind Arbeitsgruppen, welche zeitlich begrenzt gebildet werden, um ein bestimmtes Qualitätsproblem zu lösen (siehe auch Seite 291 f.).

Kriterien für die Bildung von Qualitätszirkeln sind:
- freiwillige Teilnahme,
- geringe Mitgliederzahl,
- regelmäßige Treffen,
- Treffen innerhalb der regulären Arbeitszeit,
- Einbeziehung aller am Problem beteiligten Abteilungen,
- Präsentation und Dokumentation der Arbeitsergebnisse.

m) Die Forderung nach der kontinuierlichen Reduzierung von Fehlern in allen Bereichen des Unternehmens führt in ihrer letzten Konsequenz zum **Null-Fehler-Prinzip.**

n) Unter einem **Audit** versteht man die Überprüfung des QMS durch einen Soll-Ist-Vergleich; wird die Überprüfung durch eigene Mitarbeiter durchgeführt, spricht man von einem internen Audit. Bei der **Zertifizierung** erfolgt die Überprüfung des QMS nach DIN ISO 9000 ff. durch eine unabhängige neutrale Organisation, welche das QMS bewertet und anschließend ein Zertifikat als Nachweis der Qualitätsfähigkeit des Unternehmens ausstellen kann (siehe Seite 182).

Aufgabe 11, Seite 576 f.

a) Zur Erläuterung der **Stelle** siehe Seite 171.

b) Es liegt eine **Stabstelle** vor (siehe Seite 173).

c) Zur **Stellenbeschreibung** und deren Aufgaben siehe Seite 171.

d) Zur **Arbeitsplatzbeschreibung** siehe Seite 178.

e) Zu den Begriffen **Qualitätsmanagement-Handbuch, Qualitätszirkel** und **Qualitätsaudit** siehe Seite 630 ff.

f) Zur innerbetrieblichen und externen **Ausschreibung** siehe auch Seite 39.

g) Bei der **innerbetrieblichen** (internen) **Stellenbesetzung** wird die Stelle mit einem Mitarbeiter besetzt, der bereits dem Unternehmen angehört. Vorteile der internen Stellenbesetzung sind:
- Förderung der Motivation der eigenen Mitarbeiter durch Aufstiegsmöglichkeiten im Unternehmen,
- Verminderung der Fluktuation,
- verbesserte Personalauswahl (Stärken und Schwächen der Bewerber sind genau bekannt),
- Bewerber können die Anforderungen an die ausgeschriebene Stelle genau einschätzen,
- Bewerber sind mit den Betriebsabläufen vertraut,
- Zwang zur innerbetrieblichen Aus- und Weiterbildung und damit Sicherung eines aktuellen Informationsstandes.

h) Bei der **externen Stellenbesetzung** wird die Stelle durch Bewerber vom (externen) Arbeitsmarkt besetzt.

Vorteile der externen Stellenbesetzung sind:
- Vermeidung von Betriebsblindheit,

- Nutzung von Spezialkenntnissen und besonderen Fähigkeiten der externen Bewerber,
- höhere Wettbewerbsanforderungen an die Mitarbeiter im eigenen Betrieb.

i) Die **Personalauswahl** vollzieht sich in folgenden Schritten:
- Stellenausschreibung,
- Beurteilung der Bewerbungsunterlagen und Treffen einer Vorauswahl,
- Beurteilung der Bewerber,
- Entscheidung über die Stellenbesetzung.

(Siehe auch Seite 293.)

j) Zum **Assessmentcenter** siehe Seite 294.

k) Zu den Rechten des **Betriebsrats** siehe Seite 38 ff.

Sachwortregister

A
ab Bahnhof 57
ab Fabrik 57
ab hier 57
ab Lager 57
ab Werk 57
Abbuchungsauftrag 81
ABC-Analyse 200, 571, 626f.
Abgabenordnung 414
Abgeld 397, 474
Abgrenzungsrechnung 516ff.
Ablauforganisation 176ff., 373
Abmahnung 18
Absatz 206, 247
Absatzcontrolling 246
Absatzforschung 248
Absatzmarkt 175f.
Absatzorganisation 257
Absatzplan 264f.
Absatzprognose 248
Absatzrisikio 274
Absatzweg 257
Absatzwirtschaft 246ff.
Abschlussgliederungsprinzip 413
Abschlussprovision 259
Abschreibung 451
Abschreibung nach Leistungseinheiten 451
Abschwung 142
absolute Adressierung 348
absoluter Bezug 348
Absonderung 325
Abstimmungskollegialität 285
Abteilung 171
Abweichungsanalyse 554
Abzahlungsdarlehen 314
Abzahlungsgesetz 132
Abzugsverfahren 44
Access 346f.
AfA 451
AG 115ff.
AGB-Gesetz 53
Agio 474
Akkordlohn 298ff.
Akkordrichtsatz 299
Aktie 309
Aktiengesellschaft 115ff.
Aktionär 115
aktiver Rechnungsabgrenzungsposten 461
Aktivkonto 422
Aktiv-Passivmehrung 423
Aktiv-Passivminderung 423
Aktivtausch 423
Akustikkoppler 331
Akzept 93
Akzeptant 91
Akzeptkredit 317
Alleinwerbung 253
allgemeine Geschäftsbedingung 55f., 262f.
allgemeine Handlungsvollmacht 118
Allgemeinverbindlichkeitserklärung 25
Altersteilzeit 290f.
Amortisationsrechnung 305, 574, 630
Amtsgericht 73
Anderskosten 234, 521
Anfechtbarkeit 52
Anfrage 56
Angebot 55, 57, 124
Angebotskalkulation 531
Angebotsmonopolist 127
Angebotsüberhang 125
Angebotsvergleich 193, 530
Angestellter 18
Anhang 110, 480
Ankaufkurs 384
Anlagenbuchhaltung 458
Anlagendeckung 483
Anlagengitter 457
Anlagenspiegel 457
Anlagevermögen 417, 449, 464
Annahme 54
Annahmeverzug 66f.
Annuitätendarlehen 314
Annuitätentilgung 314, 624
Anpreisung 55
Anschaffungskosten 449
Anschaffungsnebenkosten 432, 449
antizipativer Posten 460
Antrag 54
Anwendersoftware 340, 344ff.
Anzahlung an Lieferer 442
Anzahlung von Kunden 442f.
Äquivalenzziffernkalkulation 529
Arbeit auf Abruf 290
Arbeiter 18
Arbeitgeber 296
Arbeitgeberverband 23
Arbeitnehmer 296
Arbeitnehmersparzulage 447f.
Arbeitsablauf 176
Arbeitsablaufkarte 177
Arbeitsamt 69
Arbeitsanweisung 178
Arbeitsbegleitkarte 233
Arbeitsbewertung 229
Arbeitsdirektor 42
Arbeitsförderungsgesetz 30
Arbeitsgericht 22, 70
Arbeitslosenquote 145f.
Arbeitslosenversicherung 33ff.
Arbeitslosigkeit 145
Arbeitsorganisation 288ff.
Arbeitspapier 295
Arbeitsplatzbeschreibung 178
Arbeitsplatzgestaltung 373
Arbeitsplatzstudie 227
Arbeitsproduktivität 217
Arbeitsrecht 21ff.
Arbeitsschutz 26, 297
Arbeitsschutzvorschrift 26ff.
Arbeitssicherheitsgesetz 31
Arbeitsspeicher 330
Arbeitsstättenverordnung 31f.

Arbeitsstudie 226 ff.
Arbeitsteilung 102, 219
Arbeitsvorbereitung 225, 232 ff.
Arbeitswertstudie 228
Arbeitszeitablaufstudie 227
Arbeitszeitgesetz 29 f.
Arbeitszeitkonto 289
Arbeitszeitmodell 288 ff.
Arbeitszeitstudie 227
Arbeitszerlegung 102, 219
arithmetisches Mittel 385, 404
Artvollmacht 118
Assembler 340
Assessmentcenter 294
Aufbauorganisation 169, 173, 373
Aufbewahrungspflicht 415
Aufgabe 170
Aufgabenanalyse 170
Aufgabensynthese 173
Aufgeld 474
Auflagendegression 226
Aufschwung 143
Aufsichtsrat 114, 116, 117
Auftragsbestätigung 56
Auftragsfertigung 215
Aufwand 233
Aufwandsteuer 459
Aufwendung 519
Ausbildender 19
Ausbildung 21
Ausbildungsvertrag 50
Ausfallbürgschaft 316
Ausführungszeit 227
Ausgabe 234
Außenfinanzierung 308
Außenhandel 138, 157, 278 f.
Außenhandelspolitik 156 ff.
Außenwirtschaft 156
Außenwirtschaftspolitik 156 ff.
außergewöhnliche Belastung 45
außerordentlicher Aufwand 234, 479
außerordentlicher Ertrag 479
außerplanmäßige Abschreibung 452
Aussonderung 325
Aussperrung 26
Ausstellung 264
Auszahlung 234
Auszubildender 20
Automation 213 f.
automatische Lagerung 201
Avalakzept 93
Avalkredit 317

B

BAB 522 f.
BAFöG 30
Bahntrans 270
Balkencode 335
Balkendiagramm 353, 401
Bankakzept 317
Bankbetrieb 104
Bankbürgschaft 317
Bankkarte 85
Banküberweisung 81
Barcode 335
bargeldlose Zahlung 80 ff.
Barscheck 87
Barwert 397
Barzahlung 79
Baukastensystem 219
Baustellenfertigung 215
BDE 221, 361
Bedarf 98
Bedarfsermittlung 187
Bedarfsforschung 247
Bedarfsmeldung 195
Bedürfnis 98
befristeter Arbeitsvertrag 22
Begünstigungsprinzip 22
Beitragsbemessungsgrenze 33
Belegleser 332
Berichtswesen 555 f.
Berufsausbildungsverordnung 21
Berufsausbildungsvertrag 19 ff.
Berufsbildung 102
Berufsbildungsgesetz 19
Berufsgenossenschaft 69
Berufsspaltung 102
Berufsunfähigkeit 295
Berufung 70 f., 75
Beschaffung 185 ff.
Beschaffungsablauf 192 f.
Beschaffungskosten 188
Beschaffungsmarkt 176
Beschaffungsmarktforschung 190 f.
Beschaffungsplanung 186 ff.
Beschäftigungsabweichung 549
Beschäftigungsgrad 236, 546
beschränkte Geschäftsfähigkeit 49 ff.
Besitz 50
Besitzsteuer 164
Besitzwechsel 92
Bestandskonto 422
bestandsorientiertes Verfahren 429
Bestandsveränderung 425
Bestellkosten 188
Bestellpunktverfahren 189
Bestellrhythmusverfahren 189
Bestellung 56, 193 f.
Bestimmungskauf 61
Beteiligungsfinanzierung 308
betriebliches Rechnungswesen 415
Betriebsabrechnungsbogen 522 f.
Betriebsdatenerfassung 361
Betriebsergebnis 518
betriebsfremder Aufwand 233
Betriebsgründung 71
Betriebsmittel 101
Betriebsorganisation 169
Betriebsrat 36 ff.
Betriebsstatistik 401
Betriebsstoff 101
Betriebssystem 339, 341
Betriebsunterbrechungsversicherung 277
Betriebsvereinbarung 22
Betriebsverfassungsgesetz 36 ff.
Betriebsversammlung 41
Bewegungsdaten 344

Bewertung 463 ff.
Bewertungsstetigkeit 464
Beziehungszahl 403
Bezirks-Tarifvertrag 25
Bezogener 91
Bezugskalkulation 530
Bezugskosten 432
Bezugsquelle 191
Bilanz 417
Bilanzanalyse 482
Bilanzidentität 476
Bilanzierungsverbot 476
bilanzmäßige Abschreibung 451
Binärsystem 334
Binnenkonnossement 272
Binnenschifffahrt 272
Bit 334
Blankoakzept 93
Blitzgiro 81
Bonitätsprüfung 314
Bonus 251, 433, 438
Boom 142
Break-even-point 241, 540
Briefhypothek 319
Briefkopf 356
Briefkurs 384
Bruttobedarf 187
Bruttobuchung 433
Bruttoinlandsprodukt 136
Bruttolohn 303
Bruttoproduktionswert 136
Bruttosozialprodukt 136
Btx 83, 367
Buchführung 413 ff.
Buchhypothek 319
Buchwert-AfA 451
Budgetierung 552 f.
Bundesanstalt für Arbeit 30
Bundesanzeigerpublizität 109
Bundesausbildungsförderungsgesetz 30
Bundesbeauftragter für den Datenschutz 372
Bundesdatenschutzgesetz 371
Bundeserziehungsgeldgesetz 29
Bundessteuer 164
Bundesurlaubsgesetz 29
Bundesverfassungsgericht 71
bürgerlicher Kauf 60
Bürgschaftsakzept 93
Bürgschaftskredit 315 f.
Bus 333
Byte 334

C
CAD 221
CAE 221
CAM 221
CAP 221
CAQ 221
Cashflow 485
Cash-Karte 86
CD-ROM 338
chaotische Lagerung 198
Chargenfertigung 215
Chartepartie 272
Charterung 272
Chipkarte 338
CIM 220 ff.
Clearing 83
CNC-Maschine 222
Code 334
Collico 271
Compiler 340
computerintegrierte Produktion 220 ff.
Computernetz 365 f.
Container 271
Controlling 246, 545 ff., 552 ff.
Corporate Identity 256

D
Damnum 397, 474
Darlehen 314
Darlehensvertrag 68
Datei 344
Daten 329
Datenadministrator 363
Datenaustausch 362
Datenbank 344 ff., 368
Datenbankverwaltungssystem 345
Datenerfassung 360 f.
Datenfeld 345
Datenfernverarbeitung 361
Datengeheimnis 371
Dateninkonsistenz 346
Datenmanagement 369 ff.
Datenredundanz 346
Datensatz 344
Datensicherung 362 f.
Datenträgeraustausch 83
Datentransfer 362
Datenverarbeitung 329 ff.
Datexnetz 366
Datex-P 83
Dauerauftrag 81
Dauerbeobachtungsmethode 177
DB Cargo 270
Debitorenbuchhaltung 445
Debitorenkontrolle 72
Deckungsbeitragsrechnung 537 ff.
Deckungsbetrag 538
Deckungskauf 65
Deficit-spending 152
Deflation 143 ff.
degressive Abschreibung 451
Delegation 287
Delkredereprovision 259
Depression 142 f.
Desinvestition 304
Deutsche Bahn AG 269 ff.
Deutsche Bundesbank 151
Deutsche Post AG 268 f.
Deutsche Telekom AG 364 ff.
Devisen 384
Diagramm 401, 461 f.
Dienstleistung 99, 138
Dienstvertrag 67
DIN 218
DIN 9000 575 f., 631
direkte Abschreibung 453

direkte Steuer 164
direkter Absatz 257
Direktmarketing 262
Direktorialsystem 285
Disagio 397, 474
Diskette 337
Diskont 397
Diskontieren 397
Diskontierung 94
Diskontkredit 315
Diskontrechnen 397
Diskontsatz 397
Display 262
Disposition 186
dispositive Tätigkeit 17
dispositiver Faktor 101
Distributionslogistik 174, 266
Distributionspolitik 256 ff.
Diversifikation 249
Divisionskalkulation 528
doppelte Buchführung 422
Dreisatz 382
duales Ausbildungssystem 21
dumping 251
durchschnittliche Lagerdauer 207, 625
durchschnittlicher Lagerbestand 205 f., 625
Durchschnittskosten 235
Durchschnittsrechnen 385 f.
dynamische Rente 34

E

EAN 335
Echtzeitverarbeitung 361
ec-Karte 84
Ecklohn 24
effektive Verzinsung 394 ff.
Effektivzins 396
eidesstattliche Versicherung 76
Eigenbeleg 415
eigener Wechsel 91
Eigenfertigung 189, 543 f.
Eigenfinanzierung 309
Eigenkapital 417, 478
Eigenkapitalrentabilität 485
Eigenlager 198
Eigenleistung 450
Eigentum 50 f.
Eigentümergrundschuld 320
Eigentumsvorbehalt 60
Eigenverbrauch 428
Eilüberweisung 81
Einbruchdiebstahlversicherung 277
einfacher Durchschnitt 385
Einfuhrumsatzsteuer 160
Einfuhrzoll 159
Eingangsmeldung 195
Einheitswert 165
Einigungsstelle 37
Einkauf 186 ff.
Einkommen 45
Einkommensteuer 43 ff.
Einkommensteuererklärung 47
Einkommensteuergesetz 414
Einlagefazilität 149
Einlagenfinanzierung 308
Einliniensystem 172
Einnahme 519
Einstellung 293 f.
Einzahlung 519
Einzelakkord 302
Einzelarbeit 291
Einzelarbeitsvertrag 22
Einzelbewertung 464, 470, 476
Einzelfertigung 215
Einzelkosten 235, 531
Einzelprokura 119
Einzelumwerbung 253
Einzelunternehmung 111
Einzelvollmacht 118
Einzelwertberichtigung 470
Einzugsermächtigungsverfahren 81
Einzugsverfahren 81
Eisenbahngüterverkehr 269 ff.
eiserner Bestand 204
Electronic cash 83 ff.
Elimination 249
E-Mail 368
Emissionen 155
EN 218
Entgeltfortzahlungsgesetz 30
Entscheidungssystem 285
Entstehungsrechnung 137
Entwicklungspolitik 155
Eonia 162
Erfolgskonto 423
Erfüllungsgeschäft 54
Erfüllungsort 59 f.
Erfüllungsstörung 54 ff.
Ergebnistabelle 517
Erinnerungswert 452
Eröffnungsbilanz 417
Eröffnungsbilanzkonto 422
Ersatzbedarf 293
Ersatzlieferung 64
Ertrag 519
Erwerbsunfähigkeit 295
erwerbswirtschaftliches Prinzip 97
EU 160 f.
Euribor 162
Euro 148
Eurocheque 88 f.
Europäische Union 160 f.
Europäische Wirtschafts- und Währungsunion 161 f.
Europäische Zentralbank 147 ff.
Europäischer Binnenmarkt 110
Eurozinsmethode 397
EVA-Prinzip 329
Excel 349 f.
Existenzbedürfnisse 98
Expansion 143
Export 157, 278 f.
Expressdienst 270
externer Speicher 332
EZB 147 ff.

F

Fachnorm 218
Factoring 311

fahrerloses Transportsystem 209
Fax 367
Fehlmengenkosten 204
Feinsteuerungsoperation 149
Feldforschung 248
Fernkauf 62f.
Fernnetz 366
Fertigung 211ff.
Fertigungsinsel 291
Fertigungskontrolle 230ff.
Fertigungsplanung 225ff.
Fertigungssteuerung 226
Fertigungsverfahren 212ff.
fester Wechselkurs 158
Feuerversicherung 277
Fifo-Methode 467
Filialprokura 119
Finanzamt 69
Finanzgericht 71
Finanzierung 306ff., 483
Finanzierungsgewinn 395
Finanzierungsgrundsatz 306
Finanzinvestition 304
Finanzplan 306
Finanzpolitik 151f.
Finanzwechsel 92
Finanzwirtschaft 304ff.
Firma 106, 110f.
Firmenausschließlichkeit 106
Firmenbeständigkeit 106
Firmengrundsatz 106f.
Firmenklarheit 106
Firmenöffentlichkeit 106
Firmen-Tarifvertrag 24
Firmenwahrheit 106
Firmware 339
Fiskalpolitik 151f.
fixe Kosten 236, 547
Fixkauf 62
Fixkostendegression 236
Flächen-Tarifvertrag 24f.
flexibler Wechselkurs 158
Fließfertigung 214
Formatkontrolle 363
Formkaufmann 106
Fracht 58
Frachtbasis 58
Frachtbrief 268
Frachtdienst 268f.
frachtfrei 58
Frachtführer 266ff.
Frachtparität 58
Frachtvertrag 266
Fragebogenmethode 177
Frankogrenze 263
frei Bahnhof 58
frei dort 58
frei Haus 58
frei Keller 58
frei Lager 58
frei Waggon 58
Freibetrag 46
freie Marktwirtschaft 121
freier Wechselkurs 158
Freisetzungsfinanzierung 308
Freizeichnungsklausel 55
Fremdbeleg 415
Fremdbezug 189, 543ff.
Fremdfinanzierung 308
Fremdlager 198
Friedenspflicht 26
fristlose Kündigung 27
Führungsprinzip 285
Führungsstil 284
Funktionsprinzip 186
Funktionssystem 172f.
Fusionskontrolle 130

G

Garantie 263
Gattungskauf 61
GB 334
Gebrauchsgüter 99
Gebrauchsmusterschutz 244
Geld 78
Geldkurs 384
Geldpolitik 147ff.
Geldwert 146
geldwerter Vorteil 448
Gemeindesteuer 164
Gemeinkosten 235, 523, 525, 531, 536
Gemeinlastprinzip 180
Gemeinschaftssteuer 164
Gemeinschaftswerbung 253
gemeinwirtschaftliches Prinzip 97f.
gemischte Bewertung 472
Generalhandlungsvollmacht 118
Generalversammlung 117
Generalvollmacht 118
Generationenvertrag 32
Generationsprinzip 363
Genfer Schema 228
Genossenschaft 117
Gericht 70
Gerichtsbarkeit 70
geringwertiges Wirtschaftsgut 455
Gesamtkapitalrentabilität 485
Gesamtkosten 235
Gesamtkostenverfahren 479
Gesamtprokura 119
Gesamtvollmacht 118
Geschäftsbrief 356
Geschäftsfähigkeit 49
Geschäftsfreundebuch 413
Geschäftsführer 114
Geschäftsgrafik 351f.
Geschäftsunfähigkeit 50
Geschmacksmusterschutz 244
Gesellschaft mit beschränkter Haftung 113ff.
Gesellschaftsversammlung 114
Gesellschaftsvertrag 68
Gesetz
- Abzahlungsgeschäfte 132
- allgemeine Geschäftsbedingung 53f., 262f.
- Altersteilzeit 290f.
- Arbeitssicherheit 31
- Datenschutz 371f.
- Förderung der Stabilität und des Wachstums 140

- Kartell 130 f.
- Kreislaufwirtschaft und Abfall 181
- Schutz der Umwelt 154, 182 f.
- unlauterer Wettbewerb 131
gesetzliche Rücklage 481
gesetzliche Sozialversicherung 32 ff.
Gewährleistung 64, 263
Gewährleistungsfristen 63
Gewerbeaufsichtsamt 69
Gewerbebetrieb 105
Gewerbesteuer 165
Gewerkschaft 23
Gewichtsspesen 387
Gewinn- und Verlustkonto 423
Gewinnrücklage 481
Gewinnschwelle 241, 540
Gewinnvergleichsrechnung 305, 574, 629
Gewinnverteilung 387 f.
Gewinnverteilung KG 113
Gewinnverteilung OHG 112, 378 f.
Gewinnvortrag 479
gewogener Durchschnitt 386
Gewohnheitsrecht 48
gezeichnetes Kapital 478
Gironetz 82
Glasversicherung 277
Gleichgewichtspreis 125
gleitende Arbeitszeit 288 f.
Gleitzeit 288 f.
Gliederungszahl 403
Globalisierung 157
GmbH 113 ff.
GoB 414
goldene Bilanzregel 306
GoS 415
grafische Benutzeroberfläche 341
Grenzkosten 235, 238
Grenzplankostenrechnung 551
Größenklasse 109
Grundbuch 318 f., 413
Grunderwerbsteuer 166
Grundkapital 115
Grundkosten 234
Grundpfandrecht 318
Grundsatz ordnungsgemäßer Bilanzierung 480
Grundsatz ordnungsmäßiger Buchführung 414 f.
Grundschuld 320
Grundsteuer 165
Gruppenakkord 302
Gruppenarbeit 220, 291
Gruppenfertigung 214
Günstigkeitsprinzip 22
Güter 98
Güterfluss 174
Güterkraftverkehr 271
Güterverkehr der Deutschen Bahn AG 269 ff.
Gütezeichen 245
GuV-Rechnung 479
GWG 455

H

Haftpflichtversicherung 277
Haftung
- AG 115
- Annahmeverzug 67
- Deutsche Bahn AG 271
- Deutsche Post AG 269
- Einzelunternehmung 111
- fehlerhafte Produkte 133
- Genossenschaft 117
- GmbH 114 f.
- Hersteller 133
- KG 113
- Lieferungsverzug 66
- Luftfrachtverkehr 273
- OHG 111
- Seeschifffahrt 272
- Spediteur 273
halbbare Zahlung 79 f.
Halbjahresregel 452
Handel 104
Handelsbilanz 463
Handelsfunktionen 104
Handelsgesetzbuch 414
Handelsgewerbe 105
Handelskauf 60 f.
Handelskette 258
Handelsmakler 261
Handelsregister 107, 114
Handelsvertreter 259
Handelsware 431, 434
Handkauf 62
Handlager 197
Handlungsbevollmächtigter 120
Handlungsgehilfe 18
Handlungsreisender 258
Handlungsvollmacht 117 ff.
Hardware 329 ff., 339, 370
Hauptbuch 413
Hauptrefinanzierungsoperation 149
Hauptspeicher 330
Hauptversammlung 116
Haushaltsplan 163
Haus-Tarifvertrag 24
Haustürwiderrufsgesetz 132
Heimarbeit 290
Herstellkosten des Umsatzes 525
Herstellungskosten 464
HGB 414
Hifo-Methode 467
Hilfskostenstelle 523
Hilfsstoff 101
Hochkonjunktur 142, 153
Höchstbestand 205
Höchstpreis 133
Höchstwertprinzip 474
Homebanking 83
Homogenität 123
Humanisierung der Arbeit 224
Hypothek 319 f.

I

IHK 69
IKR 413 f.
Immission 155
Immobilie 50
Imparitätsprinzip 464
Import 157, 278 f.

importierte Inflation 144
Indexzahl 403
indirekte Steuer 164
indirekter Absatz 257
Individualbedürfnis 98
Indossament 93 f.
Industrie- und Handelskammer 69
Industriebetrieb 104, 167
Industrieobligation 310
Industrieroboter 222
Inflation 143 ff.
Information 286
Informationsfluss 174
Infrastrukturpolitik 153 f.
Inhaberaktie 310
Inhaberscheck 88
Inkassoindossament 94
Innenfinanzierung 308
innerbetrieblicher Vergleich 401
Innovation 249
Inselfertigung 214
Insolvenzgeld 325
Insolvenzmasse 324 f.
Insolvenzordnung 321 ff.
Insolvenzplan 325 f.
Insolvenzquote 326
Insolvenzverfahren 323 ff.
Instanz 171
Intercargo 270
Interface 331
internes Netz 366
Internet 368
Interviewmethode 177
Inventar 417
Inventur 202, 417
Investierung 483
Investition 304 f.
Investitionsplan 305
Investitionsrechnung 304, 574
ISDN 366
ISO 218
ISO 9000 575 f., 630
Istbestand 201
Istgemeinkosten 526

J
Jahresabschluss 415, 476 ff.
Jahresfehlbetrag 479
Jahresüberschuss 479
Job enlargement 224
Job enrichment 224
Job rotation 224
Jobsharing 290
Jointventure 130
Journal 413
Jugendarbeitsschutzgesetz 28
Jungend- und Auszubildendenvertretung 41
juristische Person 49, 109, 165
Just-in-time-Verfahren 203, 430

K
Kaizen 223
Kalkulation 528 ff.
kalkulatorische Abschreibung 452
kalkulatorische Kosten 520 f.
Kaltstart 343
Kanal 333
Kanban 223
Kannkaufmann 105
Kapazität 236, 545
Kapazitätsausnutzungsgrad 236
Kapazitätsplanung 209
Kapitalbilanz 139
Kapitalbildung 100
Kapitalbindung 307
Kapitalgesellschaft 109 f.
Kapitalproduktivität 217
Kapitalrücklage 481
Kapitalstruktur 483
Kapitalvergleich 418
Kartell 128
Kartellgesetz 130
Kassationskollegialität 285
Kauf auf Abruf 61
Kauf auf Probe 61
Kauf nach Probe 61
Kauf zur Probe 61
Kaufkraft 146
Kaufleute 105
Kaufmann 105
Kaufmannsgehilfe 18
Kaufvertrag 54 ff.
Kaufvertragsstörung 54 ff., 63 ff.
KB 334
Kennzahl 402 ff., 554 f.
KG 113
Klage 74
Klarschriftbeleg 336
Kleingewerbetreibende 105 f.
Kollegialsystem 285
Kollektivmarke 245
Kollektivwerbung 253
Kommanditgesellschaft 113
Kommanditist 113
Kommissionär 260
Kommissionskauf 61
Kommissionslager 261
Kommunalverwaltung 69
Kommunikation 286, 364 ff.
Kommunikationsnetz 364
Kommunikationspolitik 247
Kompatibilität 333
Komplementär 113
Komplementärgut 99
Kondition 262 f.
Konfiguration 333
Konjunkturausgleichsrücklage 152
Konjunkturindikator 141
Konjunkturpolitik 140, 146 ff.
Konjunkturschwankung 141 ff.
Konjunkturzyklus 142
Konkurrenzforschung 248
Konnossement 272
Konsignationslager 261
Konstitution 482
Konstruktionszeichnung 232
Konsumgut 99
Konsumtivkredit 313

Kontenplan 414
Kontoauszug 82
Kontokorrentbuch 413
Kontokorrentbuchhaltung 445
Kontokorrentkredit 313
Konventionalstrafe 66
Konvergenzkriterien 162
Konzentration 128ff.
Konzern 129
Kooperation 128ff.
Körperschaftsteuer 165
Körperschaftsteuergesetz 414
Kosten 233ff., 519
Kosten- und Leistungsrechnung 515ff.
Kostenartenrechnung 521
Kostenauflösung 547f.
Kostenstelle 523
Kostenstellenplan 523
Kostenstellenrechnung 522ff.
Kostenträger 528
Kostenträgerblatt 528
Kostenträgerrechnung 528
Kostenträgerstückrechnung 528ff.
Kostenträgerzeitrechnung 527f.
Kostenvergleichsrechnung 305, 574, 629
Kraftfahrtversicherung 277f.
Krankenversicherung 32ff.
Kredit 312ff.
Kreditantrag 566
Kreditfinanzierung 308
Kreditkarte 84f.
Kreditkosten 395
Kreditleihe 317
Kreditorenbuchhaltung 445
Kreditsicherung 314ff.
Kreditversicherung 277
Kreditwürdigkeit 314
Kreisdiagramm 401
Kreislaufwirtschafts- und Abfallgesetz 181
kritische Menge 189, 241, 540
kritischer Weg 353, 587ff.
Kulanz 264
Kulturbedürfnis 98
Kundendienst 264
Kundenkarte 85
Kundenreklamation 264
Kundenskonto 441
Kündigung 40
Kündigung, Arbeitsvertrag 27
Kündigung, Ausbildungsverhältnis 20, 50
Kündigungsschutz 27f.
Kündigungsschutzgesetz 27
Kündigungsschutzklage 27
Kündigungsfrist 27
Kuppelproduktion 216
Kurswert 309
Kurzakzept 93
kurzfristige Erfolgsrechnung 528
Kurzindossament 94
KVP 223
KVP-Zirkel 292

L

Ladeschein 268
Lagebericht 110, 480
Lager 196f.
Lagerbuchführung 201
Lagerfachkarte 202
Lagerhalter 198
Lagerhaltung 196ff.
Lagerkennzahlen 204ff.
Lagerkontrolle 201
Lagerkosten 188, 199
Lagerorganisation 196ff.
Lagerrisiko 200, 274
Lagerumschlagshäufigkeit 206ff.
Lagerung 196ff.
Lagerversicherung 277
Lagerverwaltung 201f.
Lagerzinsen 207, 625
Lagerzinssatz 207, 625
LAN 365
Landessteuer 164
Lastschriftverfahren 81
Laufkarte 233
Lean production 222
Leasing 310f.
Lebenshaltungskostenindex 146
Leerkosten 239
Leihvertrag 68
Leistung 519
Leistungsbilanz 138f.
Leistungsgrad 300f.
Leistungsstörung 54ff.
leitender Angestellter 18
Leitungssystem 285
Leitungswasserversicherung 277
Liefererskonto 440
Lieferkredit 312
Lieferschein 194
Lieferung mangelhafter Ware 63f.
Lieferungsbedingung 57, 263
Lieferungsverzug 65
Lifo-Methode 467
lineare Abschreibung 451
lineare Gesamtkosten 237
Liniendiagramm 401
Linienschifffahrt 272
Liquidation 322
Liquidität 307, 483
Liquiditätsprobleme 321ff.
Lizenz 244
Logistik 174
Lohnabrechnung 302f., 628f.
Lohnform 297ff.
Lohnfortzahlung 30
Lohngruppenverfahren 229
Lohnnebenkosten 303
Lohnpfändung 76
Lohnquote 147
Lohnsteuer 573
Lohnsteuerjahresausgleich 46
Lohnsteuerkarte 44, 295
lokales Netz 365
Lombardkredit 317
Lower management 170
Luftfrachtbrief 273
Luftfrachtverkehr 272
Luxusbedürfnis 98

M
magisches Viereck 140
Magnetband 336
Magnetbandkassette 337
Magnetkarte 338
Magnetplatte 337
Magnetplattenspeicher 337
Magnetstreifenkarte 338
Mahnbescheid 73
Mahnverfahren 72
Mahnwesen 72 ff.
Mailbox 368
Makro 345
Management by Delegation 285
Management by Exception 285
Management by Insight 285
Management by Objectives 285
Mängelrüge 63
Mantel-Tarifvertrag 24
Marke 245
Markenartikel 252
Markengesetz 244
Markenschutz 244 f.
Marketing 247
Marketinginstrumente 247
Markierungsbeleg 335
Markt 123
Marktanalyse 190, 248
Marktanteil 248
Marktbeobachtung 190, 248
Marktforschung 247 ff.
marktkonforme Maßnahme 134
Marktpreis 127
Marktprognose 248
Marktsegmentierung 246
Markttransparenz 123
Maschinenstundensatz 534 ff.
Massegläubiger 325
Massenfertigung 216
Massenumwerbung 253
Materialbedarf 187
Materialbegleitschein 202
Materialeinsatz 206
Materialentnahmeschein 202, 233
Materiallogistik 174
Materialrückgabeschein 202
Materialverwaltung 201 f.
Materialwirtschaft 184 ff.
MB 334
Median 404
Mehrwertsteuer 426
Meldebestand 204 f.
Menschenführung 287
Menüsystem 341
Messe 264
Middle management 170
Mietvertrag 68
Mikroprozessor 330
Minderbedarf 293
Mindermengenzuschlag 263
Minderung 64
Mindestabnahmemenge 263
Mindestbestand 204
Mindestdiskont 397
Mindestpreis 133
Mindestreserve 149 f.
Minutenfaktor 299
Missbrauchsaufsicht 131
Mitbestimmung 36, 41 f.
Mittelwert 403
Mitwirkung 36
Modalwert 404
Modem 331
Moderator 292
Monopol 123
Motivation 287
MTM 228
Multimomentmethode 177
Multi-tasking 342
Mutterschutzgesetz 28 f.

N
Nachfrage 98, 124
Nachfrageüberhang 125
Nachkalkulation 532 f.
Nachnahme 79, 269
Namensaktie 310
Namensscheck 88
natürliche Person 49
Nebenbuch 413
Nennbetrag 115
Nennwert 397
Nettobuchung 433
Nettolohn 303 f.
Nettoproduktionswert 136
Netzkonfiguration 365
Netzplandiagramm 353
neutraler Aufwand 233
Nichtigkeit 52
nichtmarktkonforme Maßnahme 134
Niederstwertprinzip 464, 467
nominales Sozialprodukt 136
Nominallohn 302
Nominalzins 396
Normalgemeinkosten 526
Normung 218
Notbeleg 415
Notifikation 95
Notverkauf 64
Nutzenschwelle 241
Nutzkosten 239

O
Objektprinzip 186
offene Handelsgesellschaft 111 f.
Offenlegung 109, 480
Offenmarktgeschäft 149
öffentliches Recht 48
Öffentlichkeitsarbeit 256
öffentlicher Haushalt 163
Offline 360
OHG 111 f.
Öko-Audit 182
Ökobilanz 488
Ökologie 180
Ökonomie 180
ökonomisches Prinzip 97
Oligopol 123, 126, 251

OLV 86
Online 360
Online-Lastschriftverfahren 86
optimale Beschaffungsmenge 187 ff.
optimale Bestellmenge 187 ff.
optimale Losgröße 226
optimaler Lagerbestand 200, 206
optische Speicherplatte 338
Orderscheck 88
Organigramm 169, 566
Organisationshandbuch 178
Organisationsplan 169, 566
örtliche Zuständigkeit 74
Outsourcing 223

P
Pachtvertrag 68
Palette 271
paritätische Mitbestimmung 41
Partiefertigung 215
passiver Rechnungsabgrenzungsposten 461
Passivkonto 422
Passivtausch 423
Patent 244
Pauschalwertberichtigung 471
Pauschbetrag 46
periodenfremder Aufwand 234
periodengerechte Gewinnermittlung 476
permanente Durchschnittswertermittlung 467
permanente Inventur 202
peripheres Gerät 332 f.
Personalakte 295
Personalbedarfsplanung 293
Personalbeschaffung 293
Personalbeurteilung 287
Personalbogen 296
Personalführung 284 f.
Personal-Informationssystem 296
Personalkredit 315 ff.
Personalverwaltung 295 ff.
Personalwirtschaft 283 ff.
personenbezogene Daten 371
Personenfirma 107
Personengesellschaft 108
Personenkonto 413, 445
Personensteuer 459
Pfandrecht 260
Pfändung 75
Pflegeversicherung 33 ff.
Planbeschäftigung 546
Plankosten 549
Plankostenrechnung 545 ff.
Plankostenverrechnungssatz 549
planmäßige Abschreibung 452
Planwirtschaft 121 f.
Platzkauf 62
Plausibilitätskontrolle 363
Point-of-Sale-System 84
Police 276
Polypol 123 ff.
POS 84
Postanweisung 79
Postbank Überweisung 81
Postpaket 268
POZ-System 85
PPS 221
Präferenz 123
Prämienlohn 302
Preisangabenverordnung 131
Preisanpassungsstrategie 251
Preisbildung 124, 250 ff.
Preisdifferenzierung 251
Preiskartell 128
Preispolitik 250 ff.
Preisuntergrenze 539 f.
primärer Wirtschaftsbereich 103
Primärforschung 248
Primatkollegialität 285
Prinzip der Kostendeckung 98
privates Recht 48 f.
Privatkonto 428
Probezeit 20, 27
Product-Placement 262
Produktauflösung 185
Produktfeld 211
Produktgruppe 211
Produkthaftungsgesetz 133
Produktionsfaktor 99 ff.
Produktionsgut 99
Produktionsprogramm 211 f., 250, 542 f.
Produktionsteilung 102
Produktionswirtschaft 210 ff.
Produktivität 217
Produktivkredit 313
Produktlebenszyklus 249
Produktpolitik 249
Programmbreite 212
Programmtiefe 212
Project 353 f.
Projektarbeit 291
Projektmanagement 352
Projektplanung 352 ff., 587 ff.
Prokura 119
Prokurist 120
Prolongation 96
proportionale Kosten 236, 547
Prozentrechnen 388 ff.
Prozessor 330
Publicrelations 256
Publizität 109
Publizitätsgesetz 477, 480
Publizitätspflicht 477, 480
Pufferzeit 353
Pull-Down-Menü 342

Q
QMS 630
Qualitätskontrolle 231
Qualitäts-Management 232
Qualitäts-Management-System 231, 575 f., 630 ff.
Qualitätssicherung 232
Qualitätszirkel 292
quantitative Anpassung 240
Quittung 79

R
Rabatt 251
Rabattgesetz 131

Rahmen-Tarifvertrag 24
RAM 330
Rangfolgeverfahren 229
Rangreihenverfahren 230
Ratenkauf 62
Ratentilgung 314
Rationalisierung 216
Rationalisierung der Fertigung 216 ff.
Rationalprinzip 97
reales Sozialprodukt 136
Realisationsprinzip 464
Realkredit 317 ff.
Reallohn 302
Rechenwerk 329
Rechnung 194
Rechnungsabgrenzungsposten 461
Rechnungsprüfung 196
Recht 50, 99
Rechtsfähigkeit 49
Rechtsform 108
Rechtsgeschäft 50 ff.
Rechtsobjekt 50
Rechtsordnung 48
Rechtsschutz der Erzeugnisse 244 f.
Rechtsschutzversicherung 278
Rechtssubjekt 49 f.
Recycling 181, 185
Rediskontierung 94
REFA 227
Refinanzierungsgeschäft 149
Regelarbeit 288
Registerpublizität 109
Regress 89, 96
Reichsversicherungsordnung 31
Reihenfertigung 214
Reihenfolgezugriff 336
Reihenregress 96
Reinvermögen 417
Reisender 258
Reklamation 194
Rektaindossament 94
Rektascheck 88
relationale Datenbank 345
relative Adressierung 348
relativer Bezug 348
Remittent 91
Rentabilität 217, 307
Rentabilitätsvergleichsrechnung 305, 574, 629
Rentenversicherung 32 ff.
Report 556
Reservebestand 204
Ressource 352
Restschuldbefreiung 328
Revision 70 f., 75
Rezession 142, 153
Rimesse 92
Risiko 274 f.
Rohstoff 101
Rohstoffkreislauf 181
Rollfuhrdienst 274
Rollgeld 58
rollierende Arbeitszeit 288
ROM 330
Rückgriff 89, 96
Rücklage 478, 480 f.
Rückrechnung 96
Rückschein 269
Rücksendung an Lieferer 432 f.
Rücksendung von Kunden 437 f.
Rückstellung 475
Rückwärtskalkulation 533
Rüstzeit 227

S

Sachbezug 448
Sache 50
Sachfirma 107
Sachinvestition 304
Sachkonto 413
sachliche Zuständigkeit 74
Sachversicherung 277 f.
Salespromotion 261 f.
Sammelladung 273
Sammelüberweisung 81
Sammelwerbung 253
Sanierung 321 f.
Satzung 48
Säulendiagramm 401
Scanner 333
Schadenersatz 64
Schadenersatz, Lieferung mangelhafter Ware 64
Schadenersatz, Lieferungsverzug 66
Scheck 86 ff.
Scheckkarte 84
Scheckverlust 90
Schichtarbeit 289
Schichtenmodell 339
Schlichtung 25
Schlussbilanz 417
Schlussbilanzkonto 422
Schlüsselqualifikation 17
Schnittstelle 184, 210, 331
Schuldverschreibung 306
Schuldwechsel 92
Schwerbehindertengesetz 28, 31
sekundärer Wirtschaftsbereich 103
Sekundärbedarf 187
Sekundärforschung 249
Selbstbeteiligung 276
Selbsteintritt 273
Selbsteintrittsrecht 273
Selbstfinanzierung 308
Selbsthilfeverkauf 66
selbstschuldnerische Bürgschaft 316
Sequester 323 f.
Serienbrief 355, 594
Serienfertigung 215 f.
Server 366
Sicherheitsbeauftragter 31
Sicherungshypothek 319
Sicherungsübereignung 318
Skonto 251, 394 f.
SmartCard 86
Sofortrabatt 433
Software 339, 370
Solawechsel 91
Sollbestand 201
Sollkosten 549

Soll-Ist-Vergleich 553 f.
Sonderausgabe 45
Sondereinzelkosten 531
Sondervollmacht 118
Sorten 384
Sortenfertigung 215
Sortimentsbereinigung 250
Sortimentsbreite 250
Sortimentserweiterung 250
Sortimentspolitik 250
Sortimentstiefe 250
Sozialbedürfnis 98
soziale Marktwirtschaft 122
Sozialgericht 36, 70
Sozialplan 22
Sozialprodukt 136 f.
Sozialrecht 32
Sozialversicherung 32 ff.
Sozialversicherungsausweis 295
Sparquote 147
Spediteur 273 f.
Speicherkapazität 334
Speichermedium 335 ff.
Sperrung 371
Spezialisierung 219
Spezialvollmacht 118
Speziesware 50
Spezifikationskauf 61
Spitzenrefinanzierungsfazilität 149
Sponsoring 262
sprungfixe Kosten 240
Sprungregress 96
Sprungwerbung 262
Stab 173
Stabilitätsgesetz 140
Stabilitätskriterien 162
Stabliniensystem 173
Stabstelle 624
Staffelarbeit 288
Staffelform 479
Stagflation 144
Stammaktie 310
Stammdatum 344
Stammeinlage 114
Stammkapital 114
Standard 264
ständige Fazilität 149
Standleitung 365
Standort 182
Standortfaktor 182 f.
Stapelverarbeitung 361
Statistik 398 ff.
Statut 48
Stelle 171
Stellenbeschreibung 171, 576 f.
Steuer 163 ff., 459
Steuerart 164
Steuerbilanz 463
Steuerklasse 44
Steuerpolitik 164
Steuerprogression 43
Steuerquote 163
Steuertermin 166
Steuerwerk 330
Stichprobeninventur 202
Stiftung Warentest 72
stille Rücklage 308
Stoffeannahme 195
Stoffeprüfung 195 f.
Storno 433
Straßenfertigung 214
Streamer 337
Streckengeschäft 63
Streik 26
Streugebiet 255
Streukreis 255
Streuweg 255
Streuzeit 255
Strichcode 335
strukturelle Schwankung 141
Strukturpolitik 153 f.
Stückgeldakkord 299
Stückgut 270
Stückkauf 61
Stückkosten 235
Stückliste 232
Stückzeitakkord 299 f.
Stufenwertzahlverfahren 230
Substitution 101
Substitutionsgut 99
Suggestivwerbung 253
summarisches Zinsrechnen 392
Syndikat 129
Systemsoftware 339

T

Tabelle 345, 348, 401
Tabellenkalkulation 348 ff.
Taktzeit 214
Tantieme 115
Tarifautonomie 25
Tarifbindung 25
Tarifpartner 23
Tarifverhandlung 23 f.
Tarifvertrag 24 f.
Teamarbeit 291
Teilakzept 93
Teilkaskoversicherung 278
Teilkostenrechnung 515, 539
Teilvollmacht 118
Teilwert 465
Teilzeitarbeit 288 ff.
Telearbeit 289
Telebanking 83
Telebox 368
Telefax 367
Telefon-Banking 83
Teleprocessing 361
Telex 367
Telexnetz 366
Terminkauf 62
Terminplan 230
Terminplanung 209
Tertiärbedarf 187
tertiärer Wirtschaftsbereich 103
Textbaustein 355
Textverarbeitung 355 ff.
Tiefstand 142 f.

Tilgungsplan 624
T-Online 367
Tools 343
Topmanagement 169
Total Quality Management 232
Trampschifffahrt 272
Transferrisiko 275
transitorischer Posten 460
Transportdokument 268
Transportkosten 57
Transportrisiko 275
Transportsystem 208
Trassant 91
Trassat 91
Trend 142
Trust 130
Typenkauf 61
Typung 219

U
Überbeschäftigung 145
Überbringerklausel 88
Überdeckung 526
überproportionale Kosten 236, 242 f.
Übertragungsrate 334
Überversicherung 276
Überweisung 80 f.
Umbuchung 457
Umlaufvermögen 417, 467
Umsatz 206
Umsatzrentabilität 485
Umsatzsteuer 166, 426
Umschlagshäufigkeit 625
Umwelt-Kennzahl 488
Umweltschutz 179 ff.
Umweltschutzpolitik 154
unbestellte Ware 56
uneinbringliche Forderung 468
Unfallverhütung 297
Unfallversicherung 33 ff.
unfrei 57
Unterbeschäftigung 145
Unterdeckung 526
Unternehmensleitbild 284
Unternehmenszusammenschluss 128
Unternehmerrentabilität 485
Unternehmungsrentabilität 485
unterproportionale Kosten 237, 242 f.
Unterversicherung 276
unverbindliche Preisempfehlung 252
unvollkommener Markt 124
Urabstimmung 25
Urlaubsbescheinigung 295

V
variable Kosten 236
Variation 249
Veranlagungsverfahren 44
Verarbeitungsgeschwindigkeit 334
Verbands-Tarifvertrag 24
Verbraucherinsolvenzverfahren 327
Verbraucherschutz 71 f.
Verbraucherzentrale 72
Verbrauchsabweichung 550
Verbrauchsgut 99
verbrauchsorientiertes Verfahren 429
Verbrauchsteuer 165
Vereinfachungsregel 452
Vergleich 322
Verhältniszahl 403
Verjährung 77
Verkaufsförderung 261 f.
Verkaufskurs 384
Verkehrsteuer 164
Verladeschein 272
Verlustvortrag 467
Vermögensbildungsgesetz 447
vermögenswirksame Leistung 447
Verordnung 48, 57
Verpfändung 317 f.
Verpflichtungsgeschäft 54
Verrechnungsscheck 88
Verrechnungsverbot 476
Versand 266 ff.
Versandkosten 436 f.
Versendungskauf 62
Versicherung 276 ff.
Versicherungsbetrieb 105
Versicherungsnachweis 295
Versicherungsvertrag 276
Verteilungsrechnen 137, 386 ff.
Vertrag 50 f.
Vertragsfreiheit 53
Vertriebspolitik 256 ff.
Verursacherprinzip 180
Verwaltungsgericht 70
Verwendungsrechnung 137
Verzugszinsen 67
Volkseinkommen 137
volkswirtschaftliche Gesamtrechnung 135 ff.
Vollakzept 93
Vollbeschäftigung 145
Vollindossament 94
Vollkaskoversicherung 278
vollkommene Konkurrenz 124
vollkommener Markt 123
Vollkostenrechnung 515
Vollmacht 117
vollständiger Wettbewerb 124
Vollstreckungsbescheid 73 ff.
Vollzeitarbeit 288 ff.
Vorgabezeit 227 f., 299
Vorkalkulation 226, 530 f.
Vorratsfertigung 216
Vorratsvermögen 467
Vorschuss 446
Vorsorgeprinzip 180
Vorstand 115, 117
Vorsteuerüberhang 426
Vorzugsaktie 310

W
Wachstumspolitik 155 f.
Wählleitung 365
Währung 157, 384
Währungsrechnen 383 f.
WAN 366
Wandelschuldverschreibung 310

Wandlung 64
Warenannahme 192, 195
Warenbörse 264
Wareneinsatz 206
Warenrohgewinn 435
Warenwechsel 92
Warmstart 343
Wechsel 90 ff.
Wechsel an eigene Order 91
Wechseldiskontkredit 315
Wechselklage 96
Wechselkurs 158, 384
Wechselkursrisiko 275
Wechselprotest 95
Wechselrückgriff 96
Wechselstrenge 92
Weisungssystem 172 f.
Werbeerfolgskontrolle 255
Werbeetat 255
Werbeklarheit 254
Werbemittel 254
Werbeplan 255
Werberendite 255
Werbeträger 255
Werbewahrheit 254
Werbewirksamkeit 254
Werbung 252 ff.
Werbungskosten 45
Werklieferungsvertrag 68
Werknorm 218
Werks-Tarifvertrag 25
Werkstattfertigung 213
Werkstattzirkel 292
Werkstoff 101
Werkverkehr 266
Werkvertrag 68
Wertanalyse 199
Wertaufholung 465
Wertschöpfung 136
Wertspesen 387
Wettbewerbspolitik 130 ff.
Wettbewerbspreis 124
Wettbewerbsverbot 18 f.
Willenserklärung 50
wirtschaftliches Prinzip 97
Wirtschaftlichkeit 217
Wirtschaftlichkeit der Werbung 254
Wirtschaftsausschuss 40
Wirtschaftskreislauf 135
Wirtschaftsordnung 121 ff.
Wirtschaftspolitik 140
Wirtschaftsrechnen 382 ff.
Wirtschaftsschwankung 141 ff.
Wirtschaftsverband 70
Wirtschaftswachstum 155
Word 358
World Trade Organization 160
WTO 160
WWU 161 f.

Z

Zahllast 426
Zahlschein 80
Zahlungsbedingung 58
Zahlungsbilanz 138 f.
Zahlungsersatzmittel 78
Zahlungsmittel 78
Zahlungsschwierigkeiten 321 ff.
Zahlungsverkehr 78 ff.
Zahlungsverzug 67
Zeitgrad 300
zeitliche Abgrenzung 460
Zeitlohn 298
Zeitzinssatz 394
Zentralbank 151
Zentraleinheit 329
Zentralspeicher 330
Zentralwert 404
Zession 316
Zeugnis 20, 295
Zielgruppenbestimmung 254
Zielhierarchie 168
Zielkauf 62
Zielkonflikt 140, 168
Zielsystem 97, 167
Zinsrechnen 391 ff.
Zinstage 392
Zirkel 292
Zivilprozess 74
Zoll 159 f.
Zolltara 160
Zugabeverordnung 132
Zusatzauftrag 541
Zusatzkosten 234, 520
Zuschlagskalkulation 530 ff.
Zuschreibung 457
Zwangshypothek 76
Zwangsversteigerung 76
Zwangsverwaltung 76
Zwangsvollstreckung 75
Zweckaufwand 234
zweifelhafte Forderung 468
Zweikreissystem 518
zwischenbetrieblicher Vergleich 401
Zwischenlager 197

Industriekontenrahmen (IKR), Kontenklassen 0 bis 8 (Geschäftsbuchführung)

Kontenklasse 0	Kontenklasse 1
AKTIVA	
ANLAGEVERMÖGEN	
0 Immaterielle Vermögensgegenstände und Sachanlagen **00 Ausstehende Einlagen** 0000 Ausstehende Einlagen **01 Frei** *Immaterielle Vermögensgegenstände* **02 Konzessionen, gewerbliche Schutzrechte und ähnliche Rechte und Werte sowie Lizenzen an solchen Rechten und Werten** 0200 Konzessionen, gewerbliche Schutzrechte und ähnliche Rechte und Werte sowie Lizenzen an solchen Rechten und Werten **03 Geschäfts- oder Firmenwert** 0300 Geschäfts- oder Firmenwert **04 Frei** *Sachanlagen* **05 Grundstücke, grundstücksgleiche Rechte und Bauten einschließlich der Bauten auf fremden Grundstücken** 0500 Unbebaute Grundstücke 0510 Bebaute Grundstücke 0530 Betriebsgebäude 0540 Verwaltungsgebäude 0550 Andere Bauten 0560 Grundstückseinrichtungen 0570 Gebäudeeinrichtungen 0590 Wohngebäude **06 Frei** **07 Technische Anlagen und Maschinen** 0700 Anlagen und Maschinen der Energieversorgung 0710 Anlagen der Materiallagerung und -bereitstellung 0720 Anlagen und Maschinen der mechanischen Materialbearbeitung, -verarbeitung und -umwandlung 0730 Anlagen für Wärme-, Kälte- und chemische Prozesse sowie ähnliche Anlagen 0740 Anlagen für Arbeitssicherheit und Umweltschutz 0750 Transportanlagen und ähnliche Betriebsvorrichtungen 0760 Verpackungsanlagen und -maschinen 0770 Sonstige Anlagen und Maschinen 0780 Reservemaschinen und -anlageteile 0790 Geringwertige Anlagen und Maschinen **08 Andere Anlagen, Betriebs- und Geschäftsausstattung** 0800 Andere Anlagen 0810 Werkstätteneinrichtung 0820 Werkzeuge, Werksgeräte und Modelle, Prüf- und Messmittel 0830 Lager- und Transporteinrichtungen 0840 Fuhrpark 0850 Sonstige Betriebsausstattung 0860 Büromaschinen, Organisationsmittel und Kommunikationsanlagen 0870 Büromöbel und sonstige Geschäftsausstattung 0880 Reserveteile für Betriebs- und Geschäftsausstattung 0890 Geringwertige Vermögensgegenstände der Betriebs- und Geschäftsausstattung **09 Geleistete Anzahlungen und Anlagen im Bau** 0900 Geleistete Anzahlungen auf Sachanlagen 0950 Anlagen im Bau	**1 Finanzanlagen** **10 Frei** **11 Frei** **12 Frei** **13 Beteiligungen** 1300 Beteiligungen **14 Frei** **15 Wertpapiere des Anlagevermögens** 1500 Wertpapiere des Anlagevermögens **16 Sonstige Finanzanlagen** 1600 Sonstige Finanzanlagen **17 Frei** **18 Frei** **19 Frei**

Kontenklasse 2

AKTIVA

UMLAUFVERMÖGEN

2 Umlaufvermögen und aktive Rechnungsabgrenzung

Vorräte

20 Roh-, Hilfs- und Betriebsstoffe
- 2000 Rohstoffe/Fertigungsmaterial
  - 2001 Bezugskosten
  - 2002 Nachlässe
- 2010 Vorprodukte/Fremdbauteile
  - 2011 Bezugskosten
  - 2012 Nachlässe
- 2020 Hilfsstoffe
  - 2021 Bezugskosten
  - 2022 Nachlässe
- 2030 Betriebsstoffe
  - 2031 Bezugskosten
  - 2032 Nachlässe
- 2070 Sonstiges Material
  - 2071 Bezugskosten
  - 2072 Nachlässe

21 Unfertige Erzeugnisse, unfertige Leistungen
- 2100 Unfertige Erzeugnisse
- 2190 Unfertige Leistungen

22 Fertige Erzeugnisse und Waren
- 2200 Fertige Erzeugnisse
- 2280 Waren (Handelswaren)
  - 2281 Bezugskosten
  - 2282 Nachlässe

23 Geleistete Anzahlungen auf Vorräte
- 2300 Geleistete Anzahlungen auf Vorräte

Forderungen und sonstige Vermögensgegenstände (24–26)

24 Forderungen aus Lieferungen und Leistungen
- 2400 Forderungen aus Lieferungen und Leistungen
- 2450 Wechselforderungen aus Lieferungen und Leistungen (Besitzwechsel)
- 2470 Zweifelhafte Forderungen
- 2480 Protestwechsel

25 Frei

26 Sonstige Vermögensgegenstände
- 2600 Vorsteuer
- 2630 Sonstige Forderungen an Finanzbehörden
- 2650 Forderungen an Mitarbeiter
- 2690 Übrige sonstige Forderungen

27 Wertpapiere des Umlaufvermögens
- 2700 Wertpapiere des Umlaufvermögens

28 Flüssige Mittel
- 2800 Guthaben bei Kreditinstituten (Bank)
- 2850 Postbank
- 2860 Schecks
- 2870 Bundesbank
- 2880 Kasse
- 2890 Nebenkassen

29 Aktive Rechnungsabgrenzung
- 2900 Aktive Jahresabgrenzung
- 2920 Umsatzsteuer auf erhaltene Anzahlungen
- 2990 Nicht durch Eigenkapital gedeckter Fehlbetrag

Kontenklasse 3

PASSIVA

3 Eigenkapital und Rückstellungen

Eigenkapital

30 Eigenkapital/Gezeichnetes Kapital

Bei Einzelkaufleuten:
- 3000 Eigenkapital
  - 3001 Privatkonto

Bei Personengesellschaften:
- 3000 Kapital Gesellschafter A
  - 3001 Privatkonto
- 3010 Kapital Gesellschafter B
  - 3011 Privatkonto
- 3070 Kommanditkapital Gesellschafter C
- 3080 Kommanditkapital Gesellschafter D

Bei Kapitalgesellschaften:
- 3000 Gezeichnetes Kapital (Grundkapital/Stammkapital)

31 Kapitalrücklage
- 3100 Kapitalrücklage

32 Gewinnrücklagen
- 3210 Gesetzliche Rücklagen
- 3230 Satzungsmäßige Rücklagen
- 3240 Andere Gewinnrücklagen

33 Ergebnisverwendung
- 3310 Jahresergebnis des Vorjahres
- 3320 Ergebnisvortrag aus früheren Perioden
- 3340 Veränderungen der Rücklagen
- 3350 Bilanzergebnis (Bilanzgewinn, Bilanzverlust)
- 3360 Ergebnisausschüttung
- 3390 Ergebnisvortrag auf neue Rechnung

34 Jahresüberschuss/Jahresfehlbetrag
- 3400 Jahresüberschuss/Jahresfehlbetrag

35 Sonderposten mit Rücklageanteil
- 3500 Sonderposten mit Rücklageanteil

36 Wertberichtigungen

(bei Kapitalgesellschaften als Passivposten der Bilanz nicht mehr zulässig)
- 3610 Wertberichtigungen zu Sachanlagen
- 3650 Wertberichtigungen zu Finanzanlagen
- 3670 Einzelwertberichtigungen zu Forderungen
- 3680 Pauschalwertberichtigungen zu Forderungen

Rückstellungen

37 Rückstellungen für Pensionen und ähnliche Verpflichtungen
- 3700 Rückstellungen für Pensionen und ähnliche Verpflichtungen

38 Steuerrückstellungen
- 3800 Steuerrückstellungen

39 Sonstige Rückstellungen
- 3910 Sonstige Rückstellungen für Gewährleistung
- 3930 Sonstige Rückstellungen für andere ungewisse Verbindlichkeiten
- 3970 Sonstige Rückstellungen für drohende Verluste aus schwebenden Geschäften
- 3990 Sonstige Rückstellungen für Aufwendungen

Kontenklasse 4	Kontenklasse 5
PASSIVA	**ERTRÄGE**

4 Verbindlichkeiten und passive Rechnungsabgrenzung

40 Frei

41 Anleihen

4100 Anleihen

42 Verbindlichkeiten gegenüber Kreditinstituten

4200 Kurzfristige Bankverbindlichkeiten
4250 Langfristige Bankverbindlichkeiten

43 Erhaltene Anzahlungen auf Bestellungen

4300 Erhaltene Anzahlungen auf Bestellungen

44 Verbindlichkeiten aus Lieferungen und Leistungen

4400 Verbindlichkeiten aus Lieferungen und Leistungen

45 Wechselverbindlichkeiten

4500 Schuldwechsel

46 Frei

47 Frei

48 Sonstige Verbindlichkeiten

4800 Umsatzsteuer
4830 Sonstige Verbindlichkeiten gegenüber Finanzbehörden
4840 Verbindlichkeiten gegenüber Sozialversicherungsträgern
4850 Verbindlichkeiten gegenüber Mitarbeitern
4860 Verbindlichkeiten aus vermögenswirksamen Leistungen
4870 Verbindlichkeiten gegenüber Gesellschaftern
4890 Übrige sonstige Verbindlichkeiten

49 Passive Rechnungsabgrenzung

4900 Passive Rechnungsabgrenzung
4920 Vorsteuer auf geleistete Anzahlungen

5 Erträge

50 Umsatzerlöse für eigene Erzeugnisse und andere eigene Leistungen

5000 Umsatzerlöse für eigene Erzeugnisse
 5001 Erlösberichtigungen
5050 Umsatzerlöse für andere eigene Leistungen
 5051 Erlösberichtigungen

51 Umsatzerlöse für Waren und sonstige Umsatzerlöse

5100 Umsatzerlöse für Waren
 5101 Erlösberichtigungen
5190 Sonstige Umsatzerlöse
 5191 Erlösberichtigungen

52 Erhöhung oder Verminderung des Bestandes an unfertigen und fertigen Erzeugnissen

5200 Bestandsveränderungen
 5201 Bestandsveränderungen an unfertigen Erzeugnissen und nicht abgerechneten Leistungen
 5202 Bestandsveränderungen an fertigen Erzeugnissen

53 Aktivierte Eigenleistungen

5300 Aktivierte Eigenleistungen

54 Sonstige betriebliche Erträge

5400 Nebenerlöse
 5401 Nebenerlöse aus Vermietung und Verpachtung
 5403 Nebenerlöse aus Werksküche und Kantine
 5409 Sonstige Nebenerlöse
5410 Sonstige Erlöse (z.B. aus Provisionen)
5420 Eigenverbrauch
5421 Steuerfreier Eigenverbrauch
5430 Andere sonstige betriebliche Erträge (z.B. Schadensersatzleistungen)
5440 Erträge aus Werterhöhungen von Gegenständen des Anlagevermögens (Zuschreibungen)
5450 Erträge aus der Auflösung oder Herabsetzung von Wertberichtigungen auf Forderungen
5460 Erträge aus dem Abgang von Vermögensgegenständen
5470 Erträge aus der Auflösung von Sonderposten mit Rücklageanteil
5480 Erträge aus der Herabsetzung von Rückstellungen
5490 Periodenfremde Erträge (soweit nicht bei den betroffenen Ertragsarten zu erfassen)

55 Erträge aus Beteiligungen

5500 Erträge aus Beteiligungen

56 Erträge aus anderen Wertpapieren und Ausleihungen des Finanzanlagevermögens

5600 Erträge aus anderen Finanzanlagen

57 Sonstige Zinsen und ähnliche Erträge

5710 Zinserträge
5730 Diskonterträge
5780 Erträge aus Wertpapieren des Umlaufvermögens
5790 Sonstige zinsähnliche Erträge

58 Außerordentliche Erträge

5800 Außerordentliche Erträge

59 Frei

Kontenklasse 6

AUFWENDUNGEN

6 Betriebliche Aufwendungen

Materialaufwand

60 Aufwendungen für Roh-, Hilfs- und Betriebsstoffe und für bezogene Waren (wird der Einkauf von Stoffen direkt als Aufwand gebucht, dann sind die Unterkonten Bezugskosten und Nachlässe in der Kontenklasse 6 statt in der Kontenklasse 2 einzurichten)

- 6000 Aufwendungen für Rohstoffe/Fertigungsmaterial
- 6010 Aufwendungen für Vorprodukte/Fremdbauteile
- 6020 Aufwendungen für Hilfsstoffe
- 6030 Aufwendungen für Betriebsstoffe/Verbrauchswerkzeuge
- 6040 Aufwendungen für Verpackungsmaterial
- 6050 Aufwendungen für Energie
- 6060 Aufwendungen für Reparaturmaterial
- 6070 Aufwendungen für sonstiges Material
- 6080 Aufwendungen für Waren

61 Aufwendungen für bezogene Leistungen

- 6100 Fremdleistungen für Erzeugnisse und andere Umsatzleistungen
- 6140 Frachten und Fremdlager (incl. Versicherung und anderer Nebenkosten)
- 6150 Vertriebsprovisionen
- 6160 Fremdinstandhaltung
- 6170 Sonstige Aufwendungen für bezogene Leistungen

Personalaufwand

62 Löhne

- 6200 Löhne für geleistete Arbeitszeit, einschließlich tariflicher, vertraglicher oder arbeitsbedingter Zulagen
- 6210 Löhne für andere Zeiten (Urlaub, Feiertag, Krankheit)
- 6220 Sonstige tarifliche oder vertragliche Aufwendungen für Lohnempfänger
- 6230 Freiwillige Zuwendungen
- 6250 Sachbezüge
- 6260 Vergütungen an gewerbliche Auszubildende

63 Gehälter

- 6300 Gehälter einschließlich tariflicher, vertraglicher oder arbeitsbedingter Zulagen
- 6310 Urlaubs- und Weihnachtsgeld
- 6320 Sonstige tarifliche oder vertragliche Aufwendungen
- 6330 Freiwillige Aufwendungen
- 6350 Sachbezüge
- 6360 Vergütungen an techn./kaufm. Auszubildende

64 Soziale Abgaben und Aufwendungen für Altersversorgung und für Unterstützung

- 6400 Arbeitgeberanteil zur Sozialversicherung (Lohnbereich)
- 6410 Arbeitgeberanteil zur Sozialversicherung (Gehaltsbereich)
- 6420 Beiträge zur Berufsgenossenschaft
- 6440 Aufwendungen für Altersversorgung
- 6490 Aufwendungen für Unterstützung

Abschreibungen auf Anlagevermögen

65 Abschreibungen

- 6510 Abschreibungen auf immaterielle Vermögensgegenstände des Anlagevermögens
- 6520 Abschreibungen auf Sachanlagen
- 6540 Abschreibungen auf geringwertige Wirtschaftsgüter
- 6550 Außerplanmäßige Abschreibungen auf Sachanlagen
- 6570 Unüblich hohe Abschreibungen auf Umlaufvermögen

Sonstige betriebliche Aufwendungen (66–70)

66 Sonstige Personalaufwendungen

- 6600 Aufwendungen für Personaleinstellung
- 6610 Aufwendungen für übernommene Fahrtkosten
- 6620 Aufwendungen für Werkarzt und Arbeitssicherheit
- 6630 Personenbezogene Versicherungen
- 6640 Aufwendungen für Fort- und Weiterbildung
- 6650 Aufwendungen für Dienstjubiläen
- 6660 Aufwendungen für Belegschaftsveranstaltungen
- 6670 Aufwendungen für Werksküche und Sozialeinrichtungen
- 6680 Ausgleichsabgabe nach dem Schwerbehindertengesetz
- 6690 Übrige sonstige Personalaufwendungen

67 Aufwendungen für die Inanspruchnahme von Rechten und Diensten

- 6700 Mieten, Pachten
- 6710 Leasing
- 6720 Lizenzen und Konzessionen
- 6730 Gebühren
- 6750 Kosten des Geldverkehrs
- 6760 Provisionsaufwendungen (außer Vertriebsprovisionen)
- 6770 Rechts- und Beratungskosten

68 Aufwendungen für Kommunikation (Dokumentation, Information, Reisen, Werbung)

- 6800 Büromaterial
- 6810 Zeitungen und Fachliteratur
- 6820 Postgebühren
- 6850 Reisekosten
- 6860 Bewirtung und Repräsentation
- 6870 Werbung
- 6880 Spenden

69 Aufwendungen für Beiträge und Sonstiges sowie Wertkorrekturen und periodenfremde Aufwendungen

- 6900 Versicherungsbeiträge
- 6920 Beiträge zu Wirtschaftsverbänden und Berufsvertretungen
- 6930 Verluste aus Schadensfällen
- 6950 Abschreibungen auf Forderungen
  - 6951 Abschreibungen auf Forderungen wegen Uneinbringlichkeit
  - 6952 Einzelwertberichtigungen
  - 6953 Pauschalwertberichtigungen
- 6960 Verluste aus dem Abgang von Vermögensgegenständen
- 6970 Einstellungen in den Sonderposten mit Rücklageanteil
- 6980 Zuführungen zu Rückstellungen für Gewährleistung/Sonstige Rückstellungen
- 6990 Periodenfremde Aufwendungen (soweit nicht bei den betreffenden Aufwandsarten zu erfassen)

Kontenklasse 7	Kontenklasse 8
AUFWENDUNGEN	**ERGEBNISRECHNUNGEN**

Kontenklasse 7

AUFWENDUNGEN

7 Weitere Aufwendungen

70 Betriebliche Steuern

7020 Grundsteuer
7030 Kraftfahrzeugsteuer
7070 Ausfuhrzölle
7080 Verbrauchsteuern
7090 Sonstige betriebliche Steuern

71 Frei

72 Frei

73 Frei

74 Abschreibungen auf Finanzanlagen und auf Wertpapiere des Umlaufvermögens und Verluste aus entsprechenden Abgängen

7400 Abschreibungen auf Finanzanlagen
7420 Abschreibungen auf Wertpapiere des Umlaufvermögens
7450 Verluste aus dem Abgang von Finanzanlagen
7460 Verluste aus dem Abgang von Wertpapieren des Umlaufvermögens

75 Zinsen und ähnliche Aufwendungen

7510 Zinsaufwendungen
7530 Diskontaufwendungen
7590 Sonstige zinsähnliche Aufwendungen

76 Außerordentliche Aufwendungen

7600 Außerordentliche Aufwendungen

77 Steuern vom Einkommen und Ertrag

7700 Gewerbeertragsteuer
7710 Körperschaftsteuer
7720 Kapitalertragsteuer

78 Frei

79 Frei

Kontenklasse 8

ERGEBNISRECHNUNGEN

8 Ergebnisrechnungen

80 Eröffnung/Abschluss

8000 Eröffnungsbilanzkonto
8010 Schlussbilanzkonto
8020 GuV-Konto Gesamtkostenverfahren
8030 GuV-Konto Umsatzkostenverfahren

Konten der Kostenbereiche für die GuV im Umsatzkostenverfahren

81 Herstellungskosten

82 Vertriebskosten

83 Allgemeine Verwaltungskosten

84 Sonstige betriebliche Aufwendungen

Konten der kurzfristigen Erfolgsrechnung (KER) für innerjährige Rechnungsperioden (Monat, Quartal, Halbjahr)

85 Korrekturkonten zu den Erträgen der Kontenklasse 5

86 Korrekturkonten zu den Aufwendungen der Kontenklasse 6

87 Korrekturkonten zu den Aufwendungen der Kontenklasse 7

88 Kurzfristige Erfolgsrechnung (KER)

8800 Gesamtkostenverfahren
8810 Umsatzkostenverfahren

89 Innerjährige Rechnungsabgrenzung

8900 Aktive Rechnungsabgrenzung
8950 Passive Rechnungsabgrenzung

Bestandteil der Abschlussprüfung ist nur das Gesamtkostenverfahren

Bilanzgliederung nach § 266 HGB (Kapitalgesellschaften)

Aktivseite — Bilanz — Passivseite

Aktivseite

A. Anlagevermögen:
- I. Immaterielle Vermögensgegenstände:
  1. Konzessionen, gewerbliche Schutzrechte und ähnliche Rechte und Werte sowie Lizenzen an solchen Rechten und Werten;
  2. Geschäfts- oder Firmenwert;
  3. geleistete Anzahlungen;
- II. Sachanlagen:
  1. Grundstücke, grundstücksgleiche Rechte und Bauten einschließlich der Bauten auf fremden Grundstücken;
  2. technische Anlagen und Maschinen;
  3. andere Anlagen, Betriebs- und Geschäftsausstattung;
  4. geleistete Anzahlungen und Anlagen im Bau;
- III. Finanzanlagen;
  1. Anteile an verbundenen Unternehmen;
  2. Ausleihungen an verbundenen Unternehmen;
  3. Beteiligungen;
  4. Ausleihungen an Unternehmen, mit denen ein Beteiligungsverhältnis besteht;
  5. Wertpapiere des Anlagevermögens;
  6. sonstige Ausleihungen.

B. Umlaufvermögen:
- I. Vorräte:
  1. Roh-, Hilfs- und Betriebsstoffe;
  2. unfertige Erzeugnisse, unfertige Leistungen;
  3. fertige Erzeugnisse und Waren;
  4. geleistete Anzahlungen;
- II. Forderungen und sonstige Vermögensgegenstände:
  1. Forderungen aus Lieferungen und Leistungen;
  2. Forderungen gegen verbundene Unternehmen;
  3. Forderungen gegen Unternehmen, mit denen ein Beteiligungsverhältnis besteht;
  4. sonstige Vermögensgegenstände;
- III. Wertpapiere:
  1. Anteile an verbundenen Unternehmen;
  2. eigene Anteile;
  3. sonstige Wertpapiere;
- IV. Schecks, Kassenbestand, Bundesbank- und Postgiroguthaben, Guthaben bei Kreditinstituten.

C. Rechnungsabgrenzungsposten.

Passivseite

A. Eigenkapital:
- I. Gezeichnetes Kapital;
- II. Kapitalrücklage;
- III. Gewinnrücklagen:
  1. gesetzliche Rücklage;
  2. Rücklage für eigene Anteile;
  3. satzungsmäßige Rücklagen;
  4. andere Gewinnrücklagen;
- IV. Gewinnvortrag/Verlustvortrag;
- V. Jahresüberschuss/Jahresfehlbetrag.

B. Rückstellungen:
1. Rückstellungen für Pensionen und ähnliche Verpflichtungen;
2. Steuerrückstellungen;
3. sonstige Rückstellungen.

C. Verbindlichkeiten:
1. Anleihen, davon konvertibel;
2. Verbindlichkeiten gegenüber Kreditinstituten;
3. erhaltene Anzahlungen auf Bestellungen;
4. Verbindlichkeiten aus Lieferungen und Leistungen;
5. Verbindlichkeiten aus der Annahme gezogener Wechsel und der Ausstellung eigener Wechsel;
6. Verbindlichkeiten gegenüber verbundenen Unternehmen;
7. Verbindlichkeiten gegenüber Unternehmen, mit denen ein Beteiligungsverhältnis besteht;
8. sonstige Verbindlichkeiten,
   davon aus Steuern,
   davon im Rahmen der sozialen Sicherheit.

D. Rechnungsabgrenzungsposten.

Gliederung der Gewinn- und Verlustrechnung nach § 275 HGB (Kapitalgesellschaften) Gesamtkostenverfahren

1. Umsatzerlöse
2. Erhöhung oder Verminderung des Bestands an fertigen und unfertigen Erzeugnissen
3. andere aktivierte Eigenleistungen
4. sonstige betriebliche Erträge
5. Materialaufwand:
   a) Aufwendungen für Roh-, Hilfs- und Betriebsstoffe und für bezogene Waren
   b) Aufwendungen für bezogene Leistungen
6. Personalaufwand
   a) Löhne und Gehälter
   b) soziale Abgaben und Aufwendungen für Altersversorgung und für Unterstützung,
   davon für Altersversorgung
7. Abschreibungen:
   a) auf immaterielle Vermögensgegenstände des Anlagevermögens und Sachanlagen sowie auf aktivierte Aufwendungen für die Ingangsetzung und Erweiterung des Geschäftsbetriebs
   b) auf Vermögensgegenstände des Umlaufvermögens, soweit diese die in der Kapitalgesellschaft üblichen Abschreibungen überschreiten
8. sonstige betriebliche Aufwendungen
9. Erträge aus Beteiligungen,
   davon aus verbundenen Unternehmen
10. Erträge aus anderen Wertpapieren und Ausleihungen des Finanzanlagevermögens,
    davon aus verbundenen Unternehmen
11. sonstige Zinsen und ähnliche Erträge,
    davon aus verbundenen Unternehmen
12. Abschreibungen auf Finanzanlagen und auf Wertpapiere des Umlaufvermögens
13. Zinsen und ähnliche Aufwendungen,
    davon an verbundene Unternehmen
14. Ergebnis der gewöhnlichen Geschäftstätigkeit
15. außerordentliche Erträge
16. außerordentliche Aufwendungen
17. außerordentliches Ergebnis
18. Steuern vom Einkommen und vom Ertrag
19. sonstige Steuern
20. Jahresüberschuss/Jahresfehlbetrag